해방전후사의 인식
5

해방전후사의 인식 5

김남식 이종석 김주환 김용복 박재권 박현선 임진영 안나 루이스 스트롱

한길사

"우리에게 분단현대사는
갈라진 남과 북의 역사이며
이 둘의 상호작용이 빚어낸
지양되어야 할 민족사다."

『해방전후사의 인식 5』를 내면서

우리에게 분단현대사란 남한만의 배타적인 역사를 의미하는 것은 아니다. 그것은 갈라진 남과 북의 역사이며 이 둘의 상호작용이 빚어낸 지양되어야 할 민족사다. 따라서 진정 우리의 현대사를 온전히 연구하고 이해하려면 남북한의 역사를 함께 볼 수 있는 '전국적 관점'이 필요하다.

그러나 지금까지 우리의 현대사 연구는 안타깝게도 거의 남한의 역사만을 조망하는 데 머물러왔다. 10년 전 한국현대사 연구에 새로운 지평을 열면서 출발한『해방전후사의 인식』시리즈에도 이러한 우리의 한계가 그대로 반영되어왔다.

물론 우리가 안고 있는 제반 주·객관적인 열악한 조건들—북한 연구자가 일상적으로 안게 되는 정치적 부담, 자료 활용상의 한계, 현대사 연구 인력의 부족 등—이 이러한 우리의 현대사 연구의 기형적 발전에 대해서 어느 정도 변명이 될 수 있을 것이다.

그러나 열악한 상황과 조건은 우리의 적극적이고 능동적인 노력에 의해서만 극복될 수 있다고 본다. 그리고 이러한 노력은 북한연구에 대한 우리들의 관심의 고조와 북한연구로의 투신을 통해서만 결실로 이루어질 수 있을 것이다.

지금 우리의 현대사 연구는 해방 전후의 시기를 넘어서 1950년대로 그

영역을 확장시키기 위해서 혼신의 노력을 다하고 있다. 더불어 최근에 들어서면서 우리의 현대사 연구는 '온전한 한국현대사를 정립하기 위해서는 북한연구가 필수적'이라는 문제의식을 실천에 옮기기 시작했다. 1990년대에는 이러한 수직적(시간적)·수평적(공간적)으로의 현대사 연구 영역의 확대가 본격화될 것으로 보인다.

『해방전후사의 인식』시리즈를 마감하면서 우리는 바로 이러한 문제 인식에서 『해방전후사의 인식 5』를 마련하게 되었다. 다시 말해서 아직까지 우리 학계에서 해방 전후 시기의 북한 연구가 이 시기의 남한 연구에 비하여 훨씬 뒤떨어져 있음에도 불구하고 미흡하나마 형식적으로라도 온전한 『해방전후사의 인식』의 완성을 소망했기 때문에 우리는 이 책을 내게 된 것이다.

이 책에 실린 글들은 오늘날 북한사회주의의 전사(前史)이자 민족해방운동의 하나의 큰 흐름으로 평가되고 있는 항일무장투쟁 시기부터 사회주의혁명이 본격적으로 추진되는 계기가 된 한국전쟁 직전까지의 북한을 각 주제에 따라 살펴보고 있다.

좀더 구체적으로 설명하면 다음과 같다. 김남식의 글은 해방 전후의 북한현대사를 올바로 이해하는 데 필요한 제언이 담긴 것으로서 전체를 이끄는 역할을 하며 이종석, 김용복, 김주환의 글은 해방 전후의 북한의 역사 전개과정을 서술한 것으로 이 책의 기본축을 이룬다. 박재권, 박현선, 임진영의 글은 이 시기의 중요한 각론적인 주제를 다룬 것이다.

A. L. 스트롱의 북한 방문기는 독자들이 해방 직후의 북한상황을 좀 더 생생하게 이해하는 데 도움이 될 것으로 판단되어 책 말미에 실었다. 독자들은 뛰어난 관찰력과 통찰력을 유감없이 발휘하고 있는 스트롱의 글 속에서 당시 북한사회의 생동하는 모습을 대하게 될 것이다.

『해방전후사의 인식 5』를 펴내면서 우리는 미흡한 점이 많아 아쉬움은 느끼지만 이 책이 지금까지 제대로 알려지지 않았거나 왜곡되어 알려졌던 해방 전후시기의 북한상황에 대해서 독자들이 올바로 인식하는 데 도움이 되기를 소망한다. 아울러 이 책이 그간 부진했던 우리 학계의 북한 연구를 활성화시키는 데도 조그마한 자극이 되기를 바란다.

1989년 8월
편집부

해방전후사의 인식 5

『해방전후사의 인식 5』를 내면서 | 편집부 ·········· 7

1

김남식

해방 전후 북한 현대사의 재인식

1. 머리말 ·········· 17
2. 민주기지노선의 채택 ·········· 21
3. 대중정당 건설 ·········· 24
4. 인민정권 수립 ·········· 28
5. 민주개혁과 과도기 ·········· 31
6. 정치권력의 구조 ·········· 35

2

이종석

북한 지도집단과 항일무장투쟁

1. 항일무장투쟁 연구의 의의 ·········· 43
2. 기존 연구에 대한 비판적 검토 ·········· 52
3. 항일무장투쟁의 전개과정 ·········· 64
4. 유격근거지에서의 민주개혁과 조국광복회 ·········· 118
5. 항일무장투쟁의 역사적 경험이 해방 후 인민정권수립과정에 미친 영향 ·········· 140
6. 맺음말 ·········· 150

3

김주환 | **서북5도 당대회의 대미 인식과 조선공산당 북조선분국의 조직적 위상**

1. 머리말 ·· 175
2. 해방 직후 북한의 공산주의운동 ···························· 176
3. 조선공산당 평남지구 확대위원회 ··························· 177
4. 서북5도 당대회의 개최와 북조선분국의 창설 ········· 180
5. 조선공산당 북조선분국 제3차 확대집행위원회 ········ 194
6. 맺음말 ·· 197

김용복 | **해방 직후 북한 인민위원회의 조직과 활동**

1. 머리말 ·· 201
2. 소련의 대한정책 ·· 203
3. 공산당의 조직정비와 정치노선 ······························ 208
4. 지방인민위원회의 조직 ··· 223
5. 북조선 임시인민위원회의 조직과 활동 ···················· 241
6. 북조선 임시인민위원회 활동의 평가 ······················· 261

김주환 | **해방 후 북한의 인민민주주의혁명과 사회주의혁명**

1. 머리말 ·· 275
2. 인민민주주의혁명 개관 ··· 276
3. 당의 창건과 정치노선의 확립 ································ 281
4. 정권기관의 변천과정과 인민정권의 건설 ················ 284
5. 반제반봉건적 사회경제개혁 ··································· 305
6. 북조선인민위원회의 수립과 사회주의혁명단계로의 이행 ········ 343
5. 맺음말 ·· 353

4

박재권 | **해방 직후 소련의 대북한정책**

1. 머리말 ··· 365
2. 스탈린의 대외정책 ································· 368
3. 해방 이전의 대한정책 ···························· 379
4. 해방 초기의 대북한정책 ························· 395
5. 모스크바 결정과 대북한정책 ·················· 414
6. 맺음말 ··· 425

박현선 | **반제반봉건민주주의혁명기의 여성정책**

1. 머리말 ··· 449
2. 혁명과업에 따른 민주개혁의 실시 ·········· 450
3. 여성의 지위와 역할의 변화 ···················· 468
4. 맺음말 ··· 500

임진영 | **해방 직후 민주건설기의 북한문학**

1. 머리말-남한문학과 북한문학 ················· 509
2. 문예이론과 문예정책 ···························· 514
3. 민주건설기의 긍정적 주인공 ·················· 524
4. 맺음말 ··· 539

안나 루이스 스트롱 | 북한, 1947년 여름

1. 많은 증언들로부터 …………………………………… 547
2. 소련지역에서 ………………………………………… 552
3. 정부와 선거 …………………………………………… 557
4. 농부에게 토지를 ……………………………………… 569
5. 공장노동자들과 더불어 ……………………………… 578
6. 지금은? ………………………………………………… 586

1
해방 전후 북한 현대사의 재인식 | 김남식

해방 전후 북한 현대사의 재인식

김남식

1. 머리말

 북한연구는 어느 학문보다도 가장 중시돼야 하고 선행되어야 할 부분이다. 그것은 강대국에 의해 강요된 분단 40년의 역사가 남북관계는 물론 각기 내부 모순들의 근원이 되어왔으며 분단극복 없이는 민족의 자주와 민주주의의 실현이 사실상 어렵기 때문이다. 따라서 북한연구의 의의는 매우 크다. 그리고 북한에 대한 과학적 및 학문적인 연구를 토대로 하여 남북문제를 지혜롭게 풀어가야 한다.
 그러면 북한연구에 있어서 선행되어야 할 시각과 관점은 무엇인가? 첫째로, 북한이 중·소라는 두 사회주의 강대국의 영향권에서 자주를 택하지 않으면 안 되었던 상황과 그로 인해 사회주의 건설을 독자노선에 입각해서 자력갱생의 원칙에 의해 추진하지 않으면 안 되었다는 역사적 사실을 인식해야 한다는 점이다. 해방 후 소련군의 진주와 소련에서 파견된 정치집단에 의해서 북한지역에는 소련의 정치문화가 아무런 주저없이 수용되었고, 또한 6·25전쟁으로 인한 '중국인민지원군'의 참전으로 중국의 정치문화가 북한땅에 유입되었다. 따라서 북한은 이들 나라의 영향을 크게 받게 되고 비자주적인 나라로서 발전할 수밖에 없는 상황이었다. 그러나 1953년 3월의 스탈린 사망과 그 후의 사회주의 진영내 국가들간의 상호 갈등은 북한으로 하여금 중·소로부터의 자주라는 길을 보다 적극적으로 추진할 수 있게 했고, 그러한 정책을 1950년대 중반부터 강력하게 전개했던 것이다. 이것은 정치에서 자주, 사상에서 주체, 경제에서 자립, 국방에서 자위라는 정책으로 표현되었고 사회주의 건설을 독자적 노선과 방식에 의해 추진했다. 이러한 결과로 경제건설에서 소련 및 동구권의 협력까지도 원만하게 이루어질 수 없었으며 따라서 자립경제에서 오는 어려움을 감수하지 않을 수 없었다. 이처럼 북한은 해방 후 소련·중국의 정치문화의 수용과 그들 나라의 내정간섭적인 영향권에서 자주라는 명분을 내세워 그를 실천하는 과정을 걸을 수밖에 없었다는 역사적 사실을 고려하는 시각에서 북한연구를 진행해야 할 것이다. 특히 이는 일부 학계에서 당시 소련·중국이 북한에 대한 지배주의·대국주의적인 입장을 과소평가하는 경향이 있어 더욱 그러하다.

북한연구에 있어서는 상술한 바와 같은 시각과 함께 방법론도 새롭게 개발되어야 한다. 기존의 방법론들은 대체로 냉전시대의 서방학자들에 의해 개발된 것으로서 구조기능주의적인 방법 또는 전체주의적인 접근법들이며 그 밖의 방법들도 그 테두리를 벗어나지 못하고 있다.

먼저 북한연구에 있어서 2차대전 후에 출현한 신생독립국들의 발전과정을 하나의 연구모델로 선정하여 그것을 북한에 적용시켜보는 성향이 있다. 다시 말해서 식민지국가들에서 민족주의자들이 중심이 된 민족해방투쟁과 2차대전 후 그들이 성취한 독립과 국가발전의 과정을 북한에 적용시켜 연구하는 방법인데, 이는 성격상으로는 같은 맥락에서 볼 수 있는 측면도 있어 그 타당성을 어느 정도 인정할 수 있으나 북한은 처음부터 반제반봉건민주주의혁명을 마르크스-레닌주의적인 이론적 틀 속에서 창조적으로 적용했기 때문에 일반 식민지 민족해방운동을 통한 신생독립국가들의 발전과는 근본적인 차이가 있는 것이다. 물론 식민주의자들의 소유였던 생산수단을 국유화한다든가 또한 봉건적인 잔재와 식민주의 잔재 청산 등에 있어서는 일반 신생독립국가들의 정책과 공통점이 있으나 북한에서는 그러한 개혁들은 그 개혁에만 그치는 것이 아니라 계속해서 사회주의에로 지향해나가는 성격을 지니고 있었던 것이다. 즉 계속혁명이라는 노선을 택한 것이다. 따라서 식민지 민족해방운동을 통한 신생독립국가 발전모델은 북한연구에 있어서는 적합한 방법이 될 수 없다.

둘째로, 비교공산주의 접근법이 있는데 이는 사회내적 본질보다는 주로 형식과 제도적인 또는 정책적인 측면들에만 적용되는 한계성을 벗어날 수가 없다. 그것은 내재적 논리와 내적인 사회발전이라는 측면에서 접근하지 못한 데서 오는 결과라고 볼 수 있다. 다시 말해서 소련·중국 또는 동구 등의 사회주의 국가들은 마르크스-레닌주의라는 보편적인 공산주의 발전이론을 받아들여 그것으로 자국의 실정에 적용시켜 사회주의 혁명과 건설을 추구하고 있다. 이 점은 그들 나라의 전통적인 정치 문화와 주민들의 의식구조 및 생산력 발전의 차이 등으로 인해 독자성을 띤 정치구조 및 사회구조가 형성되게 마련이며 이는 북한사회의 경우도 예외일 수 없는 것이다. 따라서 비교공산주의적 접근법을 택할 경우 일차적으로는 각 나라의 내재적 상황과 논리에 따른 객관적 연구분석이 선행되어야만 비교의 가능성이 생기는 것이다.

세번째로, 사회주의 사회구성체론적 접근방법도 북한연구의 방법으로 사용될 수 있다. 왜냐하면 이러한 연구접근법은 마르크스-레닌주의의 사적유물론적인 사관에 기초하여 생산력과 생산관계, 토대와 상부구조라는 상관관계 속에서 사회발전을 총체적으로 연구하기 때문에 사회주의 국가들을 대상으로 할 때는 하나의 필수적인 방법론이 될 수 있다. 그러나 북한에 대해서는 이러한 사회주의 사구체론적인 접근방법으로는 북한사회의 본질적인 측면을 이해하기 어렵다고 볼 수 있다. 그것은 북한에서는 마르크스-레닌주의가 지도사상으로 되어 있는 것이 아니라 주체사상이라는 새로운 사상이론이 개발되어 그 세계관과 사관에 입각하여 북한사회를 발전시켜나가고 있기 때문이다.

여기서 주체사상이라는 이데올로기적 접근법만이 북한사회를 총체적인 면에서 적실성 있게 연구할 수 있는 방법이라고 본다. 마르스크-레닌주의 철학은 물질이 우선이냐 의식이 우선이냐 하는 문제에서 물질이 일차적이며 끊임없이 운동·변화한다는 것을 철학의 근본문제로 설정하고 철학의 이론체계를 구성했다. 이에 반해 주체사상은 물질이 일차적이라는 것을 전제로 하고 사람과 세계와의 관계에서 사람이 모든 것의 주인이며 모든 것을 결정한다는 원리를 근본문제로 삼고 그것을 체계화한 이론이기 때문에 철학의 원리와 사회역사원리, 지도원리 등에서 마르크스-레닌주의와는 성격을 달리하고 있는 것이다. 이에 따라 북한사회에서 사회주의 혁명과 건설의 방식은 자주성을 견지하면서 인간개조를 선행시키는 방법으로 추진해나가며, 사람들의 자주의식을 매우 중시하는 방향에서 정책이 추구되어온 것이다. 수령의 유일적 지도체제라는 정치권력도 바로 주체사상에 그 이론적 근거를 두고 있다.

따라서 마지막으로 제시한 주체사상에 의한 북한연구방법론이 북한사회를 정확히 이해할 수 있는 하나의 방법이 된다고 본다. 전체주의 접근법은 사회주의 체제를 하나의 동원체제로 보면서 프롤레타리아 독재라는 권력의 폭압적인 측면만을 강조하고 주민들의 자율성·창의성 등을 거의 무시하는 연구방법이며 부르주아공화제만을 절대적인 기준으로 보고 사회주의 체제를 부르주아공화제의 관점에서 비판하는 시각을 전제로 한 접근법이다. 또한 구조기능주의적 접근법은 사회 전체에서 특정 대상을 분리시켜 다른 부분과의 관계를 거의 무시하고 그 부분대상만을 연구하는 방법이다. 그러므로 이 두 가지는 오늘의 사회주의 국가의 변화·발전을 제대로 설명할 수 없는 한계성을 가지고 있다.

이상과 같은 북한연구의 접근 및 방법론을 제시하면서, 북한의 해방 전후에 관한 학문적 연구에 앞서서 먼저 이해되어야 할 점들을 몇 가지 분야별로 살펴보고자 한다.

2. 민주기지노선의 채택

민주기지노선은 일명 혁명기지노선이라고 불리고 있다. 이 노선은 혁명하는 나라가 일정한 지역을 확보하여 그것을 혁명적인 기지로 강화시켜 전국적 혁명으로 발전시켜나가는 것을 그 내용으로 하고 있다. 해방 후 북한에서는 소련군이 진주하고 있는 유리한 조건을 이용하여 전조선 혁명 완수를 위한 기지를 축성하는 혁명기지노선을 책정했다.

이러한 혁명기지노선을 이해함에 있어서 먼저 고려되어야 할 점은 이 노선의 채택시기이다. 그 시기에 대해 여러 가지 견해가 있으나 1945년 10월 10일에서 13일 사이에 있었던 서북5도 당대회에서 정치노선으로 채택되었다는 주장이 지배적이다.

민주기지라는 용어가 사용된 것은 1945년 12월 모스크바3상회의의 결정이 발표된 이후이다. 1946년에 들어서면서 북한의 출판물들에서 민주기지와 의미가 유사한 용어들이 사용되고 있는 것을 찾아볼 수가 있다. 1946년 2월에 조직된 북조선임시인민위원회의 결성과 관련하여 '전국민족통일전선의 기초' '장래 민주주의임시정부의 기초'라는 표현이 있었으며, 3월에 있었던 토지개혁과 관련해서는 북조선 민주주의의 기초로만 되는 것이 아니라 전조선의 민주주의 건설의 기초로, 그리고 토지개혁은 북조선의 농촌을 민주주의의 근거지로 전환시켰다는 것으로 근거지 문제를 언급하고 있다.

그 후 각종 회의에서는 북조선의 민주주의 건설을 '전조선 민주주의의 토대'로 그리고 1946년에 실시된 민주개혁에 대해서는 "이러한 모든 사실은 북조선에서 민주주의 사업이 광범하고 높은 차원으로 발전한 것을 의미하는 것이며 민주주의 신조선 건설을 위한 발원지로서 확고한 토대를 이미 구축한 것을 뜻하는 것이다"라고 평가하고 있다. 그리고 1946년 8월 29일 북조선로동당 창립대회에서는 "북조선은 조선의 민주주의적 개혁의 책원지로 될 뿐 아니라 전동방에 있어서 민주주의의 발원지 역할을 하고 있다. 또한 조선의 민주주의적 완전독립을 달성하기 위해 북조선의 민주주의 근거지를 한층 강화해야 한다"고 밝히고 있어, 북한에서 민주기지노선을 책정하고 그를 수행하고 있음을 분명히 했다.

이처럼 해방 후 북한에서는 민주기지 또는 혁명기지라는 정치적 용어는 사용하지 않았다 하더라도 토대라든가 근거지·기초 또한 발원지·책원지 등등의 용어로서 표현하고 있다. 1948년 3월에 개최된 2차 당대회에서 김일성은 보고를 통해 다음과 같이 민주기지노선에 대한 확고한 입장을 표명했다.

> 8·15해방 직후 우리 당은 소련 군대가 진주하고 있는 유리한 조건을 리용하여 오직 북조선에서 민주주의적 근거지를 튼튼히 하여 전조선 민족을 완전히 해방하여 조선을 부강한 민주주의 국가로 만들 기지를 닦아 놓아야 되리라는 것을 명백히 인식했습니다. 북조선에 민주주의적 근거지를 튼튼히 닦으려면 오직 우리 당이 더욱 튼튼하고 강력한 대중적 정당으로 발전하여 광대한 인민대중을 우리 당 주위에 결속·단결하여야만 될 것이었습니다. 그리하여 우리 당은 북조선 각지에 산만하고 조직체계가 서지 않은 각도 지방당들을 결속하여 북조선의 모든 유리한 조건과 환경들을 리용하여 적당한 정치적 임무들을 수행할 수 있는 강유력한 중앙조직기관이 북조선에 필요함을 인정하고 1945년 10월 중순에 조선공산당 북조선 중앙국을 결성하게 되었습니다.

따라서 해방 후 민주기지노선이라는 용어가 정식으로 사용되지 않았다 하더라도 조선공산당 분국이 설립되면서 민주개혁들을 착수해나간 것 자체가 이미 북한지역을 혁명기지화하기 위한 조치였던 것이다. 민주기지노선이 해방 직후가 아니라 그 후 정세발전에 능동적으로 대처하기 위해 채택되었다는 설은 잘못된 것으로 보아야 할 것이다.

다음으로 민주기지노선과 관련하여 지적할 점은 남로당의 활동과 관계된 문제이다.

민주기지 또한 혁명기지노선이라는 마르크스-레닌주의의 혁명전략에서 중요하게 책정될 수 있는 노선이라고 볼 수 있는데, 그것은 그 개념 범위에 따라서 일국내에서 또는 세계적 규모에서 규정될 수 있는 것이다. 예컨대 1917년 러시아혁명이 성공함으로써 국제공산주의운동에서 소련을 세계혁명의 기지로서 보았던 것이다. 따라서 러시아혁명이 승리한 후 모든 나라의 공산당들은 소련을 지원하는 또는 소련을 사수하는 투쟁들을 전개했던 것이다. 그것은 소련이라는 세계혁명기지를 강화시킴으로써 국제공산주의운동을 활발히 전개시키자는 데 그 목적이 있는 것이다.

중국혁명에서도 연안을 중심으로 혁명근거지를 구축함으로써 그를 기반으로 해서 혁명을 전국적 승리로 이끌어갈 수 있었던 것이다.

해방 후 전개된 남한에서의 정치활동은 이와 같은 민주기지노선에 부응한 투쟁이었다고 할 수 없다. 다시 말해서 당시 남한에서 활동했던 공산주의자들은 민주기지노선에 대한 인식을 거의 가지지 못함으로써 북한의 민주기지 역량을 과소평가할 뿐더러 그를 부정 또는 격하시켜 남한의 혁명세력 중심의 모험주의적인 투쟁을 전개했다. 만약 박헌영·이승엽 일파가 이 민주기지노선에 대한 올바른 인식이 있었더라면 남한의 혁명역량을 보존·축적하는 데 주력하고 모든 전략·전술을 북한의 혁명기지와 긴밀한 연관 속에서 전개시켰을 것이다. 그러나 그 후의 정치발전들은 미군정하의 남한에서는 대한민국정부가 수립되고 소련군 점령하의 북한지역에서는 조선민주주의인민공화국이 수립됨으로써, 남한에서의 혁명조직은 거의 붕괴되고 북한지역이 전 한반도적인 혁명 완수의 중심으로서의 역할을 하게 된다. 따라서 남한의 혁명세력들은 북의 혁명기지에 근거하여 활동하게 되었으며 6·25를 계기로 북한에서 말하는 '조국해방전쟁'을 전개할 수 있었다. 즉 민주기지노선이 6·25라는 조국해방전쟁을 감행케 한 것이다.

3. 대중정당 건설

해방 후 공산당조직이 각 지방별로 출현하게 되었는데 10월에 이르러 북조선지역만을 포괄하는 중앙조직의 건설을 보게 되었다. 그러나 그보다 앞서 9월 초순에 서울에서 조선공산당이 조직됨으로써 북한지역의 지방당들에서는 서울을 중앙으로 보고 그와 직접 연결하려는 움직임이 있었다.

북한지역만을 분리시켜 중앙조직을 구성한다는 것은 지방당들이 서울에 조직된 조선공산당을 직접적인 중앙으로 인정하지 않는 것으로 되기 때문에 형식상 분국이라는 명칭을 붙일 수밖에 없었다. 그러나 분국을 별도로 조직했다는 것은 조선공산당이 서울에 조직되어 있는 이상 중앙으로부터 떨어져 독자적인 중앙조직을 갖는다는 것으로 해석할 수 있다.

여기서 서울에 조직된 조선공산당에 대한 당시 소련과 북한에 있는 공산주의자들의 인식에 관한 문제를 생각하지 않을 수 없다. 그것은 다음과 같은 사정과도 관련이 있다. 9월에 조직된 박헌영 중심의 조선공산당은 창당과정이 열성자대회라는 변칙적인 방법으로 조직된 것으로서 과도적인 성격을 띠었다고 볼 수 있다. 또한 강령과 규약도 채택되지 않았고 지방당 조직도 체계화되지 않아 공산당으로서의 면모는 찾아볼 수가 없었다. 그 밖에 1920년대 공산주의운동의 연장선상에서 당의 재건이라는 명분을 내세우고 그 중 일제 말기에 조직된 바 있는 경성콤그룹을 당의 전통으로 표방했다. 그러나 1920년대의 공산주의운동은 실패를 거듭하여 드디어는 국제공산당으로부터 해체처분까지 당한 바 있어 해방 후에 조직될 공산당은 새로운 면모를 가지고 출범했어야만 했다.

제3국제당이 해체된 후 그를 대신해서 소련공산당이 실질적인 역할을 했으므로, 소련공산당의 조선공산주의운동에 대한 인식이 제3국제당에서 인식한 것과 같았다는 것은 자명한 일이다. 그럼에도 불구하고 서울에 이미 조선공산당이라는 것이 조직되었기 때문에, 소련공산당으로서는 그를 해체시킬 수 있는 명분이 없었으며 모든 정치의 중심이 서울에 집중되어 있다는 것을 감안하여 그를 수용할 수밖에 없었던 것으로 보인다. 따라서 소련 점령하에 있는 북한지역에서는 공산당의 일반적 조직원칙에 따라 중앙조직을 구성했는데, 이는 비록 분국형식으로 출발은 했지만 실질적으로는 서울의 조선공산당까지 포함하여 지도·통제하는 조직으로서 출발한 것으로 보아야 할 것이다.

 1945년 10월 10일에 개최된 서북5도 당대회에서는 전조선적인 정치노선과 조직노선을 채택했으며, 특히 서울 조선공산당내에서 치열하게 전개되고 있던 파벌투쟁에 대해서 장안파에 대한 오류를 지적하고 그를 비판하는 결정을 채택했다. 분국의 이러한 결정으로 서울의 조선공산당은 당내의 파벌투쟁을 일단 수습할 수가 있었다. 이와 같은 한 가지 예만 보더라도 조선공산당 북조선분국은 처음부터 서울 중앙의 분국이 아니라 오히려 중앙적인 역할을 하고 있었다. 이러한 사실들은 해방 후 조직된 서울의 조선공산당과 그보다 한 달 후에 출현한 평양의 조선공산당 분국의 관계에 대한 인식을 중앙과 분국이라는 명칭상의 차원에서가 아니라 실적적인 내용을 통해서 그 관계를 인식할 필요가 있음을 보여준다. 요컨대 1945년 10월에 조직된 북조선분국은 처음부터 실질적인 조선공산당의 중앙적인 위치에서 활동한 것으로 보아야 할 것이다.

 1946년 중반에 이르러 남북의 공산당은 대중정당으로 그 성격을 달리하게 되는데, 이러한 당의 성격변화에 있어서도 북조선공산당이 주도적인 역할을 한 것으로 볼 수 있다. 북한에서는 연안독립동맹계열이며 주로 소시민층을 조직성원으로 하고 있는 신민당과 합동하여 북조선로동당을 창립하게 되는데 이 합동과정은 합동의 당위성을 공산당과 신민당원들에게 인식시키면서 절차상 하부조직으로부터의 민주적인 의사수렴을 통해 이루어졌다. 또한 당의 역량으로 보아 신민당보다 공산당이 월등히 우세했음에도 불구하고 동등한 입장에서 합동한 것은 물론이고, 당강령에서도 신민당의 본래의 노선을 크게 존중함으로써 부분적인 갈등은 있었으나 합당사업은 비교적 순조롭게 이루어졌다. 다시 말해서 북조선로동당은 대중정당으로서의 새로운 출발을 하게 된 것이다.

그러나 남한에서의 합당과정은 북한에서의 합당과정과 큰 차이를 보여주었다. 조선공산당의 주도하에 이루어진 인민당과 신민당의 합당사업은 심한 분열을 가져왔으며, 결국은 대중정당으로의 발전이라는 당초의 목적을 실현할 수 없었다. 그것은 조선공산당이 대중정당으로 전환하지 않으면 안 되는 필요성에 대한 인식이 부족했으며 혁명역량의 확대·강화라는 전략적 개념이 확고하지 못했기 때문에 인민당과 신민당이라는 진보적 정당을 공산당 중심으로 포용하고 그를 정치적으로 세력화시켜내지 못했다.

3당합당과정에서도 여운형 또는 백남운 당수 등이 평양을 방문하여 일정한 협의와 지시를 받았으며, 특히 조선공산당은 북조선로동당으로부터 직접적인 결정과 지시를 받았다. 그와 같은 북조선로동당의 결정과 지시가 있음으로 해서 불충분하나마 3당합당을 추진시킬 수가 있었다. 그런데 이 3당합당 추진과정에 있어서도 미군정의 탄압이라는 환경적인 여건이 있기는 했으나 하부조직으로부터의 합동이 제대로 이루어지지 못한 채 중앙대회를 가지게 됨으로써 민주주의적인 합법성이 결여 될 수밖에 없었다. 이렇게 놓고 본다면 해방 후 서울에서 조직된 조선공산당의 조직과 대중정당으로의 전환을 표방하며 1946년 11월에 출범한 남조선로동당은 합법성 또는 민주성이 극히 결여된 상태에서 조직되었다고 볼 수 있다.

북한에서 공산당으로부터 로동당이라는 대중정당으로의 성격변화는 당시의 반제반봉건민주주의혁명이라는 혁명과제를 수행하기 위하여 진보적인 혁명역량을 보다 확대·강화하는 방향에서 이루어졌다고 불 수 있다. 특히 북조선로동당의 위원장으로 비공산주의 지도자인 김두봉을 추대했던 것은 대중정당으로서의 성격을 분명히 하기 위한 것으로 볼 수 있다. 그러나 남한의 혁명역량을 보존·축적하기 위한 조치로서, 또한 합법정당으로서의 활동을 하기 위해서 취해진 대정중당의 출현은 남한의 공산주의 지도자들의 편협한 좌익소아병적인 태도로 그 목적을 달성하지 못했다. 대중정당으로 전환하기 위한 3당합당의 실패는 결국은 남한에서 좌경모험주의적인 전술로 나아가게 했으며, 북로당과의 관계도 소원해지게 되었다.

여기에서 지적해야 될 것은 1946년 10월을 전후하여 월북한 남한의 공산주의 지도자들에 대한 문제이다. 당시 이들이 월북해야 할 이유를 찾아보기는 매우 힘들다. 만일 북조선로동당과의 밀접한 관련 속에서 또한 북조선의 민주기지노선에 의거하면서 남한지역의 혁명투쟁을 전개 할 필요가 있었다면 그것을 월북 이유로 충분히 생각할 수 있겠지만, 실은 박헌영을 비롯한 월북한 지도자들은 평양에서 거리가 멀고 서울과 가까운 황해도 해주에 근거지를 두고 남한의 정치활동을 지도한 것이다. 따라서 남한에서 전개된 모든 좌경모험주의적인 투쟁은 북로당과는 관계없이 이들에 의해서 이루어졌다고 보아야 할 것이다. 북조선로동당은 그 후 1948년 3월에 2차 당대회를 개최했으며, 이 대회에서는 북한정세와 남한정세 또는 국제정세를 총체적으로 분석하고 통일정부 수립을 위한 구체적인 문제들을 토의함으로써 조선혁명발전의 실질적인 지도부로서의 역할을 수행하게 된다. 이 대회에서도 대중정당이라는 성격을 더욱 더 부각시키기 위해 김두봉을 위원장으로 재추대하게 된다.

북한을 연구하는 일부 학자들은 대중정당으로서의 성격 변화를 통일전선이라는 차원에서 설명하는 경우가 있다. 그러나 이는 결코 그렇게 보아서는 안 된다. 대중정당은 사회개혁과 변혁을 추진하는 지도핵심세력이기 때문에 통일전선의 차원에서 조직될 수 있는 것은 아니다. 어떻게 혁명의 참모부가 통일전선체로 구성될 수 있겠는가. 본래 통일전선은 혁명의 지도부인 당에 의해서 조직·지도되는 합법적이며 대중적인 지도체를 뜻하는 것이다. 통일전선은 이념적으로 다르다 하더라도 어떠한 문제를 해결하는 데 있어서 공통된 이해관계가 형성되면 조직될 수 있는 것이다. 따라서 목적이 달성되면 자기의 이념에 따라 해체될 수도 있는 것이다. 여기서 분명한 것은 혁명의 지도부가 중심이 되어 조직되는 통일전선은 당의 영도가 보장된다는 것이 전제되었을 때에 그 의의가 있는 것이다. 이렇게 볼 때에 북조선공산당과 신민당이 합동하여 대중정당화한 것을 통일전선의 차원에서 분석하는 것은 잘못된 것으로 보아야 한다.

끝으로 남북로동당 합당문제를 검토해보기로 한다. 1948년 8월 인민공화국 창건을 앞두고 남북로동당의 중앙위원회를 합동하는 조치를 취했는데, 이는 인민공화국이 남북지역에 포괄하는 정권이라는 것을 전제로 해서 취해진 것이었으며 1949년 6월에는 정식으로 합동하는 조치를 취하게 된다. 1949년 6월 말에는 남북의 통일전선체가 하나의 조국통일 민주주의 전선으로 새 출발을 하게 되는데, 이러한 정치세력의 통합은 당결정에 의해서 이루어지게 마련이므로 남북로동당의 그 이전에 하나의 당으로 통합이 되어야 한다는 당위성을 찾아볼 수 있다. 그리하여 남북로동당 합동이 조국전선 결성 직전에 이루어진 것으로 보는 견해도 있을 수 있다.

그러나 그에 대한 공식문헌들을 찾아볼 수 없으며 다만 당역사기록 등에 6월 말에 합동했다는 것으로 기록되어 있을 뿐이다. 그런데 앞서 지적한 바와 같이 1948년 8월에 남북로동당 중앙위원회가 이미 구성되었고 그 조직에 의해서 모든 활동이 전개되었으므로 1949년 6월 말에 합동하여 조선로동당으로 개편했다는 것은 형식적인 절차에 불과한 것이며 따라서 시기문제가 그렇게 중요한 문제로 제기될 필요가 없는 것이다. 당시 박헌영·이승엽 일파는 남북로동당 합당 사실을 남한의 지하조직들에게 알려주지도 않았으며, 따라서 6·25 당시에 당원들은 당재건을 남로당의 재건으로 인식했고 조선로동당의 건설이라는 것은 나중에 가서야 알게 되었다.

4. 인민정권 수립

북한에서의 인민정권은 해방 후 자연발생적으로 조직된 인민위원회를 모체로 수립되었다. 해방 후 정권형태로서의 인민위원회는 자연스럽게 각 지방들에서 조직되었는데, 이는 파리코뮌이나 소련의 정권형태인 노동자·농민 소비에트와는 다른 독자적인 특성을 지닌 것이다.

그것은 첫째로, 노동자·농민을 비롯한 특정 계급의 이익을 대표하는 것이 아니며 노동자·농민·민족자본가까지를 포함하는 광범한 계층을 대변하는 정권형태였다. 일제 식민지 잔재를 청산하고 자주독립국가를 건설해야 하는 민족적인 과제와 일제 통치체제를 청산해야 한다는 전제하에서 극소수의 친일파·민족반역자를 제외한 모든 계급·계층의 이익을 대변하는 정권으로서 인민위원회가 탄생된 것이다. 따라서 각계 각층의 이익을 대변하는 인민위원회인 만큼 그가 수행하는 사회변혁을 위한 정책도 일제 잔재를 청산하는 것이 일차적인 과제였으며, 동시에 일제하에서 가장 착취받았던 노동자·농민을 비롯한 근로대중을 위한 사회개혁에 중점을 두게 되었다.

둘째로, 북한에서는 인민위원회의 조직이 공산당이라는 전위당이 창건되기 이전에, 또한 남한과 같이 건국준비위원회 단계를 거치지 않고 대부분 자연발생적으로 조직되었다는 점이다. 본래 혁명과정을 본다면 공산당이 먼저 조직되고 당을 중심으로 한 정치활동에 의해서 인민위원회와 같은 정권형태가 구성되기 마련인데 해방 후 북한에서는 당이 조직되기 전에 정권기관이 먼저 출현했다. 이는 해방 전에 우리나라에 공산당조직이 존재하지 않았다 하더라도 만주 국경지대에서의 항일투쟁과 그 밖에 사회주의적인 영향을 크게 받았다는 것과, 소련군의 대일 참전으로 인한 북한 진주라는 여건하에서 일제 통치기구를 청산하는 과정에서 자연발생적으로 조직된 것이다. 그러므로 당조직보다 앞서 형성 될 수밖에 없었다.

서울에서는 해방과 더불어 건국준비위원회가 조직되어 일제 패망에 따르는 치안과 질서유지를 했는데, 이는 삽시간에 전국적 규모로 확산되었다. 그런데 북한에서는 소련군의 대일 참전으로 북한지역에 진주하는 과정에서 일제를 소탕해나가면서 인민위원회가 출현했기 때문에 남한과 같이 건국준비위원회를 거치지 않은 지역이 대부분이었다. 따라서 인민위원회라는 정권형태는 중앙으로부터 하향식으로 조직된 것이 아니라 오히려 밑으로부터 상향식으로 조직되었다고 볼 수 있다.

다음으로 인민정권에 대해 고려해야 할 점은 초기에는 소련군정하에 있었으나 처음부터 상당히 독자성을 띤 행정을 실시할 수 있었으며, 1946년 2월에 조직된 임시인민위원회는 우연하게 급속히 또는 필요에 의해서 급조되었다기보다는 해방 후부터 자연발생적으로 출현한 각 지방인민위원회들의 정치발전의 결과로서 중앙정권인 임시인민위원회가 조직되었다고 보아야 할 것이다. 이 임시인민위원회는 각 지방인민위원회를 기초로 하여 정당·사회단체를 포함한 통일전선적 정권형태라고 볼 수 있는데 이는 당시 진보적 민주주의 사회를 건설하기 위한 과업을 수행했던 것이다. 다시 말해서 임시인민위원회는 일제 잔재를 청산하고 봉건적인 사회적 관계를 철폐하는 사회변혁의 개혁들을 수행했던 혁명정권이라고 볼 수 있다.

계속해서 북한의 인민정권은 합법화 과정을 거치게 되었는바, 1946년 말에는 지방인민위원회의 선거를 실시하여 1947년 초에 임시가 아닌 북조선 인민위원회가 새롭게 탄생하게 된다. 이러한 선거라는 절차를 거쳐서 조직된 정권인 만큼 형식상 민주주의적이며 합법성을 띤 정권이라고 볼 수 있다. 그리하여 1946년의 임시인민위원회는 1947년의 인민위원회와는 인민위원회라는 형태에서는 동일하나 각 정권이 수행해야 하는 과업이 근본적으로 다르다고 볼 수 있다. 즉 임시인민위원회는 앞서 지적한 바와 같이 일제 잔재를 청산하고 봉건적인 생산관계. 즉 모든 유물들을 없애고 노동자·농민을 비롯한 각계 각층의 민주주의적인 요구를 실현하는 데 있었다면, 북조선 인민위원회는 이미 이룩된 성과들을 바탕으로 하여 사회주의적인 개혁을 점진적으로 추진해나가는 과업을 수행했던 것이다. 그리하여 1947년부터는 계획경제체제로 넘어가게 되고 사회·경제·문화 등 모든 분야에서 사회주의적인 요소를 확대시켜나가는 변혁운동을 전개하게 된다.

또한 인민정권 발전에서 지적해야 될 점은 1948년 9월에 조직된 인민공화국의 성격문제이다. 인민공화국의 기초는 인민위원회이며, 따라서 이는 해방 후부터 발전해온 정권형태라고 볼 수 있으며, 해방 후 서울에서 급조된 인민공화국과는 근본적으로 그 성격을 달리하고 있다.

남한에서는 해방 직후 9월 초 이른바 전국인민대표회라는 것을 개최하여 조선인민공화국을 조직했는데, 이는 인민위원회라는 지방조직의 기초도 없이 만들어진 것이었다. 즉 서울에서 중앙조직이 먼저 건설되고 하향식으로 각 지방에 인민위원회가 조직되었던 것이다. 그런데 이 인민공화국의 구성원들은 공산주의자들을 비롯한 진보적인 세력들이 많았다 하지만 이승만을 주석으로 추대함으로써 부르주아공화국이라는 범주를 벗어날 수 없었다. 더욱이 이승만이 주석 추대를 거부하고 상해임시정부 계열이 인민공화국 자체를 부정했으며, 당시 미군정은 인민공화국 해체를 요구하게 됨으로써 사실상 인민공화국은 무의미한 것으로 전락되고 말았다. 그러나 남한 각 지방에 조직된 인민위원회는 북한의 인민위원회와 거의 같은 성격을 지니고 있었으며, 광범한 계층의 이익을 대변함으로써 상대적 지지를 받고 있었다. 당시의 남한 주민들은 대부분 일제의 통치기구가 당연히 철폐되는 것으로 생각했으며, 그를 대신하는 정권형태로서 인민위원회를 지지했다고 볼 수 있다.

그러나 미군정은 일제 통치기구를 그대로 온존·강화하여 활용했으며, 인민위원회를 불법단체로 해산시키는 조치를 취했다. 만일 박헌영 일파가 인민공화국이라는 부르주아정권을 조작하지 않았더라면 이승만·김구와 그를 둘러싼 갈등은 없었을 것이며 미군정이 인민위원회를 탄압할 구실을 주지도 않았을 것이다. 다시 말해서 인민공화국을 사수해야 한다는 투쟁보다는 미군정이 일제 통치기구를 재활용하는 정책을 반대하면서 지방인민위원회의 활동을 보다 활성화시켜 지방에서 실질적인 정권역할을 하도록 현실화시키는 것이 중요했을 것이다.

5. 민주개혁과 과도기

민주개혁이라 하면 1946년에 실시된 토지개혁, 중요산업의 국유화, 남녀평등권 법령, 노동법령 등 여러 개혁들을 지칭하는 것이다. 여기서 민주개혁이라는 말은 사회주의 개혁과는 성격을 달리하기 때문에 쓰인 용어이다. 다시 말해서 진보적 민주주의인 반제반봉건민주주의혁명(인민민주주의) 과업을 그 내용으로 하고 있기 때문에 민주개혁이라고 규정한 것이다.

이 민주개혁에서 고려해야 될 점은 개혁의 순서에서 무상몰수·무상분배에 의한 토지개혁을 제1순위로 놓았다는 점이다. 이는 당시 북한의 사회·경제구조가 농촌경제를 중심으로 한 봉건적인 생산관계가 지배적이었기 때문에, 토지개혁의 실시 없이는 어떠한 사회변혁도 기대할 수 없었다는 데 기초하고 있었다. 다시 말해서 토지문제의 진보적 해결 없이는 새로운 사회의 건설이 불가능하기 때문에 토지개혁을 선차적 과제로 설정한 것으로 보인다. 따라서 토지개혁은 당시 혁명의 성격에서 반봉건적인 과제를 수행하는 것으로 되며, 중요산업의 국유화는 반제적인 과제를 해결하는 것으로 된다.

그런데 토지개혁에 있어서는 1945년 말에 '3·7제투쟁'을 전개시킴으로써 절대 다수의 소작농민들에 대해 의식을 개조시키고, 농민조합을 만들어 북한 농민들을 조직화하여 조직을 통한 의식화를 진행시키는 과정을 밟았다. 그러한 과정 속에서 토지개혁의 필요성에 대한 요구를 높이게 하고 소작인을 비롯한 농민 스스로가 토지개혁의 주체로 나서게 하는 정치활동을 전개했다. 즉 농민들로 하여금 무상몰수·무상분배에 의한 토지개혁을 요구하게 만들고 그들이 토지개혁을 집행해나갈 수 있는 조직된 역량으로 결속시켜나갔던 것이다. 이러한 준비가 어느 정도 이루어진 조건 하에서 1946년 3월에 토지개혁법령을 발표했으며, 한 달이라는 짧은 기간 내에 토지개혁을 완수할 수 있었다.

또한 토지개혁에 있어서는 무상몰수 대상의 범위와 그 규모를 설정함에 있어서는 혁명의 성격에 맞도록 일제 소유의 토지는 무조건 몰수하고, 조선인 지주의 토지에 대해서는 5정보 이상의 토지를 몰수하여 일제 잔재를 청산하고 봉건적인 생산관계를 개혁한 것으로 되어 있다. 이는 소련·중국의 강력한 계급정책과는 달리 지주라는 사회적 계급을 청산하는 데 그쳤다는 특징을 갖는다. 특히 토지개혁에 있어서는 소작인·고농을 중심으로 하는 농촌위원회가 중심이 되어 토지개혁을 실시함으로써 농촌지역의 공산당조직을 확대할 수 있었고, 따라서 농촌은 강력한 당의 지지기반이 되었다. 그리고 무상으로 분여받은 토지에 대해서는 매매를 금지시켜 지주

소작관계의 재생과 일부의 부농화를 막았다.

　이와 같은 북한에서의 토지개혁은 당시 미소공동위원회에서 임시정부 수립을 토의하는 데 있어서, 또는 남한에서 전개된 농민들의 투쟁에 큰 영향을 미쳤으며, 남한의 진보세력들은 무상몰수·무상분배에 의한 토지개혁을 요구하는 투쟁구호를 외치기도 했다.

　다음으로 지적할 점은 중요산업에 대한 국유화 조치를 들 수 있다. 이는 일제 식민지 잔재의 청산과 관련하여 너무나 당연한 조치였다. 일제 소유의 중요산업은 어느 개인에게 양도될 수 없는 문제이며, 국유화조치 이외의 길은 없는 것이다. 중요산업의 국유화는 북한경제의 기본적인 분야가 사회주의 경제로 되었다는 것을 말하는 것이다. 북한에서는 중요산업에 대한 국유화조치와 함께 1946년 10월에는 「개인소유권을 보호하여 산업 및 상업활동에 있어서 개인의 창발성을 발휘시키기 위한 대책에 관한 결정서」를 공포했다. 이 결정의 내용은 개인소유인 공장·기업소·광산·탄광·창고·회사·산업기관 등에 대해서는 개인소유권을 보호해서 그들의 창발성을 발휘토록 하는 것이었다. 이는 당시의 사회변혁의 성격규정과 관련된 것으로서 급진적인 사회개혁이 아니었음을 말해주는 것이다. 그러나 북한의 경제에서 일제의 소유가 절대적인 비중을 차지함으로써 그를 국유화했다는 것은 북한 경제구성에서 사회주의적 요소가 처음부터 지배적이었음을 뜻하는 것이다. 이는 북한 경제가 사회주의 경제로 성장할 수밖에 없는 필연성을 가지게 되었으며, 자본주의적인 경제형태의 농촌의 극소수의 부농경리와 개인상공업이라는 한정된 범위내에서 발전할 수밖에 없음을 의미한다.

　따라서 1947년부터 사회주의 과도기로 넘어간 것은 경제발전의 자연스러운 귀결이었다고 볼 수 있다. 그러나 남한에서는 일제 소유의 중요산업 시설들은 미군정이 적산 또는 귀속재산으로 수용하고 그를 불하하는 형식을 취함으로써 자본주의적인 생산관계를 새롭게 형성하게 된다. 여기에서 적산 불하의 대상이 누구였는지에 대해서는 새삼스럽게 언급할 필요가 없을 것이다. 이러한 귀속재산의 처리는 일제 잔재의 청산과는 거리가 멀었으며, 오히려 그를 온존·강화하는 기본요인으로 되었다.

북한의 민주개혁에 있어서 노동법령과 함께 남녀평등권 법령을 실시했다는 것은 북한사회 변혁에서 중요한 계기가 되었다고 볼 수 있다. 남녀평등권 법령은 모든 사회생활에서 남녀가 평등하다는 것과 함께 노동의 권리와 임금에 있어서의 평등, 자유결혼의 권리, 일부다처제·매매 결혼·공창기생제도 폐지, 재산상의 동등권과 이혼시의 재산분배권 등을 그 내용으로 하고 있는데, 이는 일제 잔재를 청산하고 봉건적인 남녀관계를 개혁하는 한편 여성들을 사회활동과 정치생활 등에 전면적으로 참여시키기 위한 제도적인 장치를 마련한 것으로 볼 수 있다.

그런데 이와 같은 남녀평등권 법령의 실시는 당시 북한사회의 여러 조건들을 볼 때 너무 성급한 조치였다는 지적도 있으나, 해방과 더불어 새 사회를 건설한다는 상황하에서 비록 여건은 성숙되지 않았다 하더라도 남녀평등권 실시의 필요성과 그를 절대 다수의 여성들이 요구하고 있었다는 점을 감안할 때 오히려 당연한 조치였다고 보는 것이 옳을 것이다. 그러므로 남녀평등권 법령의 실시와 함께 북한 여성들에 대한 의식개혁을 위한 여러 조치들을 취하게 되는데 그 중에서도 문맹퇴치운동과 대중조직인 북조선여성동맹을 통해서 조직적인 훈련 및 사상개조 등을 전개함으로써 법령으로서의 실효성을 거둘 수 있었다.

끝으로 과도기 문제에 대해서 몇 가지 언급할 필요가 있다. 먼저 과도기의 시기문제를 살펴보기로 한다. 일반적으로 과도기라 하면 사회주의 사회로의 이행과 사회주의적인 개조를 의미한다. 그러나 북한에서는 과도기를 보다 확대시켜 사회주의적인 완전승리까지로 보고 있다. 1946년에 반제반봉건민주개혁이 완성됨으로써 계속하여 사회주의 과도기 과업을 수행하는 길로 들어서게 되는데 북한에서는 이를 계속혁명론이라는 입장에서 설명을 하고 있다. 다시 말해서 1946년의 사회변혁단계에서 일단 멈추고 그 체제를 계속 유지·강화하는 것이 아니라 혁명발전의 합법칙성에 따라 계속적인 혁명을 추구한 것이다. 이와 같은 계속혁명은 그를 수행해나가는 정권이 필요한데, 그것이 바로 앞서 지적한 바 있는 북조선 인민위원회인 것이다. 이러한 새로운 인민정권에 의해서 사회의 과도기 과업이 추진되었기 때문에 북한에서의 사회주의 과도기 시발을 이 시기로 보는 것이 정확한 견해이다.

과도기의 기본적 수행과제는 먼저 경제를 개혁하면서 사회주의 경제 형태를 계속 확대해나가는 개혁조치라고 볼 수 있다. 따라서 1947년부터는 개인 상업과 더불어 국영 상업망을 확대하고, 농촌에서의 국영 농목장 등을 확대했으며, 1948년부터는 농기계임경소 등을 만들어서 국영기업의 우월성을 발휘토록 하는 조치를 취하게 된다.

1947년에는 연간경제계획을 수행했고, 1948년도 역시 연간계획을, 1949년부터는 2개년계획으로 넘어가게 되었는데 이러한 인민경제계획의 주된 과제는 일제 식민지 경제를 청산하고, 자립적 민족경제 건설이라는 방향에서 추진되었다. 이후 사회주의 경제형태가 계속 확대되는 조치들을 취했다. 전쟁 전까지는 농업을 집단화하는 생산관계의 개혁을 실시하지 않았으며, 1946년의 토지개혁 이후에는 토지분배로 인한 생산의욕의 증대와 창발성을 계속 활용하는 정책을 추구한다. 따라서 사회주의 과도기라 하면 경제형태의 사회주의적 개조와 연결된 개념으로 인식하는 일반적이나, 북한에서의 1947년부터의 과도기는 이와는 달리 극히 점진적인 방향에서 사회개혁을 추진했다고 볼 수 있다.

6. 정치권력의 구조

해방 후 북한에서는 인민위원회를 기반으로 하는 권력구조로서 인민공화제를 택했다. 인민공화제는 부르주아공화제와는 근본적으로 다르며, 소련의 소비에트공화제와도 그 내용에 있어 차이가 있다. 인민공화제는 권력구조의 형식면에서 소비에트공화제를 수용했으며, 따라서 공산당이 권력의 지도핵심이 되고, 인민위원회가 주권기관으로서 중앙을 비롯한 각 지방들에 조직되었다.

이러한 권력구조는 1947년에 조직된 북조선 인민위원회와 1948년 9월 조선민주주의인민공화국의 창건으로 좀 더 기능별로 체계화되었는데, 당 우위의 권력체제라는 점에서 변함이 없었다.

당을 비롯한 권력기관들의 주역들은 내부분 일제하에서 독립운동·항일무장투쟁 등을 전개했던 인물들로 크게 소련군과 함께 입북한 소련 2세들, 연안의 독립동맹계, 국내 공산주의자들, 만주지방에서 활동한 항일빨치산계 등으로 구성되어 있었다. 그러므로 이들 정치세력에 대해서는 개별적 인물은 물론 그들의 일제하의 투쟁을 깊이 연구함으로써 각 세력들의 일반적인 성향, 즉 사상과 사업방법 등을 이해할 수 있을 것이다. 이러한 측면에서 본다면 이들 정치세력에 대해서 대체로 다음과 같은 일반적 성향을 찾아볼 수 있다.

첫째, 소련2세들은 소련이라는 소비에트 사회 질서에 체질화되었기 때문에 국내 사정에 대해서는 거의 무지한 상태이며, 특히 어려움 속에서 독립운동 또는 항일무장투쟁을 전개한 경험이 거의 없다. 또한 소련이라는 합법적 당활동에서 그나마 하급지위에서 일부 국한된 활동에 종사함으로써 전체적인 문제의식에 대한 안목이 거의 없었다고 볼 수 있다. 이와 같은 실정이었으므로 해방 후 북한사회를 변혁시킴에 있어서 변화이론에 입각한 정책개발보다는 자기들의 경험에 입각한 실무적인 분야에 치우치게 되고, 이는 관료주의라는 부작용을 파생시키는 원인이 될 수 있었다.

소련2세 중에 그나마 정치적인 시야가 가장 넓고 실무면에서도 훈련된 인물이라면 허가이와 박창옥 정도였을 것이다. 이들도 중앙에서 활동한 경험은 없으며 지방인 군 정도의 규모에서 활동했다. 따라서 소련2세들은 해방 후 북한의 권력에서 주로 행정부의 부책임자 또는 언론계의 책임자, 사회단체의 부책임자로 기용되어 있으면서 소련식 모델과 소련식 사업방법을 기계적으로 적용시키려고 하는 시대 및 교조주의적인 과오를 범했다고 볼 수 있다.

둘째, 연안의 독립동맹계는 중국공산당의 지원하에 공산주의자와 민족주의자들이 연합하여 중국지역을 무대로 항일투쟁을 전개한 정치집단이다. 이들은 프롤레타리아 국제주의에 입각하여 중국혁명에 참가했을 뿐 조선독립을 위해서 직접적으로 싸웠다고 볼 수 없다. 물론 이들은 중국혁명을 위해 투쟁하면서도 조선의 해방을 항상 의식했을 것으로 생각할 수 있다.

독립동맹계는 당시 마오쩌둥의 마르크스-레닌주의 혁명이론을 중국 실정에 창조적으로 적용하여 제시한 신민주주의론을 절대적으로 지지했고, 해방된 조국에도 신민주주의론이 가장 적합한 정치노선이 되어야 한다고 생각했으며 그에 대한 이론학습도 게을리하지 않았다. 해방 후 독립동맹계가 입북한 후 정당으로 전환하면서 신민당이란 이름을 붙인것도 마오쩌둥 신민주주의론에서 비롯된 것이다. 또한 독립동맹계는 조직된 역사가 짧았기 때문에 공산당을 창건해야 한다는 의도는 처음부터 없었으며 따라서 당 창건에 필요한 조직사상적 준비가 전혀 축적될 수 없었다.

이러한 성향을 가진 정치집단이었으므로 독립동맹계의 주요 간부들 가운데 허정숙·무정 등은 북조선공산당에 가입하고 나머지 인물들인 김두봉과 최창익·한빈 등은 주로 소시민을 대상으로 하는 신민당이라는 정당을 창건하게 된다. 독립동맹계는 조선혁명이라는 직접적인 투쟁목표를 가지고 투쟁을 전개하지 못했으며 또한 지역적으로 연안이라는 내륙지역에서 중국공산당의 지도하에 마오쩌둥사상을 지도이념으로 활동했기 때문에 그들의 사고방식과 사업방법 등이 북한의 실정에는 적합할 수가 없었던 것은 자명한 일이다.

셋째, 국내 공산주의자들은 일제하에서 통일된 정치세력으로 활동하지 못했다. 1925년에 조직된 조선공산당은 3년 후에 해체되었으며 그 후 당 재건을 위한 활동이 부분적으로 전개되었으나 모두 실패하고 말았다. 그러므로 사회주의자 및 공산주의자들은 농민운동·노동운동 등을 조직하여 활동을 전개하려 했으나 당의 지도가 없었기 때문에 일정한 목적의식을 가지고 조직적으로 활동할 수가 없었다. 게다가 1930년대 후반에 들어서면서부터는 혹독한 일제의 탄압으로 활동을 전개하기가 매우 힘든 형편이었다.

이들은 구체적인 투쟁과 실천 속에서 단련되었다기보다는 사상·이론만을 습득한 관념적인 사회주의·공산주의자들이었다고 볼 수 있다. 또한 사상·이론적인 습득이라는 것도 체계적이지 못하고 다분히 교조주의적인 경향을 띠었다고 볼 수 있다 이들은 합법적인 정치활동의 실무면에도 어두울 뿐만 아니라 투쟁경험의 결여로 혁명발전에 따르는 새로운 사업방법 등을 개발할 능력도 없었다. 따라서 이들은 권력구조에서 최고책임자의 지위를 차지할 수 없었으며, 일제하의 조선공산당의 영향을 받았다는 데에서 서울의 박헌영 중심의 당재건파와의 연계를 중요시하고 그를 중앙으로 보려는 경향이 강했다.

넷째, 만주지방에서 활동한 항일빨치산세력은 1930년대에 동만지방 또는 한만 국경지대 등에서 직접 무장대오를 조직하여 항일운동을 전개했다. 만주라는 지역적 관계로 인해 중국공산당의 항일투쟁의 차원에서 전개된 무장투쟁이기는 하나 동만지방에서 활동한 항일빨치산 부대들은 조국광복회와 그의 산하단체인 한민족해방동맹 등 국내에까지 반일단체들을 조직하여 조선혁명을 위해 직접적으로 투쟁했다고 볼 수 있다. 이들은 마르크스-레닌주의를 지도사상으로 삼고 그에 대한 이론적 학습을 게을리하지 않았다. 또한 조선공산당이 해체된 상태에서 이들은 항일투쟁을 전개하는 과정을 통해 당 창건을 위한 사상 및 조직적인 준비를 갖출 수가 있었다는 것이다.

15년 이상의 간고한 빨치산투쟁을 통해 이들은 사상의지를 강화시켜 나갔으며 주민들의 호응과 지원 속에서 활동해야만 했기 때문에 창조적인 대중사업방법을 끊임없이 개발해나갈 수밖에 없었던 것으로 보인다. 이러한 경험으로 인해 이들은 해방 후 북조선사회의 변혁에 대한 구체적인 전망을 가질 수 있었다. 다른 정치세력들과는 달리 소련군의 북한진주와 더불어 입북한 항일 빨치산 세력이 당시 소련으로부터의 신임이 가장 두터울 수밖에 없었던 것은 자연스러운 과정이었다고 볼 수 있다. 따라서 항일 빨치산 세력들이 처음부터 북한의 권력구조내의 핵심적인 위치를 차지할 수 있었던 것으로 보인다.

이와 같은 네 개의 정치세력들에 대한 투쟁경력을 종합적으로 분석해 볼 때 각 세력들이 지니고 있는 특성으로 인해 처음부터 노선과 정책면에서 부분적인 갈등이 있었던 것은 불가피한 것이었다. 그러나 전체적으로 볼 때 해방 후에 형성된 정치권력이 독립운동과 항일투쟁을 전개한 진보적 인물들로 구성되었다는 것은 소련군이 진주하고 있던 당시 상황으로 보아 너무도 당연한 것이었다. 따라서 북한의 입장에서 볼 때에는 이와 같은 '바람직한' 권력형성 과정에서 권력내의 부분적인 갈등은 그렇게 큰 문제가 아닌 것이다.

2
북한 지도집단과 항일무장투쟁 | 이종석

북한 지도집단과 항일무장투쟁

이종석

1. 항일무장투쟁 연구의 의의

1) 북한사회주의와 항일무장투쟁

1930년대의 공산주의운동을 논할 때 우리는 흔히 이 운동의 주류를 당시 국내에서 산발적으로 전개되었던 몇 가지 운동들에서 찾는 경향이 있다. 조선공산당 재건운동이나 혁명적 농·노조운동 등에서 공산주의운동의 주류를 찾는 것이 그 좋은 예이다. 물론 이러한 운동들의 역사적 중요성이 결코 과소평가되어서는 안 된다. 그러나 우리가 1930년대와 1940년대 초(해방 직전)까지의 공산주의운동의 흐름, 나아가서 민족해방운동의 흐름을 제대로 논하려면 무엇보다도 만주와 조선 북부지방에서 전개되었던 항일무장투쟁에 우선적인 관심을 기울여야 한다. 그 이유는 제국주의자들에게 국토를 강점당하고 국가의 주권을 유린당한 식민지 민중에게 있어 주권을 찾기 위한 저항의 최고 형태는 '무장투쟁'이기 때문이다. 따라서 항일무장투쟁에 대한 이러한 관심은 지극히 당연한 일이라 하겠다.

오늘날 북한은 해방 후 그들이 이룩한 인민정권의 건설과 개혁의 추진이 "항일혁명투쟁시기에 내놓은 인민정권건설노선과 그 실현을 위한 투쟁에서 얻은 귀중한 경험"[1]에 기초하고 있었기 때문에 성공적으로 수행되었다고 말하고 있다. 그렇게 때문에 북한 지도집단의 핵심을 이루어온 항일 유격대 출신들이 겪은 항일무장투쟁의 경험이 오늘날에도 끊임없이 강조되고 있다. 수많은 항일유격대 출신들이 자신들의 투쟁 경험을 회상기 형식으로 발간해낸 『항일 빨찌산 참가자들의 회상기』 1~12, 『인민의 자유와 해방을 위하여』 1~4 등이 단순한 역사교재로서가 아니라 북한 주민들의 생활의 전범(典範)이 담긴 학습교재로서 수십 년 동안이나 광범하게 읽히고 있다. 그 결과 "생산도, 학습도 항일유격대 식으로!"라는 구호가 오늘날에도 왕성한 생명력을 가진 채 북한 주민들의 생활 속에 침투해 들어가고 있다.[2] 또한 해방 이후 지금까지 김일성을 비롯한 항일유격대 출신들이 북한 지도집단의 중핵을 이루어왔으며 최근에 와서는 그들의 후예들에 의해서 이른바 '항일혁명 전통'의 사상적·혈통적 계승이 이루어졌다. 오늘날 북한사회에서 유일 사상으로 자리를 잡은 주체사상 역시 항일무장투쟁의 경험을 빼놓고는 제대로 이해할 수 없다는 것이 북한 문헌들의 입장이기도 한다.

한마디로 북한사회는 항일무장투쟁에 참가했던 지도자들을 매개로 항일무장투쟁의 '역사적 경험'을 해방 이후 북한사회의 건설과 밀접히 연결시켜서 바라보고 있는 것이다.[3] 따라서 북한의 논리대로라면 해방 후 혁명건설과정을 이끌어온 수많은 지도자를 배출한 항일무장투쟁시기는 이른바 '혁명전통'의 근원이며 북한사회주의의 전사(前史)라 할 수 있다.

물론 북한이 주장하는 이러한 항일무장투쟁의 '역사적 경험'이란 앞의 서술이 시시하는 바와 같이 단순한 일본제국주의에 대한 무력투쟁만을 의미하는 것은 아니다. 그것은 단순한 항일무장투쟁뿐만 아니라 그 과정에서 이루어졌던 유격근거지에서의 개혁들, 조국광복회 활동 그리고 항일무장투쟁 전기간에 걸쳐 견지되었던 반일민족통일전선에서 얻은 경험들을 총체적으로 표현하고 있는 것이다.

그러나 북한의 주장과는 달리 김일성을 중심으로 하는 북한 지도집단의 총체적 의미에서의 '역사적 경험'은 고사하고 항일무장투쟁의 사실조차도 강력히 부인하는 흐름이 또 한편에 존재하고 있다. 이러한 부정의 흐름이 지금까지 우리 사회에서 북한 연구의 주류를 이루어왔다. 뿐만 아니라 한국 근·현대사의 기술에서도 이러한 부정의 원칙이 철저히 관철되어왔다고 할 수 있다. 예컨대 국내의 대표적인 국사교과서라고 할 수 있는 『한국사신론』(일조각, 1985)이나 『한국통사』(을유문화사, 1979) 등에는 1930년 이후 만주에서 전개되었던 항일무장투쟁에 대해 전혀 언급이 없고 『한국민중사』Ⅱ(풀빛, 1986)의 경우도 겨우 2, 3쪽을 할애하고 있을 뿐이다.[4] 반면에 북한의 『조선전사』(과학백과사전출판사, 1979~82)는 전 33권 중 7권(제16권~제22권)을 여기에 할애하고 있다.

과연 어느 것이 진실인가? 만약 이 물음에 대해서 누군가 올바른 답을 제시할 수 있다면 그것은 지금까지 미결상태로 남아 있던 많은 문제들을 해결해줄 것이다. 이 물음에 대한 올바른 대답은 북한 역사에서 '김일성을 중심으로 하는 지도집단의 초기 정통성 문제' '북한사회주의 발전의 역사성 문제' '올바른 민족해방운동사의 정립 문제' '주체사상의 역사성 문제' 등 아직까지 제대로 정리되지 못한 문제들을 해명하는 중요한 실마리가 될 것이다. 물론 이 글이 이러한 거대한 작업을 완전무결하게 해낼 수 있다고 믿지는 않는다. 다만 이러한 규명작업의 필요성을 절감하면서 미숙하게나마 초보적인 발걸음을 내디딜 뿐이다.

이 물음에 대한 올바른 해명을 위해서 필자는 다음과 같은 점에 주목하면서 이 글을 전개하고자 한다.

첫째, 아직까지도 끊임없는 논쟁거리로 남아 있는 김일성을 중심으로 하는 북한 지도집단의 항일무장투쟁의 궤적을 실증적으로 규명해보겠다.

둘째, 위의 사실에 기초하여 북한 지도집단의 항일무장투쟁의 경험(유격근거지에서의 개혁, 조국광복회 활동 등)을 고찰해보겠다.

셋째, 항일무장투쟁의 경험들이 해방 직후 북한사회에서 진행된 '인민정권의 수립과정'에 미친 영향을 살펴보겠다.

2) 항일무장투쟁과 동만(간도지방)

이 글은 김일성을 중심으로 하는 북한 지도집단의 무장투쟁, 유격근거

표 1   간도지방 지역별 인구표(1930년 12월 현재)

국적별 \ 지역	연길현	화룡현	왕청현	훈춘현	계
조선인	195,242	102,674	40,101	50,349	388,366
중국인	50,770	5,984	22,853	38,295	117,903
계	247,785	108,731	63,108	88,989	508,613
전체 인구 중 조선인 비율(%)	78.7	94.4	63.5	56.6	76.4

자료: 『滿洲共産匪の硏究』(東京: 極東問題硏究所 出版會, 1939), 545쪽.
주: 장백현의 경우는 1939년 말 현재 전체 인구의 45.7퍼센트인 19,630명이 조선인이다.
　　(滿州國 通信社, 『滿洲國現勢』, 康德 8년; 水野直樹, 「ユミンテルン第7回大會と在滿朝鮮
　　人の抗日鬪爭―在滿韓人祖國光復會覺之書き」, 『歷史評論』, 1985년 7월호, 54, 57쪽에서
　　재인용).

지에서의 민주개혁, 조국광복회의 조직과 활동, 반일민족통일전선의 전개 등 이른바 항일무장투쟁의 '역사적 경험'을 연구대상으로 한다. 따라서 시간적 범위는 공산주의자들을 중심으로 만주에서 항일투쟁이 본격화되는 1931년 말부터 1945년 8·15해방까지의 기간으로 한다. 단 항일무장투쟁의 역사적 경험이 해방 직후 북한의 인민정권수립과정에 미친 영향을 살펴보기 위해서 1945년 8월 15일에서 1947년 2월까지의 기간에 대한 부분적인 검토가 있을 것이다.

그리고 연구의 공간적 범위는 김일성과 그의 동료들이 항일무장투쟁의 활동배경으로 삼았던 동만[5)]과 장백현을 중심으로 한 남만에 한정한다. 특히 이 연구의 중심적 공간범위가 될 동만과 장백지구는 다음과 같은 점에서 조선민족해방운동과 연관이 깊다.

첫째, 이 지역에는 표 1에 보이는 바와 같이 인구구성상 조선인이 절대다수를 차지하고 있었다.[6)]

이와 같은 조선인 인구의 절대적 우세의 당연한 결과로 이 지방을 중심으로 활동한 항일유격대의 성원 대부분이 조선인이었다(표 2 참조).

따라서 1934년 3월 이 지방에 근간을 두고 조직되는 '동북인민혁명군 제2군'은 항일무장투쟁과정에서 수차례 조직형태의 변화가 있었음에도

표 2   간도지방 중국공산당 직접행동원의 민족별 현황(1931년 2월)

지역 \ 민족별	조선인	중국인	계
연길현	220	20	240
화룡현	130	10	140
왕청현	150	20	170
훈춘현	20		20
계	520	50	570

자료: 姜德相 編, 『現代史資料』 30(東京: みすず書房, 1976), 8쪽.
주: 조선공산당 만주총국은 1930년 3월에 해체되었다.

불구하고 항상 조선인이 절대 다수를 차지하고 있었다.

둘째, 간도지방과 장백현은 각각 두만강과 압록강 상류를 끼고 지리적으로 조선과 인접해 있다. 비록 만주땅이기는 하나 이 지방의 경제·문화·사회적 관계는 거의 조선과의 연관 속에서 이루어졌다. 예컨대 1933년도 간도지방의 나라별 무역액을 살펴보면 조선과의 무역이 전체 수출의 약 99.6퍼센트, 전체 수입액의 67.2퍼센트를 차지한 반면 일본과의 무역은 전체 수출의 0.4퍼센트, 전체 수입액의 33.3퍼센트에 불과[7]할 정도로 이 지방은 사회·경제적으로 조선과 밀접한 관계에 있었다.

셋째, 이 지역에 거주하는 조선인의 사회적 관계의 열악성으로 말미암아 농민이 절대 다수인 이 지역의 조선인들은 어느 지역보다도 민족적·계급적 각성이 높은 수준에 있었다(이 지역에서 조선농민의 사회적 관계의 열악성을 극명하게 보여주는 민족별 토지소유 및 토지소유관계 현황은 표 3, 4 참조). 따라서 이 지역은 이미 1910년대부터 조선민족해방운동의 해외무장활동의 근거지 역할을 해왔다.

넷째, 장백현의 경우 1936년 5월 5일 창건되어 백두산 일대를 중심으로 활동한 조국광복회의 만주 쪽 근거지였다.[8] 장백현의 최남단인 압록강 상류지역에 집중적으로 모여 살고 있던 조선인 부락들이 조국광복회의 최초 조직작업의 대상지였으며, 조국광복회를 주도한 동북항일연군 제1로군 제

6사의 병력충원의 주요 공급지였다.[9] 참고로 당시 장백현 일대에서 조국광복회 조직을 통해 6사에 입대한 사람 가운데 최근까지도 북한에서 활동하고 있는 사람들을 살펴보면 김용연(1937년 여름 입대. 현 군상장, 최고인민회의 대의원), 김성국(1936년 가을 입대. 전대사. 현 최고인민회의 대의원), 전문욱(1937년 4월 입대. 현 강건종합군관학교 교장, 군상장), 조명선(1937년 여름 입대. 현 노동당 중앙위원, 최고인민회의 대의원), 이두익(현 노동당 군사위원, 군대장) 등이 있다.[10]

이상의 조건을 갖춘 동만(간도)지방은 만주사변(1931년 9월 18일 발발) 이래 조선인의 자치문제와 중국공산당 소속이었던 조선인 공산주의자들이 자신들의 위상을 놓고 중국공산당과 끊임없이 내연시켜온 갈등의 발원지였다. 이러한 갈등의 내연은 코민테른의 적극적인 지지 아래 조국광복회가 창건되면서 어느 정도 해소되었다. 그러나 만주에서의 조선인들의 사회적 관계의 열악성, 일제의 집요한 민족내부분열공작, 중국 공산주의자들을 포함한 중국인들의 민족배타주의 등은 항상 조선인 공산주의자들에게 민족문제를 생각하게 했으며 그때마다 동만의 조선민족이 그들의 사고의 대상이 되었으리라는 것은 불문가지의 사실이라 할 것이다.

이렇듯 해방을 맞이할 때까지 줄곧 이 지방을 중심으로 항전해온 조선인 공산주의자들에게 동만지방은 비록 일국일당주의의 원칙에 따라 중국공산당의 일원으로 투쟁하고 있으나 그들의 투쟁이 곧 조선해방을 위한 투쟁이라는 정신적 결의를 다지는 확실한 물적 담보물이었던 것이다.

3) 분석관점과 자료의 문제

이 글은 특정한 이론적 자원을 동원한 분석보다는 역사적 사실에 대한 올바른 파악과 연대기적 서술에 중점을 두면서 전개될 것이다. 다만 공산주의운동은 어느 상황에서나 근본적인 사회개혁을 추구하는 운동이라는 사실에 유념하여 항일무장투쟁을 전투 중심의 단순한 무력투쟁이 아닌 통일전선을 꾸려나가고 유격근거지에서 개혁을 실시하는 '정권 건설'의 측면을 좀 더 중요하게 부각시키는 이른바 '총체적인 조망'을 시도하고자 한다. 이러한 시도는 북한사회주의의 자기발전과정(이 속에 보편적 발전 메커니즘과 그 특수성이 담겨져 있을 것이다)에 대한 객관적 이해를 위해서 항일무장투쟁시기에 적용할 수 있는 필수적인 연구방법이라고 본다.

자료활용에 있어서 기본적으로 당시의 일제 관헌자료와 북한의 공식 간행물들. 그리고 중국에서 간행된 출판물들을 1차자료로 이용하고, 국내외의 각종 논문과 단행본들을 2차자료로 참고할 것이다. 이 글에서 필자가 활용할 1차자료의 종류별 장단점을 살펴보면 다음과 같다.

일제 관헌자료[11]: 이 자료들은 당시 만주지방과 조선의 지배자였던 일제가 효과적인 식민지 통치에 활용하기 위해 출판한 것들로 가장 중요한 자료가치를 지니고 있다. 그러나 이 자료들은 기본적으로 다음과 같은 한계를 갖는다. 첫째, 사건의 경우 피검자들이 죄를 덜기 위하여 사실을 위장 진술한 경우가 많다는 점이다.[12] 둘째, 이 자료들에는 당시 항일유격대 토벌에 나섰던 일본인들과 유격대에서 흘린 거짓 정보가 걸러지지 않고 사실과 혼재되어 수록되어 있다는 점이다. 이상과 같은 일제 관헌자료들의 한계를 극복하기 위해서는 북한·중국의 문헌들과 비교·검토하고 이 자료들을 정독하는 것이 필수적이라고 하겠다.

북한의 공식 간행물들: 김일성과 그의 동료들의 항일무장투쟁을 연구하는 데 있어서 무장투쟁의 주체였던 북한의 간행물들을 무시한다면 그것은 어불성설이 될 것이다. 그러나 문제는 북한 문헌들이 시기마다 항일무장투쟁의 내용을 조금씩 달리 기술하고 있다는 데 있다. 그 이유는 북한의 문헌들이 '사대'와 '파벌'로 얼룩졌던 과거와 단절하면서 '자주성'으로 요약되는 이른바 '주체사상'에 입각하여 역사를 재해석해온 데 기인한다. 이러한 역사의 재해석은 결과적으로 북한 문헌들의 신빙성을 떨어뜨리게 했으며 초기 간행물들과 최근 간행물들 사이에 나타나는 일부 내용과 문구의 차이들은 '가짜 김일성론'을 주장하는 국내외 연구자들의 좋은 표적이 되어왔다. 따라서 북한 문헌들을 참고할 때는 항일 무장투쟁시기에 대한 초기 문헌에서부터 최근의 문헌까지 비교해가면서 검토해보아야 한다.[13]

그러나 북한 문헌들을 자세히 검토해보면 사실에 대한 '과대포장'은 빈번하게 있어도 근본적인 '허위 날조'는 별로 많지 않다는 것을 알게 된다. 사실 북한 문헌들과 북한 문헌의 허위를 주장하는 연구자들 사이에 쟁점이 되는 역사적 사실들은 대부분 근본적으로 그 사실 여부의 문제라기보다는 역사해석의 문제(=사관의 차이)인 것들이 더 많다.

　이 문제에 관한 대표적인 예로는 1934년 3월에 창건되었다고 북한이 주장하는 조선인민혁명군 문제를 들 수 있다. 1934년 3월 중국공산당 동만특위가 동만 각 현의 반일유격대를 통일적으로 편성하여 동북인민혁명군 제2군 독립사를 창건한 것은 일제 관헌자료뿐만 아니라 모든 중국 문헌들에서도 확인되고 있다. 북한의 문헌들을 살펴보면 공식 역사서에서는 『조선민족해방투쟁사』(리나영 저)에서부터 이 부대를 조선인민혁명군이라 부르고 있다. 임춘추의 회상기에는 "동북인민혁명군 제2군은 당시 조선공산주의자들이 조직한 동만반일유격대를 기초로 하여 개편된 것으로 그 구성이 전부 조선 사람이었다. 그래서 중국 사람들은 조선인민혁명군 혹은 조선홍군 등으로 불렀다. 우리는 그 후 동북에서 활동할 때에는 동북인민혁명군이라고 했고, 조선에 나와서 활동할 때에는 조선인민혁명군이라고 불렀다"[14]고 기록되어 있다.

　여기에 대해서 이정식·스칼라피노는 그 구성이 전부 조선 사람으로 편성되어 있지 않았다는 것을 지적하고 있는데[15] 이것은 임춘추의 허위기술이라기보다는 착오였던 것으로 보인다. 왜냐하면 임춘추는 같은 책 다른 부분에서는 이 부대가 조선과 중국 두 인민으로 구성되었다는 사실을 밝히고 있기 때문이다.[16] 이러한 '조선인민혁명군론'은 1960년대까지만 해도 제대로 정착되지 않았다. 예컨대 『조선로동당력사교재』(1964년판)에는 인민혁명군으로 기술되어 있으며[17] 1968년판 백봉의 책에도 1936년 2월 남호두회의 이후 조선 북부 국경지대로 진출하면서부터 김일성의 항일유격대를 조선인민 혁명군으로 부르게 했다고 기술함으로써 결과적으로 1936년 이전의 조선인민혁명군 명칭의 사용을 간접적으로 부인하고 있다.[18] 그러나 1970년대에 들어오면서 1934년 3월의 조선인민혁명군 창설론은 정착되었다.

이상에서 살펴본 바와 같이 1934년 3월에 동만에서 창설된 것은 분명히 동북인민혁명군 제2군 독립사였다. 그리고 당시 김일성은 결코 이 부대를 창설할 수 있는 최고 지도자도 아니었다(김일성은 주요 간부였던 것으로 추측된다. 그가 제2군 독립사 3단 정치위원이 된 것은 1934년 9월부터이다). 따라서 김일성이 반일인민유격대를 조선인민혁명군으로 개편했다는 것은 명백히 사실의 왜곡이다.

그러나 이 부대를 조선인민혁명군이라고 부른다고 해서 그것이 역사적 사실의 날조라고 말할 수는 없을 것 같다. 왜냐하면 이 부대는 중국공산당 동만특위의 지도 아래 조직되었고, 공식 명칭도 동북인민혁명군 제2군 독립사였음에 틀림없으나 근본적으로 조선인이 절대 다수인 간도땅에서 절대 다수의 조선인 성원을 중심으로 조선인들에 의해서 구성된 인민혁명군이었다는 사실이 간과되어서는 안 되기 때문이다. 더불어 1936년 2월 남호두회의 이후 제2군내 조선인들에게는 공식적으로 조선해방이 그들의 제일의 목표로 설정되었기 때문이다. 오히려 임춘추의 설명이 타당성을 가질 수 있다고 본다. 즉 북한이 조선인 중심의 이른바 주체적인 항일무장투쟁사를 기록하고 있다는 점을 감안할 때 동북인민혁명군 제2군 독립사의 창건을 조선인민혁명군 창건으로 바꿔 부르는 것은 사실왜곡 여부의 문제가 아니라 역사해석의 문제라고 보는 것이 타당할 것이다.

중국 문헌들[19]: 1980년대 중국의 역사학 르네상스는 동북에서의 항일무장투쟁에 관한 여러 권의 연구서적들을 출판할 수 있는 공간을 제공했다. 비록 김일성이 중국공산당원이었다는 사실을 주체사관의 입장에서 부정하는 북한측의 공식 견해를 배려해서 김일성에 대해서는 언급하지 않는다는 방침[20]이 거의 관철되고 있으나 김일성과 그의 동료들의 항일무장투쟁의 궤적을 그려보는 데 매우 중요한 단서들을 제공하고 있다. 이 문헌들은 일제의 관헌자료를 이용함과 아울러 항일무장투쟁 참가자들의 증언과 당문서를 토대로 작성된 것으로 보인다. 이러한 중국 문헌들이야말로 지금까지 풀지 못했던 북한 문헌들의 주장과 일제관헌자료 사이의 불일치성, 국내외 김일성 비판자들의 주장의 진위 여부를 가려주는 데 중요한 역할을 하게 될 것으로 보인다. 그러나 높은 수준의 객관성 유지에도 불구하고 중국 문헌들은 기본적으로 동북에서의 항일무장투쟁을 중국공산당 중심으로 기술하고 있다는 점도 유념해야 한다. 즉 중국 문헌들은 동만에서의 조선인 항일무장투쟁을 조선해방을 위한 투쟁이 아니라 '중국공산당'의 승리를 위한 투쟁의 관점에서 바라보고 있다. 따라서 우리의 민족해방운동사에서는 중요한 역사적 사실들이 중국 문헌들에서는 배제되어 있는 경우가 허다하다. 따라서 중국 문헌들 역시 일본 문헌들과의 비교·검토 속에서 다루어져야지 그 자체로 자기완결성을 갖는 완전한 자료라고 할 수는 없을 것이다.

이상에서 살펴본 문헌들을 종합적으로 비교·검토하고 나서 필자는 당시 만주상황에서 중요한 변수들, 즉 중국공산당의 만주정책, 코민테른의 대만주관계, 특히 간도문제에 대한 관심, 만주국의 성립과 관동군의 증강 추이, 소련의 대항일유격대 관계 등의 객관적 조건들을 염두에 두면서 이 글을 전개해나가고자 한다.

요컨대 이 글에서 택할 분석방법이란 한마디로 이데올로기적 편향에서 벗어나 과학적이고 객관적인 시각을 견지하면서 각종 1차자료들을 정확하게 비교·검토하되 단순한 문헌 중심의 해석에서 벗어나 당시의 역사적 상황을 결합하여 분석하는 것이라고 하겠다.

2. 기존 연구에 대한 비판적 검토

1) 시각문제

우리가 북한사회를 올바로 바라보기 위해서는 무엇보다도 먼저 북한사회의 자기발전과정을 객관적으로 살펴보아야 한다. 자본주의 사회와는 분명히 다른 북한사회주의의 독자적인 자기발전과정을 보편성과 특수성의 동시적 고려 속에서 살펴보려는 시도야말로 과학적 북한 연구의 전제라

하겠다. 그러나 지금까지 우리 사회에서 진행되어온 북한 연구의 시각은 대부분 이러한 과학성을 담보하지 못했다고 할 수 있다.

기존의 북한 연구시각은 대체로 두 가지로 대별해볼 수 있다. 먼저 '반공'이라는 이데올로기적 선입관을 가지고 북한을 인식하는 연구시각을 들 수 있다. '김일성 괴뢰집단' '피의 숙청을 통한 정권의 유지' '혹독한 감시체제' '광적인 개인숭배의 강요' 등을 통해 북한사회를 보려는 이러한 시각은 기본적으로 전체주의적 관점에 기초하고 있으며 우리 사회의 관변연구계를 대표하고 있다고 볼 수 있다. 연구자마다 정도의 차이는 있으나 기본적으로 이들에게 있어서 1930년대 이후 만주에서 치열하게 전개되었던 젊은 공산주의자들에 의한 항일무장투쟁은 기껏해야 '습격' '약탈' '주민납치' 이상의 의미를 갖지 못한다.[21]

그리고 이러한 이데올로기적 편견은 종종 연구자로 하여금 사실마저도 외면하게 하거나 상상을 초월하는 실수를 저지르게 한다. 기존의 국내 연구서들 가운데 가장 권위를 인정받고 있는 김준엽·김창순 공저『한국공산주의운동사』5에서조차도 이러한 실수는 쉽게 발견된다. 이 책은 조국광복회 조직이 동북항일연군 제6사 사장 김일성을 중심으로 움직였음을 시사하는 내용이 담긴 일제의 관헌자료들[22]을 몇 차례 인용하면서도 끝내 김일성이 조국광복회를 주도했다는 것을 부인함으로써 사실을 애써 외면하고 있다.

또한 이 책은 1952년 4월 15일자『로동신문』전 4면에 걸쳐 실린「김일성 장군의 략전」을 북한 최초의 공식 전기로 보면서 이 전기가 조국 광복회 10대 강령 중 일부를 변조시켰다고 왜곡된 주장을 하고 있다.[23]「김일성 장군의 략전」이 조국광복회를 자주적인 민족혁명운동단체였던 것처럼 꾸미기 위해 10대 강령 제2항을 변조시켰다는 것이다. 그러면서 이 책은 변조된 강령 제2항의 내용으로 엉뚱하게 10대 강령 제3항의 내용을 제시하고 있다.[24] 필자는 당시『로동신문』을 찾아본 결과 1952년 4월 15일자『로동신문』은 결코 조국광복회 10대 강령을 변조해놓지 않았음을 확인했다. 김일성 생일 40주년 기념특집으로 게재된「김일성 장군의 략전」에는 조국광복회 10대 강령 중 항일혁명 성공 후 '중국 영토내(구체적으로는 간도)에서의 조선인 자치의 실현'을 천명한 제2항을 제외한 9개 항만을 소개하고 있는 것이지 제2항을 다른 내용으로 변조시켜놓은 것은 아니다. 이 전기에서 조국광복회 강령을 소개한 부분을 그대로 옮겨보면 다음과 같다.

김일성 장군이 30년대의 우리 나라의 현실에 있어서 경제적·정치적 및 무장적 투쟁을 어떻게 결부시켰으며 인민 각계 각층의 통일전선에 기초하여 빨찌산투쟁을 광범한 인민대중 속에 어떻게 뿌리박았으며 우리 나라의 장래전망과 지향을 어떻게 천명했는가 하는 것을 알기 위해서는 그가 작성한 조국광복회 강령을 상기할 필요가 있다. 조국광복회 강령에는 "조선 민족의 총동원으로……(인용자가 생략한 내용은 제2항을 제외한 9개의 조국광복회 강령—인용자주)……친선을 유지할 것" 등 기본 문제들이 제기되었다.

이 인용문을 보면 우리는 이 전기가 조국광복회 10대 강령 중 제2항을 소개하고 있지 않다고 해서 그것이 곧 강령 제2항을 부정하고 있는 것이 아님을 쉽게 알 수 있다. 단지 글의 전후 맥락상 필요하지 않은 항목을 뺀 것에 불과하다. 사실 북한의 문헌들은 『한국공산주의운동사』5에서 제시하고 있는 조국광복회 10대 강령과 제2항을 포함한 모든 내용이 기본적으로 같은 10대 강령을 1946년부터 지금까지 줄곧 제시해왔다.[25] 굳이 이 전기에서만 제2항을 변조시키거나 부정할 이유는 전혀 없는 것이다.

이러한 왜곡된 서술을 지난 10여 년 동안이나 고치지 않고 고집해온 이 책[26]은 항일운동사에서 김일성의 역할을 축소시키기 위해 조선 해방을 위해 조선인들이 만든 항일민족통일전선체인 조국광복회를 전적으로 일제 관헌자료에 의거하여 "중국 공산당이 영도하는 동만특위의 지시에 의한" 비주체적인 조직이었음을 강변하고 있다.[27] 요컨대 김준엽·김창순의『한국공산주의운동사』5는 김일성을 부정하기 위해서 1930년대 후반 조국광

54

복회를 중심으로 광범하게 전개되었던 민족해방운동의 역사적 의의마저도 축소시키는 이른바 교각살우(矯角殺牛)의 우(愚)를 범했다 할 것이다. 우리는 여기서 이데올로기적으로 편향된 시각 자체가 역사적 사실마저도 왜곡시킬 수 있는 가능성을 보는 것이다.

기존의 북한 연구에서 나타나는 또 다른 시각으로는 기본적으로 반공적 편향을 완전히 벗어나지는 못하나 어느 정도 북한사회를 객관적으로 보려는 연구시각이 있다. 주로 미국에서 북한을 연구한 국내외 한국 학자들이 주류를 이루고 있는 이러한 시각은 반공적 시각에 비하면 훨씬 객관적인 면을 가진다. 이들은 자료 해석에서 어느 정도 객관성을 유지함으로써 항일무장투쟁시기의 김일성과 그의 동료들의 항일무장투쟁을 대체로 인정하고 있다. 또한 해방 직후에 있어서도 대체로 소련의 지배력과 함께 김일성을 중심으로 한 북한 지도집단의 지도력을 인정하고 있다.

이러한 시각에서 쓰인 저서로 가장 선구적인 것은 이정식·스칼라피노 공저 『한국공산주의운동사』 1·2·3과 최근 발간된 서대숙의 『북한의 지도자 김일성』(청계연구소, 1989)을 들 수 있다. 이 책들은 풍부한 자료의 인용과 비교적 객관적인 해석을 통해서 이전의 연구수준을 훨씬 뛰어넘은 수작들이다. 특히 서대숙의 『북한의 지도자 김일성』의 경우 지금까지 발표되지 않았던 풍부한 자료들을 활용하여 구체적인 상황들에 대해서 돋보이는 사례들을 제시함으로써 기존의 북한 연구를 진일보시켰다고 할 수 있다. 서대숙은 이 책에서 광범한 자료를 인용하여 우리 사회에 널리 유포되어 있는 '가짜 김일성론'의 허구성을 지적하면서 현재의 김일성이 항일무장투쟁시기에 동북항일연군 제1로군 6사 사장과 제2방면군 군장으로 활약했던 진짜 김일성임을 객관적으로 확인하는 중요한 작업을 성공적으로 마치고 있다.

그러나 연구자마다 어느 정도 차이는 있으나 이러한 연구시각은 기본적으로 자본주의 체제의 운동법칙과 인식틀을 가지고 사회주의 국가인 북한을 바라봄으로써 중대한 한계를 안고 있다. 즉, 이 책들은 정도의 차이는 있으나 대체로 한국공산주의운동사를 분파투쟁에 중점을 두고 관찰함으로써 항일무쟁투쟁시기 유격근거지에서 이루어진 개혁이나 반일민족통일전선의 전개과정 등 핵심적인 요소들을 간과했다. 또한 해방 후 북한 공산주의운동사의 기술에서도 민주개혁(1946. 2~47. 2), 사회주의개조(1947~58), 자립적 민족경제 건설(한국전쟁 이후) 등 북한 사회주의 발전의 중심적인 주제들을 경시하는 한계를 드러냈다. 또한 김일성과 그의 동료들의 항일무장투쟁이 간도지방을 중심으로 하는 조·중 국경 부근에서 전개되었다는 사실이 갖는 의미도 대체로 간과하고 있다. 따라서 이 책들은 몇 가지 중요한 공헌에도 불구하고 북한사회의 발전과정을 토대와 상부구조의 연관성 속에서 바라보지 못하고 단순히 상부구조 중심으로 관찰함으로써 결국 대중운동과 함께 성장해온 북한사회의 참모습을 밝히는 데는 크게 미흡했다고 할 수 있다.

2) 자료 활용의 문제—'가짜 김일성론'과 '피의 숙청론' 검토

북한 연구에서 반공이데올로기에 경도된 편협하고 부정적인 시각은 자료 활용에서도 대개 자신의 구미에 맞는 자료만을 자의적으로 선택함으로써 필연적으로 시각의 문제와 더불어 자료 활용의 문제라는 이중의 오류를 범하게 된다. 이러한 이중적 오류의 대표적인 산물로는 이명영 교수의 저서들을 들 수 있다.[28] 여기서 이 교수의 대표적 주장인 가짜 김일성론의 허구성을 살펴보자.

"『김일성열전』은 중공당 유격대장 김일성과 북한 김일성과의 동일인 여부를 캐는 것을 핵심과제로 삼았으며 동일인이 아니라는 결론을 내렸다"[29]라고 이 책 출판 10년 뒤에 한 이 교수의 자신감 넘친 진술에서도 보이듯 『김일성열전』은 근본적으로 가짜 김일성론을 고증하기 위해서 쓰였다. 또한 『재만한인공산주의운동연구』는 가짜 김일성론을 전체 재만 한인 공산주의자들의 활동공간 속에서 입증해보기 위하여 시도된 것으로 보인다. 이 책들에서 이 교수는 방대한 일제 관헌자료들을 중심으로 북한의 현재 김일성은 항일무장투쟁시기에 활동했던 동북항일연군 제1로군 6사장(항일유격대에서의 1대 김일성)도 동북항일연군 제1로군 제2방면 군장

(2대 김일성, 1938년 이후)도 지낸 일이 없는 가짜 김일성임을 고증하고 있다.

먼저 이 교수는 이른바 '혜산사건'으로 검거된 조국광복회 회원들을 취조하여 얻은 정보 등을 싣고 있는 일제 관헌자료를 인용하여 "제1대 김일성은 1934년 동북인민혁명군 제2군 2사가 성립될 때 정치위원으로부터 시작하여 제2군 3사장을 거쳐 항일연군 제6사장으로 있었던 사람으로 1937년 현재 36세로 함남 태생의 모스크바 공산대학 출신이었으며 1937년 11월 13일 무송현 양목정자에서 전사했다"[30]고 주장하고 있다. "최현 역시 1938년 2월 무송현에서 전사했으며 장년의 사나이였던 최현이 죽자 24, 5세의 청년이 대를 이어 그 부대를 지휘하며 최현이라고 행명(行名)했다"[31]고 한다. 그리고 제2대 김일성은 "용정 대성중학 출신으로 소련에 들어가 적군사관학교를 졸업하고 사관으로 있다가 제6사장 김일성이 죽은 다음인 1938년 봄 그 후계자로 파견되어 김일성을 승명(承名)했다"[32]고 한다. 그는 1938년 4월부터 부대를 이끌고 활동하다가 1939년 초에 조직 개편된 항일연군 제1로군 제2방면 군장이 되었으며 1940년 12월 일제의 토벌을 피해 소련으로 입소했으나 1944년에서 1945년 사이에 소련에서 죽었을 것"[33]이라고 이 교수는 주장하고 있다.

따라서 현재 북한의 김일성은 가짜라는 것이다. 근거가 지극히 박약한 일부자료와 증인들을 동원하여 가짜 김일성론을 완성한 이 교수의 주장은 과연 사실일까? 만일 그의 주장이 잘못된 것이라면 그 근거는 무엇인가? 필자는 여기서 다음의 몇 가지 논거를 들어서 이 교수의 주장이 잘못된 것임을 입증하고자 한다.

첫째, 이명영 교수의 주장이 허위이고 오늘의 김일성이 진짜임을 정확히 밝혀주는 일제 관헌자료가 남아 있다. 이 교수는 현재의 김일성이 자신이 규명해낸 1대, 2대 김일성과 전혀 다른 인물임을 밝히기 위해서 방대한 증인들을 동원해 현재의 김일성이 '평안남도 대동군 고평면 남리'에서 출생하여 어릴 때 만주로 건너갔다는 것을 증명했다.[34]

이 교수는 북한측이 그의 주장을 반박할 만한 자료를 가지고 있으면 제시해보라면서 자신의 연구 결과에 대해서 강한 자신감을 나타내고 있다.[35] 그러나 이명영 교수는 김일성이 주도한 조국광복회의 기간조직이 붕괴되는 이른바 '혜산사건'[36]을 다룬 일제 관헌자료인 『사상휘보』 20호의 다음 내용을 지나침으로써 자신의 주장을 허구화시킬 수 있는 위험에 대비하지 못했다. 즉 혜산사건이 언급되어 있는 『사상휘보』 14, 18호를 정리한 『사상휘보』 20호에는 조국광복회를 주도하고 있던 김일성의 출신에 대한 정보기록이 다음과 같이 나타나 있다.

함경남도 국경지대 압록강 일대에 할거하고 있는 이른바 김일성일파로 칭하는 무장단은 동북항일연군 제1로군 제2군 제6사로서 김일성(金日成)을 사장, 위민생[37]을 정치위원으로 하는 조선인과 중국인 혼합의 무장단이며 김일성의 신원에 대하여는 여러 설이 있으나 본명은 김성주(金成柱), 당 29세, 평안남도 대동군 고평면 남리 출신으로 어렸을 때 실부모를 따라 간도방면으로 이주하여 이 지방에서 성인이 되어 무장단에 투신한 조선인이라는 것이 가장 확실한 것이며……[38]

이 교수는 이 문헌을 간과하고 지나침으로써 그의 '가짜 김일성론'을 완성시킬 수 있었던 것이다. 결국 이명영 교수는 '가짜 김일성론'을 합리화하기 위해서 『김일성열전』을 썼으나 그가 활동상황을 자세히 규명해놓은 항일유격대의 제1대, 2대 김일성이 모두 현재의 김일성과 동일 인물임이 증명됨으로 해서 역설적으로 '오늘의 북한 김일성열전'(비록 악평가의 입장이기는 하지만)을 완성한 격이 되었다.

둘째, 이명영 교수의 주장과는 달리 중국의 문헌에서도 김일성의 항일무장투쟁 경력을 인정하고 있다.

이 교수는 최근 중국에서 출판된 문헌들에 김일성의 이름이 전혀 등장하지 않는 것으로 보아 중국에서조차 김일성의 항일무장투쟁 경력을 완전 무결할 정도로 부정하고 있다고 주장하고 있다.[39] 앞에서 밝혔듯이 중국 문헌들이 김일성의 이름을 거명하지 않은 것은 김일성이 중국공산당의 지휘계통에서 항일무장투쟁을 전개했다는 사실을 부정하고 있기 때문에 그에 대한 배려에서 출발하고 있는 것이다. 아마 조금만 신중한 연구자라면 우리가 접할 수 있는 중국 문헌의 어느 곳에도 김일성의 직책이었던 동북항일연군 제1로군 제6사장이나 제2방면 군장 자리에는 항상 이름이 비워져 있음을 쉽게 발견할 수 있을 것이다.

그러나 중국의 문헌들이 김일성을 전혀 언급하지 않은 것은 아니다. 『위만주국사』(爲滿洲國史)나 『동북항일연군제2군』(東北抗日聯軍第二軍)과 같은 중국 문헌을 보면 후기 형식으로 김일성의 만주에서의 항일무장투쟁에 대해서 언급하고 있다. 참고로 『동북항일연군제2군』의 김일성 언급부분을 인용해보기로 한다.

항일연군제2군의 항일투쟁도 다른 항연부대와 마찬가지로 조선공산주의자와 혁명가의 국제주의적인 지원을 받았다. 조선 인민의 위대한 수령 김일성 주석을 대표로 하는 많은 조선족 동지들이 동북항일연군제2군의 항일투쟁에 참가하여 제2군의 건립과 발전에 지대한 공헌을 했다. ……조선족 동지들은 김일성의 지휘하에 몇 차례 압록강을 건너 조국땅에서도 적을 습격했다. 1937년 6월 4일의 보천보전투는 조선 인민의 민족해방운동의 위대한 역량을 보여주면서 일본 식민지 통치하의 조선 인민에게 광명과 희망을 주었다. ……예를 들면 항일연군 1로군 부사령 겸 2군 정위 위증민과 김일성의 전우애는 매우 감동적이었다. 강고한 투쟁 속에서 위증민이 위장병으로 몸이 쇠약해지자 그를 보고 마음을 놓지 못한 김일성은 부하에게 지시하여 어떻게 해서든지 위증민을 위하여 밀영을 만들고 약품을 구입하고 영양 상태를 개선하도록 했다. 어느 해는 설이 가까워오자 위증민이 김일성을 초청하여 함께 설을 쇨 준비를 했다. 그는 전사에게 지시하여 통조림깡통으로 만든 재래식 국수기계를 이용하여 냉면을 만들고 김일성 등 조선족 동지를 초대했다. 김일성은 위증민의 병세가 위급함을 알고 그에게 휴식을 권유하고 경호원에게도 위증민을 쉬게 하도록 지시했다. 후에 김일성이 눈 속을 행군하다

가 동상에 걸렸다는 소식을 듣고 위증민은 매우 걱정하며 시간을 짜내어 몸소 김일성을 방문했다.[40]

특히 여기서 우리가 주목할 만한 사실은 최근의 중국 문헌에서는 이미 사망한 동북항일연군 출신 북한 지도자들의 이름을 직접 거명하고 있다는 것이다. 1988년 6월 발간된『연변당사 사건과 인물』에는 이전의 중국 문헌에서는 언급이 없던(그들의 직위는 김일성과 마찬가지로 공란 혹은 ××로 처리되어 있었다) 최현, 오백룡, 임춘추 등 1980년대 사망한 북한 고위 지도자들의 직위나 활동내용이 기록되어 있다.[41]

설령 이 교수의 주장대로 중국 문헌에 김일성의 이름이 전혀 나오지 않은 것이 현재의 김일성을 부정하는 것이라면 같은 논리로 이 교수가 고증한 1·2대 김일성도 중국 문헌에 나오지 않는 것으로 보아 이것은 그의 공들인 연구성과를 모두 부정하는 것이 된다. 한마디로 말해서 김일성을 가짜로 만들기 위해서 자신의 학문적 성과마저도 포기할 수 있는 극단적인 이데올로기 편향의 모습을 우리는 여기서 보고 있는 것이다.

셋째, 이른바 '김일성 행명론(行名論)'의 논리적 무모성을 지적할 수 있다.

이명영 교수는 김일성이나 최현이 죽었을 때 그들의 이름을 따서 제2대 김일성, 제2대 최현이 출현했다고 주장하고 있다. 그렇다면 커다란 하나의 의문이 생기지 않을 수 없다. 항일무장투쟁기간 중 중국공산당 지도자들은 말할 것도 없고 조선인 지도자들 중에도 김일성이나 최현에 버금가는 지도자들이 무수하게 죽어갔다.

그러나 이홍광(동북인민혁명군 제1군 제1사 사장, 1935년 5월 전사), 이동광(남만성위조직부장, 1937년 6월 전사) 등의 뛰어난 조선인 지도자들이 전사했을 때 그들의 이름을 따서 제2의 이홍광, 제2의 이동광이 출현했다는 이야기를 들어본 사람은 없을 것이다. 오늘날 중국 문헌에서도 항일무장투쟁기간 중 수많은 명망 있는 중국인 지도자들이 죽어갔지만 어디에도 죽은 이의 이름을 딴 제2의 인물이 출현해서 죽은 이의 역할을 대신

했다는 기록은 없다. 그렇다면 유독 김일성과 최현만이 죽어서도 그들을 대신할 제2의 김일성, 제2의 최현이 나올 수 있는 것일까?

넷째, 현재의 김일성과 함께 항일무장투쟁을 전개했던 많은 증언자들이 아직도 생존해 있다는 사실을 지적할 수 있다.

북한에서는 1956년 절정에 달했던 '반종파 투쟁' 이후 본격화된 이른바 '항일혁명전통' 강조의 일환으로 1959년부터 『항일 빨찌산 참가자들의 회상기』를 포함한 수많은 항일유격대원들의 회상기를 발간해왔다.

이 회상기 저술에 참여한 인물들만 100여 명에 이르는데 이들은 거의 대부분 항일무장투쟁기간 중(동북항일연군 교도려 시절 포함) 김일성과 생활한 적이 있는 사람들이다.

일제관헌자료나 최근 발간되고 있는 중국 문헌들과 비교해보면 우리는 이들의 회상기가 자료가치가 충분한 사실적인 내용을 담고 있음을 확인할 수 있다(단 김일성 관련부분은 약간의 과장이 섞였다고 본다). 특히 최근 한국을 방문한 항일무장투쟁 시절의 여전사 중국교포 이민의 증언(그녀는 김일성과 동북항일연군 교도려에서 3년간 함께 생활했다)이나 1950년대 북한에서의 반김일성운동의 주역 중의 하나였던 이상조의 원한 맺힌 증언을 듣는 가운데 함께 증언한 한막스와 이문일(전 노동당 중앙위원)의 진술내용에서도 우리는 현재의 김일성이 진짜 김일성임을 확인할 수 있다.[42]

한마디로 이명영 교수의 실패는 허위정보로 가득 찬 일제 관헌자료를 맹신한 데서 왔다고 볼 수 있다. 와다 하루키의 지적대로 그의 책들은 "그 당시 토벌작전에 참가했던 일본인들이 김일성부대가 흘린 거짓 정보에 얼마나 현혹되어 있었는가를 전해주는 자료로서 읽어야 할 것"[43]이다.

그렇다면 아직까지도 시중에 광범하게 유포되어 있는 '가짜 김일성론'의 생성 배경은 무엇일까? 이 문제에 대해서는 가짜 김일성론이 제기되는 초창기인 1946년 4월 8, 9일자 『해방일보』에 「조선이 낳은 청년 영웅, 내가 아는 김일성 장군」이라는 제하의 2회 연속기사의 내용을 살펴보면 그 해명이 충분하리라고 본다. 따라서 이 기사의 내용을 요약해 보기로 하겠

다.[44]

　이 글의 필자 권용호는, 김일성에 대해서 가짜니 2세니 하는 등 횡설수설의 풍설과 억측이 나도는 이유는 첫째 그렇게 유명한 장군이 나이가 어리다는 데서 나온 평범한 해석이며, 둘째 친일파·반역분자들이 진보적 민주주의 진영에 일대 타격을 주기 위한 좋은 재료로 선전하는 야비한 의도로 보고 있다. "필자가 만주에 있을 때 김일성 장군의 부대가 일본군을 보기 좋게 격파했다는 기사가 수없이 신문에 특호활자로 기재되었다. 장군의 이름과 연령이 씌어 있는데 공교롭게 나이가 필자와 연갑(年甲)인 까닭으로 언제든지 장군의 기억이 새로웠다"고 김일성의 활약을 기억하고 있는 필자는 조선내에서 '김일성장군'을 잘못 해석하는 이유를 다음과 같이 들고 있다. 먼저 "김일성 장군이 국외인 만주에서 활동했기 때문으로 동만 동포들은 대개 그의 연소함을 알고 있었으므로 50여 세니 2세니 하는 말은 전혀 없었으나" 조선내에서는 "조선재래의 관습에 따라 연장자는 무엇이든지 안다는 우월감이 장군을 잘못 해석하게 했다"는 것이다. 또한 일제의 정치가들의 나이가 대부분 60, 70세인 까닭에 김일성 장군도 노년일 것으로 생각하고 있었다는 것이다.

　다음에는 정확한 자료에 근거하지 않은 채 거의 중상모략으로 일관하면서 쓴 임은의 저서 『북조선왕조 성립 비사』(그럼에도 불구하고 이 책은 김일성의 항일무장투쟁 경력은 대체로 인정하고 있다)를 검토 해보자. '피의 숙청을 통해 권좌에 오른 김일성'의 권력장악과정을 그린 이 책은 객관적인 자료의 뒷받침 없이 목적의식적인 자의성을 가지고 쓴 대표적인 글이라고 할 수 있다. 이 책의 내용 중에서 특히 김일성의 정적 숙청과정은 가히 김일성을 살인마로 연상시키는 데 충분할 만큼 극적으로 묘사되어 있다. 이 책은 김일성이 권력장악을 위해 자행한 피의 숙청이란 '사형이나 지방으로 유형 후에 처형하는 것과 같은 궁극적인 죽음'이라고 소개하면서 김일성에 의해 숙청당했다는 무수한 인사들(여기에는 김일성의 반대파뿐만 아니라 항일무쟁투쟁 시기의 그의 동료들도 다수 포함되어 있다)을 열거하고 있다.[45]

한마디로 이 책을 읽다 보면 지금까지 북한사회의 지도자로 부각되었던 사람들 중에 자연사(自然死)한 사람은 극히 행운아라는 생각이 저절로 들 만큼 이 책은 '김일성의 광기 어린 피의 숙청'을 폭로(?)하고 있다. 이 책은 북한사회에서 요직에 있다가 장기간 활동 상황이 포착되지 않은 인물들은 예외 없이 피의 숙청을 당한 것으로 보고 있다. 그러나 최근 국내외에서 발간된 북한관계 인명사전들[46]은 이 책이 주장하는 내용의 허구성을 잘 보여주고 있다. 이 인명사전들은 임은이 김일성에 의해 숙청했다고 수차례 강조한 최광, 최용진, 이용호[47] 등이 멀쩡하게 살아 있음을 확인해주고 있다. 최광은 1981년 3월 정무원 부총리를 거쳐 1988년 2월에는 25년 만에 군 총참모장에 재기용되었다. 최용진도 1980년 10월에 열린 노동당 제6차 대회에서 당 중앙위원으로 선임되었다.

이 책에서 임은은 강태무(1948년 육군 소령으로 월북한 인물)가 학살되었다고 단언[48]했으나 그도 1981년 10월 현재 양강도 행정위원회 부위원장으로 공직활동을 하고 있는 것으로 확인되었다.[49]

자신을 공산주의자라고 소개하면서 김일성에게 박해를 받고 망명한 조선인인 것 같은 분위기를 풍기는 임은의 정체에 대해서는 의문이 많다. 일반적으로 그의 본명이 1947년 북조선 광산노동자 직업동맹의 책임자였으며 현재 소련에 살고 있는 허진으로 알려져 있으나 와다 하루키는 확증할 수는 없지만 그가 소련에 거주하는 사람이 아닐 것이라는 주장을 펴면서 몇 가지 논리를 대고 있다. 즉 '미국의 연구자들 사이에 나돌고 있는 한글로 된 육필 원고의 사본을 보면 표지에 임은의 인장과 허진의 인장이 찍혀 있으며, 원고용지는 일본제이고 쓰인 한자는 현대 중국의 약식 한자가 섞여 있다'는 것이다.[50] 임은의 정체에 대한 의구심은 단순히 이러한 원고지나 그 필체의 종류에서만 출발하는 것이 아니다. 근본적으로 자신을 조선혁명가라고 주장하는 공산주의자가 썼다고 보기 어려운 문구들이 책의 중간중간에 나타나기도 한다. 그 대표적인 예를 하나 들어보자.

변증법은 사회의 사물이 서로 상반되어 있음을 설명하고 있다. 바로 그와 같은 것이다. 남과 북으로, 양과 음으로, 민주와 독재로 남북한은 서로 다른 조류를 타고 흐르기 시작했다.51)

이러한 문구들을 어떻게 이해해야 할까? 임은이 공산주의자라면 이러한 말이 어떠한 의도로 쓰였는지 지극히 의심스럽다.

지금까지 필자는 우리의 북한 연구계에 크게 영향력을 미치고 있는 몇몇 책들을 중심으로 기존의 북한 연구에서 나타나고 있는 시각과 자료 활용상의 몇 가지 문제점을 살펴보았다. 필자의 생각으로는 '허위날조'와 '과대포장'의 개념은 근본적으로 다르다고 본다. 오늘날 우리 사회의 북한 연구자 가운데 항일무장투쟁시기에 대한 북한의 역사기술이 정확한 고증에 바탕을 둔 전적으로 신뢰할 만한 것이라고 생각하는 사람은 거의 없다. 누구나 최소한 과대포장은 인정하게 마련이다. 그러나 과대포장은 있는 사실에 대한 역사해석의 문제에서 발생하는 것이지 결코 없는 역사의 날조를 의미하는 것은 아니다. 따라서 우리 사회의 북한 연구계에 잠복해 있는 허위날조와 과대포장 주장 사이의 팽팽한 긴장은 논의를 통해 해소되어야 한다. 감정적인 구호로는 진상이 밝혀질 수 없으며 오직 올바른 시각과 정확하고 풍부한 자료의 활용이 결합되어 도출한 결론만이 해결의 실마리를 제공할 것이다.

3. 항일무장투쟁의 전개과정

1) 유격근거지에서의 무장투쟁

(1) 민주사변 전후의 동만

1930년에 들어서면서 전체 주민의 76퍼센트가 조선인이면서도 민족적·계급적 차별과 냉대에 시달리고 있던 간도지방의 조선인들 사이에는

표 3　　　　　　　민족별 토지소유 현황(1933년 현재)　　　　(단위: 정보)

민족별＼구분	전체면적 인구	인구 1인당 토지소유면적
조선인	139,779	0.34
중국인	113,132	1.05
계	252,911	

자료: 『滿洲共産匪の硏究』, 141쪽.

표 4　　　　　　민족별 토지 소유관계 현황(1931년 현재)　　　　(단위: %)

민족별＼구분	지주	자작농	자작 겸 소작농	소작농
조선인	7.1	36.3	25.4	31.2
중국인	43.7	32.6	10.0	13.7

자료: 『滿洲共産匪の硏究』, 554쪽.

만주의 여타 지방에서 볼 수 없는 급진적 혁명의 분위기가 강하게 감돌고 있었다. 이러한 혁명적 분위기는 1930년 3월 조선공산당 만주총국이 해체되면서 중국공산당에 가입한 조선인 공산주의자[52]들의 주동으로 5·30폭동을 유발시키기에 이른다.[53] '좌경 이립삼 노선'의 영향을 받으면서 진행된 5·30폭동은 비록 사후에 급진 좌경주의로 낙인찍히기는 했으나 근본적으로 만주땅에서 조선 농민의 고뇌와 그 속에서 싹튼 혁명성을 극명하게 보여주는 좋은 본보기였다. 다음의 표 3, 표 4는 당시 간도에서의 조선 농민의 민족적 차별대우와 사회경제적 관계의 열악성을 잘 보여주고 있다.

따라서 "일본제국주의를 타도하자!" "지주의 토지를 몰수하여 민족 차별 없이 빈고 농민들에게 나누어주자!" "소비에트 정부를 수립하자!"[54]는 구호에서 볼 수 있듯이 만주의 조선인 농민들에게 타도 대상은 일본제국주의뿐만 아니라 중국인 지주들도 포함되어 있었다. 그렇기 때문에 '지주 타도'라는 구호는 충분히 설득력을 가질 수도 있는 것이었으나 '조선인＝

소작농' '중국인=지주'라는 등식이 일반화되어 있고 간도 거주 중국 농민의 43.7퍼센트가 지주인 상황에서 이 구호는 일본제국주의라는 공동의 적을 앞에 둔 조선민족과 중국 민족 사이를 분열시킬 수 있는 소지를 충분히 안고 있는 것이었다. 이러한 두 민족간의 심리적 갈등은 뒤에 일제가 '간도자치공약' '민생단 조직' 등의 기만적인 술책을 만들어내는 바탕이 되었으며, 이 술책들을 통해 일제는 민족간 갈등뿐만 아니라 민족 내부의 갈등도 심화시킬 수 있었다. 요컨대 간도 지방에서의 특수한 지주-소작관계의 성격은 조선인과 중국인 사이에 표출되는 민족간 갈등의 중요한 발원지였으며, 이로 인해 일제는 이이제이(以夷制夷) 전략을 구사하여 효과적으로 동만주를 통치해나갈 수 있었던 것이다.

이러한 동만의 분위기 속에서 1931년 9월 만주사변(9·18사변)이 일어났다. 만주사변이 일어나자 중국공산당 중앙(이하 중공당중앙)은 9월 23일 국민당 정부를 타도하고 일본 및 모든 제국주의에 반대하는 민족혁명전쟁의 전개를 호소하면서 공산주의자의 임무로 소비에트구의 확대와 소비에트 혁명 노선을 제기했다.[55] 그러나 이때까지만 해도 중국공산당에서는 "만주사변이 일제의 중국 침략의 시작이며 이것으로 민족의 위기가 발생하고 있다"는 인식을 제대로 하지 못하고 있었다.[56] 비록 9월 22일의 결의문에 "파업과 파시로써 일본제국주의의 만주점령에 반대하라" "유격전쟁을 일으키라" 등의 슬로건을 미미하게나마 내놓고 있으나 근본적으로 중공당중앙은 '반일'을 전면으로 내세우고 있지는 않았다.[57]

그러나 만주에서 동북군벌계통의 군대들을 중심으로 자연발생적인 항일저항전이 치열하게 전개되자 당연히 중공당에서도 반일항전의 구체적인 방법을 모색하지 않을 수 없게 되었다. 이에 1931년 10월 12일 중공당중앙은 만주성위에 보내는 사병공작에 관한 지시 속에서 항일유격대의 창설을 명확하게 제시하게 되었다. 중앙의 지시를 받은 만주성위에서는 1931년 11월 중순 회의를 소집하고 만주에서의 항일유격대의 창건을 결정했다.[58]

이렇듯 새로운 정세가 전개되는 가운데 중공당 만주성위에서 파견된 동만특위 신임서기인 중국인 동장영(童長榮)은 1931년 12월 연길현 명월구에서 '동만주 각 현 당단원 적극분자회의'를 소집했다. 연길, 화룡, 왕청, 훈춘, 안도현에서 온 공산당 간부 약 40명이 참가하여 10일간이나 계속된 이 회의는 중공당중앙과 만주성위에서 제출한 유격대 건립에 관한 지시를 토론한 뒤 동만에서도 항일유격대와 항일유격근거지를 만들 것을 결정했다.[59]

그런데 명월구회의에는 김일성을 포함한 많은 조선인 공산주의자들이 참여하고 있었다. 오늘날 북한의 문헌들은 김일성이 이 회의를 소집하고 여기서 항일무장투쟁과 유격근거지 창설 방침을 밝히는 '일제를 반대하는 무장투쟁을 조직 전개할 데 대하여'라는 연설을 했다고 주장하고 있다.[60] 그러나 중국의 문헌들이 이 회의의 소집 책임자를 동장영으로 기록하고 있으며, 김일성의 당시 직위(안도현의 당간부로 추정된다)로 보아 결코 그가 회의를 소집하거나 주도하지는 않았을 것이다. 북한 문헌 중 명월구회의가 처음 등장하는 백봉의 『민족의 태양 김일성 장군』에 "1931년 11월 장군의 참가하에 명월구회의가 열렸다"[61]고 기술되어 있는 것으로 보아 김일성은 당시 자신의 활동지역인 안도현의 당간부로 이 회의에 참석했던 것으로 보인다.

(2) 항일유격대의 조직과 유격근거지 건설

명월구회의에서 항일유격대와 유격근거지 창설이 공식 결정되자 9·18사변 전에 이미 화룡현 약수동 등의 산간벽지에서 소비에트 정권과 홍색 적위대를 건립한 경험[62]이 있는 동만의 조선인 공산주의자들은 즉시 항일유격대와 유격근거지 건설사업에 착수했다. 동만 각 현에서 많은 공산당원과 청년당원들이 1931년 말부터 1932년 봄 사이에 군중 속으로 깊이 들어가 유격대를 조직하기 위한 준비공작을 적극적으로 벌여나갔다. 이 결과 1932년 봄에 이르러 동만 각지에서는 우후죽순격으로 유격대가 창설되기 시작했다. 동만은 남만과 더불어 만주에서는 가장 먼저 항일유격대가 조직된 곳이다.

표 5 동만의 소비에트 현황

지역 소비에트	설립 연월일	소속지역	소속군중수
왕우구 소비에트	1932. 11. 2.	연길현 왕우구를 중심으로 한 일대	1,300
소왕청 소비에트	1932. 11. 2.	왕청현, 소왕청, 가야하, 사수평, 영창동 일대	800
석인구 소비에트	1933. 2. 10.	연길현 석인구를 중심으로 한 산곡(山谷)지역	300
황 구 소비에트	1932. 12. 21.	훈춘현 황구 일대	300
연통라자소비에트	1932. 12. 21.	훈춘현 연통라자, 국경 일대	1,800

자료: 『滿洲共産匪の硏究』, 80쪽.
주: 소왕청 소비에트 김일성이 정치위원으로 있던 왕청유격대의 근거지였으며 동만 특위의 소재지이기도 했다.

동만 각 현의 유격대 조직과정을 살펴보면 다음과 같다.[63]

연길현에서는 먼저 노두구 유격대(1932년 초)와 의란구 유격대(1932년 초)가 건립되고 이들이 합쳐져서 연결현 유격대(1932. 10)로 발전했다.[64] 연길현 유격대는 1933년 1월 화련리 유격대를 합병함으로써 대원 130여 명의 연길현 항일유격대대로 확대되었다(대대장: 박동근, 정위: 박길). 화룡현 유격대는 개산 툰구 권총대와 대감자, 평강 등의 유격대가 합병되어 1932년 12월에 건립되었다가 1933년 3월 대원 80여 명의 화룡현 유격대대로 발전했다(대대장: 장승환, 정위: 차용덕).

한편 왕청현에서는 1932년 12월 왕창현 노농항일유격대(1932. 10)와 김일성이 이끌고 온 안도유격대,[65] 그리고 영안 유격대의 일부 대원들이 합쳐져서 대원 90여 명의 왕청현 유격대대를 건립했다(대대장: 양성룡, 정위: 김일성).[66]

훈춘현 유격대(일명 훈춘현 유격총대)는 1932년 1월에 세워진 대황구 별동대가 발전한 영북 유격대(1932. 9)와 영남 유격대(1932. 6)가 합쳐져서 1933년 초에 건립되었다(총대장 중국인 공헌침, 정위: 박태익). 대원 120명의 이 유격대는 산하에 2개의 대대를 두었다.

이렇듯 동만에서 항일유격대 조직작업이 한창이던 1932년 6월 중공당 중앙은 상하이 프랑스 조계에서 북방각성위원회 대표들이 참석하는 북방회의를 임시로 소집했다. 이 자리에서 박고·장문천 등 당중앙의 지도자들은 9·18사변 후 새롭게 변화하는 정세에 대처하여 이 시기 동북당의 중심 임무를 '동북 인민을 지도하여 항일무장투쟁을 전개시키는 것으로 설정'하면서 소비에트혁명을 반대했던 만주성위원회 서기 나등현의 주장('북방낙후론' '북방특수론')을 비난하면서 '전중국 일체의 토지혁명 추진' '소비에트 정부 수립' '홍군의 건설'을 주장하는 결의를 채택했다.[67]

새로운 좌경노선이 당중앙으로부터 제기되자 동만 각 현에서는 소비에트 정부 수립에 박차를 가하는 한편 소비에트 구역내에서 지주의 토지를 몰수하는 토지개혁을 추진해나갔다. 그 결과 1933년 초까지 동만에는 표 5와 같이 5개의 소비에트 정권이 들어서게 되었다.

소비에트 구역에서는 일제 주구를 타살한다는 구호 아래 많은 지주들이 반혁명분자로 낙인찍혀 죽어갔으며 부농의 재산까지도 몰수하는 급진적인 좌경노선이 기세를 떨쳤다.[68] 그러자 반일지주들도 반공을 기치로 내걸게 되었으며, 항일유격대는 지주들이 무장한 산림대와 빈번히 충돌하면서 적지 않은 손실을 보게 되었다. 결과적으로 '소비에트 정권 수립 노선'은 엄청난 반일 역량의 이탈을 초래한 뒤에야 당중앙이 만주성위에 보내는 1월서한(1933. 1. 26)에 의해서 공식적으로 철회되었다.

만주에서의 소비에트 정권 수립을 결정한 북방회의가 막을 내린 지 2달 만인 1932년 8월 개최된 코민테른 집행위원회 12차 회의(8. 27~9. 15)는 만주에서 '종래의 소비에트 방식을 수정해서 민중의 반일운동을 동원하고, 선거에 의한 동북인민혁명정부를 수립할 것을 결정'함으로써 종래의 토지혁명과 소비에트 정권 수립 노선을 파기시켰다.[69] 이러한 코민테른의 방침이 중공당중앙에서 구체화되어 나온 것이 '반일통일전선의 실행' '소비에트 혁명추진의 중지' 등을 핵심내용으로 담고 있는 1월서한인 것이다.[70]

1월서한이 만주성위 순시원인 조선인 반경우를 통해 동만특위에 접수된 것은 1933년 6월경이었다.[71] 새로운 방침의 요점은 다음과 같다.

    1. 소비에트 정부를 해체하고 인민혁명정부를 수립할 것.
    2. 적위대, 유격대를 기초로 하여 인민혁명군을 성립할 것.
    3. 종래의 복잡한 조직을 정리하고 반일투쟁을 활발히 할 것(예로는 농민위원회의 설립, 반일회의 확충 등).
    4. 다른 반일부대와의 공동전선의 확립.[72]

이제 좌경적인 토지개혁과 소비에트 정권 수립 노선은 신랄하게 비판을 받고 광범한 반일역량을 결집할 수 있는 통일전선에 기초한 인민혁명정부 수립 노선이 제기된 것이다.

중공당중앙의 새로운 지시사항을 토론하기 위해서 동만에서는 왕청현위 제1차 연석확대회의(1933. 6. 4)를 필두로 동만특위와 각 현위에서 회의가 소집되었다. 회의에서는 대체로 기존의 좌경노선에 대한 비판과 구국군 등 다른 반일부대와의 연합작전 등이 토론되었으며 당중앙의 새로운 방침이 전달되었다.[73]

새로운 노선에 따라 동만 각지에서는 기존의 소비에트 정부를 인민혁명정부로 바꾸고 새로이 인민혁명정부를 수립하려는 움직임이 광범하게 일어났다. 반일역량을 보다 수월하게 결집시켜가면서 인민혁명정부 수립 노선을 취하게 되자 기존의 유격근거지는 확대되고 새로운 유격근거지들이 연이어 건설되었다. 유격근거지에서는 인민혁명정부의 주도로 반일민족통일전선에 기초한 많은 민주개혁이 추진되었다.[74] 1933년 2월 현재 5개 지역에 4,500명의 군중밖에 포용하고 있지 못하던 소비에트 구역에 비해 인민혁명정부 노선에 입각한 유격근거지는 1933년 말 현재 13개의 고정된 유격근거지와 3만여 명의 인구를 포용할 만큼 크게 성장·발전했다.[75]

소비에트 노선의 포기에 따라 다른 반일부대와의 연합작전도 가능해져 1933년 9월 왕청유격대는 왕청 일대에서 활동하고 있던 시세영(柴世榮), 이삼협(李三俠), 오의성(吳義成), 사충항(史忠恒), 등 중국인들이 지휘하는 항일구국군 부대 1,000여 명과 공동으로 동녕현을 공격하여 일본군 200여 명과 위만군 300여 명을 살상하는 빛나는 전과를 올렸다.[76] 이른바 '동녕현성 진공전투'는 왕청유격대의 정치위원이었던 김일성이 오의성과 담판하여 그의 부대를 대일공동전선에 끌어들였으며, 김일성이 지휘하는 부대가 전투에서 중상을 입은 구국군 지휘관인 사충항을 구출했다는 점에서도 흥미를 끈다.[77]

항일유격근거지 건설과정에 또 하나의 값진 승리는 1933년 봄에 이루어졌다. 일제는 1932년 겨울부터 많은 병력을 규합하여 유격근거지에 대한 계속적인 토벌을 감행했다. 특히 중국공산당 동만특위의 주재지인 소왕청에 약 3,000명의 일본군 병력을 투입하여 대규모 공세를 전개했다. 1933년 3월 30일 하루 종일 치열한 격전을 치른 끝에 동만특위 서기 동장영과 김일성 등이 이끄는 유격대와 자위대는 적의 맹공을 퇴치하고 승리를 거두었다. 300여 명의 적을 참살하고 보총과 권총 259정, 박격포 4문 등을 노획하는 혁혁한 전과였다.[78]

이렇듯 계속되는 적의 공세를 효과적으로 격퇴하고 기존의 좌경노선의 오류를 시정하여 인민혁명정부를 수립하면서 항일유격대는 장족의 발전을 했다. 1933년 말 현재 동만의 유격대원은 700여 명에 이르렀고 당원 수는 9·18 전야의 636명에서 1,200명으로 증가했으며 1934년 2월 현재 유격대원들 중 당 단원의 비중은 80퍼센트에 달하게 되었다.[79]

(3) 동북인민혁명군 제2군 성립

1933년 12월 3일 중공 만주성위는 동만특위와 유격대 지도자들에게 연길, 화룡, 왕청, 훈춘 등 4개 현에 현재 조직되어 있는 유격대를 기초로 동만 일대의 항일투쟁을 영도할 인민혁명군을 건립할 것을 요구했다.[80] 이미 중공당중앙의 1월서한에서도 제시된 바 있는 인민혁명군의 건립을 만주성위가 다시금 결의하게 되자 1934년 초에 들어서서 동만에서는 이 문제가 중요한 당면과제로 되었다.

따라서 1934년 3월 연길현 삼도만 항일유격근거지인 장지영에서 특위와 유격대 책임간부 회의가 소집되었으며 이 회의에서 각 현 유격대를 통합·편성하여 정식으로 동북인민혁명군 제2군 제1독립사를 결성하고 사부(師部)를 발족시킬 것을 결정했다.[81] 사장에는 조선인 주진이, 정치위원에는 중국인 왕덕태가 취임했다.[82]

본래는 때를 보아 왕청, 훈춘 두 현의 유격대를 따라 편성하여 제2독립사를 건립할 계획을 가지고 있었다. 그러나 장지영회의 후 제2독립사건립 계획은 사정상 실현되지 못하고 제2군 제1독립사가 독립사로 되면서 이 부대는 연길, 화룡, 왕청, 훈춘 등 4개 현의 유격대가 개편된 1, 2, 3, 4단과 독립단을 포괄하게 되었다.[83]

동북인민혁명군 제2군 독립사는 비록 중국공산당의 지도 아래 조직된 군대였으나 이 부대가 절대다수의 조선인을 포용하고 있었음은 두말할 나위가 없다.

그런데 북한이 오늘날 '조선인민혁명군'이라고 부르고 있는 이 '동북인민혁명군 제2군 독립사'의 편성을 두고 일제 관헌자료에 의존한 국내외의 대부분의 저술들이 착오를 범하고 있어 공부하는 연구자들에게 혼란을 주고 있다. 따라서 이 부분을 정리해보기로 한다.

먼저 일제 관헌자료에 따르면 1934년 3월 연길현 삼도위 능지영 산정(山頂)에서 동만특위 군사부 책임 왕덕태, 특위 조직부 책임 이상묵, 반일유격대 수뇌부, 항일군 수령 등 약 15명이 모여서 동북인민혁명군 제2군 제1독립사를 편성하고 당분간 연길현 삼도위 동구에 근거지를 두기로 했다고 한다.[84] 그리고 다시 1934년 5월 30일 5·30폭동 기념일을 기해서 왕청현 대왕청을 중심으로 왕청·훈춘 두 현을 행동구역으로 하는 제2독립사가 조직되었다고 한다.[85] 이 자료는 제1독립사와 제2독립사가 각각 3단씩 휘하에 두고 있다고 기술하고 있다. 그러나 이 자료는 각단의 단장들 중 불과 3명의 이름밖에 확인하지 못하고 있다.[86] 뿐만 아니라 제1독립사의 경우 사장(주진)과 정치위원(왕덕태)의 이름을 정확히 대고 있으나, 제2독립사의 경우 사장은 만인(滿人), 정치위원은 선인(鮮人) 이모(李某)라는 정도밖에 제시하지 못하고 있다. 이 자료에서 제시한 14개의 직책 중 일제가 어설프게나마 그 신원을 파악하고 있던 간부는 주진, 왕덕태, 김일선(金日善, 이는 김일성의 착오일 것이다) 등 7명에 불과하다.

1934년은 동북인민혁명군 제2군 독립사가 고정된 유격근거지에서 활동하고 있었고 반민생단투쟁이 치열하게 전개되고 있던 때라서 유격근거지내의 항일조직들이 일제에 의해서 낱낱이 파악되고 있었던 때이다. 그런데 제1독립사의 조직 일자까지도 정확하게 파악하고 있던 일제가 어째서 부대편성에 대해서는 모호한 정보를 가지고 있었던 것일까? 그것은 동만특위와 동만의 항일유격대 지도자들이 본래 2개의 독립사 계획을 가지고 있었던 데서 기인한다고 본다. 즉 일제는 2개 독립사 건립 계획에 대한 정보는 입수하고 있었으나 이후 이 계획이 실현되지 못하고 항일유격대가 하나의 독립사를 구성했다는 사실을 그 당시는 파악하지 못했던 것으로 보인다.

앞에서 필자가 중국 문헌들을 인용하면서 밝혔듯이 1934년 동만에 있었던 동북인민혁명군 제2군은 '제1독립사, 제2독립사'가 아니라 하나의 '독립사' 즉 동북인민혁명군 제2군 독립사였다. 일제 관헌자료에 따르면 김일성이 정치위원으로 있던 왕청유격대가 1934년 5월에 제5독립사로 개편됨에도 불구하고 북한에서는 제1독립사가 조직된 이 해 3월을 조선인민혁명군 창건의 달로 잡고 있는 것으로 보아도 1934년 봄에 동북인민혁명군 제2군은 단일 독립사로 구성되었다는 것은 명백하다.

지금까지 한국·일본·미국 등지에서 나온 거의 모든 이 시기 연구논문들은 일제 관헌자료에 의거하여 모두 2개 독립사 창설을 기정사실로 받아들여왔다. 그러나 앞에서 밝혔듯이 1개 독립사만이 창설되었다.

여기서 최근 중국에서 발행된 문헌들을 근거로 1934년 3월 900여 명의 병력으로 건립된 동북인민혁명군 제2군 독립사의 편제를 살펴보면 표 6과 같다.

아직까지 중국 문헌들 중에 동북인민혁명군 제2군 독립사의 조직을 상세하게 기술해놓은 것이 없어 이 부대의 전모를 확실하게 알 수는 없으나 이 부대 창설 초기부터 김일성이 주요 간부였음은 확실한 것 같다. 그러

표 6 동북인민혁명군 제2군 독립사

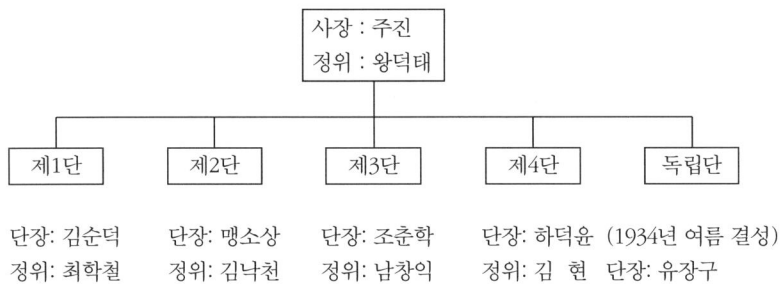

자료: 『東北抗日聯軍 第二軍』, 75쪽; 『연변당사 사건과 인물』, 150~52쪽 종합 정리.
주: 김일성은 1934년 9월부터 제3단 정위.

나 그가 이 부대 창설 초기부터 3단 정치위원이었던 것은 아니었던 것으로 추측된다. 그가 3단 정치위원이 되는 것은 3단 정치위원인 남창익이 전사한 1934년 9월 이후부터인 것으로 짐작된다.[87] 그리고 일제 관헌자료에 나타나는 제2독립사 제2단 정치위원 '김일선'은 김일성의 착오다.[88] 이러한 잘못된 표기는 정보자료들에서 흔히 나타나는 사소한 부정확성의 한 표본일 따름이다. 『만주공산비의 연구』에서 정확하게 이름을 밝히고 있는 제1, 제2독립사 간부 7명 중 필자가 신원을 확인할 수 있었던 인물은 6명이었는데 이 중 주진과 왕덕태, 맹소상을 제외한 나머지 3명의 이름이 모두 조금씩 부정확하게 기록되어 있었다. 즉, 김일성이 김일선으로 표기된 외에 제2독립사 제1단 정치위원 남창익은 남창일(南昌一)로, 제2독립사 제3단장 후국충(사실은 3단 제1중대장)은 후국춘(候國春)으로 표기되어 있었다.[89]

아무튼 동만의 항일유격대들은 동북인민혁명군 제2군 독립사로 통합·편성됨으로써 대일전에 새로운 전기를 맞이하게 되었다. 동북인민혁명군 제2군 독립사는 일제의 만주침략에 대응하여 1934년 한 해 동안 다른 항일부대와 함께 900여 회의 전투를 치르면서 전투력을 강화시켜나갔다. 그러다가 1935년 5월에는 다시 동북인민혁명군 제2군(군장: 왕덕태, 정치위

표 7   동북인민혁명군 제2군의 병력추이   (단위: 명)

1935. 1	1935. 7	1935. 10	1936. 2	1936. 4	1936. 7
1,675	1,260	1,290	780	1,150	950

자료: "『滿洲共産匪の硏究』, 184~86쪽.
주: 제2군 총병력 중 조선인이 차지하는 비중은 반민생단투쟁으로 많은 조선인 전사들이 숙청당하고 이탈한 뒤인 1935년 12월 현재도 73.2퍼센트(조인인 517명, 중국인 189명)를 차지하고 있다(『滿洲共産匪の硏究, 185쪽).

원: 위증민)으로 확대·개편하게 된다.[90] 참고로 일제 관련자료에 나타난 동북인민혁명군 제2군의 병력추이를 살펴보면 표 7과 같다.

(4) 반민생단투쟁과 조선인 공산주의자들의 위기

1932년 3월 괴뢰 만주국을 세운 일제는 동만에서 항일유격대의 저항이 점점 거세지자 중국공산당의 소수민족에 대한 소극적인 자세를 이용하여 '간도에서의 조선인 자치'의 슬로건을 내걸고 중국공산당이 지도하는 유격근거지에 대한 대대적인 내부 분열공작에 들어갔다. 이 내부 분열공작이 대표적인 예가 바로 민생단사건이다.

앞에서 밝혔듯이 중국공산당은 일제의 만주침략에 대응하여 소비에트 혁명을 중지하고 반일민족통일전선을 구축할 것을 지시하는 1933년의 1월서한을 중국공산당 만주성위에 내려보냈다. 그러나 1월서한에는 일제가 공공연히 '간도에서의 조선인 자치'를 공언하면서 조·중 두 민족을 분열시키고 유격근거지내의 조선인들을 동요시키고 있던 당시 정세에 대응할 만한 조선민족에 대한 구체적인 방침을 제시하지 못했다. 조선인에 대해서 특수한 슬로건을 내걸 필요를 강조하면서도 그 내용을 보면, "조선의 농민제군! 일본의 제국주의는 제군의 토지를 약탈하고 제군을 고향으로부터 추방했다. 일본제국주의를 타도하여 당신들의 토지를 탈환하기 위해 분투하라!"[91]는 식으로 종전과 다름없이 조선인의 민족해방의지를 중국의 혁명투쟁에 흡수하려는 경향을 보여주었다. 즉 1월서한은 "재만조선인의 존재는 일제의 조선지배 결과 발생한 '난민'이므로 반일투쟁을 승리로 이끌면 이들이 해방된 조선으로 귀환할 것"이라는 소박한 중공당 지도부의 생각을 담고 있었다. 그러나 조·중 국경지대인 간도지방은 역사적으로는 19세기 중반부터 많은 조선인들이 들어와서 생활터전으로 삼고 살아가는 곳이었다. 일제의 박해를 피해 건너온 조선인들만 있는 곳이 아니었다. 따라서 1월서한은 재만조선인에 대한 좀 더 구체적인 방침을 담을 필요가 있었던 것이다.[92]

이러한 중국공산당의 불철저한 소수민족 정책이 바로 동만에서 수백 명의 조선인 전사들을 죽음으로 몰아넣고 조·중 민족간의 갈등을 첨예화시킴으로써 항일전선에 커다란 손실을 안겨준 이른바 민생단사건의 중요한 배경이 된 것이다.

만주사변을 전후해서 조선에서 연변으로 들어온 친일파들은 일제를 등에 업고 간도자치를 주장하면서 김성호 일파를 중심으로 간도자치촉진위원회를 발족시켰다. 이들은 1932년 2월 일제의 지도 아래 간도에서 공산주의운동을 진압할 목적으로 당시 경성 매일신보 부사장인 박석윤, 광명회의 정사빈 등과 연합하여 민생단을 조직했다.[93]

공개적으로 반공조직이 나타나자 용정에 있는 혁명적 단체들은 민생단을 반대하는 운동을 일으켰다. 일본 영사관에서도 아직 만주국의 기초가 공고화되지 못한 상태기 때문에 민생단이 성장할 수 있는 사회적 조건이 갖추어지지 못했다고 판단하고 있었다. 이에 민생단은 조직된 지 다섯 달만인 1932년 7월에 해산되었다.[94]

민생단은 해산되었으나 민생단이 남긴 폐해는 실로 대단했다. 민생단 스파이들이 백색구역(일제 통치하의 지역)과 적색구역(유격근거지) 가릴 것 없이 공산진영에 잠입하여 '간도자치' 등을 내세우며 내부 분열 공작을 획책한 결과 유격근거지에서는 조선인이면 일단 민생단분자로 한번쯤 의심을 받게 되는 지경에 이르렀다. 민생단은 해체되었으나 유격근거지내에 민생단의 유령은 그대로 남아 있었던 것이다.[95] 바로 이러한 상황에서 친일주구 김동한을 중심으로 1934년 9월 간도협조회가 만들어졌다.[96]

동만지방에서의 공산주의 운동의 박멸을 기치로 내걸고 성립된 간도 협조회는 민생단과는 아무런 직접적인 관계가 없었으나 사회적 성격은 동일한 것이었다.[97] 약 2,000여 명의 귀순분자·변절분자들을 규합시킨 김동한은 곧장 공작대를 조직하여 유격근거지 파괴공작에 나섰다. 참고로 협조회의 유격근거지에 대한 공작방법 중 몇 가지 주목을 끄는 사항들을 살펴보자.

공작주안(工作主眼)
1. 중공 만주성위, 동만특위, 북만특위 등 주된 공비근거지와 함께 주요 인물의 탐사.
5. 중국공산당의 일반 민중층 세포체를 박멸하여 민중과 공산당과를 분리.
6. 일반 민중층에 협조회 세포 배치.
9. 동만특위에 가짜 공산당원을 침투시켜 내정을 정확히 탐사하고 주요 간부를 연행 혹은 암살.

공작방법
2. 공작대는 공비로 가장하여 공비들을 이간, 분리, 박멸, 연행.
4. 편지 혹은 유언비어를 뿌려 공비들의 상하관계를 이간.

경비
1. 공작대원 1인당 월 25원과 1개 공작대(30명)에 50원의 공작금 지급.[98]

이상과 같은 치밀한 계획을 세운 뒤 협조회와 공작대는 1935년 라자구, 신선동, 사방대 등에서 오지공작을 수행했다.[99] 이들의 활동에 대한 이해를 돕기 위해 협조회의 사방대에서의 공작내용을 살펴보기로 한다.
연길현 의란 혁명근거지 공급부장으로 있던 한영호라는 사람이 있었다.

그는 유격대의 식량을 해결하기 위하여 한동안 백색지구에 들어가 활동했다. 이러한 정황을 탐지해낸 협조회의 김동현은 이 사실을 이용하여 유격근거지를 와해시키려고 시도했다. 김동한은 의란 유격근거지에서 방금 귀순하여 공작대원이 된 변절자 두 명을 총을 휴대시키지 않은 채 유격근거지가 있는 연길현 사방대로 파견했다. 유격근거지 지형에 익숙한 공작대원들은 제2보초선에서 보초를 서고 있던 유격대원들에게 "우리들은 통치구열 조직에서 당에 공작보고하러 오게 되었다"고 말하면서 "한영호는 아직 돌아오지 않았느냐?"고 짐짓 물은 뒤 서로 잡담을 하며 눌러 앉아 있다가 보초가 부주의한 틈을 타서 총을 빼앗아 가지고 도망했다. 백색지구에서 식량을 구해가지고 유격근거지로 돌아온 한영호는 민생단원으로 몰려 체포되어 고문 끝에 사망했다. 한영호는 죽기 전에 혹독한 고문을 못 이겨 조선인 지도자 수명을 민생단원이라고 허위자백했다. 그리하여 동만특위 상무위원이며 좌경 맹동주의자로 치부되었던 김성도, 동만특위 조직부장 이상묵, 인민혁명군 제2군 독립사 사장 주진, 연길현위의 박길 등 10여 명의 주요 조선인 지도자들이 민생단원으로 몰려 탈주하거나 체포되었다.[100]

이렇듯 민생단사건은 유격근거지내에서 엄청난 반민생단투쟁을 불러일으켰다. 설상가상으로 이러한 반민생단투쟁은 부분적으로 구공산주의자들의 분파주의와 연결되면서 혁명대오의 자체 분열까지 초래했다.[101] 당시 일부 분파분자들은 공산주의자들을 위협·공갈하여 자기 편으로 끌어들이거나, 그것이 안 되면 덮어놓고 민생단 감투를 씌워 처형함으로써 사태를 더욱 악화시키고 있었다.[102] 결국 동만특위의 지도직을 차지하고 있었던 중국 공산주의자들의 민족배타주의와 구조선인 공산주의자들의 분파주의가 일제의 공작에 말려들어 반민생단투쟁을 그릇된 방향으로 몰아감으로써 항일혁명역량의 심각한 자체 분열이 초래된 것이다.

당시 동만특위 비서장이었던 중국인 조아범(曹亞範)은 만주성위 순시원이 내려왔을 때 혁명대오내 민생단의 비율을 화룡현 80퍼센트, 연길현 70퍼센트, 훈춘현 60퍼센트, 왕청현 50퍼센트라고 보고했다.[103] 이는 당시

각 유격대에 속해 있던 조선인 유격대원의 80~90퍼센트선을 일률적으로 산정한 것이다. 한마디로 조선인 유격대원은 거의 모두가 민생단원으로 의심받았던 것이다. 협조회에 말려든 어처구니 없는 좌경맹동주의와 분파주의, 그리고 중국인들의 민족배타주의가 반민생단투쟁을 야기시키면서 500여 명의 조선인 혁명가들의 목숨을 빼앗아갔다.[104] 수많은 조선인 간부와 핵심분자들이 체포·해임·살해되거나 도망가야 했고, 이에 많은 지방당조직이 활동마비 상태에 빠졌다. 인민혁명군내에서도 수많은 조선인 지도자들을 잃음으로써 대체할 새로운 간부가 없을 지경이 되었다.[105] 김일성이 정치위원으로 있던 왕청현 유격대장 양성룡도 1933년 말 민생단 혐의자로 낙인찍혀 보통전사로 강등됐으며,[106] 반민생단투쟁의 선봉에 섰던 좌경맹동분자 송일마저도 협조회의 공작에 말려들어 "아— 나 같은 사람을 민생단이라고 하는구나!" 하는 장탄식을 남긴채 죽어갔다.[107]

만주성위원회 순시원은 1935년 2월 본부에 돌아와서 "인민혁명군 간부 임명에 있어서 연장 이상의 지위에 조선인을 충당하는 일은 아주 부득이하지 않는 한 피하라"[108]는 지시를 내렸을 정도로 중국공산당의 조선인 공산주의자들에 대한 불신은 골이 깊어졌다. 그러나 수백 명의 동료 전사들을 잃고 이탈자가 속출하는 마당에 조선인 공산주의자들이야말로 '간도에서의 조선인 가치'를 내걸며 혁명진영을 파괴시키는 데 일조한 민족개량주의와 일부 구공산주의자들의 분파주의 그리고 중국공산당의 민족배타주의에 대해서 끓어오르는 분노를 느꼈을 것이다. 반민생단투쟁을 겪으면서 이들은 아마 중국혁명으로부터 어느 정도 자율성을 가지면서 조선해방을 위해 독자적으로 활동할 수 있게 되기를 바랐을 것이다. 중국 공산주의자들의 조선민족에 대한 불신감이 증대하면 이에 비례하여 조선인 공산주의자들도 중국인이 민족배타주의에 더욱 혐오감을 느끼면서 조선 민족을 위한 항일민족해방투쟁의 길을 갈망했다는 것은 어쩌면 당연한 일일 것이다.

반민생단투쟁의 좌경적 오류가 저질러지는 가운데 설상가상으로 1934년 겨울 공청 만주성위 특파원으로부터 좌경적 주장이 담긴 만주성위의

표 8   간도에서의 공비수   (단위: 명)

종류	공산당	공청	반일회	인민혁명군
1933년 9월 말	580	930	11,800	560(유격대)
1934년 12월 말	456	731	912	1,096

자료: 『滿洲共産匪の硏究』, 96쪽.

지시 서신이 동만특위에 전달되었다. 이 지시 서신은 당시 항일을 견지하고 있었던 산림대를 모두 비적으로 취급하면서 인민혁명군으로 하여금 산림대와 열등한 구국군 부대로부터 무기를 빼앗을 것을 지시하고 있었다.[109] 항일민족통일전선이 견지되어야 할 당시의 상황에서 이러한 조치는 명백히 좌경맹동주의적 오류였다. 실제 인민혁명군은 산림대와 구국군 일부의 무기를 압수했으며 이 과정에서 인민혁명군과 산림대·구국군 연합과의 무력충돌이 발생하기도 했다.[110]

1934년 말에 이르러서 반민생단투쟁으로 수많은 희생자와 이탈자가 생기고 동만특위의 통일전선 공작에서의 좌경적 오류가 겹치면서 유격 근거지는 그 기초부터 흔들리게 되었다. 표 8이 보여주듯이 일련의 좌경맹동적 격랑 속에서 반일회 회원의 숫자가 격감했다. 이것은 통일전선이 붕괴되고 있음을 보여주는 것이다.

1935년 2월 말 반일혁명역량 붕괴의 위기 속에서 동만특위는 동만의 위기상황을 수습하기 위해 1934년 말 만주성위에서 긴급 파견된 중국인 위증민의 사회로 연길현 대황위에서 동만당단 특위 제1차 확대회의를 소집하고 통일전선과 반민생단투쟁에서 나타난 좌경오류의 문제에 대한 집중토의를 시작했다.[111] 임춘추에 의하면 이 회의에서 김일성은 "민생단이 발생하게 된 것은 종파분자들과 기회주의 분자 및 일부 편협한 민족주의자들이 보는 바와 같이 조선 민족주의자들과 공산주의자들의 파쟁으로 발생한 것이 아니라 우리 혁명조직을 내부로부터 와해하여 혁명운동을 진압하기 위해 발광하고 있는 일제와 그 주구들의 조작에 기인된다"고 지적하면서 반민생단투쟁의 좌편향적 오류를 비판했다고 한다.[112] 그러나 이 회의

에서 반민생단투쟁 문제에 대해서는 합의를 보지 못했다고 한다.[113]

이러한 임춘추의 기술은 여러 가지 정황으로 보아 신빙성을 갖는다. 대황위회의에서 민생단 문제가 제기되었을 때 그 좌경적 오류를 먼저 제기하고 나선 것은 아무래도 당시 민생단 공포에 떨며 언제 희생될지 모른다는 강박관념과 중국인들의 민족배타주의에 대한 깊은 분노가 뒤섞여 있던 조선인 공산주의자들이었을 것이다. 그리고 이미 주진·이상묵 등 조선인 최고지도자들이 유격근거지에서 사라지고, 송일과 같은 좌경주의자가 버티고 있는 상황에서 당시 이 문제를 제기할 수 있는 조선인 지도자는 반민생단투쟁에서 다시 한번 파벌로 얼룩졌다고 낙인찍힌 구공산주의 운동 출신이 아니면서도 동만특위에서 상당한 지위를 차지하고 있는 인물이어야 했을 것이다. 당시 이러한 조건을 갖춘 조선인 공산주의자 중 최고지도자는 김일성이었다. 아마 김일성이 문제를 제기하고 위증민이 동조했으나 반민생단투쟁론자들의 강경론이 이에 맞서 결론을 내리지 못하고 3월 하순에 열릴 요영구회의로 그 결정이 미뤄졌던 것 같다. 대황위회의에서 결의된 문건에 "고려 소수민족의 출로문제를 요해시킬 것" "중공당이 고려민족에 대해 자결권을 준 일을 요해시킬 것"[114] 등의 문구가 들어간 것은 이 회의에서 조선인 공산주의자들이 반민생단투쟁 문제에 대해서 강력한 이의를 제기하고 나왔다는 반증이다. 더불어 이 회의 후 김일성이 제2군 조선인 지도자 중 항상 최고의 직책을 맡았고 조국광복회의 조직과 운영이 김일성의 항일연군 1로군 6사에 맡겨졌으며, 김일성이 6사장이 되었을 때 민생단 혐의자 100여 명을 그의 부대가 받아들였다는 사실 등은[115] 모두 대황위회의에서 김일성이 민생단 문제에 대해서 비판적인 주장을 제기했다는 사실을 뒷받침한다고 볼 수 있다.

오늘날 많은 연구자들이 당시 일제가 확보하고 있었던 대황위회의 참가자 명단에 김일성의 이름이 들어 있지 않다는 이유로 그의 참석을 부인하고 있으나 그것은 신빙성이 없다. 최근 중국 문헌들은 이 회의에 참석했던 20여 명의 간부들 중 확인된 7명의 중국인 지도자들의 명단(위증민, 왕덕태, 이학충, 주수동, 왕중산, 조아범, 왕윤성)을 밝히고 있는데[116] 이 명단을 다시 일제 관헌자료와 대조해보면 위증민·왕덕태만이 분명하게 확인되고, 조아범 정도가 유추확인이 가능한 정도다. 불확실한 일제 관헌자료를 가지고는 당시 참석자의 면면을 제대로 파악하기 어렵다. 당시 독립사 3단 정치위원이었던 김일성이 20여 명의 간부들이 참가하는 이 회의에 참석하지 않았다고 보는 것이 오히려 상식을 벗어난 추정이라고 보아야 할 것이다. 굳이 추정하자면 일제 관헌자료에 중국 측 참가자로 나와 있는 특위위원 겸 제2군 제2사 제2단(독립사 3단의 착오인듯) 정치위원 왕대뇌대(王大腦袋, 29세)[117]가 김일성일 것으로 판단할 수 있을 것이다.

아무튼 민생단사건은 조선인 공산주의자들에게는 엄청난 비극이었음에 틀림없으나 그것은 역설적으로 민족해방투쟁의 도정에서 귀중한 경험으로 축적되었다. 무엇보다도 모든 조선인을 민생단으로 몰아붙이는 무자비한 좌경맹동주의를 체험했으며 일제의 '간도에서의 조선인 자치'에 현혹되는 우경투항주의적 경향이 몰고온 파탄도 경험했다. 또한 소수의 중국인들의 편협한 민족주의에 의해 다수의 조선인들이 당하는 무고한 핍박은 조선인 공산주의자들을 민족공산주의자로 만들기에 충분했다.[118]

더불어 민생단사건은 반민생단투쟁 과정에서 대부분의 고참 구조선인 공산주의자들이 숙청되거나 변절함으로써 신진세대라 할 수 있는 김일성이 제2군내 조선인 최고지도자로 부상하는 계기가 되었다.

(5) 일제의 대토벌과 유격근거지의 해체

유격근거지내에서의 반민생단투쟁으로 항일유격대오가 엄청난 손실을 입고 있던 1933년에서 1935년 사이의 기간은 설상가상으로 일제의 유격근거지에 대한 대공세가 집요하게 계속된 시기이기도 했다. 일제는 1933년의 제1차 토벌과 1934년 1월의 제2차 토벌에 이어 1934년 가을부터 1935년 초에 이르는 기간 동안 3만여 명의 병력을 동원한 제3차 토벌을 감행해왔다.[119] 1933년과 1934년 초 사이에 감행된 두 차례에 걸친 일제의 공세는 그런 대로 잘 막아냈지만 유격근거지와 일제 통치구역 주민들 사이를 분리시키는 집단부락, 보갑제 등이 어느 정도 모습이 갖춰지면서 시작된 3차 대토벌은 정말 견디기 어려운 시련이었다.

유격근거지들은 산간지대에 건설되어 있어 자급자족이 어려웠다. 따라서 후방으로부터의 식량공급이 절대 필요했으나 통치지역에서의 조선인 군중의 동요와 이미 건설된 수십 개의 집단부락[20]들은 이들의 식량 공급의 길을 막아버렸다. "연길·화룡·왕청현의 유격근거지에 거주하던 군중 약 1,000명 중 1935년 3월부터 7월 사이에 식량부족으로 사망한 자가 이백 수십 명이며, 겨울에 기아와 추위로 죽은 자가 50명 이상이었다고" 하는 일제 첩보가 말해주듯이[121] 당시 유격근거지는 거의 붕괴되고 있었던 것으로 보인다. 더욱이 민생단사건은 유격근거지 인구의 절대 다수를 차지하고 있던 조선인 군중들을 동요시켜 1933년 이후 수많은 이탈자를 속출시켰다. 이제 더이상 유격근거지를 고수한다는 것은 스스로 자멸을 초래하는 것이나 다름없는 상황에 이른 것이다.

이런 와중에 대황위에서 매듭짓지 못한 반민생단투쟁 문제에 대한 정리와 인민혁명군 강화 문제 그리고 유격근거지의 해산에 대한 문제를 논의하기 위해서 1935년 3월 하순 대황위회의에서 동만특위 서기로 선임된 바 있는 위증민의 사회로 왕청현 요영구에서 사장, 사정치부 주임, 각단 정치위원 등 11명의 정치간부가 참석한 가운데 제2군 독립사 정위 연석회의가 열렸다.[122] 이 회의에서 김일성이 반민생단투쟁의 좌경적 오류를 또다시 비판했다는 것은 한 달 전에 열렸던 대황위회의를 상기해 본다면 자연스러운 일일 것이다. 임춘추는 이 회의에서도 위증민이 김일성의 비판에 동조했으나 최종적인 결론을 내리지 못했다고 쓰고 있다.[123] 그러나 중국과 북한의 문헌들이 모두 이때 반민생단투쟁의 좌경적 오류를 시정하기로 했다고 기록하고 있는 것으로 보아[124] 이때 반민생단투쟁 문제는 완전한 해결로 보지는 못했으나 잠정적으로 일단락되었던 것 같다. 아마 임춘추는 당시 좌경주의자들이 그들의 좌경적 오류를 떳떳이 인정하지 않았던 분위기를 보고 그런 기록을 한 것인지도 모르겠다.

요영구회의에서 가장 중요하게 다루어진 문제는 무엇보다도 유격근거지를 해산하고 부대이동을 단행하는 일이었다. 회의에서는 "동지들의 피로 건립된 반일유격근거지를 의무적으로 보위하자"며 반대한 일부 간부들도 있었으나 김일성 등의 강력한 주장으로 유격근거지의 해산 결정이 내려졌다.125) 오늘날 북한의 문헌들은 이 사실을 두고 "조선인민혁명군의 광활한 지대에로의 진출, 제2차 북만원정"126)이라고 하고 있으며, 중국의 문헌들은 "유격근거지를 사수하면서 단순히 소극적 방어태세를 취하던 방침을 개변시켜 기동력 활발한 유격전술을 쓸 것을, 이를테면 적의 세력이 박약한 지구에 가서 유격전쟁을 벌이거나 새로운 유격구를 개척할 것을 결의했다"127)고 표현하고 있다. 그러나 이러한 적극적 의미의 해석에도 불구하고 유격근거지의 해산은 근본적으로 1935년 대토벌, 반민생단투쟁의 좌경적 오류 등으로 초래된 동북인민혁명군 제2군의 위기가 극도로 심화되고 있음을 말해주는 것이라고 하겠다.

임춘추는 그의 회상기에서 당시 유격근거지의 해산 배경을 다음과 같이 폭넓게 설명하고 있다.

1. 적은 지역이 협소한 유격근거지에 병력을 집중 동원하여 포위·공격하면서 각 해방구와 인민혁명군의 각 부대를 고립·분산시키고 각개격파의 전술을 사용하고 있었다.
2. 군사상 적에게 유리한 지역에 조·중 인민을 강압적으로 집결시켜 집단부락을 설치했다.
3. 민족반역자, 혁명변절자, 간첩들을 혁명대오에 잠입시켰다.
4. 인민을 대량학살하여 유격근거지 군중들에게 공포를 주면서 자수정책을 썼다.
5. 조·중 인민들과 인민혁명군과의 조직적 연계를 끊음으로써 인민혁명군의 병력보충을 저해했다.
(이상 1~5는 일제의 대규모공세와 관련된 설명)
6. 동만 각 현에 산재한 유격근거지들은 서로 연결된 지대가 아니라 적군의 포위 속에 점점이 산재해 있어 통일된 지구를 이루지 못하고 있었다.

7. 아군의 병력은 수천 명에 불과하며 무장도 충분히 못했다.

8. 해방구에 대한 적들의 발악적인 봉쇄로 말미암아 군대와 유격근거지내 인민들은 극심한 생활난에 시달렸다.

9. '5가작통' '10가연좌법' 등의 제도에 의한 적의 주민통제가 극심했다.

10. 항상 반수 이상의 부대 성원들이 해방지구 보위사업에 충당되었으므로 병력부족이 심각했다.

(이상은 인민혁명군의 사정과 관련된 설명)

11. 무장대내에서 반민생단투쟁과 관련하여 막대한 손실을 당했다.[128]

유격근거지를 해체하면서 동북인민혁명군 제2군은 남만과 북만의 두 개 방향으로 부대를 분산하여 산개시켰다. 먼저 연길·화룡현에서 활동하던 부대들은 안도지방으로 이동해서 제2군 군장 왕덕태의 지휘 아래 안도현의 처창즈(1935년 초), 내두산(1935년 가을) 등에 잇달아 유격근거지를 세우고, 이곳을 중심으로 안도현과 남만 일대에서 항전하다가 일제의 계속되는 공세에 밀려 1936년 2월 내두산 근거지를 포기하고 돈화·화전·무송 등의 남만으로 이동했다.[129] 그런데 이 이동은 이오송·백하림 등 수십 명의 아동단원을 포함한 수많은 노약자들이 많은 희생을 치르면서 항일유격대를 따라 내두산으로부터 백두산 산록을 넘어 남만으로 행군하는 실로 고난의 퇴각이었다.

한편 유격근거지가 해체되고 동북인민혁명군 제2군이 광활한 지대로 진출하게 된 1935년은 항일유격대의 조선 국내 진출도 활발한 한 해였다. 처창즈 유격근거지에서 활동하던 박성철 등 조선인 항일유격대원 일부가 국내공작을 위해 이 해 5월 초 무산방면으로 진출하는 등 여러개의 공작조가 무산·온성 등 함경북도 일원에 파견되었다.[130]

연길·화룡에서 활동하던 부대들(1, 2단)이 남만으로 진출하는 동안 왕청·훈춘현에 근거를 두고 있던 부대들(3, 4단)은 김일성 등의 지휘 아래

1935년 여름 북만원정을 시작하여 노흑산전투(1935년 6월) 등을 치르면서 제5군의 근거지인 영안현으로 진출했다.[131] 북만으로 진출한 제2군이 5군과 배합해서 실시하려 했던 제2, 5군 혼성조직표는 김일성이 북만원정부대의 주력부대를 지휘하고 있음을 간접적으로 시사하고 있다. 이 조직편성표를 보면 제2·5군의 지도부는 총지휘 주보중(周保中), 부지휘 이형박(李刑璞), 정치위원 김일성으로 되어 있으며, 김일성은 안도부대를 지휘하는 주보중과 함께 위하부대를 인솔하면서 서부대(西部隊)를 구성하는 것으로 되어 있다.[132] 최근의 중국 문헌에 의하면 1935년 8월 제2·5군 영도간부회의가 소집되어 이 회의에서 제2군 3단 4련과 4단 2련(이 부대는 전원 조선인으로 구성되어 있었다) 및 청년의용군이 제5군 1, 2, 4단으로 조직된 서부 파견대에 합류하여 제2군 3단 정위(이는 김일성을 가리키는 것이다)와 제5군의 중국인 시세영, 중국인 이형박 등의 인솔에 따라 서쪽으로 가 액목, 돈화 일대에서 활동할 것이 결정되었다고 한다.[133] 1935년 11월부터 1936년 1월에 이르는 두 달 동안 김일성과 시세영, 이형박이 지휘하는 서부파견대는 액목, 돈화 지구에서 종횡무진의 맹활약을 했다.

조선 민족이 절대 다수였던 간도에서 활동근거지를 잃고 북·남만으로 양분되어 흩어져 활동하게 됨으로써 조선인 항일유격대원들은 다시 한번 조선해방을 위한 그들의 직접적인 목적이 위협받게 될 위기에 처했다. 바로 이때 코민테른 제7차 대회에 다녀온 위증민으로부터 영안현 남호두에서 조선인 항일유격대원들은 제2군내 조선인들에게 조선해방을 위한 새로운 과업을 제시한 코민테른의 지침을 전달받게 되었다.

2) 항일민족통일전선의 결성과 장백근거지의 건설

(1) 동북인민혁명군 제2군내 조선인 공산주의자들의 새로운 임무

코민테른의 일국일당주의 원칙에 따라 해체된 조선공산당을 대신하여 중국공산당원의 이름으로 동만에서 일제와 싸우고 있던 조선인 공산주의자들은 조선해방이라는 그들의 절박한 목표가 항상 중국혁명에 종속된 채

유실되어가고 있음을 느껴야 했다. 특히 1933년부터 1935년 이르는 반민생단투쟁 기간에 자신도 언제 당할지 모른다는 공포 속에서 수백 명의 무고한 조선인 전사들이 죽어가는 것을 목격했을 때 그들은 특히 동만에서 조선인들의 위상을 놓고 중국공산당원들과 심각하게 대립할 수밖에 없었다. 그들은 조선인 공산주의자들의 조선해방을 위한 구체적인 임무를 중국공산당에 요구했을 것이다. 또한 일제가 '간도에서의 조선인 자치'라는 미사여구로 조선인들을 동요시키고 있었던 만큼 조선인 공산주의자들은 중국공산당의 동만에서의 대조선민족정책의 변화를 당연히 요구했을 것이다. '해방된 만주에서 조선인의 진정한 자치 실현', 그것은 단순히 재만 조선인의 이해만을 대변하고 있다고 볼 수 없기 때문이다. '해방된 조선족 자치구'를 건설하기 위해 조선 민족의 광범한 통일전선을 끌어낼 수 있을 것이며, 그 힘은 곧 조선해방을 위한 원동력이 될 것이기 때문이다.

이러한 '조선인의 조선 민족을 위한 항일투쟁'이 공식적으로 모호하게나마 인정되는 것은 대황위회의와 비슷한 시기에 나와 1935년 3월 중공당 중앙에서 통과된 「동북임시인민혁명정부강령」부터인 것으로 보인다. 모두 13항으로 구성된 이 강령의 제11항은 소수민족 문제에 대해서 다음과 같이 언급하고 있다.

> 인민혁명정부는 동북경내의 소수민족(몽고인, 조선인, 타타르인)에 호소하여 일제 및 만주국에 대한 공동작전을 진행하고, 일제 축출 후에 있어서 각개 민족의 자유권을 인정함, 단 인민혁명정부는 일제 및 그 주구의 민족자주를 구실로 하는 제국주의 병탄에는 반대한다.[134]

이 문건에서 중공당이 만주에서 처음으로 소수민족의 자결권을 공식적으로 인정했다. 이로 인해 조선인 활동가들을 광범하게 통일전선에 결집하는 것이 가능해졌다.[135] 그러나 강령 조항은 사실상 구체적인 민족자결권의 내용은 제시하지 못하고 있다. 아직은 구체적인 실천의지가 담겨 있기보다는 추상적인 선언적 표현에 불과하다고 보는 것이 옳을 것이다.[136]

이럴 즈음 1935년 7월 코민테른 제7회 대회(이 대회에 동만특위 서기인 위증민이 파견되었다)에서 식민지종속국의 광범한 반제통일전선이 제기되고 '반일투쟁을 위해서 통일국방정부 아래 항일연군을 결성할 것'을 호소하는 중국공산당의 8·1선언이 나오면서 소수민족 문제와 조선인 공산주의자들의 위상 문제는 '구체화'를 향해 진일보했다. 특히 코민테른 집행위원회와 협의하여 작성된 것으로 판단되는 8·1선언의 내용에 '전중국을 통일한 국방정부'의 수립을 호소하는 대상으로 "중국내에 있는 모든 억압된 민족(漢族, 韓族, 몽고족……)의 형제들"을 들고 있는 것이나 국방정부의 행정지침 제9항에 "중국 국내 각 민족의 일률평등정책을 실행하여 국내·국외의 교포 보호, 생명·재산·거주·영업의 자유를 보증한다"[137]고 기재되어 있는 것은 중공당중앙이 민족간 통일전선을 보다 적극적으로 강조한 것으로 주목을 끈다. 소수민족에게 민족의 복권을 가져왔다고 평가되는[138] 코민테른 7회 대회가 민생단 문제를 완전하게 해결하지 못한 채 이 회의에 참석하고 있었던 위증민에게 깊은 영향을 주었으리라는 것은 당연한 추측일 것이다.

특히 1935년 12월 1일자로 코민테른 기관지인 『공산주의 인터내셔널』에 게재된 중국인 양송(楊松)의 논문 「만주에 있어서 반제통일전선에 관하여」는 그가 만주로 돌아올 때 하나의 지침이 되었을 만큼 위증민에게 큰 영향을 끼쳤다.[139] 만주성위 순시원과 길동특위 서기를 지낸 바 있는 양송이 위증민, 왕명(王明, 코민테른 주재 중공당 대표) 등과 협의해서 결정된 사항을 반영한 것으로 보이는 이 글[140]은 지금까지 코민테른이나 중공당중앙이 내놓은 재만 약소민족 방침보다도 훨씬 구체적이고 진일보한 내용을 담고 있다. 특히 이 글의 내용에는 동북인민혁명군 제2군내의 조선인 공산주의자들에게는 마치 복음서처럼 보일 만큼 조선민족에 대한 획기적인 배려가 담겨 있다. 코민테른의 대만주방침을 담고 있다고 볼 수 있는 이 글에서 13번째 항인 '항일단일인민전선과 재만약소민족'에 대한 중요한 부분을 원문대로 인용해보기로 한다.

일제는 약소민족을 사주하여 중국인 반대투쟁으로 향하게 하고 있다.

간도에서와 같이 일본군은 파렴치하게도 그들이 바로 재만조선인의 보호자이며, 만주사변의 목적은 군벌 장학량의 탄압으로부터 조선인을 해방하는 데에 있었던 것처럼 선전하여 '간도에 조선민족 자치구 창설' 등의 구호를 제기하고 있다.

그렇다면 재만약소민족에 대한 우리의 정책은 어떠한가?

이미 2년 전 중공중앙의 서신 속에 '공동의 적-일본제국주의에 대한 공동 저항을 위한 재만 중·선·만·몽고 각 피억압민족의 단일전선수립'이란 구호가 제기되어 있는데…….

이런 일반적인 구호에만 제약되어 있어서는 안 되며, 현재 우리의 정책이 더 한층 구체화될 것이 요구되고 있다.

우리의 재만당단체는 간도에 조선민족 자치구 창설을 위해 진출해야 한다.……그러므로 우리 공산주의자는 '재만일본군의 지배 타도를 위해 중국·조선인의 단결 및 간도에 조선민족 자치구의 설립'이라는 구호를 제출하고 있는 것이다.

물론 이러한 정치적 구호에만 제약되어서는 안 된다. 따라서 공산주의 단체는 중·선 국민의 단일전선 실현에 따라 현재의 인민혁명군 제2군 및 기타의 반일유격대를 조선의 독립 획득을 임무로 하는 중선합동항일군으로 개조하려고 여러 방책을 강구하고 있는 것이다.

간도에서의 현재의 국면은 현행 중국공산당 조직을 확충할 뿐만 아니라 또한 혁명적 중·선인 노동자·농민을 당내에 유입시켜서 조선항일혁명당을 수립할 것을 요구하고 있다. 이 새로운 당의 가장 중요한 임무야말로 일본제국주의에 반대, 조선의 민족적 독립을 획득하기 위한 투쟁이다. 이 새로운 당의 창립자는 공산주의자가 될 수 있으며 또 되어야 한다. 이 당은 간도에서의 조선항일단일전선의 당이 될 것이다……[141]

사실 소제(小題)는 '항일단일인민전선과 재만약소민족'이었지만 지면은 완전히 조선민족 문제에 할애되어 있다. 이것은 반민생단투쟁 등으로 혹독한 시련을 겪고 있는 조선민족 문제가 당시 코민테른의 주요한 관심사였다는 것을 반영하고 있는 것이다. 물론 이러한 코민테른의 동만에서의 조선민족 문제에 대한 관심은 대황위회의와 요영구회의를 거치면서 끊임없이 이 문제를 제기한 김일성을 비롯한 동북인민혁명군 제2군내 조선인 지도자들의 노력과 위증민의 조선민족에 대한 우호적 입장,[142] 그리고 코민테른의 정확한 상황판단 등이 결합되어 맺어진 열매이라고 볼 수 있다. 비록 이러한 코민테른의 방침이 오늘날 중국공산당사를 중심으로 만주에서의 항일무장투쟁을 기술하고 있는 중국 문헌들에서는 의도적으로 무시되고 있지만[143] 우리의 민족해방투쟁사에서 차지하는 의의는 실로 중대한 것이라 할 수 있다.

당시 이 방침이 왕명 등 코민테른 주재 중공당 대표단의 지도를 받고 있던 만주의 당조직에게는 이후 투쟁의 지침이 되었다는 것은 틀림없다. 조선총독부 경무국에서 발간한 일제 관헌자료에서도 이 논문을 '만선(滿鮮)에서의 반제단일전선에 관한 지침'으로 보고 있다. 우리는 이 논문이 발표된 지 2년 6개월 만인 1938년 5월 1일 연안에서 발행된 중공당 기관지 『해방』 제38기에 발표한 동북항일연군의 투쟁에 관한 양송의 또 다른 논문에서 이 논문이 동만의 항일투쟁에서 실천지침으로 작용했음을 확인할 수 있다. 『해방』 제38기에 논문 내용 중 조선민족 문제와 관련된 부분을 옮겨보기로 한다.

중국공산당측은 이전부터 길림성 동만 간도의 조선인 민족문제를 바르게 해결하기 위해 '중조민족은 치밀하게 연대하여 공동 항일하자. 간도 조선인의 민족자치구를 설립하자'라는 슬로건을 제기했다. 또 조선민족의 독립을 실제로 원조하기 위해 조선의 지사가 '조선독립군을 결성하여 동만의 조선인 구역에서 유격전을 행하는 것을 원조했고, 그뿐만 아니라 자주 조선 내지로 진격하여 유격전을 행하는 것을 원조했던 것이다. 중국공산당원은 조선민족해방운동에 대해서는 크게 동정을 보이고 조선민족전선연맹의 활동을 원조했던 것이다.[144]

이상의 인용문에서도 알 수 있듯이 양송의 논문 「만주에 있어서 반제 통일전선에 관하여」는 단순한 개인 논문이 아니라 조선인 공산주의자들로 하여금 직접적으로 조선해방을 위한 혁명투쟁에 매진하라는 코만테른과 코민테른 주재 중공당 대표단의 지침이었다. 결과적으로 이 논문에서 제시한 '동북인민혁명군 제2군의 조선독립을 위한 부대로의 전환'은 '항일연군 1로군 제6사'(제4사도 부분적으로 이러한 성격을 띤다)로 조선항일단일전선의 당(조선항일민족혁명당)은 '조국광복회'로 약간 수정되어 구체화되었다. 항일혁명근거지 마련은 이미 기반을 잃어버려 장기적인 회복공작이 필요한 간도 대신 조선인 비율이 45.7퍼센트에 달하며 조선 국내로의 침투공작이 용이한 통화성 장백현에서 약간 다른 형태로 실천에 옮겨졌다.[145] '간도에서의 조선민족 자치구 창설' 역시 중국공산당이 내전에서 승리한 직후인 1952년 2월 '연변 조선족 자치구'로 현실화되었다.

이렇듯 동북인민혁명군 제2군내의 조선인 전사들에게 환희와 새로운 임무를 제기한 방침을 가지고 위증민은 1936년 2월 만주로 돌아왔다.

(2) 조국광복회의 창립과 장백근거지의 건설

코민테른 제7회 대회에 참석하기 위하여 모스크바로 떠났던 위증민은 앞에서 살펴본 바의 신방침을 가지고 1936년 2월 만주로 돌아와 영안현남호두에서 주요지도동지연석회의를 열고 이 방침들을 전달했다.[146] 이 회의에서 위증민이 전달한 신방침은 양송의 논문에 게재된 방침들이었을 것이다. 임춘추의 회상기록에는 남호두회의의 내용이 비교적 정확하게 기록되어 있다. 임춘추에 따르면 이 회의에서 코민테른의 반파쇼 인민전선노선과 요영구회의에서 김일성이 제기한 일련의 문제들에 대한 해답을 주는 코민테른의 지시 전달이 있었다고 한다.[147] 김일성이 특별히 제기한 문제들이란 반민생단투쟁에 관한 조선공산주의자들의 입장이었을 것이다.[148] 더불어 이 회의에서는 위증민으로부터 조선에서의 반일 민족통일전선체의 조직과 조선공산당 재건에 관한 코민테른의 지시가 조선인 공산주의자들에게 전달되었다고 한다.[149]

이 회의 직후인 1936년 3월, 안도현 미혼진에서는 남호두회의에서 전달된 코민테른과 코민테른 주재 중공대표단의 방침에 따라 제2군 병력의 재편성과 재배치를 논의하기 위해 위증민의 주재로 동만특위와 제2군지도 간부들의 연석회의가 열렸다. 이 회의에서는 "제2군내 조선인 공산주의자들을 조선인민혁명군으로 단독 편성하여 중조국경일대에 근거지를 건설하고 수시로 조선을 오가면서 해방투쟁에 임하도록 하라"는 코민테른의 방침이 구체적으로 토의되었다. 권위 있는 중국문헌인 『현대동북사』(現代東北史)는 당시의 회의내용을 다음과 같이 기술하고 있다.

1936년 3월 위증민은 안도현에 이르러 중공동만특위 및 동북인민혁명군 제2군 지도기관과 회합, 동북인면혁명군 제2군을 중·조반일연합군으로 개편하고 이 군(軍)에 있는 조선공산주의자들은 조선인민혁명군을 단독편성하여 압록강·두만강 등지의 중·조국경지구로 나아가 근거지를 건립하고 수시로 조선을 오가면서 해방투쟁을 전개하라고 공산국제와 중공당 공산국제대표단의 동북항일연군 건립에 관한 지시와 건의사항을 전달했다. 그러나 이러한 건의는 조선공산주의자들의 완전한 동의를 얻지 못했다. 조선공산주의자들은 조선혁명과 조국해방 그리고 투쟁은 조선공산주의자의 위대한 역사적 사명이라고 하며 부대를 중조국경지대로 이동하라는 건의에는 찬동했다. 그러나 동북인민혁명군 제2군을 조선인 부대와 중국인 부대로 나누어 편성하는 데는 동의하지 않았다. 그 이유는 다음과 같다. '과거 중·조양국 공산주의자는 역량을 연합하여 공동으로 항일무장투쟁을 전개한 바 있다. 따라서 앞으로의 형세가 성숙되면 단독으로 조선인민혁명군을 조직하여 조선을 오가면서 독립투쟁을 전개하는 것은 필연적인 것이라 하겠다. 그러나 목전의 투쟁환경과 그 조건이 구비되지 않은 채 병력 분성(分成)을 강행한다는 것은 바로 중·조인민의 항일무장역량과 항일무장투쟁을 약화시킬 것이다.' 이러한 이유로 인해 당시 상황하에서 조선인 부대와 중국인 부대를 나누어 건제(建制)하여 각자 활동하도록 하지 않고 항일연군의 기치를 견지하면서 계속해서 항일무장투쟁을 공동으로 전개하는 것이 마땅하다 할 것이다. 그래야만 광대한 중·조인민의 지지와 성원을 획득할 수 있는 것이다.[150]

동북인민혁명군 제2군의 조선해방을 위한 군대로의 전환을 갈망했던 조선인공산주의자들이 즉각적인 조선인부대의 단독편성을 반대한 것은 아마 코민테른과 코민테른 주재 중공대표단의 방침으로 이미 2군내 조선인공산주의자들의 제1의 투쟁목표가 '조선혁명과 조선해방'으로 공인된 상황에서 당시의 주객관적인 조건을 고려했기 때문일 것으로 보인다. 특히 조선인이 절대다수 거주하고 있는 동만을 또나 조신인 비율이 10퍼센트도 안되는 남만에서 제2군이 활동하게 된 것도 이러한 조선공산주의자들의 입장표명에 영향을 미쳤을 것이다. 이러한 조선인민혁명군 단독편성의 문제에 대하여 당시 김일성이 개진했던 견해를 임춘추는 다음과 같이 회상하고 있다.

만일 우리가 조선인민혁명군을 따로 편성하여 조선혁명임무만 수행하고 중국혁명 임무수행에 대하여 무관심할 수 있겠는가? 또 이와 반대로 조선인민혁명군을 따로 편성하지 않는다 하여 중국혁명에 대해서만 생각하고 조선혁명임무의 수행을 망각할 수 있겠는가? 이렇게는 도저히 생각할 수 없으며 또 그렇게 생각해서도 안 된다. 그렇기 때문에 중국인민들 앞에 가서는 항일연군이라고 하고 조선인민들 앞에 가서는 (특히 조선내지에 가서는) 조선인민혁명군이라고 하는 것이 좋으며, 따라서 혁명군을 개편할 필요를 새삼스럽게 이제와서 그리 느끼지 않게 된다.[151]

결국 회의에서는 제2군의 주요임무가 조선혁명을 위한 군대라는 것이 남호두회의에 이어 다시 한번 확인되었으며 새로 편성될 제3사는 이 임무를 수행하기 위해 중·조국경지대인 장백현 일대로의 진출이 확정되었다.

조선인민혁명군의 단독편성은 현재의 조건에서는 실시 않기로 결정되었다.[152]

미혼진 회의 결과 동북인민혁명군 제2군은 동북항일연군 제2군(군장: 왕덕태, 정치위원: 위증민)으로 재편되면서 정식으로 휘하에 3개 사단을 편성했다.[153] 제1사는 연길 제1단과 일부 산림대를 흡수하여 제1, 2단으로 편성되었으며 사장에는 조선인 안봉학(후에 변절), 정위에는 중국인 주수동이 임명되었다. 제1단 단장에는 최현이 임명되었다. 제2사는 왕청 제3단, 훈춘 제4단 및 구국군 사충항 부대를 흡수하여 4, 5, 6단으로 편성되었으며, 사장에는 중국인 사충항(부임 못함), 대리사장 겸 참모장에는 중국인 진한장, 정위에는 중국인 왕윤성이 임명되었다. 제3사는 화룡 제2단과 항일의용군 6개 중대를 흡수하여 7, 8, 9, 10단으로 편성되었으며 사장에는 김일성, 정위에는 중국인 조아범이 임명되었다. 3사에는 오중흡, 박덕산(김일), 오백룡 등 많은 조선인 유격대 지도자들이 배속되어 있었다.

김일성이 사장인 제3사에게는 조선으로의 국내진공과 공작이 용이한 백두산 일대에 근거지를 건설하는 임무와 함께 조국광복회 건설의 임무도 맡겨졌다.

부대를 재정돈한 제2군 중 1, 3사는 새로운 근거지를 찾아 곧장 장백지구로 출발했다. 장백지구로의 진군 도중인 1936년 5월 무송현 동강에서 남호두회의의 경정사항을 실행하기 위한 동강회의가 개최되어 회의 도중인 5월 5일 조국광복회가 창건되었다.[154] 발기인으로 오성륜, 이상준,[155] 엄수명 등이 참가했으며 역사적으로 중요한 의미를 갖는 10대 강령이 함께 발표되었다. 조국광복회의 정식 명칭이 재만한인조국광복회이며, 10대 강령 제2조가 '……중국 영토내에 거주하는 한인의 진정한 자치를 실현할 것'[156]으로 되어 있는 것으로 보아 처음 출발은 재만조선인으로 시작했던 것 같다.

그런데 주지하다시피 조국광복회의 발기인과 10대 강령 작성자, 회장 등을 두고 북한의 문헌들과 김일성 비판가들 사이에 주장이 크게 엇갈리고 있다. 북한의 주장은 김일성이 조국광복회 회장이었으며 10대 강령을 직접 작성했다는 것이다. 발기인 문제에 대해서는 대체로 애매모초하게 처리되고 있다.[157] 발기인 문제를 언급한 백봉의 경우는 "김일성의 발기에 의해 조국광복회가 창건되었다"고 쓰고 있어[158] 이 글만으로는 김일성이 발기인이었는지 알기 어렵게 되어 있다. 임춘추에 따르면 "많은 동지들이 김일성의 이름으로 발기 선언을 하라고 했으나 김일성이 조국광복회는 전체 조선 인민의 반일역량을 총집결해야 할 위업을 수행해야 하기 때문에 과거부터 오늘의 무장투쟁에 이르기까지 명성 높고 연령도 많은 동지들이 하는 것이 좋겠다고 제의했다"고 한다. 그러나 회의 참가자들의 완강한 제의에 의해서 김일성이 김동명이라는 가명으로 조국광복회 창립선언을 했다고 한다.[159] 사실 민족통일전선을 구축하는 데 발기인이란 실력보다는 오랜 항일투쟁의 경험을 가진 원로가 더 어울렸을 것이다. 따라서 김일성이 발기인에는 들어가지 않았을 가능성이 높다. 그러나 조국광복회 회장(회장이 반드시 발기인이어야 할 이유는 없다)과 10대 강령 작성자는 김일성일 가능성이 높다고 보아야 할 것이다. 조국광복회 회장의 경우 만주전역의 조선인 대표들이 회의에 참가 못한 당시의 사정으로 보아 회장은 뽑지 않고 김일성을 조직 책임자 겸 임시대표로 선임했다가 이것이 그대로 굳어졌을 가능성도 생각해볼 수 있을 것이다. 아직까지 북한측이 제시하는 자료 이외에 이를 증빙할 만한 뚜렷한 자료가 없고, 역으로 김일성 이외의 인물이 조국광복회 회장과 10대 강령 작성자였다는 증거도 전혀 나타나지 않고 있다. 그렇기 때문에 필자는 다음과 같이 몇 가지 상황판단을 통해 막연하게나마 이 문제의 사실에 접근해보고자 한다.

먼저, 『사상휘보』14호의 조국광복회선언문(초안), 규약(초안), 10대 강령(초안) 등을 작성한 주체가 '동만성 주비회'로 되어 있는 것에 주목 할 필요가 있다.[160] 코민테른 중공대표단의 지시로 남호두회의에서는 만주성위를 해소하고 남만, 동만, 길동, 북방의 4개 성위를 구성한 바 있다.[161] 조국광복회 발기인으로 되어 있는 전광(오성륜), 이상준(이동광) 등은 당시 제1군(즉 남만성위) 소속이었다. 남만성과 동만성이 합쳐져서 동만만성위를 이룬 것이 1936년 7월 금천현 하리회의[162]에서였음을 고려한다면 조국광복회에 관련된 제반 문건의 작성 주체가 '동만성 주비회'로 되어 있었다는 것은 동만을 근거지로 한 제2군이 조국광복회 창립의 주체였음을 증명하는 것이며 이는 곧 제2군내 조선인 최고지도자인 김일성이 조국광복회 10대 강령을 작성했을 가능성이 높다는 것을 의미한다.

둘째, 조국광복회를 주도할 인물은 간도지방에서 활동한 동북인민혁명군 제2군 지도자 중에서 나왔을 것이다. 이는 필자가 앞에서 조국광복회가 결성되기까지의 배경으로 간도지방의 특수성부터 시작해서 간도지방의 조선인 공산주의자들의 고뇌에 이르기까지 충분히 설명했으므로 더이상 부연할 필요가 없을 것이다. 단지 김일성과 함께 조국광복회의 최고책임자로 상정될 수 있는 오성륜, 최용건, 김책 등에 대해서 살펴보면 그들이 인민혁명군 제2군 밖에 있던 조선인 지도자들로서 간도에서의 조선 민족문제에 대해서는 직접적인 당사자가 될 수 없었다는 점이 간과되어서는 안 될 것이다. 특히 일부 학자들이 전광(오성륜)이 김일성의 상관으로 조국광복회에 관련했었다고 주장함으로써 지금까지 전광과 김일성과의 관계에 있어서 많은 오해가 있어왔다. 따라서 여기서 이 문제에 대해서 구체적으로 검토해볼 필요가 있을 것 같다.

먼저 일제 관헌자료에는 전광(오성륜)이 2군 정치주임으로 조국광복회에 관여했다고 나와 있다.[163] 그러나 2군 정치주임이었던 이학충이 1936년 8월 무송현에서 전사[164]한 것으로 보아 전광이 2군 정치주임이 된 것은 1936년 8월 이후인 것으로 보인다. 그런데 혜산사건 검거자들을 취조해서 얻은 정보를 싣고 있는 이 일제 관헌자료들은 당시 2군내의 조직상황을 정확히 파악하고 있었던 것 같지는 않다. 왜냐하면 이 자료들은 '제6사 정치위원 위민생(=위증민)이 제2군 정치주임 전광의 지도 아래 제6사의 정치지도를 행한 것'으로 보고 있기 때문이다.[165] 그러나 1936년 6월 항일연군 제1로군이 성립됐을 당시 위증민이 1로군을 지도하는 중국공산당 남만성위 서기 겸 제2군 정치위원으로 선임되었다.[166] 즉 위증민이 오히려 전광을 지도할 위치에 있었던 것이다. 당시의 조직상황을 필자 나름대로 추정해보면 다음과 같다.

코민테른과 코민테른 주재 중공당 대표단의 적극적인 지지 아래 조선 독립을 위한 부대로서 그 성격을 갖추게 된 제3사(후에 6사)는 당연히 코민테른 주재 중공 대표단의 지도를 받는 남만성위 서기인 위증민과 밀접한 관계를 맺었을 것이다. 이러한 김일성과 위증민의 관계가 위증민을 6사 정치위원으로 보이게 한 이유일 것이다. 그리고 전광이 2군 정치부 주임으로 부임해왔을 때 조국광복회 일에 어느 정도 관여했을 것으로 보인다. 그러나 전광이 김일성의 조선인 직속상관이었다는 식의 표현은 잘못된 것이다. 전임 정치부 주임 이학충의 예[167]를 보건대 전광의 임무는 정치위원 위증민의 지도 아래 2군의 군정학습을 꾸려가는 일이었을 것이다. 김일성은 전적으로 위증민과 상의해서 6사의 활동문제를 결정했을 것이다. 전광이 위증민의 지휘 아래 제1로군 참모부서의 요직을 맡아 활약한 것은 사실이지만 그는 어떠한 형태로든지 김일성을 지휘할 수 있는 위치(군장이나 군정치위원)에 오른 적이 한 번도 없었다. 김일성은 제1로군의 주요 지휘관(조선인 중 최고위직)이었으며 전광도 제1로군 참모부의 주요 참모였다. 일부 일제 관헌자료가 전광을 김일성의 상관인 양 잘못 파악하고 있는 것과는 대조적으로 1940년 4월에 일본 사법성 형사국에서 나온 한 자료는 제1로군 2방면군의 편성을 설명하면서 총지휘 김일성, 정치주임 전광으로 잘못 파악하고 있다.[168] 아마 김일성, 전광, 위증민의 관계에 대한 일본 자료의 착각은 피검자가 조직 상황을 허위 자백한 것이거나 아니면 나이 많은 오성륜(36세)에 대한 김일성(24세)과 위증민(27세)의 예우를 상하관계로 착각했을 것으로 본다.

전광이 당시 1로군내 조선인 공산주의자들 중에 제일 높은 직위에 있었다는 주장에 대한 또 다른 반박의 증거로는 위증만이 1940년 4월 코민테른 주재 중공 대표에게 보내는 보고서에서 현재 살아남아 있는 주요 간부 18명의 이름을 대면서 (이 중 필자가 확인할 수 있는 조선인은 8명) 당시 생존해 있던 전광의 이름을 들고 있지 않다는 사실을 들 수 있다.[169] 필자의 견해로는 전광이 조선인 공산주의자들 중 원로인 것이 분명하나 그의 실제 위치는 김일성과 비교될 수 없었을 것으로 본다.

셋째, 뒤에 살펴보겠지만 조국광복회는 결성 후 항일연군 1로군 제6사 (사장: 김일성)에 의해서 전적으로 운영되었다. 조국광복회 관계 자료를 싣고 있는 일제 관헌자료들은 어느 것이나 예외 없이 김일성의 제6사가 조국광복회 조직운영의 추진기관이었음을 보여주고 있다.

넷째, 김일성은 그에 대한 개인숭배작업이 본격화되기 전인 1947년경에 이미 자신이 조국광복회 회장이었음을 밝히고 있다.[170] 그를 동료이자 지도자로 생각하고 있던 수많은 항일무장투쟁 시절의 동료들이 고난의 투쟁에서 돌아온 지 얼마 안 되는 그 당시 상황에서 김일성이 그의 전우들이 뻔히 다 아는 사실을 거짓말했으리라고 생각되지는 않는다.

아무튼 무송현 동강에서 조국광복회 결성을 주도한 동북항일연군 제2군 3사는 1936년 7월 금천현 하리회의에서 보다 효과적인 항일유격투쟁의 전개를 위해 항일연군 1, 2군이 통합함에 따라[171] 항일연군 제1로군 제6사로 명칭을 바꾸고 그 해 8월 무송현성 전투를 성공적으로 치르고 무송현내에 근거지를 마련하게 되었다.[172] 무송현의 장백산록에 근거지를 마련하게 되자 6사의 주력부대는 1936년 가을 다시 사장 김일성의 지휘 아래 장백현 방면으로 진출하여 백두산 주변의 삼림지역에 수많은 밀영[173]들을 건설했다. 여기서 백두산을 중심으로 하는 장백근거지가 갖고 있는 투쟁상 유리한 점을 살펴보면 다음과 같다.[174]

첫째, 백두산을 중심으로 하는 장백, 무송, 임강, 안도 일대는 울창한 밀림과 산악지대로서 이 지역 적들의 통치 중심을 포위하고 있으며 압록강과 두만강 상류지방은 밀림으로 되어 있기 때문에 항일연군의 병영과 후방기관을 방위병력 없이도 설치할 수 있으며 각종의 유격전술을 적용할 수 있는 유리한 자연지리적 조건을 가지고 있었다.

둘째, 이 곳은 조선족이 비교적 많이 모여 사는 지역으로서 대다수 주민은 삼림노동자였다. 그들은 일제의 탄압과 지주의 잔혹한 착취 밑에 비참한 생활을 했다. 따라서 이 지역의 농민과 노동자들은 항일투쟁에 쉽게 참가할 수 있었다.

셋째, 이 지방은 동북에 있어서 일제 식민통치가 가장 약한 고리였는바 백두산 일대는 아직 집단부락이 공고히 설립되지 못했다. 주민의 대부분은 산곡·하천지대에 거주했으며 교통과 통신망은 발달하지 못했다.

이상의 조건을 갖춘 장백근거지를 건설하면서 제6사는 장백현과 조선 국내에 대한 조국광복회 조직 확대 작업에 나섰다.

1936년 12월에 김일성은 권영벽·이제순·장중렬 등을 통해 장백현내 조국광복회 조직을 건설하는 한편 박달·박금철(한남 갑산군 거주) 등을 만나 국내에서의 조국광복회 건설사업을 지시했다.[175] 조국광복회의 조직 확대 작업은 짧은 시간내에 급속하게 이루어져 1937년 10월 조국 광복회 조직에 대한 1차 검거가 있기 전에 이미 장백현은 물론이고 국내에 갑산군을 포함한 함경남북도 북부 일원과 평안북도 북부, 그리고 흥남, 함흥, 원산, 신의주까지 이르는 광범한 조직망을 구축했다.[176] 비록 전국적 범위로까지 확장되지는 못했으나 장백근거지에서의 조국광복회 확대작업은 우리의 민족해방투쟁사에서 중요한 의미를 갖는다. 즉 장백현내의 조선민족에 대한 공작은 간도에서의 광범한 통일전선체의 형성을 소규모로나마 실현하는 것이었으며, 조선 국내에 대한 공작은 지금까지 암흑기로 평가되던 1930년대 후반에 수백 명의 무력을 담보한 조선인들의 반일통일전선체가 활발히 움직였음으로 해서 역사의 일부가 보다 긍정적으로 쓰일 수 있는 가능성을 제시한 것이라고 볼 수 있다.

(3) 국내진공전투의 감행과 만주 상황의 악화

1936년 말부터 1937년 초까지 백두산 일대의 장백근거지를 중심으로 국내외에 조국광복회 조직을 확장시키는 데 성공한 항일연군 1로군 제6사는 1937년 6월 조국광복회 국내 조직과 연계하여 조중 국경선을 넘어 보천보를 공격함으로써 최초의 대규모 국내진공전투를 수행했다. '약탈' '납치' '방화'[177] '맹동적 모험주의'[178] '조선 인민에게 조국해방의 서광을 비추어준 쾌거'[179] 등 보는 시각에 따라 천차만별의 평가가 내려지고 있는 보천보공격은 1937년 6월 4일 김일성이 이끄는 6사 일부 병력 80여 명과 박달, 박금철, 이송운, 김왈룡 등이 이끄는 갑산군내 조국광복회 소속 결사원 73명이 호응하여[180] 제6사의 일방적인 승리로 끝났다. 이른바 '성동격서(聲東擊西)의 유격전술에 의해 최현 등이 이끄는 제4사가 5월 말 무산 방면으로 진출하여[181] 적의 신경을 자극시키고 있는 가운데 수행된 이 전투에서 김일성부대는 보천면 소재지의 일제 통치기관들을 모두 파괴하고 조국광복회 10대 강령과 김일성 명의의 포고문을 뿌리고 일제 병력과 조우하여 적을 패퇴시켰다.[182] 북한 문헌들에 의하면 김일성은 "환호하는 인민들 앞에서 조국광복을 위해 모든 인민이 반일 전선에 나설 것"을 호소하는 역사적인 연설을 했다고 한다.[183] 이 전투는 국내의 각 신문지상에 크게 보도되어 김일성의 이름이 국내에 널리 알려지는 계기가 되었다. 당시 보천면의 면소재지였던 보전은 조선인 284호, 일본인 26호, 중국인 2호가 살고 있었다.[184] 비록 전투규모는 지금까지 6사가 치러온 전투들에 비해서 크지 않았지만 그것이 조국광복회 결성 후 최초의 국내진공작전이었으며, 조국광복회의 국내 지하조직이 동원되었다는 데서 그 의의는 결코 과소평가될 수 없다고 본다.

보천보전투에서 일격을 당한 일제는 이를 보복하기 위해서 조선주둔군 제19사단 함흥 74연대 병력과 위만군으로 구성된 토벌대를 동원하여 추격해왔다. 1934년 6월 30일 추격해오던 일본군과 항일연군 연합부대(6사: 350명, 4사: 200여 명, 2사: 60여 명으로 구성)는 장백현 13도구 서강에 위치한 간삼봉에서 조우하여 대격전을 치렀다.[185] 북한 문헌과 일부 중국 문헌에 의하면 전투는 6사가 주축이 된 항일연군의 승리로 끝나 일제는 1,500여 명의 사상자를 낸 채 패주했다고 한다.[186] 그러나 최근 대부분의 중국 문헌들은 이 전투에서 적 50, 60명이 살상되었다고 기록하고 있다.[187]

지금까지 이 전투의 74연대 지휘관은 김석원으로 알려져왔다.[188] 그러나 당시 김석원은 서울의 78연대에 근무하고 있었던 것으로 기록되어 있다. 함흥 74연대에는 김석원과 일본육사 제27기 동기생인 김인욱이 근무하고 있었다.[189] 김인욱이 74연대를 지휘하여 출병했을 것이나 아마 중일전쟁 직후 김석원이 중국전선으로 전근되어 제40여단 첨병대 대장으로 큰

공을 세운 것이 국내에 알려져 그가 유명해졌기 때문에[190] 그런 착각을 했을 가능성이 있다.

제6사가 보천보전투와 간삼봉전투에서 개가를 올린 직후인 1937년 7월 7일 노구교사건을 계기로 중일전쟁이 발발했다.

중일전쟁이 발발하자 중국 관내에서도 전국적인 대일항전의 열기가 고조되었다. 항일연군은 이제 만주 각지에서의 국부적인 항일유격전이라는 단독작전에서 전국적인 대일항전의 일환으로 작전의 성격을 바꾸게 되었다. 이에 따라 제1로군은 일본군의 관내진입을 견제하고 적 후방을 교란하기 위해서 보다 광활한 동남만지역에서의 활동을 결정하게 되었다.[191] 이러한 방침에 따라 6사의 경우 기존의 장백·무송현을 중심으로 한 유격활동의 범위를 몽강·휘남현성으로 넓히게 되었다.[192]

따라서 김일성은 1937년 가을 소수의 병력을 남겨둔 채 주력부대를 이끌고 장백현을 떠나 임강·몽강·휘남현 등으로 진출했다.

그러나 중일전쟁을 맞아 일제의 병력이 중강되고 항일연군 제1로군에 대한 대대적인 토벌이 계속되고 있는 가운데 추진된 이 변화된 작전을 1937년 겨울부터 1938년 봄 사이에 유례 없는 강도로 실시되었던 일제의 대토벌에 부딪히면서 많은 희생자를 내게 되었다.[193] 이 시기에 수많은 항일연군의 부대들이 괴멸적인 타격을 입었다. 적의 발악적인 대토벌을 피해 김일성이 이끄는 제6사는 1937년 겨울 몽강현 마당거우에서 깊은 산속의 밀영으로 자취를 감추고 그곳에서 이듬해 봄까지 군정학습을 실시했다.[194]

적의 대토벌 속에서 항일연군 제1로군의 주요 지도자들은 1938년 5월 11일에서 6월 1일까지 집안현 노령에서 제1로군 군정간부회의를 개최했다. 1로군장 약정우를 비롯하여 위증민, 한인화, 서철 등이 참석한 이회의에서는 "일제에 대한 유격전쟁을 견지하고 실력을 보존하여 적의 전면적인 공격을 분쇄한다"는 방침이 채택되었다. 그리고 관내의 팔로군과 연계를 맺고 동시에 동북의 각 항일부대와 결합하여 협동작전을 전개한다는 양정우의 서정(西征)계획이 제출되었다. 이에 따라 제1로군 제1군의 1, 2

사에서 일부 병력을 뽑아 3사를 보충하여 서정부대를 편성하기로 했다.[195]

그러나 제1군의 서정계획이 확정된 노령회의(제1차)가 있은 지 불과 한 달 만인 1938년 6월 29일 제1군 1사 사상 정빈(程斌)이 일제에 투항하는 돌발적인 사태가 발생했다. 정빈의 투항은 1로군 전체에 엄청난 피해를 주었다. 제1사가 와해되었을 뿐만 아니라 정빈이 알고 있던 1로군 지도부의 행적과 각 소속부대의 전략전술, 중요 군사기밀 등이 적에게 폭로되어 제1로군이 심각한 위험에 처하게 된 것이다.[196]

새로운 돌발사태에 대처하기 위해서 1938년 7월 제1로군 주요 지도자들은 집안현 노령에서 재차 회의(제2차 노령회의)를 소집했다. 회의에서는 서정계획이 취소되고 제1로군의 개편이 단행되었다. 즉 회의는 제1군과 제2군을 해체하고 대신 세 개의 방면군과 한 개의 경위려로 제1로군을 재편성할 것을 결정했다.[197] 제1방면군은 제1군 2사와 3사의 잔여부대를 합쳐 편성(군장: 조아범)하고, 제2방면군은 김일성의 제2군 6사로 편성하기로 결정했다. 또한 제3방면군은 제2군 4사와 5사를 합쳐서 편성(군장: 진한장)하기로 결정되었다.[198] 당시 각 부대들이 분산되어 유격전을 전개하고 있었으므로 이러한 개편 결정이 당장 실행될 수는 없었다. 각 부대가 정식으로 개편되는 시기를 보면 경위려가 1938년 7월에, 제1방면군이 흑할자구에서 1938년 8월에, 제2방면군이 남패자에서 1938년 12월에 각각 편성되었으며 제3방면군은 1939년 8월 안도현 량강 한양구에서 편성되었다.[199]

오늘날 북한에서는 1938년 11월 몽강현 남패자에서 열린 군정간부회의 (1938. 11. 25~12. 6)에서 제1, 2군의 조직개편이 이루어졌다고 주장하고 있다.[200] 이러한 주장은 옳은 것은 아니나 완전한 왜곡은 아니다. 왜냐하면 앞에서 언급했듯이 제2방면군이 정식으로 성립되는 것은 1938년 12월이며, 이때 제1로군 군장 양정우가 남패자에 와서 제2방면군 정식 개편을 위한 간부회의를 소집한 것은 사실이기 때문이다.[201]

여기서 우리의 흥미를 끄는 것은 당시 제1로군은 휘하에 6개의 사를 가지고 있었음에도 불구하고 제6사가 그대로 2방면군이 된다는 사실이다.

표 9　　　　　　　　　　제2방면군 부대편제

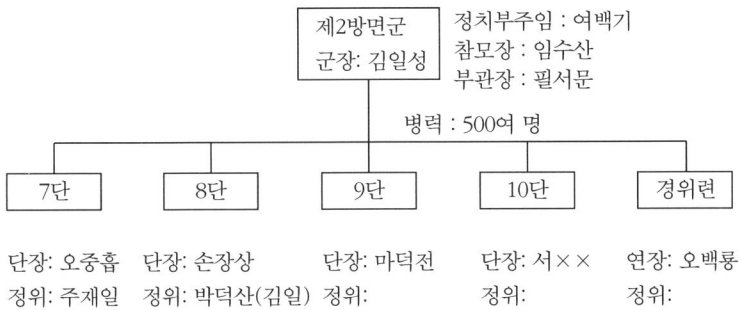

자료:『東北抗日聯軍第二軍』, 185쪽;『연변당사 사건과 인물』, 207쪽.

표 10　　　　　　　　　　제3방면군 부대편제

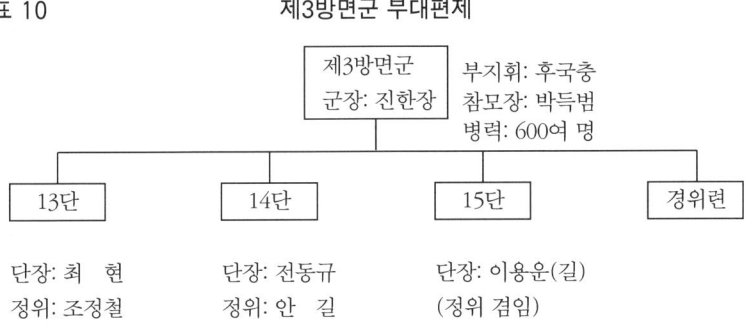

자료:『東北抗日聯軍第二軍』, 185쪽;『연변당사 사건과 인물』, 218~19쪽; 姜德相 編, 앞의 책, 664~65쪽의 종합 정리.

이것은 적의 대토벌이 계속되는 가운데 전개된 유격전에서 제6사가 전투역량을 가장 잘 보전했으며 1로군내에서 가장 강력한 부대 중의 하나였다는 사실을 증명하고 있는 것이다. 이러한 사실은 김일성의 군사 지도자로서의 탁월한 능력을 보여주는 것이기도 하다. 사실 제2군내에서는 군장 왕덕태가 1936년 11월 무송현 소탕하에서 전사하자[202] 정치위원 위증민과 함께 제6사장 김일성이 제2군을 이끌고 있었다고 보아야 할 것이다.[203] 북한의 문헌들에 의하면 제1로군 개편시 제6사(북한의 표현으로는 조선인

표 11   김일성부대의 근거지 활동구역도(1932~39.5)

A: 동만의 유격근거지(1932~35.5) B: 장백근거지(밀영 중심) (1936. 가을~1937. 가을)
주: 여기서 필자가 '김일성부대'라고 표현한 것은 그동안 부대편성이 여러 차례 바뀌어 특정한 부대명칭을 쓸 수 없기 때문이다. 따라서 부대 책임자인 김일성의 이름을 따서 김일성부대라고 표현했다.

표 12   동만을 떠났던 시기 김일성부대의 활동궤적(1935. 여름~39.5)

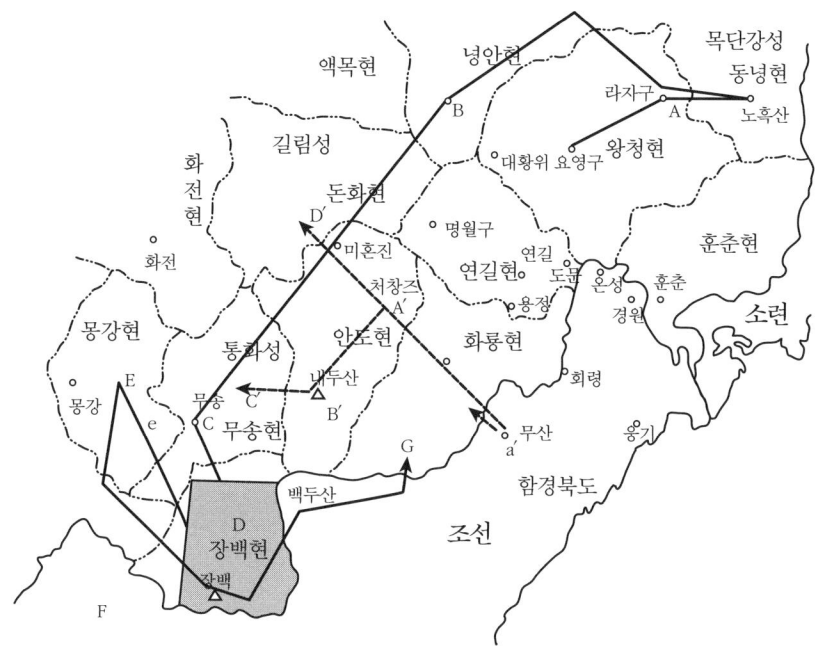

A: 라자구(김일성부대 출발지역) B: 남호두(회의) C: 동강(회의) D: 장백근거지
E: 남패자(회의) F: 북대정자(회의) G: 동만 A′: 처창즈 유격근거지
B′: 내두산 유격근거지 e: 마당거우 밀영(군정학습)
주: 부대이동경로
　① 김일성부대(왕청, 훈춘현 활동부대들)의 이동경로
　　　A(1935. 6)-B(1936. 2)―C(1936. 5)―D(1936. 가을~1937. 가을)―e(1937. 겨울)―
　　　E(1938. 11)-F(1939. 4)―G(1939. 5월 말)
　② 왕덕태 지휘부대(연길·화룡현· 활동부대들)의 이동경로
　　　A′(1935. 초~1935. 10)―B′(1935. 가을~1936. 1)―C′(1936. 초)
　　　A′(1935. 여름)―D′
　③ 1935년 5월 국내진출경로 A′-a′

민혁명군)는 제2방면군으로 확대 개편되면서 전투력이 취약한 다른 부대에 자기 병력을 보충·강화시켜 주었다고 한다.[204] 여기서 참고로 조선인 항일유격대원들이 다수였던 제2방면군과 제3방면군의 부대편제를 살펴보면 표 9, 10과 같다.

남패자회의가 끝난 뒤인 1938년 12월 제2방면군 군장 김일성은 그의 부대를 이끌고 다시 압록강 연안 국경지대(장백지구)를 향해 이른바 '고난의 행군'으로 알려진 100여 일간의 행군길에 올랐다.[205]

실로 장백지구를 떠난 지 1년여 만의 귀로였으나 제2방면군이 험로를 헤치고 장백에 도착한 1939년 봄의 장백근거지는 이미 상황이 달라져 있었다. 1937년 8월부터 장백현 일대에는 일제의 치안공작의 일환으로 집단부락이 설치되기 시작했고,[206] 조국광복회의 압록강 연안의 중심조직들은 1937년 10월부터 이듬해의 두 차례에 걸쳐 739명이 검거된 이른바 '혜산사건'으로 인해 붕괴상태에 있었다. 이에 항일유격대의 엄혹한 시련기가 닥친 것이다. 일제가 백두산 서남부인 장백현 일대에 대병력을 집중시켜 토벌을 감행하고 있는 시점에서 장백근거지에서의 활동은 사실상 불가능했다.

이와 같은 절박한 상황에 부딪힌 제2방면군은 1939년 4월 그간 소부대 편성으로 고난의 행군을 마친 간부들을 장백현 북대정자에 모아놓고 김일성의 주재 아래 앞으로의 진로를 토의했다.[207] 이 회의에서 무산 전투계획과 백두산 동북부지대로의 진출이 결정되었다. 오늘날 북한의 문헌들에 의하면 김일성이 이 회의에서 "적극적인 반격전으로 일제 침략자들을 연속 타격하고 조국으로 진군하자"[208]는 연설을 했다고 한다.

무산지구 전투에 대한 세부계획이 세워지자 제2방면군의 주력부대는 1939년 5월 16일 장백근거지를 떠나 무산지구로 출발했다. 그들은 청봉·베개봉 등에서 숙영하고, 삼지연·무포를 거쳐서[209] 5월 22일 대홍단 일대에 도착했다. 여기에서 항일유격대는 일제가 제2방면군의 대홍단 일대로의 진출을 눈치채지 못한 틈을 타 국내 민중들을 상대로 정치군사활동을 벌이고 이튿날인 5월 23일 대홍단 벌에서 적과 조우하여 이를 물리치고

두만강을 건너 장산령으로 철수했다고 한다.210)

김일성이 지휘하는 항일연군 제1로군 제2방면군의 주력은 1935년 여름(동북인민혁명군 제2군 시절) 그들의 근거지였던 동만을 떠난 지 4년 만에 다시 동만으로 돌아왔다. 참고로 1939년까지의 김일성부대의 근거지 활동구역과 활동궤적을 그려보면 표 11, 12와 같다.

그러나 당시 만주의 모든 지역이 그러했듯이 동만의 상황도 그들이 부득이 유격근거지를 떠났던 1935년보다 더 악화되어 있었다. 제2차 세계대전의 전운이 감도는 가운데 일·소간의 긴장이 고조되고 있었다. 관동군은 끊임없이 증강되고 있었다. 그러나 무엇보다도 직접적인 위기는 일제의 대토벌계획이 다시 수립되었다는 데 있다. 이제 항일유격대가 다시 간도로 돌아왔으니 일제가 이전보다 훨씬 더 강도 높은 토벌작전을 감행하리라는 것은 불을 보듯 뻔한 일인 것이다.

3) 소·만 국경으로의 이동과 소부대 활동

(1) 일제의 대토벌과 소부대 활동으로의 전환

일제는 김일성이 지휘하는 항일연군 제1로군 제2방면군을 주축으로 하는 항일유격대가 다시 동만에서 활동을 시작한 지 불과 수개월 만인 1939년 10월부터 이른바 '동남부치안숙정공작'을 개시하여 1941년 3월에 끝내게 된다.211) 관동군 제2수비대(길림 소재) 사령관 노조에(野副昌德)소장을 대장으로 하여 구성된 이 토벌대는 간도·통화·길림의 세 성에 대하여 대토벌을 감행해왔다. 이들은 이전에 있었던 토벌대와는 전혀 수준을 달리하는 강력한 토벌작전을 구사했다.

대강 그 토벌작전의 내용을 보면 "토벌작전은 겨울철 강설기를 이용하고, 미리 비(匪)부대를 정하며, 눈 위의 적의 발자국(위장 발자국은 간파)을 더듬어가고, 험준한 산속에서 밥 짓는 연기를 발견하면 그것을 뒤져내서 박멸하며 적의 그림자를 발견하면 일거에 섬멸하도록 하며, 나머지 잔당은 급히 추격 또 추격하여 적에게 일각의 여유도 주지 않음으로써 지쳐버리게 하며(소위 진드기 전법) 굶주림과 추위 때문에 투항 또는 귀순하지 않을 수 없게 된다"212)는 것이다. 토벌대는 정치적 회유와 사상적인 와해 수단도 동시에 활용했다. "×××이 체포되었다" "항일연군이 이미 와해되었다"는 등의 헛소문을 날조하는 한편 "일본은 비할 데 없이 강대하다"고 선전하여 항일유격대의 간부와 전사들이 비관하고 실망하도록 기도했다. 또한 토벌대는 항일유격대의 가족이나 친구들에게 '간청서'를 쓰도록 강요하여 유격대원들의 전투력을 약화시키고 향수에 젖게 했다. 심지어 토벌대는 여자의 사진이나 의복을 나무에 걸어놓거나 술과 안주를 나무 밑에 놓아두는 수법으로 항일유격대를 유인하기도 했다.213)

주요 지도자들에게는 막대한 현상금이 나붙었다. 양정우·김일성·최현·조아범·진한장에게는 1만 원, 박득범·방진성은 5,000원, 위증민·전광에게는 3,000원의 현상금이 각각 내걸렸다.214)

약 7만 5,000명의 대병력을 동원하여 수행된 이 작전215)은 가히 동남만 일대에서 항전하고 있던 제1로군을 궤멸상태로 몰아넣었다. 일제의 토벌대는 항일유격대와 일반 군중과의 연계를 완전히 단절함으로써 유격대를 극도의 곤란 속에 빠뜨렸다. 한 끼의 식사를 하려면 목숨을 내놓는 위험을 무릅써야 했다. 영하 40여 도를 오르내리는 엄동설한에서 동상자와 동사자가 속출했으며 어떤 유격대원은 걷고 또 걷다 꽁꽁 얼어붙어 다시는 움직일 수 없게 되었다고 한다. 밤에 나무에 기대에 잠자던 유격대원들이 추위에 그대로 목숨을 잃는 일이 흔했다.216) 이러한 극도의 위기 속에서 제1로군의 병력은 급속히 감소되었다. 1939년 말에서 1940년 봄 사이에 제1방면군은 이미 궤멸적인 타격을 입었다. 1로군 군장 양정우가 1940년 2월 몽강현 삼도위자에서 전사했으며, 제1방면군장 조아범은 1940년 4월 반혁명분자에 살해당했다.217) 그러나 이러한 열악한 조건 속에서도 김일성이 지휘하는 제2방면군 주력부대는 1940년 3월 25일 화룡현과 안도현의 접경지대인 안도현 대마록구 홍기하에서 김일성부대만을 집요하게 추적하던 만주경찰 마에다(前田)부대를 전멸시켜 토벌대를 긴장시켰다.218) 일제 관헌자료에서도 이 부대의 전멸을 인정하면서 전사 58명, 부상 27명,

행방불명 9명이라는 토벌대의 피해상황을 적고 있다.[219] 아마 이 전투에서의 승리야말로 항일연군 제1로군이 간고한 시기에 올린 귀중한 승리였다고 평가할 수 있을 것이다.[220]

이제 토벌대 사령부가 연길에 차려진 1940년 가을부터 이듬해 봄까지의 추·동계 토벌작전에서는 당연히 그 초점이 당시 최대의 공비단(共匪團) 김일성부대로 쏠렸다. 1940년 10월 12일 일제 토벌대가 정한 항일 유격대에 대한 다음의 은어표에서 우리는 당시 토벌대의 제1목표가 김일성부대의 소탕이었음을 알 수 있다.

1. 김일성—호랑이 2. 진한장—곰
3. 최현—사자   4. 한인화—소
5. 위증민—노루   6. 전광—고양이
7. 안길(안상길)—말[221]

이 토벌기간 중에 또다시 생존해 있던 수많은 항일연군 지도자들이 전사했다. 제3방면군장 진한장이 1940년 12월 그의 고향인 영안현 경박호 부근에서 전사했다. 제1로군 경위려 정위 한인화는 1941년 3월 경박호 부근에서 전사했으며, 제3방면군 15단 단장 이용운은 1940년 10월 왕청현 천교령 산속에서 희생당했다. 제1로군 정위 위증민은 1941년 3월 8일 화전현 자피거우에서 병사했다.[222] 또한 이 대토벌 기간 중 일부 항일연군 지도자들이 고난을 이겨내지 못하고 일제에 투항했다. 제1로군 경위려장 방진성이 체포되어 변절한 후 려장을 맡은 전 3방면군 참모장 박득범이 1940년 가을에 체포되어 역시 변절했다.[223] 일찍이 조국광복회 발기인이었으며, 제1로군 총무처장을 맡고 있으면서 지방공작에 나섰던 전광도 1941년 1월 30일 무송현에서 체포되어 변절했다.[224] 한마디로 일제가 현상금을 내걸었던 제1로군 지도자 9명 중 전사하거나 투항하지 않고 생존한 인물은 김일성과 최현 두 명뿐일 정도로 1로군은 이 토벌로 철저하게 타격을 받았다.

이러한 어려움 속에서 김일성과 제2방면군은 토벌대의 추·동계 작전이 시작되는 1940년 9월부터 훨씬 더 간고한 시기가 되리라는 것을 알고 있었을 것이다. 이때쯤에는 항일연군 1로군의 다른 부대들과의 연락도 점점 어려워지고 있었다. 이러한 맥락에서 보면 우리는 돈화현 소할바령에서 1940년 8월 11일, 12일 이틀간 김일성의 주재로 열린 이른바 '소할바령회의'[225)]의 토의내용을 대강 짐작할 수 있다.

오늘날 북한 문헌들은 이 회의에서 김일성이 '조국광복의 대사변을 준비있게 맞이할 데 대하여'라는 역사적인 연설을 했다고 한다.[226)] 이 보고에서 김일성은 앞으로의 정세를 "파쇼국가들에 의한 2차대전의 확대는 파쇼국가들의 멸망을 앞당길 것이므로 조선 인민의 민족해방운동의 앞길에는 유리한 정세가 조성될 것"이라고 전망하면서 "조국해방의 대사변을 주동적으로 맞이할 수 있는 준비를 튼튼히 갖추어나가기 위한 새로운 투쟁방침으로 ① 혁명역량을 보존·축적하며, 항일유격대를 유능한 정치·군사 간부로 육성할 것, ② 이를 위해 대부대작전을 소부대작전으로 전환시킬 것을 제기했다고 한다.[227)] 이 보고의 내용은 예의 낙관적인 전망과 희망에 찬 결의로 가득 차 있지만 당시의 이러한 결정은 만주의 엄혹한 상황에서 항일유격대가 살아남기 위한 유일한 방법이었을 것이다. 이제 '소부대활동' 시기가 시작된 것이다.

그런데 이 소할바령회의는 1939년 10월과 1940년 3월에 있었던 두 차례의 동북항일연군 제1로군 군정간부회의에서 이미 결정된 몇 가지 원칙들을 김일성이 적의 대토벌공세를 맞이하여 제2방면군에 적용하기 위해 소집했던 것으로 보인다. 즉 일제의 대토벌공세로 항일연군 제1로군이 막대한 손실을 보고 있던 1939년 10월 화전현 두도류하에서는 당면의 위기를 타개하기 위해 양정우의 주재로 남만성위와 제1로군의 주요 영도간부회의가 열렸다. 회의에서는 적의 공세로부터 실력을 보전하고, 큰 손실을 피하기 위해 제1로군을 장차 소부대로 편성하여 분산 활동할 것이 결정되었다.[228)] 이어서 1940년 3월 13일부터 15일까지 위증민의 주재로 화전현 두도류하에서 참석 가능했던 소수의 지도자들(전광, 박득범, 한인화, 김재범, 황해봉, 서철 등)이 모여서 그래 1월 하바로브스크에서 열렸던 중공당 북만성위와 길동성위의 지도자들의 연석회의(제1차 하바로브스크회의)의 결정사항(동북항일유격전쟁의 총화와 실력보존을 위한 항일연군의 편제개편)이 전달되고 당의 공작과 1로군의 앞으로의 전략이 논의되었다.[229] 따라서 이 회의에서는 적당한 때에 각 부대의 소련 영내로의 이동과 지방공작에 대한 강조와 함께 기존의 소부대작전 원칙이 재확인되었을 것으로 보인다. 이렇듯 항일연군, 제1로군의 당면 투쟁형태를 '대부대작전에서 소부대작전으로 전환할 것'이 결정된 뒤 이 결정에 입각해서 제2방면군의 새로운 투쟁방향을 구체적으로 결정하기 위해 소집된 것이 바로 소할바령회의였다고 할 수 있다.

오늘날 북한의 문헌들은 정확히 밝히고 있지 않지만 소할바령회의에서는 적당한 시기에 항일유격대가 소만국경의 안전지대로 일단 피신하는 문제도 거론되었을 것으로 보인다. 이러한 문제는 독소전쟁에 대비해서 소만국경에서의 긴장이 고조되는 것을 원치 않았던 소련이 적극적으로 제기했을 것이다. 사실 소련은 1940년에 들어오면서 독일·일본·이탈리아와 3국동맹 관계가 밀접해지고 관동군의 병력 증강 움직임이 더욱 활발해지는 것을 예의 주시하고 있었다. 오늘날 북한의 문헌에도 "코민테른은 소만국경 일대에서 긴장상태를 완화하며, 일제에게 대소침략전쟁 도발의 구실을 주지 않기 위하여 항일유격대(북한의 용어로는 조선인민혁명군)가 당분간 대부대활동을 중지할 것을 제기해왔다"[230]고 기록함으로써 당시 소련과 항일유격대와의 관계를 간접적으로 시사해주고 있다.

소할바령회의가 끝난 후 김일성이 지휘하는 제2방면군은 적의 대토벌을 피해 백두산 밀영으로 이동하여 한동안 휴식, 정비한 것으로 알려졌다.[231] 그렇기 때문에 1940년 7월 26일 재훈춘 일본영사는 당시 김일성 주력부대 340명이 안도·화룡·연길 등 각 현에서 활동하고 있는 것으로 보고[232]하고 있음에도 불구하고 그해 9월부터 12월까지 추계토벌작전을 벌이던 노조에 토벌대는 그들이 주요목표로 삼았던 김일성부대를 한 번도 만날 수 없었다.[233]

1940년 하반기를 주로 백두산 밀영에서 보낸 제2방면군 주력부대는 그 해 말 백두산 밀영을 떠나 동녕현 일대로 이동해갔다.[234] 그리고 동녕현 일대에서 제5군과 연계를 가지며 활동하다 1941년 봄 항일연군 총병력을 10개 지대로 나누기로 한 제1차 하바로브스크회의의 결정에 따라 100여 명의 병력으로 항일연군 제1지대를 구성한 후 소만국경의 소련영내로 이동했다.[235] 제3방면군 중 생존자가 가장 많았던 최현이 이끄는 제13단은 이에 앞서 1940년 가을에 소련영내로 철수했다.[236] 그러나 소만국경으로의 이동은 소부대별로 이루어졌기 때문에 일부 부대는 이동하지 못하고 일제의 대토벌을 피해 계속해서 깊은 산림지대의 밀영 속에 은거하고 있었던 것으로 보인다.

아무튼 김일성부대는 소만국경의 소련영내로 이동해간 뒤 곧 대오를 재정비해서 정찰·기습활동을 벌이기 위해 다시 만주로 들어갔음을 틀림없다. 이러한 사실은 일제가 체포한 김일성부대의 대원으로부터 받아낸 "김일성이 부하 28명을 이끌고 1941년 4월 초순 훈춘현 신둔자 부근을 통해서 만주로 들어왔다"[237]는 자백 내용에서도 뒷받침되고 있다. 임춘추의 회상기에도 "1941년 5월 김일성의 영솔하에 아군부대 200여 명은 10여 개의 소부대로 나뉘어 왕청현 쟈피거우를 임시근거지로 삼고 왕청, 연길, 동녕, 화룡, 안도, 화전현과 국내에서 활동했다"[238]는 말이 나온다.

1941년 이후 해방 때까지 김일성부대원들은 소조별로 임시근거지를 설치해놓고 소만국경을 넘나들며 만주와 조선에서 일본군의 작전이동 등 제반 군사부문에 대한 정찰활동을 수행했다.[239] 더불어 일부 정치 공작소조들이 간도와 조선에 파견되어 대민지하공작을 수행했다.[240] 이러한 소부대활동을 비록 직접적인 전투를 수행한 것은 아니었지만 당시의 상황에서 볼 때 그 중요성은 매우 컸다. 따라서 항일유격대 소조들에 대한 일제의 토벌은 계속되었다.[241] 그러나 항일유격대 소조들의 활동 역시 이에 굴하지 않고 계속되었다. 특히 이들의 활동 중 '금성철벽'을 자랑한다는 일제의 조선국경 수비망을 뚫고 감행된 조선 국내공작은 그야말로 많은 희생자를 내면서 이루어진 고난에 찬 임무였다.[242]

(2) 동북항일연군교도려와 항일유격대의 대일전 참전

일제의 대토벌과 일소간의 관계를 고려하여 1940년 가을부터 소만국경으로 철수한 항일연군 제1로군 제2, 3방면군은 제2로군 제5군의 일부 병력과 함께 블라디보스톡 근처에 병영('남야영' 혹은 B야영)을 설치하고 훈련과 만주지방으로의 소분대 파견에 주력하면서 지냈다.[243] 그러다가 남야영은 제2로군 대부분과 제3로군 병력이 모여 만든 하바로브스크 근처의 북야영('B야영')의 병력과 합쳐져서 1942년 7월 동북항일연군 교도려를 편성했다.[244]

이러한 동북항일연군교도려의 편성은 1941년 초 남만, 북만, 길동 성위의 책임자들이 모인 제2차 하바로브스크회의에서 소련으로 철수한 항일연군의 통일지휘를 실현하기 위하여 동북항일연군 총사령부를 구성하기로 한 결의에 의거한 것이었다. 즉, 이 결의에 입각해서 1942년 7월 남북야영의 항일연군이 합쳐서 동북항일연군교도려(일명 국제홍군특별독립88려)를 세운 것이다. 동북항일연군교도려는 약 1,000여 명으로 구성 되었으며, 4개의 교도영과 1개의 통신영을 두었으며 두 개의 병영(북야영과 남야영)을 가졌다.[245] 려장에는 제2로군 군장 출신의 주보중이, 정치부려장에는 제3로군 군장 출신인 장수전(이조린)이 임명되었으며 참모장에는 제2로군 참모장 최용건이 임명되었다. 4개 영 중 제1로군 출신들이 모인 제1영 영장에는 1로군 제2방면군장 출신인 김일성이 임명되었다. 여기서 항일연군교도려의 부대 편제를 살펴보면 표 13과 같다.

표 13에 나타난 바와 같이 항일연군교도려 주요 간주들 중 반 정도가 김일성·최용건 등의 조선인이었다. 이는 이 부대 구성원 중 상당수가 조선인 전사들이었다는 것을 시사하는 것이라고 볼 수 있다. 바로 이곳 항일연군교도려에서 동만을 근거지로 활동했던 김일성과 그의 동료들은 그동안 북만에서 항일투쟁을 전개해오던 최용건·김책 등의 동지들과 해후하게 되었다.

이상의 부대 편제를 갖춘 항일연군교도려에서는 소련군의 도움을 받아 군정학습을 실시하는 한편 앞에서도 언급했듯이 1945년 8월 해방 직전까

표 13   항일연군교도려

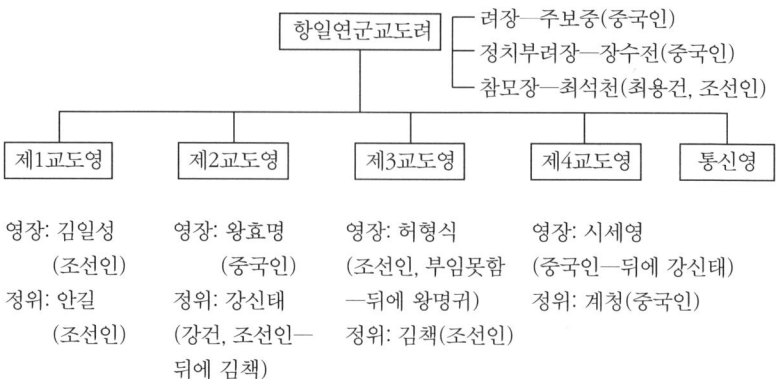

자료: 徐首軍, 『東北抗日聯軍的斗爭』(黑龍江人民出版社, 1986), 113쪽
주: 자료에는 제1교도영 영장이 공란으로 처리되어 있다.

지 계속해서 만주와 조선에 정찰·기습·공작을 위한 소규모 부대를 파견했다. 이러한 소규모 부대(소분대)의 파견과 활동은 극비사항이어서 교도려의 주력부대와는 동떨어져서 전개되었다. 이러한 활동은 두 개의 병영(남야영과 북야영)에서 주보중, 장수전, 김일성 등 3인에 의해서 직접 지도되었으며[246] 때때로 교도려내의 당조직에도 알리지 않은 채 이들 지도자들의 단독책임 아래 이루어졌다. 대개 15~20명으로 구성된 소분대들에는 과거 연장(連長)급 이상의 직책을 수행한 바 있는 강인한 중견 간부들(북한에서 국가부주석을 지낸 바 있는 김일도 여기에 포함된다)이 책임자로 함께 파견되었다.[247]

여기서 앞으로의 논의 진전을 위해서 동북항일연군교도려에서의 김일성과 김책, 최용건과 관계를 살펴보자. 당시 동북항일연군내에 조선인 지도자로는 항일연군 1로군에서 조선인 최고지도자였던 1912년생의 김일성 외에도 1900년생으로 항일연군 2로군 참모장 출신의 최용건과 1903년생으로 중공당 북만성위 서기를 지낸 김책이 있었다. 물론 최현이나 안길 등도 그 실력을 무시할 수 없으나 그들은 기본적으로 김일성의 지휘체계내

에 있는 사람들이었다.

　그러면 이 세 명의 지도자 중에서 왜 김일성이 조선인 항일유격대를 대표하는 최고지도자로 부각되었을까? 와다 하루키는 이 문제에 대해서 다음과 같이 나름대로 추정하고 있다. 첫째, 북만에서 활동했던 최용건이나 김책보다 동만에서 활동하며 국내 진공도 했던 김일성이 국내에 훨씬 더 알려져 있었다. 둘째 김일성은 자기 부하들을 죽게 하지 않고 가장 많이 보전했으며 부하들이 믿고 따랐다. 당시 1로군 쪽에는 안길, 서철, 최현, 김일, 유경수, 박영순, 최광, 전창철, 허봉학, 김경석, 최춘국, 박성철, 오백룡, 백학림 등의 전우들이 살아 있었으며, 수적으로 다른 부대와 비교가 되지 않을 만큼 압도적으로 많았다. 또 중국공산당과의 관계에서도 최용건이나 김책만큼 얽매이지 않았다.[248] 이와 같은 와다 하루키의 분석은 꽤 핵심에 접근한 내용이라고 볼 수 있다.

　하나 덧붙이자면 우리는 1936년 2월 남호두회의 이후 김일성의 지휘하에 장백현에 진출한 항일연군 제1로군 제6사가 조선해방을 위한 부대였다는 사실을 상기하여야 한다. 즉 동북항일연군내에서 구체적인 간도의 조선민족 문제나 조선해방의 문제는 전적으로 제6사(1938년 12월 이후는 제2방면군) 중심으로 움직였다는 사실이 항일유격대내에서 조선인 최고지도자를 선택하는 결정에 미친 영향을 음미해볼 필요가 있다고 본다. 이들 항일연군교도려의 조선인 지도자들은 조선해방에 대비하여 1945년 7월 '조선공작단'을 설립했으며 그 단장에 김일성을 추대했다고 한다.[249]

　유럽전선에서 독일군이 패한 지 석 달 후인 1945년 8월 9일 소련은 소만, 조소 국경을 넘어서 대진격을 시작했다. 1932년 반일유격대를 조직해 항일무장투쟁을 시작한 지 15년 만에 조선인 항일유격대원들은 드디어 조국해방을 목적에 둔 것이다. 예상과는 달리 소련군은 관동군을 파죽지세로 몰아붙이며 맹진격을 거듭했다.

　조선방면으로의 소련군의 공격은 8월 9일 0시를 기해 소련군 비행대의 웅기·나진에 대한 폭격으로부터 시작되었다.[250] 같은 날 장고봉 부근에 있던 소련군이 경흥을 수비하던 일본군을 격파하고 진공해왔다.[251] 또한 개전 직후 훈춘현을 공격했던 소련군은 8월 13일부터 조중국경을 넘어 경원방면으로 진격해 들어왔다.252) 이렇듯 파죽지세의 사기로 조선 방면으로 진격해온 소련군은 8월 13일에 이르러서는 함경북도 도청 소재지인 청진을 점령하고 남하를 계속했다.253)

그런데 오늘날 북한의 문헌들은 이러한 소련군의 조선으로의 진공에 조선인민혁명군 부대들이 연계하여 전투에 참가했다고 주장하고 있다.254) 좀 더 구체적으로 살펴보면 김일성의 지시에 따라 습격 임무를 받은 조선인민혁명군 성원들은 8월 8일 밤 두만강 연안의 국경 마을인 토리와 훈춘현의 남별리, 동흥진을 비롯한 적요새구역의 여러 초소들에 대한 습격을 일제히 개시했다는 것이다.255) 임춘추의 회상기에는 "소련군 계획에 의하여 일본침략군을 분쇄하는 격렬한 전투에 참가했다."256)고 기술되어 있다. 지금까지 이러한 북측의 주장은 거의 그들의 일방적인 주장으로 치부되어 왔다. 다만 항일유격대원들이 조선과 만주에서 수년간 정찰활동을 계속해왔기 때문에 일부 대원들이 대일전에 참가했을 가능성은 일부에서 인정되어왔다. 와다 하루키의 경우 소련군 정찰부대에 복무했던 조선인 유격대원들(김창봉, 석산, 김병갑, 오백룡, 지병학, 백학림)이 전투에 참가했다고 보고 있다.257)

만주와 조선의 지형과 적의 군사배치에 대해 비교적 무지한 소련군으로서는 이 지역에서 지난 15년 동안 항일투쟁을 해온 항일유격대원들을 그들의 정찰요원으로 대일전에 참전시킨다는 것은 지극히 상식에 속하는 일일 것이다. 오백룡은 『항일 빨찌산 참가자들의 회상기』에서 자신이 대일전에 참전하여 조국땅을 밟는 순간을 다음과 같이 묘사하고 있다.

조국으로! 조국으로! 총을 틀어쥔 우리의 벅찬 가슴 속에는 환희와 열정이 끓어 번지었다. 8월 9일 오전 8시 우리들은 항구도시인 웅기에 상륙했다. 그처럼 그렸던 조국땅 웅기에 첫발을 내디뎠을 때나는 그 포연·탄우 속에서도 무릎을 꿇고 한 줌의 흙을 움켜쥐고 두 볼에 비비고 또 비비었다.…… 나는 소부대활동시기 이 고장에도 수차례 다녀보았기

때문에 이 지대를 손금 보듯 꿰뚫고 있었다.[258]

다음과 같은 기록에서도 우리는 상당수의 조선인 항일유격대원들이 대일전에 참전했음을 알 수 있다.

"8월 8일 밤 오후 11시 50분 조선인 일단 80명이 소련군과 함께 쾌속정을 타고 두만강을 건너 토리에 내습했다."[259]

1945년 8월 현재 연해주에 거주하는 조선인은 거의 없었다. 왜냐하면 소련당국은 1937년 가을에 연해주 거주 조선인들을 모두 중앙아시아 일대로 강제이주시켰기 때문이다.[260] 그렇다면 이 기록에 나오는 '조선인 일단 80명'이란 항일유격대원을 가리키는 것이 분명하다. 아마 이 조선인 항일유격대원들은 '남야영' 병력으로 대일전 첫날 일본군의 요새를 기습하기 위해서 소련군과 함께 편성된 혼성습격부대원들이었을 것이다.

아무튼 대일전에 참전한 일부 항일유격대원들은 치열한 전투를 치르면서 만주와 조선 일대로 진격해 들어온 반면에 대부분의 항일유격대 지도자들은 해방사업의 프로그램을 가지고 전쟁이 끝난 직후 귀국하게 된다. 항일연군교도려 려장인 주보중이 9월 8일 비행기로 장춘에 도착하고 강건, 임춘추, 김창봉, 김옥순, 강위룡, 임철 등의 조선인 항일유격대원들이 강건의 지휘 아래 '연변분견대'를 구성하여 조선인이 절대 다수 살고 있던 연변지구의 해방사업을 위해 9월 18일 연길에 도착[261]한 것을 감안해볼 때 김일성, 최용건, 김책, 안길 등의 항일유격대 지도자들이 조선에 귀환한 것은 아마 9월 중순경이 아닌가 짐작된다.[262] 당시 대일전에 참전했던 한 소련군 장성이 회상기에서 "원산의 경우……8월말과 9월에 이 곳에서는 반군복의 지방단체들의 편성이 시작되어 빨치산 부대와 합류되었다"[263]고 기술하고 있는 것은 김일성과 그의 동료들이 9월에 원산을 통해 귀환했음을 시사해주고 있다고 하겠다.

4. 유격근거지에서의 민주개혁과 조국광복회

1) 유격근거지에서의 민주개혁

1933년부터 1935년 걸쳐 동만의 항일 유격근거지에서 이루어진 개혁은 비록 소규모지역에서 소박한 형태로 이루어지기는 했으나 그것이 조선인 최초의 반제반봉건민주개혁의 경험이라는 데서 중요한 의의를 갖는다. 더구나 이 개혁은 소비에트정권 수립의 좌경모험주의를 극복하고 추진되었다는 데서 역사적 경험으로서 중요한 의미를 갖는다. 따라서 여기서는 동만에서의 유격근거지의 현황과 민주개혁의 내용을 살펴보고자 한다.

(1) 유격근거지 분포

먼저 동만의 유격근거지가 창설될 수 있었던 몇 가지 조건을 살펴보면 다음과 같다.[264]

첫째, 이 지역은 유격근거지 창설에 필요한 일정한 경제적 토대와 군중적 기초가 있는 지대였다. 즉 이 일대는 주로 높고 낮은 산악지대였으나 두만강 훈춘하를 비롯한 크고 작은 작은 하천유역들에는 비교적 넓은 평야가 펼쳐 있었고 땅도 비옥한 편이어서 콩·조·수수 등이 괜찮게 생산되고 있었다. 그리고 이 지역은 인구의 절대 다수를 일제의 폭압과 착취에 시달리다 못해 이주해간 조선 농민들이 차지하고 있었으며, 이들은 또한 중국인 지주들의 고액 소작료와 조세 공과 등에 시달림으로써 급진적인 혁명성을 띠고 있던 곳이었다. 더구나 이곳 주민들은 장기간에 걸친 혁명 투쟁과정에서 잘 단련되어 있었다.

둘째, 이 지역은 유격근거지 창설에 유리한 자연지리적 조건을 갖추고 있다. 험한 계곡과 무성한 수림으로 뒤덮여 있는 산간지대가 대부분이기 때문에 적은 무장력을 가지고도 근거지를 보위하기에 우리했다.

셋째, 각 지방에는 이미 적위대, 소년선봉대 등 반군사적 조직이 결성되어 있어 유격근거지 창설에 필요한 무장력이 어느 정도 갖춰 있었다.

넷째, 유격근거지는 두만강을 사이에 두고 조선국경과 인접해 있어 조

표 14 동만의 유격 근거지 현황

현별	행정구역별	중심지	대표적인 포괄지역	호수	군중수	설립시기	해체시시	비고
왕청현	1구 인민혁명정부	요영구	당수하자, 쌍수하자	155	775	1933초	1935여름	
	2구 인민혁명정부	대왕청	소왕청, 상경리, 중경리, 쟈피거우	550	2,750	1932가을	1934.1	
	3구 인민혁명정부	소백초구	석두하자, 대륙수구, 대황위, 마록구	540	2,700			
	5구 인민혁명정부	삼도구	하모단, 사수평	560	2,800			
연길현	완구인민혁명정부	왕우구	칠성촌, 토성촌, 새지팡	500	2,500	1932가을	1934.12	
		북동	학교촌, 송림동	750	3,750			
		남동	연화동, 멍개동	600	3,000			
	8구 인민혁명정부	석인구	부암동, 왕바버즈	250	1,250	1933.4	1934가을	
	로구인민혁명정부	북구		150	750			
	용구인민혁명정부	삼도만	반절구, 둔전영, 능지영, 장지영	360	1,800	1933초	1935.2	
훈춘현	황구민혁명정부	대황구	희막동, 칭거우즈, 산주동, 중감자	1,000	6,000	1932가을	1934여름	
	연구인민혁명정부	연통라자	동골, 서골, 남구, 관도구	200	1,000	1932가을	1933여름	
화룡현		어랑촌	로성포, 우묵동, 약수동	400	2,000	1932.12	1934.말~1935.1	
합계				6,015	31,075			
안도현	처창즈인민혁명정부	처창즈	오도양차, 대황구, 진창골			1934.말	1935.10	
왕청현		라자구	라자구 일대			1935.봄	1935.9	북만원정(제2군3,4단)
안도현		내두산부락	내두산 일대			1935.11	1936초	남만진출

자료: 김현식, 앞의 글, 17쪽. 단 설립·해체시기와 처창즈, 라자구, 내두산 유격근거지는 김동화 외, 『연변당사 사건과 인물』, 104~21쪽 참조. 내두산 유격근거지에 대한 또 다른 참고문헌은 『장백의 투사들』, 59~60쪽; 박영순, 「내두산에서」, 『항일 빨찌산 참가자들의 회상기』 2, 454~59쪽 참조. 처창즈 유격근거지는 동만의 유격근거지들이 붕괴되면서 화룡·연길현에서 모여든 혁명군중들을 중심으로 창설되었다(백학림, 「죽음을 이겨낸 처창즈」, 『항일 빨찌산 참가자들의 회상

기』, 1,357쪽). 내두산 유격 근거지는 1935년 가을 처창즈유격근거지가 해체되면서 건설되었다(박영순, 앞의 글, 454쪽).
주: 1) 김현식은 그의 논문에서, 여기에 나오는 지명과 통계자료는 유격근거지 초기의 것이라고 연도를 약간 모호하게 밝히고 있다.
2) 간도성 4현의 당시 인구를 약 57만 7,000명 정도로 추산할 경우[265] 유격근거지 인구는 전체 인구의 5.4퍼센트.

선혁명 수행에 실로 유리한 요충지점에 위치하고 있었다.[266]

이상의 몇 가지 유리한 조건 속에서 1933년 여름부터 기존의 '소비에트정부 건설노선'을 포기하고 광범한 반일민족통일전선에 기초한 '인민혁명정부 노선'을 채택함으로써 유격근거지는 크게 확장되었다. 유격근거지의 범위는 대개 둘레가 60, 70리에서 100여 리 정도였으며 수용 인구는 적을 경우 500, 600명에서 많을 경우 수천 명에 이르렀다.[267] 여기서 1933년 말을 기준으로 한 동만의 유격근거지의 현황과 그 세력범위를 살펴보면 표 14, 15와 같다.

(2) 민주개혁의 내용

광범한 민족통일전선에 기초한 이른바 '반제반봉건민주혁명'을 실시한 동만유격근거지에서의 개혁 내용은 1934년 6월 10일자로 왕청현위가 발행한 「임시 동북인민혁명정부 정강 초안」에 잘 요약되어 있다. 따라서 이 정강 초안의 요약문을 소개하기로 한다.

「임시 동북인민혁명정부 정강 초안」의 요약 내용

1. 동북인민혁명정부는 일본제국주의를 포함한 모든 제국주의에 반대하고 만주국에 반대하는 정부가 됨으로써 그 근본적 임무는 곧 일본 및 일체의 제국주의 세력을 동북지방에서 몰아내고, 괴뢰 만주국을 타도하고 그 실지를 회복하고 망국노예를 벗어나 전중국영토의 완정(完整)과 민족의 독립과 해방을 위해 투쟁한다.(제1조)
2. 인민혁명정부 통치구역내에 있는 모든 노동자, 농민, 유격대 병사,

표 15 동만의 유격근거지 세력범위도(1933~35)

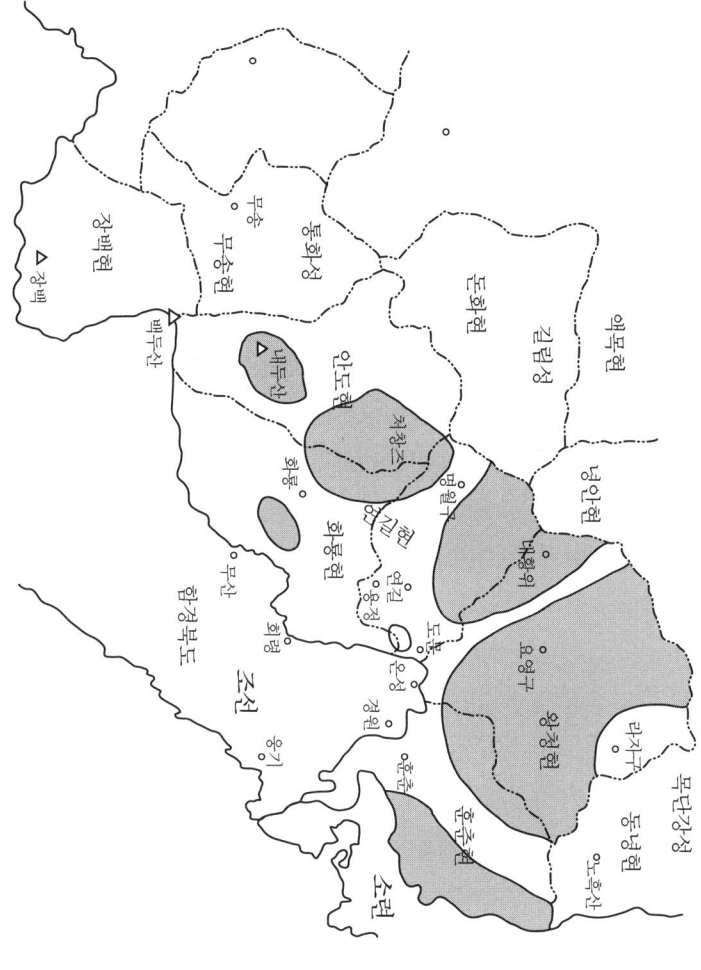

주: 인구에 비해 유격근거지 세력범위가 넓은 것은 넓은 산간지대를 끼고 유격근거지가 건설되기 때문이다.

지휘관 및 모든 근로대중, 학생, 상인 기타 반일·반만·반제 민중 및 그들의 가족은 남녀, 종족, 종교, 신앙의 차별 없이 다같이 혁명정부의 공민으로서 평등권을 가지며, 16세 이상은 모두 선거권과 피선거권을 가진다. 다만 매국적 민족반역자 일본제국주의 및 괴뢰 만주국의 주구배 및 모든 반혁명분자들에게는 선거권 및 피선거권의 권리가 없으며 또 정치상 자유가 없다.(제4조)

  3. 인민혁명정부는 아래 사항을 실천한다.

   1) 일본 및 모든 제국주의에 대하여

     (1) 만주국 정부 및 남경 정부가 체결한 조약 취소.(제2조)

     (2) 외채를 인정하지 않는다.(제2조)

     (3) 일본 및 제국주의의 육·해군 주둔 반대.(제2조)

     (4) 동북에서 일본 및 모든 제국주의의 은행, 철도, 광산, 기업자의 재산 몰수.(제2조)

     (5) 중국 소비에트와의 대일 공동전선 협정의 체결.(제12조)

     (6) 일본에 반대하는 모든 피압박민족과 공동연대 구축.(제12조)

     (7) 반일반만 무장투쟁 수행.(제3조)

     (8) 매국노의 재산을 몰수하여 대일전비로 충당하고 나머지는 노동민중에게 분배.

   2) 일반민중에 대하여

     (1) 가렴잡세의 폐지, 통일누진세의 징수 실시.

     (2) 언론, 출판, 집회, 결사, 독서 및 파업의 자유를 보장.

   3) 노동자에 대하여

    8시간 노동제, 최저임금제를 실시하고 실업자 재민을 구제.

   4) 농민에 대하여

    소작농민에게 2·8소작제를 실기

   5) 부인의 해방.

   6) 소수민족의 자결권을 확립.[268]

이처럼 민족통일전선적 색채가 농후한[269] 이상의 정강 내용들은 여건이 닿는 한 유격근거지에서 구체적으로 실시되었다.

각 유격근거지에서는 반일회, 호제회, 아동단, 소년선봉대, 부인대 등의 반일군중단체들이 조직되었으며, 농민반일자위대·청년의용군 등의 대중적인 무장조직도 건립되었다. 토지개혁이 실시되었으며, 고리대와 가렴잡세가 폐지되었다. 소년·아동들에 대한 무상교육을 위해 소학교와 아동구락부가 운영되었으며, 성인을 위한 소맹반(掃盲班)과 야학도 실시 되었다. 비록 불충분하나마 각 유격근거지마다 수명의 의사와 간호원이 있어 초보적인 의료산업이 진행되었다. 동만특위의 경우『투쟁』『두갈래의 전선』(兩條戰線) 등의 기관지와『전투일보』『반일보』『소년선봉』등의 유격대와 군중단체의 신문도 발간하는 등 활발한 선전·출판사업을 벌였다.[270]

이상의 다양한 개혁조치 중 비록 이전의 '소비에트 정부 수립과정'(이 말은 우리가 오늘날 사용하는 엄격한 의미의 '소비에트화'라는 개념과 동일시해서는 안 된다. 당시 소비에트 정부 수립과정 역시 상당 부분 반제반봉건혁명적 성격을 띠고 있었다. 당시 소비에트노선과 인민혁명 정부노선의 핵심적인 차이는 지주계급의 처리문제였다)에서 추진된 것이기는 하나 1946년 3월의 북한 토지개혁에 큰 영향을 준 것으로 보이는 소비에트 정부의 토지개혁 세칙을 살펴보기로 하자.

토지의 몰수·분배방법

1. 지주계급 및 주구(중국, 일본, 조선을 가리지 않는다)의 소유재산만을 몰수하며 부농·중농의 토지에는 손을 대지 않는다.

2. 토지분배는 노동력을 기준으로 하여 (예를 들면 남자 15~50세이하, 여자 15~40세 이하 되는 사람을 하나의 노동력으로 한다) 평균적으로 분배한다. 그러나 항상 빈농의 이익을 중심으로 한다.

3. 여자들에게도 반드시 토지를 분배하며 또 철저한 봉건잔재의 소멸을 도모한다.

4. 분여하고 남은 토지는 '소비에트'가 관리한다. 당분간 일반의 토지

매매를 허용한다. 동시에 토지국유화를 선전하여 앞으로 토지는 일체 '소비에트'에 귀속하며 경작권만 농민에게 부여하는 것을 이해시키도록 한다.[271]

이러한 토지개혁에 따라 연길현 삼도만 유격구역의 둔전영 동구의 경우 각 농민마다 3,600평의 토지를 분배받았다는 것이 확인되고 있다.[272]

여기서 우리가 주목해야 할 사실은 해방 이후 북한의 지도집단을 형성해온 김일성과 최현·안길 등의 이러한 민주개혁의 추진과정에 주요 간부로서 시종일관 참여했다는 점이다. 이 당시(1932~35년 초) 동만에서 항일유격대 조직과 유격근거지 건설에 참여했던 북한 지도자들 중 필자가 확인할 수 있는 주요 인물들은 다음과 같다.[273] (아동단원 제외, 괄호 안은 최초 참여지역과 해방 후 주요 경력)

최현(연길현, 사단장, 민족보위상, 당정치국위원, 1982년 사망), 박영순(화룡현, 당중앙위원, 체신상, 혁명박물관장, 1987년 사망), 박성철(연길현, 사단장, 정무원 총리, 국가부주석, 2008년 사망), 오백룡(왕청현, 노동적위대 사령관, 당정치국원, 1984년 사망), 최광(왕청현, 공군사령관, 정무원 부총리, 군총참모장, 1997년 사망), 김경석(연길현, 당중앙위원, 평양시당위원장, 1960년 사망), 김창봉(훈춘현, 군총참모장, 민족보위상), 석산(훈춘현, 민족보위성 부상, 내무상, 부수상), 이국진(훈춘현, 최고검찰소장, 최고재판 소장), 김자린(연길현, 노동당 검사위원, 사회안전상 부상), 김좌혁(훈춘현, 민족보위성 국장, 당검열위 부위원장, 1986년 사망), 황순희(연길현, 당중앙위원, 조선혁명박물관장, 2020년 사망), 오진우(당중앙위원, 군총정치국장, 인민무력부장, 1995년 사망), 임춘추(연길현, 강원도당 위원장, 당정치국원, 국가부주석, 1988년 사망), 김여중(훈춘현, 대사, 당중앙위원), 안길(훈춘현, 평양정치권사학원 초대원장, 1947년 사망), 김일(국가부주석, 1984년 사망), 전창철(왕청현, 직업총동맹위원장, 1982년 사망), 유경수(제1집단군사령관, 1958년 사망), 김동규(중앙인민위원, 국가부주석), 허봉학(당중앙위원, 군총정치국장), 임철(제2군단장, 당중앙위원), 김철만(당중앙위원, 군대장, 2018년 사망), 최인덕(당중앙위원, 군대장, 2003년 사망).

이렇듯 해방 후 북한의 지도자가 된 항일유격대원들 중 상당수가 유격근거지에서의 민주개혁과정에 참여했었다는 사실은 이들의 유격근거지 건설과정에서의 경험이 이후 조국광복회 결성과 해방 후 인민정권 수립과정에 큰 영향을 미쳤으리라는 것을 시사하는 것이기도 하다.[274]

2) 조국광복회의 강령과 조직활동

조국광복회는 무력조직과 현 단계 조선의 정세에 알맞은 강령을 동시에 가진 진정한 의미에서의 우리나라 최초의 반일민족통일전선체였다고 할 수 있다. 따라서 조국광복회가 민족해방운동사, 더 나아가 한국 근현대사에서 갖는 역사적 의의는 결코 과소평가될 수 없다. 그러나 앞에서도 언급했듯이 지금까지 남한의 역사 기술에서는 정치적·이데올로기적 이유로 조국광복회가 의도적으로 무시되어왔다. 고등학교를 졸업할 때까지 12년간 국사를 배웠으면서도 '조국광복회'란 이름을 아예 들어본 학생이 거의 없을 정도이다. 따라서 이 장에서는 이렇듯 중요한 조국광복회가 우리 역사 속에 제대로 자리매김되기를 바라면서 조국광복회 10대 강령과 제반 활동상황을 살펴보고자 한다.

(1) 조국광복회 10대 강령의 내용

1936년 5월 5일 무송현 동강회의에서 조국광복회가 결성되면서 조국광복회 10대 강령이 채택되었다. 당시 식민지 조선의 현 단계에 대한 정확한 분석에 기초해서 작성된 이 강령은 반제반봉건민주주의혁명을 지향하는 반일민족통일전선체가 나아갈 방향을 분명히 제시했다는 데서 역사적 의의를 갖는다. 그러나 지금까지 이 조국광복회 10대 강령은 강령 내용에서부터 '왜곡' '날조'의 시비가 끊이지 않고 있을 정도로 논란의 대상이 되어왔다. 따라서 필자는 여기서 나름대로 이 문제에 대한 정리를 시도해보고자 한다.

현재 우리가 확인할 수 있는 일제 관헌자료에 실려 있는 조국광복회 10대 강령은 서로 다른 두 가지가 있다.[275] 먼저 필자가 진본(眞本)에 가깝다고 판단하고 있는 조국광복회 10대 강령의 내용을 전문 그대로 인용해 보겠다.

재만한인 조국광복회 10대 강령

1. 한국 민족의 총동원으로 광범한 반일민족통일전선을 실현함으로써 강도 일본제국주의의 통치를 전복하고 진정한 한국의 독립적 인민정부를 수립할 것.

2. 한·중 민족의 친밀한 연합으로써 일본 및 주구 만주국을 전복하고 중한 인민이 자기가 선거한 혁명정부를 설립하여 중국 영토내에 거주하는 한인의 진정한 자치를 실현할 것.

3. 일본 군대, 헌병, 경찰 및 그 주구들의 무장을 해제하고 일본 군대의 우리의 애국지사의 표변(豹變)을 원조하여 전인민의 무장으로 한국인의 진정한 독립을 위해 싸울 수 있는 군대를 조직할 것.

4. 일본의 모든 기업, 은행, 철도, 해상의 선박, 농장, 수리기관, 매국적 친일분자의 전체 재산과 토지를 몰수하여 독립운동의 경비에 충당하며, 일부 빈곤한 동포를 구제할 것.

5. 일본 및 그 주구들의 인민에 대한 채권, 각종 세금, 전매제도를 취소하고, 대중생활을 개선하며, 민족적 공·농·상업을 장애 없이 발전시킬 것.

6. 언론, 출판, 집회, 결사의 자유를 전취하고 왜노의 봉건사상을 장려하는 백지공포의 실현에 반대하며 모든 정치범을 석방할 것.

7. 양민, 상민 기타 불평등을 배제하고 남녀, 민족, 종교 등의 차별을 반대하여 일률적인 평등과 부녀의 사회상의 대우를 제고하고 여자의 인격을 존중할 것.

8. 노예동화교육에 반대하고 우리말과 우리글로써 학습하며 의무적인 면비교육을 실행할 것.

9. 8시간 노동제 실행, 노동조건의 개선. 임금의 인상, 노동법안의 확정, 국가기관으로부터 각종 노동자의 보험법을 실행하여 실업하고 있는 노동대중을 구제할 것.

10. 한국 민족에 대하여 평등하게 대우하는 민족 및 국가와 친밀하게 연락하며, 우리 민족해방운동에 대해 선의 및 중립을 표시하는 국가·민족과 동지적 친선을 유지할 것.[276]

이상의 조국광복회 10대 강령의 내용은 국내의 김일성 비판가들도 대체로 인정하고 있으며,[277] 오늘날 북한에서도 이와 대동소이한 10대 강령을 제시하고 있다.[278] 위의 내용과 다른 것은 제2조에서 "한·중 인민이 자기가 선거한 혁명정부를 설립하여"가 빠져 있고, 제3조에 "일본 군대의 우리 애국지사의 표변을 원조하여"가 빠져 있는 대신 그 뒤의 표현이 "조선의 독립을 위하여 진정하게 싸울 수 있는 혁명군대를 조직할 것"으로 되어 있으며, 제8조 맨 앞이 "노예노동과 노예교육의 철폐"로 되어 있고, 그 뒤에 "강제적 군사복무 및 청소년에 대한 군사교육을 반대하며"라는 문구가 추가되어 있는 정도이다.[279] 나머지는 사소한 차이로 이 10대 강령이 우리말로 씌어진 것을 일제 관헌들이 일본어로 번역했다는 사실을 감안하면 오히려 일제 관헌자료가 부정확할 가능성이 더 높다고 본다. 다만 제2조 내용의 일부 차이는 이른바 '자주성' 옹호의 차원에서 삭제했다고도 볼 수 있으나 북한이 그럴 의향이 있었다면 아예 제2조의 내용 전부를 개작했을 것이다. 제3조의 '혁명적'이라는 말은 독립을 위해 싸울 부대의 진보성을 생각해서 고쳤다고도 볼 수 있다. 그러나 필자의 견해로는 이 정도의 오차를 가지고 북한이 10대강령을 왜곡 날조했다고 말할 수는 없다고 본다. 일제 관헌자료와 북한 문헌들 사이의 일치되지 않는 내용들은 기본적으로 그것이 강령의 근본내용을 수정하는 것들이 아니라고 보는 것이 타당할 것이다.

그러나 문제는 앞에서 필자가 인용한 10대 강령 자체를 부정하는, 다시 말해서 북한의 10대 강령을 모두 허위·날조라고 보는 주장이 강하게 존재하고 있다는 데 있다.[280] 이명영 교수는 『사상휘보』 14호에 실린 「재만한인 조국광복회 목전 10대 강령(초안)」을 인용하면서 지금까지 북한에서 제시해온 10대 강령을 허위·날조라고 비판해왔다. 여기서 『사상휘보』 14호에 실린 10대 강령(초안)의 내용 전문을 인용해보겠다.

　재만한인 조국광복회 목전 10대 강령(초안)
　1. 한국 민족은 단체와 개인을 구별치 않고 국내외를 논치 않고 단결하여 강도 일본놈들과 투쟁하여 조국의 독립해방을 완성할 것.
　2. 왜놈의 식민지 통치하에 있어서 선전하는 기만적 자치에 굳게 반대하여 중·한 민족의 긴밀한 연합으로써 공동의 적인 일본의 통치를 타도하고 재만한인의 진정한 가치를 실현할 것.
　3. 왜놈과 중·한 주구의 재산 및 무장을 탈취하여 재만한인의 자치와 조국광복을 위해 끝까지 결전할 각종 무장대를 조직할 것.
　4. 왜놈, 중·한 주구의 모든 재산(토지도 포함)을 몰수하여 한인 실업자를 구제할 것.
　5. 일체의 가렴잡세를 폐지하고, 왜놈의 경제독점정책에 반대하며 공농사업을 발전시켜 공농, 병, 청년, 부녀 및 일체의 노농군중의 실제 생활을 개량할 것.
　6. 언론, 집회, 결사 및 각종 반일투쟁의 자유를 실행할 것.
　7. 왜놈의 식민지 노예교육에 반대하고 면비교육을 실행하여 민족 문화 고양을 위한 특별 평민학교를 설치할 것.
　8. 왜놈의 한인에 대한 병역의무제도를 폐지하고 반혁명적 반소련 중국 혁명진공 등의 전쟁참가에 반대할 것.
　9. 일본의 총유법령, 체포, 구금, 도살 등의 백색 공포정책에 반대하여 모든 정치범을 석방할 것.
　10. 한국 민족에 대해 평등대우를 하는 모든 민족과 긴밀히 연합하고 동시에 한국독립운동에 대해 선의의 중립을 지키는 국가민족과 우의적 관계를 보지할 것.[281]

이상의 10대 강령(초안)은 필자가 앞에서 인용한 10대 강령과 비교해 볼 때 표현이 거칠고 조잡하기는 하나 내용은 기본적으로 대동소이하다. 내용상 특정적으로 다른 것이 있다면 필자가 인용한 10대 강령에는 노동문제, 부녀자 대우 문제, 사회보험 등 좀 더 진보적이고 구체적인 내용들이 담겨 있다는 것이다. 아마 10대 강령(초안)을 다듬은 최종안이 필자가 인용한 10대 강령이 아닌가 생각된다.

그러나 여기서 굳이 두 개의 강령 가운데 어느 것이 진본에 가까운가를 따졌을 때, 필자가 앞에서 인용한 10대 강령이 이명영 교수가 주장하는 것보다 진본에 가깝다고 주장하는 이유를 개진해보겠다.

첫째, 이 교수가 주장하는『사상휘보』14호에 실린 강령에는 분명히 '초안'이라고 씌어 있다.[282] 이 강령뿐만 아니라 이 자료에 실린 다른 것도 '한인 조국광복회 규약(초안)'[283]으로 되어 있다. 즉 이 자료에 나타나 있는 10대 강령의 정확한 명칭은 '재만한인 조국광복회 목전 10대 강령(초안)'인 것이다.

둘째, 『사상휘보』14호에 나와 있는 「재만한인 조국광복회 선언」[284]이나 「재만한인 조국광복회 목전 10대 강령(초안)」이 모두 그 발표일이 1936년 6월 10일로 되어 있다는 점을 들 수 있다. 주지하다시피 조국광복회는 1936년 5월 5일 창립되었다. 이러한 조국광복회의 5월 창립은『사상휘보』14호보다도 훨씬 최신 정보를 싣고 있는『사상휘보』20호에도 나와 있다.[285] 날짜가 6월 10일로 되어 있는 것은 초안 작성자가 예상되는 날짜를 적어넣었을 것으로 보인다.

끝으로 이 문헌의 조국광복회 관계자료 맨 끝부분에 '재만한인 조국 광복회 동만성 주비회 기초'라고 이 자료의 작성 주체를 밝히고 있다.[286] 이 것은 이 자료가 초안임을 말해주는 또 다른 증거라고 할 것이다.

요컨대 필자의 견해로는 이 문헌에 실린 강령은「10대 강령」을 준비하는 과정에서 마련되었던 초안이고, 앞에서 필자가 인용한 조선총독부 함남경찰부 관계자료에 실린 것은 이 초안을 다음은 완성된 안으로 판단된다.

이제 끝으로 통일전선 개념에 무지한 일부 비판가들이 "강령 내용에 마르크스-레닌주의적 관점이 보이지 않는다"287)고 공산주의자들의 조국광복회 주도성을 부인하는 증거로 동원되는 이 10대 강령 내용의 역사적 의미를 검토해보자. 먼저 이 10대 강령은 앞에서 살펴본 「임시동북 인민혁명정부 정강 초안」의 내용을 더욱 구체화시키면서 한편으로 조선민족의 광범한 반일민족통일전선을 호소하고 있다. 강령 제7조와 제9조는 유격근거지에서의 개혁 내용을 심화시킨 것으로 볼수 있으며 강령 전반에 반일민족통일전선의 분위기가 깔린 가운데 제8조와 제10조는 민족의 자주성 문제에 접근하고 있다고 볼 수 있다. 강령 제1조의 경우에는 반일민족통일전선에 입각한 '인민정권'을 조선민족이 세워야 할 진정한 정권으로 규정함으로써 주권문제와 그 해결방도를 밝힌 것으로 평가되고 있다.288)

한편 우리가 주목할 필요가 있는 또 하나의 조항은 제2조라고 본다. 이 조항은 양송의 논문에 구체화되어 있는 코민테른의 「간도에 조선민족 자치구 창설」의 구호와 직접적으로 관련되어 있는 것으로 보인다. 즉 제2조는 반민생단투쟁의 참화가 일기 시작한 때부터 조선인 공산주의자들이 끊임없이 제기한 간도에서의 조선민족 문제에 대한 조선인 공산주의자들과 코민테른, 중국공산당 3자간의 합의를 명문화한 것으로 이후 '연변조선족자치구'로까지 그 효력을 유지해갔다고 볼 수 있다.

(2) 조국광복회의 조직과 활동내용

조국광복회의 조직확대작업은 장백현 일원과 조선 북부지방에서 가장 왕성하게 일어났다. 그러나 항일연군 제1로군 6사(사장: 김일성)가 주도한 이 지역에서의 조직확대작업은 1937년 10월부터 불어닥친 1차 검거(이때 권영벽, 이제순, 박금철, 장중렬, 위인찬, 김공수 등 피검)와 1938년 7월부터 시작된 2차 검거(박달, 김성연, 이용술 등 피검)에서 모두 739명의 관련자가 체포됨으로써 위기에 봉착했다.289) '혜산사건'으로 알려진 두 차례의 검거사태로 말미암아 조국광복회 기간조직은 1938년 말에 이르러 사실상 붕괴상태에 놓이게 되었다. 그러나 비록 약 2년 정도의 짧은 기간 동

표 16   조국광복회 조직계통

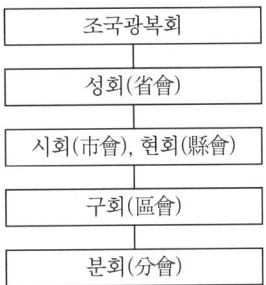

자료:『사상휘보』14호, 1938, 65~66쪽 참조.

안의 활동이지만 그 역사적 의의는 결코 과소평가될 수 없다. 따라서 여기서는 조국광복회의 조직과 활동내용을 구체적으로 살펴보기로 한다.

먼저『사상휘보』제14호에 실린 조국광복회 규약(초안)을 참고로 하여 조직계통을 그려보면 표 16과 같다.

위 표 16의 조직계통을 좀 더 구체적으로 설명해보자.

먼저 분회는 조국광복회의 최하급 기본조직으로서 기업소, 공장농장, 병영, 학교, 상점, 집단부락 등에서 회원이 3명 이상인 곳에서 조직된다. 분회내의 회원이 많을 때는 분회 이외에 반회를 둘 수 있다. 구회는 분회가 3개 이상인 곳에 조직한다. 3개 이상의 구회가 있는 곳에는 시회 혹은 현회를 둔다. 3개 이상의 현회가 있는 곳에는 성회를 조직한다. 조국광복회 본회는 대표대회에서 선거된 위원으로 집행위원회를 조직하여 분회 전체의 공작을 지도한다. 30명 이상의 회원을 가진 분회 및 구 이상의 각급 위원회에는 조직부, 선전부, 총무부, 무장부, 경제부, 재판부, 청년부, 부녀부 등의 8개 부서를 두도록 한다.[290]

그러면 조국광복회의 조직확장과 활동이 가장 활발했던 통화성 장백현과 조선 북부지방에서의 구체적인 조직상황을 살펴보기로 하자. 편의상 장백현을 중심으로 하는 만주조직과 함경남도 갑산군을 중심으로 하는 국내조직으로 나누어 표 17, 18과 같이 살펴보기로 한다.[291]

표 17 조국광복회 장백현회 조직상황(1937년)

1. 지도조직

총괄지도	지도기관	동북항일연군 1로군 제6사(사장:김일성)	기관지:『3·1』월간
	주요지도원	김재수(6사 요원), 권영벽(6사 조직과장), 이제순·장증렬(6사 청년과장), 박영희(6사 부인대원), 황금옥(6사 여대원, 권영벽의 처)	권영벽=권창욱 박영희=박녹금
장백현내 지도조직	조직명칭	장백현공작위원회(조국광복회 장백현회 조직을 위한 준비조직)	
	지도인물	이제순(총책), 장증렬(청년), 황금옥(부인)	
	산하조직	구회 3, 지회 11, 분조 41, 반 10, 생산유격대 6(미조직 2)	

2. 하부조직

지역	조직명칭	지도인물	비고
장백현 상강구	상강구회	이제순, 서웅진	
	상방면지회	이제순, 김병철, 이주관	
	상강구 중방면 구회	이용암, 최원봉, 조명식	
	중방면 주경동지회	장증렬, 조명식,	
	중방면 피술덕리지회	이용암, 이호갑, 이성순	
	중방면 대사동지회	김경천, 김치규	
	중방면 평강덕리지회	최원봉, 임학송, 박태규	
	중방면 약수동지회	이용암, 김주송	
	상강구 하방면 구회	권영벽, 서웅진, 이덕현	
	하방면 왕가동지회	서웅진, 최경화, 한치욱	
	하방면 치부동지회	이덕현, 이관택, 천만형	
	하강구회	김재수, 김병극, 이효준	
	하강구 도천리지회	김두원, 김병극, 유영찬	
	하강구 요방자청년회지회	박병협, 허석선	
	하강구 용천리 조직활동	김공수, 최문종, 이방호	
	하강구 8도구 조직활동	한국섭, 윤기춘, 최관엽	

자료: 姜德相 編, 『現代史資料』30(東京: みすず書房, 1976), 263~65쪽, 267~81쪽; 「惠山事件 判決書」, 602~08쪽을 정리·작성.
주: 산하 조직수와 하부조직 상황이 약간 불일치한 것은 원자료를 그대로 인용했기 때문.

표 18   조국광복회 국내조직 상황[1] (1937)

1. 지도조직

총괄 지도	지도기관	동북항일연군 1로군 제6사(사장: 김일성)	기관지: 월간 『3·1』
	주요 지도원	김재범(6사7단정치위원), 박달, 박금철, 장증렬	김재범은 1941년 투항
	산하조직	한인민족해방동맹 1, 지회 3, 분조 3, 정우회 1, 반일회 1, 반일그룹 14, 생산유격대 2(미조직)	갑산, 삼수, 풍산군의 천도교세력 포섭

2. 조직상황

	구분	지역	하부조직	지도인물 (혹은 공작원)	비고
6사 간접 관리	한인민족해방동맹 (반일민족통일전선에 입각하여 갑산공작위원회를 1937년 2월 개명한 것)[2]	갑산군 운흥면	항일청년동맹, 반일 그룹, 농민조합 등 26개 단체	박달(총책임 겸 정치부 책임)	기관지: 『火田民』 출판물: 『자력갱생이란 무엇인가』 『국제뉴스』 등 이용술=이경봉 김성연=김철억
		보천면	반일청년동맹, 반일회, 반일정우회 등 9개 단체	박금철(출판부 겸 경제부 책임) 심창선(출판부) 지창식(부로부) 이용술(청년부) 김성연(부녀부)	
6사 직접 관리	하부조직 완료	갑산군 운흥면	백암리 지부 (1937. 8)	김금성, 이용순, 김병용, 이재순	
		혜산읍	강구리 지회 (1937.1)	남광록, 박응남	
		함남 삼수군 별동면	광생리 지회 (1937. 7)	이래영, 박병주, 박병렬	

구분	지역		하부조직	지도인물 (혹은 공작원)	비고
하부조직 추진 중	신파면		삼수공산주의 자공작위원회 (1936.11)	장효익, 임원삼, 서재일	
	신파면		형제계	장효익, 임원삼, 서재일	
	흥남		흥남지부위원 회(1937.8)	위인찬, 김응정, 김공수	위인찬=위무찬
			흥남지부 소조 (1937.10)	이방호, 송경섭	
	원산		공작원 파견 (1937.11)	허석선(조직활 동 중 피검)	
	함경 남도	함주군, 함흥 풍산군, 단천군	정치공작원 파견(1937.10)		
	함경 북도	무산군,	정치공작원 파견(1937.9)	최원봉, 임춘길, 김명세	
		성진군 길주군	공작원 파견 (1937.9)	최경화, 이병선	
		명천군	정치공작원 파견(1937.9)	조명식	
	평안 북도	신의주 및 압 록강 중류방면	정치공작원 파견(1937.4)	김기순	
		동흥, 후창 방면	정치공작원 파견(1937.10)	한학만 외 4명	

자료: 姜德相 編, 앞의 책, 260, 263~65, 281~94쪽;『最近に於ける朝鮮治安狀況』, 218~19, 411~11, 422쪽;「惠山事件判決書」, 602~47쪽 정리·작성.

주: 1) 조국광복회 국내조직들은 다양한 명칭으로 존재했다. 이것은 조국광복회가 반일민족전선에 입각해 있으므로 당연하다고 하겠다.

2) 姜德相 編, 앞의 책, 285~86쪽. 북한에서는 한인민족해방동맹 결성 일자를 1937년 1월로 보고(『조선로동당략사』, 133쪽).

조국광복회는 1937년 한 해 동안 급속히 성장했다. 이 표들이 보여 주듯이 장백현에서의 조국광복회 조직작업은 6사의 지도 아래 권영벽·이제순 등에 의해서 이루어졌으며 국내에서는 역시 6사의 지도 아래 박달·박금철을 중심으로 추진되었다. 739명의 조국광복회 관련자가 검거되어 최종적으로 168명(마동희, 박녹금 등은 재판 전에 옥사)이 실형을 선고받은 함흥지방법원의 1941년 8월 28일 재판 결과를 싣고 있는 「혜산사건판결서」의 내용은 당시 조국광복회에 대한 일제의 공포심을 그대로 보여주고 있다. 일제는 권영벽, 이제순, 지태환, 박달 등 6명에게 사형을(1945년 3월 10일 서대문 형무소에서 집행. 박달은 신병으로 형집행 연기 중 해방을 맞음), 박금철, 이주홍 등 4명에게는 무기징역을, 그리고 이송운, 이호철, 김왈룡 등 38명에게는 10~15년의 중형을 언도함으로써[292] 그들이 조국광복회의 활동을 얼마나 두려워했는가를 역설적으로 보여주었다.

한편 이 표에는 나타나 있지 않으나 조국광복회가 코민테른의 적극적 지지 아래 창설된 것으로 보아 항일연군내 조선인 공산주의자들을 중심으로 만주 각지에도 그 조직이 있었을 것으로 보인다.

이러한 조국광복회의 조직확대과정에서 김일성과 그의 동료들은 조선 북부지방 천도교 조직의 조국광복회 참여와 조선혁명군 일부 대원의 항일연군 1로군 편입이라는 중요한 성과들일 이룩해냈다.

먼저 반일민족통일전선의 구체적 형태인 천도교세력의 조국광복회 참여 상황을 알아보자. 당시 국내의 유력한 종교세력이었던 천도교세력의 조국광복회 참여는 6사 대원이며 천도교 풍산군 청년당이었던 이창선의 활약으로 결실을 이뤘다. 이창선은 당시 장백현 일원 및 갑산, 삼수, 풍산 3군의 종리원을 관할하는 천도교 도정(道正) 박인진을 설득하여 6사 요원 김재범을 만나게 했다. 김재범을 만나 조국광복회 활동 취지를 들은 박인진은 개인적으로 조국광복회 참여를 즉석에서 승낙하는 한편, 1936년 12월 천도교 중앙의 지도자 최린을 서울에서 만나 천도교 중앙의 조국광복회 가입을 제안했다.[293] 그러나 최린의 태도는 부정적이었다. 그는 천도교 전체의 조국광복회 참여를 제의한 박인진에게 "김일성의 주의는 우리 천도교의 주의에 반대되는 까닭에 제휴할 수 없다"[294])고 말했다고 한다. 도정 박인진이 조국광복회 참여 의사를 표명하게 되자 제6사의 천도교도들에 대한 공작은 더욱 활발해졌다. 당시 제6사의 천도교도들에 대한 공작 중 가장 값진 성과는 천도교 청년당 풍산군 대표 이경운의 6사 입대였다. 1936년 12월 이창선의 활약으로 조국광복회에 참여하게 된 이경운은 김재범에서 정식 입대 권유를 받고 제6사 제7단에 입대했다.[295]) 6사에 입대한 이경운은 갑산, 삼수, 풍산군 일대의 천도교 청년당원들을 포섭하여 조국광복회 조직을 확대하는 일과 이 지역의 생산유격대 조직의 임무를 맡았다.[296]) 이경운의 6사 입대가 1936년 12월경에 이루어진 것으로 보아 1937년 10월의 1차 검거가 있기 전까지 제6사의 천도교 포섭공작은 함남·평북 일원으로 확대되었을 것으로 보인다.

여기서 우리가 주목해야 할 것은 이 지역의 당시 우리나라 천도교 신도들의 최대 분포지였다는 사실이다. 참고로 당시 천도교 신도 전국 분포 현황을 살펴보면 표 19와 같다.

표 19는 당시 천도교 신도들이 평북·함남 등 북부지방에 집중 거주하고 있음을 보여주고 있다. 이것은 이 지역 천도교 신도들의 조국광복회 참여가 지역적 수준에서의 참여를 넘어서는 전국적인 의미를 갖는다는 것을 뜻한다. 즉 천도교 중앙조직을 포섭하는 데는 실패했으나 천도교 신도들의 최대 분포지인 조선 북부지방과 장백현에 거주하는 천도교 신도들이 조국광복회에 참여함으로써 반일민족통일전선체인 조국광복회는 더욱 의미를 갖게 됐다고 볼 수 있다. 이러한 천도교의 조국광복회 참여는 해방 직후 북한에서 결성된 유일한 종교정당인 천도교 청우당의 존재와도 연결해 생각해볼 수 있지 않을까 생각된다.

여기서 하나 더 밝혀둘 것은 조선혁명군 일부의 항일연군 1로군으로의 편입 문제이다. 조선혁명군은 본래 조선인 민족주의 혁명가들에 의해 1928년에 만들어져 남만 일원에서 활동하던 무장독립군부대이다.[297]) 이 부대는 양세봉이 부대를 이끌면서 한때 상승세를 탔으나 1934년 8월 양세봉이 전사하자 부대 전력이 급격히 쇠퇴했다.[298]) 부대 전력의 강화를 모색

표 19　　　　　　　　천도교신도 분포현황(1937년 말 현재)

도별 구분	기관수	신도수	신도수 백분비
경기	29	2,059	3.5
충북	7	389	0.7
충남	13	854	1.5
전북	32	1,725	2.9
전남	34	2,089	3.5
경북	5	133	0.2
경남	13	969	1.6
황해	56	2,778	4.7
평남	129	8,693	14.7
평북	304	22,584	38.4
함남	143	14,384	24.5
함북	9	1,814	3.2
강원	10	348	0.6
계	784	58,819	

자료: 『最近に於ける朝鮮治安狀況』, 1938년판, 79쪽을 참고하여 작성.

하던 조선혁명군은 1935년 가을에 중국인 반일부대와 연계하여 중한항일동맹회로 재편하게 되었다.[299] 항일동맹회내에서 원래의 조선혁명군은 3개 사(1사: 한검추, 2사: 최창강, 3사: 조화선)로 꾸려졌다고 한다.[300] 그러나 이 연합부대로 1937년에 가면 지도자 왕봉각이 일제에 체포되면서 해산하게 된다.[301] 바로 이 뒤부터 원래 조선혁명군 소속이었던 대원들의 진로가 문제의 초점이 된다.

일제 관헌자료에 의하면 이 부대 대원들의 대부분이 항일연군 제1군에 가입했다고 한다.[302] 『조선족백년사화』제1집에는 "원조선혁명군 2사(사령: 최윤구, 지도원: 박태호)는 40명의 대오를 거느리고 동북항일연군 제1로군에 참가했다"[303]고 좀 더 구체적으로 나와 있다. 북한 문헌의 경우 임춘추는 "조국광복회가 확장되면서 사령 최윤구가 아군 편입을 주도했다"[304]고 하고 있으며, 『조선로동당략사』는 민족주의자들의 '독립군도' 「조국광복회 10대 강령」을 지지하여 반일민족통일전선운동에 참여하게 되었으며, 나중에는 조선인민혁명군에 편입되게 되었다"[305]고 적고 있다. 『항일 빨찌산 참가자들의 회상기』에도 당시 조선혁명군으로 활동하다가 항일연군에 편입한 대원의 글이 한 편 실려 있다.[306]

필자의 견해로는 1937년 조선혁명군이 속해 있던 항일동맹회가 해산되면서 많은 대원들이 항일연군 1로군에 가입했던 것 같다. 당시는 항일연군에서도 반일민족통일전선을 적극적으로 강조하던 때였으므로 이들의 가입은 순조롭게 이루어졌을 것이다. 이들이 실제 몇 명이나 항일연군 1로군에 가입했는지는 확인할 수 없지만 조선혁명군 대원의 항일연군 가입에는 조국광복회의 반일민족통일전선운동이 큰 역할을 했으리라는 것은 자연스러운 추측일 것이다.

이제 끝으로 조곡광복회 정치공작원들의 주요 임무를 살펴보기로 하자. 조국광복회 정치공작원들의 주요 임무는 곧 조국광복회의 활동내용이 되기 때문에 조국광복회의 실제 활동을 이해하기 위해서는 이를 알 필요가 있다고 본다. 따라서 일제 관헌자료에 나타나는 조국광복회 정치공작원들의 주요 임무를 정리해보면 표 20과 같다.

하나 덧붙일 것은 표 20에는 나와 있지 않으나 조국광복회 정치공작원들에게는 '조선공산당 창건을 위한 조직, 사상적 준비'라는 특별한 과제도 부과되었을 것이라는 점이다. 필자의 이러한 추측은 「혜산사건판결서」에 실린 몇 가지 기록에 근거하고 있다. 즉 「혜산사건판결서」는 김일성이 박달과 박금철에게 운동의 지도방침을 설명하면서 "코민테른이 조선공산당 결성에 대한 지도관리방법을 당시 조건을 고려하여 중국공산당에 위임했다"고 말했으며 6사 7단 정치위원 김평(김재범)으로부터 당 찬건에 대한 코민테른의 입장을 전해들은 이경봉·김철억 등의 조국광복회 핵심 멤버들이 김평 지도하에 "조선공산당 결성을 위한 사전준비로서 조선에 중공당 조선 파견지부를 결성했다"[307]고 기록하고 있다.

표 20　　　　　　　　　조국광복회 정치공작원의 주요 임무

번호　　구분	내용	비고
1. 조국광복회 조직		
2. 정치학습	교재: 「조국광복회 10대 강령」, 규약 기타: 「일본군대에 복무하는 조선형제에 고함」「재만 한인반일대중에 부침」 등 유인물 배포	공산주의자에게는 「조선공산주의자의 임무」학습
3. 생산유격대 조직	평상시에는 생업에 종사하며 유사시에는 무장봉기를 할 전위적 실행기관	
4. 부녀부 조직	부녀들에게 항일의식 주입 무장대(유격대) 출동시 각종 지원업무에 종사	예) 장백현의 경우 부녀자 30명 포섭(김정숙, 엄정숙 등이 공작)
5. 아동단 결성	아동단을 조직하여 일반군경 및 친일파의 행동을 은밀히 탐지하여 보고케 한다.	
6. 일제의 군사 기밀 탐지		적통치기관공작 예) 도천리구장 정하숙 등 포섭, 정안군부대 간부 일부 포섭, 장백현 관할경찰서 소속 경찰관 5명 포섭
7. 자위공작	일본군, 만주군의 스파이에 대한 은밀한 정탐	
8. 경제모연공작	6사의 군자금 및 조국광복회 활동사업을 위한 모금	
9. 모병공작	결사원 중 신체 건강한 자를 선발하여 6사에 입대시킬 것.	예) 1937년 8월경 장백현 제 6사입대자: 장백현상강구회, 중방면결사원 17명, 하방면결사원 4명, 하강구회 요방자결사원 14명 등 41명

자료: 姜德相 編, 앞의 책, 265~67, 279~82쪽;『最近に於ける朝鮮治安狀況』, 412~14, 419~20쪽을 참고하여 작성.

임춘추도 회상기에서 이와 비슷한 언급을 하고 있다. 임춘추에 의하면 1936년 5월 동강회의에서 조국광복회 창건문제와 함께 '마르크스-레닌주의 당 창건을 위한 방침에 관한 문제'가 논의되었다고 한다.[308] 이 자리에서 김일성은 조선공산당 창건의 필요성과 절박성을 언급하면서 "국내에서 조직하려는 당 단체는 당분간 형제당의 한 세포가 될 것이라고 지적하고 당 창건의 통일적 지도를 위하여 당 공작위원회를 조직하고 이 당 공작위원회로 하여금 국내에 조직되는 전체 당 단체들을 지도케 하여야 하겠다고 강조"[309]했다고 한다.

필자의 견해로는 당시 조선공산당이 존재하지 않는 상황에서 코민테른 7차 대회의 정신에 따라 만주에서도 각 민족간의 통일전선이 강조되었는 바, 이에 따라 당시의 당 창건의 주체적 조건을 갖지 못한 상황을 고려하여 중국공산당의 지도 아래 조선공산당을 결성하는 문제도 자연스럽게 거론되었을 것으로 보인다. 그리고 조선공산당의 창건이 당장 어려운 상황에서 우선 조국광복회를 통하여 당조직의 토대를 준비하고자 했으며, 이에 따라 6사의 정치공작원들 역시 조국광복회 조직 사업과 함께 당 창건 준비 사업도 동시에 진행했던 것으로 보인다.

5. 항일무장투쟁의 역사적 경험이 해방 후 인민정권수립과정에 미친 영향

지금까지 필자는 김일성을 위시한 북한 지도집단의 항일무장투쟁의 역사적 경험을 가급적 객관적인 자료에 의거해서 살펴보았다. 한 인간이나 집단에게 과거의 경험은 누구를 막론하고 현실을 헤쳐나가고 미래를 설정하는 데 결정적인 역할을 한다. 즉 한 인간이나 집단에게 있어 과거가 현실을 규정한다는 사실은 상식적인 얘기이다. 이런 의미에서 북한 지도집단의 항일무장투쟁의 역사적 경험이 해방 후 북한의 인민정권수립에 미친 영향을 살펴본다는 것도 지극히 상식에 속하는 진부한 얘기가 될 수도 있다. 그러나 북한 지도집단의 역사적 경험은 조금 다른 독특한 의미를 지니고 있다고 생각한다. 해방 직후 혁명을 눈앞에 둔 상황에서 그들의 역사적 경험은 혁명의 길을 그들이 주도하고 성공시키는 데 귀중한 경험들이었다. 보천보전투 이래 국내 민중들에게 신비화되어 있던 김일성의 명망성, 유격근거지 시대부터 시작하여 조국광복회에서 절정에 오른 민족통일전선운동의 경험, 유격근거지에서의 민주개혁의 추진과 인민혁명정부 수립·운영의 경험, 반민생단투쟁과 항일무장투쟁 전과정을 통해서 얻은 좌우의 기회주의의 폐해에 대한 인식과 민족주의적 인식, 조국광복회를 통한 국내에서의 대중조직화 작업의 경험 등 김일성과 그의 동료들이 체득한 수많은 경험들은 해방 직후 북한사회에서 진행된 인민정권수립과정에 실로 막대한 영향을 끼쳤다.

그러면 이제 김일성과 그의 동료들의 이러한 역사적 경험이 해방 직후 북한사회에서 진행된 인민정권의 수립과정에 미친 영향을 구체적으로 살펴보도록 하자.

먼저 김일성과 그의 동료들이 북한의 해방정국을 주도할 수 있게 해준 항일무장투쟁과정에서 얻은 김일성의 명망성을 짚고 넘어가야 한다. 앞에서 설명한 바와 같이 김일성은 조중 국경지역이며 조선인이 절대다수를 차지하고 있는 동만 일대를 배경으로 항일무장투쟁을 전개한 공산주의자들 중에서는 최고지도자였다. 더욱이 그가 항일연군 제1로군 6사 사장 시절 조국광복회 조직을 주관하면서 치른 보천보전투 등 수차례에 걸친 국내 진공전투는 국내 조선인들 사이에서 그의 이름을 신비화시키기에 충분했다. 오늘날 많은 김일성 비판가들이 그의 명망성을 부정하고 있으나 몇 가지 자료들은 김일성이 국내외적으로 큰 성과를 올리고 있었음을 보여주고 있다. 그 중 국내 민중들에게 알려진 그의 명망성을 여실히 보여주는 것은 1943년 "남조선의 소학교 6년생과 중학교 2년생을 모아놓고 현재 일본에서(조선인 포함) 누가 제일 위대하다고 생각하는가"라는 설문을 무기명으로 조사해보았다는 한 일본인의 진술을 들 수 있다. 그의 설문조사 결과 놀랍게도 학생들 중 67퍼센트가 김일성을 써냈다고 한다.[310]

또한 김일성이 지금까지 '소만국경으로 이동해가는 1941년 이전에 소련은 그에 대해서 전혀 몰랐을 것'이라는 일부 주장[311]을 뒤엎는 결정적인 증거도 나왔다. 최근에 밝혀진 이 증거는 『태평양』이라는 잡지 1937년 제2호에 실린 라파포트(V. Rappaport)의 글 「북조선 구역의 빨치산 운동」인 것으로 알려졌다.[312] 이 기사는 동북인민혁명군 제1군 제1사 사장이었던 이홍광과 김일성을 소개하고 있는데 그 중 김일성부대에 관한 내용을 잠깐 소개하기로 하자. "이 부대의 전사는 아주 용감하다. 모든 위험한 작전은 바로 이 부대가 수행하고 있다. 이 부대는 항상 행동을 신중히, 정확히 한다.……이미 1년 이상이나 일본군의 김니첸(김일성)부대 사냥이 성과 없이 계속되고 있다.[313] 이와 같이 보천보전투가 있기 전부터 소련은 김일성의 부대를 알고 있었던 것이다. 더욱 중요한 사실은 이 기사가 1945년 일본이 패망하기 이전에 미 국무성 일본과 소속인 맥큔의 요구에 따라서 번역되었다는 것이다.[314] 이홍광은 1935년 5월에 전사했으니[315] 이 기사의 번역은 전적으로 김일성과 그의 부대에 관한 정보를 얻기 위해서 이루어졌을 것이다. 이처럼 김일성은 해방 전에 국내 민중에게는 물론 미·소의 동북아시아 관계자들에게도 널리 알려져 있었던 것이다.

이러한 김일성의 명망성은 평양 시민에게는 김일성장군 환영대회로 받아들여졌던 '평양시 민중대회'[316](1945년 10월 14일)에 그를 보기 위해 운집한 8만의 인파[317]가 웅변해준다. 그런데 이 대회에서 처음 대중에게 모습을 보인 김일성에 대해서 많은 부정적인 증언들이 있다. 그중 대표적인 증언을 하나 인용해보자.

김일성 장군이 등단하자 군중의 입은 그들 눈앞에 전개되는 의외의 사건에 한결같이 벌어지고 눈은 의심스러이 빛났다. 백발이 성성한 노장군 대신에 확실히 30대(당시 33세)로밖에 안 보이는 젊은 청년이 원고를 들고 마이크 앞에 다가선다. 신장은 169센티미터 가량, 중육의 몸에 감색 양복이 좀 작아맞고 얼굴은 볕에 걸어 검었고 머리는 중국인 요리점의 웨이터처럼 버쩍 치켜깎고 앞머리털은 한 치 정도, 흡사히도 라이트급의 권투선수를 방불케 한다.

가짜다!

넓은 장내에 모인 군중 사이에는 순식간에 불신과 실망과 불만과 분노의 감정이 전류처럼 전파되었다.[318]

여기서 필자는 위의 증언의 진실 여부를 따질 의도는 없다. 단지 당시 노장군 김일성이 존재할 수 없는 이유와 젊은 김일성의 출현이 놀라운 일이 아님을 설명하고자 한다. 앞의 제3장에서도 언급했듯이 겨울이면 영하 40도가 넘는 혹한과 배고픔을 극복하고, 일상적으로 계속되는 일제의 토벌에 맞서 싸워야 하는 1930, 40년대의 만주에서의 항일무장 투쟁에서 백발이 성성한 노장군 김일성이 존재할 땅은 한 치도 없었다. 그 시기의 만주는 오직 젊고 정신력이 투철한 20, 30대의 전사들만이 살아남을 수 있는 곳이었다. 애초에 노장군 김일성은 있을 수 없는 곳이 바로 항일무장투쟁 시기의 만주지방이었던 것이다. 한편 우리가 당시 아시아 공산주의운동의 현황을 살펴본다면 30대 초반의 공산주의 지도자 출현은 보편적인 현상이었음을 발견하게 된다. 중국의 경우 박고, 장문천, 왕명, 주은래 등의 저명한 지도자들이 모두 20대에 최고지도자의 위치에 올랐음을 상기해볼 때 '33세의 김일성 장군'은 그리 놀랄 만한 일이 못 된다.

어쨌든 이상에서 살펴본 김일성의 명망성이야말로 당시 북한 전역에서 자율적으로 분출하고 있던 지방인민정권들[319]이 자연스럽게 자신들의 지도자로 김일성을 선택하게 하는 제1의 요인이었다고 할 것이다.

둘째, 항일무장투쟁 시기의 역사적 경험이 해방 후 통일전선운동에 미친 영향을 들 수 있다. 반일민족통일전선은 1932년과 1933년 사이에 있었던 유격근거지에서의 소비에트 정부 수립의 좌경적 오류가 척결된 뒤부터 해방이 될 때까지 계속 견지되어온 하나의 원칙이었다. 이러한 통일전선은 현 단계 사회분석에 기초해서 이루어지는 것으로서 항일무장투쟁 시절 김일성과 그의 동료들은 조선의 현 단계를 식민지반봉건사회로 바라보고 항상 반일민족통일전선의 구축을 최대 과제로 삼아왔다. 조국광복회의

10대 강령이 그 좋은 예라 할 것이다. 일제가 패망하고 조국이 해방되었다고 해서 이러한 사회성격의 기본이 금방 바뀌는 것은 아니다. 비록 일제의 물리적 억압력이 철수했다 해도 아직까지 일제 잔재가 도처에 남아 있고, 사회의 봉건적 잔재들도 온존하고 있기 때문에 해방이 되었다고 해도 여전히 혁명과업은 반제반봉건혁명인 것이다. 그러니까 민족통일전선은 여전히 유효한 것이며 현 단계에서 사회주의 혁명이란 극좌기회주의 노선인 것이다.320)

김일성의 통일전선에 대한 집착, 좌우경기회주의에 대한 비판 등을 동시에 보여주는 좋은 예로는 조선공산당 '서북5도당책임자 및 열성자대회'321)(1945. 10. 10~13)를 들 수 있다. 그런데 이 대회에 대해서는 김일성의 주도 여하를 놓고 논란이 있다.322) 따라서 이 회의를 김일성이 주도했음을 필자 나름대로 입증한 뒤에 논의에 들어가기로 하자.

와다 하루키는 이 회의에서 김일성이 했다는 보고 내용에 '해외에서의 활동이 언급되어 있지 않으며, 김일성이 이 대회에서 아무런 직책도 맡지 않을 것' 등을 증거 삼아 김일성의 대회 주도 사실을 부인하고 있다.323) 이에 대해서 나카가와 노부오(中川信夫)는 그의 글에서 "김일성 자신이 여러 기회를 통해서 언급하고 있는 사람들이나 여러 정황으로 보아 김일성 주도가 확실하다"324)고 단언하고 있다. 필자가 판단하기에는 판단 증거의 제시는 박약하나 나카가와 노부오의 주장이 기본적으로 옳다고 생각한다. 나카가와 노부오의 주장에 덧붙이자면 ① 김일성으로 추측되는 김○○의 발언내용에 이 해외활동에 대해서 언급이 없는 것은 사실이나 국내 공산주의운동에 대한 언급은 모두 그것들이 '비조직적이었고 산발적이었고 자연발생적이었으며, 국제조건이 불리했기 때문에 실패'한 예로서 들고 있음에 주의해야 한다.325) 또한 이러한 지적 바로 뒤에 굳이 '조선의 운동은 해내외에서 자라나고 있다'라고 말을 한 것을 음미해볼 필요가 있다. ② 이 대회를 처음 보도한 서울의 『해방일보』 11월 5일자는 1·2면에서 이 대회가 채택한 「정치노선과 조직확대에 관한 결정서」와 「조직문제에 대한 결정서」 「좌경적 경향과 그 분파행동에 대한 비판」을 실으면서 이와 함께 1면 박스기사로 '조선의 청년 영웅 김일성 장군을 환영'이라는 제하의 김일성에 관한 기사를 『해방일보』로서는 최초로 싣고 있다. 그리고 이 기사내용에는 "최근의 소식에 의하면 장군은 조선의 참된 민주국가 건설을 위하여…… 정치전선에 나섰다. 하니"라는 말이 나온다. 그리고 당중앙의 북조선분국 승인사실이 처음 보도된 11월 15일자에는 『해방일보』 최초로 "조선민중의 영웅 김일성 장군 만세" "……박헌영 동지 만세" 등의 구호를 박스광고로 내고 있다. 뿐만 아니라 북조선분국 책임비서 김용범은 분국 설치에 대한 당중앙의 승인이 있었음을 통고하는 광고에서 그의 직위를 책임비서가 아닌 북조선분국 '책임자'라고 쓰고 있다. 이러한 정황은 이 대회를 김일성이 주도했음을 강력히 시사하고 있는 것이다. ③ 이 대회는 보고에 나선 도○○, 이○○이 '인민공화국'에 대해서 절대적 충성을 보이고 있음에도 불구하고 김○○은 간접적으로 '인공'을 우경기회주의로 몰아붙이면서 "우리는 연합전선을 펴서 인민정권을 짓는 것이다"라며[326] 인공을 부정하고 있다. 이는 김일성의 행적과도 일치하는 중요한 증거라고 할 수 있다. ④ 북조선노동당 제2차 전당대회(1948. 3. 27~30)에서 한 김일성의 연설 속에서 분국 설치를 반대했던 오기섭, 정달헌 등에게 분국 내 주요 직책을 맡긴 것(오기섭은 제2비서)에 대해 "그때 나는 자리는 누가 차지해도 좋으니 일만 잘하라고 해서 그들에게 자리를 그냥 맡겼던 것입니다"라는 진술 역시 그가 대회를 주도했음을 유추할 수 있는 좋은 증거가 된다.[327] 사실 나카가와 노부오의 주장[328]대로 김일성이 책임비서로 선출되지 않았다는 것과 북한 당조직이 김일성 주도하에 놓여 있었다는 것은 전혀 별개의 문제이며, 당시 통일전선에 몰두하던 김일성으로서는 당의 직책을 맡지 않았다는 것이 조금도 이상스러운 일이 아닐 것이다. 결론적으로 김일성은 이 회의를 주도했으며 당조직 문제에 관한 보고를 행했음이 틀림없다.

바로 이 대회에서 가장 중요한 당조직문제 보고를 맡은 김일성은 다음과 같이 통일전선의 중요성을 강조하면서 동시에 좌우경기회주의를 비판했다.[329]

우리가 할 역할은 전 힘을 다하야 민족통일정권을 수립해야 한다는 것이다. 이곳에는 자본가도 참여한다.

먼저 파쟁분자의 역사적 죄악감을 느끼니만치 지금에 있어서는 과거를 부끄러워하고 청산하려고 하고 있으니 파벌이라는 선입관을 가지고 다시 당운동에 들어오겠다는 자를 거절해서는 안 된다.

이영, 최익한 일파는 이론이 극좌적이다.……○○일파의 주장은 금번의 전쟁을 사회주의 전쟁이었다고 규정하고 조선에 있어서도 계급전쟁이라고 한다.…… 이영은 현실에 맞지 않는 주장을 하는 가짜 좌경파다.

연합전선을 짓는다 해서 무산계급의 독자성을 망각하는 것은 우경적이다. 우리는 연합전선을 펴서 인민정권을 짓는 것이다. 조선민족을 팔아먹은 그네들까지도 용납할 수 없는 것이다. 그것은 기회주의라고 본다.

이상의 인용문들은 해방정국에서 발생한 좌파의 쟁점들에 대한 김일성과 그의 동료들의 정리된 입장으로 볼 수 있다. 인용문들은 이영·최익한의 극좌적 오류와, 박헌영 등이 주도하고 있는 '조선인민공화국'의 우경기회주의 속성을 분파성의 폐해에 기초해서 비판(이영 등에서는 직접 비판, 박헌영 등에게는 우회적 비판)하면서 무산계급의 독자성과 광범한 포용성을 동시에 결합시키고 있음을 보여주고 있다. 여기서 우리는 김일성의 정리된 입장이 해방이라는 '상황의 단절'을 뛰어넘어 역사적 경험 속에서 형성되었다는 것을 이해할 필요가 있다. 이미 1933년에 소비에트 노선의 극좌적 오류를 경험한 김일성과 그의 동료들로서는 이영·최익한 등의 사회주의 혁명론의 주장은 일고의 가치도 없는 극좌모험주의노선으로 비쳤을 것이다. 역으로 민생단사건에서 이른바 민족개량주의자라는 탈을 쓴 일제

주구들의 획책으로 수백 명의 조선족 전사들이 희생당하고 유격근거지가 붕괴되는 쓰라린 경험을 갖고 있던 그들로서는 이승만·김성수 등까지도 수용하려는 '조선인민공화국'이 우경 기회주의로 보일 수밖에 없었을 것이다. 더구나 '인민대중 속에서 조직·사상적으로 발전해왔다'는 항일유격대 출신들인 그들로서는 중앙 중심으로 급히 만들어진 '조선인민공화국'을 바라볼 때 쉽게 동의할 수 없었을 것이다(물론 인공을 논할 때는 미군 진주라는 당시 상황과 조건이 고려되어야 한다).

김일성과 그의 동료들은 민족통일전선운동의 성패를 인민정권 수립의 성패 여부와 관련시켜서 볼 정도로 통일전선에 집착했다. 김일성은 앞서 밝힌 10월 14일의 '평양시 민중대회'에서도 항일투쟁을 위한 전민족의 단결을 호소한 조국광복회 선언문을 연상시키는 "돈 있는 자는 돈으로, 지식 있는 자는 지식으로, 노력을 가진 자는 노력으로 참으로 나라를 사랑하고 민주를 사랑하는 전민족이 완전히 대동단결하여 민주주의 자주독립국가를 건설하자"[330]는 연설을 했다. 그리고 김일성과 그의 동료들은 조국광복회 시절 공산당조직이었던 갑산공작위원회를 국내 통일전선의 지도기관으로 발전시키기 위해 한인민족해방동맹으로 명칭과 성격을 바꾸었듯이 공산주의청년동맹을 민주주의청년동맹(1946. 1. 17)으로 바꾸는 등 본격적으로 통일전선에 기초하여 수많은 대중단체들을 통합했다.[331] 통일전선을 방해하는 분파주의는 철저히 배척되었다.

요컨대 조국광복회에서의 민족통일전선운동의 실천적 경험자였던 김일성과 그의 동료들은 그들의 항일무장투쟁의 성과로 담보된 대중적 지지를 기반으로 강력하게 만족통일전선운동을 추진해나감으로써 해방 후 혼란했던 북한정국을 정면으로 돌파하고 1946년 2월 민주개혁을 주도할 통일전선에 입각한 인민정권이라 할 수 있는 북조선임시인민위원회를 결성하는 데 성공했던 것이다.

셋째, 항일무장투쟁의 역사적 경험은 민주개혁기간(1946. 2~1947. 2)에 실시된 각종 개혁에 직접적이고 구체적인 영향을 끼쳤다. 북한에서는 제반 민주개혁의 총강령이라 할 수 있는 「11개조 당면과업」(1946. 2. 9)과

이를 보다 구체화시킨 「20개조 정강」(1946. 3. 23)에 대해서 조국광복회 10대 강령을 해방 후 조성된 새로운 상황에 맞게 구체화시킨 '역사성'을 가진 반제반봉건민주주의혁명의 강령이라고 평가하고 있다.[332]

토지개혁의 경우 특히 유격근거지에서의 초기 토지혁명정책의 경험이 직접적으로 원용[333]되었다. 예를 들면 토지분배방법의 경우 유격근거지에서와 같이 여자들에게도 토지를 분배하며 산출방법으로는 점수제를 채택하고 있다.[334] 단지 유격근거지에서는 토지매매를 허용하고 있는 데 반해 북한에서는 농민에게 분여된 토지는 일체의 매매, 소작, 저당을 금지(법령 제11조)시키고 있다. 이는 토지개혁의 완벽성을 지니기 위한 진일보한 조치로 보아야 할 것이다.

또한 조국광복회 10대 강령에서 제시되었던 노동자의 권익 보장(강령 8조)과 남녀평동 보장(강령7조)의 조항은 민주개혁 초기에 일찌감치 구체화되어 「북조선노동자 및 사무원에 대한 노동법령」(1946. 6. 24)과 「북조선남녀평등에 대한 법령」(1946. 7. 30), 「사회보험법」(1946. 12. 19) 등을 통해 구현되었다. 10대 강령 제4조(일제 및 그 주구의 재산과 토지몰수) 역시 토지개혁에 이어 1946년 8월 10일 공포된 「산업, 교통, 운수, 체신, 은행 등의 국유화에 대한 법령」을 통해 현실화되었다. 이미 1945년 11월에 입법적으로 확인된 '일본제국주의의 통치시기에 시행되었던 모든 법령의 폐기'[335]도 「20개조 정강」에서 "일본 통치시에 사용하며 그의 영향을 가진 일체 법률과 재판기관 폐지"를 선언함으로써(제7조) 공식 확인되었다.

결론적으로 민주개혁기간에 실시되었던 이상의 개혁조치들은 대체로 항일무장투쟁 시기 유격근거지에서 실시되었던 민주개혁과 조국광복회 10대 강령을 심화·구현시키는 방향에서 이루어졌다고 할 수 있다.

넷째, 북한의 인민정권 수립과정에 미친 북한 지도집단의 역사적 경험으로는 그들의 대중조직화 경험을 빼놓을 수 없다. 이들은 유격근거지에서 이미 상당한 대중운동의 경험을 쌓았으며 조국광복회의 활동과정에서는 국내조직을 건설한 경험을 가지고 있었다. 대중과의 만남 속에서 이들은 대중에 대한 특별한 관점을 확립했다. 이들은 항일무장 투쟁과정에서 "물고기가 물을 떠나서는 살 수 없는 것과 같이 유격대는 인민을 떠나서는 살 수 없다"[336)]는 철칙을 배웠다고 한다. 이들의 이러한 경험은 해방 후 대중을 조직화하고 혁명의 길로 나서게 하는 데 있어 "인민대중을 위하여 충실히 복무하여 대중 속에 들어가 대중을 교양·개조하여 묶어세우며, 대중에게서 힘과 지혜를 얻으며 광범한 대중을 동원하며 혁명과업을 수행한다"는 이른바 혁명적 군중관점에 선 군중노선으로[337)] 확립되었다. 이러한 군중관점을 가지고 김일성과 그의 동료들은 해방 직후 곧장 대중조직화 사업에 나섰다.『조선전사』에 의하면 김일성은 "각지에 자연발생적으로 조직되기 시작한 당조직들을 혁명적 당건설 원칙에 기초하여 급속히 확대·강화하고, 공장·광산·기업소들과 농촌·어촌들에 당세포를 광범히 조직하여 당조직들이 광범한 근로대중 속에 뿌리박고 그 대열을 끊임없이 늘이도록 하기 위하여"[338)] 김책, 안길, 유경수, 김경석, 조정철, 이봉수 등의 전우들을 전국 각지에 정치공작원으로 파견했다고 한다.[339)] 김일성은 1945년 9월 20일 지방에 파견되는 정치공작원들 앞에서 '새 조선 건설과 공산주의자들의 당면과업'에 대해서 연설했다고 한다.[340)] 김일성 자신도 귀국 직후 지방을 순회한 것으로 알려졌다. 서방 최초의 것으로 짐작되는 북한방문보고서를 펴낸 여류작가 스트롱은 "김일성이 귀국 직후 수주 동안 지방인민정권의 조직화에 참여하면서 가명을 쓰고 전국을 순회했다"[341)]는 사실을 기록하고 있다.

한마디로 김일성과 그의 동료들은 다른 공산주의 지도자들이 중앙조직에 연연해 있을 때 이미 그들의 최대 기반이 될 대중조직 건설작업에 나서고 있었던 것이다.

마지막으로 북한의 인민정권수립과정에 미친 북한 지도집단의 역사적 경험으로는 무력기관의 설립과 발전에 끼친 영향을 들 수 있다. 해방과 동시에 귀국한 항일유격대원들은 김일성, 최용건, 김일, 안길 등 고위 지도자들을 제외하고는 최현, 최춘국, 조정철 등 대부분이 무력기관 창설에 주도적으로 참여했다. 따라서 북한의 초기 주요 군지도자들의 대부분이 항일유격대 출신들이었으며 그 영향을 받아 1948년 북한군이 설립되면서부터 오늘에 이르기까지 끊임없이 군의 항일무장투쟁의 역사적 전통의 계승이 강조되어 왔다.[342]

이상의 사실들을 종합 검토해볼 때 결론적으로 해방 직후 북한 지도집단이 인민정권 수립과정에서 보여준 지도성은 한마디로 1945년 8월 15일 '해방'이라는 역사적 구획점을 뛰어넘어 그들의 항일무장투쟁의 역사적 경험에 기초하고 있는 것이라고 말할 수 있을 것이다.

6. 맺음말

필자가 이 글을 쓰게 된 직접접인 동기는 북한 지도집단의 항일무장 투쟁의 역사적 경험이 해방 직후 북한에서의 인민정권 수립과정에 큰 영향을 미쳤으리라는 필자 나름대로의 가설을 입증하기 위해서였다. 글을 마치는 이 시점에서 필자는 이러한 가설이 기본적으로 정당한 것이었음을 어느 정도 확신하게 되었다.

그런데 문제제기에서도 밝혔듯이 필자의 가설은 북한 지도집단의 항일무장투쟁의 역사적 경험에 대한 사실 인식의 기초 위에서만 해명이 가능한 것이었다. 그러나 아직 북한 지도집단의 역사적 경험에 대해서는 지극히 상반된 주장들이 난무하고 있는 실정이라 필자에게는 이 역사적 경험에 대한 정확한 사실을 정리하는 것이 우선적인 과제가 되었다. 따라서 필자는 북한 지도집단의 역사적 경험에 대한 실증적 고찰에 중점을 두게 되었으며, 이에 따라 자료활용에서 국내의 기존 북한 연구자들의 북한 문헌들에 대한 강한 불신감을 고려하여 기본자료는 일제 관헌자료를 우선 활용하되 중국 문헌들을 함께 비교·검토해보는 방식을 취했다. 항일무장투쟁의 역사적 경험의 주체가 되는 북한의 문헌들은 대체로 다른 문헌들과 일치되는 부분만을 인용하거나, 아니면 다른 문헌들이 밝혀주지 못하는 부분을 해명하기 위해서 그 내용이 전후 맥락과 부합되는 부분에 한해서 인용했다. 한마디로 북한 문헌들은 1차자료임에도 불구하고 주로 보조자료로서 인용되었다. 필자는 객관성을 제고한다는 이름 아래 이러한 방식을 취했으나 이는 한편으로 보면 자료 활용에 있어서 이 글이 갖는 기본적인 한계로 작용할는지도 모른다.

한편 필자는 이 글을 쓰면서 기존 북한연구계 일각에서 아직도 생명력을 유지하고 있는 허무맹랑한 이른바 '가짜 김일성론'의 허구성을 파헤치고 일부 김일성 비판가들의 정당하지 못한 비판들을 비판하는 데도 비중을 두었다. 더불어 최근 북한 문헌들이 원전 상태로 우리 사회에서 출판되고 있는 상황에서 북한 문헌들의 이 시기에 대한 설명의 문제점을 지적하는 데도 주의를 기울였다. 예컨대 1934년 봄에 조직된 '동북인민혁명군 제2군 독립사'를 북한에서는 김일성이 조직한 '조선인민혁명군'이라고 주장하고 있다. 제1장에서도 밝혔듯이 이 당시 조직된 것은 '동북인민혁명군 제2군 독립사'였으며 김일성은 중견간부였다. 김일성이 이 부대를 조직하는 데 참여한 것은 사실이나 그가 총지휘했다는 식의 표현은 분명히 사실의 왜곡이다. 그러나 이 부대가 갖는 여러 성격을 고려할 때 오늘날 역사해석에 따라 결과적으로 조선인민혁명군이라고 부를 수도 있다고 생각한다. 문제는 북한 문헌들에서는 '주체사관'에 입각해서 이러한 배경설명 없이 그대로 조선인민혁명군으로 부르고 있다는 데 있다. 이는 '주체사관'과 '사실 인식' 사이에 가로놓인 미묘한 긴장관계를 극명하게 반영하고 있는 것으로 보인다.

그러나 국내 독자들의 경우 동북인민혁명군 제2군 독립사의 조선인민혁명군적 성격을 이해해야 하는 것이지 결코 사실적 배경에 대한 아무런 인식 없이 이 부대를 조선인민혁명군이라고 불러서는 안 된다고 본다. 만일 누군가 1934년 3월 김일성이 지도하는 조선인들에 의해서 중국공산당의 명령계통과는 전혀 무관한 조선인민혁명군이 창건되었다고 주장한다면 그것은 무지와 맹신의 소산이며, 동북인민혁명군 제2군을 조선해방을 위한 조선인의 군대(1936년의 제6사에서 이러한 조건은 어느 정도 충족된다)로 만들기 위해서 수많은 희생을 치르며 간난의 세월을 투쟁해온 조선인 공산주의자들의 노력을 매몰시켜버리는 반역사적인 행위이기도 할 것이다. 따라서 우리는 오늘날 북한 문헌들이 안고 있는 이러한 문제점들을 분명하게 인식해야 한다고 본다.

다음으로 자료활용상의 한계와 더불어 이 글이 갖는 또 다른 한계를 스스로 지적하고자 한다.

첫째, 아직까지도 간도지방이나 장백현 일대, 그리고 함경남북도 일원에는 당시 무장투쟁 상황을 증언해줄 사람들이 생존해 있을 것으로 보이나 여건상 현장답사와 현장증언채취 같은 객관성을 제고시킬 수 있는 방법들을 전혀 사용하지 못했다.

둘째, 북한 지도집단이라는 '집합'의 항일무장투쟁을 고찰함으로써 사실상 김일성을 제외한 다른 조선인 공산주의자들의 개별적인 활동상황에 대해서는 거의 언급을 하지 못했다.

셋째, 항일무장투쟁 시기에 전개되었던 국내외의 다른 항일운동들과의 비교를 하지 못했다. 이어지는 연구들이 이러한 각론들은 채워주기를 기대한다.

끝으로 글을 마치면서 지금까지 고찰한 북한 지도집단의 항일무장투쟁의 역사적 경험에 대한 해명은 이데올로기적 취향에 의해서 그 진위 여부가 좌우되는 정치적 결단의 문제가 아니라 민족사의 한 부분을 옳게 파헤치고 나름대로 자기발전과정을 밟아온 북한사회주의의 기초를 규명해보기 위한 역사적 사실 인식의 문제임을 밝혀두고자 한다.

주 _____

1) 김일성, 「조선로동당 건설의 력사적 경험」, 『로동신문』, 1986년 6월 1일.
2) 같은 글.
3) 북한에서는 오늘날 항일무장투쟁의 역사적 의의를 다음과 같이 평가하고 있다.
   첫째, 이 투쟁이 우리 나라 반일민족해방운동을 가장 높은 단계로 발전시켰으며 일제 식민지 기반으로부터의 민족해방의 역사적 위업을 빛나게 했다.
   둘째, 이 투쟁의 행정에서 조선혁명을 앞으로 힘차게 발전시켜나갈 수 있는 주체적 역량이 튼튼히 꾸려졌다.
   셋째, 이 투쟁을 통하여 주체형의 혁명정당의 창건을 위한 조직사상적 기초가 튼튼히 닦아지고 혁명전통이 확고히 이룩되었다.
   넷째, 주체의 기치 밑에 진행되는 혁명의 새로운 길을 밝혀주었으며 반제민족해방운동에서 선구자적 모범을 보여주었다.(조선로동당 중앙위원회 당력사연구소, 『조선로동당략사』, 평양: 조선로동당출판사, 1979, 193~97쪽.)
4) 한국민중사연구회 편, 『한국민중사』II (서울: 풀빛, 1986), 214~17쪽.
5) 여기서 동만(東滿)이란 주로 오늘날의 연변 일대를 가리키는 말이다(현룡순 외, 『조선족백년사화』 제2집, 요녕인민출판사, 1984, 213쪽). 좀 더 구체적으로 살펴보면 오늘날의 연변 조선족자치주는 연길현, 화룡현, 훈춘현, 왕청현, 안도현, 돈화현으로 구성되어 있다(지방명은 1930년대의 명칭. 이채진, 『중국 안의 조선족』 서울: 청계연구소, 1988, 5쪽). 또 간도지방이란 연길현, 화룡현, 훈춘현, 왕청현을 가리키는 말로 일제와 괴뢰 만주국은 1934년 10월 동삼성과 열하를 10개 성구로 나눌 때 연변지구는 간도성으로 개칭한 바 있다. 일제는 '동만'지방과 '간도'지방을 거의 같은 의미로 썼다.
6) 참고로 만주지방의 주요 성별 조선인 인구현황(1940년말 현재)은 다음과 같다.

	간도	봉천	길림	통화	목단강	안동	동안
조선인 인구수(명)	548,717	127,664	119,908	82,155	76,115	54,486	27,312
전체인구 중 조선인 비율(%)	74.3	1.3	2.2	9.7	17.1	2.5	8.1

자료: 滿洲國 通信社, 『滿洲國現勢』, 康德9년; 水野直樹, 「ユミンテルン第7回大會と在滿朝鮮人の抗日鬪爭-在滿韓人祖國光復會覺之書き」, 『歷史評論』, 1985년 7월호,

49쪽에서 재인용.

7) 『滿洲共産匪の硏究』(원본은 1937년발행)(東京: 極東硏究所 出版會, 1939), 133쪽.

8) 오늘날 장백현의 남단지역은 길림성 관할 장백 조선족 자치현으로 되어 있다.

9) 姜德相 編, 『現代史資料』 30(東京: みすず書房, 1976), 257~306쪽 참조. 특히 장백현에서의 募兵工作에 대해서는 같은 책, 281쪽 참조.

10) 이상의 내용 중 입대시기는 『항일 빨찌산 참가자들의 회상기』1(평양: 로동당 출판사, 1959)에서, 주요 경력은 『북한인명사전』(서울: 중앙일보사 부설 동서문제연구소, 1983)과 『朝鮮民主主義人民共和國組織別人名簿, 1988』(東京: 라디오프레스, 1988)에서 참조.

11) 필자가 활용할 일제 관헌자료는 『滿洲共産匪の硏究』; 滿洲國 軍事顧問部 編, 『國內治安對策の硏究』(東京: 極東硏究所 出版會, 1939); 朝鮮總督府 警務局, 『最近に於ける朝鮮治安狀況』(1933·38年 合本)(東京: 嚴南堂書店, 1960); 朝鮮總督府高等法院 檢査局 思想部, 『思想 彙報』 제1호~25호(1934. 12~1940. 12); 朝鮮總督府 警務局, 『共産主義運動に關する文獻集』(1936); 朝鮮總督府 咸興地方法院, 「惠山事件判決書」(1941. 8. 28); 『朝鮮統治史料』 第六卷(東京: 宗高書房, 1970), 543~841쪽 등의 기본자료와 각종 자료를 편집해 놓은 金正明 編, 『朝鮮獨立運動 V; 共産主義編』(東京: 原書房, 1967); 姜德相, 앞의 책 등이다.

12) 김남식, 「한국공산주의운동사연구를 위한 전제」, 『역사비평』 I(서울: 역사문제연구소, 1988), 308쪽.

13) 대표적인 초기 문헌으로는 한설야, 『영웅 김일성 장군』(서울: 신생사, 1947)이 있고, 중기의 문헌으로는 리나영, 『조선민족해방투쟁사』(평양: 조선로동당출판사, 1958); 임춘추, 『항일무장투쟁시기를 회상하여』(평양: 조선로동당출판사, 1960)가 있으며, 최근의 문헌으로는 김일성동지 략전편찬위원회, 『김일성동지략전』(평양: 조선로동당출판사, 1972); 『조선전사』 16~22(평양: 과학백과사전출판사, 1981)등이 있다.

14) 임춘추, 앞의 책, 64쪽.

15) 이정식·스칼라피노, 『한국공산주의운동사』 1(서울: 돌베개, 1986), 281쪽.

16) 임춘추, 앞의 책, 145~46쪽.

17) 『조선로동당력사교재』, 68쪽.

18) 백봉, 『민족의 태양, 김일성장군』(평양: 인문과학사, 1968), 194쪽.

19) 항일무장투쟁 시기의 동만에 관한 중국 문헌들로는 王魁喜, 常城, 李鴻文, 朱建畢, 『近代東北人民革命鬪爭史』(吉林人民出版社, 1984); 霍燎原 外, 『東北抗日聯軍 第二

軍』(黑龍江人民出版社, 1986); 徐首軍, 『東北抗日聯軍的斗爭』(黑龍江人民出版社, 1986); 『周保中文選』(云南人民出版社, 1985); 常城 外, 『現代東北史』(黑龍江敎育出版社, 1986); 姜念東 外, 『僞滿洲國史』(吉林人民出版社, 1980); 『東北抗日烈士傳』第1, 2, 3輯(黑龍江人民出版社, 1980). 이 책들 중 동북항일연군 제1로군 관계자들만 묶어서 일본에서 번역된 것이 『滿洲抗日烈士傳』第一卷, 成甲書房, 1983); 김창국, 『남만인민항일투쟁사』(연변인민출판사, 1986); 김동화 외, 『연변당사 사건과 인물』(연변인민출판사, 1988); 연변 조선족자치주 민정국 편, 『장백의 투사들-연변항일렬사전』(요녕인민출판사, 1985); 현룡순 외, 『조선족 백년사화』제2집 등이 있다.

20) 최근 중국 문헌들은 후기 형식으로 김일성과 조선인 공산주의자들의 항일무장투쟁에 대해서 언급하고 있다.

21) 이명영, 『재만한인공산주의운동사연구』(성균관대 출판부, 1975), 145~160쪽; 김준엽·김창순 공저, 『한국공산주의운동사』5(서울: 청계연구소, 1986), 66~70쪽.

22) 『思想彙報』(14호, 20호).

23) 김준엽·김창순, 앞의 책, 64~65쪽.

24) 같은 책, 65쪽. 조국광복회 10대 강령의 구체적인 내용은 이 논문 제4장 2절 ①항 참조.

25) 한설야 편, 『반일투사연설집』(평양: 8·15해방 1주년기념 중앙위원회, 1946), 1쪽; 사회과학원 력사연구소, 『조선전사』19(평양: 과학백과사전출판사, 1981), 100~01쪽 참조.

26) 이 책의 저자들은 1976년에 간행된 초판(고대 아세아문제연구소 간행, 60쪽)부터 1986년판에 이르기까지 이러한 왜곡사실을 바로잡지 않고 있다.

27) 김준엽·김창순, 앞의 책, 65쪽.

28) 이명영, 『김일성열전』(신문화사, 1974); 이명영, 『재만한인공산주의운동연구』.

29) 『중앙일보』, 1985년 4월 24일.

30) 이명영, 『김일성열전』, 203~93쪽; 이명영, 『재만한인공산주의운동연구』, 160~61쪽.

31) 이명영, 『김일성열전』, 229쪽; 이명영, 『재만한인공산주의운동연구』, 162쪽.

33) 이명영, 『김일성열전』, 300~23쪽; 이명영, 『재만한인공산주의운동연구』 166~90쪽.

34) 이명영, 『김일성열전』, 90~99쪽. 그러나 북한의 공식 간행물들은 시종일관 김일성의 출생지에 대해서는 이명영이 밝힌 내용을 이미 싣고 있었다(백봉, 앞의 책, 6쪽). 이명영은 김일성의 본명을 金聖柱라고 주장하는 반면 북한의 공식 간행물들은 金成柱라고 밝히고 있다. 그러나 이명영의 주장도 현재의 김일성이 항일유격대와 전혀 관계

가 없다는 것은 아니다. 이명영은 현재의 김일성이 동북항일연군의 중간간부였을 것으로 보고 있다.(『권력의 역사』, 성대 출판부, 1983, 318쪽)

35) 이명영, 『김일성열전』, 282쪽.
36) 이 사건으로 1937~38년의 두 차례에 걸쳐 739명의 조국광복회 관련자들이 검거되었다. 자세한 내용은『最近に於ける朝鮮治安狀況』, 1938년판, 404~39쪽 참조.
37) 위증민의 다른 이름. 위증민은 이밖에도 위명승, 위서경, 장달 등의 가명을 썼다(『장백의 투사들』, 22쪽).
38) 『思想彙報』 20호, 1939년 9월 8~9쪽; 姜德相 編, 앞의 책, 320쪽. 김준엽·김창순 등도 이 부분을 인용하면서 현재의 북한의 김일성과 여기 나오는 동북항일연군 제2로군 제2군 6사 사장 김일성과는 동일 인물임을 인정하고 있다(김준엽·김창순, 앞의 책, 61~62쪽). 이명영 교수는 최근 저작(『권력의 역사』, 250~56쪽)에서 그가 간과한 『사상휘보』 20호의 내용과 자신의 주장 사이의 모순을 극구 해명하고 있으나, 이는 논박할 가치조차 없는 이치에 닿지 않는 구차한 변명에 불과하다.
39) 『중앙일보』, 1985년 4월 24일.
40) 霍燎原 外, 앞의 책, 215~17쪽.
41) 김동화 외, 앞의 책, 218쪽(최현 언급), 207쪽(오백룡 언급), 247쪽(임춘추 언급).
42) 이민 여사와의 인터뷰는 『한겨레신문』, 1989년 3월 17일. 이상조의 증언은 『한국일보』, 1989년 6월 16일.
43) 和田春樹, 「金日成と滿洲の抗日武裝鬪爭」, 『思想』 1985년, 7월호, 56쪽. 와다 하루키는 "김일성이 자신을 신비화시키고, 일제가 현혹될 만큼 교묘하게 허위정보를 유포시켰다는 것은 김일성이 게릴라전 지도자로서 능력이 있다는 것"이라고 지적하고 있다(같은 글, 82쪽).
44) 『해방일보』, 1946년 4월 8, 9일.
45) 林隱, 『北朝鮮王朝成立祕史―金日成正傳』(東京: 自由史, 1982).
46) 『북한인명사전』; 『北朝鮮人名辭典』(東京: 世界政經調査會, 1986).
47) 林隱, 앞의 책, 185, 204쪽.
48) 같은 책, 185쪽.
49) 『북한인명사전』, 17쪽.
50) 和田春樹, 앞의 글, 56쪽.
51) 林隱, 앞의 책, 126쪽.
52) 조선공산당 만주총국의 해체선언은 재만 공산주의자들이 개인 자격으로 중국 공산당

에 입당할 것을 제기하고 있다(「朝鮮共産黨滿洲總國の解體宣言」(1930. 3. 20), 金正明 編, 앞의 책, 748~50쪽).
53) 5·30폭동의 전개과정은 현룡순 외, 앞의 책, 65~73쪽 참조.
54) 같은 책, 65쪽.
55) 佐佐木太郎, 「抗日民族統一戰線運動の考察―1930年代滿洲を中心として」上, 月刊 『アジア·アフリカ研究』, 1984년 7월호, 45쪽.
56) 같은 글, 45쪽.
57) 구호는 霍燎原 外, 앞의 책, 20쪽. 평가는 和田春樹, 앞의 글, 58쪽 참조.
58) 霍燎原 外, 앞의 책, 33쪽.
59) 김동화 외, 앞의 책, 80쪽.
60) 『정치사전』(평양: 사회과학출판사, 1973), 383쪽.
61) 백봉, 앞의 책, 94쪽.
62) 5·30폭동 전야인 1930년 5월 27일에 화룡현 약수동에서 동북에서 최초로 '소비에트 정부 수립대회'를 가진 바 있다(『현룡순 외, 앞의 책, 67~68쪽).
63) 유격대조직의 전체적인 상황은 霍燎原 外, 앞의 책, 34~43쪽; 김동화 외, 앞의 책, 100~03쪽; 현룡순 외, 앞의 책, 213~18쪽 참조.
64) 최현은 8년 형기를 마치고 연길감옥에서 나와 1932년 8월에 연길현의 유격대에 참가한다(최현, 「연길감옥에서의 공작」, 『항일 빨찌산 참가자들의 회상기』 7, 101~19쪽).
65) 안도유격대는 1932년 4월 25일 김일성이 이영배·김철희 등과 함께 안도현에서 조직했다. 지금까지 이 사실은 북한측 자료들에서만 주장되어왔다(임춘추, 『항일무장투쟁시기를 회상하여』, 23쪽; 백봉, 『민족의 태양 김일성장군』, 100쪽; 『조선로동당략사』, 61쪽). 그러나 최근 중국에서 발행된 자료집에서도 이 사실이 확인되고 있다(『中國共産黨組織史資料滙―領導機構沿革和成員名錄』, 紅旗出版社, 1981, 187쪽; 和田春樹, 앞의 글, 61, 63쪽에서 재인용). 그러나 이 자료를 최초로 인용한 와다 하루키는 최근 뚜렷한 자료제시 없이 견해를 약간 바꾸어 1931년에 중국공산당에 입당한 김일성은 구국군 우사령(于司令)부대의 별동부대로서 그의 최초의 부대를 조직했으며 이 부대가 이동하여 왕청유격대에 합류한 것으로 보고 있다(『사회와 사상』, 서울: 한길사, 1988년 11월호, 164쪽). 중국 문헌인 徐首軍의 앞의 책, 32쪽에는 안도반일유격대가―1932년 4월 건립되었으며 대장에는 이영배, 정위는 공란으로 처리되어 있다. 이를 보아 안도유격대 성립시 김일성은 정위였던 것으로 추측된다.
66) 임춘추, 앞의 책, 25~26쪽, 백봉의 경우 김일성이 조선독립군 양세봉과 제휴하기 위

해 1932년 6월 초에 대원들을 인솔하고 통화로 떠났다가 교섭이 결렬되면서 1933년 1월 갖은 난관을 뚫고 요영구로 들어가 그 곳에서 활동하던 유격대까지 인입했다고 기술하고 있다. 주12)에서 제시한 중국 문헌들을 종합해보면 동만 4개 현 유격대대의 대대장과 정치위원 중 왕청유격대 정치위원만 이름이 나오지 않거나 ×××로 표시되어 있다.(단 『現代東北史』에는 金根植으로 기술되어 있다(198쪽). 그러나 이러한 기술은 잘못된 것이다. 金根植은 金殷植의 착오로서 그는 왕청유격대의 핵심 간부였으나 왕청유격대대가 건립되기 직전인 1933년 11월 6일 반혁명분자에게 살해당했다.(『연변당사 사건과 인물』, 403~04쪽). 『항일 빨찌산 참가자들의 회상기』1에는 김일성이 1933년 초부터 왕청유격대 정치위원이었음을 시사하는 회상기가 실려 있다 (고현숙,「오직 그이의 가르침대로─최춘국 동지를 회상하며」, 앞의 책, 292~309쪽).

67)『滿洲抗日烈士傳』, 91쪽. 나등현은 북방회의 종료 후 해임되었다.

68)『滿洲共産匪の硏究』, 87쪽.

69) 佐佐木太郎, 앞의 글, 51쪽.

70) 1월서한의 전문은 金正明 編, 앞의 책, 837~52쪽에 수록되어 있음.

71) 김동화 외, 앞의 책, 140쪽;『滿洲共産匪の硏究』, 86~87쪽. 북한에서는 1933년 봄 김일성이 왕청회의를 통해 지금까지의 소비에트 정권 수립의 좌경적 편향을 비판하면서 인민혁명정부를 세울 것을 제시했다고 한다(『정치사전』, 1388~89쪽).

72)『滿洲共産匪の硏究』, 86쪽.

73) 김동화 외, 앞의 책, 139~40쪽.

74) 유격근거지에서의 민주개혁에 대해서는 뒤에서 자세히 다루도록 하겠다.

75) 김현식,「항일무장투쟁시기 유격근거지-해방지구의 창설과 그 수호를 위한 방침」,『력사과학』, 1967년 4월호, 117쪽. 유격근거지의 숫자와 근거지내 인구수는 중국 문헌들과 약간 차이가 있다.『장백의 투사들』의 경우 12개의 유격근거지에 약 2만의 인구를 포용하고 있다고 기술하고 있다(88쪽).

76)『장백의 투사들』, 199~200쪽; 백봉, 앞의 책, 114~17쪽.

77) 한설야,『영웅 김일성장군』, 13~14쪽; 백봉, 앞의 책, 114~19쪽. 중곡 문헌을 보면 『장백의 투사들』에는 "저격을 책임진 왕청유격대 한 개 중대가 달려드는 적들을 용감하게 막아내고 중상당한 사충항도 구해냈다"(200쪽)고 되어 있으며,『연변당사 사건과 인물』에는 구체적으로 왕청유격대의 3중대장 황해룡이 부상당한 사충항을 업고 탄우를 무릅쓰고 철퇴한 것으로 기록되어 있다(143~45쪽). 이러한 정황으로 보아 북한의 문헌들이 말하고 있는 김일성부대의 사충항 구출 주장도 타당성이 있어 보인다.

그 후 사충항은 항일유격대와 깊은 연관을 맺고 활동하다가 동북항일연군 제2군 제2사 사장이 된다(『장백의 투사들』, 231~44쪽).

78) 『滿洲抗日烈士傳』, 123쪽. 북한에서는 일본군의 공격 일자를 4월로 보고 있으며 적 살상을 400여 명으로 보고 있다(『조선로동당략사』, 89쪽).

79) 『滿洲抗日烈士傳』, 125쪽.

80) 霍燎原 外, 앞의 책, 74쪽; 김동화 외, 앞의 책, 150~52쪽.

81) 위와 같음.

82) 위와 같음. 『滿洲共産匪の硏究』, 166쪽.

83) 霍燎原 外, 앞의 책, 74~75쪽; 김동화 외, 앞의 책, 151쪽.

84) 『滿洲共産匪の硏究』, 166쪽.

85) 같은 책, 167~68쪽.

86) 같은 책, 166~68쪽.

87) 김동화 외, 앞의 책, 411~12쪽.

88) 『滿洲共産匪の硏究』, 167쪽.

89) 같은 책, 166~67쪽.

90) 霍燎原 外, 앞의 책, 95쪽.

91) 金正明 編, 앞의 책, 847쪽.

92) 佐佐木太郎, 앞의 글, 53~54쪽.

93) 『滿洲共産匪の硏究』, 113쪽; 현룡순 외, 앞의 책, 417~18쪽.

84) 『滿洲共産匪の硏究』, 114쪽; 현룡순 외, 앞의 책, 418~19쪽.

95) 현룡순 외, 앞의 책, 419쪽.

96) 같은 책, 419쪽; 『滿洲共産匪の硏究』, 114쪽.

97) 『滿洲共産匪の硏究』, 114쪽.

98) 이 내용은 『國內治安對策の硏究』, 150~51쪽에서 발췌한 것임.

99) 같은 책, 149쪽 오지공작(奧地工作)이란 비교적 인가에서 떨어진 오지 및 산간벽지에서의 공비소탕작전을 말한다(같은 책, 149쪽).

100) 『滿洲共産匪の硏究』, 114쪽; 현룡순 외, 앞의 책, 423~24쪽을 종합정리한 것임. 『滿洲共産匪の硏究』에서는 주진과 이상묵이 동지들에게 살해될 것이 두려워 탈주했다고 기술되어 있다(114쪽). 이상묵의 탈주는 그가 1935년 4월 1일부로 '경애하는 훈춘현 선인당원제군!'이라는 중공당 배격에 관한 인쇄물을 뿌림으로써 확인되고 있다(같은 책, 121쪽).

101) 『滿洲共産匪の硏究』, 113쪽.
102) 김경석, 「혁명의 위기를 한몸으로 막으시어」, 『항일 빨치산 참가자들의 회상기』 1, 390쪽.
103) 현룡순 외, 앞의 책, 425쪽.
104) 같은 책, 426쪽. 일제 관헌자료는 숙청당한 조선인 당원들이 400명에 달한다고 기록하고 있다(『滿洲共産匪の硏究』, 115쪽).
105) 霍燎原 外, 앞의 책, 85쪽.
106) 『장백의 투사들』, 201~02쪽.
107) 현룡순 외, 앞의 책, 424쪽. 『滿洲共産匪の硏究』에는 송일이 죽으면서 "과연 민생단이란 현실에 존재하지 않는 허깨비였구나!"라고 탄식했다고 씌어 있다(115쪽).
108) 『滿洲共産匪の硏究』, 117쪽.
109) 霍燎原 외, 앞의 책. 83~84쪽.
110) 같은 책, 84쪽.
111) 같은 책, 88쪽; 『滿洲共産匪の硏究』, 115~16, 238~40쪽.
112) 임춘추, 앞의 책, 99~100쪽. 이 회의에서 김일성은 만일 조선혁명가들의 80~90퍼센트가 민생단이거나 그 연루자라면 무장투쟁을 비롯한 전반적인 혁명운동은 벌써 파탄되고 유격근거지도 없어졌을 것이라고 논박했다고 한다.
113) 같은 책, 99~100쪽; 현룡순 외, 앞의 책, 431~32쪽.
114) 「中共東滿黨團特委聯席大會의 決議」, 이명영, 『재만한인공산주의운동사연구』, 자료 14, 322~28쪽.
115) 백학림, 「그이는 우리를 이렇게 믿어주시었다」, 『항일 빨찌산 참가자들의 회상기』 1, 509~11쪽; 백봉, 앞의 책, 247쪽.
116) 霍燎原 外, 앞의 책, 89쪽; 김동화 외, 앞의 책, 164쪽.
117) 日本 內務省 警保國 編, 『外事警察報』 제156호(1935년 7월), 43~51쪽; 이명영, 『재만한인공산주의운동연구』, 113쪽에서 재인용.
118) 1940년 7월 26일 재훈춘 일본영사의 보고는 항일연군 제1로군 2방면군장 김일성 '맹렬한 민족적 공산주의 사상을 품은 자'로 파악하고 있다(姜德相 編, 앞의 책, 449쪽).
119) 霍燎原 外, 앞의 책, 67, 70, 79쪽.
120) 간도에서의 집단부락은 조선총독부의 주관으로 1933년에 8개소 855호, 1934년에 25개소 3,600여 호, 1935년에는 28개소 3,000여 호가 건설되었다(박경식, 『일본제국

주의의 조선지배』, 청아, 1986, 539~40쪽). 1936년 4월까지 간도성에는 모두 101개의 집단부락이 들어섰다(『國內治安對策の硏究』, 28쪽).

121) 『滿洲共産匪の硏究』, 102쪽.

122) 『장백의 투사들』, 31쪽; 霍燎原 外, 앞의 책, 91쪽.

123) 임춘추, 앞의 책, 110~12쪽.

124) 『조선로동당략사』, 104~207쪽 ;『장백의 투사들』, 31~32쪽;『滿洲抗日烈士傳』, 152~53쪽. 그러나 『東北抗日聯軍 第二軍』은 요영구회의 이후에도 여전히 반민생단 투쟁의 오류가 있었음을 지적하고 있다(92쪽).

125) 임춘추, 앞의 책, 108~10쪽.

126) 『조선전사』 18, 240~94쪽.

127) 『장백의 투사들』, 31~232쪽.

128) 임춘추, 앞의 책, 105~07쪽.

129) 『滿洲共産匪の硏究』, 168쪽;『장백의 투사들』, 58~61쪽; 김동화 외, 앞의 책, 120~21쪽;『항일 빨찌산 참가자들의 회상기』 1, 357~65, 454~59쪽 참조.

130) 『思想彙報』 15호(1938년 7월), 202~03쪽; 박성철, 「총검의 숲을 헤치고 국내에로」, 『항일 빨찌산 참가자들의 회상기』, 428~37쪽.『사상휘보』에는 당시 3개 조 26명이 국내에 잠입한 것으로 기록되어 있다. 1935년에 조선에 진출한 동북인민혁명군의 인원과 진출장소에 대해서는 『思想彙報』 14호(1938년 3월), 71~74쪽 참조.

131) 霍燎原 外, 앞의 책, 103~06쪽; 임춘추, 앞의 책, 116~19쪽.

132) 『滿洲共産匪の硏究』, 174~75쪽.

133) 霍燎原 外, 앞의 책, 106, 109쪽.

134) 金正明 編, 앞의 책, 906~07쪽;『滿洲共産匪の硏究』, 88~89쪽.

135) 佐佐木太郎, 앞의 글, 下, 62쪽.

136) 東京歷史科學硏究會 アジア史部會報告者集團, 「1930年代東アジアにおける統一戰線の形成」, 『歷史評論』, 1971년 12월 호, 72쪽.

137) 「抗日救國に關し全國同胞に告ぐる書」, 『滿洲共産匪の硏究』, 附錄, 32~33쪽 참조.

138) 水野直樹, 앞의 글, 53쪽.

139) 이 논문은 『共産主義に關する文獻集』, 625~41쪽; 金正明 編, 앞의 책. 884~94쪽에 수록되어 있다. 金正明의 책에는 이 논문의 발표일자가 1934년 12월 1일로 기재되어 있는데 이는 착오이다. 이와 동일한 착오는 이명영, 『재만한인공산주의운동연구』, 319쪽에도 있다.

140) 水野直樹, 앞의 글, 53쪽.

141) 『共産主義に關する文獻集』, 638~40쪽; 金正明 編, 앞의 책. 893~94쪽.

142) 위증민과 조선인 공산주의자들과의 관계는 남다른 데가 있었던 것 같다. 『조선족백년사화』제2집에 의하면 "(1942년 7월) 강위룡(강위룡은 김일성부대원이었다)이 30명의 대원을 이끌고 위증민이 이미 죽은 줄도 모르고 그를 연해주고 호송하기 위해 연해주로부터 연변으로 나왔다"(568~69쪽)고 할 정도로 그는 조선인들과 가까웠던 것으로 보인다.

143) 김동화 외, 앞의 책, 179~81쪽. 『滿洲抗日烈士傳』의 경우 소련에서 돌아온 위중민이 1936년 2월 남호두회의에서 코민테른대회에서의 반파쇼인민전선의 결성에 관한 결의를 전달했다고만 간단히 언급하고 있다(156쪽). 이와 비슷한 논조로는 『近代東北人民革命鬪爭史』, 132쪽이 있다.

144) 楊松, 「論東北抗日遊擊運動的經驗和敎訓」, 1938년 5월 1일, 『解放』제38기, 15~22쪽; 『中國共産黨史資料集』9(일역)(東京: 勁草書房, 1974), 167쪽.

145) 水野直樹, 앞의 글, 54쪽.

146) 『滿洲抗日烈士傳』, 156쪽; 『장백의 투사들』, 33쪽; 임춘추, 앞의 책, 131쪽.

147) 임춘추, 앞의 책, 131쪽.

148) 이 회의에서 반민생단투쟁에 대한 코민테른의 입장 전달이 있었음을 보여주는 중국 문헌으로는 『연변당사 사건과 인물』, 180, 181쪽이 있다.

149) 임춘추, 앞의 책, 131쪽. 霍燎原 外, 앞의 책.

150) 『現代東北史』, 258~59쪽.

151) 임춘추, 앞의 책, 145~46쪽.

152) 『現代東北史』, 259쪽.

153) 부대편성 내용은 霍燎原 外, 앞의 책, 119~120쪽; 김동화 외, 앞의 책, 182~84쪽.

154) 임춘추, 앞의 책, 139쪽. 『東北抗日聯軍 第二軍』은 1936년 5월 제2군군장 왕덕태가 제2군 1·3사의 다음 단계 행동계획에 대해서 토의하기 위해 동강으로 와서 회의를 소집했음을 밝히고 있다(123쪽).

155) 이상준은 당시 남만특위의 서기로 활동하고 있었던 이동광(1904년생)의 본명이다 (『滿洲抗日烈士傳』, 223~29쪽).

156) 姜德相 編, 앞의 책, 265~66쪽; 『思想彙報』14호, 64쪽.

157) 리나영, 앞의 책과 『조선로동당력사교재』『조선로동당략사』 등에는 발기인에 대한 언급이 없다.

158) 백봉, 앞의 책, 204쪽.

159) 임춘추, 앞의 책, 139쪽.

160) 『思想彙報』 14호, 69쪽.

161) 김동화 외, 앞의 책, 180쪽.

162) 같은 책, 186쪽; 霍燎原 외, 앞의 책, 128쪽.

163) 姜德相 編, 앞의 책, 256쪽; 『思想彙報』 14호, 54쪽.

164) 『장백의 투사들』, 220쪽.

165) 姜德相 編, 앞의 책, 265쪽; 『思想彙報』 14호, 54쪽.

166) 『滿洲抗日烈士傳』, 158쪽.

167) 『장백의 투사들』, 220쪽.

168) 『思想情勢視察報告集』(1940년 4월판), 51쪽.

169) 『思想彙報』 25호, 66쪽.

170) Anna Louise Strong, *In North Korea* (New York: Soviet Russia Today, 1949), 22쪽.

171) 霍燎原 外, 앞의 책, 128쪽; 『近代東北人民革命鬪爭史』, 133쪽.

172) 霍燎原 外, 앞의 책, 129쪽; 『조선로동당략사』, 126쪽.

173) 밀영이란 산악지대에 설치되었던 비밀병영을 말한다. 밀영은 적의 침공에 대처할 수 있는 자연지리적 조건, 부대들의 군정훈련의 유리성과 혁명조직들과의 연계 및 후방공급의 유리성을 계산하여 가장 적당한 데 설치한다고 한다. 『정치사전』, 437~38쪽.

174) 이 내용은 김창국, 『남만인민항일투쟁사』(연변인민출판사, 1986), 176~77쪽.

175) 「惠山事件判決書」(1940년 8월 28일 함흥지방법원), 姜德相 編, 앞의 책, 267~83쪽.

176) 『最近に於ける朝鮮治安狀況』(1938년 판), 410쪽. 자세한 조직망 구축은 「惠山事件判決書」를 보라.

177) 김준엽·김창순, 앞의 책, 69쪽.

178) 이정식·스칼라피노, 앞의 책, 1, 293쪽.

179) 『조선로동당략사』, 129~30쪽.

180) 자세한 내용은 「惠山事件判決書」; 『朝鮮統治史料』 第六卷, 652~61쪽; 『最近に於ける朝鮮治安狀況』, 1938년 판, 415, 426쪽을 보라. 『思想彙報』 20호에는 이 전투에 참가한 6사 병력이 약 100여 명이라고 기재되어 있다(10쪽).

181) 한설야, 앞의 책, 42~43쪽. 일제 관헌자료에도 1937년 5월 중순 최현부대가 무산방면으로 진출했음을 기록하고 있다(姜德相 編, 앞의 책, 292~93쪽).

182) 일제는 이 전투에서 전사 7명, 부상 12명의 손실을 입었다고 한다(『最近に於ける朝鮮治安狀況』1938년 판, 415~16쪽).
183) 『조선로동당략사』, 128쪽. 연설내용은 『김일성저작집』 1, 143~47쪽 참조.
184) 「惠山事件判決書」, 661쪽; 한설야, 앞의 책, 44쪽.
185) 임춘추, 앞의 책, 177~82쪽; 『장백의 투사들』, 295, 317쪽. 그런데 일제 관헌기록에는 함흥 74연대 김소좌가 이끄는 장병 110명과 항일연군 400여 명이 조우했다고 나와 있다(姜德相 編, 앞의 책 306쪽).
186) 백봉, 앞의 책, 266~67쪽; 『장백의 투사들』, 295~96쪽.
187) 霍燎原 외, 앞의 책, 146쪽; 김동화 외, 앞의 책, 199~200쪽.
188) 임춘추, 앞의 책, 177~82쪽; 和田春樹, 앞의 글, 78쪽.
189) 이기동, 「일본제국군의 한국인 장교들」, 『신동아』, 1984년 8월호, 468쪽.
190) 같은 글, 469쪽.
191) 霍燎原 外, 앞의 책 153~54쪽.
192) 같은 책, 154~59쪽.
193) 같은 책, 160~61쪽.
194) 임춘추, 앞의 책, 209쪽.
195) 霍燎原 外, 앞의 책 167쪽; 김동화 외, 앞의 책, 205쪽.
196) 霍燎原 外, 앞의 책 170~71쪽.
197) 같은 책, 171쪽; 김동화 외, 앞의 책, 205쪽.
198) 위와 같음.
199) 霍燎原 外, 앞의 책 171~72, 174~75, 184쪽.
200) 『정치사전』, 216~17쪽.
201) 霍燎原 外, 앞의 책 174~75쪽.
202) 『滿洲抗日烈士傳』, 141쪽.
203) 이와 비슷한 내용은 임춘추, 앞의 책, 227쪽; 한설야, 앞의 책, 55쪽에 나와 있다.
204) 백봉, 앞의 책, 287~88쪽; 『조선로동당략사』, 152쪽.
205) 백봉, 앞의 책, 293쪽; 『장백의 투사들』, 331쪽.
206) 박경식, 앞의 책, 545쪽.
207) 霍燎原 外, 앞의 책, 176쪽; 『現代東北史』, 316쪽; 『조선로동당략사』, 156~57쪽.
208) 『김일성저작집』 1, 185~95쪽.
209) 오늘날 북한에서 혁명사적지로 보존하고 있는 청봉·베개봉 숙영지와 삼지연은 바

로 무산지구전투 때 제2방면군이 거쳐갔던 지역이다. 이곳을 관찰한 기행문으로는 『사회와 사상』, 1988년 10월호에 실린 최익환의 글이 있다.

210) 백봉, 앞의 책, 314~17쪽; 『조선로동당략사』, 157~58쪽; 『現代東北史』, 316쪽.
211) 박경식, 앞의 책, 545쪽; 霍燎原 外, 앞의 책, 187쪽.
212) 『滿洲國史』各論, 滿蒙同胞授護會, 1971, 321~22쪽; 和田春樹, 앞의 글, 續, 『思想』, 1985년 9월, 51쪽에서 재인용.
213) 霍燎原 外, 앞의 책, 189쪽; 『周保中文選』, 215쪽.
214) 和田春樹, 앞의 글, 51쪽.
215) 『現代東北史』, 319쪽.
216) 霍燎原 外, 앞의 책, 186~90쪽.
217) 양정우의 전사기록은 『滿洲抗日烈士傳』, 57쪽, 조아범의 전사기록은 『장백의 투사들』, 322~23쪽에 있다.
218) 전투에 대한 상보는 姜德相 編, 앞의 책, 417~18, 420~23쪽; 김창국, 앞의 책, 224~25쪽을 보라.
219) 姜德相 編, 앞의 책, 422쪽.
220) 이와 비슷한 평가는 『近代東北人民革命鬪爭史』, 151쪽에도 있다.
221) 姜德相 編, 앞의 책, 462쪽.
222) 霍燎原 外, 앞의 책, 204쪽.
223) 김동화 외, 앞의 책, 438쪽.
224) 霍燎原 外, 앞의 책, 205쪽.
225) 같은 책, 200쪽; 『조선로동당략사』, 164쪽. 소할바령회의를 유추할 수 있는 일제 관련기록은 姜德相 編, 앞의 책, 665쪽.
226) 이 연설의 내용은 『김일성저작집』 I, 209~22쪽에 나와 있다.
227) 『조선로동당략사』, 164~66쪽.
228) 霍燎原 外, 앞의 책, 196쪽; 김동화 외, 앞의 책, 228~29쪽.
229) 霍燎原 外, 앞의 책, 197쪽; 김동화 외, 앞의 책, 229~31쪽.
230) 『조선로동당략사』, 167쪽.
231) 霍燎原 外, 앞의 책, 200쪽.
232) 姜德相 編, 앞의 책, 451쪽.
233) 같은 책, 456~71쪽. 김일성이 1940년 후반에 소련으로 갔다가 이듬해 다시 만주로 돌아온 것으로 판단한 정보 보고가 같은 책, 694쪽에 있다.

234) 霍燎原 外, 앞의 책, 200쪽.

235) 같은 책, 210쪽.

236) 위와 같음.

237) 霍燎原 外, 앞의 책, 755쪽. 이와 비슷한 내용의 중국 문헌으로는 『現代東北史』 378쪽이 있다.

238) 임춘추, 앞의 책, 288쪽.

239) 같은 책, 289~301쪽; 和田春樹, 앞의 글, 63쪽. 김일성부대의 조선 및 일본에 대한 정찰소조 파견에 관한 일본 내무성 경보국장 보고는 姜德相 編, 앞의 책, 763쪽에 나와 있다.

240) 姜德相 編, 앞의 책, 763~64; 임춘추, 앞의 책, 291~296쪽; 『조선로동당략사』, 173~74쪽 참조.

241) 「만산토벌」, 현룡순 외, 앞의 책, 567~76쪽 참조.

242) 『항일 빨찌산 참가자들의 회상기』 중 조선 국내공작과 관련된 글은 김자린, 「삼엄한 경계망을 뚫고」(회상기 5); 한천추, 「어느 때 어디서나 투쟁을 멈출 수 없다」(회상기 6); 김동규, 「두만강의 얼음장을 헤치고」(회상기 7) 등이 있다.

243) 霍燎原 외, 앞의 책, 229쪽; 김동화 외, 앞의 책, 233쪽.

244) 김동화 외, 앞의 책, 233~34쪽; 徐首軍, 앞의 책, 109쪽.

245) 『周保中文選』 127쪽; 김동화 외, 앞의 책, 233쪽; 徐首軍, 앞의 책, 133쪽; 『現代東北史』, 383쪽. 『연변당사 사건과 인물』은 4개 교도영 이외에 후에 두 개의 '련'이 있었다고 보고 있다.

246) 『周保中文選』, 127쪽.(여기에는 김일성의 이름이 직접 거명되어 있다.)

247) 같은 책, 54, 127쪽.

248) 和田春樹, 65~66쪽.

249) 『사회와 사상』, 1988년 11월호, 164쪽(와다 하루키가 쓴 필자의 말); 『동아일보』, 1989년 1월 1일. 와다 하루키의 기고문.

250) 森田芳夫, 『朝鮮戰爭の記錄』(東京: 嚴南堂書店, 1964), 30~34쪽.

251) 같은 책, 35쪽.

252) 같은 책, 36쪽.

253) 같은 책, 40~43쪽.

254) 『조선로동당략사』, 181~87쪽.

255) 『조선전사』 22, 115~18쪽.

256) 임춘추, 앞의 책, 305쪽.

257) 和田春樹, 앞의 글, 67쪽.

258) 오백룡,「조국해방을 위한 성전에 참가하여」,『항일 빨찌산 참가자들의 회상기』, 4, 150~53쪽.

259) 森田芳夫, 앞의 책, 29쪽.『조선전사』22에는 '소련군과 함께'라는 문구가 빠진 채 이 문장이 인용되어 있다(115~17쪽).

260) 조선인 강제이주에 대해서는 木村英亮,「ソ聯極東地方 1937年―朝鮮人强制移住と日本」,『歷史評論』, 1987년 7월호, 18~29쪽 참조.

261) 김동화 외, 앞의 책, 246~47쪽.

262) 서대숙은 김일성과 그의 동료들의 귀국일자를 9월 19일로 보고 있다(서대숙,『북한의 지도자 김일성』, 서울: 청계연구소, 1989, 63쪽).

263)『조선의 해방』, 1976년 소련과학아카데미 발간, 통일원번역판, 271쪽.

264) 이 내용은 김현식, 앞의 글, 18쪽;『조선전사』21, 149~52쪽; 東京 歷史科學研究所 アジア史部會報告者集團, 앞의 글, 73~75쪽의 내용을 필자가 정리한 것임.

265) 霍燎原 外, 앞의 책, 46쪽.

266) 1933년 말 당시 간도성 4현의 인구추정은 표1과 주6)의 통계를 비교한 결과임.

267) 1934년 왕청현의 유격근거지에서 조선 국내(함북 온성)로 정치공작원을 파견했음을 보여주는 일제 관헌자료 기록으로는『思想彙報』6호(1936년 3월), 18~19쪽 참조.

268) 이상의 내용은『滿洲共産匪の硏究』, 88~89쪽.

269) 같은 책, 89쪽.

270) 霍燎原 外, 앞의 책, 49~54쪽.

271)『滿洲共産匪の硏究』, 82쪽.

272) 같은 책, 91쪽.

273)『항일 빨치산 참가자들의 회상기』1~12,『북한인명사전』『北朝鮮人名辭典』및 기타 북한 관계자료들을 참고로 하여 만든 것임.

274) 이와 비슷한 견해로는 大內憲昭,「朝鮮の人民政權と憲法―その歷史的考察」1, 月刊『アジア・アフリカ硏究』, 1983년 7월호, 7쪽 참조.

275) 현재 서로 다른 조국광복회 10대 강령을 싣고 있는 일제 관헌자료는「조선총독부 함경남도 경찰부관계 편집자료」(姜德相 編, 앞의 책, 265~66쪽)와『思想彙報』14호, 64쪽(姜德相 編, 앞의 책, 316쪽에도 재수록되어 있다)이다. 이 둘은 내용상 큰 차이는 없다. 굳이 따지자면 필자는 전자가 진본에 가깝다고 생각한다.

276) 姜德相 編, 앞의 책, 265~66쪽.
277) 김준엽·김창순, 앞의 책, 64쪽. 이들이 인용하고 있는 金正明 編, 앞의 책, 934쪽에 나오는 내용이 위의 강령과 기본적으로 같은 것이다.
278) 사회과학원, 『조국광복회 10대강령에 대하여』(평양: 사회과학출판사, 1973), 11~12쪽; 『조선전사』19, 100~01쪽; 『김일성저작집』1, 127~28쪽.
279) 위와 같음.
280) 이러한 주장의 대표적인 예는 이명영, 『재만한인공산주의운동연구』, 133~38, 199~201쪽이다.
281) 『思想彙報』14호, 64쪽. 이 강령(초안)의 번역 수록은 이명영, 『재만한인공산주의운동연구』, 136~37쪽에 있다.
282) 『思想彙報』14호, 64쪽.
283) 같은 책, 65쪽.
284) 같은 책, 60~64쪽.
285) 『思想彙報』20호, 9쪽.
286) 『思想彙報』14호, 69쪽.
287) 서대숙, 『한국공산주의운동사연구』(서울: 화다, 1985), 246~47쪽.
288) 『조국광복회 10대강령에 대하여』, 12~13쪽.
289) 『最近に於ける朝鮮治安狀況』, 1938년, 407~09, 420~22쪽; 『思想彙報』20호, 7~13쪽.
290) 다음의 설명은 『思想彙報』14호, 65~66쪽.
291) 여기서 표 17, 18의 조직상황은 전적으로 다음과 같은 일제 관헌자료에 의존해서 재구성한 것이다. 『最近に於ける朝鮮治安狀況』(1938), 404~29쪽; 『思想彙報』14, 20호; 조선총독부 함남경찰부 관계자료를 편집해놓은 姜德相 編, 앞의 책, 257~306쪽; 「惠山事件判決書」, 543~841쪽. 필자의 견해로는 조국광복회의 조직주체였던 북한지도집단의 주장(이는 북한 문헌에 반영되어 있다)을 참고로 하는 것이 당연하다고 생각되나 북한 문헌에 대한 국내 연구계의 불신을 참작하여 북한의 주장은 완전히 배제시켰다. 따라서 이 조직상황표는 일제가 피검자들의 진술을 통해서 밝혀낸 정보를 정리한 것이기 때문에 본래의 조직상황보다 훨씬 축소된 조직상황을 보여주는 것이라고 보아야 한다.
292) 「惠山事件判決書」, 580~81쪽.
293) 姜德相 編, 앞의 책, 295쪽.

294) 같은 책, 295~96쪽.
295) 같은 책, 296쪽.
296) 같은 책, 296쪽;『最近に於ける朝鮮治安狀況』, 411~12쪽.
297)『滿洲共産匪の硏究』, 407~28쪽;『조선족백년사화』제1집, 320~21쪽.
298)『滿洲共産匪の硏究』, 460쪽;『조선족백년사화』제1집, 326~31쪽.
299)『滿洲共産匪の硏究』, 414~16쪽.『조선족백년사화』제1집에는 항일동맹군으로 나와 있다(331~32쪽).
300)『조선족백년사화』제1집, 331~32쪽.
301) 같은 책, 332쪽.
302)『最近に於ける朝鮮治安狀況』, 216~17쪽.
303)『조선족백년사화』제1집, 332쪽.
304) 임춘추, 앞의 책, 220~21쪽.
305)『조선로동당략사』, 134쪽.
306) 김명준,「광명의 길을 찾아서」,『항일 빨찌산 참가자들의 회상기』3, 97~109쪽.
307)「惠山事件判決書」, 604~17쪽.
308) 임춘추, 앞의 책, 142쪽.
309) 같은 책, 142~44쪽.
310) 鎌田澤一郎,『朝鮮新話』(東京: 創元社, 1950), 384쪽.
311) 서대숙,『한국공산주의운동연구』, 266쪽.
312) 브루스 커밍스,『한국전쟁의 기원』(서울: 일월서각, 1986), 70~71쪽; 和田春樹, 앞의 글, 78쪽.
313) 和田春樹, 앞의 글, 78쪽에서 재인용.
314) 브루스 커밍스, 앞의 책. 70쪽.
315)『滿洲抗日烈士傳』, 79쪽.
316) 森田芳夫, 앞의 책, 194쪽; 和田春樹,「소련의 대북한정책, 1945~1946」,『분단 전후의 현대사』(서울: 일월서각, 1983), 271쪽. 오영진,『소군정하의 북한-또 하나의 증언』(서울: 중앙문화사, 1952, 통일원 재발행, 1983)에는 '김일성장군 환영 대회'로 나와 있다(90쪽).
317) 和田春樹,「소련의 대북한정책, 1945~1946」, 271쪽.
318) 오영진, 앞의 책, 90~91쪽.
319) 해방 직후 북한에서 자율적인 인민정권의 수립이 가능했던 이유를 밝혀놓은 글로

는 다음의 글이 주목을 끈다. "이 모든 우익적 요소의 남으로의 도피로 말미암아 북한의 정치는 놀라운 정도로 단순해졌다. 러시아인들은 좌익 정부가 필요하다고 생각했지만 좌익 정부를 세울 필요가 없었다. 그들은 단지 수천 명의 정치범들을 풀어주고 그들에게 '여러분, 집으로 돌아가시오, 그리고 자유롭게(정부를) 조직하시오'라고 말하기만 하면 되었다. 일제 지배하에서 모든 친일파가 도망가버리자 과거의 죄수들은 그들의 고향에서 정당함이 입증된 영웅이 되었다. 그들 모두는 수많은 공산주의자들을 포함한 다양한 종류의 급진주의자들이 었다. …… 북한은 자연스럽게 좌익으로 크게 기울었고, 러시아인들은 '한국 인민의 선택'을 받아들이기만 하면 되었다"(Anna Louise Strong, 앞의 책, 14쪽). 해방 직후 자율적인 인민정권의 성립을 다룬 또 다른 책으로는 브루스 커밍스, 앞의 책, 485~91쪽이 있고, 북한내 소련의 진주와 각 시도 인민위원회 성립과정을 자세히 기록해놓은 책으로는 森田芳夫, 앞의 책 158~94쪽이 있다.

320) 김일성, 「새조국건설과 민족통일전선에 대하여」, 김준엽 외 공편, 『북한연구자료집』 제1집(서울: 고려대 아세아문제연구소, 1969), 22쪽.

321) 『옳은 노선』에는 이 대회의 명칭이 '5도당원 및 열성자연합대회'로 되어 있다(『옳은 노선』, 東京: 民衆新聞社, 1946, 30~57쪽).

322) 이 대회의 김일성의 주도를 부정하는 견해로는 和田春樹, 「소련의 대북한정책, 1945~1946), 268~71쪽이 있다. 和田春樹의 견해를 반박하고 있는 글을 中川信夫의 「8·15解放直後の朝鮮の左翼—朝鮮共産黨北部5道黨責任者·熱誠者大會を中心に—」, 『アジア經濟』, 1985년 1월호, 24~36쪽이다.

323) 和田春樹, 「소련의 대북한정책, 1945~1946」, 268~71쪽.

324) 中川信夫, 앞의 글, 24~36쪽.

325) 『옳은 노선』, 41쪽.

326) 같은 책, 43쪽.

327) 「북조선로동당 제2차 당대회 회의록」, 국사편찬위원회, 『북한관계 사료집』 I, 1982, 417쪽.

328) 中川信夫, 앞의 글. 33쪽.

329) 『옳은 노선』, 40~43쪽.

330) 『북한연구자료집』 제1집, 24쪽.

331) 1945년 11월부터 1946년 1월 사이에 민주청년동맹 외에 직업동맹, 농민동맹, 민주여성동맹 등이 결성되었다(『조선로동당략사』, 230쪽).

332) 『조선로동당략사』, 243쪽. 「10개조 당면과업」은 김남식, 『조선노동당연구』(서울: 국토통일원, 1977), 49~50쪽 참조. 「20개조 당면과업」은 『북한연구자료집』 제1집, 53~54쪽에 수록.
333) 1946년 3월 5일 공포된 「토지개혁에 대한 법령」과 3월 8일 공포된 「토지개혁 법령에 관한 세칙」은 민주주의민족전선 편, 『조선해방연보』(서울: 문우인서관, 1946), 429~35쪽; 차낙훈·정경모, 『북한법령연혁집』 제1집(서울: 고려대 아세아 문제연구소, 1969), 137~43쪽 수록. 토지개혁의 추진과정에 대한 자세한 설명은 감남식, 앞의 책, 62~82쪽을 보라.
334) 「세칙 15조」를 보면 다음과 같이 토지분배면적 산출방법이 제시되어 있다. 남자 18~60세 1점, 여자 18~50세 1점, 청년 15~17세 0.7점, 어린이 14세 이하 0.4점, 어린이 9세 이하 0.1점, 남자 61세 이상 0.3점, 여자 51세 이상 0.3점.
335) 大內憲昭, 앞의 글, 14쪽.
336) 『조선로동당력사교재』, 114~16쪽.
337) 『정치사전』, 114쪽.
338) 『조선전사』 23, 47쪽.
339) 같은 책, 26쪽.
340) 김일성의 연설내용은 『김일성저작집』 1, 269~79쪽에 수록.
341) Anna Louise Strong, 앞의 책, 21~24쪽. 스트롱은 1947년 여름 김일성과 직접 회견했으며, 그 자리에서 그녀는 1시간이 넘게 그의 생애에 관한 얘기를 들었다고 한다(같은 책, 22쪽).
342) 북한은 1950년대 조선인민군이 항일무장투쟁 계승자임을 공식화했으며(대표적인 문헌으로는 김일성, 「조선인민군은 항일무장투쟁의 계승자이다」, 1958년 2월 8일 324군부대 장병들에게 한 연설) 1978년부터는 인민군 창건일을 아예 1948년 2월 8일에서 1932년 4월 25일(김일성이 안도유격대를 결성한 날)로 옮겼다.

3

서북5도 당대회의 대미 인식과 조선공산당 북조선분국의 조직적 위상 | 김주환
해방 직후 북한 인민위원회의 조직과 활동 | 김용복
해방 후 북한의 인민민주주의혁명과 사회주의혁명 | 김주환

서북5도 당대회의 대미 인식과 조선공산당 북조선분국의 조직적 위상

김주환

1. 머리말

해방 후 북한에서 노동계급의 이해 관철을 궁극적 목표로 하는 당은 크게 보아 세 차례의 변화를 겪었다. 그 첫째가 1945년 10월 조선공산당 북조선분국의 성립이며, 둘째는 1946년 8월 공산당과 신민당의 합당에 의한 북조선로동당이라는 대중정당으로의 변신이고, 셋째는 1949년 6월 북조선로동당과 남조선노동당의 합당에 의한 전국적 당인 조선로동당의 탄생이었는데 이 글에서는 첫번째의 당인 조선공산당 북조선분국의 조직적 위상을 대미인식과의 관련하에 살펴보기로 하겠다.

공산주의자들은 혁명을 수행하기 위해서는 조성된 주·객관적 정세에 따라 전략·전술을 내세우고 구사할 수 있는 노동계급의 전위당의 존재를 필수전제로 내세우고 있다. 공산주의자들에게 당의 부재란 혁명을 총지휘하는 혁명의 참모부가 없는 것을 뜻한다. 해방 후 북한에서는 각 지방마다 소수의 공산주의자들이 저마다 하나의 그룹을 만들고 활동하고 있었다. 그러나 이들은 하나의 통일된 조직으로 묶이지 못했으며 지방할거적이며 산만한 성격을 지녔다. 이러한 분산성을 극복하고 노동 계급을 비롯한 근로대중을 조직된 혁명역량으로 편성하며 그들을 혁명의 승리에로 이끌고 나아가기 위해서는 당의 조직적 통일이 시급히 요구되었다. 이 요구에 부응하여 소집된 회의가 바로 조선공산당 서북5도 당원 및 열성자연합대회(이하 서북5도 당대회)였으며 이 회의에서는 조선공산당 북조선분국의 창설이 결정되었다.

한국전쟁 이전까지만 하더라도 북한은 북조선분국의 조직적 위상을 남한의 박헌영이 이끄는 조선공산당의 하부조직으로 간주했다. 그러나 한국전쟁이 끝나갈 무렵 박헌영과 남로계가 소위 '미 제국주의'의 고용간첩으로 몰려 숙청된 다음부터는 분국이 조공의 하부조직이 아니라 새로운 당중앙으로 창건된 것이었다고 규정해오고 있다. 그렇다면 북한의 역사 서술은 편의적으로 날조되고 왜곡된 것인가 아니면 원래 분국이 가졌던 조직적 위상을 복원한 것인가? 이에 대한 해답은 분국의 탄생을 서북5도 당대회에 나타난 대미인식, 그리고 민주기지노선의 정치적 함의와 관련지어 규명할 때만이 주어질 수 있을 것이다.

2. 해방 직후 북한의 공산주의운동

1945년 8월 15일 일본 제국주의의 급작스런 항복은 그동안 억눌려왔던 조선인들이 정치활동을 재개하는 계기가 되었다. 이에 따라 해방 후의 북한에서도 여러 가지 정치조직이 생겨났고 일제하에서 민족해방운동을 벌였던 사람들, 특히 공산주의자들은 정력적인 활동을 전개하기 시작했다. 해방 후 북한에는 여러 갈래의 공산주의세력이 있었는데 초기에는 해외에 있던 공산주의세력이 귀국하지 않은 상태였기 때문에 주로 국내파 공산주의세력이 지방별로 조직을 건설해나가고 있었다.

국내파 공산주의자들은 일제하 공산주의운동에서 박헌영 직·간접으로 연결되어 있었으며 그의 영향하에 있었으므로 해방 후에도 대체로 박헌영이 지도하는 서울의 당중앙의 조직원칙에 따르려 했다. 초기 국내파 공산주의자들의 자연발생적 조직 활동상황은 다음과 같다.

평양을 중심으로 한 평남지방에서는 8월 17일 현준혁·김용범·박정애·장시우·이주연·장종식·최경덕·허의순·송창·김유장 등이 중심이 되어 조선공산당 평남지역 위원회를 결성했다. 책임자는 현준혁이었는데 그는 평남 개천에서 출생, 연희전문 문과를 거쳐 경성제대 법학부를 졸업한 뒤 대구사범대학에서 교편을 잡은 일이 있으며 독서회사건으로 6년간 복역했다. 그 후 평양에서 투쟁을 계속하다가 유치장에 구류된 사실이 있으며 해방을 평양에서 맞이했다.[1)]

함흥·흥남·원산을 중심으로 하는 함남지구는 일제시에 공산주의운동이 가장 치열했던 곳인데 해방 후에도 그러했다. 함흥·흥남지역에서는 정달헌·이봉수·주영하·오기섭·장해우 등이 당과 공산청년동맹을 결성했다. 원산에서는 이주하·김동명·문태화·안몽룡 등이 있었다. 이주하는 함북 북청의 화전 출신으로 원산의 사립 광성학교를 졸업, 3·1운동에 참가하고 1925년에 도일하여 공산청년동맹에 가입한 일도 있다. 1928년 조두원의 천거로 조선공산당에 입당하여 1929년 원산·평양제네스트를 지도했고 제1차 태평양노조사건으로 5년간 복역, 1937년 원산철도국 사건으로 이강국·최용달·김재갑 등이 체포되자 진남포에 피신해 있다가 해방을 맞았다. 해방 후 원산에서 당과 인민위원회를 조직한 이주하는 서울 조공 본부의 소환으로 서울로 갔다.

해주지구위원회는 김응기·김덕영·송봉욱 등이, 함북 청진에서는 장순명·황진건 등이 주동이 되어 당을 조직하고 있었다.

신의주를 중심으로 하는 평북에서는 백용구·김재갑·이황 등이 공산당 지구위원회를 결성했다.

3. 조선공산당 평남지구 확대위원회

위와 같은 군웅할거식 상황에서 1945년 9월 15일 도 차원의 최초의 조직적인 공산주의자들의 대회가 평남에서 '조선공산당 평남지구 확대 위원회'라는 이름하에 소집되었는데 이 대회가 소련 군정하에서 열렸고 평남이 북한의 중심지이며 이 대회의 결정사항이 추후 남한의 장안파 공산당에 의해서도 빈번히 지침으로 인용되었다는 점에서[2] 그 중요성을 알 수 있다. 이 대회는 대체로 부르주아민주주의혁명의 과제를 결정서로 채택했는데 중요 사항을 간추려보면 국제정세에 대한 재규정, 토지문제 결정서, 그리고 남한의 재건과 공산당이 주도권으로 만들어낸 인민공화국에 대한 부정이다. 이 대회는 먼저 국제정세에 대한 결정서를 채택했는데 그 내용은 다음과 같다.

> 당이 자기 강령에 있어서 소연방과 평화적 민주주의 국가와는 친선을 도모하고 제국주의 침략을 방비한다고 규정한 것은 영국·미국 등의 민주주의 국가라고 명백히 지적하지 못하고 다만 민주주의 국가라고 표현한 것이니 이는 한 개의 모호한 취급이다. 그리고 제국주의 침략을 방비한다고 규정한 것은 이것이 곧 그의 침략성을 경계한 것이다. 연이나 현 단계의 정세로 보아 금번 대전을 통하여서의 미국·영국이 한 역사적 역할을 볼 때 그들은 진보적 사명을 다했다. 그러한 의미로 해서 연합국의 그들은 우리의 벗이요 우리가 가장 친선해야 할 국가라고 보지 않을 수 없다. …… 우리는 일본 제국주의의 주구와 대리인을 뿌리채 뽑아버리는 것이 곳 상기한 국제적 약속(포츠담회의)을 소중히 하고 소련과 미국·영국 등 연합국과의 친선을 도모하는 표현으로 해석되는 것이다.[3]

위 인용문에서 당, 즉 이전의 당이란 조선공산당 평남지구위원회를 가리킨다. 왜냐하면 이 대회는 33개 강령을 새로이 결정함에 있어 '금번 수정강령'이란 표현을 썼는데 이는 기존의 자기의 당강령을 수정한다는 의미이기 때문이다. 그런데 기존의 당은 현준혁이 이끄는 조공 평남지구위원회였기 때문에 조공 평남지구 확대위원회에서 내려진 비판은 현준혁의 정치노선에 대한 비판이라고 보아 무리가 없다.

이 대회의 결정에 의한다면 이전의 당은 "소연방과 평화적 민주주의 국가와는 친선을 도모하고 제국주의 침략을 방비한다"고 규정했는데 평화적 민주주의 국가는 영국·미국으로 구체적으로 표현되어야 하며, '제국주의 침략을 방비한다'고 규정한 것은 영국·미국 등의 침략적 성격을 경계하는 것이나 '현 단계의 정세'로 보아 적절치 못하기 때문에 빼버려야 한다는 것이다. 따라서 위의 국제정세에 대한 결정은 미국·영국 등의 제국주의적 성격에 대한 경계가 잘못된 것은 아니되 2차대전에서 영·미가 한 진보적 역할과 포츠담회의의 국제적 약속이 있느니만큼 당시의 상황에서 제국주의 문제를 노골적으로 표현하지 말고 반파쇼전선으로 견인하라는 뜻으로 풀이되는 것이다. 이는 상황이 진전된 한 달 후 서북5도 당대회가 국제협조노선을 언급하면서도 동시에 미·영에 대한 경계도 해야 된다고 한 좀 더 발전되고 구체화된 주장으로 이어진다.

토지문제에 있어서 이 대회는 "대지주 토지를 제한 몰수한다"[4]는 이전의 당강령이 자칫하면 사유재산의 불인정으로 오해될 수 있는 소지가 있고 해방 후의 민족적 주과제가 일제 잔재의 소탕에 있는 만큼 토지몰수는 일제와 친일조선인 지주에로 그 대상이 한정되어야 함을 결정했다.

조공 평남지구 확대위원회의 결정 중 가장 주목을 끄는 것은 인민공화국에 대한 부정이다. 이 대회는 "인민대표회의를 소집하야 인민공화국을 수립한다"[5]고 했는바, 이는 재건파 공산당이 만들어낸 인공이 절차와 방법상에 있어서 문제를 지니고 있음을 지적한 것이다.

이상을 통해서 볼 때 9월 15일의 조공 평남지구 확대위원회는 현준혁이 이끌었던 이전의 조공 평남지구위원회와 남한의 재건파 공산당 양자의 노선에 대해 비판한 것이라고 보인다. 그런데 현준혁은 2주일 후인 9월 28일 대낮 조만식과 함께 트럭을 타고 가던 중 평양시청 앞에서 암살됐다. 현준혁에 대한 암살은 백색테러에 의한 것이라는 주장[6]도 있고 소련 당국의 음모에 의한 것이라는 주장[7]도 있으나 현재로선 그 진위를 알 수 없다.

4. 서북5도 당대회의 개최와 북조선분국의 창설

해방 후 북한에서 도 차원의 공산주의운동을 지양하기 위한 통일적인 중앙당의 조직은 1945년 10월 10일에서 13일까지 평양에서 비밀리에 개최된 '조선공산당 서북5도 당원 및 열성자연합대회'에서 만들어졌다. 이 대회에는 소련 군정의 주요 지도자들과 김일성을 중심으로 하는 항일무장투쟁세력, 김용범·오기섭·주영하 등 국내파 공산주의세력이 참가했으며 남한의 재건파 공산당과 장안파 공산당에서도 대표를 파견했다. 이 대회는 ① 임시집행부 선거, ② 조선공산당 책임자 박헌영 동무에게 축전 결의, ③ 국제정세에 대한 강연, ④ 당 및 공산주의자의 정치적 과업 보고, ⑤ 당조직문제 보고, ⑥ 지방정권 및 도당사업 강화 보고, ⑦ 조선공산당 북선지방위원회 선거의 순서로 진행되었으며 끝으로 정치노선 확립과 조직 확대에 관한 결정서 채택 및 좌경적 경향과 그 분파 행동에 대한 비판이 행해졌다.[8] 그러면 각 항목의 내용을 분석해보기로 한다.

1) 박헌영에게 보내는 축문 채택

박헌영에게 보내는 축문은 그 중심 내용이 "박헌영 동지의 정당한 노선을 밟아서 5도연합회의가 열리게 됨에 대하여 ……조선 무산계급의 영도자인 박헌영 동지에게 심심한 감사를 드린다.……박동무의 건강을 축원한다"는 것이었으며 만세삼창에서는 '조선인민공화국 만세'와 '조선 무산계급 영수 박헌영 동지 만세'가 있었다.[9] 위와 같은 박헌영에 대한 찬사는 당시 공산주의운동의 상황과 관련이 있다. 항일무장투쟁세력이 진정으로 박헌영을 떠받들었기 때문에 박헌영을 치켜세운 것은 아니다. 해방 후 박헌영은 재건파 공산당을 결성하고 9월 8일에는 장안파 공산당의 일부를 흡수하여 열성자대회를 열었으며 9월 11일에는 조선공산당의 공식적인 발족을 선포했다. 이때 선포된 공산당은 북한지역까지를 포함한 전 한반도에 걸치는 당중앙을 의미하는 것이었다. 박헌영의 이와 같은 성급한 당중앙 선포는 초기 그의 국제정세관에서 연유한다. 박헌영은 그의 「8월테제」에서 조선의 해방은 진보적 민주주의 국가 소·영·미·중 등 연합국 세력에 의해 실현된 것이며 파시즘에 대한 국제주의의 승리로 말미암아 "조선과 같은 데에 있어서는 평화적으로 혁명의 성공이 가능하다"고 결론지었다. 이는 국제협조노선이 앞으로도 계속될 것이기 때문에 국내 반동세력의 저항이 있다 하더라도 결국 혁명이 성공할 것이라고 예견한 것이라 보인다. 그러나 박헌영이 초기 국제정세 인식에 있어서 미·소간의 차별성과 미국에 대한 제국주의적 인식을 하지 않은 것은 아니다. 박헌영은 1945년 10월 30일 「조선공산당의 주장」이라는 글에서 다음과 같이 주장했다.

금일의 국제정세는 조선을 위하야 매우 유리하게 전개되고 있다. 구라파에서는 파시즘의 아성이 파괴된 후로 소련군이 드러간 여러 나라(파란, 유고슬라비아, 핀란드, 불가리야, 루마니아, 오스트리아)에서는 공화국이 건설되고 민족의 자기 주권이 수립되고 있으며 영미군이 진주되고 있는 몇 나라(희랍, 불, 백이기, 화란)에서는 아직 민주주의 문제가 안 서고 있으니…… 이러한 국제정세의 축소도가 흐미한 형태로 나타난 것이 금일 조선의 형세로 보아서 잘못이 아닐 것이다. 북부 조선과 남부 조선과의 형편은 대개 이러한 차이점이 있는 것이니 물론 이 차이점은 앞으로 소멸될 것이오 또한 소멸되지 않으면 안 될 것이다. 그것은 미군정이 국제적 약속을 그대로 완수함에서 실현될 것이다.[10]

위 인용문에서 나타나듯이 박헌영은 영·미의 제국주의적 측면을 인식하고 있었으나 그것은 대단히 불철저하고 희미한 것이었다. 박헌영은 당시 국제정세의 축소도가 한반도에 투영되었다고 보고 이러한 차이점은 곧 해소될 것이라 전망했다. 1945년 10월 당시 소련군이 진주한 북한에서는 민중의 자발적 정치조직인 인민위원회가 인정되어 통치권을 행사하고 있었으나 미군이 진주한 남한에서는 미군정에 의해서 각 지방의 인민위원회가 부정되고 약화되어가고 있었다. 그럼에도 불구하고 박헌영은 이러한 차이점은 미군정이 국제적 약속을 지킴으로써 없어질 것이며 미국의 제국주의적 속성은 남한에서 발현되지 않을 것이라고 아주 낙관적으로 전망했다. 이렇게 낙관적으로 전망했기 때문에 박헌영은 조선에서의 혁명이 평화적으로 가능하다는 「8월테제」의 주장을 이후 상당 기간 동안 계속 견지했던 것 같다. 여기서 문제가 되는 것은 박헌영이 당시 영·미의 제국주의적 성격을 인지했느냐의 여부가 아니라 영·미의 제국주의적 성격이 곧 해소될 것이라고 보고 국제협조노선에 집착한 데에 있다. 그렇기 때문에 박헌영의 사고 속에서는 당중앙이 서울에 있어야 한다는 것은 너무나도 당연한 결론으로 도출되었던 것이다. 뒤에서 살펴보겠지만 박헌영이 국제정세 인식과 조직관은 오류였으며 서북5도 당대회의 그것과는 아주 사소한 것 같지만 중요한 차이가 난다.

박헌영은 그릇된 정세 인식하에 남한에 당중앙을 재건해서 선포했으며, 오기섭 등 일부 북한의 국내파 공산주의자들은 박헌영을 맹목적으로 추종하여 분국의 설치를 반대하고 나섰다고 한다.[11] 오기섭의 기도는 결국 좌절되었지만 그럼에도 불구하고 5도 당대회 참가자 전원의 결정으로 박헌영을 최고 지도자로 인정하고 북한 전역을 통일적으로 포괄하는 공산당을 분국이라 칭하게 된 것은 박헌영을 중심으로 한 재건파 공산당이 당중앙을 자처했고 현실적으로 박헌영이 해방 초기 공산주의운동의 헤게모니를 장악하고 있었으며 재건파가 공산주의 이념을 표방하고 항일무장투쟁세력이 남한에까지 조직요원을 파견할 여력이 없는 한 굳이 형식적인 문제를 가지고 논쟁할 필요가 없었기 때문이다. 그러나 내용적 측면, 즉 정치노선과 조직노선에 있어서는 재건파 공산당과 다른 입장을 천명했으며 이는 5도 당대회의 국제정세 인식이 박헌영과 차이가 있었기 때문이다.

2) 국제정세에 대한 강연

박헌영에 대한 축전에 이어 국제정세에 대한 강연이 있었는데 누가 강연을 했는지 정확히 알 수 없으나 이 강연을 한 사람의 이름이 16자이고 강연내용에 있어서 소련에 관한 이야기가 자주 등장하는 것으로 보아 한국인이 아닌 소련 군정의 지도급 인사였을 것이다.[12] 이 강연은 전후 소련군이 들어간 나라에서는 대부분 즉시로 독립국가가 세워졌으나 영국군이나 미군이 들어간 나라들에서는 언제 독립국가를 세울지 모르는 형편이라고 영·미의 제국주의적 성격을 비유적으로 강하게 비판했으나 한편으로는 국제협조노선을 망각해서는 안 된다고 하는 이중적 정세관을 피력했는데 이것은 당시의 국제현실을 투영시킨 것으로서 분국 설치의 논리적 근거를 제공한 중요한 강연이었다.

영·미군이 드러간 곳에서는 인민이 여하한 국가를 세울가도 모르는 형편인 듯하다. 지금 문제가 제일 복합한 것은 희랍문제이다. 영국은 희랍을 식민지로 요구하야 그 민족이 옳은 생각으로 선거하겠다는 것 조차 반대하야 군중을 집회에서 총살하고 있다. 영국은 인도에 이르는 길을 삼고저 희랍에 대해 그런 요구를 하고 있는 것이다. 지금 그 이외에도 문제가 되여 있는 불란서, 희랍 ○○, 화란 등에는 영·미군이 있기에 민주주의 문제가 안 서고 있다. 즉 영·미는 그들에게 민주권리를 주면 자기의 말을 듯지 않겠기에 그 민족을 자유롭게 해방해주지 않고 있다.
수일 전 런던에서 3국 외무대신회의가 있었는데 소련과 영·미와의 의견충돌로 회의는 실패에 도라갔다. 그러나 이 충돌문제는 큰 문제는 아니다. 3국동맹의 친밀은…… 근근 해결될 줄로 믿는다.[13]

위 인용문을 통해서 보건대 강연자는 영국과 미국이 들어간 나라들은 식민지화의 위험이 크고 영·미군에 의해 민중들이 학살당하고 있으며, 영·미의 침략적 성격 때문에 영·미에 의해 점령당한 나라들은 어떤 국가를 세울지 지극히 불투명하다고 강조했다. 이 강연은 영·미군이 들어간 나라의 민주주의 확립 문제는 장기간의 시일을 요하고 피를 부르는 것이 되리라고 예견했으며 끝에 가서 요식적으로 소련과 영·미간의 의견 차이는 곧 해소될 것이라고 지적했다. 즉 서북5도 당대회의 국제정세 인식에는 미국의 제국주의적 성격에 대한 경계와 국제협조노선의 추구가 혼재되어 나타나고 있으나 강조점은 전자에 두고 있다. 이와는 달리 박헌영은 두 가지를 모두 인식하고 있었음에도 불구하고 전자를 희석시키고 후자에 매달렸다. 전체적으로 볼 때 이 강연은 노골적으로 영·미를 제국주의라고 규정하진 않았지만 그 이상의 의미를 지니는 것이며 국제협조노선에 대해서는 부정적인 전망을 제시한 것이다. 김일성의 보고에서 살펴보겠지만 이러한 국제정세 인식은 분국 창설과 분국의 조직적 위상 설정에 아주 중대한 영향을 미쳤다.

3) 당 및 정치적 과업 보고

당 및 정치적 과업 보고는 오○○라는 사람이 했는데 그 요지는 첫째, 조선의 현 단계는 자본주의 단계이며 이 단계에서 통일된 인민자주공화국을 건설해야 한다. 둘째, 당내에는 좌·우경적 편향이 있는데 우경적 편향이란 민족통일전선에 친일파를 끌어들이는 것이고 좌경적 편향이란 현 단계를 사회주의혁명 단계로 보는 경향으로 이는 과거 운동포기자들의 공허한 언사에 불과하다는 것이다. 이것을 보고한 사람은 보고의 중간에 조선공산주의운동의 전통을 박헌영이라고 치켜세운 후 "박동무의 건강과 운동의 볼세비키화를 위해 기립하자"고 제안하여 일동이 기립했는데 박헌영을 광적으로 추종하는 듯한 태도로 보아 그는 오기섭이 분명하다. 그러나 오기섭이 보고에서 9월 8일 선포된 인민공화국을 부정하고 "통일된 자주인민공화국을 건설하자"고 말한 것은 최소한 정권문제에 대해서만은 당시 북한에 있는 모든 공산주의자들이 인식을 같이했음을 보여주는 단적인 증거라 할 수 있다.

4) 당조직 문제 보고

당조직 문제 보고는 김○○이 했는데 『김일성저작집』에 「우리 나라에서의 마르크스-레닌주의 당 건설과 당의 당면과업에 대하여」라는 제목으로 이 보고와 동일한 내용이 실린 것[15]으로 보아 김일성이 보고했음이 분명하다. 김일성은 보고의 첫머리에서 다음과 같이 말했다.

우리 당은 배워야 한다. 우리 동무들이 아직 혁명단계의 성질을 잘 파악하지 못했다. 우리는 자기의 임무를 잘 알아야 한다. 군사학상으로 본다면 임무요, 그 본거를 치는 것은 다음의 임무인데 조선의 첫째 형편은 첫 임무로 반팟쇼전선을 굳게 한다는 것이다.[16]

위 내용은 김일성이 민주주의혁명과 사회주의혁명을 아주 적절한 비유를 통해서 표현했음을 보여주는 것이니 첫 임무란 민주주의혁명을 가리키는 것이요, 다음의 임무란 사회주의혁명을 가리키는 것이다.

민족통일전선과 정권문제에 대하여 김일성은 그것이 민주주의혁명과 사회주의혁명에 대해 갖는 관련성을 다음과 같이 규정했다.

우리가 할 역할은 전힘을 다하야 민족통일정권을 수립해야 한다. 민족적 독립과 인민의 생활을 높일 정부를 세워야 한다. 첫째의 임무를 맏이고(마치고-필자) 우리는 둘째의 임무에 드러가야 한다. 그 역량을 첫 임무에서 구비해야 한다. 우리 당도 전인민의 총역량을 집중하야 그 중에서 기본적인 노동자의 역량을 모아가지고 두번째의 임무에 드러가야 한다.[17]

위 문장은 김일성이 현재 우리가 정의하는바, 인민민주주의혁명의 인민정권에 대한 개념과 인민민주주의혁명에서 통일전선의 역할에 대해 아주 깊이 체득하고 있음을 보여주고 있다. 인민민주주의혁명론에 의하면 민주주의혁명과 사회주의혁명에서 민족통일전선에 의한 인민정권이 연속성을 지니고 그 속에서 노동계급이 헤게모니를 가지는 것인데 김일성의 위 보고는 이러한 사상을 적절한 비유를 통해서 설명한 것이다. 더 나아가 김일성은 새로 세울 정권의 성격에 대해서도 지적했다.

이 정권에는 노동자나 자본가나 모다가(모두가) 드러가야 하고 강령도 거기(에) 적합한 것이어야 한다. 행동강령은 내일이라도 또는 한 달

후에도 정할 수 있는 것이다. 내적 조건과 외적 조건의 성숙에 따라 다음 강령이 나오는 것이다. 현 단계에 있어서는 자본민주주의정권을 세워야 한다.[18]

이 글에 의하면 앞으로 세워질 정권은 노동자가 중심이 되어야 하되 자본가도 포함해야 하며 그 정권의 강령은 민주주의혁명에 맞는 것이어야 한다는 것이다. 그리고 이러한 정권은 자본민주주의정권으로 표현되고 있다. 그러나 여기서 김일성이 말한 자본민주주의정권이란 자본가정권이 아니라 인민의 이익을 대변하는 인민정권의 의미이다. 왜냐하면 노동계급이 헤게모니를 쥔 정권이 자본가의 이익을 대변할 수는 없기 때문이다. 김일성은 이 보고의 다른 곳에서는 "일본 제국주의의 잔재요소를 근본적으로 물리치는 데서만 인민정권을 수립할 수 있고"라고 함으로써 인민정권이란 표현을 쓰고 있다. 그가 자본민주주의정권이라는 용어를 쓴 것은, 5도 당대회에서 쓰였던 노동계급 영도하의 사회주의혁명의 전제를 마련하는 부르주아민주주의혁명이 오늘날 인민민주주의혁명론(반제반봉건민주주의혁명)과 같은 내용을 가지고 있음에도 불구하고 당시에는 이 용어가 일반화되지 않았기 때문에 '부르주아민주주의혁명'이라는 용어의 한자식 표현인 '자본민주주의혁명'에서 '자본민주주의'를 그대로 차용했기 때문으로 보아야 한다.

이어서 김일성은 일제하 공산주의운동의 해독성을 싸잡아 비판했는데 그것의 특징은 비조직적이고 자연발생적이었으며 파벌적이고 자유주의적이었다는 것이다.[19] 따라서 김일성의 일제하 공산주의운동에 대한 신랄한 비판은 당연히 박헌영의 과거 운동에 대한 비판까지를 포함하고 있는 것이다. 그런데 이 대목의 끝에 가서 김일성은 해방 후 박헌영이 여러 파벌들을 물리치고 승리함으로써 운동의 성과를 보이고 있다고 말했는데[20] 이것은 박헌영이 일개 파벌로써 다른 파벌들을 복속시켰다는 의미이고 그 이상의 긍정적인 평가는 아니며 박헌영에 대한 형식상의 예우를 표현한 것에 불과하다.

김일성은 당의 순결성과 당의 성분에 대한 지적에 있어서는 과거 변절하고 친일한 불순분자의 당내 잠입을 경계해야 하며 당원 구성이 노동자·농민의 토대 위에 있지 못하고 인텔리 중심이기 때문에 당의 계급적 기반을 확대해야 할 필요성을 역설했다.[21] 김일성의 이러한 당조직관은 박헌영이 순결성에 대한 강조 없이 과거 친일행각을 벌였던 자기 파벌을 무원칙하게 당 요직에 등용시킨 것과 좋은 대조를 이룬다. 이어서 김일성은 좌·우경적 편향을 지적했다. 그는 이영·최익한 등 사회주의혁명을 주장한 장안파를 극좌적이라고 비판한 뒤 2차대전이 영·미·소 등이 연합한 반파쇼전쟁이었음에도 불구하고 사회주의혁명전쟁이라고 규정하거나 미·소간의 전쟁이 있을 것이라는 주장의 허구성을 폭로하는 동시에 우경적 경향에 대해서도 다음과 같이 비판했다.

연합전선을 짓는다고 해서 무산계급의 독자성을 망각하는 것은 우경이다. 우경분자는 당이 최후의 독자성을 지을 때까지 가지 못하고 치울 것이다. 우리는 연합전선을 펴서 인민정권을 짓는 것이다. 조선민족의 권리를 파라먹는 그네들까지도 용납할 수는 없는 것이다. 그것은 기회주의라고 본다.[22]

우경적 경향에 대한 김일성의 비판은 정권문제를 언급하고 있는 것으로 보아 9월 8일 박헌영이 조작해낸 인민공화국에 대한 것이다. 박헌영은 인민공화국을 급조함에 있어 주석을 친미파인 이승만으로 갖다 앉히고 친일매국노인 김성수를 문교부장으로 세웠으며, 그리고 중요 부서를 상해임정 요원으로 충원했다. 5도 당대회의 국제정세 인식에서 나타난 미국의 제국주의적 성격을 염두에 둔다면 김일성으로서는 혁명의 핵심문제인 정권문제에 있어서 친미파인 이승만을 우두머리로 앉힌다는 것은 상상조차 할 수 없는 일이었다. 또한 매국노인 김성수를 문교부장에 임명했다는 것은 식민지교육을 연장시키겠다는 뜻으로밖에 풀이가 안 된다. 박헌영의 이러한 과오는 그의 「8월테제」에서의 주장과는 전적으로 모순된다. 박헌영은

「8월테제」에서 "조선의 지주와 민족부르주아지들이 전체로 일본 제국주의의 살인강도적·침략적 전쟁을 지지했으며······ 송진우와 김성수를 중심으로 한 한국민주당은 지주와 자본가계급의 이익을 대변하는 반동적 정당이다"라고 주장했기 때문이다. 그가 자신이 규정한 제국주의 앞잡이들을 정권의 중요 부서에 배치했다면 그것은 좌경과 우경을 반복하면서 일부 명망성 있는 우파 지도자들을 정권에 끌어들인 다음 이용해먹고 버린다는 발상에서 나온 것이라 하지 않을 수 없다. 박헌영의 이와 같은 잘못된 통일전선사상은 앞의 김일성의 통일 전선사상, 즉 민주주의혁명과 사회주의혁명에 걸친 인민정권에 있어서 자본가도 혁명에 동조한다면 정권에 끝까지 참여할 수 있다는 것과 대조를 이룬다. 김일성은 1945년 12월 조선공산당 북조선분국 중앙 제3차확대집행위원회에서의 보고에서 "간판을 위하여 통일전선이 요구되는 것이 아니라 인민을 단결시키기 위하여 국내의 정치적·경제적 생활을 정돈시키기 위하여 요구되는 것이다"[23)]라고 했는데 이는 곱씹어 보아야 할 중요한 명제인 것이다.

김일성은 좌·우경적 편향에 대한 비판과 더불어 양면파에 대해 공격의 화살을 돌렸다.

우리는 표면으로는 승인해놓고 이면에서는 음모하는 양조전선에 대한 투쟁을 확대·강화해야 한다. 이 파는 제일 위험한 것이니 좌·우경에 대한 투쟁과 같이 양면파에 대해서도 철저히 구축하지 않으면 안 된다. 양면파의 개인행동을 보면 동지와 동지 사이에 이간정책을 쓰고 중상을 하고 의리를 팔고 하는 등이다.[24)]

김일성의 양면파에 대한 비판은 일반적 경향에 대한 비판임과 동시에 오기섭과 정달헌에 대한 수사적 비판이라고 보인다. 왜냐하면 김일성은 1948년 조선로동당 2차대회의 토론총결에서 종파분자들의 활동방식 세 가지를 지적하는 가운데 이들의 이전 사업방식에 대해서 다음과 같이 지적하고 종파행동을 구체적 실례를 들어가며 비판했기 때문이다.

양으로 받들고 음으로 반대하는 방식—이것은 양봉음위라는 것인데 오기섭 동무가 이 작란을 많이 했습니다. 면대해서는 반대하지 못하면서 돌아앉아서는 숙은거리며 반대하는 것입니다. 공청을 민청으로 개편시킬 때 공청을 그냥 두어서는 청년들을 다른 당과 종교단체에 빼앗기고 말 터이니까 광범한 민청조직으로 해야 된다고 여러 번 말해주어서 오동무도 결국 찬성했는데 해주에 가서 연설할 때에는 이것을 전면 뒤집어놓았습니다. 또 정달헌 동무는 함남에 내려가서 함남에만은 공청을 그냥 두게 했다고 말했습니다. ……오기섭 동무는 처음에 분국이 나올라 했을 때에는 자기가 책임자가 될 줄 알고 반대하지 않다가 김용범 동무가 책임자로 되고 나니 반대하기 시작했습니다. 정달헌 동무는 해외에서 온 사람들을 반대하고 서울에 있는 중앙을 지지한 것이라고 하나 사실은 자기가 함남 중앙을 맨들지 못하고 분국을 반대했던 것입니다.[25]

위 인용문에서 나타난 바와 같이 북조선분국의 설치를 반대했던 사람들은 국내파 공산주의자들이었고 이들의 분국 설치 반대 이유는 박헌영에 대한 맹목적 추종과 당조직에서 우두머리가 되어보겠다는 소영웅주의적 사고가 복잡하게 뒤엉킨 것이었고 이들은 종파적 행동과 면종복배를 서슴지 않았던 것이다.

보고의 끝에서 김일성은 다시 한 번 조선 공산주의운동의 파벌성을 통렬하게 설파하면서 당의 규율을 확립할 것을 강조했다.

김일성의 당조직 문제 보고에 이어서 김○○(김일성인지의 여부는 확인할 수 없다)이라는 사람은 네 가지 제안 즉 조선공산당 북조선분국 설치문제, 당규약 기초문제, 당증 설치문제, 전조선의 당대회 소집문제를 내놓았는데 전원 찬성으로 통과되었다.[26] 먼저 분국 설치의 이유는 다음과 같다.

우리 조선이 소·미 양군이 지역적 진주함에 따라 국제적으로나 정치적으로나 특수성을 띠이고 있다. 따라서 남북부조선에도 양측의 지역적 특수성이 있다. 그럼으로 조선에 있어서 지리상 또는 정치적으로나 중심지인 경성에 당중앙이 있어 남부조선의 사업을 치중함은 정치적 의의에 있어서 정당하다고 인정한다. 우리는 북부조선의 특수성을 따라 모든 행정, 기타 당의 정책을 실현식힘에 있어 더욱 당중앙과의 밀접한 지도와 연락이 요구되는 동시에 5도의 행정상 통제를 필요로 함에 따라서 북부조선에 당 북부분국 설치의 필요로서 당중당에 직속된 분국을 설치할 것이다. 이 분국은 중앙에 지속되어 직영될 것이며 어떠한 때던지 중앙에서 필요를 인정치 않을 때에는 또 개혁 등 개선을 필요로 인정할 때에는 어느 때던지 중앙에서 처리할 권리가 있고 분국에서는 복종할 의무가 있다.[27]

위 글에서 나타나듯이 분국 설치의 주된 이유는 소·미 양군의 지역적 진주에 따른 국제적·정치적 특성에 의한 남북부조선간의 지역적 특수성으로서, 국제적 특수성이란 국제정세에 대한 강연에서 언급된 바와 마찬가지로 미국의 제국주의적 성격을 말하는 것이요, 정치적 특수성이란 미군의 남한 진주로 인한 혁명운동의 여건 불리와 장기성에 대한 예고, 그리고 소련군의 북한 진주에 의한 혁명의 전제조건 성숙을 의미한다. 이와 같은 인식을 전제로 했을 경우에는 당중앙이 남한에 있어야 한다는 주장, 즉 혁명의 최고 참모부가 제국주의자의 아성 속에 있어야 한다는 것은 설득력을 갖기 힘들다. 그러나 박헌영과 같이 미·영·소의 국제협조노선에만 집착하고 혁명이 평화적으로 가능하다고 믿는다면 당연히 정치적·지리적 중심지인 서울에 당중앙이 있어야 한다.

서북5도 당대회의 국제정세 인식에 의한다면 당중앙은 북한에 존재해야 한다는 상식적 결론이 도출된다. 그럼에도 불구하고 서북5도 당대회는 형식에 있어서는 북한만을 통일적으로 지도할 분국의 설치만을 결정했다. 국제정세 인식에 따르면 북한에 있어야 할 당의 조직적 위상은 당중앙인데 분국의 설치 정도에 머무른 것은 1국1당의 원칙과 당시 당내의 세력관계에 그 원인이 있다. 서북5도 당대회를 주도했던 세력은 평양에 당중앙을 설치하려 했지만 당시 공산주의자들의 일부는 분국의 설치마저 반대하고 있는 상황이었기 때문에 분국 창설을 관철시키는 것조차 쉬운 일이 아니었다. 그러나 논리상으로 볼 때 서북5도 당대회에 나타난 조직적 위상은 분국이 아니라 새로운 당중앙이었으며 당시 민주 기지노선이 언급되지 않았음에도 불구하고 그 사고의 원형을 이 대회서 찾아볼 수 있는 것이다. 이에 대해 김일성은 1948년 3월 28일 북조선로동당 제2차 전당대회에서 "8·15해방 직후 우리 당은 쏘련 군대가 진주하고 있는 유리한 조건을 이용하여 오직 북조선에서 민주주의적 근거지를 튼튼히 하여 전조선민족을 완전히 해방하며 조선을 부강한 민주주의 국가로 만들 기지를 닦아놓아야 되리라는 것을 명백히 인식했습니다.……그리하여 1945년 10월 중순에 조선공산당 북조선중앙국을 결성하게 되었읍니다"[28)]라고 말했다. 즉 서북5도 당대회에서 북한은 민주기지노선을 선언하지는 않았지만 북한이 민주기지가 되어야 한다는 명백한 인식 속에서 북조선분국을 설치하게 되었던 것이다.

그러므로 서북5도 당대회에서 민주기지노선에 대한 언급이 있었으냐 없었느냐의 문제는 그다지 중요한 것이 아니다. 민주기지노선에 대한 사고에 입각해서 분국이 결성되었다면 그 분국의 조직적 위상은 당연히 중앙이다. 왜냐하면 민주기지노선을 인정하면서 분국이 새로운 당중앙의 조직적 위상을 가지지 않았다고 한다면 그것은 논리상의 모순이기 때문이다. 또한 서북5도 당대회 이후의 현실정치는 남한의 재건파가 분국을 지도한 것이 아니라 거꾸로 분국이 남한의 재건파를 정치사상적으로 지도하는 입장이 되었으며, 뒤늦게 미국의 본질을 알아차린 재건파가 미군정의 탄압을 피해 중요 간부들을 월북시킨 사건은 서북5도 당대회의 정세 인식이 전적으로 옳았음을 보여주는 징표이다.

당규약 기초문제의 제안은 파벌분자의 혼입을 방지하기 위해서 이루어졌으며 분국은 당원자격 규정, 당원의 임무, 입당수속, 당의 조직체계, 당규문제, 기타 재정문제의 초안을 마련해서 당중앙에 보내 도움이 되게 하자는 결정을 내렸다.[29)] 이를 통해서 볼 때 1945년 10월 중순경까지도 남한의 재건파 공산당은 당규조차 마련하지 못한 허술하기 그지없는 산만한 조직이었음이 드러난다.

셋째 제안에서는 중앙과 협의하여 당증 발행을 하도록 했는데 이것 역시 통과되었다.

넷째로는 당전국대표대회를 소집할 것을 제안했는바, 그 형식은 중앙에서 소집하고 대표대회에서 행동강령, 당증, 당규, 당간부의 강화문제를 공식적으로 확인하는 절차가 필요함을 결정했다. 그러나 하부 분국의 민주적 요구가 있었음에도 불구하고 남한의 재건파 공산당은 전국적인 당대표대회를 한 번도 열지 않았다.

5) 지방정권 및 도당사업 강화문제 보고

이 보고는 김○○이 했는데 그는 지방인민정권에 파견된 당원들이 당의 독자성을 망각하고 자리에만 연연해하는 경향을 비판했다. 이어서 함남인민정치위원회의 보고에 나선 ○○○은 초기에 함남에서는 극좌적 경향이 있었으나 청산되었고 과거 일제의 기업소를 노동자들의 손으로 운영하며 중소상공업자들에게 공산주의를 실시하지 않음을 실제로 보여 주고 있다고 말했다.[30]

6) 정치노선 확립 및 조직 확대·강화에 관한 결정서

서북5도 당대회는 보고를 모두 끝마친 다음 총 50개 조에 달하는 정치노선확립과 조직 확대에 관한 결정서를 채택했다. 여기서 주목해야 할 것은 '정치노선 확립을 결정'했다는 것의 함의이다. 이것은 당중앙인 재건파 공산당의 정치노선인 「8월테제」를 따르지 않고 독자적인 종치노선을 가지겠다는 의미이다. 만약 재건파 공산당을 진정으로 인정했다면 당중앙의 정치노선인 「8월테제」를 인정하는 것으로 결정이 나야 했다. 그런데 하나의 당에는 두 개의 정치노선이 양립할 수 없으며 분국의 정치노선이 북한만의 혁명을 위한 것이 아니라 전 한반도의 혁명을 상정한 것이기 때문에 분국은 당중앙의 지도를 받는 조직이 아니라 전 한반도를 대상으로 한 새로운 당중앙이었다. 이와 같이 분국은 사실상 새로운 당중앙으로서의 조직적 위상을 가졌으므로 분국 설치 이후 북한의 공산당과 남한의 재건파 공산당 사이에는 협력과 갈등관계가 공존하게 되었다.

분국의 정치노선 및 조직노선과 재건파 공산당의 그것간의 차이점은 30개 결정사항 중 중요한 몇 가지를 간추려보면 손쉽게 파악된다. 이 결정서는 ① 2차대전은 자본주의 국가 영·미와 사회주의 국가 소련이 연합하여 파시즘에 대항한 전쟁이다, ② 조선사회는 전형적인 식민지반봉건사회이며 조선의 해방은 성질이 다른 두 가지 힘, 즉 소련과 영·미에 의해서 이루어진 특수성을 지닌다, ③ 조선의 혁명단계는 자본민주혁명단계이다, ④ 9월 8일 선포된 인민공화국은 대중적 토대 없이 급조된 것이므로 인정할 수 없다, ⑤ 일제와 매판자본가의 기업은 몰수한다, ⑥ 일제와 반동지주가 소유하고 있는 토지를 무상몰수하여 농민에게 무상분배한다, ⑦ 조선공산당 북조선분국을 설치한다, ⑧ 당을 대중적 당으로 만들기 위하여 노동조합·농민조합·청년동맹·학생동맹·지식인단체 등 광범한 외곽조직을 건설한다, ⑨ 자유민주주의분자라도 당의 노선에 반대하지 않는다면 협력하고 인정한다. ⑩ 당내 좌·우경적 편향에 반대하는 투쟁, 특히 좌경적 편향에 대한 투쟁을 전개하고 장안파 공산당은 해체해야 한다고 규정했다.[31]

서북5도 당대회의 이와 같은 결정은 오늘날 우리가 정의하는바, 인민민주주의혁명, 즉 제국주의 세력을 반대하고 봉건 잔재를 소탕하는 반제반봉건민주주의혁명의 중요한 원칙들을 모두 포괄하고 있는 것이며 박헌영이 「8월테제」에서 주장하고 있는 부르주아민주주의혁명론과는 내용에 있어서 차이가 난다.[32]

서북5도 당대회에 대한 이상의 분석에서 다음과 같은 몇 가지 결론이 도출된다. 첫째, 정치노선과 조직노선의 설정에 가장 크게 영향을 미친 요인은 미국에 대한 제국주의적 인식이다. 둘째, 분국의 조직적 위상은 한반도 전체를 대상으로 하는 중앙으로서 위치지어진다. 셋째, 분국의 정치노선 역시 재건파 공산당의 정치노선을 사실상 부정하는 것으로서 이는 분국이 문자 그대로의 분국이 아니라 새로운 당중앙으로서 창립되었음을 보여주는 것이다. 넷째, 오늘날의 혁명이론으로 표현하자면 분국의 정치노선은 부르주아혁명도 사회주의혁명도 아닌 반제반봉건민주주의혁명이었다. 다섯째, 전체적으로 볼 때 분국은 형식상 재건파 공산당을 중앙으로 인정했음에도 불구하고 내용상의 부정, 즉 재건파의 정치 노선과 조직노선에 대한 부정으로 나타났다. 여섯째, 재건파 공산당에 대한 분국의 형식상의 인정과 내용상의 부정은 분국 창설 당시 당내 세력관계의 결과이다. 일곱째, 이상의 결론을 토대로 하여 볼 때 오늘날 북한에서 조선로동당의 창건일을 10월 10일로 삼는 것은 상당한 정도의 타당성을 갖고 있다.

5. 조선공산당 북조선분국 제3차 확대집행위원회

북조선분국을 창설할 때 공산당은 당내 규율을 세우고 대중단체에 대한 사업을 강화하며 당의 계급적 구성에 있어서 노동자·농민의 비중을 높여야 한다고 결정했다. 그러나 분국이 창설된 이후 두 달이 되었지만 분국의 조직활동은 당내 종파주의자들과 무사안일주의자들 때문에 실효를 거둘 수 없었다. 이렇게 당의 조직사상적 통일과 발전에 있어 그 성과가 미진했던 데 대하여 김일성은 1948년 3월 북로당 2차대회에서 그 원인을 세 가지로 지적했다.

첫째, 서울의 당중앙을 지지한다고 하면서 북조선분국의 창설을 반대한 자들이 소영웅주의적이고 지방할거적이며 종파적인 행동을 계속하여 왔는데, 그 대표적 인물은 오기섭과 정달헌이다. 둘째, 오기섭·정달헌 등은 당의 통일전선적 정치노선을 반대하여 당과 대중단체와의 연결을 약화시켰다. 예를 들면, 그들은 공청을 해산하고 좀 더 대중적인 청년조직인 민주주의청년동맹을 조직하라는 당의 노선을 파탄시켰다. 셋째, 당원 확대에 있어서 무원칙하게 부적격자를 입당시켜 당의 조직체계와 조직규율이 서지 못했는바, 최용달이 그 대표적 실례이다.[33] 김일성은 이와 같은 상황 속에서 당을 건져내고 시정하기 위하여 1945년 12월 17일 북조선분국 제3차 확대집행위원회를 소집하고 당내의 옳지 못한 조직적·정치적·사상적 경향들과 투쟁하게 되었다. 이 회의에서 첫날 김일성은 「북부조선당 공작의 착오와 결점에 대하여」라는 보고를 했으며 다음 날인 18일에는 보고를 토대로 한 결정서가 채택되었다.[34]

보고에서 김일성은 분국 설치 이래 당의 조직활동의 성과를 개괄한 다음 비판에 들어갔다. 그의 지적에 의하면 분국의 착오와 결점은 다음과 같다. 첫째, 당원통계가 부정확하고 당원들에게 유일당증을 수여해주지 않아 당대열 내부에 친일분자들이 잠입해 들어왔다. 둘째, 당의 사회적 성분은 총 4,530명 중 노동자 30퍼센트, 농민 34퍼센트, 지식인 및 기타 36퍼센트로서 전체적으로 볼 때 당은 노동계급의 당이 되고 있지 못하다. 이렇게 당의 구성에 있어서 노동계급의 비중이 취약한 것은 노동계급에 대한 선전사업이 미비했고 많은 공장들에서 당세포가 조직되지 못했으며, 노동자들에게 입당규정이 너무 까다롭기 때문이다.

셋째, 당의 통일과 규율이 없어 도당에 소그룹에 생겼으며 하급 당위원회는 분국 중앙위원회의 지시를 무시하거나 실행하지 않았다. 예를 들면, 도당위원회는 정기적으로 중앙에 사업보고를 해야 하는데 하지 않았으며 공산청년동맹을 민주청년동맹으로 개편하라는 지시를 어겼다.

넷째, 공산당이 그 대열에 노동계급의 비중을 적게 가진 것은 군중과의 연결이 약하기 때문이다. 당기관들은 군중들 사이에서 교양사업을 잘 조직하지 못하며 지도자들은 공장·제조소·탄광·농촌 등으로 다니지 않는다. 그리하여 그들은 지방의 실제 사정을 알지 못한다.

다섯째, 당지도기관들이 직업동맹을 약하게 지도한다. 따라서 직업동맹들이 생산성 향상과 노동규율을 강화시키지 못하고 노동자나 기술자의 업무수행을 약화시킨다. 도당이나 시당 간부들이 직업동맹 지도를 과소평가함으로써 직업동맹의 많은 지도적 지위를 비당원들이 점령했으며 직업동맹원들 중에 공산당이 적게 된다.

여섯째, 인재 양성에 성과가 없고 당의 역량배치가 적절치 못하다. 도당부는 자기인재 준비 및 교양사업을 부실하게 하며 인재 등용에 있어서 정실관계에 치우치는 경향이 있다.

일곱째, 공산당은 통일전선 결성에 있어서 불만족하게 사업한다. 당은 통일전선에 대한 올바른 관점을 가지고 있지 못하기 때문에 우당과의 충돌을 빚어낸다.

김일성은 분국의 착오와 결점에 대하여 위와 같이 일곱 가지를 지적하고 이를 해결하기 위한 여덟 가지 과업을 제시했는데 그것은 반일민주주의 정당과의 통일전선 강화, 당증 수여의 조직적 진행, 당기관지『정로』(正路)의 강화, 당의 계급적 성분의 개편, 당원 통계의 정확한 처리, 모든 공장에 당세포조직, 인재 양성을 위한 학교 설치, 하급 당부조직활동의 활성화 등이었다.[35]

분국 중앙 제3차 확대집행위원회는 김일성의 보고를 마친 다음 당의 결점들을 인정한 후 김의 대안에 준하여 13개 결정서를 채택했다.[36] 그리고 이 회의는 분국의 결함을 자아낸 주된 원인이 분국 지도기관에 있다는 것으로 결론을 내리어 지도부를 강화한다는 뜻에서 김일성을 당의 책임비서로 선출했다.[37]

북한의 당사에서 제3차 확대집행위원회의 역사적 의의는 대단히 큰 것이다. 이 회의를 통해서 김일성은 명실상부한 당내 지도자의 위치를 확보하게 되었고 공산당은 통일과 규율을 확립하여 볼셰비키적인 당의 면모를 갖추게 되었으며 이후 급속한 성장을 이루어나갔다. 이에 대해 김일성은 1948년 3월 28일 북조선로동당 제2차 전당대회의 보고에서 "제3차 확대집행위원회가 있은 이후부터 우리 당의 당사업이 제 궤도에 들어서게 되었으며 우리 당은 이때로부터 조국을 민주화하는 위대한 사업들을 감당하게 되었으며 조국을 창건하는 민주개혁을 실시하는 투쟁 가운데서 대중들과 같이 투쟁하게 되어 강력한 대중적 정당의 길을 걷게 되었습니다"[38]라고 평가했다.

6. 맺음말

해방 후 우리 나라에는 북한에 소련군이 진주하고 남한에 미군이 진주함으로써 남북한간에는 상이한 정세가 조성되었다. 이로 인해 북한에서의 혁명운동은 유리한 환경 속에서 진행될 수 있었으나 남한에서는 여러 가지로 불리한 여건을 갖게 되었다.

북한의 공산주의자들은 남북한의 상이한 정세를 감안하여 남한에서 이미 선포된 당중앙과는 별개의 새로운 당중앙을 만들었는데 그것이 바로 1945년 10월에 만들어진 조선공산당 북조선분국이었다. 북조선분국의 창설은 한반도 전체를 상정하는 혁명의 최고 참모부가 건설되었음을 의미하는데 이는 당시 미·소간의 협조와 갈등이 공존하는 상황에서 갈등의 측면이 부각된 결과이다. 1945년 10월 중순경 소련과 북한 공산주의자들은 협력의 대상으로서의 미국과 제국주의 국가로서의 미국이라는 두 가지 측면을 염두에 두었다. 그들은 남한에 진주한 미군이 친일파를 재등용하는 것을 보고 포츠담회의에서 약속된 사항을 미국이 파기하고 제국주의 정책을 실시하려는 것이 아닌가 하는 의구심을 가졌지만 또 한편으로는 아직까지 미·소 양국간의 협력관계가 청산된 것은 아니고 적대관계로 돌아서지 않은 이상 국제협조노선의 추구를 통한 보다 유리한 상황의 조성이라는 가능성을 배제할 수 없었다. 이러한 상태에서 그들은 불투명한 국제협조노선에 집착하기보다는 북한에서만이라도 혁명의 전제조건을 성숙시키기 위하여 장차 혁명을 이끌고 나갈 조직의 중심체로서 북조선분국을 창설했던 것이다. 하지만 그들은 분국을 창설하면서도 미국을 비유적으로만 공격하고 제국주의라고 노골적으로 비난하지는 않았으며 국제협조노선의 중요성을 언급하는 것을 잊지 않았다.

북조선분국의 창설이 결정된 조선공산당 서북5도 당대회에서는 남한 재건파 공산당의 정치노선인 「8월테제」와는 차이가 있는 새로운 정치노선이 채택되었다. 분국의 정치노선은 오늘날 인민민주주의혁명(반제반봉건민주주의혁명)이라고 정의되는 것과 내용에서 커다란 차이점을 보여주지 않았으며 인민민주주의혁명의 중요한 원칙들을 포괄하고 있었다.

　새로운 당중앙인 분국이 창설된 후 북한의 공산주의운동은 급속한 성장을 보였으며 분국 제3차 확대집행위원회 이후에는 조직과 규율이 확립되고 대중단체를 올바로 지도하게 됨으로써 명실상부한 강력한 볼셰비키당으로서 면모를 갖추어나갔다. 이는 공산당이 통일전선에 의거한 정권을 수립하고 그 정권내에서 영도권을 확립해낼 수 있는 조건을 마련해놓았음을 의미하는 것이다.

주 _____

1) 김남식, 『조선노동당연구』(서울: 국토통일원 조사연구실, 1977), 6~8쪽. 이하 해방 직후 각 도의 공산주의자들의 활동은 이에 근거한 것임.
2) 『전선』 2호, 1945년 10월 27일; 『전선』 4호, 1945년 10월 31일.
3) 『옳은 노선』(東京: 民衆文化社 出版部, 1946), 21~22쪽.
4) 같은 책, 23~24쪽.
5) 같은 책, 24쪽.
6) 이정식·스칼라피노, 『한국공산주의운동사』 2(서울: 돌베개, 1986), 41쪽.
7) 김창순, 『북한15년사』(서울: 지문각, 1961), 66~68쪽.
8) 『옳은 노선』, 30~31쪽.
9) 같은 책, 31~32쪽.
10) 박헌영, 「조선공산당의 주장」, 『해방일보』, 1945년 11월 5일.
11) 국사편찬위원회, 『북한관계사료집』 I (서울: 국사편찬위원회, 1982). 401쪽.
12) 와다 하루키, 「소련의 대북한정책 1945~1946」, 『분단전후의 현대사』(서울: 일월서각, 1983), 269쪽. 와다 하루키는 강연자가 이그나치예프였다고 주장한다.
13) 『옳은 노선』, 33~34쪽.
14) 같은 책, 36쪽.
15) 『김일성저작집』 1 (평양: 조선로동당출판사, 1981), 319~25쪽.
16) 『옳은 노선』, 40쪽.
17) 같은 책, 40쪽.
18) 위와 같음.
19) 같은 책, 41쪽.
20) 위와 같음.
21) 같은 책, 42쪽.
22) 같은 책, 42~43쪽.
23) 김일성, 「북부조선당 공작의 착오와 결점에 대하여」, 국사편찬위원회, 앞의 책, 8쪽.
24) 『옳은 노선』, 43쪽.
25) 국사편차위원회, 앞의 책, 416~17쪽.
26) 『옳은 노선』, 44쪽.
27) 같은 책, 45쪽.

28) 국사편찬위원회, 앞의 책, 332쪽.
29) 『옳은 노선』, 45~46쪽.
30) 같은 책, 46~47쪽.
31) 같은 책, 49~54쪽.
32) 해방 직후 좌익세력의 민주변혁논쟁과 식민지시대 민주주의혁명에 대한 연구로는 『한국사회민주변혁론』(서울: 두리, 1989) 제1, 4장을 참조하라.
33) 국사편찬위원회, 앞의 책, 332~33쪽.
34) 김일성, 「북부조선당 공작의 착오와 결점에 대하여」, 국사편찬위원회, 같은 책, 3~8쪽. 이하 분국의 착오와 결점에 대한 설명은 김의 이 보고를 토대로 한 것이다.
35) 같은 글, 8~9쪽.
36) 같은 글, 10~15쪽.
37) 『조선중앙년감』, 1949년판(평양: 조선중앙통신사), 715쪽; 김남식, 앞의 책, 32쪽에서 재인용.
38) 국사편찬위원회, 앞의 책, 334쪽.

해방 직후 북한 인민위원회의 조직과 활동

김용복

1. 머리말

지난 몇 년간의 해방전후사에 대한 높은 관심은 미군이 진주한 38선이남 지역에 국한되어 있었다. 여러 연구환경의 제약에 기인한 바도 크지만 원칙적으로 해방사가 시기상으로는 일제로부터의 해방에서부터 한반도에 분단구조가 고착화된 시기까지, 지역적으로는 전 한반도를 대상으로 해야 하기 때문에 그동안의 연구성과들은 일정한 한계를 지니고 있었다. 당시 한반도에서 일어났던 제반 정치투쟁과 그의 귀결로서 분단국가 수립과 한국전쟁의 발발을 제대로 이해하기 위해서는 전 한반도적인 시각이 견지되어야 할 것이다. 즉 미·소의 대한반도정책이 각 점령지역내에서 어떻게 관철되었으며 통일국가 수립을 위한 노력에 어떠한 영향을 미쳤는가, 남북한 각 지역에서 전개된 정치·경제적 상황은 어땠으며 그것은 서로에게 각각 어떤 영향을 받았으며 또 주었는가, 그리고 각 지역에서의 상이한 전개의 귀결은 무엇이며 그 의미는 어떤 것인가 등과 같은 한반도의 전체 상황에 대한 이해가 매우 중요하다. 이것은 미군정에 대한 연구와 동등한 비중으로 해방 직후 북한사회에 대한 연구를 전제로 요구한다고 할 것이다. 따라서 이 시기의 북한에 대한 연구가 더욱 활성화되어야 온전한 의미의

해방사가 쓰일 수 있을 것이다.

그런데 해방 직후 북한사회를 연구함에 있어서 가장 먼저 봉착하는 문제는 자료가 매우 부족하다는 점이다. 이는 당시 북한의 주둔군이었던 소련이 자료를 공개하지 않고 있다는 점, 한국전쟁으로 많은 자료들이 소실된 점 그리고 북한이 소지하고 있는 문건들을 확인도 이용도 할 수 없는 상황 등 여러 요인이 복합적으로 얽혀서 나타나는 현상이다. 하지만 객관적으로 살아 있는 역사를 복원하기 위해서는 충분한 1차자료에 근거해야 함으로 더욱 더 많은 자료의 발굴이 요구된다고 하겠다. 이 시기의 북한사회를 연구하는 데 핵심적인 자료로는 다음과 같은 것들이 있다.

첫째, 당시에 발행되었던 기관지나 신문류이다. 북한 주둔 소련군의 기관지인 『조선신문』, 평남인민정치위원회 기관지인 『평양민보』와 북조선임시인민위원회 기관지인 『민주조선』, 그리고 당기관지로는 조선공산당 평남도당의 『봉화』(烽火), 북조선분국의 『정로』(正路), 북조선신민당의 『전진』(前進), 북로당의 『로동신문』과 『근로자』, 조선민주당의 『조선민주보』 등이 있다. 이것들은 대부분 구하기가 어려우나 단편적인 내용들은 여러 곳에 실려 있다.

둘째, 북한 주둔 소련군측의 자료들인데 국토통일원에서 발간한 『조선의 해방』(1989)과 『소련과 북한과의 관계, 1945~1980』(1987) 등이 있다.

셋째, 당시의 공식문건과 간행물이다. 여기에서 중요한 자료로는 한국전쟁시 노획된 문서들인데 아직 많은 부분이 정리되어 있지는 않지만 국사편찬위원회에서 편집한 『북한관계사료집』 I~IV(1986)이 있다. 그리고 김일성선집은 1947년의 『조선민주주의 인민공화국 수립의 길』(북조선 임시인민위원회 선전부), 1948년의 『민주주의 인민공화국 수립을 위하여』(북로당출판사), 1949년의 『조국의 통일독립과 민주화를 위하여』 1, 2권 등이 있으며 당시에 출판되었던 여러 간행물도 중요하게 취급되어야 한다.

넷째, 당시 북한에 체재했던 이들의 증언과 회고록인데 증언자의 입장에 따라 일정한 편향이 있음을 고려해야 한다. 오영진의 『소군정하의 북한』(1952), 온낙중의 『북조선기행』(1948), 김창순의 『북한15년사』(1961), 김병연의 『평양지』(1964), 임은의 『북한 김일성왕조비사』(1982) 한근조의 『고당 조만식』(1973), 한재덕의 『북괴공산당을 폭로한다』(1983) 등이 있다.

다섯째, 당시 남한에서 간행되었던 신문, 연감, 일지, 보고서 등도 중요하다.

이러한 1차자료를 토대로 여러 연구업적들을 비판적으로 수용한다면 당시 북한사회에 대한 연구가 상당 부분 진전될 것이다.

이 글은 해방 직후 북한사회에 대한 역사적 사실을 인민위원회의 조직과 활동을 통하여 개략적으로 고찰하는 데 목적이 있다. 해방 후부터 북한정권 수립까지 정권기관(인민위원회)의 변천은 다음과 같이 나누어 살펴볼 수 있다.

① 자생적 조직의 시기: 소련군 진주 전의 자생적 조직의 건설시기
② 인민정치위원회 수립: 소련군 진주 후 정권기관의 재편과정
③ 5도행정국 시기(1945. 11. 19~1946. 2. 8)
④ 북조선 임시인민위원회(1946. 2. 8~1947. 2. 21)
⑤ 북조선 인민위원회(1947. 2. 21~1948. 9. 9)
⑥ 조선민주주의 인민공화국 수립(1948. 9. 9)

이 중 ①②③의 기간은 지방이 중앙집권화되기 전의 자율성이 존재했던 시기로 판단되며 ④의 시기에 중앙집권화가 완성·공고화된다고 할 수 있다. 이 글은 ①~④의 시기 즉 해방부터 북조선 인민위원회 수립 전까지 정권기관의 중앙집권화 과정과 그 활동을 중심으로 고찰했다.

2. 소련의 대한정책

일제로부터의 해방이 연합국의 승리에 직접적으로 기인했기 때문에 전후의 한반도는 국제정치의 소용돌이 속에 놓여 있었다. 미·소의 분할 점

령은 38선을 경계로 한 각 점령지역내에 상이한 변화를 낳았다. 북한사회도 소련진주군의 구도에서 크게 벗어나지 않는 범위내에서 상황이 전개되었다. 따라서 당시 국내정치의 객관적인 조건을 형성한 소련의 정책에 대한 고찰이 필요해진다. 그런데 이 문제는 너무 방대한 주제이므로 여기에서는 다음과 같은 질문에 초점을 맞추어 간략히 살펴보고자 한다.

① 전시의 연합국회담에서 한반도문제에 대한 소련의 입장은 어떠했는가?

② 왜 소련은 38선 분할점령안을 받아들였는가? 즉 소련은 군사적 우위에도 불구하고 왜 전 한반도를 점령하지 않았는가?

③ 한반도에 대한 소련의 기본목표는 무엇이었으며, 점령지역을 어떻게 통치했는가?

1) 소련군의 대일참전과 북한 진주

전후 한국문제와 관련된 중요한 연합회담은 ① 워싱턴회담(1943. 3), ② 카이로회담(1943. 11), ③ 테헤란회담(1943. 11), ④ 얄타회담(1945. 2) ⑤ 포츠담회담(1945. 7), ⑥ 모스크바3상회의(1945. 12) 등이다. 이중에 소련이 참가한 회담은 테헤란회담, 얄타회담, 포츠담회담, 모스크바3상회의이다. 이 가운데 전시(戰時)회담에서 한반도문제에 관해 합의된 사항은 "적당한 시기에 한국은 해방되고 독립될 것"이라는 카이로선언과 포츠담회담에서 이의 재확인, 그리고 "전후 한국에 대해서는 장기간의 국제신탁통치를 실시하고 외국 군대는 주둔하지 않을 것"이라는 얄타에서 구두로 합의된 내용뿐이었다. 즉 전시의 연합국회담에서는 한반도의 분할에 대해서 아무런 논의도 하지 않았으며 어떠한 합의에도 도달하지 않았다.

이러한 일련의 국제회담에서 한반도문제에 대해 주도적으로 발의한 나라는 미국이었다. 소련과 영국 및 중국은 미국이 한반도문제에 관해 언급하거나 어떤 구상을 제시할 때 비로소 자신의 의사를 표시했다.[1] 소련의 이같은 소극적 태도는 당시 소련이 국내문제와 동유럽의 적화에 치중한 데에서 비롯되었다.[2]

한편 소련은 유럽에서의 전쟁이 종결되어감에 따라 대일참전을 검토하기 시작했다. 즉 소련은 1943년 10월 모스크바외상회담에서 대일전의 참가 용의를 처음으로 밝혔다. 그리고 1944년 가을 모스크바 교섭에서 이 문제에 대해 미국과 대체적인 합의에 도달했으며 얄타회담에서 소련의 대일참전 대가로 만주에서의 권익 회복(중동철도의 공동경영, 여순의 조차, 대련의 자유항화) 및 남사할린의 반환과 쿠릴열도의 인도 등이 합의되어 소련의 대일참전이 결정되었다.[3] 여기에서는 한반도에 대한 언급이 없으며 극동에서의 소련의 관심 대상은 만주·남사할린·쿠릴열도와 더 나아가 일본이었다.

소련은 1945년 8월 8일 대일 선전포고를 하고 군사작전을 개시했다. 대일전에 관한 소련의 기본전략은 외몽고에서 동쪽으로 진격하는 자바이칼방면군과 연해주 지방에서 서쪽으로 공격하는 제1극동방면군의 두 주력부대로서 만주의 관동군을 동서 양쪽으로부터 협공하여 만주 중앙부에서 이를 포위·섬멸하는 것이었다. 당시 극동에서의 소련군 편제는 극동군 총사령관 A. M. 와시레프스키 소연방원수(군사회의 위원: I. V. 시킨 대장) 밑에 제1극동방면군(사령관: K. A. 메레츠코프 원수, 군사회의 위원: T. F. 슈티코프 대장), 제2극동방면군(사령관: M. A. 푸르카예프 원수, 군사회의 위원: A. S. 레오노프 중장), 자바이칼방면군(사령관: 마리노프스키 원수), 태평양함대(사령관: E. S. 유마세프 해군대장, 군사회의 위원: S. I. 자하로프 중장)으로 되어 있었다.[4] 이 가운데 한반도와 관련되는 제1극동방면군의 좌익에는 후에 북한에 진주하는 25군(사령관: I. M. 치스차코프 대장, 군사회의 위원: N. G. 레베데프 소장)이 배치되었는데 이 부대는 조공(助攻)부대로서 동만주 일대의 일본군 방어지대를 돌파한 후 일본군의 북한에로의 퇴로를 차단하기 위하여 왕청(汪淸), 도문(圖們), 연길(延吉) 방면에 진출하기로 되어 있었다. 그 후에 필요에 따라 태평양함대와 협력하여 일부 병력을 웅기·나진·청진 등에 상륙시킬 임무가 부여되어 있었다.[5]

8월 9일 개전과 동시에 소련군은 동·서·북의 세 방면에서 만주 중앙을 향해 작전을 개시했다. 한반도로의 진공은 없었으며 다만 공군이 북변 제항을 공격했으나 포츠담에서 합의한 미군과의 경계선 이북에 한했다.[6] 만주에서의 서전에 성공하여 자신을 얻은 소련군부는 해군에 추가적 임무로서 북한 항구에의 상륙을 명하여 8월 12일 비교적 소규모의 병력으로 웅기·나진·청진을 점령했다. 오충근에 의하면 이 사실은 소련군부가 장기전략으로서 어떠한 한국작전을 구상하고 있었는지 알 수가 없지만, 적어도 개전의 시점에서 북변 항구들에 대한 한정작전 이외에 한반도에의 본격적인 진공을 계획하고 있지는 않았음을 보여주는 것이라 한다.[7] 즉 소련 정부나 스탈린에게는 이 전쟁은 다름아닌 만주 그리고 남사할린과 쿠릴열도를 위한 전쟁이었다.

소련군의 본격적인 북한 진주는 8월 16일 미국의 국무·육군·해군 삼성조정위원회(SWNCC)에서 결정한 한반도의 38선 분할점령의 내용을 담고 있는 '일반명령제1호'를 스탈린이 받아들임으로써 이루어졌다.[8]

북한 진주군이 된 제25군의 주력은 8월 17일부터 18일에 걸쳐 만주의 전구(戰區)로부터 급거 남진하여, 육해공로를 따라 24일 함흥, 26일 평양에 입성했다. 그러므로 소련군이 개전과 동시에 입북했다는 일반적 인식은 사실과 다른 것이다.[9]

그런데 이 시기 동유럽에서의 팽창주의적 행동과는 달리, 소련군은 전 한반도를 점령할 수 있는 군사적 이점에도 불구하고 왜 38선에 머무르는 자제된 모습을 보였는가? 이는 대체로 다음과 같이 설명된다. 첫째, 미국과 마찬가지로 소련군부도 관동군의 전력을 과대평가했다. 둘째, 한반도의 반쪽이면 소련의 안보를 확보하는 데 도움이 되기 때문에 전 한반도를 점령함으로써 미국의 신경을 건드릴 필요가 없었다. 셋째, 미국과 협조체제를 유지함으로써 소련에게 정치적·군사적으로 더 큰 가치가 있는 일본점령과 그 관리에 유리한 조건을 차지하기 위한 목적 때문이었다.[10]

이상에서 살펴본 바와 같이 극동문제(특히 대한반도문제)에 대한 주도권을 미국이 가지고 있었기 때문에 소련의 대한정책은 미국의 입장에 대응하는 수동적인 것이었다. 또한 한국은 극동에서 소련의 부차적인 관심 대상이었다.

2) 북한 주둔 소련군의 정책

예상 외로 전쟁이 빨리 종결되었기 때문에 북한 진주 소련군은 북한 점령에 대해 충분히 수립된 구체적인 계획이나 일정을 가지지 못했다. 단지 북한에 우호적인 정권을 수립함으로써 장차 북한이 다시는 만주나 소련의 극동지방에 대한 공격의 전진기지가 되지 않도록 한다는 기본원칙 정도만을 가지고 있었다.

여기서는 진주 후 발표된 포고문과 성명서를 통해서 소련군정의 개괄적인 정책을 살펴보고자 한다. 소련군의 정치적 입장과 관련된 5개의 포고문과 성명서가 주로 분석이 되는데 이것들은 북한에 진주한 소련군이 어느 정도 한반도의 상황을 파악한 후인 9월 중순에서 10월 중순 사이에 발표된 것이다. 그것들은 다음과 같다.[11]

① 인민정부수립요강(9월 14일)
② 적군 최고사령부 훈령(9월 20일)
③ 인민정권을 수립하기 위한 일반정책(9월 22일)
④ 소련군사령부의 7개 항 성명(9월 27일)
⑤ 북조선주둔 소련 제25군 사령관의 명령서(10월 12일)

이상의 포고문 및 성명서에서 나타난 소련군의 대북한 기본정책은 다음과 같이 요약된다.

먼저 소련군은 북한의 실정에 맞지 않는 소비에트 질서를 강요하기보다는 기본적으로 부르주아민주주의혁명을 추구했다.

둘째, 북한지역에 일본 제국주의의 잔재를 일소시키는 것을 제일의 기치로 내세웠다. 그리하여 일제의 모든 통치기구를 철폐하고 친일분자의 철저한 소탕을 추구했다.

셋째, 소련군은 북한지역에 친일분자를 제외한 노동자·농민 중심의 인민정권을 수립하고자 했다. 그래서 반일적 민주주의적 정당·단체들의 결성은 인정했다. 그렇지만 정당과 사회단체들은 그들의 강령·규약 및 인원명부를 지방자치기관과 군사령관에 제출하여야 했다. 또한 기존의 모든 무장대를 해산시키고 소련군사령부의 허락하에 보안대를 설치할 수 있었다.

넷째, 일본인이나 친일파들이 소유한 토지와 자기가 경작하지 않은 토착지주의 토지를 몰수하여 인구수에 비례하여 토지를 재분배하고자 했다. 또한 북한시민의 사유 및 공유재산은 소련군의 보호를 받으며 일본인 소유의 공장은 공장노동자와 기술자가 관리하며 개인경영의 기술기관은 허가하지만 특별한 감시가 필요하다고 했다.

다섯째, 모든 문화시설과 위생설비 및 교육기관은 국가가 경영하며 노동자·농민에게 개방된다고 했다. 또한 종교의 자유는 보장된다고 공포했다.

결국 소련군은 급격한 사회주의 혁명을 추구한 것이 아니라 친일 요소의 청산과 토지개혁을 주요한 내용으로 하는 부르주아민주주의혁명을 지향했으며 그것을 위해 인민정권을 수립하고자 했다. 소련군은 이러한 정책을 관철시키기 위하여 공산당의 조직을 강화했고 인민위원회 형태의 지방자치기관을 북한정권 수립의 기반으로 인정하여 그를 통하여 구체적인 정책을 실시했다.

3. 공산당의 조직정비와 정치노선

해방 직후 북한에서의 공산당 조직은 '조선공산당 북조선분국'→'북조선 공산당'→'북조선로동당'→'조선로동당'으로 강화·발전되어왔다. 그리고 공산당의 정치노선은 당시 북한의 사회변혁을 이끄는 지도이념으로 관철되어 정권기관(인민위원회)을 통하여 실행되었다. 따라서 정권기관의 연구에 앞서서 공산당의 정치노선과 조직정비를 고찰하는 것이 중요한 과제였다.

이하에서는 북한의 공산당이 서울의 중앙에서 이탈하여 강력한 '대중정당'으로 강화되어가는 과정을 살펴보고자 한다.

1) 조선공산당 평남지구 확대위원회

일제가 항복하자 감옥에서 출옥한 정치범들과 지하에 잠복해 있던 좌익세력들은 긴급히 당조직활동을 시작했다. 북한 각 지역에서도 활발히 활동했는데 평남지역은 현준혁(玄俊爀), 김용범(金鎔範), 박정애(朴正愛), 장시우(張時雨), 등이, 평북지방은 백용구(白溶龜), 김재갑(金裁甲), 이황(李滉) 등이, 한남은 정달헌(鄭達憲), 이봉수(李鳳洙), 주영하(朱寧河), 오기섭(吳琪燮) 등이, 함북은 청진을 중심으로 활동하던 김채룡(金采龍), 장순명(張順明), 황진건(黃鎭乾) 등이, 해주지역은 김응기(金應基), 김덕영(金德永), 송봉욱(宋鳳郁) 등이 중심이 되어 지방당을 조직했다.

평양의 현준혁 등은 1945년 8월 17일 조선공산당 평남지구위원회를 결성했다. 그리고 9월 15일 조선공산당 평남지구 확대위원회를 개최했는데, 이 회의에서 결정된 사항은 당시 북한지역 공산주의자들의 노선을 살피는 데 매우 중요하다. 그것은 평양이 북한지역의 중심지이고 8월 26일 평양에 진주한 소련군의 통제하에서 당이 활동했으며, 김일성 등의 해외파세력이 주도권을 장악하기 전에 회의가 개최되었다는 점 때문이다.

이 회의에서는 「정치노선에 관하여」라는 결정서가 채택되었다.[12] 이 문건은 "당이 국제정세에 대한 정확한 요해가 약하기 때문에 자기 정치 노선 상에 국부적 편향을 범한 사실을 솔직히 지적하고 열렬한 비판을 한 뒤 다음과 같이 결정한다"고 하면서 먼저 세 가지 사항을 지적하고 '금번 수정강령'으로 23개 항목을 채택했다. 중요한 결정내용을 살펴보면, 먼저 현재의 조선혁명을 '자본혁명계단'으로 파악하여 친일세력을 철저히 배제한 민족통일전선을 결성하여 프롤레타리아혁명의 전제조건을 준비해야 한다고 했다. 둘째, 국제정세에 대한 인식으로 미·영 등 연합국에 대하여 그의 역사적 진보성을 모호하게 취급하고 미·영을 대상으로 한 제국주의 재침략을 방비한다는 규정은 잘못이며 연합국의 진보성을 명확히 인정하고, 미·영 등이 민주주의 국가이므로 소련 및 미·영·중 등 연합국과 친밀한 우의적 관계를 꼭 맺어야 한다. 셋째, 기존의 토지강령에서 대지주 토지의 제한 몰수라는 것을 취소하고 비친일가의 사유재산과 사유토지를 승인한다고 했다. 수정된 23개 강령 가운데 주목할 만한 사항은 정권에 대한 제1항의 내용인데, "인민대표회의를 소집하여 인민공화국을 수립한다"고 하여 9월 6일 서울에서 성립 된 조선인민공화국을 간접적으로 부인하고 있다. 그리고 철저한 친일 잔재의 청산을 기본으로 하여 농업, 노동, 산업 교육, 문화 부문의 민주개혁을 실시해야 한다고 결정했다.

2) 조선공산당 북조선분국 수립

조선공산당 북조선분국은 1945년 10월 10일에서 13일까지 개최된 '서북 5도당 대표자 및 열성자대회'에서 설립되었다. 대회에 앞서서 북한 각 지구 당대표들을 소집한 가운데 '분국' 조직을 위한 예비회의(10월 5일)가 평양에서 개최되었는데 국내파('박헌영도당')의 심한 반발이 있었다.[13]

'대회'에는 공산주의 핵심들을 비롯하여 지방당조직들의 대표 등 70여 명이 참가했다.[14] 회의는 비공개속에 진행되었는데[15] 후일에 나온 회의록과 결정서를 통하여 그 내용을 살펴볼 수 있다.[16]

회의는 다음과 같은 순서로 진행되었다.
① 임시집행부 선거
② 조공당책(朝共黨責) 박헌영 동무에게 축전 결의
③ 국제정세에 관한 연설
④ 당 및 공산주의자의 정치적 과업보고(오○○)
⑤ 당조직문제 보고
⑥ 지방정권 및 도당 사업강화문제 보고(김○○)
⑦ 조공당 북선 지방위원회 선거

당과 공산주의자의 정치적 과업에 대한 오○○(아마도 吳琪燮)의 보고에서는 조선의 현 단계는 자본주의 단계이며 이 단계에서는 통일된 인민자주적 공화국을 건설해야 한다고 주장하였다. 계속해서 그는 해방 후 일본제국주의의 붕괴와 붉은군대의 진주는 공산주의운동을 급속도로 발전시켰으나 아직 조직문제에서 매우 취약하며 당에 존재하는 좌·우의 편향을 극복할 것을 주장했다.

다음 당조직문제에 대한 보고는 대체로 김일성이 한 것으로 알려져 있다.[17] 이것은 북한의 역사서술에서도 확인된다. 즉 『정치사전』(1973)에는 김일성이 당조직문제에 관한 보고를 했다고 씌어 있으며, 『조선전사』 23권(1981)에는 보고 제목이 '우리 나라에서의 맑스-레닌주의 당건설과 당의 당면과업에 대하여'라고 구체화되어 있다.

김(金)은 보고에서 조선의 현재 형편은 첫 임무로 반파쇼전선을 굳게 하는 것이며 전힘을 다하여 민족통일정권을 수립해야 하며 이것은 자본가도 참가하는 자본민주정권이어야 한다고 주장했다. 또한 박 동무(박헌영—필자)의 지시 밑에서 우리에게 박두한 문제를 토론해야 하며, 당문을 넓혀 대중적 당을 만들며 당의 성분을 개선하기 위해 노동자·농민을 획득하여야 함을 강조했다. 사상통일을 위해 좌경향(이영파)과 우경향(연합전선을 짓는다고 해서 무산계급의 독자성을 망각하는) 그리고 양조전선(兩條戰線: 兩面派)에 대하여 투쟁할 것을 촉구하고 당규율문제, 결의에 대한 복종문제, 의무금 납부문제에 대해 보고했고 끝으로 다음 사항을 제청하여 전원찬성으로 통과되었다. 즉 ① 조공 북부조선 분국위원회 설치문제, ② 당규와 기초문제, ③ 당증 발행문제, ④ 전조선 당대회 소집문제 등으로 그 찬성이유는 다음과 같다.

첫째, 미·소 양군의 지역적 진주로 남·북부 조선에 특수성이 있다. 이 특수성을 따라 당중앙과의 밀접한 지도와 연락이 요구되는 동시에 5도의 행정상 통제를 필요로 한다. 따라서 당중앙에 직속된 분국을 설치할 것이다.

둘째, 당규의 급속 결정은 파벌분자의 혼입을 방지하는 것이다. 초안을 경성에 보내서 중앙에 도움이 되게 하자.

셋째, 당증은 기술문제로 보아 중앙에서 인쇄가 곤란하면 북선서 중앙의 승인 밑에 발행하자.

넷째, 당전국대표대회는 당중앙에서 행동강령, 당증, 당규를 민주적으로 결정하고 선거된 간부를 강화하기 위하여 소집되어야 한다.[18]

이 내용을 세밀하게 분석하여보면, 대회 주도세력은 남북이 처한 조건의 차이를 명확히 인식했으며 형식적인 체계상 중앙의 지도를 받는 분국의 형태이지만 실질적으로 당규나 당증에 대한 문제제기를 통하여 새로운 중앙은 아니더라도 독자적인 조직과 활동을 염두에 두고 있었으며, 조선공산당 결성의 절차상 하자를 제기하고 있었음을 알 수 있다.

이 대회에서 채택된 결정서는 「정치노선과 조직 확대·강화에 관한 결정서」「조직문제에 관한 결정서」「좌경적 경향과 그 분파행동에 대한 비판」 등이다.[19] 총 29개 항으로 된 「정치노선과 조직 확대·강화에 관한 결정서」를 중심으로 하여, 결정된 정치노선과 조직노선을 살펴보자. 이 결정서의 내용은 크게 세 부분으로 나뉜다.

첫째, 국제정세에 관한 부분(①~⑥)인데, 연합군 진주의 의미를 36년간 부식했던 일본 침략자의 잔재 숙청을 도와줌에서 찾는다(⑥).

둘째, 조선의 상황과 정치노선에 관한 부분(⑦~⑬)이다. 조선혁명의 특수성은 자국에 의한 해방이 아니라 외래에 의한 해방에 있으며 또한 외래의 힘이 사회주의 국가와 자본주의 국가의 힘으로 되어 있다는 데 기인한다. 통일된 유일한 인민의 의사를 대표할 인민공화국 수립(⑧)[20]을 근본과업으로 제시했으며, 친일파·민족반역자 숙청 및 광범한 인민의 통일전선 형성(⑨⑩), 일제·민족반역자의 생산기관 몰수(⑪), 토지개혁(⑫), 조선인민의 부의 증진과 생활향상(⑬) 등이 결정되었다.

셋째, 당의 조직노선에 관한 부분(⑭~㉙)으로 중앙에의 복종(⑭), 북조선분국 설치(⑮), 대중조직의 강화(⑰), 당의 성분 개선(⑱), 당규의 강화와 민주주의 확대(⑲⑳), 당의 통일과 좌경적 오류와의 투쟁(㉑㉕㉖㉙), 당의 활동 강화(㉓㉔) 등의 내용이 결정되었다.

대회는 끝으로 분국 위원들을 선출하고 제1차 확대위원회를 개최하여 책임비서에 김용범을, 제2비서에 무정(武亭)과 오기섭을 추대했다. 파벌로는 소련파, 연안파, 국내파가 안배되었다. 김용범의 등용은 해방 전 당공

표 1

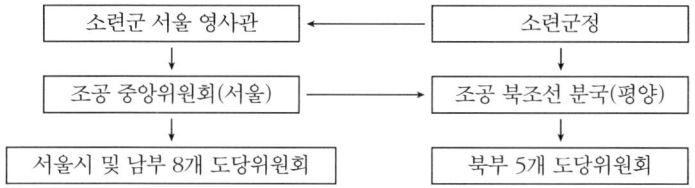

자료: 김남식, 『남로당연구』(돌베개, 1984), 59쪽.

작을 위해 소련에서 밀파된 인물이란 점을 고려하면 이상하지는 않으며, 아직 입국도 안 한 무정을 내정한 것은 연안파를 포섭하려는 정치작업이었고 오기섭의 등용은 국내파의 분국 설립 반대를 무마하기 위한 회유책이었다. 그런데 김일성이 제외된 것은 소련군정이 일정한 기간 김일성의 정치적 기반을 다진 후에 등장시키려 한 것으로 판단된다.[21]

분국은 조직 결성 10일 후인 10월 23일 비로소 서울 중앙으로부터 정식 승인을 받았다.[22]

한편 북한은 '조선공산당 북조선분국'의 명칭을 변경하여 사용했는데 북로당 2차 당대회(1948. 3)에는 '조선공산당 북조선중앙국'으로, 제3차 당대회(1956. 4)에서는 '조선공산당 북조선조직위원회'로 그리고 1965년 10월 10일 당 창건 20주년 기념보고에서는 '북조선공산당 중앙조직위원회'로 불렀다.[23] 이같은 명칭 변경은 서울 중앙에 대한 주종관계를 탈피하는 동시에 평양의 독립성을 부각시키는 데 그 목적이 있는 것 같다. 북한의 후의 역사책에서도 보이듯이 김일성은 처음부터 분국이 아닌 당중앙을 조직하고자 했음에 틀림없다.[24] 이는 북한이 분국 조직일인 10월 10일을 로동당 창건일로 정하고 기념하는 것으로도 확인된다.

분국 설치에 따른 당체계는 표 1과 같다.

이것은 형식적으로 1국1당원칙의 명분이 지켜진 체계이지만 실제로는 남북의 두 개 중앙이 존재하는 결과를 낳았으며, 북쪽의 중앙이 훨씬 더 유리한 조건에 놓여 있었다.

3) 제3차 확대집행위원회

분국 설치 후 약 1개월이 지난 뒤에 제2차 확대집행위원회(1945. 11. 15~17)가 개최되었다.[25] 회의의 안건은 정권문제, 대중단체 조직에 관한 문제, 통일전선문제 등이었는데 특히 정권문제를 중요하게 취급했다.

김일성은 「진정한 인민정부를 수립하기 위하여」란 연설에서 박헌영일 파의 인민공화국을 지지하는 것을 우경투항주의적 행동이며 반인민적 행위로서 그 반대를 명확히 했으며 M-L분파가 사회주의혁명을 주장하는 것은 극좌적 행동이라고 비판했다.[26] 또한 진정한 인민정권은 광범한 대중적 지반과 민주주의민족통일전선에 기초하여 수립되어야 하며 정권에 대한 공산당의 영도, 노동계급의 영도가 반드시 확보되어야 하며 중앙정권기관을 세우기에 앞서 민족통일전선을 튼튼히 형성하고 대중조직을 빨리 조직하여야 함을 강조했다.[27] 여기서 김일성은 새로운 정권 수립의 필요성을 강조했으며 그것에 대한 공산당의 지도를 역설했다.

다시 한 달 후인 12월 17일과 18일에 북한공산당사에서 중요한 제3차 확대집행위원회가 개최되었다. 여기에서 김일성은 책임비서로서 선출되어 공식적으로 공산당의 전면에 나서게 되었다.

김일성은 이 회의에서 「북부조선당 공작의 착오와 결점에 대하여」란 제목의 보고를 했다. 다음은 보고내용의 요지이다.

1. 당의 성분개선과 규율강화에 대하여
공산당의 사회적 성분이 노동자 30퍼센트, 농민 34퍼센트, 지식분자·상업가 및 기타 성분이 36퍼센트로 노동자 성분이 적으며, 일부 지방당에서는 분국 조직위원회의 지시를 무시하고 있다.

2. 대중과 연계를 강화하며 대중을 지도함에 대하여
오늘까지 많지 않은 수의 노동자 당원들을 가지고 있는 것은 대중과의 연계가 미약함에 기인한다. 신의주사건은 사회민주당의 조정과 지도에 의하여 중학생들이 무장을 하고 도당위원회를 습격한 것이다.

대중에게 배워야 되겠다는 준비가 필요하다.

3. 직업동맹에 대한 지도에 대하여

도·시당부들은 직업동맹에 대한 지도를 과소평가함으로써 직업동맹 내의 많은 지도적 지위를 비당원들이 차지하게 했으며, 직업동맹원들 속에서 공산당원들이 아주 적은 수효를 차지하게 되었다.

4. 인재양성과 당의 역량배치에 대하여

5. 당증 수여와 당원의 통계사업에 대하여

6. 통일전선문제에 대하여

통일전선은 간판을 위하여 우리에게 요구되는 것이 아니라, 인민을 단결시키며 국내의 정치·경제적 생활을 급속히 정돈하여 우리 나라를 통일적 민주독립국가로 만들기 위하여 요구되는 것이다.

7. 우리의 과업(8개 항)[28]

이 보고를 토대로 하여「북부조선당 공작의 착오와 결점에 대한 결정서」가 채택되었다. 결정서는 먼저 당의 대결점을 9개 항에 걸쳐 언급한 후 다음과 같은 13개 항의 내용을 결정했다. 즉 모든 인민적·민주주의적 정당과 단체들의 광대한 단합을 기초로 하여 인민적인 조선민주주의 정권 수립에 협력한다(①항), 당의 사상적 조직통을 위하여 투쟁(②), 당원증·당의 성분 개선, 인민위원회와 대중조직에 대한 당의 영향 강화(⑤), 선전물·출판물 활성화(⑥), 당원통계 철저(⑧),······분국은 확대위원회에서 접수된 결정에 대하여 조선공산당 중앙위원회에 보고할 것(⑬) 등이다.[29]

이 3차 확대집행위원회는 김일성이 공산당의 전면에 나서서 당의 결함을 지적하고 당조직을 체계화하여 당내 통일을 공고히 하고자 했다는 점에서 '당사업에서 일대 전환'을 가져온 중요한 회의였다. 그리하여 현재의 북한은 이 회의를 계기로 하여 "당중앙으로부터 세포에 이르기까지 정연한 당조직체계가 서고 민주주의 중앙집권제 원칙이 확립되었으며, 상급 당의 결정과 지시에 무조건 복종하는 조직규율이 서게 되었으며, 당중앙과 각급 당조직들에는 우수한 간부들이 등용되고 당은 노동계급과 빈농들 속에 깊이 뿌리박게 되었다"[30]고 그 의의를 강조하고 있다.

한편 이 회의에서 김일성은 민주기지노선을 제시했다고 한다. 북한의 공식입장에 의하면 "민주기지란 혁명하는 나라의 한 지역에서 승리한 혁명을 공고히 하여 혁명의 전국적 승리를 담보하는 책원지"이다. 그런데 이 이론은 김일성이 "항일혁명투쟁시기에 유격근거지-해방지구를 창설한 경험과 업적에 토대하여 역사상 처음 창시한"것으로 해방 직후 "북반부에 혁명적 민주기지를 창설하기 위하여 우선 당을 창건하고 당의 영도 밑에 인민정권을 세워 그를 혁명적 무기로 하여 반제반봉건민주혁명 과업들을 철저히 수행하고 근로단체를 조직하고 인민무력을 건설했다"[31]는 것이다.

그런데 민주기지노선을 언제 처음 제시했는가에 대해서는 이견이 있다.

한재덕은 서북5도당 책임자 및 열성자대회에 참석한 이관엽(李寬燁)의 증언을 토대로 김일성이 이 대회에서 북조선 민주기지 창설노선을 처음으로 제시하고 제3차 확대집행위원회에서 정식으로 재확인했다고 주장한다.[32] 그러나 이 주장은 문건을 통해서 확인이 되지 않는다.

반면 많은 연구가들은 제3차 확대집행위원회에서 김일성이 민주기지노선을 처음 제시했다고 한다.[33] 그런데 이들이 근거하고 있는 문건은 『김일성선집』(1954)인데 노획된 문서 속에서 발견되는 내용과는 차이가 있다.

원문을 인용·비교하여 보자.

현 단계에 있어서 북조선에서의 우리 당의 정치적 총노선과 실제활동은 모든 민주주의 제정당·사회단체들과의 광범한 연합의 기초 위에서 <u>우리나라에 통일적 민주주의적 정권을 수립하며 북조선을 통일적 민주독립국가 건설을 위한 강력한 정치·경제·문화적 민주기지를 만드는 데 있습니다.</u> 그렇기 때문에 우리는 일방으로는 북조선 정치·경제·문화생활을 급속히 정상화시키기 위한 투쟁에 도시와 농촌의 근로대중을 궐기시키면서 타방으로는 민주주의 정당·사회단체들과의 통일전선을 백방으로 강화하여야겠습니다.(『김일성선집』, 1954)[34]

현단계에 있어서 북조선공산당의 전반 정치 및 실지활동은 모든 민주주의 당들과 정치적 단체들의 넓은 연합의 기초 위에 <u>뿔조아민주주의 정권을 수립함에 방조를 주어야 될 것이다.</u> 북조선에 정치 및 경제생활을 속히 정돈할 과업실행에로 도시와 농촌대중의 실지사업을 돌리면서 반일민주주의 당과 단체들과의 통일전선을 만방으로 강화시켜야 될 것이다.(노획된 문서에서)[35]

두 인용문을 비교해보면 강조 표시된 부분이 윤색되었음을 알 수 있다. 결국 제3차 확대집행위원회에서도 문건상 공식적인 민주기지노선을 주창한 사실을 확인할 수가 없다. 그러나 이 말은 민주기지노선의 실시를 부정하는 것이 아니다. 단지 김일성 중심의 유격투쟁세력들이 가지고 있는 기지론적인 인식과 경험들이 그 당시에는 공식화되지 않았다는 것을 의미한다. 회의 이후 진행된 제반의 정책 실행을 살펴보면 민주기지노선은 점차 구체화되고 있음을 알 수 있다.

4) 조선민주당의 무력화

소련군의 진주로 위축된 우익진영은 조선민주당(이하 조민당)의 결성을 통해 그 세력을 조직화하게 된다. 조민당은 1945년 11월 3일 평양에서 창당되었다. 조민당의 창당 배경에 대한 증언자들의 견해는 크게 두가지로 나뉜다. 하나는 조만식 등 우익세력은 원하지 않았는데 소련군정과 김일성이 정당 결성을 종용했다는 견해이다. 즉 소련군정은 소련군과 공산당의 행패 등으로 인한 민심의 이탈을 무마하고 형식적으로나마 복수정당제도를 마련하여 민주주의를 실시하고 있다는 것을 보여주기 위해서 정당 설립을 권고했다는 것이다.[36] 다른 견해는 조만식 등의 우익세력들이 독자적인 정당의 필요성을 느껴 소련군정의 허락을 얻어 창당을 준비했고 김일성의 입당을 권유했으며 창당과정에 김책이 참여했다는 것이다.[37] 그런데 이 두 견해는 증언자들의 강조점의 차이에서 비롯된 것이기 때문에 상호보완적으로 이해하면 된다.

창당대회는 광주학생의거기념일인 11월 3일에 개최되었는데 여기서 초대 간부들이 선출되었다.[38] 김일성이 자신을 대신하여 추천한 최용건은 부당수로, 김책은 서기장 겸 편집부장으로 선출되었다.

당수: 조만식(曹晚植)
부당수: 이윤영(李允榮), 최용건(崔庸健)
상무집행위원: 이종현(李宗鉉), 김병연(金炳淵), 우제순(禹濟順), 김익진(金翼鎭), 백남홍(白南弘), 김재민(金在民: 金策), 조종완(趙鍾完), 홍기황(洪基璜), 정인숙(鄭仁叔), 박현숙(朴賢淑), 한모(韓某: 여성), 오영진(吳泳鎭), 김규환(金奎煥), 이계환(李繼煥), 윤무선(尹武璿), 박재창(朴在昌), 박승환(朴承煥), 이호빈(李浩彬), 윤장엽(尹長燁)(이하 불명)

조민당의 노선은 조만식의 민족의 독립, 남북의 통일, 민주주의의 확립의 3원칙에 준하여 결정되었다.[39] 창당대회에서 채택된 정강·정책은 소련군장이 누차 약속한 소자산계급성 민주주의 독립국가 건설의 의취와 부합되게 하고 평남인민정치위원회의 정강 정책을 제정할 때에 민족 진영측이 공산당과 격론을 벌이면서 수호하여 오던 선을 그대로 나타낸 것이었다.[40]

월남한 증언자들에 의하면 조민당은 창당된 지 채 3개월이 안 되어 북한 전역의 도·시·군·면에 이르기까지 지방당부가 결성되고 당원수도 수십만 명을 헤아리게 되었다고 한다.[41] 소련군정하에서도 지속적으로 성장을 하던 조민당은 모스크바3상회의 결정에 대한 지지문제로 소련군 정당국 및 공산당과 대립하게 되면서 그 성격의 변화를 겪게 되었다.

조만식은 1945년 12월 30일 치스차코프 사령관으로부터 모스크바 결정을 지지하라는 압력을 받고 비공식 당간부회의를 소집하여 신탁통치는 찬성할 수 없다는 당의를 결정했다.[42] 이러한 조민당의 태도는 소련군의 탄압을 가져왔다. 소련군은 1946년 1월 5일 조만식 등 우익인사를 공직에서 사퇴케 하고 조만식을 연금했다. 이를 기회로 최용건 등의 공산주의자들은 1946년 2월 5일 조선민주당 열성자협의회를 개최하여 조만식 규탄선언문 등을 채택하고 중앙위원을 개선했으며 임시당수로 김일성의 인척인 강양욱(康良煜)을 선출했다.[43] 같은 해 2월 24일에 각 도 대표 190여 명이 참석한 조선민주당 제1차 당대회에서 최용건이 당수로 선출되었다.[44]

한편 조만식이 연금된 후 당의 고위간부들—이윤영, 한근조, 김병연, 이종현, 백남홍 등—은 대거 월남하여 서울에 집결, 1946년 정초에 조민당의 본부를 서울로 이전했다고 발표하고 미군정하에서 활동을 재개했다.[45]

결국 우익진영을 대변하던 조민당은 모스크바 결정에 대한 지지문제로 성격의 변화를 가져와 공산당의 외곽당으로 전락하게 되었다.

5) 북조선로동당의 창립

북조선공산당은 1946년 7월 22일 각 정당·사회단체들을 북조선 민주주의민족통일전선 위원회로 결집시켜 단일한 역량을 만든 후에 신민당과 합당을 통하여 강력한 대중정당을 추구했다.

신민당은 독립동맹이 국내외 정세변화에 부응하여 좀 더 강력한 당조직 형태로 전화한 것이다. 독립동맹은 마오쩌둥 휘하 중공군과 함께 중국화북 일대에서 항일투쟁한 집단이다. 그래서 신민당의 정치노선은 마오쩌둥의 강한 영향을 받았다. 중앙조직의 간부는 아래와 같다.

중앙위원회
주석: 김두봉(金枓奉)
부주석: 최창익(崔昌益), 한빈(韓斌)
조직부장: 이유민(李維民)　　선전부장: 김민산(金民山)
비서처장: 변동윤(邊東潤)　　총무처장: 장철(張徹)[46]

신민당은 주로 지식인들을 상당수 포함한 중산층에 기반했다.[47] 최창익은 공산당은 무산계급의 토대 위에 수립된 노동자계급의 전위정당이지만 신민당은 자산계급성 민주혁명의 단계인 현재 조선사회의 역사성에서 규정된 정당으로 각 계급·계층을 불문하고 진보적 민주주의 사상을 가진 사람은 누구나 참여할 수 있는 민족통일전선 정당이며 민족적 자주독립과 민주주의적 정권 수립을 목적으로 하는 진보적 정당이라고 그 성격을 설명했다.[48]

김일성도 양정당의 차이 속에서 합당의 기초를 찾고 있다. 즉 공산당은 프롤레타리아의 이익을 옹호하는 당으로 탄생·발전했고 신민당은 농민과 근로인텔리의 이익을 옹호하는 당으로 창립했으며 또한 발전했다. 이러한 차이에도 불구하고 창당 때부터 공동의 임무를 수행했는데 그것은 노동자·농민·인텔리의 이해관계의 공통성에 기인하는 것으로 이것이 민주주의를 위한 투쟁에서 양당의 단결의 기초가 되고 동시에 합당의 기초가 된다는 것이다.[49]

1946년 2월부터 7월까지 김일성은 북조선공산당과 신민당을 통합시키기 위해 끊임없이 노력했다. 그리하여 같은 해 7월 29일 신민당 위원장 김두봉이 김일성에게 제청하는 형식으로 양당 합당을 위한 연석중앙확대위원회가 열려 합당을 결정하고 8월 28일에 북조선로동당 창립대회를 개최했다.[50]

창립대회는 ① 북로당 창립대회 보고(김일성, 김두봉), ② 당강령에 대한 보고(최창익), ③ 당규약에 대한 보고(김용범), ④ 중앙기관지에 대한 보고(태성수), ⑤ 당중앙위원회 선거, ⑥ 당중앙검열위원회 선거의 순으로 진행되었다. 대회에는 공산당원 27만 6,000여 명과 신민당원 9만여 명을 대표하여 801명의 대표가 참가했다.[51]

양당 대표들의 창립대회 보고를 통하여 합당의 필요성과 북로당의 정치노선을 알 수 있다.

다음은 김일성의 보고내용이다.

   1. 조선의 정치정세: 오늘의 조선은 다른 어떠한 자들의 조선이 아니

고 인민의 조선, 인민 스스로가 건설하고 다스리는 조선으로 재건해야 한다. 북조선은 진정한 민주주의로 나아가는 반면 남조선은 반동적·반민주·반인민의 방향으로 나아가고 있다. 철저한 민주개혁으로 통일적 완전독립국가 건설이 시급한 문제이다.

2. 민주과업을 실천하는 데 있어서 민주주의민족통일전선은 그의 기본이다: 모든 친일적 반동세력을 소탕하고 민주주의완전독립국가를 세우는 데 급선무는 튼튼한 민주주의민족통일전선을 결성하는 데 있다. 따라서 공산당과 신민당의 합동이 필요하다.

3. 두 당의 합동은 역사적으로 필연한 것이며 또 가장 적절한 것이다.

4. 당의 당연 임무: 통일적 민주주의 완전독립국가를 세우는 데 ① 노동당을 강력한 전투부대로, ② 당내 사상통일, ③ 군중 속에서 성장하는 당으로, ④ 사회단체에 대한 지도 강화, ⑤ 간부의 배양 그리고 모든 결정·강령·정책을 인민대중 속으로 가져가야 한다.

이어 김두봉은 다음과 같은 내용의 보고를 했다.

1. 세계 민주주의 발전에 파쇼 잔여의 반항 첨예: 조선의 해방은 세계 혁명의 일환으로서 실현되었다. 오늘의 국제정세에는 사회주의 체제와 자본주의 체제의 근본적 대립에는 하등의 본질적 변화가 없으며 제국주의 대 식민지·반식민지의 모순도 근본적으로 해결되지 않았다.

2. 조선의 완전자주독립은 민주민족통일이 전제: 조선의 사회구성 형태가 낙후한 반봉건적 식민지사회이므로 일약 무산계급독재의 사회주의 국가 수립을 꾀한다면 역사를 초월하는 것이다. 민주주의민족통일전선은 일체 민주주의 제과업의 수행에 있어서 기본적 조건이다.

3. 민주역량을 총집결, 반동파의 발악 분쇄: 오늘의 역사계단은 민주주의 혁명계단으로 범주적으로는 선진 서구제국에 있었던 것과 동일하다고 할 것이나 그 역사적 계단과 내용에 있어서 다시 말하면 제국주의 몰락기에 있어서 무산계급의 영도하에 확립되는 사회경제체제는 그 현

실적 발전에 있어서 질적으로 구별된다.

 4. 양당원의 적극 지지로 극히 순조로운 합동 진전: 좌우경의 편향이 존재한다.

 5. 역사적 새 임무을 띠고 북로 탄생: ① 북로는 민주주의 과업 수행에 있어서 민주주의통일전선을 강화하여 그 선봉대가 되어야 한다, ② 당의 대중화, ③ 기본적 교양사업 강화, ④ 사회단체 지도, ⑤ 친일파·민족반역자·반동파와 투쟁.

말미에 김일성과는 달리 김두봉은 '김일성 장군 만세'를 불렀다는 사실이 흥미롭다.

두 연설은 흥미로운 대조를 보인다. 김일성은 거의 전적으로 조선에 필요한 것들을 언급한 '조선제일주의자'였다. 반면에 김두봉은 마르크스-레닌주의에 입각하여 현 단계 조선혁명의 특수성을 과학적으로 분석하는 데 많은 노력을 기울였다.[52]

대회는 김일성의 중앙위원(43명) 추천과 김두봉의 검열위원(11명) 추천을 만장일치로 승인하고 김일성의 폐회사로 끝났다.

뒤이어 개최된 제1차 중앙위원회에서 선출된 최고지도기관은 다음과 같다.

 당중앙위원회
 정치위원장: 김두봉 부위원장: 김일성, 주영하
 검열위원장: 김용범
 정치위원회 위원: 김두봉, 김일성, 주영하, 최창익, 허가이

당 중앙의 집행부는 아직 정확히 밝혀지지 않고 있다. 방인후에 의하면 그것은 대략 다음과 같다.

 당중앙본부 집행부서

조직부: 허가이   문화부: 한설야
당간부부: 무정   부녀사업부: 박정애
선동선전부: 김창만   청년사업부: 미상
노동부: 미상   총무부: 정지안
농민부: 미상   재정부: 김교영[53]

후일 북한에서는 북로당 창립은 "북반부에서 혁명을 좀 더 높은 단계 즉 사회주의 혁명단계에로 발전시키고 민주기지를 강화하는 사업을 더욱 성과적으로 추진시킬 수 있게 했으며 조국의 통일독립을 위한 투쟁을 더 힘있게 벌일 수 있게 했을 뿐만 아니라 혁명적·대중적 당건설의 모범을 보였다"[54]고 평가한다.

이로써 앞으로 수십년간 북한을 이끌어나갈 당이—1949년 6월에야 남로당과 합당(사실상 흡수)하여 조선로동당으로 완성되지만—만들어졌다.[55] 또 비록 위원장직은 전술상 양보했지만 김일성은 당의 실질적 지도자로서 그 위치를 굳히게 되었다. 이때에는 이미 조선민주당과 천도교청우당[56]도 공산당이 장악·통제하고 있었다.

4. 지방인민위원회의 조직

이 장에서는 해방 직후 자생적 조직의 발생으로부터 북조선 임시인민위원회 수립 전까지의 정권기관을 살펴보고자 한다. 이 기간의 전반적인 특징은 중앙의 행정기구가 조직되지 않아서 지방수준에서 실질적인 정치권력이 행사되었다는 점이다. 각 지방인민위원회는 상당한 정도의 자율성을 갖고 지역적 문제를 해결해나갔다. 그렇지만 그 자율성은 소련주둔군의 기본정책에 배치되지 않는 범위내에서만 허용되었다.

지방인민위원회의 일반적인 활동은 다음과 같았다.

표 2   인민위원회 조직상황표

전국 총수		38도 이남			38도 이북			비고
		총수	기조직	미조직	총수	기조직	미조직	
2,244	면	1,680	1,667	13	564	564		
103	읍	75	75		23	23		
2	島	2	2					
218	군	148	145		70	70		
22	시	12	12		9	9		경기도 북부
13	道	9	7		7	6	1	강원도 남부
								황해도 남부

자료: 『전국인민위원회 대표자대회 의사록』, 31~32쪽.

38이남과 같이 각지에서 조선인민의 창의로서 인민위원회가 조직되어 일본군의 무장해제와 일인이 소유한 공장·광산·기업 등에 대한 접수, 조선인민 자신에 의한 치안확보, 민족반역자의 숙청 등을 감행했다. 붉은군대는 조선인민에 의한 위대한 정치적 창조인 인민위원회에게 모든 것을 맡기고 다만 뒤에서 힘있는 원조를 하여주었다.[57]

이러한 지방인민위원회는 주민대회 또는 주민대표자들의 회의에서 거수 또는 비밀투표에 의하여 위원을 선출하는 방법으로 조직되었다.[58] 대부분의 인민위원회는 노동자·농민을 비롯한 광범한 인민대표로 구성되었다.[59] 북한지역에는 1945년 11월 말까지 6개 도 안의 모든 시·군·면·리에 인민위원회가 조직되어 활발히 활동했다. 표 2는 1945년 11월 20~22일에 개최된 전국인민위원회 대표자대회에서 보고된 인민위원회 조직상황이다. 여기서 북한지역의 미조직된 도(道)인민위원회는 경기도 북부지역을 가리킨다.

그런데 이 시기에 대한 자료의 절대적인 부족은 당시의 역사적 사실을 복원하는 것조차 어렵게 한다. 따라서 이 기간에 대한 연구가 거의 전무

한 것도 당연한 일일 것이다. 그럼에도 불구하고 앞으로의 연구를 위해서 뿐만 아니라 해방 직후 북한의 상황을 이해하는 출발점으로, 부족한 자료들—주로 회고록이나 증언 위주로 일정한 편향을 갖고 있다—이지만 재구성하는 것도 충분한 의미가 있다고 하겠다.

이하에서는 이 기간을 소련군의 진주와 5도행정국의 수립이라는 두 가지 계기를 중심으로 세 소시기로 나누어 살펴보고자 한다.

1) 소련군 진주 전의 자생적인 조직

일제의 갑작스러운 항복은 북한지역에 권력의 공백상태를 가져왔다. 이 공백은 지방의 유지들이나 독립운동가들에 의한 자발적 조직에 의해서 메워졌다. 그 조직들의 활동은 주로 치안확보와 일본인 재산의 접수와 관리에 중점을 두었다. 그런데 북한에서의 일본군 무장해제는 소련군의 진주에 의해서 진행되었다. 따라서 소련군 진주 전의 자생적 조직들은 상징적인 조직이었지 실질적인 통치기관은 아니었다.

자치조직의 성격은 그 지방에서 전개되었던 항일민족해방운동의 성격과 밀접한 관련이 있었다. 즉 그것은 좌·우익의 세력판도에 의해 결정되었다. 민족진영이 강한 평안도지역에서는 자치조직에 우익이 강한 영향력을 행사했으나 함경도는 그 반대였다. 황해도는 중간형태로서 좌·우익의 조직들이 대등하게 조직되었다.

(1) 평안남도

일제가 항복하자 8월 16일에 수백 명의 정치범이 석방되었고 자치조직 결성의 준비가 진행되었다. 조만식 등 민족진영의 지도자들은 평남 주지사 후루가와(古川)의 사전교섭에 응하지 않고 독자적으로 준비활동을 하여 8월 17일에 평남건국준비위원회를 결성했다.

준비모임에서 평남건준의 성격을 "지방정권도 아니고 정당도 아니며, 중앙정권이 확립되고 중앙정부가 수립되는 즉시로 모든 권리와 사무를 무조건으로 이양하고 또 이양하기 위한 과도적이고 순민간적인 애국단체에 불과하다"⁶⁰⁾고 규정했다.

결성된 평남건준의 진용은 다음과 같다.

      위원장: 조만식   산업부장: 홍정모(이종현)
      부위원장: 오윤선   재정부장: 박승환
      총무부장: 이주연   생활부장: 이종현
      치안부장: 최능진   지방부장: 이윤영
      선전부장: 한재덕   외교(섭외)부장: 정기수
      교육부장: 홍기주
      무임소위원: 김병연, 한근조(법조계),김의진, 김주교(종교계),
          지창규(유림), 박현숙(여성계), 김병서(刀圭계),
          김동원(刀圭계), 김광진 등⁶¹⁾

구성을 살펴보면 공산주의자로 분류될 수 있는 사람은 이주연, 김광진, 한재덕뿐이고 주로 기독교인과 민족주의자가 중심이 된 조직이었다.

평남건준은 백선행기념관을 사무소로 삼고 활동을 시작했다. 일본측으로부터 행정권 같은 사무권한의 이양은 없었지만 각 부별로 독자적인 활동을 했다. 그러나 존속기간이 10여 일에 불과하여 각 활동들은 준비단계에 지나지 않았다. 산업부는 전시 중 물자의 소개(疎開) 또는 재고를 조사하여 통계를 작성하고 있었으며 교육부는 각 학교와 연락해서 언제든지 인수할 수 있도록 준비태세를 갖추었으며 지방부는 각 시·군에 건준 지방조직을 서두르고 있었다.⁶²⁾ 또한 치안권은 접수했지만 아무런 무력은 소유하지 못했다.⁶³⁾ 허나 치안상태는 평온을 유지했다.⁶⁴⁾

전체적으로 평남건준은 치안의 현상유지, 일군에 대한 자기 방위와 물자시설의 보호에만 급급했고, 해방 직후의 민심의 요구와 정서에는 무관심했으며 소극적이었다.⁶⁵⁾

한편 민족진영의 움직임과는 다른 공산주의자들의 조직인 조선공산당 평남지구위원회가 현준혁, 김용범, 박정애 등이 중심이 되어 8월 17일 결성되었지만 소련군의 진주 전에는 미약했다.

(2) 평안북도

일제의 항복 직후 야마지(山地靖之) 지사는 신의주 및 그 주변의 조선인 유력자 30여 명을 초치하여 치안유지에 협력을 요청했다. 그 결과 8월 16일 민족주의자 이유필(李裕弼)을 중심으로 신의주치안유지회가 결성되었다. 별도로 공산계열의 움직임이 있었고 8월 17일에는 2만여 명 정도가 모여 군중집회를 가졌으며 사상범·경제범이 석방되었다. 신의주의 치안 상태는 비교적 좋은 편이었으며 지방에서는 대부분의 경찰관 주재소가 점거되었다. 24일에는 장기창(張基昌) 농상부장을 중심으로 조선인 직원에 의한 도행정위원회가 결성되었다.[66]

신의주자치위원회의 발족으로 '자치위원회' 형태가 전도(全道)로 확산되었다.[67] 이 사실은 용암포자치위원회(위원장: 함석헌)와 용천군자치위원회(위원장: 함석헌, 부위원장: 이용흡)의 조직에서도 확인된다.[68]

도차원의 조직을 위해 각 군의 대표들이 신의주에 모여, 8월 26일에 평안북도자치위원회를 결성했다. 위원장에는 신의주치안유지회의 인물로서 상해 임정과 관계하다 징역까지 산 이유필이 선출되었고 부위원장에는 좌익의 백용구(白容龜)가 뽑혔다. 이유필의 성향은 "우리는 이 자치위원회를 지켜 치안을 유지하다가 중국에서 정부가 돌아오는 날 고스란히 그것을 갖다바치면 된다"[69]는 언급에서 알 수 있듯이 임정계 우익인사였다. 그리고 당시 신의주에 이미 존재했던 공산주의자 단체가 자치위원회와의 사이에서 얼마쯤 마찰이 있어 백용구가 부위원장이 되었다고 한다. 보안부장에는 공산진영의 한웅(韓雄)이, 문교부장에는 함석헌이 선출되었다.[70]

(3) 함경남도

함남은 평남과는 달리 좌익세력이 강한 지역이었다. 해방 직후 함남 지방에는 김명학(金明學: 도회의원)을 중심으로 한 친일적 경향의 사람들, 한림(韓林 :『매일신보』, 함흥지국장)을 주축으로 하는 우익민족주의자 집단, 그리고 공산주의세력 등 세 부류로 나뉘어 있었는데 그 중 공산주의 세력의 활동이 가장 활발했다.

8월 16일 함흥형무소에서 약 200여 명의 정치범·경제범이 석방되었다. 석방된 정치범 송성관(宋成寬), 김재규(金在圭), 박경득(朴庚得), 문회표(文會彪), 최호민(崔浩敏), 주치욱(朱致旭) 등은 그날 저녁에 한지복(韓祉福), 주장순(朱璋淳), 주계섭(朱啓燮), 김호철(金浩哲), 주문정(朱文禎) 등과 함께 함경남도 인민위원회 좌익을 결성했다. 이들은 다음날부터 활동을 개시하여 선전삐라를 살포하고 과거의 동지들을 통합했으며 함남 각지에 조직운동가를 파견했다. 2, 3일 만에 함흥에서만 100여 명에 가까운 동지를 결집시켜 이 조직을 발전적으로 해체하고 함경남도공산주의 협의회를 결성하는 한편 대중조직에 착수하여 흥남화학 노동조합, 함흥지구 금속노동조합 및 함흥 부근의 각 농촌에 농민위원회를 만들었다.71)

이것과는 별도로 도용호(都容浩: 좌익민족주의자), 최명학(崔明鶴) 등이 중심이 되어 함경남도건국준비위원회가 조직되었다. 그리고 도청은 조선인 도청 간부에게 도행정의 사무를 인수인계했으나 일본군 제34군 사령부는 무장을 해제하지 않고 있었다.72)

(4) 황해도

황해도는 처음부터 여러 단체가 분립되어 있는 세력의 혼재지역이었다. 해방이 되자 해주에서는 8월 16일 군중집회가 있었으며 17일에 정치·경제범이 석방되었다. 여러 조직이 잇달아 결성되었는데 공산당 황해도지구 위원회는 김덕영(金德永)을 위원장으로 민덕원(閔德元), 전재유(田在裕) 등이 중심이 되어 결성되었으며, 해주보안대는 대장 이형택(李瀅澤)이 중심이 되어 경찰서에 본부를 두고 활동했다. 또한 건준황해도지부는 김응순(金應珣)을 위원장으로 조직되었고 8월 17일에 도청 조선인 직원회의가 한동석(韓東錫: 농상부장), 문정창(文定昌: 내무부 사회과장)이 중심이 되어 결성되었다.73)

이 중 어느 것도 결정적이고 지도적이지는 못하고 서로 적대시했으며

표 3   소련군 진주 전의 자생적 조직

지역	주요조직	존속기간	성격
평남	평남건국준비위원회	약 10여일	우익민족주의자 중심
평북	평북자치위원회	약 5일	우익민족주의자 중심
함남	함남공산주의협의회 함남건국준비위원회	약 5, 6일	공산주의자와 좌익민족주의자 중심
황해	건준 황해도지부 공산당 황해지구위원회	약 15일	좌·우 대립

도지사는 종전과 마찬가지로 행정권을 행사했다.[74]

한편 8월 18일에는 해주에 있는 각 공장들이 조선인 종업원의 관리로 넘어갔고 공장내의 일본인이 추방되었다.[75]

이상의 각 지방별 특색을 비교하면 표 3과 같이 요약된다.

2) 인민정치위원회의 성립—소련군 진주 후 재편과정

소련군의 북한진주는 각 지방정치의 재편을 가져왔다. 그것은 전체적으로 좌익의 강화와 조직의 체계화로 특징된다. 즉 소련군은 좌익이 우세한 지역에서는 기존의 조직을 인정하여 통치를 담당케 했으나 우익이 주도권을 쥐고 있는 지역에서는 좌우연합의 형태로 조직을 재편하여 통치를 담당시켰다. 그리고 여러 난립된 조직을 '인민위원회' 형태로 체계화시켰다.

이와 더불어 소련군의 북한진주는 일본군의 무장해제와 행정권의 이양을 가져왔기 때문에 지방인민위원회들이 실질적인 통치기능을 수행했다. 소련군은 지방의 내무행정에는 개입하지 않았으며 다만 인사문제와 보안문제에는 적극적으로 영향력을 행사했다.[76] 이하에서는 소련군이 진주한 순으로 각 지역의 조직개편과 그 활동을 살펴보겠다.

(1) 함경북도

함북은 전투지역이었으므로 소련군의 승리에 의해 해방되었다. 소련군은 일본군의 무장해제 및 억류와 함께 지사 이하의 도청간부도 억류 했으며 다른 도와는 달리 도지사의 행정권을 조선인측 정권에게 인계시키지도 않아 도차원의 정권기관은 늦게야 조직되었다. 그러나 각 지역의 자치단체들은 소련군의 원조와 영향 아래 시급히 조직되었으며 대체로 그것이 그 지역 인민위원회의 모체가 되었다.

웅기에는 8월 16일 이전에 자치기관이 결성되었으며 노동자를 중심으로 한 인민경찰부대가 조직되기도 했다. 경원군인민위원회는 8월 22일에 결성되어 위원 10명을 선출했다. 나진시는 의사 이홍덕을 위원장으로 인민위원회가 조직되었다. 회령시에는 9월 중순경에 시 자치단체가 결성되었고 이것이 후에 인민위원회의 토대가 되었다. 8월 말경에 청진시인민위원회가 조직되었고 산하에 9개국(공업, 농업, 상업, 수송, 문화, 교육, 통신 등)이 설치되었다.[77] 성진에서는 8월 16일 조선인의 보안대가 결성되었고 9월에 쌍포에서 인민위원회가 조직되었다. 함경북도인민위원회는 9월 말경 청진에서 설립되었으며 초대위원장에는 이창인(李昌仁: 도회의원, 나진실업가)이 선출되었는데 10월 말경에 소련공산당계 최모 씨로 교체되었다고 한다.[78]

이들 대부분의 인민위원회들은 치안을 유지하고 철도 수리, 전력공급망 복구, 수도개통, 병원·욕탕·정미소의 영업 등 인민의 정상적인 생활을 확보하는 데 중점을 두어 활동했다.

소련군인의 회고록에 나타난 인민위원회 결성 과정의 특징을 살펴보면 먼저 소련군은 지방자치기관 설립에 적극적인 영향력을 행사했다. 지방정권기관이 조직되지 않은 지역(경원, 회령)에서는 조직결성을 권고하여 그를 통하여 긴급한 과제를 해결하는 방식을 택했다. 또한 인민위원회 구성에도 간여했다. 나진해방 후 2일이 지나 위수사령부에 시지식인층의 대표라면서 시 행정기관의 창설에 주도적으로 참여하고 이를 지도하고 싶다는 일부 시민 나타났는데, 소련군은 이들이 친일의 경력이 있으며 공장과 은행의 소유자들인 것을 확인하고 이들의 제의를 거절했다. 그리고 시 자치기관은 노동자와 주민 여러 계층의 이익을 대변해야 할 것을 강조했다. 그래서 나진시에서는 대중의 존경을 받는 의사 이홍덕이 위원장으로 선출되었다.

(2) 함경남도

소련군의 선발대가 8월 21일 함흥에 진주하고 24일에 북한진주 소련 군사령관 치스차코프 대장이 함흥에 도착하여 일본군 무장해제와 행정권 접수에 대하여 일본측과 교섭했다. 교섭에서 합의된 내용은 기시(岸) 도지사와 샤넌 소장의 연명으로 발표되었다. 그것은 관내의 치안유지 및 행정사무 일반은 도지사와 부하직원이 담당·집행하고 인심을 교란시키고 치안을 어지럽히는 자는 엄벌에 처하며 공장·작업장·광산 등은 조업을 계속하고 물자는 관외로 반출시키지 못한다는 내용이었다.

이 날(25일) 오후에 함남공산주의협의회의 송성관·최기모·임충석·김인학과 건준함남지부의 도용호·최명학 등 6명이 치스차코프를 방문하여 자신들이 독자적으로 조선민족 함남집행위원회를 결성한 사실을 알리면서 행정권 이양을 요구했다. 치스차코프는 이를 승인하여 위의 포고문을 취소하고 "소련군의 명령 아래 이 집행위원회는 함경남도의 치안·행정 일체를 관장한다. 헌병·경찰관은 무장해제한다. 관공서와 공공물들은 이 위원회가 인수한다"[79]고 선언했다. 이러한 소련군의 입장 변화는 공산주의자가 주도권을 장악한 조직은 인정하여서 그를 통해 통치하는 것이 더 수월할 것이라는 방침에서 나온 그것으로 여겨진다.[80]

조선민족 함남집행위원회는 공산주의협의회와 건준함남지부 대표 각각 11명씩 총 22명으로 구성되었다. 행정권을 이양받아 이 집행위원회는 함남의 관공서, 공공단체시설, 학교, 금융기관, 신문사, 교통기관, 중요 생산기관을 접수했고 물자의 확보에 착수했다.[81] 9월 1일 함남집행위원회를 함경남도 인민위원회로 개칭하고 도청으로 사무실을 옮겼다.[82]

인민위원회의 구성은 다음과 같다.

위원장: 도용호(都容浩: 1926년 제2차 공산당중앙간부, 후임 주영하)

부위원장: 최명학(崔明鶴)　　교육국장: 문석구(文錫九)
재무국장: 이봉수(李鳳洙: 초기 홍원인민위원장, 후에 임시인민위원회의 재정국장)
행정국장: 김제봉(金濟鳳)　　교통체신국장: 송성관(宋成寬)
농림국장: 장회건(張會建)　　사법국장: 조송파(趙松坡)
보건국장: 최명학(崔明鶴)
인민보호국장: 장해우(張海友: 1949년 북한 검찰소장)
(산하 도검찰부장: 주인규)
함흥시인민위원회 위원장: 박종환(후임은 한홍정)[83]

　조직이 정비되자 함남인민위원회는 포고문을 발표했는데 그 내용은 "18세 이상의 모든 남녀는 투표권 및 공직의 피선거권을 갖는다. …… 조선민족의 주권은 인민들 자신에게 있다. …… 일본인 및 친일파 소유의 모든 공장, 광산, 농장, 수송시설 및 재산은 몰수하여 국가가 이용하며 노동자위원회가 그 관리를 맡는다"[84]는 것이다. 전체적으로 일제를 대신하여 자신들의 일을 스스로 처리하고 이에 모든 노력을 기울일 것을 촉구한 내용이었다.
　한편 소련군이 8월 21일에 원산에 진주하여 일본수비대비의 무장을 해제하고 행정을 철폐하자 원산인민위원회가 조직되어 행정권을 이양받았다. 인민위원회 위원장에는 항일운동으로 투옥경험이 있는 50대의 비당원 강기덕이 선출되었으며, 인민위원회 산하에 자치부, 교육부, 보건부, 공업부, 철도와 해상수송부, 통신부 등 여러 부서를 설치했으며 인민 경찰도 조직했는데 8월 말에는 200여 명이나 되었다. 원산인민위원회에서는 도망간 일인의 가옥을 압수하여 가장 어려운 시민에게 나누어주었으며 11월 1일에는 학교수업을, 11월 3일에는 여객열차의 운행을 재개했다. 또한 원산에는 대중조직도 활발히 전개되었는데 시 공산청년 동맹(정대범), 시 여성단체(김영순: 1979년 주헝가리대사), 직업동맹위 원회통합국, 농민위원회 등이 기관신문을 발행하기도 하면서 활발히 활동했다.[85]

이런 과정을 통하여 8월 말까지 함남도 안의 3개 시, 16개 군, 129개 면에서 인민위원회가 조직되었다.[86]

한편 함남지방에는 청년운동이 활발히 전개되었다. 1945년 12월 1일 현재 조직된 청년은 노조청년부 4만, 농민위원회 청년부 6만, 일반 청년부 4만 명으로 총 14만 명에 달했다. 이들은 공청원을 중심으로 함흥·흥남·원산 등의 지역에서 생산돌격대를 조직하여 활동하고 선전계몽사업과 자기비판운동도 활발히 전개하고 있었다.[87]

(3) 평안남도

8월 26일 소련군이 평양에 입성했다. 이날 치스차코프 대장은 조공 평남지구위원장 현준혁·조만식 등의 평남건준위원들, 후루가와(古川)지사, 도우모토(堂本) 경찰부장 등을 불러 다음의 내용을 발표했다. ① 평남인민정치위원회로 정권이양, ② 모든 일인관리의 퇴직, ③ 일본군은 포로대우, ④ 식량배급은 종전대로, ⑤ 일본인과 조선인은 제휴, ⑥ 노무자의 태업금지, ⑦ 민간총기 몰수, ⑧ 신정권이 각 도에 성립된 후 통일정부를 세운다. 단 신정부의 소재지는 경성에 한하지 않는다. 38선은 미·소 양군의 진주의 경계로 삼을 뿐 정치적 의미는 없다.[88]

그리고 평남건준을 평남인민정치위원회로 재편했는데 이는 건준 측과 공산 측 위원 각각 16명씩의 합작으로 성립된 좌우의 통일전선체였다. 이 위원회의 간부구성은 다음과 같다.

위원장: 조만식(건준)
부위원장: 오윤선(건준) 현준혁(공)
내무위원 :이주연(공)   사법위원: 장시우(공)
교육위원: 장종식(공)   인사위원: 이윤영(건준)
재정위원: 김병연(건준) 평양시장: 한근조(건준)
치안위원: 김익진(건준) 평양부시장: 허의순(건준)
광공위원: 김광진(건준) 평양치안서장: 송창겸(건준)

농림위원: 정기수(건준)　　　서평양서장: 윤무선(건준)
운수통신위원: 이종현(건준)　동평양서장: 노기선(건준)
보건위원: 김병서(건준)　　　대동군인민정치위원장: 홍기주(건준)[89]

이러한 개편은 건준측의 좌익계 위원으로 인하여 민족진영의 열세를 가져왔다. 그렇지만 현준혁의 유연한 노선과 이주연에 대한 신뢰로 조만식 등의 민족진영을 처음부터 위축시키지는 않았다.[90]

산수보통학교에 본부를 설치한 평남인민정치위원회는 사실상 북한의 중앙정권과 같은 기능을 가지게 되었지만 기본정책 문제로부터 말단 지엽적인 문제까지 민족진영과 공산진영은 사사건건 대립했다.[91] 위원회는 기관지 『평양민보』를 10월 15일에 창간했으며 16일에 「시정대강」(施政大綱: 19개조)을 발표했다. 다음은 그 요지이다.

인민대표회의를 소집하여 민주주의공화국 수립을 기함(①), 20세 이상의 남녀는 선거 및 피선거권이 유함(②), 인민은 언론·출판·집회·결사 및 신교의 자유가 유함(③), 소련 및 평화를 애호하는 민주주의 국가와 친선하며 제국주의적 재침략을 방비함(④), 일본 제국주의자 및 친일분자가 소유한 토지·회사·금융기관·공장·광산·탄광·운수·교통·상업소 기타 일체의 생산기관과 재산을 몰수하여 국유로 함(⑥), 소작료는 3·7제로 함(⑦), 8시간 노동제와 근로자의 생활보장을 기함(⑪), 국민개로(國民皆勞)의 철칙(⑫), 의무교육제를 실시함(⑬) 등[92]

이 대강에 입각하여 위원회는 10월 21일 「소작료 3·7제에 관한 규정 총칙」을 발표하고 24일에 「식량관리령」을 공포했다. 12월 16일에는 「접수 일본인 토지 관리규칙」을 발표하고 12월 22일에는 부재지주의 토지는 당분간 매매금지한다고 발표했다. 그리고 25일경에는 일제가 파괴하고 간 평양 부근 공장·기업소를 수리·복구하여 평화산업의 80퍼센트가 운영되고 있었다고 한다.[93]

한편 11월 24일 평남인민정치위원회를 평남인민위원회로 개칭했다.[94]

그러나 위원회의 활동은 순조롭지 않았다. 현준혁의 암살(후임으로 김유창 임명), 김광진과 김익진의 사퇴, 오윤선의 은거(후임으로 이윤영 임명), 그리고 민족진영 위원들의 월남 등으로 좌익의 힘이 점점 지배적이 되고 있었다. 게다가 모스크바3상회의 결정을 둘러싼 좌·우의 갈등은 민족진영 위원들의 사퇴를 가져와 위원회는 좌익 일색이 되었다.

결국 1946년 1월 5일에 평남인민위원회는 모스크바3상회의의 결정을 지지하는 성명서를 발표했다. 1월 23일 평남인민위원회 확대회의를 개최하여 정권 강화, 식량, 재정문제에 대하여 토의·결정하고 위원을 선거했다. 아마 여기서 위원장에는 민족진영에 속하는 친공산계 위원인 홍기주가, 부위원장에는 홍기황과 이주연이 선출되었던 것 같다.[95]

한편 진남포에서도 소련군의 본대가 9월 2일 진주함에 따라 9월 3일에 진남포인민정치위원회가 결성되었다. 이 위원회는 건준측 8명, 공산당 8명, 적색노동조합 5명의 대표로 구성되었다.[96]

(4) 평안북도

8월 27일에 소련군 선발대가, 그리고 30일에 치스차코프 일행이 신의주에 입성했다. 31일에 치스차코프는 일본인과 한국인들을 불러 아래와 같이 선언했다.

> 1. 행정은 평북임시인민정치위원회로 이양하며, 2. 무기·탄약의 인도, 3. 은행·공장·기타 시설·기관도 동위원회로 이관되며, 4. 일본인의 생명·재산보장, 5. 친일관리·경찰관·회사원 등의 유임문제는 동위원회에 일임한다.[97]

이에 따라 평북자치위원회가 31일에 평북임시인민정치위원회로 개칭되었으나 조직개편은 없었던 것 같다. 위원장은 이유필, 부위원장은 백용구, 김구(金龜)였으며 위원들은 소련군이 진주하자 "하루밤 사이에 거의

다 공산당이 돼버렸다"[98]고 한다.

9월 2일 평북임시정치위원회는 일체의 일제 주구를 체포했으며, 4일 『평북민보』를 창간하고, 5일 수풍발전소를 접수했다.[99]

그런데 11월 23일 공산당의 통치에 항거한 신의주학생사건이 발생했다. 용암포사건이 발단이 된 신의주학생사건은 한웅 등 공산당과 소련군의 무력진압으로 많은 피를 흘리고 끝나고 말았다.[100]

이 사건의 영향은 심각했다. 인민정치위원회 민족진영의 주축이었던 위원장 이유필과 문교부장 함석헌이 제거되었다. 함석헌은 신의주 학생사건의 주모자로 몰려 투옥당했으며,[101] 이유필은 사의를 표명하고 월남하는 도중에 심장마비로 사망했다.[102] 또한 이 사건은 김일성으로 하여금 평북공산당내의 국내파를 몰아내고 김일성의 직계세력으로 지도권을 장악하게 하는 계기가 되었다. 당시 평북도당은 소련군에 의해 김일(金一)이 제2비서에 등용됐음에도 불구하고 국내파에 의해 지배되고 있었으며 도인민정치위원회 부위원장 백용구, 보안부장 한웅 등 다수의 행정상의 중책을 국내파가 독점하고 있었다. 사건발생 후 직접 신의주에 온 김일성은 이 사건의 책임을 물어 평북도당을 개편했다. 제1비서였던 김일룡(金日龍)을 용천군인민위원회 위원장으로 좌천시키고 한웅을 처형했다. 그리고 후임으로 김일을 제1비서에, 소련에서 같이 귀국한 이희준(李熙俊)을 제2비서로 임명했다.[103]

이리하여 평북도당은 김일성의 직계세력으로, 평북임시인민정치위원회는 공산주의자 일색으로 개편되었다.

(5) 황해도·강원 일부

8월 25일 해주에 진주한 소련군 선발대는 건준황해도지부를 황해도인민정치위원회로 개편하고 9월 2일 쓰쓰이(筒正) 도지사에게 도행정을 인민정치위원회로 인계토록 명령했다. 인민정치위원회의 간부명단은 다음과 같다.

표4   소련군 진주 후 지방인민위원회 조직

지역	조직명칭	성격	비고(중요한 사건)
함북	함북인민위원회(9월 말)		
함남	함남인민위원회(9월 1일)	좌익 중심	
평남	평남인민정치위원회(8월 27일)	좌·우 연합	신탁통치 논쟁
평북	평북임시인민정치위원회(8월 31일)	좌익적	신의주학생사건(11월23일)
황해	황해인민정치위원회(9월 2일)	우익 우세	좌익습격(9월 2일)
	황해도인민위원회(9월 13일)	좌익 중심	우익습격(9월 16일)
강원	강원인민위원회(9월 15일)		

  위원장: 김응순 재정부장: 최창규
  부위원장: 박재룡 치안부장: 최명현
  내무부장: 김지청 체신교통부장: 민덕원
  농상부장: 홍성룡 공산당대표: 김덕영
  광공부장: 김광엽[104]

 간부구성은 대체로 민족주의계열이 우세했으며 한두 명의 공산계위원이 들어가 있었다. 이러한 우파 우위에 대한 불만이 9월 2일에 좌익들의 습격으로 나타났다. 이 사건으로 김광엽·김형익 등 우익 간부가 중상을 입었다. 이에 인민정치위원회는 총사직서를 소련군에게 전달했으며 소련군은 도지사에게 당분간 행정을 맡도록 지시했다. 이런 도중에도 9월 2일 황해도공산청년동맹이 결성되었고 7일에는 황해도노동조합이 조직되었다. 8일 치스차코프가 해주에 온 후에 공산당황해도 지구위원회 위원장 김덕영을 중심으로 황해도인민위원회를 구성하여 13일에 행정권을 이양했다. 같은 날 도인민위원회는 모든 기관의 접수식을 거행하고 「조선인민공화국 건설의 공고한 초석을 세우자」라는 성명서를 발표했다.[105]

 그런데 이러한 도인민위원회의 구성에 대하여 불만을 품은 우익의 해주보안대가 9월 16일에 도인민위원회 본부를 습격하여 민덕원 외 3명을 살해했다. 이로 인하여 우익 보안대 간부들은 월남을 할 수밖에 없었으며 이를 대신하여 좌파를 중심으로 치안대가 창설되었다.[106]

한편 겸이포에서는 9월 4일 박래한(朴來漢)을 위원장으로 하는 겸이포 인민정치위원회가 결성되어 제철소를 접수하고 일본측으로부터 공장의 운영을 인수했다.[107]

강원도 북부의 도인민위원회는 9월 15일 결성되었다고[108] 하나 그 자세한 내막과 구성은 아직 밝혀지지 않고 있다.

3) 5도행정국의 설립

도 차원의 인민위원회의 성립과 시·군·면에서의 이의 급속한 확대로 지방기관은 차차 정비되어 그 활동을 본격적으로 전개했다.

1945년 10월 8일에 북조선 5도인민위원회 연합회의가 평양에서 개최되었다. 회의의 목적은 당면한 공통문제를 해결하고 각 도간의 횡적인 연계와 통일적인 보조를 제도화하기 위한 것이었다. 회의에는 치스차코프 대장, 로마넨코 소장, 이그나치에프 대좌 등 소련군 간부와 각 도 대표 75명(평남 31명, 평북 15명, 황해 11명, 함남 11명, 함북 7명)이 참석했다.[109] 애국가와 소련국가가 연주된 후 군사령관이 나와서 조선에 민주주의 국가 수립을 약속하고 우선 5도행정을 통괄적으로 수행하기 위하여 본대회를 소집했으며 머지 않아 5도에서 철도가 개통될 것이라고 말했다.[110] 회의에서 취급된 의제는 ① 농산물의 확충과 식량반출문제, ② 군수공장을 민수공장으로 개편하는 데 관한 문제, ③ 금융재정문제, ④ 지방기구의 정비 통일에 관한 문제였으며 이에 따라 농상관리, 산업·공업, 재정·금융, 행정 등의 4개 분과회의를 설치했다.[111]

여기서 각급 지방인민위원회를 다음과 같이 통일적으로 재조직하기로 결정했다. 즉 "도 차원의 인민위원회에는 19명의 인민위원을, 군위원회에는 15~17명, 동(洞)인민위원회에는 7~9명의 위원을 둔다. 리(동) 인민위원장은 과거의 많은 경우처럼 유지나 원로에 의해서 구성되는 것이 아니라 전체 주민들에 의해 선거된다. 리에서 뽑힌 위원들이 면인민위원회를 선출하며 다시 면인민위원들이 군인민위원을 선출하고 군인민위원들이 도인민위원을 선출한다. 시인민위원은 시 전체 주민들에 의해 실시된다"[112] 고 규정했다. 이에 의거하여 1945년 10월 11일에 북한에서는 면인민위원회와 구장들의 선거가 진행되었다.[113]

그런데 5도인민위원회 연합회의는 5도의 행정을 통일하고 명령계통을 세우기 위한 것이었지만 체계적인 조직을 구성하지 못하고 끝났다. 10월 31일에 5도 세제(稅制)연락회가 개최되었고 11월 16일 북조선 사법국의 명의로 포고문이 발표되었다. 11월 19일이 돼서야 조직구성이 완성 되었는데[114] 그 진용은 다음과 같다.

산업국 국장: 정준택
교육국 국장: 장종식(공·평남인민정치위원회 교육위원)
보안국 국장: 최용건(조민당)
사법국 국장: 조송파(소련계통. 후임에 최용달)
교통국 국장: 한희진(한남 출신)
농림국 국장 :이순근
재정국 국장: 이봉수(연안계통, 한남인민위원회 재무국장)
체신국 국장: 조영열
보건국 국장: 윤기녕(의사, 조민당)
상업국 국장: 한동찬(치과의, 무소속)[115]

대체로 구성은 공산당, 독립동맹, 무소속, 조민당이 망라되고 있었으며 각 국에는 국장의 고문자격으로 소련군 사령부의 대표가 배치되었다. 각 국의 정원은 국의 사업량에 따라 20명에서 50명 정도였으며 그 중 보안국이 제일 방대했다.[116] 그리고 행정국의 위원장직은 조만식에게 요청했으나 사양하여 공백으로 남았다고 한다.[117]

당시에 공산당은 5도행정국을 다음과 같이 설명했다.

그에 관계되는 사업방면에서 지도기관이다. 행정국의 명령과 지령은 전북조선 행정 및 경제기관 주민들에게 있어서 의무적이다. 주민의 생활형편을 향상시키고 북조선 각 도간의 기관 및 개인간의 경제 연락을 설정함에 필요한 전방책은 오직 행정국만을 경유하여 해결되며 실천된다. 행정국들의 사업은 새 조선 건설, 국내의 경제생활 개선, 민족문화 발전 및 인민의 생활형편을 향상시킴에 방향을 둘 것이다.[118]

현재 북한에서는 5도행정국을 "해방 직후 북조선에 통일적 중앙주권기관이 나오기 전에 인민경제의 각 부분을 지도하며 북조선 각 도 사이의 경제적 연계를 실현하기 위한 목적으로 조직한 북조선의 10개 '부분별 중앙행정관리기관'"[119]으로 그 성격을 규정하고 있다(강조는 인용자).

실제로 행정10국은 소련군 사령부의 지시를 받으면서 각 국별로 독자적인 활동을 전개하는 한편 필요한 기관들을 새로 설치하기도 했다. 11월 24일에는 5도체신관리국을, 27일에는 북조선 전기총국을 새로 설치했다. 12월 1일에는 북한 각 지역에 인민재판소를 개설했고, 6일 북조선 각 도 교육부장회의가 개최되어 소학교를 인민학교로 개명하기로 결정했다. 1946년 1월 3일에 개최된 북조선 10행정국장회의에서는 조선에 관한 모스크바3상회의 결정을 지지한다는 성명서를 채택했다. 6일에는 농림국이 북한의 농림·축산·수산행정에 대한 정책을 발표했고 8일에는 상업국의 '금후 상업정책'이 발표되었다. 이어 체신국은 "북한의 무선전신·무선전화를 체신국이 관할한다"는 포고를 공포했다. 11일에는 철도경비대가 창설되었으며 15일에 북조선 중앙은행이 설립되었다. 20일 북조선 농림부장회의에서는 농작물·가축증대책, 축산물 교류실시, 노역가축 확보, 수산물 대책, 농업시험장 통합, 비료대책 등이 토의·결정되었으며 이틀 후인 22일에는 북조선 상공부장회의가 개최되어 12건의 결정사항을 발표했다.[120]

이처럼 5도행정국은 실제로 임시적인 관리기능 이상을 수행하고 있었다. 따라서 5도행정국은 "공산주의자와 비공산주의자의 연립형식의 사실상 북한의 태아적 정권(embryonic government)"[121]이었으며 "북한의 단독정권 수립의 첫걸음이었다"[122]고 평가되기도 한다. 또한 당시 미군정 정보보고서도 소련군이 도 수준의 정부를 조직했으며 중앙집권화된 정부를 수립하기 위하여 시도하는 중이라고 판단하고 있었다.[123]

북한도 5도행정국이 중앙정권 수립에 있어서 과도적 역할을 수행했다는 것을 인정하고 있다.

> 북조선에 행정국들을 조직하는 것은 인민경제와 각 부분을 지도하며 각 도 호상간의 경제적 연계를 실현하기 위한 적절한 조치였으며, 북조선에 임시적인 중앙주권기관을 내오기 위하여 '반드시 필요한 준비과정'이기도 했다.(강조는 인용자)

그러나 5도행정국의 이러한 역할에도 불구하고 실질적인 정치적 중앙으로서 조직된 것이 아니며 단지 후원적인 성격만을 지녔고 실질적인 권력은 지역적 기반에 따라 각 도의 인민위원회에 의해 행사되었다.[125]

5. 북조선 임시인민위원회의 조직과 활동

1) 북조선 임시인민위원회 성립

북조선 임시인민위원회(이하 임시인위)는 1946년 2월 8일에서 9일까지 열린 '북조선 각 정당·사회단체, 각 행정국 및 각 도·시·군 인민위원회 대표 확대협의회'의 결정으로 수립되었다. 회의에서는 김일성의 보고와 위원 선거 그리고 2개의 결정서 채택이 있었다.

임시인위의 수립 필요성은 대체로 다음의 세 가지로 주장된다.

첫째, 북한내 행정적으로 통일적 지도의 필요성이다.

> 행정적 중앙주권기관이 없으므로 말미암아 각 국과 지방인민위원회가 사업을 지도하기와 북조선 지방에서 경제·정치 및 문화적 생활을 지

도하기에 대단히 곤란합니다.[126]

그래서 조선통일정부가 조직될 때까지 각 국을 총괄하며 활동적으로 지도할 기관, 즉 임시인위가 필요하다는 것이다.

둘째, 모스크바3상회의의 결정에 의하여 수립될 임시정부에 대비할 필요성이다. 김일성은 "……3상회의의 결정에 의하여 수립될 임시민주주의 정부를 위하여" 준비하는 방법으로 임시인위의 수립이 필요하다고 설명했다.[127] 즉 모스크바3상회의의 결정을 우선 소련군 점령구역내에서 구체적으로 실시하는 방법으로 임시인위를 설립하여 한국인들에게 행정권을 위양(委讓)함으로써 한국인들의 자치능력을 육성하기 위한 것이라고 한다.[128] 따라서 임시인위의 수립은 "모스크바 결정을 가장 잘 실천한 실례"[129]라고 주장된다.

셋째, 남한의 정치정세에 대한 대응으로써 임시인위의 수립이 요구되었다. 즉 신탁통치논쟁을 통하여 남한에서는 모스크바 결정을 시행할 능력도 의지도 없다는 판단이 내려지게 되고 미군정에 의한 남한에서의 독립적인 행정기구(남조선 국민대표 민주위원)의 설치 노력에 따른 대응으로 북한에서 중앙행정기구가 탄생되었다는 것이다.[130]

이러한 필요성을 김일성은 해방1주년 기념연설에서 다음과 같이 요약했다. 임시인위의 수립은 "모스크바3상회의의 조선에 대한 결정에 의하여 진보적 민주주의 국가를 건설하기 위한 민주주의적 기초사업을 준비하며 동시에 조선의 통일적 민주정권의 건립을 촉성하는 데 필요한 것이며 북조선의 당면한 행정사업을 통일적으로 지도하며 긴급한 모든 문제를 시급히 해결하기"[131] 위한 것이라고 했다.

회의에서 김일성은 임시인위가 시급히 해결해야 할 당면과업으로 다음을 제시했다. 즉 ① 지방에 있는 지방정치기관들을 튼튼히 하며 그로부터 친일파와 반민주주의적 분자들을 숙청할 것, ② 토지개혁, ③ 생활기업소의 회복과 발전, ④ 철도 및 수로 운수업의 회복, ⑤ 금융·은행 체계와 상업의 정리, ⑥ 기업가와 상업가들의 사유자본의 발전을 억압하지 않으며

중소기업을 장려·발전시킬 것, ⑦ 노동운동에 방조를 줄 것과 각 기업소·
운수업·공업·제조 소위원회를 조직할 것, ⑧ 국내의 민주주의적 개혁과
적당한 국민교육제도를 개조, ⑨ 문화계몽사업의 전개, ⑩ 조선에 관한 3
국외상회의 결정의 진의를 해석하여 줄 것 등이다.[132]

회의에서 구성된 임시인위의 간부는 다음과 같다.

위원장: 김일성
부위원장: 김두봉
서기장: 강량욱
산업국장: 이문환　　　　　보건국장: 윤기영
교통국장: 한희진(후임 허남회)　사법국장: 최용달
농림국장: 이순근　　　　　보안국장: 최용건
상업국장: 한동찬(후임 장시우)　기획부장: 정진태(후임 박성규)
체신국장: 조영열　　　　　선전부장: 오기섭(후임 이청원)
재정국장: 이봉수　　　　　노동부장: 오기섭
교육국장: 장종식　　　　　총무부장: 이주연[133]

임시인위의 구성은 5도행정10국에다 기획·선전·노동·총무 등의 4개
의 부서를 증설·보완하여 체계화한 것이었다. 따라서 산업국을 제외한 각
국의 국장은 유임되었다. 국장급 중에는 한동찬과 윤기영을 제외하고는
모두 공산주의자였다.

이렇게 임시인위가 수립됨으로써 부문별 행정기관이었던 행정10국의
모든 사업이 그 관할 밑에 속하게 되었으며 분산적으로 사업하던 지방 인
민위원들도 그의 통일적 지도 밑에서 사업을 하게 되었다고 한다.[134] 또한
소련군정 사령부의 활동성격이 근본적으로 달라지게 되었다. 사령부의 모
든 직원은 고문관의 지위로 바뀌었으며, 조언·설명해주는 정도의 역할을
수행했다. 모든 문제의 결정권은 조선기관과 관리들이 가지게 되었다.[135]

2) 사회·경제적 정책의 실시

임시인위는 김일성이 제시한 10개의 당면과업을 해결하기 위해 여러 정책을 실시했다. 이 당면과업을 확대하고 정교화하여 1946년 3월 23일「20개조 정강」을 발표했다. 그 내용을 요약하면 ① 일제 잔여의 철저 숙청, ② 반동분자와 반민주주의적 분자들과의 무자비한 투쟁의 전개와 파쇼 및 반민주주의적 정당·단체·개인의 활동을 금지할 것, ③ 언론·출판·집회·신앙의 자유 보장, ④ 선거를 통한 인민위원회를 결성할 의무와 권리, ⑤ 공민의 동등한 권리 보장, ⑥ 인격·주택·재산의 보호, ⑦ 일제의 법률과 재판기관의 폐지와 인민재판기관의 건설 및 공민의 법률상 동등권 보장, ⑧ 복리향상, 산업발전, ⑨ 중요 산업의 국유화, ⑩ 개인 수공업과 상업의 자유, ⑪ 무상몰수·무상분배에 의한 토지개혁, ⑫ 투기업자 및 고리대금업자와의 투쟁, ⑬ 세제개혁, ⑭ 8시간 노동제와 최저임금규정, ⑮ 노동자와 기업소의 보험 실시, ⑯ 인민의무교육제, ⑰ 민족문화·과학 및 기술의 발전, ⑱ 기술교육, ⑲ 학자·예술자의 대우 개선, ⑳ 보건사업의 확대 등이다.[136] 20개조 정강은 3상회의 결정으로 장차 수립될 임시정부의 정강으로 작성되었다.

> 우리가 발표한 20개조 정강은 현재 조선의 민주주의 건설의 노선입니다. 그렇기 때문에 앞으로 수립될 조선 임시정부는 이 정강을 실천할 수 있는 정부라야 할 것입니다. 이 정강을 실천하려 하지 않는 또는 실천을 수 없는 어떠한 정부든지 조선인민은 요구하지 않습니다.[137]

그뿐만 아니라 20개조 정강은 임시인위가 수행하여야 할 개혁의 지침이었다.

북조선 임시인민위원회는 이 20개조 정강을 자기 활동의 지침으로 하여 북조선에서 반제·반봉건적 민주혁명을 완수하고 인민민주주의 제도를 확립함으로써 마침내 북조선을 강력한 혁명적 민주기지로 전변시

표 5   북조선 임시인민위원회의 개혁내용

1946. 3. 5	토지개혁법령
3. 23	김일성 장군 20개조 정강 발표
4. 1	예산 채택(세출입 각 11억 6,863만 円)[140]
5. 20	토지소유권 증명서 교부에 관한 규정
6. 4	선거법령
6. 24	노동자 및 사무원에 대한 노동법령
6. 27	농업현물세에 관한 결정서
7. 30	남녀평등권에 대한 법령
8. 9	공민권 발행에 관한 건
8. 10	중요 산업 국유화 법령
10. 4	개인기업 창의력 발휘에 대한 결정서
11. 3	북조선 도·시·군 인민위원회 선거
12. 9	사회보장법
1947. 1 28	1947. 1. 4 반기 국영기업소 생산계획에 관한 결정서
2. 17~20	북조선 도·시·군 인민위원회대회 개최

컸다.[138]

결국 임시인위가 실시한 민주개혁들은 20개조 정강을 기초로 하여 계획성 있게 체계적으로 시행된 것임을 알 수 있다. 당시 한 연구에 의하면 20개조 정강과 제반의 개혁과의 연관성은 다음과 같다. 즉 정강 ⑪조에 의한 토지개혁의 실시, 토지개혁 결과 ⑫조와 결부되어 식량문제와 공업원료문제의 해결, ⑨에 의거한 국유화, ⑭에 의한 노동법령의 실시, ⑮에 의한 사회보장법 실시, ⑯에 의한 교육개혁 사업, ⑧과 ⑩에 의한 개인의 창의성을 발휘시키기 위한 결정서 발표, ⑫에 의거 투기업자·모리간상배 및 반동분자들의 암해공작과 투쟁하며 근로인민의 생활상태를 개변시키기 위한 소비조합, 국영 백화점 등의 창설, ⑰에 의거한 민족문화의 급속한 부

흥 발전을 도모, ④에 의한 진보적 미주선거의 실시 등이다.[139]

이하에서는 중요한 민주개혁의 내용을 살펴보고자 한다. 임시인위가 시행한 개혁의 내용을 간략히 도표로 정리하면 표 5와 같다.

(1) 토지개혁의 실시

식민지로부터 해방된 사회에서 시급히 해결해야 할 과제 가운데 하나는 봉건적 요소의 해소이며 이의 핵심은 반봉건적 토지소유관계의 재편 즉 토지개혁이다. 따라서 북한에서도 중앙정권이 수립되자 첫 사업으로 토지개혁을 실시하게 된다.

임시인위가 시급히 토지개혁을 실시한 이유는 무엇보다도 열악한 농촌 사정에 기인한다. 해방 당시 북한주민의 구성상 74.4퍼센트가 농민이 었으며 이 중 총농가호수의 4퍼센트밖에 되지 않는 지주가 총경지면적의 58.2 퍼센트를 차지하고 있었다.[141] 또한 농민의 80퍼센트가 빈농 내지 고농이었다. 그래서 임시인위는 토지개혁을 통하여 대중의 정치적 지지를 획득하고 동시에 장차 있을 사회주의로의 변혁에 중요한 장애가 되는 지주계급을 제거하고 봉건적 토지소유제도를 타파하고자 했다. 그리고 북한은 미소공위의 개막을 앞두고 토지개혁을 실시하여 북한농민들뿐만 아니라 남한농민들로부터의 지지를 유도하여 장차 수립될 임시 정부에서 주도권을 장악하고자 했다.[142]

토지개혁의 기본방침은 임시인위의 당면과업과 3월 초에 열린 조선공산당 북조선분국 제5차 확대집행위원회에서 결정된 사항에 따랐다. 이 회의에서는 ① 몰수대상 범위, ② 무상몰수·무상분배의 원칙, ③ 소작제철폐, ④ 부농 성장 제한조치, ⑤ 노동자수에 따른 균등분배, ⑥ 분배받은 토지의 매매 금지, ⑦ 일부 토지·산림 국유화 범위, ⑧ 토지개혁 집행의 기본방침이 토의·결정되었다.

이에 따라 임시인위는 3월 5일「토지개혁 법령」과「토지개혁 실시에 대한 임시조치법」을, 3월 8일「토지개혁 법령에 관한 세칙」을 발표했다.[143]

「법령」에 의하면 토지개혁의 목적은 소작제도를 철폐하고 지주에게 예속되지 않는 농민의 개인소유제를 확립하는데 있다(①). 몰수대상의 토지는 일본국가·일본인 및 일본인단체의 소유자(②), 민족반역자와 일본 정권기관에 적극 협조한 자의 소유자(②), 5정보 이상을 소유한 조선인 지주, 자경하지 않고 전부 소작 주는 자, 그리고 5정보 이상을 소유한 성당·승원·기타 종료단체의 소유지(③), 지주가 토지를 몰수당하는 경우 그가 소유했던 과수원·과목·관개시설의 전부 (⑫, ⑭), 농민들이 소유한 소산림을 제외한 전산림(⑬) 등이다. 반면 몰수대상에서 제외되는 토지는 학교·병원·과학연구회의 소유지, 반일 독립유공자, 민족문화에 대한 특별한 공로자 및 그 가족에 속하는 토지, 자기노력으로 경작하는 농민의 소유지(④⑥) 등이다. 그리고 토지를 할양당한 지주에게서 차용한 고용자와 농민의 부체는 취소되었다(⑨).

토지개혁의 방법은 농민에게 무상으로 '영원한 소유'로 분여하고(⑤), 농민에게 분여된 토지는 매매하지 못하며, 소작 주지 못하며 저당하지 못하게 했다(⑩). 토지개혁은 임시인위의 지도하에 실시되며 지방에서의 책임은 도·군·면 인민위원회에게 부담되며 농촌에서는 고용자, 토지 없는 소작인, 토지 적은 소작인들의 총회에서 선거된 농촌위원회에 부담된다(⑮)고 했다.

이러한 규정에 의거하여 토지개혁이 실시되었다. 토지개혁의 계급노선은 고농과 빈농에 의거하여 중농과 동맹을 맺어 지주와 투쟁을 벌이고 부농을 고립시킴으로써 부농들이 정면으로 토지개혁에 반대하지 않도록 하는 것이었다.

토지개혁은 크게 두 단계로 실시되었다.[144]

첫째 단계는 토지개혁을 선전·계몽하고 농촌위원회를 조직하는 것이었다. 모든 농민은 토론회·강연회에 참석했고 당간부와 대중조직들의 지도자들이 법령을 해석해주고 지주를 증오하게 하는 캠페인을 이끌었다. 그리고 토지개혁의 집행을 담당하기 위한 농촌위원회를 조직했다. 그리하여 총 9만 697명의 약 1만 1,500개의 농촌위원회가 조직되어 활동했다. 주로 빈농과 고농으로 구성되었으며 이것이 토지개혁을 철저히 실행케 한 중요

표 6 토지개혁의 결과

	면적(정보)%	그 중		호수(%)
		경지면적	과수원	
몰수한 토지	1,000,325(100)	983,954	2,692	422,646(100)
일본인·일본국가 토지	11.3%	11.3%	33.4%	3.1%
민족반역자·도주자 토지	1.3	1.3	4.7	0.3
5정보 이상 소유한 지주 토지	23.8	23.6	36.6	7.0
전부 소작 주는 자의 토지	26.3	26.3	10.8	34.5
계속적으로 소작 주는 자의 토지	35.8	36.0	14.2	54.1
성당·승원·종교단체의 토지	1.5	1.5	0.3	1.0
분배한 토지	981,390(100)	965,069	2,692(100)	724,522(100)
고용농민에게	2.2%	2.2%	-	2.4%
토지 없는 농민에게	60.3	59.9	-	61.1
토지 적은 농민에게	34.6	35.0	-	36.0
이주한 지주에게	1.0	1.0	-	0.5
인민위원회 보유지	1.9	1.9	100%	-

자료: 『조선민주주의인민공화국 인민경제발전통계집』(1946~60), 59~60쪽.

표 7 북한 농촌 계층구성의 변화

	해방전	토지개혁 후	휴전 직후
빈농	70	25	40
중농	20	72	59
부농	5	3	0.6
지주	3~4	-	-

자료: 고승효, 『조선사회주의경제론』(일본평론사, 1972), 42쪽; 남춘호, 「북한의 토지개혁과 농업집단화」, 『북한연구』(서울대 사회과학연구소, 1986), 112쪽에서 재인용.

표 8　　　　　　　　　　농촌 계층구성의 변화　　　　　　　　(단위: %)

	1944	1946
5정보 이상 소유 농가	6.8	1
1~5정보 소유 농가	37.5	67.8
1정보 미만 소유 농가	55.7	31.1

자료: 같은 책, 115쪽.

조건이었다.[145]

두번째 단계는 토지를 몰수하고 분배하는 것이었다. 토지분배에는 점수제가 도입되었는데 ① 1점은 남 18~60세, 여 18~50세, ② 0.7점은 15~17세의 청년, ③ 0.4점은 10~14세의 어린이, ④ 0.3점은 노인으로 남자는 61세 이상, 여자는 51세 이상 ⑤ 0.1점은 9세 이하에 적용되었다. 농촌위원회는 각 농가의 합산점과 그들에게 제공되는 토지의 질에 따른 차이를 감안하여 토지를 분배했다.

20여 일만에 급속히 수행된 토지개혁의 결과를 보면 다음과 같다. 몰수된 토지의 총량은 북한의 총경지면적 198만 2,242정보의 52퍼센트에 해당되며, 지주도지의 몰수량은 88만 5,127정보로 당시 지주의 총소유토지 115만 4,838정보의 약 80퍼센트에 해당된다. 이를 좀더 구체적으로 살펴보면 표 6과 같다.

토지개혁의 결과 농촌 계급·계층구성의 변화가 발생했다. 즉 지주 계급이 완전히 청산되었고 부농층도 매우 약화되었으며 고농과 빈농은 대부분 중농으로 되고 그들이 농촌인구의 대다수를 차지하게 되었다. 토지개혁 후 경지면적은 1~5정보의 농가가 대다수를 차지하고 농가호당 경지면적은 1.8정보가 되었다. 특히 농민의 토지소유 격차가 축소되어 동일지역내에서 1대 3을 넘지 않게 되었다. 이러한 소유의 균등화는 농업협동화에 대한 저항을 줄이고 처음부터 높은 형태의 농업협동화를 추진하게 되는 조건이 되었다.[146] 표 7과 표 8의 통계는 이 사실을 구체적으로 보여준다.

또한 토지개혁은 농민의 정치적 지위를 상승시켰으며 공산당과 인민위

표 9　　　　　　　　　빈농·노동자 출신 공산당원 수　　　　　　(단위: 명)

	공산당원 수	빈농 출신	노동자 출신
1946년 7월	366,000	105,000	73,000
1948년 3월	700,000	374,000	

자료: Ha, Joseph Man-Kyung, *Politics of Korean Peasantry: A Strudy of land reforms and collectivization with reference to sino-soviet experience*(Columbia Univ. Unpub-lished, Ph. D. Dissertation, 1971), 147쪽.

표 10　　　　　　　　　　대중조직원 수　　　　　　　　　(단위 :명)

	1946년 4월	1946년 7월
북조선 농민동맹	800,000	1,800,000
직업총동맹	350,000	350,000
민주청년동맹	500,000	1,000,000
민주여성총동맹	350,000	600,000
계	2,000,000	3,750,000

자료: 같은 책, 148쪽.

원회에 대한 농민의 지지를 가져왔다. 1946년 여름에 각급 인민위원회에서 노동자가 차지하는 비율이 5.7퍼센트에 불과한 반면에 농민은 71퍼센트나 차지했다.[147] 그리고 표 9에서 보듯이 공산당내에서 농민이 차지하는 비율이 급격히 증가되었다. 20여 개월 동안 공산당(노동당)원의 수가 90.3퍼센트 증가했는데 이 가운데 빈농 출신은 거의 3배가 증가했다. 이것은 빈농계층이 토지개혁의 가장 큰 수혜자임을 고려할 때에 공산당에 대한 농민층의 지지가 상승되었음을 의미한다.

　이와 더불어 농민층은 대중조직에 대규모로 충원되었다. 표 10에서 알 수 있듯이 3개월 동안에 노동자조직은 정체된 반면에 농민조직은 2배 이상 증원되었다. 그리고 청년과 여성단체도 거의 2배 정도 성장되었는데 이의 대부분은 농촌지역에서 충원된 것으로 추측된다.

한편 토지개혁은 농민들을 고율소작료와 고리대 등의 봉건적 질곡으로부터 해방시켜 생산의욕을 고취시킴으로써 농업생산의 증대를 가져왔다. 곡물생산은 1948년에 해방 전의 최고수준(1939)을 10.4퍼센트나 상회했고 1946년부터 1949년까지의 기간 중에 농업 총생산고는 151퍼센트나 증대했다.[148]

이러한 북한의 토지개혁은 단기간(20여일)에 완료되었고 큰 저항 없이 진행되었으며 철저하게 수행되었다는 특징을 가진다. 북한의 토지개혁이 큰 저항 없이 신속하게 실시될 수 있었던 이유는 무엇인가?

그것은 먼저 소련의 붉은군대가 북한에 주둔하여 새로운 사회질서를 수립하고자 했기 때문이다. 따라서 토지개혁의 내용과 방법에서 소련의 경험이 큰 영향을 미치었다.[149]

둘째, 당시 북한은 남한보다 계급갈등이 약했고 많은 지주들이 적극 저항하기보다는 토지개혁을 전후로 하여 월남했기 때문이다.[150]

셋째, 토지개혁을 농민들이 절실히 원하고 있었으며 소작료 3·7제 투쟁을 통하여 농민 특히 빈농의 자각이 높아졌고 만족시켰기 때문이다.

토지개혁의 결과 북한은 반봉건적 토지소유제도에서 근로농민적 토지소유제도로 전환했으며 농업협동화의 유리한 조건을 만들어놓았다. 후일 북한에서는 토지개혁의 성격과 결과를 다음과 같이 설명하고 있다.

> 해방 후 북조선에서 실시된 토지개혁은 기본적으로 부르주아민주주의혁명 과업을 수행한 것이었다. 그러나 노동계습의 영도하에 인민정권에 의하여 수행된 이 토지개혁은 농업생산 분야에서 낡은 봉건적 착취제도를 숙청하고 농촌경리의 자유로운 부르주아적 발전의 길을 닦아놓은 것이 아니라 보다 높은 혁명과업 실천에로의 이행을 위한 실질적 전제조건들을 조성함으로써 점차 사회주의적 협동경제로 발전할 수 있는 광활한 전망을 열어놓았다.[151]

(2) 「노동법령」과 「남녀평등권법령」의 공포

임시인위는 6월 24일 「북조선 노동자 및 사무원에 대한 노동법령」을 발표했다. 김일성에 의하면 노동법령은 "노동자와 사무원들의 노동을 근본적으로 개선하고 물질적 생활수준을 제고·향상시킴으로써 제국주의 식민지적 착취의 잔여를 근멸하고 민주주의 노동건국과 노동규율의 실현을 보게 하는 것"[152])에 그 목적이 있다고 한다.

「노동법령」은 전문과 총 26조로 되어 있는데 그 내용은 노동자와 사무원들에게 8시간 노동제를 실시하고(1조) 해로운 조건을 가진 생산부문과 지하에서 노동하는 노동자들에게는 7시간 노동제를 실시하며(2조) 14세에 16세까지의 소년들에게서 6시간 노동제를 실시하고(3조) 14세 이하의 유년노동은 금지하고(4조) 남녀노동자의 동일 임금제를 실시하며(7조) 유급휴가제와 보충휴가제를 시행하며(12조) 모든 근로자에 대해 사회보장제를 의무적으로 실시한다(18조)는 것이다.[153])

한편 임시인위는 같은 해 7월 30일에 「북조선 남녀평등권에 대한 법령」을 공표했다. 그리고 9월 14일에 「북조선 남녀평등권에 대한 법령 시행세칙」을 발표했다. 「법령」은 "일본 식민지정책의 잔재를 숙청하고 낡은 봉건적 남녀간의 관계를 개혁하고 여성으로 하여금 문화적·사회·정치적 생활에 전면적으로 참여시킬 목적으로" 공표되었다. 전문과 9개 조항으로 구성되어 있는 법령의 주요 내용을 살펴보면 다음과 같다. ① 모든 생활의 영역에서 여성들은 남자와 같은 평등권을 가진다. ② 남자들과 동등으로 선거 및 피선거권을 가진다. ③ 남자와 동등한 노동 권리, 동일한 임금, 사회보험·교육의 권리를 가진다. ④ 자유결혼의 권리, ⑤ 자유이혼의 권리가 있다. ⑥ 남자는 만 18세, 여자는 만 17세부터 결혼할 수 있다. ⑦ 일부다처제, 매매결혼, 공사창제, 기생제도를 폐지한다. ⑧ 여성은 재산상의 동등권과 결혼시의 재산·토지분배권을 가진다. ⑨ 여성에 관한 일제의 법령과 규칙은 무효로 한다.[154])

이 법령의 실시로 여성의 사회 진출이 크게 향상되었는데 1948년 3월 7일 현재 여성은 각급 인민위원회에 9,522명, 북조선 인민회의에 34명(전체 대의원의 14퍼센트), 농민위원 6,101명, 판사 13명, 검사 4명, 참심원 532명, 의사 및 간호원 1,300명, 노동자 2만 5,686명, 기능자 2,128명, 교장 10명 등이 진출했다고 한다.[155]

(3) 중요 산업의 국유화와 개인기업의 보호

1946년 8월 10일 임시인위는 결정58호로서 「산업·운수·체신·은행 등의 국유화에 관한 법령」을 공포했다. 이 법령은 간략한 선언문 형식으로 되어 있는데 본문은 아래와 같다.

> 일본 국가와 일본인의 사인 및 법인 등의 소유 또는 조선 인민의 반역자로 되어 있는 일체의 기업소·광산·발전소·운수·철도·체신·은행·상업 및 문화기관 등은 전부 무상으로 몰수하여 이를 조선 인민의 소유 즉 국유화한다.[156]

산업국유화는 당시 산업구성의 절대적인 부분이 일본인에게 속해 있었기 때문에 필연적으로 제기된 문제이다. 해방 전(1941년 말) 조선의 산업구성은 총산업의 62.49퍼센트가 일본인의 소유, 불입자본의 91.2퍼센트가 일본인 자본, 산업자본의 투자액 가운데서 일본인의 소유 기업소가 95~97퍼센트, 한국인 소유 기업소가 3~5퍼센트였다.[157] 이것을 해방 후 소련군이 접수·관리하다가 임시인위에 넘겨준 것을 법적으로 인정하여 국유화한 것이다.

법령의 시행으로 일제와 한국인 반역자들의 소유였던 1,034개의 산업기관들이 무상으로 몰수되어 국유화되었으며 이는 북한 전체 산업의 90퍼센트를 점하는 것이었다.[158] 몰수내역을 보면 표 11과 같다.

국유화로 인하여 1946년도 공업생산액 중에서 국영부문이 차지한 비중이 72.4퍼센트, 사자본주의 기업이 차지한 비중이 27.6퍼센트가 되었으며 표 12처럼 이후 국영부문의 확대·증설에 따라 그 비중이 더 높아지게 되었다.

표 11 국유화된 공장·기업소 수

인민경제부문별	국유화된 공장·기업소 수	인민경제부문	국유화된 수
전력공업부문	47	경공업부문	297
연료공업부문	66	농업 및 임업부문	55
유색금속부문	207	어업부문	74
흑색금속부문	83	운수부문	13
화학부문	88	담배·소금·양주·인삼 등	6
건재 부분	62	기타	36

자료: 사회과학원 력사연구소, 『조선전사』 23권, 189쪽.

표 12 공업 총생산액의 경제형태별 구성 (단위: %)

	1946	1949	1953	1956	1958	1960
공업총계	100	100	100	100	100	100
사회주의 경제형태	72.4	90.7	96.1	98.0	99.9	100
국영경리	72.4	85.5	86.2	89.9	87.7	89.7
협동경리	-	5.2	9.9	8.1	12.2	10.3
소상품 경제형태	4.4	1.5	1.0	0.7	0.1	-
사자본주의 경제형태	23.3	7.8	2.9	1.3	-	-

자료: 『조선민주주의인민공화국 인민경제발전통계집』(1946~60)(평양: 국립출판사, 1961), 41쪽.

결국 국유화법령의 시행은 산업부문에서 타도의 대상이었던 일본인 및 친일파·민족반역자·반동적 자본가들의 경제적 기반을 붕괴시킴으로써 그들의 정치·경제적 영향력을 분쇄했고 일제의 방대한 산업기관을 국유화함으로써 민족경제를 발전시키며 동시에 이민경제 발전을 계획적 기초 위에서 수립할 만한 기본조건을 지어주었으며 이에 따라 사회주의로 발전할 수 있는 중요한 터전을 마련해주었다고 한다.[159]

한편 임시인위는 중요 산업의 국유화와 더불어 중소상공업자들의 기업활동에 대해서 법적으로 인정·보호하는 조치를 취했다. 10월 24일 「개인소유권을 보호하며 산업 및 상업활동에 있어서의 개인의 창조성을 발휘시키기 위한 대책에 관한 결정서」가 공포되었다.

결정의 기본내용은 ① 개인 소유의 동산·부동산은 재판에 의한 판결과 특별한 결정 이외에는 몰수할 수 없고, ② 개인 소유의 산업기관은 국유화에 포함되지 않으며, ③ 일본인과 공동투자한 회사의 주식 소유자가 주권배당 또는 주권권리를 상실한 경우에는 그에 대한 요구서를 제출하고, ④ 개인 자본으로 하여금 주민들의 광범한 수요에 공헌하는 제품 및 상품을 증산시키기 위하여 조선공민의 산업가·상업가에게는 노동자 50명 이하를 사용하는 공장 등을 방매 또는 임대할 수 있으며, ⑤ 북조선은행은 개인상공업자에게 단기·보통 대여를 해야 하며, ⑥ 은행은 저금에 대한 비밀을 준수하여야 한다는 것 등이다.[160]

이 결정은 당시 실시한 산업국유화정책이 자본주의적 소유 일반을 청산한 것이 아니라 부르주아민주혁명과업의 일환이었기에 민족자본가의 중소기업은 법적으로 인정되고 단지 일제와 민족반역자의 소유만을 몰수했다는 것을 의미한다.[161] 또한 그것은 당시 경제구조상 개인경영기업을 허용하여 그들의 기술과 경영활동 능력, 창의성을 최대한으로 이용하여 생활필수품, 공업의 원료 등을 생산하기 위하여 불가피한 조치였다.

3) 도·시·군 인민위원회 선거—북조선 인민회의와 북조선 임시위원회 수립

임시인위는 1946년 9월 5일 제2차 확대위원회를 개최하여 각급 인민위원회의 선거를 결정했다. 이같은 결정은 각급 인민위원회를 선거를 통하여 새로 구성함으로써 형식적인 합법성을 확보하여 더욱 공고화·체계화하자는 의도에서 비롯되었다. 선거의 준비과정과 실시에서 민주주의민족통일전선이 주도적인 역할을 했다.

도·시·군 인민위원회 선거는 11월 3일에 실시되었다. 총유권자 451만

표 13   당선된 도·시·군 인민위원회 위원들의 정당별 분포   (단위:명)

도별	총위원당선수	노동당	민주당	청우당	무소속
평남	561	154	68	71	268
평북	774	214	77	61	392
함남	613	223	39	44	307
함북	375	125	27	21	202
황해	658	213	32	34	329
강원	467	162	52	17	235
평양시	41	10	6	5	20
북조선 전체	3,459	1,102	351	253	1,753
비율(%)	100	31.8	10	8.1	50.1

자료:『조선중앙년감』(1949), 84~85쪽.

표 14   당선된 도·시·군 인민위원회 위원들의 사회성분별 분포   (단위:명)

도별	총위원수	노동자	농민	사무원	상인	기업가	인텔리	종교가	前지주	여성
평남	561	52	227	195	18	11	41	17	-	63
평북	744	84	291	252	27	10	69	11	-	107
함남	613	116	217	179	24	12	43	22	-	87
함북	375	90	113	81	19	12	46	14	-	52
황해	658	89	246	171	39	17	73	17	6	76
강원	467	70	158	157	17	9	37	12	7	63
평양시	41	9	4	21	1	2	2	1	1	5
북조선 전체	3,459	510	1,256	1,056	145	73	311	94	14	453
비율%	100	14.5	36.4	30.6	4.3	2.1	9.1	2.7	0.4	13.1
1946년 선거 이전의 인민위원 성분(%)	100	5.7	71.8	15.8 인텔리 포함	4.6	2.1	-	-	-	

자료:『조선중앙년감』(1949), 84~85쪽과 스칼라피노·이정식,『한국공산주의운동사』II, 470쪽.

6,120명 중에 450만 1,813명(99.6퍼센트)이 투표에 참가했으며 민주주의민족통일전선에서 추천한 후보자를 찬성한 비율은 도 인민위원회 선거에서는 97퍼센트, 시 인민위원회 선거에서는 95.4퍼센트, 군 인민위원회 선거에서는 96.9퍼센트였다.[162]

그런데 당시의 투표방법이 찬성표는 백색함에 반대표는 흑색함에 넣는 흑백함 투표제였고[163] 단일후보에 대한 찬반투표였으므로 투표자들에게는 명시적인 강요와 선택의 제한이 있어 민주적인 방법은 아니었다.

여하튼 선거 결과 도·시·군 인민위원회 위원으로 총 3,459명이 당선되었다. 당선된 위원들의 정당별·사회성분별 분포는 표 13, 표 14와 같다.

정당별 분포를 보면 무소속이 과반수 이상인 것이 특징이다. 이는 1946년 9월 13일 민전 제5차 중앙위원회에서 노동당위원장 주영하가 제시한 "후보자 수를 자기 당원 수와 사회적 활동의 중량에 비례하여 결정"하고 "반수 이상은 정당 이외에서 선출한다"[164]는 원칙이 관철된 것이다.

사회성분 분포에서 선거 전과 다른 점은 노동자·사무원·여성의 비율이 높아진 것이다. 당선자들 중에 반 이상이 농민과 노동자인 것은 노농맹이 크게 강화된 것을 반영하는 현상이다. 또 사무원의 범주에는 대중조직 및 당기관에서 일하고 있던 관료나 간부들이 포함되어 있어 그 비중이 높아졌으며 여성의 진출은 의식적으로 여성의 지위 향상을 도모하기 위하여 이루어졌다.

김일성은 만족할 만한 선거승리의 원인을 인민대중의 정치적 각성과 열정 및 단결된 힘, 민주주의민족통일전선의 위대한 역할, 선전원들의 역할 등에서 찾았으며,[165] 선거의 결과 "인민위원회가 법적 주권으로 변했으며"[166] "전체 인민들이 인민위원회의 정책을 지지하며 인민위원회를 자기의 정권기관으로서 받들고 신임하는"[167] 것을 보여주는 것이라고 주장했다.

그리하여 이 선거를 토대로 1947년 2월 17일에서 20일 사이에 북조선 도·시·군 인민위원회 대회가 개최되었다. 이 대회는 선거에 의해 선출된 인민위원회 위원들에 의하여 임시인위의 합법성 추인과 '임시적'이 아닌

정당한 중앙주권기관을 설립하려는 데 그 목적이 있었다.[168] 대회는 선거된 도·시·군 인민위원회 위한 3명 중에서 1명씩과 북로당·민주당·천도교청우당·북조선 직업동맹·농민동맹·민주청년동맹·민주여성동맹의 대표 각 5명씩을 합한 1,186명으로 구성되었다.
대회는 다음과 같은 순서로 진행되었다.

① 개회사
② 주석단·서기국 선거
③ 대회 토의사항 결정
- 대회대표 심사위원회 보고
- 임시인위에서 발표한 제법령의 보고와 승인
- 1947년도 인민경제 발전계획에 대한 보고와 결정서 채택
- 북조선 인민회의 창설에 대한 보고와 대의원 선거
- 스탈린대원수에게 보내는 감사문 통과
- 미소공위 속개 요청서 통과

④ 축사·축하문·축전 낭송[169]

식순에 따라 대회는 강양욱이 보고한 임시인위의 법령들을 승인하고 김일성의 보고에 기초한 1947년도 인민경제 발전계획을 결정했다. 그리고 최용건의 보고에 근거하여 북조선 인민회의의 창설을 결정했다. 북조선 인민회의는 "북조선에서 제정권기관 선거를 하급으로부터 상급까지 완성하며 인민위원회의 정권을 공고히 하며 북조선에서 실시한 제민주개혁을 공고히 하며 발전시킬 목적"[170]으로 창설되었다고 주장된다.

그리하여 대회는 대의원 선거규정에 따라 총 237명의 대의원을 선출했다. 대의원을 분석하면 성분별로는 농민(26%), 사무원(24%), 노동자(22%), 인텔리(15%), 상업가(4%), 종교인(4%), 기업가(3%), 예술가(2%) 등이다. 여성은 전체의 15퍼센트를 차지했으며 정당별로는 노동당원이 88명, 민주당 및 청우당이 각 30명, 무소속이 89명이었다.[171]

이렇게 하여 수립된 북조선 인민회의는 임시인위로부터 정권을 이양받아[72] "조선에 민주주의 임시정부가 수립되기까지 북조선 인민정권의 최고기관"[173]이 되었다. 인민회의는 입법권의 행사와 더불어 제정된 법령을 집행할 수 있는 인민위원회를 조직하는 국가의 최고권력을 행사한다고 그 권한이 규정되어 있다. 그렇지만 이는 법조문상의 형식적 권한으로 노동당의 정책에 합법성을 부여하는 역할에 불과하다.

후에 북한은 인민회의를 "첫 프롤레타리아 독재국가의 최고주권기관"으로 규정하여 그의 창설은 "혁명주권기관을 더욱 강화·발전케 했으며 반제반봉건 민주주의혁명의 위대한 성과를 공고히했고 사회주의로 넘어가는 과도기의 혁명 임무를 성과적으로 수행했다"[174]고 하여 임시인위와는 달리 인민회의는 사회주의 혁명과업을 수행하는 기관이었다고 평가하고 있다.

1947년 2월 21, 22일 이틀에 걸쳐 제1차 북조선 인민회의가 개최되었다. 이 회의는 인민회의 상임의원회를 선거하고 북조선 인민위원회와 그 중앙기관을 조직하는 것이 주목적이었다. 회의에서 구성된 상임의원회는 다음과 같다.

　　의장: 김두봉(노동당 위원장)
　　부의장: 최용건(민주당 위원장)
　　　　　김달현(청우당 위원장)
　　서기장: 강양욱(임시인위 서기장)
　　상임위원: 김책(보안간부대대부 부사령관)
　　　　　　강진건(직업동맹 위원장)
　　　　　　이기영(조·소문화협회 위원장)
　　　　　　김제원(노동당·농민)
　　　　　　김상철(노동당·선반철공)[175]

그리고 회의는 「북조선 재판소 및 북조선 검찰소에 관한 규정」을 통과시켜 사법기구를 설치했다. 끝으로 임시인위의 사업보고와 결정서를 채택하고 이에 대체할 북조선 인민위원회를 구성했다. 김일성이 위임받아 조직한 북조선 인민위원회의 구성은 다음과 같다.

위원장: 김일성　　　　　부위원장: 김책, 홍기주(민주당)
사무장: 한병옥　　　　　기획국장: 정준택
산업국장: 이문환(무소속)　내무국장: 박일우
외무국장: 이강국　　　　재정국장: 이봉수
노동국장: 오기섭　　　　사법국장: 최용달
인민검열국장: 최창익　　선전부장: 허정숙
교통국장: 허남희(무소속)　농림국장: 이순근
체신국장: 주황섭(청우당)　상업국장: 장시우
보건국장: 이동영(민주당)　교육국장: 한설야
간부부장: 장종식　　　　양정부장: 송봉욱
총무부장: 김정주(청우당)[176]

인민위원회는 노동당의 독재권력이었다. 총 22명의 위원 중에 16명이 노동당 간부였고 민주당과 청우당 소속이 각 2명 그리고 무소속이 2명이었다.

법규정에 의하면 북조선 인민위원회는 "조선에 민주주의임시정부가 수립되기까지 북조선 인민정권의 최고집행기관"[177]으로 모든 사업활동에 있어서 북조선 인민회의에 복종해야 한다고 되어 있다.

이러한 북조선 인민위원회의 성격을 북한에서는 "우리나라에서 탄생된 첫 프롤레타리아 독재정권"이라 규정하고 "사회주의혁명과 사회주의 건설의 강력한 무기로서 점차 사회주의에로 넘어가는 과도기의 임무를 수행하며 인민경제를 계획적으로 발전시키기 위하여 투쟁했다"[178]고 평가한다. 북조선 인민위원회는 임시인위와는 달리 형식적인 합법성을 가지고 공식적으로 수립된 북한의 사실상의 단독정부였다.[179]

이리하여 권력의 핵심인 노동당을 중심으로 그 지배를 '항구적'으로 가능케 하는 북조선 최고주권기관(인민회의)과 최고집행기관(인민위원회)이 수립되었다.

6. 북조선 임시인민위원회 활동의 평가

북한에서 임시인위하에서 시행된 여러 개혁들은 반제반봉건 민주주의혁명(인민민주주의혁명)의 구체적 수행이었다고 평가된다. 그런데 그러한 개혁을 가능하게 했던 필요조건은 중앙집권화된 정치권력의 수립이었다. 그러므로 임시인위의 활동은 크게 세 부분으로 요약될 수 있다.

첫째, 정권기관의 중앙집권화와 공고화(인민위원회의 체계화)이다. 해방 직후 자발적·무정형적·대중적이었던 지방조직들이 소련군의 진주로 인민위원회의 정권형태로 정비되었지만 여전히 행정권 및 치안권은 지역적 자율성에 맡겨져 있었다. 이러한 지방인민위원회들은 5도행정국의 수립으로 부문별 지도체계를 확립한 후 임시인위의 수립으로 중앙집권화된다. 임시인위라는 중앙기구의 중요한 목적은 "민주적인 지방행정기관들의 지도력을 개선하는 것"이었다.[180] 임시인위 규정에 의하면 임시인위는 그 자체의 발의에 의하여 임시인위의 각 국들과 각 도 인민위원회 등의 옳지 못한 결정을 시정하며 또는 정지할 수 있다고 되어 있어 각 지방에 대한 통제권을 부여하고 있다.

행정조직상으로 중앙집권화된 임시인위는 여러 민주개혁들과 각급 인민위원회 선거를 통하여 실질적으로 중앙집권화된 행정체계를 완성했다. 특히 토지개혁 시행의 책임이 각급 인민위원회에 부여된 상황에서 토지개혁이 단기간내에 완수되었다는 사실은 행정조직의 체계화가 상당 부분 완성되었음을 알 수 있게 한다. 그럼에도 불구하고 김일성은 토지개혁을 총결하고 당면과업을 제시하는 가운데에 "인민위원회내에서 이색분자를 축출하고……각급 당기관들과 당단체들은 인민위원회를 재정리하는 사업에 즉시 착수할 것"[181])을 지시하고 있듯이 끊임없이 정권기관의 강화와 중앙집권화에 관심과 노력을 기울이고 있었다.

또한 각급 인민위원회의 선거를 인민위원회의 정당성 확보와 더불어 중앙집권화의 방편으로 활용했다. 김일성은 "금년에는 북조선 임시인민위원회의 모든 법령시책을 하부 말단에까지 침투·철저화시키기 위하여 면·리 인민위원회 위원선거를 실시하고자 한다"[182])고 선거의 목적을 분명히 했다. 이렇게 하여 1947년 초에는 지방인민위원회들의 중앙집권화가 완성되어, 계획경제 수립과 시행의 행정적 토대를 구축했다.

둘째, 반제(反帝) 과업의 수행이다. 이는 친일세력과 그 잔재를 청산하는 것을 의미한다. 정치적으로는 일제의 통치기구를 분쇄하고 새로운 정권을 수립하는 것이며 일제 통치기구를 옹호한 민족반역자들을 축출하고 일제강점기의 법령과 규정들을 무효화하고 새로운 법령과 규정을 만드는 것으로 이는 인민위원회 정권 수립으로 구체화되었다. 경제적으로는 일본제국주의자들과 예속자본가들의 경제적 기반을 박탈하고 중요산업을 국유화했다. 문화적으로는 교육의 개혁과 일제 사상의 잔재를 퇴치하는 것인데 문맹퇴치운동과 건국사상총동원운동 그리고 인민학교의 건립 등으로 수행되었다는 것이다.[183])

셋째, 반봉건(反封建) 과제의 수행이다. 이의 기본내용은 토지에 반봉건성의 해결인데 토지개혁을 통하여 완수되었다. 남녀평등권법령의 실시로 여성들을 봉건적 예속에서 벗어나게 했고 노동법령과 사회보장법 등을 통하여 근로자들의 정치적 자유와 민주주의적 권리를 보장했으며 노동조건을 개선했다고 한다.[184])

결국 해방 직후 북한에서는 강력한 중앙정권인 임시인위의 수립을 통하여 반제반봉건 민주주의혁명이 수행되었다고 주장한다.

한편 이러한 임시인위의 수립과 활동은 당시 통일운동과 연관하여 어떻게 평가하여야 하는가?

임시인위는 실질적인 정부(de facto government)였다. 그런데 단순히 북한이 남한보다 공식적인 정권을 먼저 수립했다는 사실을 지적하는 것은 큰 의미가 없다. 그것은 미·소 주둔군의 통치방식의 차이에 따른 당연한 귀결이며 한반도에 냉전의 파급으로 이미 단독정부의 출현이 예견되었기 때문이다. 그것보다 더욱 중요하게 지적될 점은 북한이 임시 인위하에서 수행된 개혁들로 인하여 미군정하의 남한과는 이질적인 사회구성으로 변했다는 사실이다. 따라서 당시에 있어서 한반도 통일의 문제는 영토적 병합 외에도 혁명과 반혁명의 문제와 결부되게 되었다.

주 _____

1) 김학준, 「한반도 분단의 대내외적 요인」, 『국제정치논총』(서울; 국제정치학회, 1987. 9), 8~9쪽.
2) B. 커밍스, 『한국전쟁의 기원』 하(청사, 1986), 252쪽; Kim Chum Kon, *The Korean War 1950~1953*(Seoul: Kwangmyong Publishes, 1973), 31~34쪽; 이호제, 「한국 분단 연구의 특징과 문제점」, 『국제정치논총』(서울: 1987. 9), 24쪽.
3) 和田春樹, 「소련의 대북한정책, 1945~1946」, 『분단전후의 현대사』(서울: 일월서각, 1983), 236쪽.
4) 국토통일원 역, 『조선의 해방』(서울: 국토통일원, 1987), 139쪽.
5) 오충근, 「38선 획정과 소련의 한반도 해입」, 『신동아』(1985. 10), 519~20쪽.
6) 소련군 참모총장 안토노프(Alexy Antonov)는 포츠담회의에서 "극동에서 소련군의 목표는 만주의 일본군을 괴멸시키고 요동반도를 점령하는 것이다"라고 말했다. B 커밍스, 앞의 책(상), 208쪽.
7) 진석용, 「분단사의 재조명: 일본학계의 한 연구」, 『사회과학과 정책연구』(서울: 서울대 사회과학연구소, 1985. 7), 194쪽. 이 글은 오충근이 발표한 세 논문을 요약·정리한 것이다.
8) 김학준, 앞의 글, 10쪽.
9) 진석용, 앞의 글, 194쪽.
10) 오충근, 앞의 글, 525~26쪽; B. 커밍스, 앞의 책, 하, 251~52쪽; 森田芳夫, 「소련군의 북한진주와 인민위원회의 성립」, 『한국사회연구』 5(서울: 한길사, 1987), 366쪽; Robert M. Slusser, "Soviet Far Eastern Policy, 1945~1950," Yonosuke Nagai and Akira Iriye eds., *The Origins of the Cold War in Asia*(Tokyo: University of Tokyo Press, 1977), 137쪽.
11) 각 포고문 및 성명서의 출처는 다음과 같다.
① 김기석 편, 『북조선의 현상과 장래』(서울: 조선정경연구사, 1947), 81~82쪽.
② 김익희, 「소련과 인민조선의 관계, 1945~1980: 문서와 자료」, 『사회과학과 정책연구』 제17권 2호, 241쪽.
③ 『노동자신문』, 1945년 9월 22일; Chong-Sik Lee ed., *Materials on Korean Communism: 1945~1947*(Honolulu: Center for Korean Studies University of Hawaii, 1977), 144~45쪽에 재수록.

④ 스칼라피노·이정식,『한국공산주의운동사』II(서울: 돌베개, 1986), 424쪽.

⑤ 김준엽 외,『북한연구자료집』1집 (서울: 고대 아세아문제연구소, 1969), 604~05쪽.

12)『해방일보』, 1945년 10월 31일.

13) 사회과학원 력사연구소,『조선전사』23권(평양: 과학백과사전출판사, 1981), 48쪽.

14) 같은 책, 23권, 49쪽.

15) 한재덕은 자신이 당시 평남인민정치위원회 공산당측 위원이었음에도 불구하고 이런 회의가 있었는지도 몰랐을 정도로 '비밀회의'였다고 한다. 한재덕,『북괴 공산당을 폭로한다』(공산권문제연구소, 1983), 35쪽.

16) 회의록은 다음에 실려 있다.『옳은 노선』(東京: 민중신문사, 1946); Chong-Sik Lee ed., 앞의 책, 231~44쪽.

17) Chong-Sik Lee ed., 앞의 책, 237쪽; 김남식,『남로당 연구』(돌베개, 1984), 59쪽; 한재덕, 앞의 책, 136쪽; 中川信夫,「8·15解放直後の朝鮮の左翼-朝鮮共産黨 北部5道 黨責任者·熱誠者大會を中心に」,『アジア經濟』, 1985, 1, 35~36쪽. 반면 와다 하루키(和田春樹)는 보고내용이 오(吳)의 보고와 비슷하며 항일해외운동을 언급하지 않은 점을 들어 이 대회에서 제1비서로 선출된 김용범일 것이라고 한다. 和田春樹, 앞의 글, 269~71쪽.

18) Chong-Sik Lee ed., 앞의 책, 241~42쪽.

19) 이 세 내용은『해방일보』, 1945년 11월 5일에 실려 있다.

20) 이것은 박헌영파 주도하의 서울의 인민공화국에 대한 사실상의 부인을 의미한다(中川信夫, 앞의 글, 30쪽).

21) 김남식, 앞의 책, 59쪽.

22)『해방일보』, 1945년 11월 15일.

23) 中川信夫, 앞의 글, 32쪽.

24)『조선전사』23권, 48~57쪽;『정치사전』(평양: 사회과학출판사, 1973), 489~90쪽.

25)『정치사전』, 486쪽.

26)『조선전사』, 23권, 59~60쪽.

27)『정치사전』, 486~87쪽.

28) 국사편찬위원회 편,『북한관계사료집』I (국사편찬위원회, 1986), 3~9쪽. 이 책은 한국전쟁시 노획된 문서들로 편집되어 당시를 연구하는 데에는 필수적인 자료집이다.

29) 같은 책, 10~15쪽.

30)『정치사전』, 487~88쪽.

31) 같은 책, 1235~36쪽.

32) 한재덕, 앞의 책, 136, 230쪽; 국토통일원 조사연구실, 『북한사건표(1945~1967)』, 9쪽.

33) Kim Chum Kon, 앞의 책, 69쪽; 박동운, 『북한통치기구론』(서울: 고대 출판부, 1964), 3쪽; 和田春樹, 앞의 글, 283쪽.

34) 김준엽 외, 앞의 책, 35쪽.

35) 국사편찬위원회 편, 앞의 책, 8쪽.

36) 대한민국 공보처, 『소련군정의 시말』(1949), 16~17쪽; 김병연, 『평양지』(서울: 고당 전·평양지간행회, 1964), 53~54쪽; 신재홍, 「조만식과 조민당」, 『월간조선』, 1985. 8, 490쪽.

37) 오영진, 『소군정하의 북한―하나의 증언』(부산: 국민사상지도원, 1952), 160~61쪽; 한근조, 『고당 조만식』(서울: 태극출판사, 1973), 386~89쪽.

38) 김병연, 앞의 책, 54쪽.

39) 한근조, 앞의 책, 391쪽.

40) 김병연, 앞의 책, 54쪽.

41) 같은 책, 54쪽; 한근조, 앞의 책, 392쪽; 『소련군정의 시말』, 17쪽.

42) 김병연, 앞의 책, 55~56쪽.

43) 『북한사건표』, 24쪽.

44) 같은 책, 27쪽.

45) 김병연, 앞의 책, 55쪽.

46) 김남식 편, 『해방 후 정당·사회단체 연구 참고자료』(국토통일원), 279~81쪽.

47) 스칼라피노·이정식, 앞의 책, 451~52쪽.

48) 최창익, 「민주적 민족통일전선의 역사성에 대하야」, 『독립신보』, 1946년 6월 19일~23일.

49) 김일성, 「노동당의 창립과 당면한 제과업에 대하여(1946. 9. 26)」, 『북한연구자료집』 1집, 146쪽.

50) 이하는 특별한 언급이 없는 한 「북조선로동당 창립대회 회의록」, 『북한관계사료집』 I, 101~76쪽에 의거하여 서술한다.

51) 『정치사전』, 490쪽.

52) B. 커밍스, 앞의 책, 303~04쪽.

53) 방인후, 『북한 조선노동당의 형성과 발전』(서울: 고대 아세아문제연구소, 1967), 101~02쪽.

54) 『정치사전』, 490~92쪽.
55) 조선로동당원의 증가추세는 아래와 같다.

1945. 12. 17	4,530명	1956.	1,164,000명
1946. 9.	370,000명	1961. 8.	1,311,563명
1947. 8.	680,000명	1967. 11.	1,500,000명
1948. 1.	708,000명	1970.	1,700,000명

자료: 양성철, 『분단의 정치—박정희와 김일성의 비교연구』(한울, 1987), 173쪽.

56) 청우당은 1946년 2월 8일에 창당되었으며 당원의 95퍼센트 가량이 농민이었다. 기독교에 반대하는 민족종교(천도교)에 기반하기 때문에 공산주의자들로부터 비교적 압력을 덜 받았다. 스칼라피노·이정식, 앞의 책, 448~49쪽.
57) 민주주의민족전선, 『조선해방1년사』(서울: 문우인서관 1946), 390쪽.
58) 『조선전사』 23권, 106~08쪽.
59) 예를 들어 황해도 각급 인민위원회 구성은 노동자·농민이 83퍼센트, 사무원이 7퍼센트, 수공업자와 상인이 9퍼센트, 그리고 중소기업가 및 기타가 1퍼센트였다. 북조선인민위원회 선전국, 『조국해방과 북조선 민주건설』(1948), 83쪽; 『조선전사』 23권, 108쪽에서 재인용.
60) 오영진, 앞의 책, 33~34쪽.
61) 증언자에 따라서 다소 차이가 있지만 여기서는 오영진의 증언을 중심으로 한근조·김병연의 증언을 참조하기로 한다. 김병연, 앞의 책, 47쪽; 한근조, 앞의 책, 372~73쪽; 오영진, 앞의 책, 35~36쪽.
62) 한근조, 앞의 책, 375쪽.
63) 오영진, 앞의 책, 48쪽.
64) 김병연, 앞의 책, 48쪽; 한근조, 앞의 책, 375쪽.
65) 오영진, 앞의 책, 51쪽.
66) 森田芳夫, 앞의 글, 396~97쪽.
67) *FRUS*, Diplomatic paper(1945), vol. 6, 1065~66쪽; 和田春樹, 앞의 글, 250쪽에서 재인용.
68) 함석헌, 「내가 겪은 신의주학생사건」, 『씨알의 소리』, 1971. 11, 34~35쪽.
69) 같은 글, 36쪽.
70) 같은 글, 36쪽. 함석헌은 그 후 신의주사건으로 투옥당했으며 1947년 2월 말에 월남했다.

71) 磯谷季次, 『우리 청춘의 조선』(서울: 사계절, 1988), 211쪽.
72) 和田春樹, 앞의 글, 251쪽.
73) 森田芳夫, 앞의 글, 385~86쪽.
74) 和田春樹, 앞의 글, 251쪽.
75) 森田芳夫, 앞의 글, 386쪽.
76) B. 커밍스, 앞의 책, 265쪽; 『민주정보』, 1945년 12월 23일; Chong-Sik Lee ed., 앞의 책, 177쪽.
77) 국토통일원 역, 앞의 책, 149~52, 168~69, 220~30, 251~55, 262~75쪽 참조.
78) 森田芳夫, 앞의 글, 373~74쪽.
그런데 북한 간행물에서는 함북인민위원회가 10월 26일에 조직되었다고 한다. 아마이것은 공산계가 인민위원회를 장악한 때를 지칭하는 것 같다. 『조선전사』 23권, 108쪽; 민주조선사 편, 『해방 후 4년간 국내외 중요일지』(평양: 민주조선사, 1949), 13쪽.
79) 森田芳夫, 앞의 글, 378~80쪽.
80) 和田春樹, 앞의 글, 255쪽.
81) 磯谷季次, 앞의 책, 212쪽.
82) 『조선전사』 23권, 108쪽; 『해방 후 4년간 국내외 중요 일지』, 8쪽.
83) 森田芳夫, 앞의 글, 382쪽과 磯谷季次, 앞의 책, 212, 221쪽을 보완하여 작성하였다.
84) 『조선노동자신문』 1945년 9월 22일; B. 커밍스, 앞의 책, 264쪽에서 재인용.
85) 국토통일원 역, 앞의 책, 175~77, 270~75쪽.
86) 『조선전사』 23권, 108쪽.
87) 『해방일보』 1945년 12월 19일.
88) 森田芳夫, 앞의 글, 392~93쪽.
89) 논자에 따라 명단이 차이가 있으나 여기서는 오영진의 증언을 중심으로 하고 기타의 것은 참조·보완했다. 오영진, 앞의 책, 116~17쪽; 한근조, 앞의 책, 378~79쪽; 김병연, 앞의 책, 48쪽.
90) 和田春樹, 앞의 글, 257쪽.
91) 한근조, 앞의 책, 382쪽.
92) 『해방 후 4년간 국내외 중요일지』, 11~12쪽.
93) 같은 책, 13~15쪽.
94) 같은 책, 15쪽.
95) 같은 책, 23쪽; 김병연, 앞의 책, 50쪽.

96) 森田芳夫, 앞의 글, 395쪽.
97) 같은 글, 397쪽.
98) 함석헌, 앞의 글, 37쪽.
99) 『해방 후 4년간 국내외 중요 일지』, 9쪽.
100) 자세한 내막은 함석헌, 앞의 글과 『북한반공투쟁사』(서울: 한국통일촉진회, 1970), 87~92쪽을 참조.
101) 함석헌, 앞의 글, 44~47쪽.
102) 독립촉성회, 「보라! 천인공노할 서북학생사건의 진상」 『대중공론』 1권 1호(1946. 2), 16쪽.
103) 한재덕, 앞의 책, 214~17쪽.
104) 森田芳夫, 앞의 글, 386~87쪽.
105) 『해방 후 4년간 국내외 중요일지』, 9~10쪽.
106) 森田芳夫, 앞의 글, 388쪽.
107) 같은 글, 389쪽.
108) 『해방 후 4년간 국내외 중요일지』, 10쪽.
109) 조선중앙통신사 편, 『조선중앙년감』(1950년판)(평양: 조선중앙통신사, 1950), 196쪽.
110) 오영진, 앞의 책, 133~35쪽.
111) 『해방 후 4년간 국내외 중요일지』, 10쪽.
112) B. 커밍스, 앞의 책, 264쪽.
113) 인민평론사 편, 『세계의 눈에 빗친 해방조건의 진상』(서울: 인민평론사, 1946), 24~25쪽.
114) 『해방 후 4년간 국내외 중요일지』, 14~15쪽.
115) 오영진, 앞의 책, 137~38쪽; 『해방 후 정당·사회단체 연구 참고자료』, 253쪽; 『소련 군정의 시말』, 19~20쪽. 논자에 따라 다소 차이가 있으나 상호비교하여 보완했다.
116) 국토통일원 역, 앞의 책, 325~26쪽; 『소련군정의 시말』, 20쪽.
117) 오영진, 앞의 책, 139쪽.
118) 『정로』, 1945년 12월 5일; 『조선전사』 23권, 113쪽에서 재인용.
119) 『정치사전』, 496쪽.
120) 『해방 후 4년간 국내외 중요일지』, 15~23쪽.
121) 김학준, 『한국문제와 국제정치』(박영사, 1981), 30쪽.
122) 스칼라피노·이정식, 앞의 책, 426쪽.

123) HQ. USAFIK, "G-2 Weekly Summary", No. 15(1945. 12), 16~23쪽.
124) 『조선전사』 23권, 113쪽.
125) B. 커밍스, 앞의 책, 263쪽.
126) 김일성, 「목전 조선정치형세와 북조선 인민위원회의 조직문제에 대하여」, 『민주주의인민공화국 수립을 위하여』(평양: 노동당출판사, 1948), 7~8쪽.
127) 『조선신문』 특파원과 김일성의 담화. 『해방일보』, 1946년 3월 7일.
128) 『소련군정의 시말』, 21쪽.
129) 『해방일보』, 1946년 2월 22일.
130) B. 커밍스, 앞의 책, 263, 283~85쪽.
131) 『북한연구자료집』 1집, 125쪽.
132) 『민주주의인민공화국 수립을 위하여』, 9~13쪽.
133) 『해방 후 정당·사회단체 연구 참고자료』, 273~74쪽.
134) 『조선전사』 23권, 119쪽.
135) 국토통일원 역, 앞의 책, 327쪽.
136) 『북한연구자료집』 1집, 53~54쪽의 전문 참조
137) 같은 책, 72쪽.
138) 『조선통사』 하권(평양; 1958), 29쪽.
139) 박창옥, 「김일성 위원장 20개 정강과 북조선 민주개혁」, 『조선인민은 인민위원회 정권형태를 요구한다』(민주조선출판사, 1947. 7), 83~97쪽.
140) 예산 총액이 『해방 후 4년간 국내외 중요일지』 42쪽과는 다르지만 그 내역이 나와 있는 예산표를 소개한다. 예산안은 1946년 4월 1일부터 12월 말까지 9개월간의 것이다. 예산의 특징은 세입 중에 조세수입이 76퍼센트를 차지한다는 점이고 세출 중에 정무비 비율(26%)이 높은데 이는 질서안정 초기에 불가피한 현상이고 교육비 비율(19%)도 높은 것은 문화계몽사업에 주력하기 위한 것이라 한다.

세입예산표	(단위: 원)
조세수입	471,601,378(75.6%)
전매수입	33,000,000(5.2%)
교통사업수입	56,000,000(9%)
잡수입	63,535,291(10.2%)
계	624,136,669(100%)

세출예산	(단위: 원)
회의비	1,348,000(0.2%)
국세조사비	971,400(0.15%)
정무비	164,136,363(26.2%)
교육비	118,557,498(18.9%)
보건비	38,538,987(6.1%)
사회사업비	2,640,000(0.4%)
체신사업비	10,000,000(1.6%)
국영사업비	100,000,000(16%)
수리사업비	50,000,000(8%)
산업조성비	36,345,469(5.8%)
건설비	36,985,653(5.9%)
잡지출	6,908,299(1.1%)
예비비	57,705,000(9.2%)
계	624,136,669(100%)

자료: 김기석 편, 앞의 책, 136~37쪽.

141) 『조선중앙년감』(1949), 69~70쪽.

142) 『소련군정의 시말』, 23쪽.

143) 이 세 법령은 차낙훈·정경모 공편, 『북한법령연혁집』 1집(고대 아세아문제연구소, 1969), 137~44쪽에 실려 있다.

144) Ha, Joseph Man-Kyung, *Politics of Korean Peasantry: A Study of land reforms and collectivization with reference to sino-soviet experience*(Columbia Univ. Unpublished, Ph. D. Dissertation, 1971), 107~108쪽.

145) 『북한연구자료집』 1집, 57쪽.

146) 장상환, 「토지개혁과 농협협동화과정의 특질」, 『북한사회의 구조와 변화』(경북대학교 극동문제연구소, 1987), 107~08쪽.

147) Ha, Joseph Man-Kyung, 앞의 책, 147쪽.

148) 장상환, 앞의 글, 108쪽.

149) Ha, Joseph Man-Kyung, 앞의 책, 157~59쪽 참조.

150) B. 커밍스, 앞의 책, 298쪽.

151) 『조선통사』 하(1958), 36쪽.

152) 『북한연구자료집』 1집, 100쪽.
153) 『북한법령연혁집』 1집, 513~16쪽.
154) 같은 책, 729~33쪽.
155) 『조선중앙년감』(1949), 77쪽.
156) 『북한법령연혁집』 1집, 103쪽.
157) 북한연구소, 「북한의 계급정책」, 『북한사회의 재인식』 I(1987), 240쪽.
158) 『조선중앙연감』(1949), 73쪽. 잔여 10퍼센트는 1958년 8월에 사회주의적 개조의 일환으로서 일체의 개인 상공업과 수공업이 몰수되어 협동소유라는 형태로 국유화되게 된다.
159) 「해방 후 4년간 북반부인민들이 쟁취한 위대한 민주건설의 성과」(선전성)(노획된 문서 중), 28~29쪽.
160) 『북한법령연혁집』 1집, 104~05쪽.
161) 『정치사전』, 1072쪽.
162) 김일성, 「북조선 민주선거의 총결과 인민위원회의 당면과업」(1946. 11. 25), 『북한연구자료집』 1집, 162쪽.
163) 「북조선 면·군·시 및 도 인민위원회 위원의 선거에 관한 규정」 제39조, 『북한법령연혁집』 1집, 79쪽.
164) 방인후, 앞의 책, 268쪽.
165) 『북한연구자료집』 1집, 166~67쪽.
166) 같은 책, 167쪽.
167) 김일성, 「조선정치형세에 대한 보고」(1947. 2. 8), 『북한연구자료집』 1집, 192쪽.
168) 김일성은 이 대회가 행한 위대한 사업으로 민주주의적 모든 법령들을 1,300만 인민을 대신하여 법적으로 승인한 점과 인민경제의 계획을 수립한 것을 지적한다(「북조선 도·시·군 인민위원회 대회를 결속하면서」(1947. 2. 20), 『북한연구자료집』 1집, 218쪽).
169) 『해방 후 4년간 국내외 중요일지』, 100쪽.
170) 「북조선 인민회의 창립에 대한 북조선 인민위원회 대회 결정서」, 『북한법령연혁집』 1집, 19쪽.
171) 스칼라피노·이정식, 앞의 책, 472쪽.
172) 『북한연구자료집』 1집, 225쪽.
173) 「북조선 인민회의에 관한 규정」, 『북한법령연혁집』 1집, 14~15쪽.

174) 『정치사전』, 496~97쪽.
175) 『조선중앙년감』(1950), 201쪽.
176) 같은 책(1949), 85쪽.
177) 「북조선 인민위원회에 관한 규정」, 『북한법령연혁집』 1집, 24쪽.
178) 『정치사전』, 499~500쪽.
179) 김학준, 앞의 글, 15쪽.
180) 『정로』, 1946년 2월 10일; B. 커밍스, 앞의 책, 287쪽에서 재인용.
181) 『북한연구자료집』 1집, 68쪽.
182) 김일성, 「전국 인민에게 고함」, 『민주주의』 13호(1947. 3. 1), 22쪽.
183) 『정치사전』, 448쪽.
184) 같은 책, 449쪽.

해방 후 북한의 인민민주주의혁명과 사회주의혁명

김주환

1. 머리말

　한 사회를 근본적으로 개조하고 새로운 사회를 건설하는 것을 혁명이라고 할 때 혁명의 과정은 핵심적인 정치세력의 조직화, 정권의 건설, 기존 지배계급의 물적 토대를 박탈하는 사회경제적 개혁의 순서로 된다. 이 세 가지 과업이 완수되었을 때 우리는 한 단계의 혁명이 마무리되었다고 말할 수 있다. 해방 후 북한에서의 혁명도 이와 같이 혁명의 일반적 법칙에 따라 이루어졌는바, 이 글에서는 8·15해방에서 한국전쟁 이전까지에 이르는 기간을 인민민주주의혁명이라는 관점에서 살펴보고자 한다.

　해방 후 한국 정치의 핵심문제는 친일파의 숙청과 토지개혁을 주축으로 하는 민중들의 반제·반봉건의 요구였다. 8·15에서 한국전쟁에 이르는 시기는 반제·반봉건의 과제를 놓고 이를 달성하려고 하는 혁명적 민족주의세력과 이를 저지하고 현상을 유지하고자 했던 반혁명세력간의 대립이 주요한 모순을 이루고 있었다. 한국전쟁은 해방 후 개시된 이러한 대립관계의 종착역이었으며 한국전쟁 이전의 대립은 한국전쟁을 예고하는 서곡이었다. 해방 당시의 한국사회는 전형적인 식민지반봉건사회(植民地半封建社會)였다. 즉 일본 제국주의의 침략으로 인하여 한국사회는 자본주의적 발전이 억제되었고 지주-소작관계가 온존·강화되어 봉건제적 착취관계가 여전히 잔존하고 있었다. 해방 후 나라의 자주적 독립을 이룩하고 인구의 대다수를 차지하고 있던 농민들을 봉건적 질곡과 억압에서 해방시키기 위해서는 이러한 식민지반봉건사회를 탈피하는 것이 급선무로 되었다. 이에 따라 좌·우 할 것 없이 민족해방세력의 진영에 속하는 각 정파들은 그 내용은 조금씩 다를망정 한결같이 제국주의 잔재의 청산과 토지개혁을 들고 나왔던 것이다.

이와 같은 해방 당시의 한국 모순을 해결하기 위해 북한이 수행한 혁명은 흔히 인민민주주의혁명이라고 불린다. 그러나 우리는 이러한 규정에 앞서 해방 후 북한의 혁명에서 과연 인민민주주의혁명의 중요한 몇 가지 원칙들이 충실하게 관철되었는가를 이론적으로 검증해 볼 필요가 있다. 검증을 끝낸 후라야 우리는 비로소 해방 후 북에서의 혁명이 인민민주주의혁명이었다고 명확히 규정할 수 있게 되는 것이다. 이러한 문제의식하에서 이 글에서는 인민민주주의혁명의 몇 가지 중요한 원칙들을 제시하고 그 원칙들이 해방 후 북한의 혁명과정에서도 관철이 되었는지 그리고 이후의 사회주의혁명은 인민민주주의혁명과 어떠한 관련하에서 수행되었는지를 살펴보도록 하겠다.

2. 인민민주주의혁명 개관

공산주의자들에 의하면 2차대전 후 식민지·반식민지나라들에서는 인민민주주의혁명 단계를 거치지 않고 사회주의혁명으로 곧바로 이행한 나라가 없다고 한다. 즉 인민민주주의혁명이란 2차대전 후 식민지·반식민지나라들에서 사회주의혁명을 곧바로 수행할 수 없는 조건하에서 사회주의혁명의 전(前)단계로 공산주의자들에 의하여 채택된 혁명전략이었다. 물론 혁명을 수행할 당시 각국의 혁명 주체들이 똑같이 인민민주주의혁명이란 용어를 사용한 것은 아니었다. 그러나 혁명에 성공한 나라들은 공통적인 내용을 갖고 있었으며, 그 공통성에 입각하여 자신들이 수행한 혁명을 인민민주주의혁명이란 용어로 일반화시킨 것이다.

세계 역사상 최초의 사회주의혁명인 러시아 10월혁명 이후 각국의 혁명운동은 러시아혁명을 모범으로 삼고 러시아혁명의 경험과 이론을 자국에 적용하려고 했다. 그러나 레닌은 각 나라에서의 사회주의로의 이행은 다양한 발전과 속도를 가지며 또 다양한 역사적 시기에 진행된다고 강조하면서 러시아혁명의 경험을 교조적으로 타국에 적용시키는 데서 나타날 수 있는 오류에 대해서 경고했다. 인민민주주의혁명은 바로 이러한 레닌의 경고를 염두에 두면서 1935년 코민테른 제7차 대회의 통일전선 방침을 각국에 창조적으로 적용하는 가운데 2차대전 전이나 2차대전 중 민족적 독립을 상실하고 제국주의 식민지로 되었거나 또는 그 위성국으로 되었던 나라들에서 제국주의와 봉건세력을 타도하기 위해서 채택된 혁명전략이다.

이 혁명의 수행 후에는 정치혁명을 거치지 않고 곧바로 사회주의혁명에로 이행하게 된다. 따라서 인민민주주의혁명(이하 민주주의혁명)과 사회주의혁명을 연속적으로 수행하는 인민정권의 토대가 되는 반제민족통일전선은 하나의 혁명을 위한 단순한 전술적 의미가 아니라 전략적 의미를 갖게 되며 민주주의혁명 단계의 인민정권이든 사회주의혁명 단계의 인민정권이든 그것은 코뮌이나 소비에트와 마찬가지로 계급적 본질상 프롤레타리아독재이다. 여기서 사회주의혁명을 수행하는 인민정권이 프롤레타리아독재라는 점에 있어서는 의문의 여지가 없겠으나 민주주의혁명을 수행하는 인민정권이 어째서 프롤레타리아독재정권인가 하는 점에 있어서는 논란의 여지가 있을 수 있다.

일반적으로 혁명을 수행하는 정권의 계급적 본질은 그 정권이 수행하는 사회경제적 개혁의 내용과 정권의 구성에 따라 결정된다. 인민민주주의혁명을 수행하는 인민정권이 계급적 본질상 프롤레타리아독재인 이유는, 첫째 인민정권은 노농동맹을 기본으로 하는 각계 각층의 반제적 요소를 망라한 정권이되 정권내에서 노동계급이 영도권을 가지며, 둘째 인민정권은 민주주의혁명의 일환으로 수행하는 사회경제적 개혁을 함에 있어 자본가나 지주 등 유산계급의 이익을 대변하는 것이 아니라 노동자·농민 등 근로대중의 이해를 대변하며, 셋째 사회경제적 개혁을 통해서 인민정권은 자본주의 발전의 길을 열어주는 것이 아니라 자본주의적 발전을 억제하고 사회주의적 요소를 창출함으로써 사회주의혁명의 물적 토대를 닦아놓기 때문이다. 그러나 전체적으로 볼 때 민주주의혁명 단계의 인민정권은 계급적 본질은 분명히 프롤레타리아독재정권이지만 사회주의혁명을 주임무로 하지 않고 제국주의와 봉건세력에 대한 공격에 초점을 두며 이러한 인민정권의 기능은 프롤레타리아독재 기능이 아니라 광범위한 인민의 이익을 대변하는 인민민주주의독재의 기능이다. 따라서 인민민주주의혁명에서는 정권의 계급적 본질과 정권의 기능간에는 차이가 있는 것이다. 인민정권이 혁명에서 수행하는 기능과 역할을 중심으로 인민민주주의혁명과 사회주의혁명을 설명하면 다음과 같다.

인민민주주의혁명의 내용은 반제반봉건 혹은 반제반독점일 수도 있으나 2차대전을 전후한 시기에는 그 주요한 목표가 제국주의를 완전히 몰아내어 민족적 독립을 완수하고 봉건적 관계를 청산하는 데 있었다. 이 두 가지 중 좀 더 중요한 과업은 반제적 과업이다. 그것은 외래 제국주의를 몰아내지 않고서는 그와 연결된 국내의 예속자본가·지주계급을 청산할 수 없기 때문이다. 이 혁명의 동력은 노동계급·농민·소자산계급·인텔리 그리고 민족자본가를 포함한 광범한 반제역량들(인민)이다. 이 혁명의 영도계급은 노동계급이며 결정적 혁명역량은 노동계급이 영도하는 노농동맹이다. 이 혁명의 대상은 외래 제국주의와 그에 연결된 매국 세력인 지주·대자본가·반동관료들이다.

이 혁명은 외래 제국주의의 식민지 통치를 폭력으로 분쇄하고 광범한 통일전선에 기초한 인민정권을 수립한다. 인민정권은 인민민주주의독재를 실시하는데 인민 내부에 대해서는 민주주의를 실시하여 인민은 언론·집회·결사 등의 자유권·선거권을 가지며 혁명의 대상에 대해서는 그러한 권리를 주지 않고 독재를 실시한다. 이 두 측면 즉 인민 내부에 대한 민주적 측면과 혁명의 대상에 대한 독재적 측면이 상호 결합한 것이 인민민주주의독재이다. 인민민주주의독재 기능을 통해서 인민정권은 민주주의혁명의 주요한 고리로서 기존 지배계급의 물적 토대를 박탈하는 사회경제적 개혁을 실시하게 된다. 이 사회경제적 개혁은 일반적인 자본주의와 사유재산을 향한 것이 아니라 제국주의와 봉건세력의 경제적 기반을 향한 것으로 자본주의를 절제하는 것이지 소멸시키는 것은 아니다. 이 개혁의 주내용은 토지개혁과 대기업의 국유화이다. 민주주의혁명이 끝난 상태에서 그 나라의 경제형태는 소상품 경제형태(농민적 토지 소유, 도시수공업 등), 자본주의 경제형태(도시의 중소상공업), 사회주의 경제형태(국유화된 대기업 및 몰수된 국유토지)가 공존하게 되며 이 가운데 사회주의 경제형태가 차지하는 상당한 비중으로 인해 국가가 경제의 기본 명맥을 장악하게 됨으로써 곧장 사회주의혁명으로 넘어갈 수 있는 물질적 전제조건이 마련된다.

이상을 통해서 볼 때 인민민주주의 혁명은, 영국·프랑스·미국 등에서 부르주아계급이 주체가 되어 봉건 지배계급을 타도하고 자본주의 발전의 길을 열었던 서구의 고전적 민주주의혁명이나 레닌이 『사민주의자의 두 가지 전술』에서 제기하는 바, 노동자·농민의 헤게모니하에 봉건 지배권력을 타도하고 혁명적 민주주의 독재를 통해 자본주의의 틀을 건드리지 않으면서 민주공화제, 8시간 노동제, 봉건제 유물의 일소를 목표로 했던 러시아에서의 민주주의혁명과도 다른 독특하고도 새로운 유형의 민주주의혁명이라고 할 수 있다.

인민민주주의혁명을 완수한 인민정권은 자신을 더욱 강화하여 사회주의혁명을 수행하게 된다. 사회주의혁명 단계에서도 정치체제로서의 인민민주주의는 계속 존속하되 인민정권은 자신에게 주어진 착취제도 일소의 임무를 위해 프롤레타리아독재의 기능을 수행한다. 그리하여 인민 정권은 민주주의혁명의 결과로 나타난 세 가지 경제형태 중 사회주의적 경제형태를 지배적인 것으로 만들고 나머지 두 가지 경제형태를 점차적으로 해체하며 소멸시킨다. 여기서 인민정권은 사회주의사회에 도달할 때까지 프롤

표 1 인민정권에 의해 수행되는 인민민주주의혁명과 사회주의혁명 비교

	인민민주주의 혁명	사회주의혁명
정치체제	인민민주주의	
정권의 계급적 구성과 헤게모니	노동계급 영도하에 계급연합에 의한 인민정권	
정권의 계급적 본질	프롤레타리아독재	프롤레타리아독재
정권의 기능	인민민주주의 독재	프롤레타리아독재
혁명의 내용	반제반봉건 혹은 반제반독점	생산관계의 사회주의적 개조

레타리아독재의 기능을 수행하면서 존속하게 된다.

이상을 통해서 볼 때 인민민주주의혁명과 사회주의혁명은 인민정권에 의해 연속적으로 수행이 되는데 인민민주주의의 이와 같은 특성 때문에 논자에 따라서는 민주주의혁명과 사회주의혁명을 구분하는 것이 무의미하다고 보고 양자를 하나로 파악하여 인민민주주의혁명이라 규정하고 그것을 사회주의혁명의 또 다른 형태로서 위치짓기도 한다. 그러나 이같은 견해는 민주주의혁명과 사회주의혁명이 갖는 역사적 특수성과 사회경제적 개혁의 고유한 임무를 혼동시킬 가능성이 있으며 개별 국가가 처한 상황을 무시해버리기 쉽다. 인민민주주의혁명의 제1단계를 민주주의혁명, 제2단계를 사회주의혁명으로 보는 견해는 논리적으로도 모순이다.

우리는 왜 마르크스-레닌주의의 이론과 실천의 역사에서 민주주의혁명이라는 용어와 단계가 설정되었는가에 주목할 필요가 있다. 마르크스-레닌주의자들이 민주주의혁명 단계를 설정한 이유는 이것을 거치지 않고서 사회주의혁명을 수행하는 것은 역사적 단계를 초월하는 모험주의적 사고라고 보았기 때문이다. 인민민주주의혁명을 사회주의혁명으로 위치짓는 것은 민주주의혁명에 대한 마르크스-레닌주의의 문제의식을 희석시키는 것이며 논리적으로 본다 하더라도 인민민주주의혁명이란 원래적 의미에서 인민대중이 수행하는 민주주의혁명인데, 민주주의혁명에 민주주의혁명과 사회주의혁명을 포괄시키고 그것을 다시 사회주의혁명으로 위치짓

는 것은 혁명 단계의 성질을 제대로 인식하지 못하는 잘못된 주장이라 하지 않을 수 없다.

이상의 논리를 토대로 하여 인민정권에 의해 연속적으로 수행되는 인민민주주의혁명과 사회주의혁명을 몇 가지 기준으로 분류해보면 표 1과 같다.

3. 당의 창건과 정치노선의 확립

일제의 패망과 더불어 출옥한 공산주의자들이나 지하에 숨어 있던 공산주의자들은 자신들의 정치활동을 재개하기 시작했다. 이들 중 각 지방에서 두각을 나타낸 공산주의자들은 함경남도에서는 오기섭·정달헌·이봉수·주영하·이주하, 함경북도에서는 김재룡, 황해도에서는 김덕영·송봉욱, 평안북도에서는 박균·백용구·김재갑·김인직, 평안남도에서는 현준혁·김용범·박정애 등이었다. 이들은 대부분 해방이 되자 건국준비위원회 지부나 인민위원회에 참여했다. 그러나 이들은 통일적인 조직체계와 명확한 정치노선을 갖고 있지 못했으며 그들의 활동은 지방할거적이고 산만한 것이었다.

소련군의 북한 진주와 더불어 항일무장투쟁을 지도했던 공산주의세력이 귀국함으로써 북한의 공산주의운동은 새로운 국면에 접어들었다. 1945년 9월 초순경 입국한 것으로 알려진 김일성을 선두로 하는 항일무장투쟁세력은 통일적인 공산당조직의 창설을 위해 각 지방에 공작원들을 파견했다. 이들의 조직적인 활동의 결과 북한에서는 당 창건을 위한 조직적 토대가 마련되기 시작했다.

소련군이 진주한 유리한 상황 속에서 북한의 공산주의운동은 급속한 성장을 보였다. 이리하여 1945년 10월 10일에서 13일 사이에 평양에서는 '조선공산당 서북5도(평안북도·평안남도·황해도·함경북도·함경남도)당원 및 열성자 연합대회'가 비밀리에 개최되었다. 이 대회는 김일성·

김용범·오기섭·주영하를 비롯한 북한내 공산주의운동의 주요한 인물들이 참가했으며 남한의 재건파 공산당과 장안파 공산당에서도 대표를 파견했다. 서북5도 당대회의 토론과 결정사항들을 요약해서 정리하면 다음과 같다.

첫째, 조선혁명의 역사적 단계는 자본민주혁명 단계이다. 이 혁명의 임무는 일제 잔재의 철저한 청산과 무상몰수·무상분배의 토지개혁을 주 내용으로 하는 봉건 잔재의 폐지이다. 이 혁명의 동력은 노동자, 농민, 중소상공인 등 각계 각층을 망라한 비일본적(非日本的) 요소의 민족통일 전선이며 여기에는 자유주의 분자라도 당의 노선에 동조한다면 참가할 수 있다. 이 혁명의 대상은 매판기업가·지주·민족반역자이다.

둘째, 소련 군대가 진주한 북한에서는 혁명 발전을 위한 유리한 조건이 만들어져 있다. 그러나 남한에서는 미군정의 실시로 정반대로 나아가고 있다. 이러한 상이한 조건 속에서 전체 혁명을 지도할 통일적인 당을 세울 수가 없다. 이에 따라 북한에 조선공산당 북조선분국을 설치하고 그 지도 아래 북한을 한반도 혁명의 튼튼한 민주기지로 발전시킨다.

셋째, 당내에서는 좌·우경적 편향이 있다. 좌경적 편향은 2차대전을 사회주의혁명전쟁으로 규정하고 영·미의 진보적 역할을 무시하며 현 단계를 사회주의혁명으로 보는 것이다. 이것은 조선판 트로츠키주의이며 이같은 극좌적 과오를 범한 이영·최익한 등 장안파 공산당은 즉각 해체하고 당중앙(재건파 공산당)에 복종해야 한다. 우경적 편향은 통일전선에 있어서 무원칙하게 우익을 끌어들인 것이다. 민족통일전선을 결성한다고 해서 노동계급의 독자성을 망각하고 친일파나 반공주의자들을 함부로 끌어들여서는 안 된다. 미군의 진주와 더불어 남한에 세워진 인민공화국은 대중적 토대 없이 급조된 것이므로 인정할 수 없다.

넷째, 노동계급이 영도하는 인민정권을 건설하기 위해서는 먼저 대중적 토대를 튼튼히 쌓아야 한다. 광범위한 인민대중을 묶어세우는 민족 통일전선에 의거한 인민정권은 민주주의혁명과 사회주의혁명을 연속적으로 수행하며 이 정권의 헤게모니는 노동계급에 의해 장악되어야 한다. 그리고 혁명을 이끌어나가는 중심체인 당의 구성에 있어서는 지식분자의 비율을 줄이고 노동자·농민계급을 끌어들여 근로대중의 당이 되도록 해야 한다.

다섯째, 일본 제국주의자의 일체의 생산기관 및 재산의 몰수는 물론 일제의 전쟁범죄행위에 협력한 조선인의 것도 몰수하며 일본 제국주의자의 토지와 친일적 반동지주의 토지도 몰수하여 농민에게 무상분배하여 경작케 한다.

여섯째, 아직 공산당은 통일적인 당의 강령과 규약을 갖고 있지 못하며 레닌주의적 당규율이 부재하다. 따라서 이 문제가 시급히 해결되어야 한다.[1]

위에 제시한 서북5도 당대회의 결정사항들을 앞에서 규정한 인민민주주의혁명론과 비교할 때 양자는 원칙에 있어서 동일하다는 것을 알 수 있다. 해방 후 공산주의운동에 있어서 조선공산당 서북5도 당대회에서 채택된 정치노선과 조직노선은 중대한 의미를 지닌다. 왜냐하면 이 대회의 결정에 의해 수립된 당조직은 명칭은 비록 분국이었지만 사실상 이 분국은 한반도 공산주의운동에서 중앙의 역할을 하게 되기 때문이다. 실례로, 남한의 재건파 공산당은 자신의 권위로 장안파 공산당을 복종시키지 못했는데 이 5도대회의 결정을 빌어서야 비로소 장안파를 해체시킬 수 있었다. 조선공산당 북조선분국의 결성은 북한에서 혁명을 책임지고 이끌어나갈 최고 참모부가 탄생했음을 의미했다. 이후 북한에서는 당의 지도하에 각계 각층의 이해를 대변하는 대중단체가 광범위하게 결성되어 민족통일전선의 토대가 마련되기 시작했다.

북조선분국의 결성 이후 북한에서의 공산주의운동은 급속한 신장을 보였다. 그러나 여전히 지방할거적이고 종파적인 세력이 분국의 통일적 지도를 저해했으며 대중단체사업도 만족할 만한 수준은 되지 못했다. 이러한 당내 모순을 시정하기 위하여 1945년 12월 17일 분국중앙 제3차 확대위원회가 소집되었다. 이 대회의 결과 분국의 책임비서는 김용범에서 김일성으로 바뀌었으며 공산당은 당내 규율을 확립함으로써 볼셰비키당으로서의 면모를 갖추었으며 대중단체사업은 힘있게 추진되었다. 이로써 북한은 반제반봉건을 내용으로 하는 인민민주주의혁명을 추진할 수 있는 제1차적 조건을 구비하게 되었다.

4. 정권기관의 변천과정과 인민정권의 건설

해방 후 북한에서 정권기관은 건국준비위원회, 인민정치위원회, 5도행정국, 북조선임시인민위원회, 북조선인민위원회, 조선민주주의인민공화국의 순서로 발전해왔다.

건국준비위원회는 소련군 진주 이전의 외부적 영향을 받지 않은 상태에서 단명한 도(道) 단위 중심의 정권기관이었고, 인민정치위원회는 소련군 진주 후 소련군정의 후원 아래 새로이 개편된 도 차원의 지방정권 기관이었다. 5도행정국은 지방정권간의 협의기구였다. 북조선임시인민위원회, 북조선인민위원회, 조선민주주의인민공화국은 모두 중앙적 성격을 띠는 인민정권이라고 할 수 있으나 3자간에는 질적인 차별성이 있다. 북조선임시인민위원회가 인민민주주의독재 기능을 수행하는 인민정권이라면 북조선인민위원회는 프롤레타리아독재 기능을 수행하는 인민정권이었으며 조선민주주의인민공화국은 이른바 '전조선을 대표하는 인민정권'으로서 프롤레타리아독재 기능을 수행하는 '북조선인민위원회'와 남한의 '민주주의 역량'이 통합된 정권형태였다. 이제부터 이러한 세 가지 인민정권 가운데 해방 후 최초의 인민정권인 북조선임시인민위원회의 창설과정에 초점을 맞추어 각 시기의 정권기관의 구성과 그것의 계급적 성격을 살펴보도록 하겠다.

1) 해방과 자생적인 정치조직의 출현

일제로부터 조선이 해방된 1945년 8월 15일 서울에서는 일제 통치기구인 조선총독부를 대체하여 과도기적 임무를 띠고 임시행정을 담당하기 위한 조선건국준비위원회(이하 건준)가 위원장 여운형, 부위원장 안재홍을 필두로 하여 조직되었다. 중앙에서의 이러한 움직임에 발맞추어 또 한편으로는 중앙을 의식하지 않은 상태에서 조선 전역에 민중의 자발적인 정치조직인 건준이 결성되기 시작했다. 해방 직후의 이러한 상황은 북한에서도 예외는 아니었다.

그러나 해방이 되자 소련군은 10일 이내에 북한 전역에 진주했기 때문에 소련군 진주 이전의 건국준비위원회가 존속한 기간은 매우 짧았다. 소련군 진주 이전의 경우 이러한 조직들은 자연발생적으로 그리고 아무런 연결도 없이 만들어졌지만 도시·농촌에서 민중들의 총의로 뽑힌 사람들로 충원되었다. 이 조직들의 자연발생적 성격은 그 명칭에서도 나타나는 바, '건국준비위원회' '자치위원회' '인민위원회결성준비위원회' 등 각양각색으로 불렸다.[2] 건준은 소련군 진주 이전, 즉 외부적 힘이 가해지지 않은 상태에서 결성된 민중의 자발적인 정치조직이었다.

소련군 진주 이전 북한내 정치역학관계는 아주 단기간이었지만 일제 총독부와 건국준비위원회가 양립하는 이중 정권의 상태를 이루고 있었으며 한국인들 사이에서는 평남·평북지역의 경우 좌우연립의 건준지부내에서 우파가 헤게모니를 잡고 있었으며, 함경도에서는 좌익이 압도적으로 우세했고, 황해도에서는 어느 쪽도 헤게모니를 장악하지 못한 채 좌우가 난립하여 대립하고 있었고, 강원도에서는 좌익의 인민위원회가 지방정치를 지배하는 형세를 이루고 있었다고 볼 수 있다. 그리고 거시적인 측면에서 본다면 기독교 민족주의자들 주도의 평양과 공산주의자들 주도의 함흥이라는 두 개의 중심이 있었는바, 이는 일제하 민족해방 투쟁의 연장선상에 놓여 있는 것이었다. 단선적으로 도식화할 수 있는 것은 아니지만 대체로 일제하에서 평안도 지방에서는 기독교세력 중심의 민족운동이 활발했고 함경도의 경우 공산주의자들이 주축이 되어 북쪽의 한만 국경지방에서는 항일빨치산투쟁이 치열했으며 원산·함흥·흥남 등 남쪽의 공업지대에서는 적색노조를 하는 노동운동이 강력히 전개된 바 있다.

2) 소련군의 북한 진주와 인민정치위원회

(1) 인민위원회에 대한 소련의 정책

소련은 2차대전이 너무 빨리 종결되었기 때문에 대한정책도 초기에는 일관성과 구체성을 갖지 못했다. 이후 소련군은 북한에 본격적으로 진주하게 되면서 제25군 사령관 치스차코프의 명의로 다음과 같은 포고문을 살포했는데 이는 소련의 대한정책에 대한 개괄적인 원칙을 담은 것이었다.

> 붉은군대는 일본 침략자들을 분쇄하기 위한 목적으로 조선에 진주했습니다. 붉은군대는 조선에서 우리 질서의 주입과 조선 영토의 획득을 추구하지 않습니다. 북조선에 있어서의 개인 및 공공재산은 소련군 당국의 보호하에 있습니다. 소련군 사령부는 북조선의 영토에서 일본 제국주의 잔재를 결정적으로 청산하고 민주주의 원칙과 시민의 자유를 강화하기 위한 목적으로 반일적이고 민주적인 정당의 창당과 그의 모든 활동을 용허하는 바입니다.[3]

이 인용문을 통해서 보건대 소련의 대한반도정책의 기본목표는 한국의 반제민족해방투쟁을 적극적으로 지원하는 것이었다고 볼 수 있을 것이다. 이어서 8월 25일 처음 평양에 도착한 치스차코프 사령관은 대중들에 대한 연설 속에서 소련군은 정복자가 아니라 해방자로서 한반도에 진주했으며, 소비에트 질서를 강요하지 않고 권력은 인민의 수중에 있어야 한다[4]고 강조했는바, 이 역시 치스차코프의 명의로 된 포고문의 원칙을 다시 한번 재확인하는 것이다.

한편 1946년 3월 20일 미소공동위원회에서 소련 측 대표로 참석한 슈티코프 중장은 자기의 연설에서 공식적으로 소련의 대한정책의 기본목표를 명확히 했다.

소련은 조선이 장차 소련에 대하여 우호적이며 따라서 소련에 대한 장래의 공격기지가 되지 않을 진정한 민주주의적 독립국가로 되는 문제에 대하여 깊은 관심을 갖고 있습니다.[5]

치스차코프의 포고문과 연설이 한국 민중의 자발성을 최대한 존중하면서 한국에서 일제 잔재를 청산하는 데 전력을 기울이겠다는 것이었다면 슈티코프 중장의 미소공위에서의 발언은 소련군의 북한 진주에서 내부적으로 설정되었던 목표를 공개적으로 표명한 것에 불과하다. 그런데 친일잔재의 청산과 소련에 우호적인 국가의 건설이라는 두 가지 과제는 떼려야 뗄 수 없는 관계이며 양자를 동시에 달성하기 위해서는 정치의 근본문제인 정권의 향방을 우선적으로 결정짓지 않으면 안 되었다. 왜냐하면 소련군이 진주했을 때 북한에는 이미 자발적으로 결성된 지방정권기관이 존재하고 있었기 때문이다. 소련군은 이러한 지방정권기관을 어떻게 처리할 것인가에 대한 대답을 내리지 않으면 안 되었다.

소련군은 북한에 진주한 후 일본인들과 친일파를 공직에서 추방하고 인민위원회의 구조를 파악하고 난 뒤 자신들은 제2선으로 물러나고 인민위원회를 통한 간접통치방식을 취했다. 그 이유는 인민위원회내에서 좌익이 상당 부분을 차지하고 있었으므로 그것을 통치기구로서 인정하고 발전시키는 것이 한반도에 자국에 우호적인 정부를 세우는 데 유리하다고 판단했기 때문이다. 또한 인민위원회는 남한에도 북한과 마찬가지로 광범위하게 존재하고 있었으므로 장차 통일적인 한국정부를 세우는 데 있어서도 그 정부가 소련에 더 가깝게 되는 데 여러 가지 이점을 제공할 것이기 때문이었다.[6]

소련의 이러한 대인민위원회정책은 미국이 남한의 인민공화국과 인민위원회를 전면적으로 부정하고 점차로 친일세력으로 그것을 대체해나간 것과 큰 대조를 이룬다. 2차대전 후 미국은 기존의 식민지국가에 대한 정책을 수립함에 있어 독립운동의 주도권이 어느 세력에 장악되어 있는가에 대한 평가에 의존했다. 미국은 보수적 민족주의자들이 독립운동을 주도했다면 식민주의에 반대하고 즉각적인 독립에 찬성했다. 그러나 한국이나 인도차이나에서처럼 좌익이 독립운동을 주도하고 대중적 기반을 가지고 있는 나라에 대해서는 즉각적인 독립을 유보시키고 군사적 점령을 추구했으며 신탁통치안을 들고 나오기도 했다.[7] 미국의 이러한 정책은 기존 식민지국가의 정치구조를 개편하기 위한 시간벌기작전의 일환이었으며 미국은 시간적 여유를 통해서 독립운동세력의 집결체인 자발적인 민중의 정치조직을 걷어냈던 것이다.

(2) 인민정치위원회

해방 후 북한에서 건국준비위원회가 제1단계의 지방정권이었다면 제2단계의 인민정치위원회는 소련군 진주와 더불어 건준이 개편되어 생겨난 도 차원의 지방정권기관이었다. 소련군은 진주하자마자 제1차적으로 각 지방 정치조직의 성격 파악에 들어갔다. 소련군은 그 정치조직이 좌익이 우세하면 그대로 인정하여 지방통치를 담당케 했으며 우익이 우세할 경우에는 우익의 영향력을 줄이고 좌우가 대등하게 되도록 조직을 개편했다. 이러한 조직 개편의 결과 탄생한 인민정치위원회에서는 전체적으로 볼 때 좌익이 우세하기 시작했다.

해방 후 북한에 진주한 소련 군대는 일제를 축출하고 민중들에게 주권과 모든 생산시설들을 넘겨주었을 뿐만 아니라 일체의 무장을 해체하고 친일파가 아닌 한 민중들의 자유로운 정치활동을 보장해주었다. 이러한 정치활동의 주체가 바로 인민정치위원회였다. 인민정치위원회는 황해도에서는 우익이, 평북·함남·함북에서는 좌익이 우세했으며, 평남에서는 좌우가 팽팽하게 대립했다. 따라서 전체적으로 볼 때 인민정치위원회에서는 좌익이 헤게모니를 장악했다고 볼 수 있으며 이 위원회는 좌우연합에 의거한 도 차원의 인민정권기관이었다. 이로써 북한에서는 일제 통치기구가 완전히 사라졌으며 피지배계급으로 존재해오던 근로대중이 한국 역사가 시작된 이래 최초로 지역적 차원에서나마 자신들의 이해를 대변하는 정권을 수립하게 되었던 것이다.

(3) 북조선 5도행정국

소련군이 진주하면서 생겨난 각 도의 인민위원회는 자기의 사업을 추진해나갔다. 이 사업의 가장 중요한 임무는 일제에 의해 파괴된 생산시설의 복구와 민중생활의 안정이었다. 그러나 인민정치위원회는 어떠한 사업의 경험도, 전문간부도, 지식도 없었고 간부 부족은 극심했으며 소련군의 통제를 거의 받지 않고 각 도마다 제멋대로 움직였기 때문에 전체적인 방향성을 상호 조정하고 통일시킬 필요성이 대두했다. 9월말 소련군 사령관 치스차코프는 이러한 필요성에 부응하기 위하여 사령부내에 민정부를 설치하고 인민위원회에 대한 지도의 임무를 맡겼으며 로마넨코 소장을 그 책임자로 임명했다.[8]

10월 8일에서 10일 사이 소련군 민정부의 소집하에 평양에서는 각 도 간의 횡적인 연계와 통일적 보조를 제도화하기 위해 북조선5도 인민위원회 대표자대회가 열렸다. 이 회의에서는 인민위원회의 조직과 활동, 그리고 재정·산업정책의 문제 등이 토론되었다. 인민위원회의 조직과 활동에 있어서는 종래 명칭이 구구했던 것을 모두 인민위원회라는 명칭으로 통일하기로 했으며 면·군·시·도의 인민위원회라는 식의 피라미드형의 구성이 정해졌다. 동(洞)에서는 주민선거에 의해 동장이 선출되고 면 인민위원회(7~9명)는 동의 대표에 의하여, 군 인민위원회(13~15명)는 면 대표에 의하여, 그리고 도 인민위원회(15~17명)는 군의 대표에 의하여 선출되는 방식이 채택되었다.[9] 시 인민위원회는 시민에 의하여 선출되도록 했다. 각 인민위원회의 직책과 부의 구성도 결정되었다.[10] 이러한 결정에 따라 각 도에 있는 인민위원회들이 하나의 단일조직으로 편성되었다.[11]

한편 1945년 10월 10일에 열린 서북5도 당대회에서는 인민위원회에 대한 당의 영도와 인민위원회 내부에서의 새 질서 확립을 위한 조직지도사업의 강화에 대한 결정이 내려졌다.[12] 1945년 11월 15일에 소집되었던 조선공산당 북조선분국 제2차 확대집행위원회는 남한의 박헌영이 만들어낸 인민공화국을 부정하고 새로운 인민공화국 창건의 토대인 민주주의민족통일전선의 강화를 결정했으며 아울러 북한의 당면문제들, 특히 인민경제 각 부문을 지도하며 각 도간의 경제적 연계를 보장하기 위한 북조선 행정국을 설치하기로 했다. 이리하여 11월 19일 5도인민위원회 연합회의가 소집되어 5도(함경남·북도, 평안남·북도, 황해도)의 연락기관으로서 '북조선행정국'이 생겼고 산업·교통·체신·토지·삼림·상업·재정·교육·보건·사법·보안국 등 10개의 행정국을 조직했다. 이들 각 부서에서는 소련 전문가들이 고문으로 일을 했다. 그러나 앞서 이야기한 바와 마찬가지로 5도행정국은 어떤 뚜렷한 정치적 조직목표를 가지고 수립되었다기보다는 주로 당면 경제문제들을 해결하기 위한 것이었다. 이는 치스차코프가 5도행정국을 "산업관리를 위한 기관"[13]으로 표현하고 있는 데서도 알 수 있다.

북한은 5도행정국을 설치했지만 이 기구가 중앙적 성격을 갖는다고 선언하지는 않았다. 북조선 5도행정국은 사실상 조만식이 의장으로 있고 오윤선과 현준혁이 부의장으로 있는 평안남도인민정치위원회를 모태로 하여 만들어진 것이다. 따라서 5도행정국내에서는 평남인민정치위원회가 여타 도의 위원회들을 느슨하게 지도하는 상태를 이루었다. 5도행정국은 1946년 2월까지 북한에 존재하는 인민위원회의 상부기관 역할을 하는 유일한 정치조직이었지만 결코 실질적인 정치적 중앙으로서 조직된 것은 아니었다. 5도행정국은 단지 후원적 성격만 지녔고 실질적인 권력은 지역적 기반에 따라 각 도의 인민위원회에 의해 행사되었다.[14] 5도행정국이 설립된 후 11월 24일에는 평남인민정치위원회를 평남도인민위원회로 개칭하여 불렀다.[15] 아마도 이후로 북한 각지에 구성된 정권기관들은 그 명칭이 인민위원회로 완전히 통일되었던 듯하다. 5도행정국에 의한 인민위원회의 재정비는 북조선임시인민위원회 창설의 기초가 되었다.

4) 북조선임시인민위원회

(1) 통일전선의 강화와 모스크바3상회의 결정

인민민주주의의 특성 가운데 중요한 한 가지는 공산당의 1당독재가 아닌 다당제를 허용한다는 것이다. 그러나 인민민주주의체제에서 공산당 이외의 자유주의 정당이 존재하는 것은 공산당의 정치노선에 협력하는 한도 내에서임은 물론이다. 이러한 인민민주주의의 원칙을 소련군 사령관 치스차코프는 "일본 제국주의의 잔재를 결정적으로 청산하고 민주주의 원칙과 시민의 자유를 강화하기 위한 목적으로 반일적이고 민주적인 정당의 창당과 그의 모든 활동을 허락한다"[16]고 표현했다. 또한 스탈린은 9월 20일 치스차코프에게 보내는 6개의 지침 중 제3항에서 "적군이 점령한 조선 지역에서 반일적 민주단체와 민주정당의 결성을 방해하지 않으며 그 활동을 원조할 것"[17]이라고 명령했다.

10월 10일에서 13일까지 평양에서 열린 조선공산당 서북5도 당대회에서는 반일적 성격을 지니는 자유주의 정당은 인민위원회에 참가할 수 있다고 규정했는바, 이는 반제민족통일전선 결성을 위한 인민민주주의원칙의 재확인이었다. 5도 당대회에서는 당의 대중적 토대를 넓히기 위해 근로단체와 사회단체 등에 대한 사업을 강화해야 한다는 결정도 내려졌다. 이후 북한에서는 인민민주주의 원칙에 따라 여러 단체와 정당들이 결성되었다.

1945년 11월 30일에는 북조선직업총동맹이 결성되었으며, 1946년 10월 16일에는 북조선민주청년동맹을 건설하기로 결정되었다. 당시 오기섭 등은 공산청년동맹이라는 명칭을 주장했으나 김일성에 의해 거부되었다.[18] 김일성은 민주청년동맹으로 해야 광범위한 청년대중을 묶어세워 힘있는 조직으로 발전시킬 수 있다고 주장했다. 김일성의 이러한 주장은 당시의 혁명의 성격이 사회주의혁명이 아니라 인민민주주의혁명임을 인식한 데서 나온 것이었다. 북조선민주청년동맹은 인민민주주의 혁명에 걸맞은 청년대중조직으로서의 위상을 가졌으며 10월 29일에는 민청동맹원대회가 열렸으며 12월 11일에는 조선청년동맹이 결성되었고 1946년 1월 17일에는 북조선민주청년동맹으로 발족했다. 발족 당시 북조선민주청년동맹의 맹원수는 25만 2,500여 명이었다.[19] 1946년 1월 30일에는 강진건을 위원장으로 하는 전국농민연맹 북조선연맹이 결성되었다.[20] 1945년 11

월 18일에는 북조선민주여성동맹이 결성되었다.[21] 1945년 11월 25일에는 평양문화직업동맹이 결성되면서 각 지역 문화단체가 조직되어나갔다.[22] 1945년 11월 3일에는 중소자본가들과 기독교도들을 망라한 민주당이 창건되었으며, 1946년 2월 8일에는 천도교의 교도들(주로 농민들)로 조직된 천도교청우당이 결성되었다.

그러나 이와 같이 정당과 사회단체·근로단체들이 광범위하게 결성되었음에도 불구하고 공산당과 여타의 정당이나 단체들과의 통일전선사업은 원활하지 못했다. 인민정권을 결성하고 그것의 대중적 토대를 튼튼히 하기 위해서는 강력한 통일전선운동이 요구되었다. 그래야만 수립될 인민정권이 튼튼한 반석 위에 놓일 수 있으며 반혁명세력을 고립·약화시킬 수 있는 것이다. 1945년 12월 17일에 개최된 조선공산당 북조선 분국 중앙 제3차 확대집행위원회에서는 이러한 통일전선운동의 강화에 대한 요구에 부응하여 김일성이 기존의 통일전선사업에 대한 비판을 제기했다. 비판을 청취한 후 분국 제3차 확대집행위원회는 다음과 같은 결정서를 채택했다.

> 현 단계에서 북부조선당부의 일반 정치 및 실제사업이 모든 인민적 민주주의 정당과 정치적 단체들의 광대한 단합을 기초로 하야 인민적인 조선민주주의 정권을 수립함에 노력하여야 할 것이다. 일본 제국주의적 잔재 사상과 반동적 국수주의 개념의 최후의 흔적까지 근절하는 동시에 인민의 자유의지에 의한 인민적 제도와 정권을 수립·견고시킬 과업을 내세우는 일반적·정치적 단체들을 조직하여 그 단체들의 사업을 활발화함에 협력할 것. 북부조선의 정치·경제생활을 신속히 정돈시킬 제과업을 실행함에 도시·농촌 대중의 실제적 사업을 인도하면서 인민적·민주주의적 제정당 및 정치단체로 결성된 통일전선을 극력으로 견고시킬 것[23]

분국 제3차 확대집행위원회가 통일전선사업을 인민정권 창설에 있어서 얼마나 중요한 것으로 인식했는가는 위 결정서를 통해서 그대로 드러난다. 이후 북한에서의 통일전선운동은 공산당의 지도하에 반제민족자주와 반봉건민주주의의 원칙에 찬성하는 정당·사회단체간의 단결과 협력이 촉진되었다.[24] 이와 같은 공산당 영도하의 통일전선의 강화는 인민정권 창설의 토대를 만들어준 것이었다.

1945년 12월 해방이 된 지 4개월 되었을 때 그동안 남북한은 서로 다른 경로를 거쳐왔음이 뚜렷이 나타났다. 소련군이 진주한 북한에서는 민중의 자발적 정치조직인 인민위원회가 통치권을 행사하게 되었으며 친일파가 숙청되었다. 반면에 남한의 미군정은 친일파를 그대로 재등용하고 인민위원회에 대해서는 탄압으로 시종일관했다. 남한의 미군정이란 일제의 총독부 간판만을 바꿔달았을 뿐 일제와 비교해서 조금도 다를 것이 없었다. 한편 미군과 소련군간의 군사적 경계선이었던 38선은 왕래가 자유롭지 못하게 되어 마치 국경선처럼 굳어져가고 있었다.

이와 같이 남북한이 상이한 발전의 길을 걷고 있을 때 38선을 철폐하고 통일임시정부를 세운다는 국제적 합의가 1945년 12월 27일 미·영·소가 참가한 모스크바3상회의 결정에 의해서 이루어졌다. 모스크바3상회의 결정은 모두 4개 항이었으며 그 주요 내용으로서는 일제 통치의 악독한 후과의 청산과 조선임시정부의 수립, 그리고 원조와 후원의 성격을 지니는 4개국에 의한 신탁통치였다. 모스크바3상회의 결정의 신탁통치조항을 자세히 살펴보면 신탁통치는 길어야 5년이었으며 기존의 식민지파쇼통치와는 달리 조선의 독립을 원조하는 것을 목표로 하고 있었고 그것도 조선임시정부와 협의한 후 결정하기로 된 것이었기 때문에 얼마든지 피할 수 있었다.

모스크바3상회의 결정은 38선이 굳어지고 남한이 단독정부 수립의 방향으로 나아가는 것을 막고 통일임시정부를 만들어 미·소 양군을 철퇴시킴으로써 통일국가를 건설할 수 있는 유일한 방도였다. 또한 이 결정은 당시의 냉전기류하에서 미군과 소련이 서로 양보하고 타협함으로써 어렵게 산출된 것이었다.

그러나 모스크바3상회의 결정은 진의가 왜곡되어 남한에 전달되었고 미국은 이를 시정하기 위해 적극적으로 노력하지 않았으며, 좌·우익간의 논쟁이 격렬해지면서 출발부터 난관에 봉착했다. 이것의 전적인 책임은 미국에게 있었다. 즉 모스크바3상회의 결정의 충실한 수행이 오히려 극우 반공세력의 약화를 가져올 것이 분명해지자 미국은 반탁운동을 부추겼고, 반탁운동을 반소·반공운동으로 몰아가는 극우 파시스트세력을 배후조정 했던 것이다.[25] 따라서 미국은 국제적 합의를 저버렸으며 한국의 통일을 원하지 않았던 것이다.

소련과 북한은 미국의 배신행위에 대해 분노하면서도 모스크바3상회의 결정을 수행하기 위해 상호 보조를 맞추었다. 그러나 문제가 없었던 것은 아니었다. 조만식과 민주당이 모스크바3상회의 결정에 대해 반대했던 것이다. 12월 30일경 치스차코프는 조만식을 사령부로 초대하여 모스크바3상회의 결정의 내용을 설명하고 조선민주당이 이 결정의 지지를 표명해줄 것을 요구했다. 조만식은 곧 민주당 간부회의를 소집했는데 결론은 반대로 나왔다.[26] 일이 이렇게 되자 이번에는 김일성이 조만식을 찾아가 모스크바3상회의 결정을 자세하게 설명하고 지지할 것을 간청했다. 조만식은 끝내 거부했다. 이후 조만식은 북한의 정치무대에서 사라졌다.[27] 조만식의 정계 은퇴는 그가 갖고 있는 애국적 열정과 지조를 고려할 때 민족사적으로 대단히 불행한 일이 아닐 수 없었다.

어떤 논자들은 모스크바3상회의 결정의 수행을 촉구한 소련과 북한을 비난하기도 한다. 그러나 통일임시정부를 수립하기 위한 국제적 합의를 충실히 수행하고자 한 것이 소련과 북한의 일관된 태도였다면 다른 평가가 내려져야 할 것이다.

모스크바3상회의 결정이 공표되면서 북한에서는 이를 지지하기 위한 각 정당·사회단체들의 연합행동이 빈번해졌고 이것을 통한 통일전선운동은 더욱 강화되어나갔다. 1946년 1월 2일 공산당, 조선노동조합전국평의회 북조선총국, 평남농민위원회, 민주청년동맹, 조선여성동맹, 조선독립동맹 등의 대표자가 공동으로 발의한 모스크바3상회의 결정을 지지하는 성명이 있었다.[28] 1946년 1월 29일에는 조선공산당 북조선분국 책임비서 김일성, 조선독립동맹 주석 김두봉, 조선민주당 부당수 최용건, 조선노동조합전국평의회 북부조선총국 위원장 현창조(玄昌朝), 여성동맹위원장 박정애, 조소문화협회 부위원장 황갑수(黃甲洙), 조선민주청년동맹 북조선위원회 부위원장 김○진(金○鎭), 평안남도인민위원회 위원장 홍기주, 조선민주당 평양시위원회 부위원장 강양욱, 조선농민조합 북부 조선연맹 준비위원장 이관엽(李寬燁)의 연명으로 모스크바3상회의 결정지지성명을 발표했다.[29] 여기서 북한 공산주의자들의 3상결정 지지이유와 3상결정에 반대하는 남한의 정치지도자들에 대한 인식을 당시의 문건인 「상춘선전요강」을 통해서 살펴보는 것은 흥미를 넘어서 당시의 논쟁을 이해하는 데에도 도움이 될 것이다.

북한은 모스크바3상회의 결정이 공표되자 한국내의 정당·사회단체들은 2개의 진영으로 확고히 나뉘었다고 보았다. 그것은 모스크바3상회의 결정을 지지하는 세력은 민주진영이고 반대하는 세력은 반민주진영이라는 것이다.[30] 북한의 이러한 인식은 남한의 극우파가 모스크바3상회의 결정 중 통일임시정부 수립의 의미를 축소시키거나 언급하지 않고 신탁통치 조항만을 따로 떼내어 부각시키면서 신탁 반대세력을 애국세력, 신탁 지지세력을 매국세력으로 몰아붙여 좌우논쟁의 구도로 선전했던 것과 좋은 대조를 이룬다.

북한은 모스크바3상회의 결정을 지지하는 이유를 조선의 현실적 기본 문제인 민족통일전선의 완성과 경제부흥을 촉진하기 때문이라는 데서 찾고 구체적으로 여섯 가지로 설명했는데 그것은 이 결정이 ① 조선을 민족독립국가로서 부흥시키고, ② 민주주의적 임시정부를 조직케 하며, ③ 일제의 혹독한 세력을 제거하고, ④ 경제·산업·교통·운수의 발전을 조장하며, ⑤ 민족문화의 부흥·발전을 도모케 하고, ⑥ 선진 나라의 기술적·경제적 후원을 약속하고 있기 때문이라는 것이었다. 그리고 비민주주의자들이 모스크바3상회의 결정을 반대하는 이유는 첫째 민주주의 세력의 성장에 대한 불만을 품고, 둘째 38도선이 철폐되고 통일이 되면 친일파들은 피난처가 없어지며, 셋째 순진한 애국자들을 오도하고 민중을 기민하고자

하며, 넷째 반공·반소하여 진보적 민주주의세력의 약화를 꾀하고, 다섯째 조선을 해방시켜준 연합국들을 이간시키고자 함이었다는 것이다.

각 지도자들에 대해서 북한은 대표적으로 김구와 이승만, 그리고 이와 대비되는 사람으로 안창호 선생을 들었다. 이 평가에 의하면, 이승만은 김일성이 항일무장투쟁을 벌이고 민중들이 피 흘려 싸우고 있을 때 미국에서 한담이나 하면서 소일하고 있었으며 해방 후 귀국하여서는 독립운동의 주도세력인 공산주의자들을 비방·반대하고 나아가 소련까지 공격했다. 또한 김구는 정신을 차리지 못하고 친일주구배와 민족반역자들과 한패가 되어 반탁운동의 선두에 섰다는 것이다. 그리하여 두 사람은 민족애국지사의 이름을 더럽혔다고 한다. 북한 공산주의자들은 결론으로서 이승만과 김구는 안창호의 민주주의 정신을 백분의 일이라도 배워서 안창호처럼 진정하고 순결하고 철저한 애국민족주의자가 되어 이제라도 회개하고 민족통일전선에 참가하기를 권유했다.[31]

(2) 북조선임시인민회의 수립

1946년 2월 8일 평양에서는 '북조선 각 정당·사회단체, 각 행정국 및 각 도·시·군 인민위원회 대표 확대협의회'가 개최되었다. 같은 날 김일성은 「목전 조선정치 형세와 북조선임시인민회의 조직문제에 관한 보고」를 하면서 북조선임시위원회 수립의 필요성을 역설하고 10개 항의 당면과업을 제시했다. 이러한 보고를 듣고 참가자들은 북조선임시인민위원회의 수립을 결정했으며, 2월 9일에는 위원선거가 있었다. 그리하여 김일성을 비롯한 23명의 위원이 선출되었고 김일성은 위원장이 되었다.[32] 북조선임시인민위원회의 조직구성은 다음과 같다.

위원장: 김일성(공산당)　　　부위원장: 김두봉(독립동맹)
서기장: 강양욱(민주당)　　　산업국장: 이문환(공산당)
교통국장: 한희진(공산당)　　상업국장: 한동찬(무소속)
농림국장: 이순근(공산당)　　체신국장: 조영열(공산당)

재정국장: 이봉수(공산당)　　교육국장: 장종식(공산당)
보안국장: 최용건(민주당)　　사법국장: 최용달(공산당)
보건국장: 윤기영(무소속)　　총무부장: 이주연(공산당)
기획부장: 정진태(공산당)　　선전부장: 오기섭(공산당)[33]

　그런데 위의 조직구성을 보면 북조선임시인민위원회에서는 항일무장투쟁세력과 국내파, 독립동맹의 세 가지 세력으로 구성되는 공산당이 압도적 다수를 차지하고 있음을 알 수 있다. 즉 5도행정국이 각 도의 인민정치위원회를 기반으로 하는 도 차원의 지방정권들간의 협의체기구였고 조만식을 비롯한 민족주의세력의 상당한 부분을 포괄했다고 한다면 북조선임시인민위원회는 온건 민족주의세력이 대거 탈락하고 공산당의 영도권이 완전히 확립된 단일적 조직체계를 갖춘 중앙주권기관이었다.
　북한에서 도인민위원회들간의 협의체적 기구인 5도행정국이 중앙주권기관인 북조선임시인민위원회로 발전된 것은 다음과는 같은 세 가지 역사적 배경을 갖고 있었다.[34]
　첫째, 북한에서 인민위원회의 내부적 발전과정이 북조선임시인민위원회의 출현을 요구했다. 앞에서 설명한 바와 마찬가지로 해방 후 북한 정권기관은 건국준비위원회, 인민정치위원회로 강화·발전되면서 10개 국을 갖춘 5도행정국으로 이어져왔다. 그러나 행정국만으로서는 지방정권 기관들의 산만성과 지방할거적 경향을 완전히 극복할 수 없었으며 당면한 혁명의 문제를 해결할 수 없었다. 이러한 사정들은 필연적으로 인민위원회들의 사업을 총괄적으로 지도하여야 할 북조선임시인민위원회의 창설을 요구하게 되었다. 이 점에 대해 김일성은 2월 8일 확대협의회에서 행한 보고에서 다음과 같이 말했다.

　그러나 생활은 한자리에 머물러 있지 아니하고 전진하며 그리고 우리의 앞에 새 요구가 나섰다. 즉 오늘까지 하여온 사업은 원만치 못하다.……우리는 지금 벌써 우리의 각 국(局)들과 지방인민위원회 사업에서 많은 난관들과 실제적 결함들을 보고 있다. 이에 제일 중요한 것은 북조선에서 오늘까지 행정적 주권기관이 조직되지 못한 것이다. 북조선에는 각 국들의 사업의 방향을 인도하며 지도할 유일한 북조선 중앙주권기관이 없다.……실로 각 국들은 경제 및 문화생활의 자기 부분에서만 활동하고 있다. 그러나 각 국들이 일하는 행정에서 피치 못하고 상호연관된 것이 있다. 지금 조직하고 있는 어떤 국이든지 독단으로 해결하지 못한 문제들도 실제 생활이 많이 제출한다.……이러므로 북조선에 중앙행정기관을 조직할 필요성이 있다. 우리의 견지로는 조선통일정부가 들어설 때까지 북조선임시인민위원회가 이런 기관으로 되어야 할 것이다.[35]

둘째, 한반도문제에 대한 모스크바3상회의 결정이 발표된 후 국내에 조성된 정치정세 때문에 북조선임시인민위원회가 출현하게 되었다. 모스크바3상회의 결정에는 통일임시정부를 급속히 수립할 방도와 한국을 자주독립국가로 발전시키기 위한 제반 시책들을 실시할 것이 예견되었다. 이것은 공산당의 인민공화국 수립노선과 일치되었다. 즉 모스크바3상회의 결정에 나타난 통일임시정부 수립, 친일 잔재의 제거, 경제부흥을 중심으로 하는 소련의 대한반도정책과 공산당의 정책은 별 차이가 없었다. 그러나 미국과 남한내 친일파와 극우반공세력은 처음부터 모스크바3상회의 결정을 왜곡했으며 그 실현을 위해 충실히 노력하지 않았다. 이러한 정세는 우선 제반 유리한 조건이 갖추어진 북한에서만이라도 모스크바3상회의 결정을 실현에 옮김으로써 장차 통일임시정부 수립에 대비할 혁명적 민주기지의 창설의 문제를 제기했다. 이 점은 다음과 같은 미군정의 정보보고서에서도 지적되고 있다.

신탁통치에 대한 미군정의 어정쩡하고 이기적인 태도를 비난한 후 소련은 북한에 중앙정부를 수립하려고 한다. 여러 가지 보고에 의하면 추진 중인 정부는 구조상 주한 미군정과 비슷하다. 정부성원이 모두 한국인이라는 점을 제외하면……이 정부는 인민정부로 불리게 될 것이다. 조선인 자문회의가 2월 8일 평양에서 김일성을 위원장으로 하여 구성되었다. 연안독립동맹의 김두봉은 최근 연안에서 평양으로 왔고 서울에 지부를 설치했는데 그도 또한 자문회의의 위원이다. 도위원회에 책임을 졌던 하급 위원회는 중앙통제에 들어가고 있으며 이 자문회의가 중앙정부의 역할을 떠맡을 것 같다.[36]

셋째, 통일적 민주주의임시정부의 모체가 될 북한의 중앙주권기관을 창설하고 이를 통하여 제반 사회경제적 개혁을 실시함으로써 통일적 민주주의임시정부를 수립할 물적 토대를 구축해야 할 필요성이 제기되었다. 이것은 모스크바3상회의 결정의 정신에 입각하여 수행할 사회경제적 개혁의 원칙들을 앞서 실천함으로써 통일임시정부가 취해야 할 정책 방향을 미리 제시한 것이었다. 즉 북한으로서는 모스크바3상회의 결정의 전국적 실현의 전망이 불투명한 상태에서 토지개혁을 비롯한 제반 사회경제적 개혁을 마냥 미룰 수만은 없다고 판단했다. 그렇기 때문에 북조선임시인민위원회는 2월 9일 반제반봉건적 사회경제개혁의 원칙을 담은 「11개 조 당면과업」을 발표했다.

  1. 친일분자 및 반민주적 반동분자를 철저히 숙청하며 유력한 간부를 각 부문 지도사업에 등용하며 각 지방의 행정기구를 강화할 것.
  2. 최단기간내에 일본 침략자 및 친일적 반동분자에게서 몰수한 토지와 삼림을 국유화시키며 반분소작제를 철폐하여 무상으로 농민에게 분여하는 것으로서 토지개혁의 준비기초를 세우기 위하여 노력할 것.
  3. 생산기업소를 인민생활 필수품에 수요되는 기업소로 변경하고 그 발전을 도모할 것.
  4. 철도·수운·체신·운수 등을 완전히 회복시킬 것.
  5. 은행 등 금융기관의 체계를 정리하며 무역 및 상업에 대한 정책을 정확히 수립할 것.

6. 중소기업의 개량과 발전을 도모하며 기업가와 상업가들의 창조성을 장려시킬 것.

7. 노동운동을 적극 방조하며 광산·기업소와 운수업 기관에 공작위원회 및 제작소위원회의 광범한 조직망을 설치할 것.

8. 민주주의적 개혁에 적응토록 인민교육제도를 개혁하며 초등·중등학교를 확정하며 교원 양성을 재준비하며 국문 교과서를 편성할 것.

9. 과거 일본 제국주의 교육의 노예화 사상을 청소하기 위하여 진실한 민주주의적 정신으로 인민을 교양하며 각계 각층 인민에게 문화 계몽사업을 광범히 전개할 것.

10. 북부 조선에 있어서 중대한 식량문제의 적당한 대책을 긴급히 수립할 것.

11. 조선 인민의 이익에 가장 적합하고 공정한 모스크바3국외상회의의 조선문제에 대한 결정의 진의를 일반 인민에게 정확하게 해석하여줄 것.[37]

이「11개 조 당면과업」은 일제하 김일성이 주도한 항일민족통일전선인「조국광복회10대강령」을 해방 후의 정세에 맞게 계승·발전시킨 것이며 이것은 추후 김일성이 제1차 미소공동위원회가 개최되자 장차 수립될 통일임시정부의 정강으로서 발표한「20개 조 정강」으로 발전했다.

북조선임시인민위원회는 이와 같은 자기의 정강에 맞게 반제반봉건민주주의혁명에 찬성하는 정치세력을 광범위하게 포괄하고 있었다. 당면한 문제를 해결하기 위해 정치적 대의를 같이한다면 통일전선과 인민정권 내에서 투쟁보다는 단결을 위해 노력해야 한다는 것은 혁명을 성공시키기 위한 중요한 원칙이다. 김일성은 이러한 원칙을 "간판을 위해 통일전선이 요구되는 것이 아니라 인민을 단결시키기 위해 요구된다"고 말했으며 1946년 4월 1일 조선공산당 북조선분국 중앙 제6차 확대집행위원회에서는 "소자산계급성 민주주의혁명단계에서 공산당과 민주당의 정치적 목적을 같이한다면 절대로 충돌을 일으켜서는 안 된다. 통일 전선을 파괴하

표 2   북조선임시위원회의 하부조직 구성

	노동자	농민	사무원·인텔리	기업가	상인
비율	5.7%	71.8%	15.8%	2.1%	4.6%

자료: 『조선통사』하(평양: 사회과학원 력사연구소, 1958), 69쪽.

는 것은 당을 좌경적 오류에 빠지게 하는 것"[38]이라고 말하면서 그러한 행위에 대해 극렬한 비판을 퍼부었던 것이다. 따라서 북조선 임시인민위원회가 공산당의 하부집행기관이나 다름없다고 보는 견해[39]는 문제가 있다. 북조선 임시인민위원회가 반제반봉건에 찬성하는 각계 각층의 통일전선에 의거한 정권이었다는 점은 북조선임시인민위원회의 하부조직 구성에서 찾아볼 수 있다.

그런데 북조선임시인민위원회에서는 온건 민족주의자들이 대거 탈락되었을 뿐만 아니라 이들에 대신하여 연안파 공산주의세력의 상당수가 참여하는 조직구성상의 변화가 일어났다. 연안독립동맹의 영수격인 김두봉은 이 위원회의 부의장으로 참여하게 되며 그 후 연안파 공산주의 세력은 신민당이라는 독자적인 공산당을 만들면서 활동을 개시하게 된다. 그러나 이때에는 이미 항일무장투쟁세력이 북한에서 공산주의운동의 주도권을 쥐고 있었기 때문에 연안파가 공산주의운동의 판도를 뒤바꿀 수는 없었다. 신민당에는 소시민·지식인·중산계급이 주로 참여했고 심지어는 공산주의에 찬성하지 않는 민족주의자들이나 지주들도 자신들의 안전을 보장받기 위해 입당하기도 했다고 한다. 신민당의 이러한 조직구성은 그들의 토지개혁정책에 영향을 미친 것으로 보인다. 신민당은 1945년 11월 말경부터 입북한 연안독립동맹세력을 모태로 하여 만들어졌는바, 이 당의 정치노선은 마오쩌둥의 신민주주의와 유사했다.[40] 이 당의 토지정책이 어떠한 기준을 가졌는가는 자세히 알 수 없으나 남조선 신민당수였던 백남운의 주장(「조선민족의 진로」)이나 독립동맹의 강령을 살펴볼 때 신민당은 항일무장투쟁세력이나 국내파 공산주의 세력의 토지정책에 비해 좀더 유연하고 조선인 지주에 대해서도 그리 가혹한 기준을 설정하지는 않았음을

엿볼 수 있다. 이에 대해 미군정 정보보고서는 다음과 같이 당시의 상황을 설명하고 있다.

> 신민당은 공산당의 토지개혁법에 강력히 반대한다. 왜냐하면 그것은 너무 가혹하기 때문에(지주는 집과 토지를 잃을 뿐만 아니라 부채도 받을 수 없다). 이 문제를 놓고 김일성과 김두봉 사이에 논쟁이 있었다.[41]

그러나 결국 토지개혁은 김일성이 주도하는 공산당의 계획대로 추진되었고 북조선임시인민위원회는 이것을 채택하게 되었다. 이로 미루어 볼 때 북조선임시인민위원회가 결성된 시점을 전후해서 김일성을 중심으로 하는 항일무장투쟁세력은 당과 정권기관 양자에서 우위를 점하기 시작한 것이다.

북조선임시인민위원회는 그 계급적 본질상 프롤레타리아정권으로서 노농동맹을 중심으로 반제반봉건에 찬성하는 계급과 계층에 토대를 둔 인민정권이었으며 1947년 초반까지 인민민주주의독재 기능을 수행했다. 북조선임시인민위원회는 소련군으로부터 상당한 자율성을 갖고 자기의 권력을 행사했다. 그러나 북조선임시인민위원회의 제반 정책은 소련의 대북정책의 기조를 건드리지 않는 범위내에서 가능했다. 「북조선임시인민위원회 구성에 관한 규정」은 제10조에서 ① "북조선임시인민위원회와 소련군 사령부에 제출할 법령과 결정의 초안을 작성할 것", ② "북조선 임시인민위원회와 소련군 사령부에서 발포한 모든 법령과 결정을 실시할 것"이라고 북조선임시인민위원회 산하 각 국의 직무를 규정했고, 제12조에서는 "각 국장은 북조선임시인민위원회 소련군 사령부의 포고 또는 법령에 배치되지 않는 한도내에서 그 담당부문의 사업수행에 필요한 포고와 지령을 발할 권한을 갖는다"라고 규정했다. 이로 미루어볼 때 북조선임시인민위원회의 제반 정책 중 중요 정책은 소련군 사령부의 승인하에서 이루어졌다고 볼 수 있다. 그러나 인민민주주의혁명이 소련군 사령부와 북조선임시인민위원회의 공동목표인 한 양자간의 정책상의 충돌은 거의 없었을 것이며 따라서 북조선임시인민위원회에서 발의한 정책들은 대부분 소련군 사령부에 의해 승인되었을 것이다.

북한 역사에서 북조선임시인민위원회 수립이 갖는 역사적 의의는 세 가지로 요약된다.[42]

첫째, 북조선임시인민위원회의 수립은 일제 통치기구를 소탕하고 북한에서 혁명의 주된 문제인 정권문제가 해결되었음을 의미했다. 또한 북조선임시인민위원회는 모스크바3상회의 결정에 따른 통일임시정부 수립의 기초를 닦은 것으로 이는 북한이 목표로 하는 민주주의인민공화국의 첫 출발점을 이룬 것이다.

둘째, 북조선임시인민위원회의 수립은 해방 후 북한이 추구하는 혁명이 갖는 특수성으로부터 출발하여 서북5도 당대회에서 제기된 민주기지 창설노선의 수행을 위한 근본적이며 관건적인 임무를 해결한 것이다. 즉 북한에서 민주기지 창설의 혁명적 무기가 해결됨으로써 혁명 발전의 전제가 조성되게 되었다.

셋째, 북조선임시인민위원회의 수립은 북한에서 민족민주통일전선이 완성되었음을 의미하는 것이다. 통일전선운동을 통한 강력한 대중적 기초의 마련이 없이는 인민정권의 수립이 불가능하다. 대중적 토대에 근거하지 않은 정권은 사상누각에 불과한 것이다. 남한에서 박헌영이 하룻밤 사이에 인민공화국을 만들어냈다면 북조선임시인민위원회는 항일무장투쟁 시기 항일민족통일전선인 조군광복회의 경험을 바탕으로 해방 후 상당한 기간에 걸친 통일전선 결성을 위한 노력들의 산물로서 나타난 것이다.

이상의 논리를 토대로 하여 해방 후 북한에서 정권기관의 변천과정을 시간상의 순서와 정권의 성격을 기준으로 하여 도표로 나타내면 표 3과 같이 정리될 수 있다.

표 3　　　　　해방 후 북한에서 정권기관의 변천과정

	일반적 명칭		지역 명칭	정권의 성격	정권의 주요 임무
소련군 진주 이전(1945. 8. 15~8 월말)	건국준비위원회		평남건국준비 위원회 평북자치위원회 함남공산주의자 협의회 함남건국준비 위원회 건준 황해도 지부 공산당 황해지구 위원회	좌우협의체적 성격을 갖는 도 차원의 자연발 생적 정치조직 으로서 좌우가 거의 대등	치안유지 (일부 지역에서 는 행정권 접수)
소련군 진주 이후(1945. 8월말 이후)	인민정치위원회		평남인민정치 위원회 평북인민정치 위원회 함남인민정치 위원회 함북인민위원회 황해도인민정치 위원회 황해도인민위원회	좌우연합에 의 한 도 차원의 지 방 정권기관이 되 평남·황해를 제외하곤 좌익 우세	일제 통치기구 를 대체한 지방 정권으로서 행 정·치안 담당
1945. 10. 8 5도 인민위 원회 대표자 대회 이후	인민 위원회	5 도 인 민 위 원 회 연 합 회 의	평남인민위원회 평북인민위원회 함남인민위원회 함북인민위원회 황해도인민위원 회	좌우연합에 의 한 도 차원의 지 방 정권으로 좌 익 우세	지방인민위원회 의 조직 정비
1945. 11. 19~	5도행정국			도인민위원회들 간의 행정상의 보조를 위한 협 의기구	행정상 보조와 산업복구 및 관 리

1946. 2. 9~	북조선임시위원회	중앙주권기관으로서 인민민주주의독재 기능을 수행한 인민정권으로 계급적 본질상 프롤레타리아독재	반제반봉건 민주주의혁명
1947. 2~	북조선인민위원회	프롤레타리아독재 기능을 수행한 인민정권으로서 프롤레타리아 독재정권	사회주의혁명
1948. 9. 9~	조선민주주의인민공화국	북한의 사회주의 역량과 남한의 '민주주의 역량'이 통합된 인민정권으로 계급적 본질은 프롤리테리아독재	북한에서의 사회주의혁명과 남한에서의 반제 반봉건민주주의 혁명

5. 반제반봉건적 사회경제개혁

북한은 모스크바3상회의 결정을 수행하기 위한 통일임시정부 수립의 기초로서 북조선임시인민위원회를 수립했고 이것은 민주기지노선의 첫 단계였다. 그러나 정권의 수립만으로는 민주기지노선이 상정하는 궁극적 목표는 달성할 수 없었다. 왜냐하면 노농동맹에 근거해서 인민정권이 수립되었다 하더라도 그 정권이 자신의 물적 토대를 갖추지 않는다면 지속성과 생명력을 가질 수 없기 때문이다. 정치적 상부구조로서의 정권, 그것은 토대의 반영으로서 수립된 다음에는 새로운 토대의 창출 및 공고화를 위해 적극적으로 작용을 하게 된다. 만약 그렇지 않을 경우 기존의 지배계급은 자신의 물적 토대를 이용하여 정권을 재장악하기 위해 온갖 시도를 하게 된다. 이러한 시도를 막고 인민정권이 노농동맹을 한층 강화하며 기존 지배계급의 물적 토대를 박탈하기 위해서는 사회경제적 개혁(민주개혁)을 실시하지 않으면 안 되는 것이다. 여기서 문제가 되는 것은 인민정권이 어떠한 내용을 갖는 개혁을 실시하는가이며, 그 개혁의 내용은 한 사회의 사회경제적 구조가 어떠한가에 의해 결정된다.

해방 직후 한국의 사회경제체제는 전형적인 식민지반봉건사회였다. 일제의 침략으로 한국은 근대 자본주의사회로 발전되지 못한 채 일제의 완전한 식민지로 되었다. 국내의 중요 생산수단들은 일제의 독점자본가들의 소유로 되었는바, 해방 전 우리나라의 공업에서 일본 자본이 차지하는 비율은 93퍼센트 이상에 달했다. 또한 토지의 대부분은 소수의 지주들 수중에 장악되어 있었고 주민의 압도적 다수를 이루는 농민대중은 토지의 결핍 또는 부족으로 말미암아 가혹한 봉건적 착취를 당했다. 예를 들면 해방 전 북한 인구의 6.8퍼센트에 해당하는 지주들이 전체 토지의 58.8퍼센트 이상을 소유하고 있었다면 주민의 80퍼센트 이상을 차지하고 있었던 농민은 전혀 토지가 없거나 극히 적은 토지를 가지고 있었을 뿐이다. 이로부터 한국의 경제를 저해하는 중요한 질곡은 산업에서의 식민지적 관계가 지배적인 자리를 차지한 것이었고 농촌에서는 봉건적 착취관계가 지배적이었다는 데 있었다.[43]

이와 같은 식민지반봉건사회를 탈피하기 위해서는 반제반봉건적 사회경제개혁이 급선무로 되었는데 북한은 그러한 개혁을 통해서만이 튼튼한 민주기지가 건설될 수 있다고 보았다. 그리하여 1946년 2월 9일 북조선임시인민위원회는 「11개조 당면과업」을 제기했고 이를 발전시켜 같은 해 3월 23일에는 제1차 미소공동위원회가 개최되자 장차 수립될 통일임시정부의 정강으로서 「20개 조 정강」을 발표했던 것이다. 양자는 모두 반제반봉건민주주의혁명 단계에 맞는 사회경제개혁의 내용을 담은 것이었으며 항일무장투쟁시기인 1936년 5월 조국광복회에 의해 작성된 「10대 강령」의 연장선상에 있는 것이었다. 북조선임시인민위원회는 「11개조 당면과업」에 제시된 대로 1946년 2월부터 1947년 초까지 북한에서 반제반봉건적 사회경제개혁을 실시하게 되는데 그 개혁의 주요 내용은 토지개혁, 중요 산업의 국유화, 민주적 노동법령 실시, 남녀평등권법령의 실시 등이었다.

1) 토지개혁

북한에서 반제반봉건민주주의혁명의 구체적이고 핵심적인 내용은 친일파의 청산과 토지개혁이었다. 친일파는 크게 셋으로 분류되는데 그것은 ① 일제 총독부 관리, 경찰 등의 반동관료배, ② 지식인이나 서민들 중의 친일협력자, ③ 친일지주였다. 이 가운데 ①과 ②에 해당하는 사람들은 소련군의 진주와 더불어 소련군에 의해 그리고 인민위원회에 의해 북조선임시인민위원회가 수립되기 이전까지 공직에서 추방되거나 월남해버렸다. 따라서 잔존한 반혁명세력은 지주계급이었고 지주계급을 청산하기 위해서는 토지개혁이 수반되지 않으면 안 되었다. 일제하에서 대부분의 지주계급은 식민지 통치의 주요한 기둥이 되고 있었으며 역으로 지주계급은 일제 총독부권력의 비호를 받음으로써 농민들에 대한 안정적 착취를 보장받았다. 여기서 문제가 되는 것은 지주 일반을 친일파로 규정할 것인가의 여부이다. 만약 지주로서 일제에 대한 협력행위가 명백하다면 반제적 과제로서 그의 토지를 몰수하는 것이 정당하다. 이 경우 친일지주의 토지를 몰수하는 것은 반제적 과업과 반봉건 과제가 일치하는 것이다. 그러나 친일지주만을 몰수대상으로 할 경우에는 봉건제도가 청산되지 않으면 농민은 계속 착취를 당하지 않을 수 없다. 북한은 농촌사회에서 이같은 모순을 영원히 없애기 위하여 지주계급 일반을 청산하는 토지개혁정책을 내세웠다. 따라서 북한에서의 토지개혁은 반제적 과업의 수행을 위한 것이었을 뿐 아니라 봉건적 착취제도 자체를 없애기 위한 반봉건의 과업을 동시에 해결하기 위한 것이었다.

(1) 항일무장투쟁시기 토지개혁의 경험

북한의 토지개혁을 이해하기 위해서는 먼저 항일무장투쟁시기의 토지개혁을 살펴보지 않으면 안 된다. 왜냐하면 북한의 토지개혁은 항일무장투쟁시기 유격근거지[44]에서의 인민혁명정부에 의한 토지개혁의 경험(1933~35)을 살려 새로운 정세 속에서 그것을 창조적으로 적용한 것이기 때문이다. 유격근거지에서의 사회경제적 개혁, 특히 개혁의 중심 내용인 토지개혁은 근거지의 조선민중에게 장차 해방될 조국땅에서 세워야 할 새 사회제도의 원형을 실물로 똑똑히 보여주기 위한 것이었다는 점에서 그 중요성이 참으로 크다고 하지 않을 수 없다. 이는 유격근거지에서 농업이 경제의 기본을 이루고 있었으면 근거지 주민의 절대 다수가 농민이었던 조건과 관련된다.

1930년대 항일무장투쟁을 수행하는 조선인 공산주의자들의 주무대였던 두만강 연안의 간도 일대에는 약 42만에 달하는 조선인들이 살고 있었는데 그들은 이 지역 주민의 80퍼센트 이상을 차지하고 있었다. 화룡현의 경우에는 주민의 96퍼센트가 조선인이었다. 이처럼 주민의 절대다수를 차지하고 있던 조선인들은 거의가 농촌에 살고 있었으며 그들은 봉건적 토지소유관계에 예속되어 있었다. 연길현·화룡현·왕청현·훈춘현 등 지방의 농촌에 살고 있던 조선인들은 일제의 자료[45]에 의한다 하더라도 지주 7.1퍼센트 자작농 36.3퍼센트, 자작 겸 소작농 25.4퍼센트, 소작농 31.2퍼센트라는 농촌계급 구성을 보여주고 있었다.

그러나 여기서의 자작농이란 대부분이 화전민이었으므로 그 경제적 처지가 열악한 것이었으며 나머지 농민들은 소작이 아니면 생계유지가 안 되는 형편이었다. 따라서 근거지내의 농민들을 봉건적 질곡에서 해방시키고 그들을 인민혁명정부를 지지하도록 만들 항일전선에로 결집시켜내기 위해서는 토지개혁이 필수적으로 요구되었다. 인민혁명정부는 먼저 토지의 몰수대상을 규정했다. 몰수의 대상은 친일지주에 한정시켰다. 이것은 일제의 침략이 더욱 노골화됨에 따른 것이었다. 즉 당시 광범위한 군중 속에서 반일감정이 높아지고 있었던 조건 속에서 반일민족통일전선을 더욱 강화하기 위해서는 친일지주 이외의 지주들의 토지까지 몰수하는 것은 바람직하지 못했다. 결국 인민혁명정부의 토지몰수 대상에 대한 규정은 이전의 「소비에트정부 수립과 토지혁명」 노선[46]을 전면 수정하고 새로운 혁명정세에 조응시킨 것이었다.

일반적으로 반봉건적 토지개혁에서는 지주토지 일반을 몰수대상으로 삼는다. 물론 소작료를 받아먹고 농민들을 착취하는 지배계급을 청산하는 것은 근로인민대중의 해방을 위해 필수적이다. 그런데 이 요구는 혁명발전단계의 구체적 과업에 따라 실현된다. 반제과업이 전면에 나서고 있던 일제하에서는 무엇보다도 일제와 일제의 식민통치를 적극 옹호하는 친일주구들을 청산하는 것이 필요했던 것이다.

한편 일제의 식민지통치가 강화되고 토지독점정책이 심해짐에 따라 조선인지주들 속에서도 변화가 일어나고 있었다. 1921년 100정보 이상의 토지를 가진 일본인 지주와 조선인 지주를 각각 100으로 볼 때 일본인 지주수는 1925년에 108.1 1929년에 109, 1933년에 122로 늘어났다면 같은 기간에 조선인 지주의 수는 91. 89, 82.3으로 줄었다. 50정보 이상 100정보 이하 소유 지주의 경우에는 1929년에 일본인 지주는 전체 지주수의 30.1퍼센트였다면 1936년에는 32.3퍼센트로 늘어났으며, 조선인 지주는 같은 기간에 69.8퍼센트로부터 67.4퍼센트로 줄어들었다.[47]

이것은 조선인 대지주들의 토지가 적지 않게 일제 지주들의 수중에 집중되고 있었다는 것을 보여준다. 이러한 경향은 특히 중소지주들의 경우에 더욱 심했다.

서로 같은 착취적 본성을 가진 일제와 조선인 지주계급들 사이에 일어나는 이러한 현상은 조선인 중소지주들 속에서 반일감정이 일어나지 않을 수 없게 했다. 이러한 조건에서 만약 중소지주들의 반일적 요소를 고려치 않고 그들의 토지소유까지 몰수대상으로 규정한다면 혁명역량을 강화할 수 없고 도리어 일제에게 유리한 조건을 지어줄 수 있었다.

혁명의 대중적 기반이 넓어짐에 따라 중소지주들까지 일제를 미워하는 조건에서 일제의 식민지통치를 청산해야 할 혁명의 요구를 실현하자면 그들의 토지는 다치지 않는다는 것을 밝혀야 더 많은 반일계층을 혁명의 편에 끌어들일 수 있었다. 이로부터 인민혁명정부는 지주토지 일반을 몰수대상으로 규정하지 않고 일제와 친일주구들의 토지만을 몰수대상으로 삼았던 것이다. 다시 말해 일제에 대한 지주계급의 태도, 반일민족해방혁명에 대한 지주계급의 정치적 입장에 따라 그의 토지를 몰수대상으로 규정했던 것이다. 이어서 인민혁명정부는 빈·고농을 핵심으로 '토지개혁준비위원회'를 조직하고 이 위원회로 하여금 토지개혁을 직접 맡아 수행하도록 했다. 토지개혁준비위원회는 유격구내의 농호수, 노력자수, 토지면적, 토지소유관계, 농기구 소유 등의 모든 실태조사자료를 장악하고 토지개혁을 실시해나갔다. 그러나 그 과정에서 여러가지 난관이 조성되었다. 난관은 무엇보다 일제와 그 주구들이 감행하는 책동이었다. 이 시기 일제는 유격구역을 포위하고 봉쇄정책을 실시하는 한편 정치군사적 공세를 강화했으며 친일주구들을 유격구내에 침투시켜 토지개혁을 방해하고자 했다.[48]

만주사변을 전후해서 조선으로부터 연변에 들어온 친일파들은 일제를 등에 업고 간도 자치를 주장하면서 전성호일파를 중심으로 간도자치위원회를 발족시켰다. 그리고 이들은 1932년 2월 일제의 지도 아래 간도에서 공산주의운동을 진압할 목적으로 당시 경성『매일신보』부사장인 박석윤, 광명회의 정사빈 등과 연합하여 '민생단'을 조직했다. 공개적으로 반공조직이 나타나자 용정에 있는 혁명적 단체들은 민생단을 반대하는 운동을 일으켰다. 일본영사관에서도 아직 만주국의 기초가 공고화되어 있지 못하기 때문에 민생단이 성장할 수 있는 사회적 조건이 갖추어져 있지 못하다고 판단하고 있었다.

이에 민생단은 조직된 지 다섯달 만인 1932년 7월 해산되었다. 민생단은 해산되었으나 민생단이 남긴 폐해는 실로 대단했다. 민생단 스파이들이 백색구역(일제통치하의 지역)과 적색구역(유격근거지) 가릴 것이 없이 공산진영에 잠입하여 '간도자치' 등을 내세우며 내부 분열공작을 획책한 결과 유격근거지에서는 조선인이면 일단 '민생단분자'로 한번쯤 의심을 받는 지경에 이르렀다. 민생단은 해체되었으나 유격근거지내에 민생단 유령은 그대로 남아 있었던 것이다. 바로 이러한 상황에서 친일주구 김동한을 중심으로 1934년 9월 '간도협조회'가 만들어졌다. 동만지방에서의 공산주의운동의 박멸을 기치로 내걸고 성립된 간도협조회는 민생단과는 하등 직접적인 관계를 가지는 것은 아니었으나 사회적 성격은 동일한 것이었다. 그리하여 약 2,000여 명의 귀순분자·변절분자들을 규합시킨 김동한은 곧장 공작대를 조직하여 유격근거지에 대한 파괴공작에 나섰던 것이다.[49]

유격근거지에서 토지개혁을 하는 데 있어서 또 하나의 난관은 종파·사대주의자들과 좌경기회주의자들의 책동이었다. 이 자들은 '사회주의의 즉시실현'을 떠들면서 부농, 심지어는 중농의 토지까지 몰수하여 토지의 공동경작을 실시할 것을 주장했다. 이러한 책동은 비록 일부 지역에서 감행되었으나 그 악영향은 적지 않았다.[50] 사적 소유 일반을 부정하는 이들의 주장은 토지에 대한 강한 애착을 갖고 토지 소유를 갈망하는 농민들의 혁명적 열의를 저하시키는 것이었기 때문이다.

토지개혁준비위원회는 유격근거지에서 적들의 통치구역으로 도망간 친일지주의 토지, 유격구역과 적의 통치구역 사이의 중간지대의 토지, 그리고 묵은 땅 등을 모두 장악하고 그 비옥도와 입지조건을 고려하여 그것을 각각 1등전·2등전·3등전으로 구분했다. 그리고 남자는 15살 이상 50살까지, 여자는 15살 이상 40살까지를 1점의 토지분배점에 해당되게 했다. 그 외의 미성년들과 어른들에 대해서는 위의 기준에 따라 구체적으로 좀 다르게 정했다.

다음에는 분여토지의 총면적을 토지분배 총점수로 나누는 방법으로 1점당 토지분배면적을 확정하고 매농가의 토지분배의 점수에 따라 호당 분배토지 몫을 정했다. 그 계산방법은 다음과 같다.

$$\frac{\text{분배토지 총면적}}{\text{분배토지}} = 1\text{점당 분배토지}$$

호당 분배토지면적 = 1점당 분배토지 × 호당 분배토지 총점수

　토지개혁준비위원회는 이러한 계산으로 토지분배안을 작성하고 그것을 군중토의에 부쳐 군중노선과 계급노선이 관철되도록 했다. 특히 토지분여에서 1등전은 고농, 빈농, 반일유격대 가족, 혁명열사 가족들에게 돌아가도록 하는 계급적 원칙을 지켰다. 토지개혁준비위원회에서는 일제의 침입이 부단히 계속되어 농민들이 개별적으로 경작하기 어려운 중간지대의 토지, 유격구역 주변의 토지에 대해서는 생산돌격대(일부 유격구에서는 청년산업돌격대라고 했다)를 조직하여 그 토지를 공동으로 경작케 했다. 유격근거지내의 산림에 대해서는 개인소유를 없애고 인민혁명정부의 관할에 속하게 하고 이용하는 정책을 취했다.

　토지개혁의 결과 유격근거지의 농민들은 무상으로 토지를 분여받고 땅의 주인으로 되었다. 농지경지면적이 비교적 많은 유격구의 농민들에게는 농호당 5,000~6,000평씩 분배되었다. 연길현 삼도만유격구의 둔전영동구 지방의 농민들은 평균 3,600평의 토지를 분배받았다.[51]

　인민혁명정부는 토지개혁을 실시하면서 지금까지 농민들이 지고 있던 빚을 무효로 선언했으며 토지의 매매·저당·소작 등을 일체 금지했다.[52] 이것은 인민혁명정부에 의한 토지개혁이 친일지주에 한정된 것이었고 농민에게 토지소유를 확립시켜주는 것이었음에도 불구하고 농촌사회가 자본주의적 방향으로 나아가지 못하게 하는 동시에 일정 정도 사회주의적 지향을 가지게끔 하는 것이었다고 볼 수 있다. 그리고 인민혁명정부는 농민들이 토지를 분여받고 생산한 농산물에 대해서는 그들의 완전한 소유로, 자유처분에 맡기었으며 다만 일정한 양만을 현물조세의 형태로 바치게 했다. 공동경작의 방법으로 생산하여 얻은 농산물은 거기에 참가한 성원들이 가지게 했으며 일정한 양만을 인민혁명정부에서 이용했다. 인민혁명정부에 바치는 일정한 양의 현물조세는 근거지의 경제토대를 강화하는 데 이용되었다.[53] 한편 인민혁명정부는 친일지주의 토지가 아닌 일반 지주의 토지에 대해서는 수확물의 20퍼센트만을 지주가 갖고 농민이 80퍼

센트를 갖는 2·8제를 채택했다.[54]

위와 같이 인민혁명정부는 유격근거지에서 토지개혁을 비롯한 여타 사회경제적 개혁을 실시했으나 공산주의자들 내부의 반민생투쟁[55]과 중국 공산주의자들의 조선인 공산주의자들에 대한 민족배타주의 때문에 유격근거지는 1935년경부터 와해되기 시작했다. 이로부터 김일성을 중심으로 하는 조선인 공산주의자들은 전열을 다시 가다듬어 활동 무대를 조선이 가까운 곳으로 이동하여 백두산 부근에 장백근거지를 건설하고 1936년 5월에는 항일민족통일전선인 '재만한인조국광복회'를 창립했다. 조국광복회는 조국광복을 위한 「10대 강령」을 작성했는바, 이 강령은 반제반봉건 민주주의혁명의 과제들을 포괄하고 있었으며 특히 이전 유격근거지에서의 토지개혁의 경험을 토대로 토지개혁을 주요 과제 중의 하나로 제시했다. 「재만조국광복회 10대 강령」 중 제4항은 "일본의 모든 기업, 은행, 철도, 해상의 선박, 농장, 수리기관, 매국적 친일분자의 전체 재산과 토지를 몰수하여 독립운동의 경비에 충당하며, 일부 빈곤한 동포를 구제할 것"이라고 규정했는데 이것은 바로 인민혁명정부의 토지개혁노선을 직접적으로 계승한 것이었다.

(2) 해방 후의 3·7제 투쟁과 토지개혁

① 토지개혁 이전의 농민조직과 3·7제 투쟁

해방 후 일제가 물러나자 조선인들은 각지에서 자신들의 이해를 대변할 여러 가지 정치·경제·사회·문화단체를 조직하기 시작했다. 이러한 현상은 해방 후의 농촌에서도 예외가 아니었다. 농민들은 먼저 농촌사회의 지역치안을 위해 농촌자위대를 결성했다.

농촌자위대는 농사짓는 청년들 가운데서 18살에서부터 35살까지의 건강하고 핵심적인 청년들로 조직된 민간의 준군사적인 조직이었다. 농촌자위대는 리에 분대, 면에 소대, 군에 대대, 도에 지대부의 조직체계를 갖추고 정기적인 훈련체계를 가졌으며 담당 초소, 담당 근무지역을 정했다. 농촌자위대의 기층조직은 분대였으며 분대성원은 8명에서 10명으로 구성되었다. 분대는 한 개 리에 3~5개씩 두었으며 면에는 리의 수에 따라 3~4개의 소대를 두었다. 군에는 면의 소대수에 따라 3~5개의 대대를 두고 이 대대들이 다시 도 차원의 지대부를 형성했다.

농촌자위대는 농민동맹에 속하여 사업했으며 민간의 대중적인 준군사조직으로서의 임무와 역할을 수행했다. 자위대원들은 「자위대장정」에 의한 규율생활을 했으며 경계근무·감시초소·경비근무·야간순찰 등으로 계급적 임무를 수행하고 농민들의 안녕과 사회질서를 보장했다.

1945년 12월 3일부터 7일 사이에 함경북도 화영군 보을면에는 72명으로 9개 분대를 가진 3개 소대가 조직되었다. 화룡면에는 54명으로 6개분대를 가진 2개 소대, 팔을면에는 155명으로 12개 분대를 가진 4개 소대, 회령면에도 146명으로 18개 분대를 가진 5대 소대, 창두면에는 93명으로 10개 분대를 구성한 4개 소대가 각각 조직되었다.

각 도에 농촌자위대의 지대부가 조직되고 여기에 총 21만 2,000여 명의 청장년들이 자위대 성원으로 망라되었다. 농촌자위대는 해방 직후 농촌에 조성된 무질서를 극복하고 반혁명세력의 준동을 제거하는 강력한 힘이었으며 토지개혁을 실시하는 데 매우 중요한 역할을 수행했다.

농촌자위대와 더불어 해방 후 결성된 농민위원회·농민협회 등은 농민조합으로 개칭되었다.

1946년 1월 31일 도·시·군의 농민 대표들이 참가한 전국적인 농민조합연맹 결성대회가 평양에서 열리고 농민동맹중앙조직이 결성되었다. 창립 다시 농민동맹에는 벌써 70여만 명의 농민들이 망라되었다.[56]

해방 후에는 이와 같이 다양한 형태의 농민조직들이 결성되었는데 공산당은 그들을 투쟁을 통해 계급적으로 각성시킬 방도를 모색했다. 그리하여 서북5도 당대회(1945. 10. 10~13)에서 당은 3·7제 투쟁을 결의 했다. 3·7제를 실시하기 위한 투쟁은 지주의 토지소유권에 대해서는 다치게 하지 않고 지주들이 농민들에게서 빼앗는 소작료의 비율을 낮출 것을 요구하는 경제투쟁의 한 형태로 당시의 조건에 적합한 것이었다. 당시엔 혁명의 무기인 정권문제가 해결되지 않은 상태에서 토지개혁을 밀어붙일 수 없었고, 다른 한편으로는 일제하에서 농민들은 '적색농민조합'의 결성 등을 통하여 소작료 인하투쟁을 경험한 바 있었기 때문에 당은 1945년 가을 추수에서 3·7제 투쟁을 통하여 농민들을 정치사상적으로 각성시키고 토지개혁에 대한 준비를 갖추게 했던 것이다.

② 토지개혁의 실시

북조선임시인민위원회는 1946년 2월 9일 발표한 「11개 조 당면과업」의 제2조에서 "최단기간내에 일본 침략자 및 친일적 반동분자에게서 몰수한 토지와 삼림을 정리하며 적당한 방법으로 조선 인민 지주의 토지와 삼림을 국유화시키며 반분소작제를 철폐하여 무상으로 농민에게 분여하는 것으로서 토지개혁의 준비기초를 세우기 위하여 노력할 것"이라고 규정했다. 여기서 지주의 토지를 몰수하여 국유화한다고 한 것은 문구상 잘못 표현된 것이 분명하다. 왜냐하면 북한의 토지개혁에서는 토지소유권을 국가가 가진 것이 아니라 토지소유권 증명서 교부를 통해서 농민이 가졌기 때문이다. 좀 더 중요한 것은 '최단기간내에'라는 말의 의미이다. 무엇이 북조선임시인민위원회로 하여금 최단기간내에 토지개혁을 하도록 만들었는가?

북조선임시인민위원회가 17개 조의 북조선토지개혁법을 제정·공포한 것은 3월 5일이며 6개 장 24개 항의 세칙을 비준한 것은 3월 8일이다. 그리하여 토지분배사업을 완료한 것은 3월 말이다. 이처럼 단기간내에 북한이 토지개혁을 실시한 것은 두 가지 이유 때문이었다. 첫째로 식민지반봉건사회인 한국사회의 핵심적인 모순은 반봉건적인 토지관계의 모순이었고 이로 인해 인구의 대다수를 차지하고 있던 농민이 봉건적인 질곡과 억압에 허덕이고 있었다. 따라서 토지개혁을 더 이상 미룰 수 없었다. 또한 토지개혁은 도시상공업의 발전과 민족경제의 토대를 시급히 마련하기 위해서도 필수적인 것이었다. 둘째, 토지개혁을 통해서 농민들의 토지소유욕을 만족시켜 광범위한 농민대중을 공산당과 북조선 임시인민위원회의 지지세력으로 만들어 통일임시정부수립을 위한 민주기지노선의 가장 중요한 제1차적 목표를 달성하고 이를 토대로 남한에 대한 북한의 상대적 우

세를 보장하며 남한 농민을 토지개혁을 위한 투쟁에로 불러일으키고자 함이었다.[57]

토지개혁의 절박성은 일제하 조선의 농업상태를 보면 잘 알 수 있다. 일제하 북한에서는 남한에서와 마찬가지로 대부분의 토지가 일본인과 소수의 조선인 지주들에게 속해 있었고 인구의 절대 다수를 차지했던 농민들은 고율의 소작료와 여타의 경제외적 강제에 시달리고 있었다.

해방 전의 통계(1943)에 의하면 조선의 전농가호수 304만 546호 가운데 10만 53호, 즉 3.3퍼센트에 불과한 지주들이 전체 경작면적의 46.2퍼센트를 장악하고 있는 반면에 전농가호수의 97퍼센트에 달하는 농민들이 전체 경작면적의 57.8퍼센트인 169만 963정보의 경지를 소유하고 있었다. 1943년도 북한의 총경작면적이 198만 2,431정보였다면 같은 해 북한의 총농가호수의 4퍼센트에 지나지 않는 4만 6,134호의 지주들이 총경작면적의 58.2퍼센트를 차지하고 있었다. 같은 해 북한의 토지 없는 농민들은 43만 5,586호의 소작농들과 12만 6,268호의 농촌고용자를 합하여 총농가호수의 45.4퍼센트에 달했다.[58]

일제하의 조선 농민들은 자본주의적·봉건적 방법에 의한 이중적 착취 및 농노적 부역을 감당해야만 했다. 반면에 지주들은 토지 없는 농민과 토지 적은 농민에게 계속적으로 소작을 줌으로써 고율의 소작료를 받아 기생충적으로 생활했다. 대부분이 현물로써 징수되는 소작료는 지주의 마음대로 책정되었다. 토지를 잃어버리고 기아와 빈궁에 시달린 농민은 아사에 빠지지 않기 위하여 가장 곤란한 조건 밑에서도 지주의 토지를 소작하지 않을 수 없었다. 소작료는 수확물의 50퍼센트 내지 60퍼센트 이상으로 되어 있었으며 어떤 군에서는 80퍼센트 내지 90퍼센트에 달한 사실도 있었다. 일본 금융자본과 조선인 지주들은 농민들을 고리대금으로 착취했으며 공장에서 생산되는 일용상품·농업기구·비료등은 농민들이 생산하는 농산물들에 비하여 몇 배나 비싸게 교환되었다.

일제하의 지주들은 농민들을 경제적으로 착취하는 데에만 머물지는 않았다. 농민들은 소작료를 바치고 나서도 지주를 위하여 무보수로 노역을

표 4 일제하 농가의 변동상황 (단위: %)

농가 \ 연도	1914	1942	증감
자작농	22	18	-4
자소작농	42	25	-17
순소작농	36	57	+21

자료: 『해방 후의 조선』, 82쪽.

담당하지 않으면 안 되었다. 이러한 결과들은 토지 적은 소작농의 계속적 증가와 수백만 농민들의 파산을 가져왔다. 1914년부터 1942년에 이르는 동안에 35만 3,000호의 농가가 완전히 토지를 잃어버리고 말았다. 1914년에 토지 없는 소작인은 254만 7,000호였다. 1942년에 이르러서는 290만 호가 토지 없이 지주의 예속 밑에서 생활했다. 1942년 북한에서는 28만 9,000호의 토지 없는 농가와 37만 7,000호의 토지 적은 농가가 있었다. 다시 말하면 농민 5명 가운데 1명만이 극소한 자기의 토지를 갖고 있었던 것이다. 농민들이 토지를 잃어버리고 파산되어가는 과정은 표 4에서 1914년과 1942년을 비교해보면 1914년에 비해 1942년에는 순소작농이 21퍼센트나 증가한 반면 자작농과 자소작농은 합하여 21퍼센트나 줄었음을 알 수 있다.

이러한 형편 밑에서 조선 농촌의 생산력이 정상적으로 발전할 수 없었음은 물론이다. 지주들은 농촌경제의 기술을 발전시키기보다는 농민들을 더욱 더 기혹하게 착취하여 자기의 수입을 채우는 것을 더 유리하게 생각했다. 반면에 먹을 것조차 없는 농민들에게는 생산력의 발전을 위하여 지출할 만한 재산상의 여유가 없었다. 이리하여 일제히 봉건적 토지소유의 지배는 조선 사회의 발전을 가로막았던 것이다.

북조선임시인민위원회가 수립되기 이전의 이와 같은 농민들의 경제적 상태를 잠정적으로 완화시키기 위하여 각 도의 인민정치위원회는 1945년 가을의 소작료에 한하여 생산물의 3할만을 지주에게 주고 나머지는 경작자가 갖는 3·7제를 채택했다. 그러나 이러한 소작료의 변화만으로는 봉건적 생산관계를 근본적으로 해소할 수는 없었다. 이는 해방 후 북한의 토지관계에서도 드러난다. 해방 후인 1945년 말 북한의 토지소유관계는 약 100만의 농호 가운데 자작농이 26퍼센트, 자소작농이 31퍼센트, 소작농이 42퍼센트, 기타가 1퍼센트였다.[59) 이에 따라 북조선 임시인민위원회는 민주주의혁명의 제1차적 과업으로 봉건적 토지소유관계를 청산하고 지주계급을 소탕하기 위해 토지개혁에 착수했다.

북한에서 실시된 토지개혁의 원칙과 방법은 3월 5일 발표된 「북조선 토지개혁에 관한 법령」(이하 법령)과 3월 8일 비준된 「토지개혁법령에 관한 세칙」(이하 세칙)에 잘 나타나 있다.[60) 여기서는 이 법령과 세칙을 중심으로 토지개혁의 내용을 살펴보기로 하겠다.

가. 토지개혁의 원칙

「북조선토지개혁에 대한 법령」은 모두 17개조로 되어 있는데 제1조에는 봉건적인 지주소작관계를 철폐하고 경자유전(耕者有田)의 원칙을 확립하여 농민으로 하여금 자주적인 농업경영을 할 수 있는 길을 열어준다는 목적이 제시되어 있다. 즉 "북조선의 토지개혁은 역사적 또는 경제적 필요성으로 된다. 토지개혁의 과업은 일본인 토지소유와 조선인 지주들의 토지소유 및 소작제를 철폐하고 토지이용권을 경작하는 자에게 주는 데 있다. 북조선에서의 농업제도는 지주에게 예속되지 않는 농민의 개인 소유인 농민경리에 의거한다"고 밝히고 있다. 또한 이 법령은 무상몰수와 무상분배의 원칙을 천명했다.

나. 토지의 몰수

법령의 제2조·3조는 토지몰수에 대한 규정으로 몰수의 목적은 반제반봉건민주주의혁명의 일환으로서 북한이 혁명의 대상으로 삼고 친일파·민족반역자·봉건지주로 규정한 사람들의 경제적 기반을 발탁코자 하는 것이었다. 그리하여 몰수대상으로 규정된 토지는 다음과 같다.

1. 일본 국가, 일본인 및 일본인 단체 소유지.
   2. 조선 농민의 반역자, 조선민중의 이익에 손해를 주며 일제의 정권기관에 협력한 자의 소유지 또는 일본 압박 밑에서 해방된 때 자기 지방에서 도주한 자의 소유지(이상 법령 제2조).
   3. 5정보 이상 소유한 조선인 지주의 소유지.
   4. 자경하지 않고 전부 소작 주는 소유자의 토지.
   5. 면적에 불문하고 계속적으로 소작 주는 토지.
   6. 5정보 이상을 소유한 성당, 사원, 기타 종교단체의 소유지(이상 법령 제3조)[61]

위에 제시된 사항 중 제2항는 친일파·민족반역자의 토지에 대한 몰수 규정이라고 볼 수 있다. 친일파·민족반역자의 토지를 몰수하기 위해서는 그들의 범위에 대한 설정이 필요했다. 북한은 그들의 범위를 설정하는 데 있어 1946년 3월 7일 김일성이 제시한 「친일파·민족반역자에 대한 규정」을 지침으로 삼았다.[62] 이 규정에 의한다면 친일파 및 민족반역자의 범위는 다음과 같다.

   1. 일제하 조선 민족을 일제에게 팔아먹은 매국노들로서 일제로부터 공작·후작·백작·자작·남작 등의 귀족 칭호를 받은 자.
   2. 조선총독부 중추원 부의장, 고문 및 참의, 일본 국회 귀족원과 중의원의 의원, 총독부의 국장, 사무관, 도지사, 도사무관, 도 참여관 등의 악질고관, 경찰 경시, 헌병하사관급 이상의 경찰 및 헌병의 고급 관리, 사상범 담임판사와 검사, 군사고등정치경찰의 악질분자, 밀정책임자와 의식적으로 밀정행위를 감행한 자.
   3. 민족적 및 계급적 해방운동을 하는 혁명투사들을 직접 학살 또는 박해한 자와 그 행위를 방조한 자, 도회의원·일진회·일심회·녹기연맹·대의당·반공단체 등의 친일단체와 파쇼단체의 간부 및 그와 관계한 악질분자, 군수산업의 책임경영자 및 군수조달 책임자.

4. 일제의 행정, 사법, 경찰기관과 관계를 가지고 만행을 감행하여 민중들 원한의 대상이 된 자, '황국신민화운동'을 전개하며 징용·징병제도를 실시하는 데서 이론적 및 정치적 조종자로서 의식적으로 행동한 자.

5. 해방 후 민주주의적 단체들을 파괴하며 그 지도간부들을 암살하기 위한 음모를 꾸몄거나 테러단을 조직하고 그것을 직접 지도한 자들과 그런 것을 배후에서 조종한 자, 테러행위를 직접 감행한 자, 해방 후 민족반역자들이 조직한 단체에 의식적으로 가담한 자, 민족통일전선 형성을 방해하는 반동단체의 밀정 혹은 선전원으로서 의식적으로 밀정행위를 감행한 자와 사실을 왜곡하여 허위선전을 한 자.[63]

위와 같은 친일파·민족반역자에 대한 규정에 따라 이들의 토지는 면적의 다과에 불문하고 모두 몰수되었다. 한편 조선인 지주의 경우에 있어서는 5정보 이상의 토지를 소유한 지주의 토지를 몰수하되 이것은 자기의 토지를 전부 소작 주거나 고용노력으로 경작하는 지주에 한정한 것이고 5정보 이상의 토지를 소유하더라도 토지의 일부분을 자력으로 경작하며 일부분을 소작 주는 토지 소유자에 있어서는 소작을 준 토지만을 몰수하기로 하고 다음과 같은 네 가지 사례규정을 두었다.

첫째, 8정보의 토지를 소유한 토지 소유자가 3정보는 자력으로 경작하고 5정보의 소작을 주었다면 소작 준 토지 5정보만 몰수한다.

둘째, 5정보의 토지를 소유한 지주가 자력으로 경작하지 않고 기생충적 생활을 하는, 즉 3정보는 소작을 주고 2정보는 고용노력으로 경작하는 지주의 토지는 전부 몰수한다.

셋째, 6정보의 경작지와 2정보의 과수원을 소유한 토지 소유자가 과수원은 자력으로 경영하고 6정보의 경작지는 소작을 주었다면 과수원은 지주의 소유로 남기고 6정보의 경작지는 몰수한다.

넷째, 7정보의 토지를 소유한 자가 소작을 주지 않고 자력으로 경작했다면 그 토지 전체가 그의 소유로 된다(이상 시행세칙 제5조).

북한은 지주의 토지가 아니라 하더라도 면적의 다과에 상관 없이 자력으로 농업을 경영하지 않고 토지 전부를 소작 주는 토지 소유자의 토지는 몰수했다. 예를 들면, 4정보의 토지를 소유한 토지 소유자가 도시에 거주하면서 토지 전부를 소작 주었다면 그 토지는 전부 몰수했다(시행세칙 제6조). 또한 성당·승원 기타 종교단체의 소유지에 대해서도 그 소유지가 고용노력이나 소작에 의해 경작된다면 몰수했고 자경하는 토지는 계속 경작토록 했다(시행세칙 제7조).

　위와 같이 북한은 토지몰수에 있어서 철저하게 지주계급 일반의 청산과 "토지는 밭갈이하는 농민에게"라는 원칙을 고수했다. 이것은 항일무장투쟁시기 유격근거지에서의 토지개혁과「조국광복회 10대 강령」에서 규정한 토지개혁방침의 연장인 동시에 발전이었다. 즉 항일무장투쟁 시기에는 일제의 국가권력이 존재하는 상황에서 반제통일전선의 강화를 위해 친일지주 토지만을 몰수하는 방침을 세웠지만 해방 후에는 일제의 국가권력이 물러난 상황에서 지주계급 일반의 역사적 진보성이 사라졌기 때문에 농업문제 해결에 있어서 봉건제도 청산을 위한 반봉건적 측면이 부각되었던 것이다. 그러나 토지몰수의 대상에서 제외되는 것도 있었다. 그것은 학교·과학연구회·병원의 소유지(이 경우에도 소작은 금지되었다)와 민족해방운동이나 조선민족 문화발전에 특별한 공헌을 한 사람들의 소유지였다(법령 제4조; 시행세칙 제11조).

　북한의 토지개혁은 토지에 대한 개혁만이 아니고 농업에 있어서의 생산수단 전체의 봉건적 소유관계를 개혁한다는 것이었다. 그리하여 지주의 토지를 몰수하는 데 그치지 않고 지주가 소유한 축력, 농기구, 주택 외의 일체 건축물, 대지 등도 몰수한다고 규정했다(법령 제11조). 또한 토지와 생산수단뿐만 아니라 농민들이 소유한 적은 산림을 제외하고는 모든 산림을 몰수하여 북조선임시인민위원회가 위임처리하도록 규정했다(법령 제12, 13, 14조).

　몰수한 토지는 고용자, 토지 없는 농민, 토지 적은 농민에게 분여하도록 했으며 지주들은 자기 노력으로 경작할 의사가 있을 경우 다른 군(郡)

으로 이주하여 토지분배를 받을 수 있도록 했다(법령 제6조). 지주가 다른 지방으로 이주하여 자기 노력으로 경작할 의사가 있을 때만 이 토지분배를 받을 수 있도록 한 것은 지주가 자기 지방에 계속 남아 있을 경우 반혁명세력을 규합하여 봉건적 토지소유관계를 부활시키기 위한 시도를 할 가능성이 있으므로 연고가 없는 지방으로 보내 지주의 반항을 원천적으로 차단하기 위함인 동시에 그들에게 살 길을 열어주기 위한 것이기도 했다.

다. 토지의 분배

토지를 분배받는 순위는 고용농, 토지 없는 농민, 토지 적은 농민(타군에서 자경을 원하는 지주)였다.

고용농은 자기의 토지를 가지지 못하고 다른 사람에게 고용되어 그의 토지에서 얼마 동안 일시적으로가 아니라 상당한 기간 계속적으로 고용노동을 기본직업으로 삼아온 농민으로 규정되었다. 고용농은 농촌의 무산계급으로서 그에게는 집도 토지도 농기구도 전혀 없었으며 노동력을 지주나 부농에게 팔고 생계를 유지하는 농촌의 최하층이었다. 머슴, 품팔이꾼이 여기에 속했으며 일시적으로 품을 파는 삯군은 고용농에 속하지 않았다. 고용농은 얼마 동안 일시적으로가 아니라 상당한 기간 노동력을 파는 최하층의 생활처지를 겪어온 무산계급이었다. 이러한 고용농은 당시 북한에서 기업농이 발전하지 못하여 많지 않았지만 혁명성이 제일 강한 계층이었다. 토지개혁 당시 북한의 고용농은 1만 7,137호였다.

고용농 다음으로 우선 분배권을 가진 농민은 토지가 전혀 없는 완전 소작농이었다. 소작농은 집과 약간의 농기구들만을 가지고 있는 농민으로 농촌의 반(半)프롤레타리아였다. 따라서 고용농 다음으로 토지 없는 농민에게 토지가 분배되는 것은 당연한 것이었다.

북한의 토지개혁에서 분배를 할 때 처리기준이 까다로웠던 것은 토지 적은 농민 즉 소작 겸 자작농이었다. 토지 적은 농민은 토지 없는 농민 다음으로 분배우선순위를 가졌는데 이들은 소작농과 마찬가지로 빈농에 속했다. 소작 겸 자작농은 지난날의 자작농이 몰락과정에 놓인 농민들이었

표 5   토지분배의 점수

성별	연령	토지점수
남	18~60세	1점
여	18~50세	1점
청년 남·여	15~17세	0.7점
남·여 어린이	10~14세	0.4점
	9세 이하	0.1점
남자 노인	61세 이상	0.3점
여자 노인	51세 이상	0.3점

자료: 「토지개혁 법령에 관한 세칙」, 『북한관계사료집』 V, 236~37쪽.

다. 따라서 그 자작지는 얼마 되지 않았을 뿐만 아니라 자기의 생계를 독자적으로 유지할 수 없는 것이다. 그러므로 소작 겸 자작농은 자작지를 가지고서도 도저히 살아갈 수 없었고 소작지를 얻어 부치지 않을 수 없었다. 이러한 상황을 감안하여 북한은 소작 겸 자작농에 대해 자작능력에 비하여 그가 경작하는 전체 토지면적이 많을 경우에는 소작지를 내놓게 했으며 자작지는 그대로 부치게하는 원칙을 세웠으며, 소작지와 자작지를 합해서도 경작능력에 비하여 토지가 적을 때에는 그가 부치던 땅을 그대로 부치게 하고 몰수한 다른 토지 가운데서 제일 좋은 것을 분배하는 원칙을 세웠다.

땅을 소유하지 못한 소작농에 대해서는 그가 부치던 경작지를 그대로 가지게 하면서도 더 분배해야 할 경우에는 몰수한 토지 가운데서 제일 좋은 것을 분배하도록 했다. 이처럼 빈농민들에게 지금까지 자기가 부치고 있던 토지를 그대로 분배하는 것은 그 토지를 다루던 경험과 농민들의 애착심을 고려한 것이었다.[64]

토지의 분배방식은 공정성과 균등성을 보장하기 위해 점수제를 채택했다. 분배토지점수제는 경작능력자수와 가족수에 따라 거기에 상응하는 점수를 매겨 가족의 총점수에 해당하는 분배토지 총면적의 비율만큼 토지를

분배받게 하는 것이었다. 경작능력자와 가족들에 대한 토지점수는 표5와 같은 계산방식이 의거했다.

아래와 같은 토지점수제에 따라 만약 어느 농호의 가족이 9인인데 남녀 20~45세의 가족이 3인, 남녀 15~17세의 가족이 2인, 남녀 11~14세의 가족이 2인, 남녀 9세 이하의 가족이 1인, 남자 61세 이상의 가족이 2인이 있다면 토지분배에 있어서 합계 5.9점(3점+1.4점+0.8점+0.1점+0.6점)에 해당하는 토지를 분배받을 수 있었다.

라. 토지개혁의 계급적 원칙과 '농촌위원회'의 조직

해방 후 북한의 농촌에는 고농·빈농·중농·부농 등이 있었다. 이들은 경제적 처지가 서로 같지 않았으며 따라서 토지개혁에 대한 태도와 입장도 달랐다.

고농은 토지와 농기구를 비롯한 생산수단을 전혀 가지지 못하고 지주나 부농에게 예속되어 사는 농촌무산계급이었다. 이들은 자기들의 계급적 처지로 인하여 토지개혁에 대하여 가장 절실한 이해관계를 가지고 있었다. 이들의 생활은 지주나 부농의 집에 머물면서 토지경작을 위한 노동력을 제공하고 그 대가로 품삯을 받거나 최소한의 생계에 필요한 물품을 받아 쓰는 것이 고작이었다.

빈농은 소나 농기구와 얼마간의 자기 땅도 가지고 있었지만 그것으로는 생활해가지 못하여 품팔이도 하고 소작도 하는 절반 노동계급, 절반 소자산계급이었다. 이들은 농촌의 절대 다수를 이루었으며 자기의 계급적 처지로 하여 토지개혁에 대하여 적극적인 입장을 취했다. 따라서 북한에서는 고농과 빈농에 의거함으로써만 토지개혁을 철저히 수행할 수 있었으며 지주를 청산하는 투쟁에서 근로농민대중의 이익을 확고히 옹호할 수 있었다.

중농은 완전한 소자산계급으로 여기에는 자작농의 많은 부분과 일부 자소작농이 속했다. 그들은 자기 토지 또는 남의 땅을 가지고 자기 집 노력으로 농사지으면서 기본적으로 자기 힘에 의거하여 생계를 유지했다. 이들 중농은 경제규모가 작고 축적된 경제적 밑천이 얼마 안 되기 때문에 지주와 부농의 압력을 받았으며 상인과 고리대금업자들, 부농과 지주들의 착취로 인하여 언제나 파산될 운명에 놓여 있게 되었다. 그들은 상품생산의 발전에 의하여 대부분 빈·고농으로 전락되었으며 지주나 부농으로 발전하는 경우는 극히 드물었다. 그러므로 토지개혁에서 일부 중농은 지주, 부농의 편에 설 수 있으나 그의 절대 다수는 빈·고농의 입장에 서게 되었다. 왜냐하면 중농은 자신의 계급적 처지로 인하여 지주를 청산하는 투쟁에서 잃을 것이 없었으며 도리어 토지가 얼마 안 되는 경우 토지분배의 혜택을 받을 수 있었기 때문이다. 중농은 토지개혁에 대하여 나쁘게 생각할 아무런 사회경제적 근거가 없었으며 오히려 적극 지지할 수 있는 처지에 있었다. 이것이 바로 중농과 동맹하게 된 이유였다.

북한은 토지개혁에서 부농에 대해서는 고립정책을 취했는데 이는 부농의 계급적 특징과 관련된다. 부농은 상시적 또는 계절적 고용노력을 이용해 농업을 경영하는 농촌자산계급이지만 그 자신도 농업노동에 참가한다는 의미에서는 농민에 속했다. 발전된 자본주의 나라들에서의 부농이 현대적 농기계를 가지고 농업경영을 한 것과는 달리 우리나라 부농은 많은 소작농을 두지도 못했고 단지 몇몇 고용노동력에 기초하여 남새와 인삼 재배, 과수원 경영 등의 부문에 치우쳐 있었으며 장사도 했다. 부농은 또한 소작도 주고 고리대금업도 겸하는 등 봉건적 착취도 강화했다. 이것은 부농이 고용노력을 착취하는 농촌부르주아지로서의 성격과 소작료 수입에 기초한 봉건적 지주로서의 성격도 함께 가지고 있었다는 것을 의미한다. 부농의 이러한 이중성으로부터 그들은 토지개혁에 대하여 농촌부르주아지로서는 방관적인 태도를 취할 수 있었으며 지주적 측면에서는 토지개혁을 반대할 수 있는 이중적 태도를 가지고 있었다. 이로부터 북한은 부농에 대해서는 그들이 지주의 편에 붙지 못하도록 하는 대책을 세웠다. 그것은 부농이 가지고 있는 반봉건적 요소를 최대한 이용함으로써 지주와의 투쟁에 공격을 집중해야 할 전략전술적 요구를 실현시키고자 함이었다. 만약 부농까지 투쟁대상으로 규정하면 적대세력이 많아져 계급투쟁이 어렵고 복잡하게 될 수 있었다. 물론 모든 소작지를 몰수하는 조건에서 부농도 일정한 타격을 받게 되며 따라서 그들이 토지개혁을 반대할 요소가 있었다. 그런가 하면 부농들은 토지개혁에서 소작 주지 않고 자기가 경작하는 땅은 그대로 가지게 되기 때문에 토지개혁을 정면으로 반대해 나설 수는 없었다.

부농을 청산대상으로 규정하지 않고 고립시키는 계급정책은 적을 최대한 분산·약화시키고 혁명역량의 결정적 우세를 보장할 수 있게 한 정책이었다. 또한 이는 부농의 지주적 성격을 억제하여 사회주의혁명으로 나아갈 수 있는 유리한 조건을 조성하기 위한 목표도 고려한 것이었다.[65]

이상과 같이 북한이 토지개혁에서 취한 계급정책은 빈·고농에 튼튼히 의거하고 중농과 동맹하며 부농을 고립시켜 지주와의 투쟁을 벌이는 것이었다. 북한은 이와 같은 계급정책에 의거하여 토지개혁을 실시하기 위해 농촌위원회를 조직했다. 농촌위원회는 지방 인민위원회의 지도를 받으면서 그 산하에 토지조사대·선전대·행동대·자위대·경비대를 두고 토지개혁의 전반적인 실무를 담당했다.[66] 농촌위원회는 리(동)를 단위로 하여 고용농, 토지 없는 소작인, 토지 적은 소작인들이 모인 농민대회에서 5~9인을 선발하여 조직되었다(법령 제15조).[67] 북한이 농촌위원회를 조직함에 있어서 고용농, 토지 없는 소작인, 토지 적은 소작인을 그 주체로 내세운 것은 그들이야말로 토지개혁을 통해서 얻을 것이 가장 많고 따라서 가장 적극적일 수 있기 때문이었다.

농촌위원회 위원들은 북조선임시인민위원회의 주관 아래 '일제하 조선농업의 낙후성' '일제하 조선농업의 사회경제적 처지' '토지개혁법령의 본질과 기본내용' '토지개혁의 방법과 절차' '농촌위원회의 임무' 등의 강의를 받아 토지개혁의 의의·방법·절차 등을 체득하고 토지개혁의 직접적인 담당자로서의 역할을 수행했다.[68]

마. 토지개혁의 성격

인민민주주의독재의 기능을 수행하는 북조선임시인민위원회에 의해 지주계급의 청산을 목표로 수행된 토지개혁을 통해 형성된 근로농민들의 사적 토지소유는 그것이 직접적 생산자들의 노동에 기초하고 있다는 점에서는 역사적으로 지금까지 존재한 농민적 토지소유와 공통성을 가진다. 소상품생산의 역사와 더불어 오랜 역사를 가진 독립적인 소생산자들의 사적 토지소유는 고대 노예사회, 중세 봉건사회, 근대 자본주의 사회에도 있었다. 그러나 인민정권이 세워진 토대 위에서 새롭게 형성된 근로농민의 사적 토지 소유는 역사에 있었던 기존의 사적 토지 소유와는 본질적으로 다른 것이었다.

지금까지의 계급사회에 있었던 직접적 생산자들의 사적 토지소유는 언제나 분해되고 소멸되는 불안정한 위치에 있었다. 그것은 다른 사람의 착취에 기초한 사적 소유의 수탈 대상이 되었다. 따라서 계급사회에서의 독립적인 소생산자들의 사적 소유는 그 사회의 기본적이며 주도적인 토지경영방식으로 되지 못하고 독점적 소유를 부단히 늘려나가는 착취계급과 지배계급의 희생물로 된다.

그러나 인민정권하에서 사적 토지소유에 기초한 개인농업은 그러한 위험성을 받지 않으며 농민들의 생활 향상과 농업생산의 발전을 가져오는 것이다. 물론 사적 소유에 기초한 소상품경제하에서는 불가피하게 계급분화과정이 동반되지만 그것은 주권이 근로인민대중의 손에 장악된 조건에서는 계급사회에서와 같이 자연발생적으로 자본주의나 부르주아지를 낳지 않으며 억제한다. 인민정권하에서의 개인농업은 사회주의적 소유의 영향을 받으며 그 길로 발전한다. 그렇다고 하여 그것이 자동적으로 사회주의적 소유로 발전한다거나 사회주의적 소유의 유형에 속한다는 것을 의미하진 않는다. 개인농업은 소상품적 경제형태에 속하며 사적 소유와 개인노동에 기초한 이중성을 띤다. 이로 말미암아 인민정권하의 개인농업은 자본주의와 사회주의 두 길 사이에서 동요하게 된다. 이 두 길의 분기점에서 그것이 어느 길로 갈 것인가 하는 것은 정권의 성격에 의해서 규정되며 인민정권하에서의 기본적이며 주도적인 경제형태와의 상호관계에 따라 결정된다. 인민정권하에서 자본주의와 사회주의의 분기점에 서 있는 소상품 경제형태로서의 개인농업경영은 노동계급의 당과 국가의 지도 및 원조, 사회주의적 공업의 지원에 따라 필연적으로 사회주의를 지향해나가게 된다.

노동계급이 영도하는 인민정권하에서 개인농업은 그 내용에서도 지금까지의 역사에 있었던 직접적 생산자들의 농민소유와 근본적으로 구별된다. 지금까지 역사에 있었던 직접적 생산자들의 개인농민소유는 국가의 법적 보호 밑에서 공고히 발전되는 것이 아니라 착취수단으로 전환되고 분화되는 것이 일반적이었다. 그렇기 때문에 이 무덤 위에서 독점적 소유가 발생하고 자라나는 것이 필연적이었던 것이다.[69]

북조선임시인민위원회에 의해서 형성된 개인농민들의 사적 토지소유는 그 한계가 경작능력에 따라 설정되고 있고(시행세칙 제15조) 소작을 줄 수 없는 것은 물론 매매할 수 없고 저당할 수도 없었다(법령 제10조). 북한의 토지개혁에서는 분배받은 땅을 농민 자신이 부칠 때에는 대대로 내려가면서 부칠 수 있었으나 불가피한 조건 때문에 부치지 못하게 되는 경우에는 국가에 도로 바쳐야 했다. 이러한 국가적 조치는 토지가 어느 한 개인농민에게 집중되는 것을 막으며 소작제도가 다시 생겨날 수 없게 하고 부농이 자라나지 못하게 하는 대책이었다.

북한이 수행한 혁명의 인민민주주의적 성격은 이와 같이 토지개혁에서도 드러난다. 즉 토지개혁에 의한 사적 토지소유는 부르주아적이지도 않고 그렇다고 해서 사회주의적이지도 않은 독특한 유형의 소유관계를 설정한 것이다. 이것은 자본주의가 발전하는 것을 억제함과 동시에 사회주의로 나아가게 하는 길을 터주는 역할을 했으며 이 역할을 담보해주는 것은 바로 계급연합에 의한 정권이면서도 노동계급이 영도하는 노농동맹을 중심으로 이루어진 인민정권이었다.

북한은 1946년 3월 5일 토지개혁에 대한 법령을 발표한 지 20일 정도만에 토지개혁을 전격적으로 실시했다. 이와 같은 전격적인 실시는 지주가 토지를 방매하거나 반항하려는 시도 등을 통해 자기 권리의 유지수단을 강구하려는 시간적 여유를 주지 않고 효과적으로 개혁을 완수하기 위

표 6   대상별 토지몰수 내역

대상	토지몰수 면적
일본 국가, 일본인 및 일본인 단체 소유지	100,797정보
민족반역자의 소유 토지	21,718정보
5정보 이상 소유한 지주의 토지	285,692정보
전부 소작 주는 지주의 토지	338,067정보
계속적으로 소작 주는 토지	239,650정보
성당·승원, 기타 종교단체의 소유 토지	14,401정보
총계	1,000,325정보

자료: 사회과학원 력사연구소, 『조선통사』 하(서울: 오월, 1989), 307쪽.

표 7   대상별 토지분배 내역

분배대상	농호수	분여토지면적(정보)
고용농	17,137	22,387
토지 없는 소작인	442,973	603,407
토지 적은 농민	260,501	345,974
타군에서 자경하려는 지주	3,911	9,622
총계	724,522	981,390

자료: 『조선중앙년감』, 1949년판, 71~72쪽.

한 것이었다. 토지개혁을 통해 북한에서는 지주계급과 봉건제도가 청산되었으며 근로농민은 땅의 주인으로 되었다.

바. 토지개혁의 결과

앞의 표 6, 7은 토지개혁에서의 몰수와 분배의 결과를 표로 나타낸 것이다. 이상에서 보는 바와 같이 몰수토지의 거의 전부는 고용농을 비롯한 토지 없는 농민과 토지 적은 농민에게 무상으로 분배되었으며 국유토지로 삼은 것은 2만 정보 미만(북한 총경지 면적의 약 1퍼센트)에 불과했다.

표 8   지주와 빈농의 평균 토지소유 면적의 변화

	토지개혁 이전	토지개혁 이후
빈농	0.2정보	2정보 이상
지주	14.5정보	2.1정보

자료: 『조선중앙년감』, 1949년판, 2쪽.

표 9   북한 농민의 계층구성 변화   (단위: %)

	해방 이전	토지개혁 이후
빈농	70	25
중농	20	72
부농	5	3
지주	3~4	

자료: 고승효, 『조선사회주의 경제론』(일본평론사, 1972), 42쪽.

한편 위와 같은 토지개혁의 결과 농민들의 토지 소유면적과 계층구성은 표 8, 9와 같이 변화했다.

사. 토지개혁에 대한 평가

토지개혁이 끝난 직후인 1946년 4월 10일 조선공산당 북조선분국 중앙 제6차 확대집행위원회가 열렸다. 이 회의에서 책임비서인 김일성은 「토지개혁사업의 총결과 금후 과업」이란 보고를 통해 토지개혁에 대한 평가를 내렸다.

김일성은 먼저 토지개혁의 역사적 의의를 다음과 같이 세 가지로 요약했다. 첫째, 토지개혁은 모스크바3상회의가 결정한 조선민주주의 과업 실행의 초보적인 인민의 거동이었다. 둘째, 토지개혁은 국제 반파쇼 민주주의운동에 있어 중대한 가치가 있는 운동이며 동방민주주의 추동력이 되었다. 셋째, 토지개혁은 봉건제도와 식민지의 근거지인 북한 농촌을 민주주의 근거지로 발전시켰다.[70]

모스크바3상회의 결정의 제1항은 "조선을 독립국으로 부흥시키고 조선이 민주주의원칙에서 발전하게 하며 장기간에 걸친 일본통치의 악독한 결과를 청산, 조선민주주의임시정부를 수립한다"라고 규정했다. 여기서 일본 통치의 악독한 결과의 청산은 조선의 민주주의 발전의 필수적 전제가 되며 그것의 구체적이고 핵심적인 내용은 일제 식민 잔재인 봉건제도의 청산이다. 봉건제도의 청산은 토지개혁을 통해서만 이룩될 수 있으며 또한 그것은 일제 식민지통치의 주요한 근간을 뿌리뽑는다는 점에서 국제반파소운동의 일환인 것이다. 이렇게 중요한 의미를 갖는 토지개혁이 아시아에서는 최초로 북한에서 실시됨으로 해서 여타 식민지나라들의 농민들을 고무시켜 제3세계 민족해방운동을 촉진하게 되었다. 동시에 북한에서의 토지개혁은 북한에 민주기지를 수립하기 위한 사회경제적 개혁의 첫 조치로 북한의 농촌을 '민주주의의 근거지'로 만들었으며 남한의 농민들에게 같은 개혁을 요구하게 함으로써 남한의 혁명운동을 고무시켰다. 1946년 10월 남한에서 벌어진 인민항쟁은 이것의 구체적 실례라고 할 수 있다.

위와 같은 역사적 의의를 갖는 토지개혁이 승리할 수 있었던 데에는 몇 가지 요인들이 있었다. 그 요인들이란 ① 토지개혁을 위한 정치사상적 준비의 성숙, ② 통일전선사업의 성공, ③ 굳건한 노농동맹, 4농민위원회의 조직적 활동이었다.[71]

해방 후 북한에서는 소련군의 진주와 더불어 각 지방에 인민위원회가 조직되었다. 인민위원회는 친일파·민족반역자들을 공직에서 내쫓고 통치권을 장악했으며 민중들로부터 민중의 이해를 대변하는 정권기관임을 인정받았으며 그 힘은 날로 증대하고 있었다. 이와 더불어 노동조합·농민조합 등 사회단체들이 광범위하게 조직되었다. 토지개혁은 인민위원회의 주관과 사회단체들의 전폭적인 지원하에 순조롭게 수행되었는데 이것은 당시 토지개혁을 위한 정치적 조건이 성숙되었음을 증명해주는 것이다. 또한 토지개혁의 주체인 농민들은 해방 후 가을추수기에 3·7제투쟁을 통해서 사상적으로 해방의식에 눈뜨게 되었으며 자기들의 빼앗긴 권리를 인식하게 되었고 이러한 사상적 각성은 농민들로 하여금 토지개혁에 대한 강한 요구를 불러일으켰던 것이다.

　토지개혁을 하는 데 있어서는 무엇보다도 통일전선사업이 백방으로 강화되었다. 왜냐하면 토지개혁 당시 공산당의 수가 너무 적어 공산당의 힘만으로는 토지개혁을 수행할 수 없었기 때문이다. 북한은 토지개혁을 수행하기 위해 당·정권기관·통일전선 등 동원할 수 있는 모든 역량을 동원했다. 토지개혁법령이 발표된 다음 날인 3월 6일에는 조선 민주당, 조선공산당, 천도교청우당, 조선신민당, 조선농민조합북조선농민연맹, 조선노동조합전국평의회 북조선총국, 조선민주청년동맹 북조선위원회, 여성동맹, 사회과학연구소, 평남예술연맹, 조소문화협회, 반일투사후원회, 평양시협동조합, 조선불교연합총무원의 공동명의로 토지개혁을 지지하는 내용을 담은 「북조선 토지개혁법령에 대한 공동서명서」를 발표했다.[72] 한편 토지개혁의 과정에서는 통일전선에 망라된 약 300여만 명의 조직군중이 총동원되어 성명서 발표 등의 사업으로부터 각 지방의 토지개혁사업에 이르기까지 직접 참가를 통해서 농민위원회에 최대한의 협조를 아끼지 않았다. 통일전선에 망라된 단체들 중에서 특히 노동자조직의 역할은 참으로 큰 것이었다. 노동자들은 '토지개혁선전대'를 조직하여 직접 농촌에 내려가 토지개혁의 의의를 설명하고 농민들의 계급적 각성을 제고시켰다. 토지개혁의 경험을 통해 노농동맹은 더욱 굳게 다져졌으며 이는 인민정권을 강화하는 중요한 계기로 작용했다.

　농민위원회는 해방 후 농촌사회에서 자발적으로 결성된 농민대중조직으로 지방 인민위원회의 조직적 기초를 이루고 있었다. 농민위원회에 속한 농민들 중 많은 뛰어난 선진 역량이 지방 인민위원회에 참가했으며, 농민위원회는 농촌의 구체적인 실정을 가장 잘 알고 있었기 때문에 토지개혁의 실무단위인 농촌위원회의 활동에 적극적인 협조와 지도를 발휘했으며 친일파와 민족반역자를 색출해냄으로써 토지개혁이 무리없이 진행되도록 했다.

　북한의 토지개혁이 성공적으로 완수될 수 있었던 것은 당시의 정치적

표 10   해방 후 남북한의 농민계층 구성

	총농호수	자작농	자소작농	소작농	기타
북한	100만호	26%	31%	42%	1%
남한	200만호	14%	33%	51%	2%

자료: "G-2 Weekly Summary," no. 27, 1946. 3. 5.

환경과 남북한간에 존재하는 토지소유관계의 차이에서도 찾아진다.

먼저 정치적 환경을 살펴본다면, 주지하다시피 해방 후 북한에는 소련군이 들어왔고 남한에는 미군이 진주하여 38선을 경계로 양분되었다. 그런데 해방 후 상당기간 38선의 왕래가 비교적 자유로운 편이었다. 이러한 조건 속에서 반제반봉건민주주의혁명의 대상으로 북한이 규정한 친일파·지주 등이 신변의 위협을 느껴 미군정이 지배하는 남한으로 내려왔기 때문에 북한은 심한 폭력을 수반하지 않고서도 토지개혁을 용이하고 신속하게 추진할 수 있었다. 미군정당국에 의하면 해방 후 북한에서 남한으로 내려온 숫자는 1947년 8월 25일 현재 328만 3,364명으로 월평균 16만 8,850명이 남하했다고 한다.[73] 남하한 사람들의 시기별 구성은 해방 직후에는 북한의 공업지대에서 일하던 남한 출신의 노동자가 대부분이었으나 1946년 봄에서 여름 사이에는 주로 상층계급—지주·상인·의사·법조인·엔지니어·교사·관리 등—이 남하했다고 하는데 후자의 시기는 바로 북한에서 사회경제적 개혁이 단행되고 있던 시기였다. 따라서 북한에서의 토지개혁은 토지개혁 반대세력이 약화되고 상대적으로 혁명세력이 강화되는 조건 속에서 수행될 수 있었던 것이다.

토지관계에 있어서는 북한이 남한보다 계급갈등이 약하게 나타나는 조건을 가졌다는 점이다. 북한에서는 단지 2개 도(평남 황해)만이 남한과 같은 고율의 소작체제를 갖고 있었으며, 일제 말기 자작농의 비율은 전국의 17.6퍼센트에 비하여 북한은 25퍼센트였고 소작농은 전국이 48.63퍼센트였는데 북한은 43.83퍼센트였고, 농촌고용자에 있어서는 전국 평균의 절반밖에 되지 않았다.[74] 한편 토지개혁이 수행될 당시의 남북한 농촌계급

구성은 다음과 같았다.

표 10에서 볼 수 있듯이 북한은 남한에 비해 농촌사회의 계급분화와 토지 소유의 집중화가 약했다. 이것은 북한의 토지개혁의 무혈적이고 성공적으로 수행될 수 있는 하나의 조건을 주었던 것이다.

그러나 북한에서의 토지개혁은 여러 가지 오류와 한계도 갖고 있었다.

첫째, 좌경적 오류가 있었다. 예를 들면 일부 지방에서 5정보 이하의 토지를 소유한 농민을 지주로 규정하거나 지극히 사소한 일을 가지고 민족반역자로 규정했으며 지주에 대해 개인적인 복수를 가한 사실이 있다.

둘째, 우경적 편향이 있었다. 어떤 지방에서는 소작인이 옛날 지주를 위해 거짓으로 토지관계를 보고한 사례가 있었다.

셋째, 토지개혁에 대한 선전사업이 부족했다. 예를 들면 당이나 인민위원회에서 배포하기로 되어 있는 신문이 하부단위까지 배포되지 않았으며 법령에 대한 정확한 해석과 토지개혁의 정치적·역사적 의미에 대한 해설이 부족했다.

넷째, 중앙에서의 통일전선사업은 잘 진행되었으나 지방에서는 제대로 되지 못했다. 또한 통일전선내의 구성요소 사이에 충돌이 일어난 사례가 적지 않다. 이같은 현상은 당면의 혁명단계인 자산계급성 민주주의혁명의 원리(반제·반봉건이라는 공동목표에 찬성하기만 하면 통일전선의 구성요소간의 마찰은 최대한 피하고 단결을 도모한다는 원리)를 당원들이 제대로 이해하지 못했기 때문이다.[75]

북한의 토지개혁에 대해서는 당시 남한의 일반적인 여론도 토지개혁 그 자체의 의의는 긍정적으로 높이 평가했지만 여러 가지 문제점을 지적했다.[76] 즉 토지개혁이 너무 단시일내에 실시되었으며 원칙의 선에만 너무 사로잡혀 많은 실책이 있었다는 것이다. 그것은 구체적으로 말하면 지주의 규정에 있어서 너무 공식적이고 원칙적이어서 악질지주·대지주 등과 중소지주, 양심적 지주에 대한 배려가 좀더 신중히 구별되지 못했다는 점, 분배의 기준이 기계적이어서 실제로 공정치 못한 경우가 더러 있었다는 점 등이다.

토지개혁이 끝난 지 약 3개월 후인 1946년 6월 27일 북조선임시인민위원회는 「농업현물세에 관한 결정서」를 발표했다. 이 결정서는 토지개혁의 후속조치로 토지를 소유하게 된 농민이 국가에 지는 임무를 규정한 것이며 그 내용은 일체의 공출제도는 폐지하고 매 농호는 수확물의 25퍼센트를 현물로 납부하는 것이었다.

2) 기타의 개혁

토지개혁의 실시에 이어 북조선임시인민위원회는 반제반봉건민주주의혁명의 과제 그 중에서도 특히 반제적 과제의 일환으로서 중요 산업의 국유화를 단행했다. 중요 산업 국유화를 위한 법령은 1946년 8월 10일 공포와 동시에 발효되었는데 그 내용은 "일본 국가와 일본인의 사인(私人) 및 법인(法人) 등의 소유 또는 조선 인민의 반역자의 소유로 되어 있는 일체의 기업소·광산·발전소·철도·운수·체신·은행·상업 및 문화기관 등은 전부 무상으로 몰수하여 이를 조선인민의 소유로, 즉 국유화한다"[77])는 것이었다.

중요 산업 국유화의 필요성은 일제하 공업투자액을 통해서 알 수 있는 조선공업의 식민지적 편파성으로부터 당연히 도출되는 것이었다. 예를 들면 조선 전체 공업투자액에 있어서 일본 자본의 비율은 1911년 81.4퍼센트, 1918년 85.4퍼센트, 1929년 93.1퍼센트, 1944년 95퍼센트였고 1940년의 경우 부문별로는 전력·화학 100퍼센트, 금속 88퍼센트, 기계 58퍼센트, 건재 9퍼센트, 인쇄 57퍼센트, 방직 85퍼센트, 식료품 93퍼센트였다.[78] 따라서 반제적 과업의 일환으로 식민지적 경제구조를 타파하고 민족자립경제의 토대를 구축하기 위해서도 중요 산업 국유화는 절실히 요청되는 것이었다. 이리하여 중요 산업 국유화에 의해서 무상몰수된 기업은 1,034개소였으며 이것은 해방 당시 북한에 존재한 기업의 90퍼센트 이상을 점하는 것이었다.

중요 산업 국유화의 실시는 자본 일반을 청산하기 위한 것이 아니라 제국주의 잔재를 청산하기 위한 것이었다. 즉 애당초 중요 산업 국유화의 목표는 사회주의혁명의 일환으로 수행된 것이 아니라 민주주의혁명의 일환으로 이루어진 것이다. 그러나 결과적으로 중요 산업의 국유화는 사회주의적인 경제형태를 창출시켰다. 중요 산업 국유화로 북한의 경제는 국영부분이 주도적 위치를 차지하게 되었으며 인민경제를 계획적으로 발전시킬 수 있는 토대가 마련되었다.

북한에서 실시된 중요 산업의 국유화는 가장 철저하면서도 비교적 용이하게 수행되었다. 그것은 첫째로 일제가 패망하고 도주한 직후부터 소련군대의 보호하에 각급 인민위원회가 주요 산업기관을 운영·관리하고 있었기 때문이며, 둘째로 예속자본가들의 세력은 지주계급에 비해서도 훨씬 미약했기 때문이다.[79] 따라서 중요 산업 국유화는 이미 인민정권의 관리와 경영하에 있던 것을 법적으로 확인하고 공고화시키는 의미가 강했다.

중요 산업 국유화의 법령에 뒤이어 1946년 10월 4일에는 「개인소유권을 보호하며 산업 및 상업활동에 있어서의 개인의 창발성을 발휘시키기 위한 대책에 관한 결정서」가 채택되었다. 이 결정은 중요 산업 국유화를 보충하는 수단으로 채택된 것이며[80] 그 내용은 인민정권의 지도 밑에서 개인 중소상공업의 정상적인 발전을 보장함으로써 인민생활 필수품의 공급과 인민경제의 발전을 촉진시킨다는 것이었다. 이 결정이 나오게 된 배경은 두 가지로 설명된다. 첫째, 「중요 산업 국유화 법령」이 발표되자 남한의 일각에서는 북한이 공산혁명을 수행하여 사적 자본을 없앤다는 왜곡선전이 풍미했는데[81] 중요 산업 국유화는 결코 개인재산의 침해를 목적으로 만들어진 법령이 아니라는 것을 입증해 보일 필요성이 제기되었다. 둘째, 매판자본가로 분류되지 않은 중·소 규모의 기업가들로 하여금 안심하고 상공업 활동에 종사하게 함으로써 생활필수품 생산과 상품유통을 원활하게 하여 인민경제의 복구·발전에 기여케 하는 동시에 광범한 소자산계급과 민족자본가들까지도 인민정권에로 견인하기 위함이었다.

북조선임시인민위원회는 토지개혁과 중요 산업 국유화라는 경제개혁을 통해 식민지경제구조를 타파함과 더불어 민주주의혁명의 또 다른 과업으로서 사회개혁을 실시했다. 사회개혁의 내용은 「노동법령」과 「남녀평등권

법령」이었다.

일제하 군수공장의 노동시간은 보통 14시간에서 16시간에 달했으며 세계에서 유례가 없는 낮은 임금이 지불되었다. 고무공장 같은 곳에서는 최고 2원 50전, 최저 10전, 평균 46전이라는 기아임금이 지불되었다. 부녀노동자들은 동일한 노동을 해도 남자가 받는 임금의 거의 절반밖에 받지 못했다. 또한 아동노동자들에 대한 착취가 광범위하게 진행됨으로써 유년 및 소년노동자의 발육이 현저하게 저해당하지 않을 수 없었다.

일제하 조선인 노동자들은 일반노동자들보다 보통 1시간 내지 2시간 20분이나 노동시간을 연장당했다. 임금 역시 일본인들의 반액 내지 그 이하로밖에 받지 못했다. 이러한 형편에서 조선인 노동자들은 노동력의 재생산을 위한 경제적 여유조차 잃어버렸으며 가정생활에서 기아와 빈궁을 면할 수 없었다. 노동자들은 일반적으로 고용주들로부터 비인간적 대우를 받았다. 그들에게는 휴식시간도 없었고 일본인 감독들의 횡포와 학대를 받지 않으면 안 되었다. 섬유공장노동자들은 감옥과 같은 기숙사에서 구금이나 다름없는 생활과 운동 부족, 영양 부족, 과로 등으로 인하여 대개는 오래 가지 못했고 죽거나 폐인이 되지 않을 수 없었다.

위와 같은 비참한 식민지적 노동착취제도를 없애기 위해 1946년 6월 24일 북조선임시인민위원회는 「북조선 노동자 및 사무원에 대한 노동법령에 대한 결정서」를 채택했다.[82] 노동법령의 주요 내용은 사무원·노동자에 대한 1일 8시간노동제(유해직장은 7시간, 16세는 6시간), 동일한 노동에 대한 동일한 임금 지불, 남녀 동일임금제, 14세 미만의 소년 노동 금지, 유급휴가제, 임산부·유모에 대한 시간 외 노동 및 야간노동의 금지였다. 그러나 이 법령에는 노동자나 사무원의 권익을 목적으로 하는 파업권이나 시위의 조항은 빠져 있었다.

1946년 7월 30일 북조선임시인민위원회는 일제 식민지정책의 잔재를 없애고 낡은 봉건적 남녀관계를 개혁하며 여성으로 하여금 정치·경제·문화생활에 전면적으로 참여케 하는 「남녀평등에 관한 법령」을 공포했다. 이 법령은 축첩·매음·인신매매의 금지, 혼인과 이혼의 자유, 사회생활에서 남녀평등에 대한 보장을 규정함으로써 봉건적인 남녀관계를 청산하도록 했다.

3) 사회경제적 개혁의 결과

상술한 바와 같이 북한에서는 1946년도 초반에서 말까지의 기간에 반제반봉건민주주의혁명의 일환으로 수행된 사회경제적 개혁으로 인해 식민지반봉건사회가 무너지고 인민민주주의제도가 확립되었다. 사회경제적 개혁으로 북한은 경제형태면이나 계급관계에서 커다란 변동이 생겼으며 인민정권이 자신의 물적 토대를 갖춤으로써 북한에는 민주기지가 창설되었다. 식민지반봉건사회를 탈피한 북한사회는 여전히 식민지반봉건사회로 남아 있는 남한사회와 질적으로 구분되었으며 이러한 새로운 변화를 김일성은 "남한이 남풍을 보내기보다도 북풍이 무서워서 말하지 않고 있다"[83]고 표현했다.

일제하에서 식민지 자본주의와 농촌에서의 반봉건적 소작관계를 중심으로 이뤄졌던 북한의 경제는 사회경제적 개혁으로 인하여 농업부문에서 반봉건적 경제제도가 완전히 사라지고 농민적 토지소유가 확립되었으며 공업 부문에서는 사회주의적 경제형태가 창출되어 압도적인 비중을 차지하게 되었다. 그리고 남아 있는 자본주의경제 형태는 얼마 되지 않았을 뿐만 아니라 인민경제 전체의 주도권을 장악할 수 없었기 때문에 대단히 약화되었다. 이로 인해 북한은 사회주의혁명으로 넘어갈 수 있는 물질적 전제조건을 갖추게 되었다.

사회경제적 개혁이 끝난 1946년 말 북한의 경제는 첫째 도시상공업과 농촌의 부농경제로 이뤄지는 자본주의적 경제형태, 둘째 생산수단에 대한 사적 소유와 개인노동에 기초한 도시수공업과 자작농으로 구성되는 소상품 경제형태, 셋째 국유화된 광산·탄광·운수·공장·은행·농장 및 농민들이 직접 공동 운영하는 농민은행이나 소비조합으로 이루어지는 사회주의적 경제형태의 세 가지로 이루어졌다. 각각의 경제형태가 전체 생산액에서 차지하는 비율을 도표로 나타나면 표 11과 같다.

표 11 사회경제적 개혁 후 경제형태별 구성비(1946년 현재) (단위:%)

구분	경제형태 총계	사회주의 경제형태		소상품 경제형태	자본주의적 경제형태
		국영경제	합동경제		
사회 총생산액	100	18.9	0.2	60.9	20.2
공업 총생산액	100	72.4	-	4.4	23.2
농업 총생산액	100	-	-	94.5	5.5

자료:『조선민주주의인민공화국 경제발전 통계집(1946~60)』(평양: 국립출판사, 1961), 23, 47, 68쪽.

4) 민주주의민족통일전선의 결성과 북조선로동당의 창립

북한은 1946년 중반 사회경제적 개혁을 실시하면서 통일전선 결성과 노동계급의 당조직 형태 변화라는 중요한 조치를 취했다. 이러한 조치는 이미 실시된 여러 가지 개혁을 통해 계급구성이 변했고 당과 인민정권에 대한 대중적 지지가 넓어진 조건과 관련이 있다. 토지개혁 등 제반 사회경제적 개혁의 수행과정에서 각 정당과 사회단체들은 상호협력한 것을 계기로 연대성이 더욱 강화되었으며 광범위한 대중들을 자기 조직 속에 흡인했다. 특히 공산당의 조직 확대는 두드러진 것이었다. 1945년 말 4,530명 불과하던 공산당원은 1946년 7월경에는 약 30만 명을 헤아리게 되었다.

그러나 공산당의 힘만으로는 이미 실시된 사회경제개혁을 공고화하고 남은 여타의 개혁을 힘있고 효과적으로 수행하기 어려웠다. 이러한 상태에서 북한의 지도자들은 통일전선을 더욱 강화하고 당을 확대하는 동시에 대중정당화하기 위한 조직강화사업에 들어갔다.

(1) 북조선 민주주의민족통일전선의 결성

1945년 10월 북조선분국이 설치된 이래 공산당은 각계 각층의 이해를 대변하는 정당·사회단체들의 결성에 주력했다. 그리하여 1945년 11월 말부터 여러 단체들이 결성되었으며 이들 단체들은 모스크바3상회의 결정에 대한 지지와 사회경제적 개혁에 대한 참여를 통해 연대성을 높였으며 조직을 확대했다. 이들 단체나 정당들은 북한만을 대상으로 해 조직된 것들도 있으나 조직적 위상에 있어서 대부분이 남한에 있는 본부의 하부 분국으로 되어 있었다. 이러한 조직상의 2원화는 이들 단체나 정당들의 행동상의 통일과 조직적 결속에 일정 정도 저해요인이 되었다. 따라서 그것들을 하나로 묶어 상설화하고 수직적인 조직체계로 일원하여 내용과 형식상의 일치를 이루어낼 필요성이 대두되었다. 또한 1946년 3월 미소공동위원회 1차 회의가 결렬되고 북한의 민주기지노선이 구체화되어 나타남에 따라 북한만의 전선조직체 결성의 필요성은 더욱 커졌다.

이러한 내외적 조건의 필요성에 따라 1946년 7월 22일 북조선공산당의 주도로 평양에서 '북조선민주주의 각 정당 사회단체 대표회의'가 소집되었고 이 회의에서 '북조선민주주의민족통일전선위원회'가 정식으로 발족되었다.[84] 북조선민주주의민족통일전선에 참가한 정당·사회단체는 공산당·민주당·천도교청우당·직업총동맹·민주청년동맹·예술총동맹·조소문화협회·불교총무원·교육문화후원회·반일투사후원회·보건연맹·건축연맹·소비조합이었다. 평양에서 북조선민주주의민족통일전선의 중앙기관이 조직되자 각 도·시·군에 그 산하기구가 빠른 속도로 조직되었다. 7월 25일에는 강원위원회가 결성되었고 25일에는 평안북도·황해도에서, 27일에는 평안북도, 8월 1일에 평양시위원회 등이 각각 조직되었다.[85]

북민전 결성의 목적은 7월 22일의 회의에서 통과된 결정서를 통해 알 수 있다. 그 요점은 첫째 통일임시정부 수립에 대비하기 위한 역량강화를 위해 각계 각층의 인민을 대동단결시키며, 둘째 민전의 활동을 통하여 인민대중을 북조선임시인민위원회의 주위에 튼튼히 결집시키는 것이었다.

(2) 북조선로동당의 창립

1946년에 들어와 북한에서는 2개의 마르크스-레닌주의당이 병립했다. 그 하나는 1945년 10월 10일에 결성된 조선공산당 북조선분국(1946년 4월 이후 북조선공산당으로 개칭)이며 다른 하나는 조선독립동맹의 후신으로 1946년 2월 16일 결성된 조선신민당이었다.

연안파로 지칭되는 조선독립동맹은 1945년 말에서 1946년 초에 걸쳐 북한에 들어왔으며 남한에는 그 지부로서 경성특별위원회(후에 남조선 신민당으로 발전)를 두었다. 북한에 입국한 후 독립동맹은 북조선임시인민위원회의 결성에 참여해 김두봉은 이 위원회의 부위원장이 되었다. 그러나 독립동맹은 귀국 초기에는 일부 간부가 공산당에 참여했으나 얼마 후 공산당에 대한 참여를 취소하고 독자적인 당을 결성했으니 이 결과로 나타난 것이 조선신민당이었다. 조선신민당은 모스크바3상회의 결정에 대한 지지와 사회경제적 개혁에 공산당과 함께 참여했다. 창당 이후 신민당은 당세를 확장하여 1946년 중반에 들어서는 그 수가 10만을 헤아렸다.

신민당의 정치노선은 자산계급성 민주주의혁명으로 마오쩌둥의 신민주주의론의 영향을 많이 받았다. 이러한 신민당의 정치노선은 북조선 공산당의 그것과 크게 다를 바가 없었다. 그러나 신민당의 계급적 기반은 주로 인텔리와 소부르주아였으며 사회경제적 개혁의 과정에서 일부 무산계급을 입당시켰다.

북조선공산당의 계급적 기반은 주로 노동자·농민이었다. 북조선공산당은 토지개혁, 노동법령 실시, 중요 산업 국유화 등의 사회경제적 개혁 과정에서 빈농계급과 노동자 등 근로대중을 입당시켜 당세를 확장했으며 최종목표는 신민당과 마찬가지로 무계급사회의 건설이었다. 따라서 공산당과 신민당은 계급적 기반에 있어서는 차이가 있지만 최종목표에 있어서는 동일했다.

그런데 최종목표가 같은 두 당이 계속해서 두 개로 남아 있는 것은 혁명의 완수와 통일정부를 수립하는 데 있어서 절박하게 요구되는 근로대중의 통일과 단결에 지장을 초래했다. 동일한 목표를 갖는 정치집단이 두 개로 남아 있다는 것은 분열을 의미하는 것이며 불필요한 잡음과 마찰을 초래할 수밖에 없는 것이다. 또한 당시 양당이 추구하는 정치형태가 소비에트식 민주주의가 아니라 인민민주주의였기 때문에 이것을 전국적 차원에서 달성하기 위해서도 인민민주주의 형태에 걸맞은 근로대중의 이해를 대변하는 통일적이고 강력한 대중정당의 창건이 요구되었던 것이다. 이러한 주관적 요구와 더불어 양당 합동의 객관적 토대도 마련되어 있었다.

1946년 초부터 수행된 여러 개혁으로 노농동맹은 일층 강화되었으며 양당에 대한 대중의 지지도 높아졌다. 이제 더 이상 양당의 합동은 미룰 수 없게 되었다.

1946년 7월 23일 신민당 중앙상무위원회 대표 김두봉은 공산당 책임비서에게 양당합동을 제의하는 서신을 발송했다. 이에 24일 김일성은 서신을 접수했다는 회신을 김두봉에게 보냈다. 27일에는 양당 중앙위원회 대표가 모여서 합당에 관해 구체적으로 협의했고 28일에는 다시 양당 합병사무위원회를 개최하고 협의했으며 29일에는 양당 연석중앙확대위원회 개최하여 김일성과 김두봉의 보고를 들은 다음 「합동에 대한 결정서」와 합동에 대한 선언서를 통과시켰다.[86] 29일의 보고에서 김일성은 "조선에 있어서 민주주의 발전은 복잡한 정세하에서 성장했으나…… 국내 반동파의 완강한 반항을 받고 있어……근로대중의 일층 광범한 통일적 행동을 요구하고 인민대중의 결단이 요망되고 있다.……이 대중운동은 근로대중의 민주주의적 정당의 합동에서 얻어진다"[87]고 말했다. 이어서 김두봉은 양당간의 약간의 상호 마찰이 "북조선공산당은 지식분자를 전체적으로 포함하지 못한 데에서 또 조선신민당은 노동자·농민을 전체적으로 포함하지 못한 데에서 그 원인이 찾아진다"[88]고 말하면서 양당 합동의 필요성을 역설했다.

합동 결정이 내려진 후 1개월 동안에 각 지방조직부터 상향식으로 공산당과 신민당이 합당되어나갔다. 그리하여 최종적으로 양당 중앙당의 합당대회가 1946년 9월 28일부터 30일까지 3일간에 걸쳐 열려 북조선공산당과 신민당이 통합되어 로동당이라는 대중정당으로 창립되었다. 합당대회에서는 공산당과 신민당이 합당되었다고 해서 통일전선사업을 소홀히 해서는 안 되며 당의 규율을 한층 더 강화시켜야 한다는 점이 지적되었다.[89] 또한 기존의 신민당의 기관지 『전진』과 공산당의 기관지 『정로』를 폐지하고 새로운 당의 기관지로서 『로동신문』을 발간하기로 했다.[90]

북조선로동당의 탄생은 북한에서 근로대중의 이해를 대변하는 당이 하나의 단일한 세력으로 결집되었다는 것을 의미하며, 사회경제적 개혁을 더욱 공고히 하고 힘있게 추진시키며 다음 단계의 사회주의혁명을 좀 더 넓은 대중적 기반하에서 수행할 수 있는 조건을 만들어주었다.

6. 북조선인민위원회의 수립과 사회주의혁명단계로의 이행

1) 북조선인민위원회의 수립

1946년 북조선인민위원회에 의해 반제·반봉건 민주주의혁명의 일환으로 수행된 사회경제적 개혁으로 인민정권의 계급적 토대가 넓어지고 강화되었으며 북한은 일제강점기의 경제구조에서 벗어나 세 가지 경제형태 즉 자본주의 경제형태, 소상품 경제형태, 사회주의 경제형태로 구성되는 경제구조를 갖추게 되었다. 그러나 공산주의자들의 목표는 반제반봉건민주주의혁명에 그치는 것이 아니었다. 그들의 최종목표는 사회주의·공산주의사회의 건설이다. 반제반봉건민주주의혁명은 곧바로 사회주의혁명으로 나아갈 수 없기 때문에 설정된 과도적 혁명단계였다. 따라서 북한은 반제반봉건민주주의혁명을 마치자마자 사회주의혁명을 위해 혁명의 무기인 권력 즉 인민정권을 프롤레타리아독재의 기능을 수행할 수 있도록 개편하는 작업에 들어갔다.

그리하여 1946년 말과 1947년 초에 걸쳐서 북한은 도·시·군·면·리(동)에 걸쳐 선거를 실시해 정권에 합법성을 부여하는 동시에 선거절차를 통해 일정하게 정권구성을 바꾸고자 했다. 「인민위원회선거에 관한 북조선임시인민위원회 제2차 확대집행위원회 결정서」에 의하면, 인민위원회 선거는 직접선거로 친일분자를 제외하고는 재산·주거·신교·지식에 불문하고 모든 사람에게 선거권과 피선거권을 부여했다고 한다. 선거권이 박탈된 친일분자에 대한 규정은 다음과 같았다.

1. 조선총독부 중추원 참의, 고문 전부.

   2. 도회의원 부회의원이었던 조선인 전부.
   3. 일제강점기 조선총독부 및 도의 책임자로서 근무한 조선인 전부.
   4. 일제강점기 경찰·검사국·재판소의 책임자로 근무한 조선인 전부.
   5. 자발적 의사로써 일본을 방조할 목적으로 일본주권에 군수품생산, 기타의 경제자원을 제공한 자.
   6. 친일단체의 지도자로서 열성적으로 일제를 방조하거나 동조한 자.[91]

   선거의 방식은 자유민주주의의 방식과는 상당히 달랐다. 그 예로 리(동)의 선거절차를 살펴보면, 후보자수는 제한이 없었으나 먼저 친일분자로 규정된 사람을 후보자가 되지 못하게 하고, 후보자 가운데에서 드러나지 않은 친일경력을 밝혀내기 위해 리(동)총회에서 특정 후보를 후보자명부에 둘 것인가 말 것인가를 각 후보에 대한 거수를 통해 다수결로 결정했다. 그리하여 후보자들에 대한 투표를 실시하여 다수표를 얻은 자가 정족수에 따라 차례로 당선되게 했다. 투표는 흑함과 백함, 두 개를 병풍으로 가려 투표동작이 보이지 않도록 설치해놓고 찬성은 백함에, 반대는 흑함에 투표용지를 넣도록 했다.[92]
   이렇게 하여 선거된 도·시·군 인민위원들은 간접선거로 자신들 가운데 3명당 1명꼴로 도·시·군 인민위원회대회 대표를 선출하고 이 대표들이 각 정당·사회단체에서 5명씩 뽑힌 대표들과 합쳐져서 인민위원회 전체를 감독하고 통제하는 기관으로서 최고인민회의(내각에 해당) 대의원을 선출했다. 인민위원회 선거로 선출된 각 단위별 인민위원들의 계층별 구성은 표 12, 13, 14, 15와 같은데 각 표를 보면 북조선인민위원회는 '사회주의혁명을 수행하는 정권'(프롤레타리아독재정권의 기능 행사)이었음에도 불구하고 각계 각층의 연합에 의한 인민정권의 형태를 갖추고 있음을 볼 수 있다.
   이와 같이 구성된 인민위원회의 체계와 기능을 살펴보면, 도·시·군 인민위원회는 해당 지역의 주권 및 행정기관으로서 주권적 기능과 행정적

표 12   북조선인민위원회 도·시·군 인민위원들의 계급별 분류

	노동자	농민	사무원	문화인	상인	기업가	종교인	전지주	전체	여성
위원수	510	1,256	1,056	311	145	73	94	14	3,459	453
비율(%)	14.7	36.4	30.5	9.0	4.2	2.1	2.7	0.4	100	13

자료: 『조선중앙년감』, 1949판, 84쪽; 『조선전사』 23, 25쪽.
주: 도·시·군 인민위원회 선거는 1946년 1월 3일에 실시되었다.

표 13   북조선인민위원회 면·리(동) 인민위원들의 계급별 분류

		노동자	농민	사무원	인텔리	상인	기업가	종교인	전지주	합계
리	위원수	2,508	46,245	3,681	174	493	129	67	17	53,314
리	비율(%)	4.7	86.74	6.9	0.33	0.93	0.24	0.12	0.04	100
면	위원수	1,121	7,795	3,901	310	228	48	40	1	13,443
면	비율(%)	8.33	57.97	29.0	2.3	1.69	0.35	0.29	0.07	100

자료: 『조선중앙년감』, 1949판, 84쪽; 『조선전사』, 23, 27쪽.
주: 면·리(동) 인민위원회 선거는 1947년 1월 11일에 실시되었다.

표 14   최고인민회의 대의원 정당별 구성

	노동당	민주당	청우당	무소속	계
위원수(명)	86	30	30	91	237
비율(%)	36	13	13	38	100

자료: 『조선중앙년감』, 1949년판, 84쪽.

표 15   최고인민회의 대의원 계급별 분류

	노동자	농민	사무원	인텔리	기업가	상인	수공업	종교인	계
위원수(명)	52	62	56	36	7	10	4	10	237
비율(%)	22	26	24	15	3	4	2	4	100

자료: 위와 같음.

기능이 통합된 정권기관이었다(이 점은 자유민주주의체제에서 3권분립에 의해 해당 지역의 주권을 대표하는 입법기관과 집행기능을 수행하는 행정기관이 분리되는 것과 대조적이다). 한편 도 인민위원회는 중앙 정권기관인 최고인민회의에, 시·군 인민위원회는 도 인민위원회에 복종하며 도·시·군 인민위원회는 최고인민회의의 통일적 지도 밑에 움직이는 정권기관이었다.[93]

북조선인민위원회는 소련과의 관계라는 측면에서 볼 때 북조선임시인민위원회와는 달랐다. 앞에서 지적한 바와 마찬가지로 북조선임시인민위원회는 정책을 수립하고 집행하는 데 있어서 소련군 사령부의 지도를 받거나 승인을 얻어야 했다. 그러나 북조선인민위원회의 성립을 계기로 소련군 사령부에 의한 인민정권에 대한 지도와 감독은 사라졌고 행정권은 북한 사람들의 손으로 넘어갔다. 이러한 변화는 「북조선인민위원회에 관한 규정」에도 반영되어 나타났다. 이 규정의 제1조는 "북한조선인민위원회는 조선에 민주주의 임시정부가 수립되기까지 북조선인민정권의 최고 집행기관이다"라고 규정했으며 제12조는 "각 국장 및 부장은 북조선인민위원회에 복종한다"[94]고 규정함으로써 사실상 소련군 사령부의 인민정권에 대한 간섭을 소멸시켰다.

2) 조선민주주의인민공화국의 수립

1947년 5월 휴회되었던 미소공동위원회가 다시 열렸다. 제2차 미소공동위원회는 소련이 통일임시정부 수립을 위한 협의대상에서 제외할 것을 주장한 우익 반탁세력을 협의의 대상으로 삼겠다고 일보 후퇴함으로써 재개되었다. 그러나 재개된 미소공동위원회는 난관에 봉착했다. 왜냐하면 과격한 우익 청년단체들이 미소협상에 대해 반대하면서 소련 측 대표에게 야유를 퍼붓고 격렬한 시위를 했으며 미국은 남한 측 협의대상을 오직 기업가와 호전적인 우익 인사들에게 한정시키고자 했기 때문이다. 이에 소련 측은 다시금 우익 측을 협상에서 배제하자고 주장했다.[95] 미·소의 주장은 평행선을 달렸으며 타협의 기미는 전혀 보이지 않았다.

한국의 통일문제가 미·소의 의견대립으로 전망이 전혀 보이지 않자 미국은 한국문제를 유엔으로 이관했다. 1947년 10월 미국은 한반도 전체에 걸친 국회선거를 감시하기 위해 임시위원단을 파견하는 결의안을 유엔총회에 제출했다. 유엔총회에서 미국의 제안은 소련의 반대를 무시하고 통과되었다.

소련은 미국이 한국문제 결의안을 유엔총회에서 통과시키자 유엔에 의한 선거를 거부하고 1948년 2월까지 미·소 양군이 동시에 철수하고 한국문제는 한국인 당사들에게 맡기자고 주장했다. 그러나 미국의 계획은 예정대로 추진되어나갔다. 소련은 유엔위원단의 북한 입국을 받아들이지 않았다. 왜냐하면 미국의 계획은 모스크바3상회의 결정에 전면적으로 위배되는 것이라고 보았기 때문이다. 이에 미국은 남한만의 단독 선거를 추진하여 남한정부를 구성코자 했다. 소련은 소련대로 북한에 또 다른 정부의 구성을 추진해나갔다.

북한에서는 1948년 3월 27일부터 4일간에 걸쳐 북조선로동당 제2차 전당대회가 개최되었다. 이 대회에서는 통일정부 수립의 대책으로 '남북조선 제정당 사회단체연석회의'를 소집할 것이 결정되었다. 이에 앞서 1948년 3월 25일 북조선민주주의민족통일전선 중앙위원회는 남한의 제정당·사회단체들에 대해 남한 단독선거를 반대하고 통일정부 수립을 위한 연석회의를 소집할 것을 제의했다. 북한의 제의에 응해 남한에서는 단독선거에 반대하는 제정당·사회단체가 지지성명을 냈으며 41개 정당·사회단체가 4월 19일부터 23일까지 평양 모란봉극장에서 열린 남북연석회의에 참석했다. 이 회의에서는 5·10단독선거를 저지한다는 결정서가 채택되었다.[96]

그러나 남한에서 5·10선거가 강행되고 남한단독정부 수립이 기정사실화되자 북한은 1948년 6월 29일부터 7월 5일까지 평양에서 '남북조선 제정당 사회단체 지도자협의회'를 개최했다. 이 회의에는 남북연석회의에 참가했다가 평양에 그대로 머문 대부분의 남한 정당·사회단체대표들(김구, 김규식 제외)이 북민전에 소속된 단체 대표들과 함께 참가했다. 회의 마지막 날인 7월 5일에는 인민공화국 수립을 위한 결정서가 채택되었다. 이에 따라 북조선인민회의 특별회의(1948. 7. 9~10)에서는 북한의 선거를 8월 25일 실시하기로 해 북한을 대표하는 최고인민회의 대의원 212명을 뽑았다. 남한에서는 '남북조선 제정당 사회단체 지도자협의회'의 결정에 따라 7월 중순부터 지하비밀선거를 실시하여 남한대표 1,080명을 뽑았으며, 이들 중 1,002명이 월북하여 8월 21일부터 6일간 해주에서 '남조선인민대표자대회'를 열고 남한을 대표하는 최고인민회의 대의원 360명을 뽑았다. 이리하여 남북한을 합친 572명이 조선 최고인민회의를 구성해 9월 2일부터 헌법을 심의했고, 9월 8일에는 조선민주주의인민공화국 헌법을 채택했다. 9월 9일에는 내각을 구성하고 조선민주주의인민공화국의 수립이 선포되었다.[97] 이로써 1947년 2월 수립되었던 북조선인민위원회는 모든 권한과 기능을 조선민주주의인민공화국에 넘겼다.

　조선민주주의인민공화국은 북한의 표현을 빌면 '전조선의 애국민주역량'이 결집되어 수립된 인민정권이었으며 북한에서는 사회주의혁명을 그리고 남한을 포함한 전국적 차원에서는 반제반봉건민주주의혁명의 완수를 자기의 임무로 삼았다.

3) 계획경제의 실시와 생산관계의 사회주의적 개조

　북한은 1947년 초부터 사회주의혁명단계로 이행했는데 곧바로 사회주의적인 조치를 취하지는 못했다. 즉 농민의 사적 토지소유를 폐지하고 집단농장화를 추구하거나 잔존한 자본주의적 기업을 전면 폐지하지 않았다. 그 이유는 해방 후 일본인들이 북한을 떠나면서 많은 공장들을 파괴하고 갔으므로 그것들의 복구와 정상적인 가동이 먼저 필요했으며 정상적으로 움직이는 공장도 생산력 수준이 저급했기 때문이다. 그리고 반제반봉건민주주의혁명을 갓 수행한 당시의 조건에서 농민들의 정치의식이 아직 사회주의적 개조를 받아들일 만큼 성숙하지 못했으며 전반적인 사회경제적·물질적 조건들이 취약했고[98] 남한과의 관계를 염두에 둔 전술적 고려의 필요성에 의해서도 사회주의혁명을 급격히 수행할 수 없었다. 북한은 이와 같은 자체의 조건 때문에 사회주의혁명 단계의 초기를 기간산업의 복구와 건설을 통한 생산력 증강의 토대 구축과 생산관계의 전면적인 사회주의적 개조를 준비하는 기간으로 설정했다. 1947~48년 각각의 1개년 경제계획과[99] 1949~50년의 2개년 경제계획[100]을 통한 시험적 성격의 부분적인 사회주의적 개조가 이 준비기의 사회주의혁명의 내용이었다.

반제반봉건민주주의혁명을 마쳤을 때 북한에서는 사회주의적 경제형태, 소상품 경제형태, 자본주의적 경제형태가 공존하게 되었다. 소상품 경제형태는 생산수단에 대한 사적 소유와 개인노동에 기초해 계급분화의 요인을 내포하고 있으며 자본주의적 경제형태는 생산수단에 대한 사적 소유와 고용노동을 전제로 해 자본가에 의한 노동력의 잉여가치획득을 초래하고 있었다. 북한의 계획경제는 공산주의자들의 관점에서 봤을 때 부정적이라고 보이는 이와 같은 소상품 경제형태와 자본주의적 경제형태를 줄여나가고 사회주의적 경제형태의 비중을 높여나감으로써 프롤레타리아독재의 경제적 기초를 확보해나간다는 목표에 따라 설정되었다. 계획경제를 통한 생산관계의 사회주의적 개조는 생산합작사의 조직, 도시의 자본주의적 상공업에 대한 제한, 농촌경제에 있어서 협동양식의 확대로 나타났다.

생산합작사의 조직은 수송업에 있어서 분산성을 극복하고 공동생산을 함으로써 노동생산성을 제고시키고 공동노동을 통한 사회주의적 의식을 체득케 하기 위한 목표를 가지고 이뤄졌다. 생산합작사는 농촌의 가내부업자와 수공업자들을 한데 묶어 생산수단에 대한 구성원의 사적 소유가 보존되면서도 이 조직의 이용은 집단적으로 행하는 반(半)사회주의적 성격을 지녔다. 이렇게 조직된 생산합작사들 가운데에는 완전한 사회주의적 성격을 띤 형태도 있었다. 여기에서는 모든 생산수단이 공동소유로 되어 있었으며 노동에 의한 분배만이 실시되었다. 그러나 이러한 생산합작사는 그렇게 많지 않았으며 반(半)사회주의적 형태가 대부분이었다.[101] 생산합작사는 자원성의 원칙을 띠었으며 업종별로 조직되었다. 북한은 수공업에 있어서 생산합작사의 비중을 높이기 위하여 생산합작사를 조직하고자 하는 수공업자들에게 소비조합이나 농민은행으로부터 금융지원을 받을 수 있도록 하는 특혜조치를 취했다. 1949년 말에 이르러 생산합작사들이 공업 총생산액에서 차지하는 비중은 5.2퍼센트에 달했다[102]고 한다.

다음으로 자본주의적 상공업에 대한 제한을 살펴보면, 북한은 사회주의적 혁명 단계 초기에 자본주의적 상공업을 완전히 없애지 않고 일정하게 발전을 장려하면서도 한편으로 독자적으로 지나치게 확대되는 것을 막는 조치를 취했다. 1947년 7월에는 중·소자본가들로 구성되는 산업경제협의회를 조직하고 국가가 기업활동을 알선하고 권고하는 역할을 맡았다. 또 한편으로 북한은 개인기업가나 상인들로 하여금 주식회사나 상업회사를 조직케 하여 자본을 모아 큰 규모에서 그리고 부문별로 경제활동을 통일적으로 수행하게 했다.[103] 그러나 노동법령을 준수하는 조건하에서 기업 내부의 경영에 대해서는 자율에 맡겼다.

북한이 사회주의혁명 단계에서도 상공업자들의 활동을 일정하게 허용한 것은 원래 그들의 수가 얼마 되지 않고, 경제적 토대가 미약한 데다가 반제반봉건민주주의혁명 단계에서 이미 사회주의적 경제형태가 경제 전반에서 지도적 지위를 차지하게 됨으로써 그들의 세력이 보잘것없었기 때문이다. 그것은 북한에서 1946년 말 인구 총수에서 개인기업가는 0.2퍼센트, 상인은 3.3퍼센트에 불과했던 것만을 보아도 알 수 있다.[104]

토지개혁 후 북한의 농촌경제는 고용농을 두는 극소수의 부농과 대다수의 자작농으로 구성되어 있었다. 원래 사회주의혁명 단계에서는 사적 토지소유를 폐지하고 집단농장화를 추구하나 북한에서는 협동화를 급격히 시행할 수가 없었다. 왜냐하면 일제하에서 오랫동안 소작인으로 있던 농민들은 땅에 대한 애착심이 강했기 때문에 토지개혁 후 1년 만에 협동화를 추진할 수가 없었던 것이다. 그러나 북한은 여타 부문의 사회주의적 개조에 따라 농업부문도 그에 보조를 맞추지 않으면 안 되었다. 북한은 이에 대한 대책으로 농업협동화 준비의 일환으로서 협동적 노동형태 즉 공동경작(소를 공동으로 이용), 모내기·김매기에 있어서의 품앗이를 장려하는 한편 소비조합을 만들어 중간이윤을 방지하고 공동판매를 실시케 했다.[105]

표 16　　　　　　　공업 총생산의 소유형태별 구성　　　　　(단위: %)

연도 \ 소유형태	사회주의적 공업		소상품 경제 (수공업)	자본주의적 공업
	국영	협동단체		
1946	72.4	·	4.4	23.2
1949	85.5	5.2	1.5	7.8

자료: 사회과학원 력사연구소, 『조선통사』 하(1958), 154쪽.

표 17　　　　　　　상업 총생산액의 소유형태별 구성　　　　　(단위: %)

연도 \ 소유형태	사회주의적 상업		소상품경제 (수공업)
	국영	협동단체	
1946	0.1	3.4	96.5
1949	27.9	28.6	43.5

자료: 김남식, 「북한의 공산화과정과 계급노선」, 『북한 공산화과정 연구』(서울: 고대 아세아문제연구소, 1979), 123쪽.

표 18　　　　　　　　북한주민의 계층구조 변화　　　　　　(단위: %)

계층 \ 연도	1946년 말	1949년 말
노동자	12.5	19.0
사무원	6.2	7.0
농업협동조합원 개인농민	74.1	69.3
협동단체 가입 수공업자 개인 수공업자	1.5	0.8
기업가	0.2	0.1
상인	3.3	1.7
기타	2.2	1.8
합계	100	100

자료: 『조선민주주의인민공화국 인민경제발전 통계집(1949~60)』, 192쪽.

위와 같은 사회주의적 개조로 인하여 1946년 비하여 1949년에는 표 16, 17과 같이 공업 총생산액과 상업 총생산액은 변화했다.

위 표에서 알 수 있듯이 1946년 사회경제적 개혁이 끝났을 때와 이후 사회주의적 개조가 진행된 1949년 양자를 비교해보면 공업생산에 있어 사회주의적 공업은 72.4퍼센트에서 90.7퍼센트(85.5+5.2)로 늘었고 소상품 공업은 4.4퍼센트에서 1.5퍼센트로 줄었으며, 자본주의적 공업은 23.2퍼센트 7.8퍼센트로 대폭 줄었다. 한편 상업 총생산액에 있어서 양자를 비교해보면 사회주의적 상업은 3.5퍼센트(3.4+0.1)에서 56.5퍼센트(27.9+28.6)로 대폭 늘어난 데 비하여, 개인상업은 96.5퍼센트에서 43.5퍼센트로 대폭 줄어들어 1949년에 들어오면 공업과 상업 양자에서 사회주의적 형태가 차지하는 비율이 절대적으로 우세하게 되었다.

한편 생산관계가 변함에 따라 계층구조도 다음과 같이 변화했다.

표 18을 통해서 보건대 1949년(사회주의혁명 3년째 되는 해)까지 북한은 농업협동화를 추진하지 않았고 1949년에도 비율이 적으나마 개인수공업자·기업가·상인이 존재함을 알 수 있다. 이것은 앞서도 지적한 바 있지만 해방 후의 북한은 농업이 지배적인 사회였고 생산력 수준이 저급했으므로 생산관계의 사회주의적 개조를 급진적이 아니라 점진적으로 수행했음을 나타내주는 하나의 지표가 된다고 할 수 있다.

1950년 6월 북한은 사회주의혁명을 수행하고 있던 중 한국전쟁을 맞이했다. 전쟁이 일어나자 북한은 사회주의혁명을 유보한 채 전국적 범위에서의 반제반봉건민주주의혁명을 완수하는 데 모든 역량을 투입했다. 그러나 전쟁은 38선을 현재의 휴전선으로 바꾸어놓았을 뿐이다. 이후 북한은 전쟁으로 중단된 사회주의혁명을 본격적으로 수행하여 1958년에는 생산관계의 사회주의적 개조를 완성했다.

5. 맺음말

해방 직후의 북한사회는 식민지반봉건사회였다. 표면상 일제는 물러갔지만 일제가 남기고 간 사회경제구조는 그대로 존속하고 있었다. 따라서 민족적 독립을 완수하고 근로대중을 봉건적 질곡과 억압에서 해방시키기 위해서는 반제반봉건적 사회경제개혁이 필수적으로 요구되었다.

이와 같은 과제를 달성하기 위해 북한의 공산주의자들은 조선공산당 서북5도 당대회를 열고 인민민주주의혁명이라는 정치노선을 채택함과 동시에 조선공산당 북조선분국을 창설했다. 북조선분국은 비록 명칭이나 형식상의 면에서 볼 때에는 남한에 있는 재건파 헤게모니하의 조선공산당의 하부조직이었지만 내용적으로는 남한의 당중앙과는 별개의 독립적인 새로운 당중앙이었다. 이러한 형식상의 인정과 내용상의 새로운 조직적 위상의 설정은 민주기지노선에 그 사상적 뿌리를 두고 있었다.

민주기지노선은 남북한에 미군과 소련군이 진주한 상황에서 북한은 혁명의 유리한 전제조건을 갖게 되었으나 남한은 오히려 정반대의 처지에 놓이게 되었다는 판단에서 나온 전략적 방침이었으며 북한을 강력한 근거지로 만들어 그 힘을 바탕으로 남한에까지 혁명을 확대하는 것을 목표로 두고 있었다. 이러한 목표를 수행하기 위해서 북한은 새로운 당중앙인 북조선분국을 설치하게 된 것이다. 그러나 북한은 새로운 당중앙을 창건했음에도 불구하고 민주기지노선을 구체화시키지는 않았다. 그 이유는 해방 후 상당 기간 동안에는 여전히 미국과의 협력을 통한 통일임시정부 수립의 가능성이 남아 있는 것으로 여겼기 때문이다. 따라서 북한의 공산주의자들과 소련군당국은 각 지방에 도 차원의 인민정권이 만들어져 있음에도 불구하고 그것들을 하나의 통일적인 체계로 만들어 중앙정권기관을 수립하려는 노력을 기울이지 않았다.

북한에서 중앙적 성격을 띠는 정권기관이 탄생하게 된 계기는 모스크바3상회의 결정의 실행이 난관에 봉착함으로써 주어졌다. 통일임시정부수립을 가장 중요한 내용으로 삼았던 모스크바3상회의 결정은 미국의 제국주의적 성격에 대한 경계에도 불구하고 국제협조노선을 파기하지 않은 소련의 집요한 노력과 미국의 호응에 의해 나온 산물이었다. 그러나 엄숙히 합의된 모스크바3상회의 결정이 미국 측의 어정쩡하고 불성실한 태도로 말미암아 무산될 지경에 이르자 북한공산주의자들과 소련은 미국과의 협상에 의한 통일임시정부 수립의 가능성은 희박하다고 판단하고 독자적으로 북한에서만이라도 모스크바3상회의 결정을 실행하는 방향으로 나아갔다. 이의 결과로 나타난 것이 북한의 중앙주권기관이자 혁명의 무기가 된 북조선임시인민위원회였다. 북조선임시인민위원회의 수립은 민주기지노선이 구체화되는 첫 조치였다.

북조선임시인민위원회는 민족통일전선에 의거하여 수립된 인민정권으로서 공산당의 영도를 받으면서 반제반봉건민주주의혁명의 일환으로 토지개혁, 중요 산업의 국유화 등 제반 사회경제적 개혁을 실시했다. 1946년 초부터 1946년 말까지 수행된 개혁으로 인해 북한은 제국주의와 봉건세력의 물적 기반을 박탈함으로써 반제반봉건민주주의혁명을 완수하고 사회주의혁명으로 넘어갈 수 있는 전제조건을 마련했다.

반제반봉건민주주의혁명을 마친 북한은 다음 혁명단계인 사회주의혁명에 착수했다. 북한은 먼저 혁명의 무기인 권력을 재편하는 작업에 들어갔다. 그리하여 기존의 인민정권의 틀을 건드리지 않으면서 1946년 말에서 1947년 초에 걸친 선거를 통해 인민정권을 강화시켜 프롤레타리아독재 기능을 수행하는 북조선인민위원회를 발족시켰다. 그러나 북조선인민위원회는 사회주의혁명을 곧바로 추진할 수는 없었다. 그 이유는 당시 북한의 생산력 수준이 저급했고 일제가 파괴하고 간 생산시설의 복구가 시급했으며 주민들의 정치의식은 사회주의혁명을 받아들일 만큼 충분한 준비가 되어 있지 않았기 때문이다. 또한 전술적 측면에서 남북관계를 고려해서도 북한은 사회주의혁명을 급속히 추진하는 것이 바람직하지 않다고 보았다. 이상과 같은 여러 가지 이유들 때문에 북한은 1947년 이후의 시기를 사회주의혁명 예비기로 설정하고 생산관계의 사회주의적 개조를 부분적이고 시험적으로 실시했다. 즉 북한의 사회주의혁명은 일제로부터 장기간 식민지상태에 있었던 내적 요인과 남북관계의 측면에서 나타나는 분단국의 특수한 사정이라는 전국적 차원의 혁명이라는 고려 속에서 수행되었던 것이다.

1947년부터 수행된 북한의 사회주의혁명은 1950년 6월 한국전쟁이 일어나면서 중단되었다. 전쟁이 일어나자 북한은 북한에서의 사회주의혁명을 중단한 채 모든 역량을 전국적 범위에서의 반제반봉건민주주의혁명의 완수에 투입했다. 전쟁 초기 북한은 자기들이 이전에 수행한 바 있는 반제반봉건민주주의혁명의 경험을 살려 남한점령지역에서 사회경제적 개혁을 실시했다. 그러나 전쟁은 남북간의 새로운 경계선인 휴전선만 남긴 채 끝났다. 이후 북한은 본격적인 사회주의혁명을 수행해 1958년에는 생산관계의 사회주의적 개조를 완성했다.

이상의 논의를 통해 필자는 1945년에서 1950년까지 북한이 수행한 인민민주주의혁명과 사회주의혁명을 살펴보았는데 다른 나라들의 혁명과 달리 북한이 혁명을 추진하는 속도와 방법에 영향을 미친 특수한 요인은 외세에 의해 조성된 남북관계라는 결론을 얻을 수 있었다. 그러나 이러한 결론이 소련의 대한반도정책과 미국의 대한반도정책, 남한내 정치세력의 움직임이라는 여러 가지 변수들을 종합적으로 고려해 다양하고 풍부하게 분석되는 가운데 도출되지 못하고 북한의 내부동인과 여타 변수들과의 관계를 몇몇 정치적 사건들을 중심으로 일면적으로만 연결시켜 얻어진 점은 이 글의 한계로 지적될 수 있을 것이다. 필자의 과제이기도 한 동시에 모든 현대사연구자들의 과제이기도 한 이러한 한계의 극복은 특정 지역 중심의 편향된 연구경향을 지양하고 남북한을 거시적이고 통일적인 시각에서 바라봄으로써만이 이루어질 수 있을 것이다.

주

1) 『옳은 노선』(東京: 民衆文化社 出版部, 1946), 30~57쪽. 서북5도 당대회와 북조선분국에 대한 자세한 설명은 『해방전후사의 인식』 5에 실린 김주환의 「서북5도 당대회의 대미인식과 조선공산당 북조선분국의 조직적 위상」을 보라.
2) 『해방 후 조선』, 31쪽. 건국준비위원회의 조직상황과 조직내부 구성에 대해서는 『해방전후사의 인식』 5에 실린 김용복의 글을 참조하라.
3) I.M. 치스차코프, 「제25군의 전투행로」, 소련과학아카데미 편, 『레닌그라드에서 평양까지』(서울: 함성, 1989), 50쪽.
4) 같은 책, 52쪽.
5) *Foreign Relations of United States*(FRUS) 8권(1946), 652~53쪽.
6) Bruce Cummings, *The Origins of the Korean War*(Princeton: Princeton University Press, 1981), 388쪽.
7) 콜코, 「미국의 세계전략과 한국전쟁」, 김주환 편, 『미국의 세계전략과 한국전쟁』(서울: 청사, 1989), 21~22쪽.
8) I.M. 치스차코프, 앞의 글, 57쪽.
9) 이때 확립된 인민위원회의 선거체계와 조직체계는 이후 북한의 정권기관 구성 및 한국전쟁 중 남한 점령지역에서의 인민위원회 선거에서도 그대로 적용되었다. 김주환, 「한국전쟁 중 남한점령지역에서의 인민민주주의혁명」, 김주환 편, 앞의 책, 144~45쪽.
10) 와다 하루키, 「소련의 대북한정책」, 『분단전후의 현대사』(서울: 일월서각, 1983), 267쪽.
11) I.M. 치스차코프, 앞의 글, 58쪽.
12) 선우몽령, 『인민정권의 수립과 그의 공고화를 위한 조선로당의 투쟁』(평양: 조선로동당출판사, 1958), 23~24쪽.
13) I.M. 치스차코프, 앞의 글, 58쪽.
14) 브루스 커밍스, 『한국전쟁의 기원』 하(서울: 청사, 1986), 263쪽.
15) 김남식, 『조선노동당연구』(서울: 국토통일원 조사연구실, 1977), 41쪽.
16) I.M. 치스차코프, 앞의 글, 52쪽.
17) 와다 하루키, 앞의 글, 262쪽.
18) 『조선로동당 주요 외곽단체의 조직 및 활동』(서울: 국토통일원 조사연구실), 192쪽.

19) 같은 책, 192쪽.
20) 같은 책, 327쪽.
21) 같은 책, 387쪽.
22) 같은 책, 433쪽.
23) 「북부조선당 공작의 착오와 결점에 대하여」, 국사편찬위원회, 『북한관계사료집』 I, 12쪽.
24) 『현대조선역사』(평양: 사회과학원 력사연구소, 1983), 182쪽.
25) 브루스 커밍스, 앞의 책, 35~37쪽.
26) 와다 하루키, 앞의 글, 294쪽.
27) 오영진, 「소군정하의 북한」(부산, 1962), 181쪽. 오영진의 설명에 의하면 조만식은 이때부터 사실상의 감금상태에 들어갔다.
28) 『조선중앙년감』 1949년판, 59쪽.
29) 「전조선 동포들에게 격함」, 국사편찬위원회, 앞의 책, 28~29쪽.
30) 「上春宣傳要綱」, 국사편찬위원회, 앞의 책, 34쪽. 이것은 공산당 진남포시 위원회 선전부에서 당원들의 선전용 지침으로 만든 것이다.
31) 같은 글, 34~37쪽.
32) 김남식, 앞의 책, 47~48쪽.
33) 『조선중앙년감』 1949년판, 197쪽.
34) 선우몽령, 앞의 책, 25쪽.
35) 『반일투사연설집』, 5~6쪽.
36) "G-2 Weekly Summary," no. 23, 1946. 2. 19.
37) 『조선중앙년감』 1949년판, 38쪽.
38) 국사편찬위원회, 앞의 책, 54쪽.
39) 김창순, 『북한15년사』(서울: 지문각, 1961), 190~93쪽. 이 책은 해방 후 북한 15년사를 여러 가지 자료와 개인면담을 토대로 하여 집필한 것으로서 북한 연구에 도움을 주지만 냉전적 시각에 의존하고 있다는 점에서 커다란 한계가 있다.
40) 심지연, 「조선신민당 연구」(서강대학교 정치외교학과 박사학위논문, 1987), 53~59쪽.
41) "G-2 Weekly Summary," no. 32, 1946. 4. 24.
42) 선우몽령, 앞의 책, 31쪽.
43) 같은 책, 33쪽.

44) 최근의 연구에 의하면 항일무장투쟁시기 항일유격대와 유격근거지는 1931년 12월 연길현 명월구에서 '동만주 각 현 당 단원 적극분자회의'에서 그 창설방침이 제시되었다. 이에 조선인 공산주의자들은 항일유격근거지 창설에 착수했고 연길유격대(1932년 봄), 화련리유격대(1932. 7), 위 양자가 통합된 연길유격대(1933년 초. 대대장: 박동근, 정치위원: 박길), 화룡유격대(1932. 12. 대장: 장승환, 정치위원: 차용덕), 왕청현유격대(1932. 3. 대장: 김철), 왕청현유격대와 안도유격대가 통합된 왕청유격대(1932. 11. 대대장: 양성룡, 정치위원: 김일성)가 연이어 결성되었다.

유격근거지에서는 처음 중공당의 좌편향적인 '토지혁명과 소비에트정권 수립' 노선이 제기되었으나 이 노선은 1932년 8월에 개최된 '코민테른 집행위원회 12차 회의'(8. 27~9. 15)의 방침에 따라 항일민족통일전선에 근거한 인민혁명정부 수립과 좌경적 토지개혁의 중지의 방향으로 수정되었다. 이에 따라 동만주에서는 인민혁명정부가 구성되었으며 유격근거지에서 인민혁명정부는 그 세력이 1933년 말 최고조에 달해 13개의 유격근거지와 3만여 명의 인구를 포괄하고 있었다. 인민혁명정부는 1935년 초까지 존재하면서 자기의 유격근거지에서 반제·반봉건적 민주개혁을 실시했다.(이종석, 「북한지도집단의 항일무장투쟁의 역사적 경험에 대한 연구」, 성균관대학교 정치외교학과 석사학위논문, 1988, 33~59쪽)

45) 滿洲國 軍政部顧問部, 『滿洲共産匪の硏究』(東京: 極東硏究所出版部會, 1939), 554쪽; 이종석, 앞의 논문, 33쪽에서 재인용.

46) 소비에트정부의 토지개혁정책의 핵심은 지주계급 일반의 청산과 토지의 국유화(경작권만 농민에게 줌)로서 사회주의혁명 단계에서나 시행해야 할 좌편향적인 것이었다.(『滿洲共産匪の硏究』, 82쪽; 이종석, 앞의 글, 108쪽).

47) 『朝鮮農業發達史』(우방협회, 1960)의 부록 4의 표; 손전후, 「우리나라 토지개혁사」 (평양: 과학백과사전출판사, 1983), 46쪽에서 재인용.

48) 손전후, 앞의 책, 64쪽.

49) 이종석, 앞의 글, 49~50쪽.

50) 손전후, 앞의 글, 64쪽.

51) 같은 책, 65쪽; 『滿洲共産匪の硏究』, 91쪽; 이종석, 앞의 글, 108쪽.

52) 손전후, 앞의 책, 66쪽.

53) 같은 책, 66쪽.

54) 『滿洲共産匪の硏究』, 88~89쪽; 이종석, 앞의 글, 107쪽에서 재인용.

55) 반민생단 투쟁은 유격구에 잠입한 친일 조선인들에 대한 투쟁으로 이 과정에서 공산

주의자들 중 좌경맹동주의자들과 분파주의자들이 자기의 반대세력을 무조건 민생단으로 몰아 죽였으며 중국인들은 조선인이면 일단 민생단으로 의심했다. 이로 인해 유격근거지와 공산주의운동은 심대한 타격을 입었다.(이종석, 앞의 글, 54~58쪽)

56) 손전후, 앞의 책, 79~86쪽.
57) 1946년 4월 13일 북조선임시인민위원회 제1차 확대집행위원회에서 있는 「토지개혁 총결보고에 대한 결론요지」라는 발표에서 김일성은 북한의 토지개혁이 남한 농민들로 하여금 같은 개혁을 요구하는 강력한 운동을 불러일으키는 계기가 될 것이라고 말했다.(『조선중앙년감』1949년판, 70쪽)
58) 『조선중앙년감』1949년판, 71쪽;『해방 후의 조선』, 80쪽. 이하 일제하 조선의 농업상태에 대한 설명은『해방 후의 조선』, 81~83쪽에 근거한 것임.
59) "G-2 Weekly Summary", no. 27, 1946. 3. 5.
60) 「북조선 토지개혁에 관한 법령」, 국사편찬위원회,『북한관계사료집』V(서울: 국사편찬위원회, 1987), 230~31쪽;「토지개혁 법령에 관한 세칙」, 국사편찬위원회,『북한관계사료집』V, 233~37쪽.
61) 「북조선토지개혁에 관한 법령」,『북한관계사료집』V, 230쪽.
62) 손전후, 앞의 책, 168쪽.
63) 같은 책, 168쪽.
64) 같은 책, 177쪽.
65) 같은 책, 115~17쪽.
66) 『우리나라 민주주의혁명단계에서의 농촌문제』(평양: 조선로동당출판사, 1977), 14쪽.
67) 농촌위원회는 북한 전역에 1만 1,500개가 조직되어 9만 6,967명을 망라했는데 평안남도 강동군의 경우 150개의 농촌위원회가 구성되어 1,103명을 위원으로 두었는데 이 가운데 고용농이 10명, 소작인이 1,041명, 소작 겸 자작인이 44명, 자작농이 1명이었다. 그리고 1,103명 중 여성 96명이었다.(평안남도 강동군 인민위원회,『토지개혁속보』제2호, 1946. 3. 15;『조선전사』23, 155쪽에서 재인용.)
    평안남도 농촌위원회의 경우 그 구성은 고용농 2퍼센트, 토지 없는 소작인 80퍼센트, 토지 적은 소작인 18퍼센트였다.(『조선전사』23, 155쪽.)
68) 손전후, 앞의 책, 146쪽.
69) 같은 책, 233~35쪽.
70) 김일성,「토지개혁사업의 총결과 금후 과업」, 국사편찬위원회,『북한관계사료집』I, 45~46쪽.

71) 같은 글, 49~51쪽.
72) 『북한관계사료집』 I, 40~41쪽.
73) 『소련군정의 시말』(서울: 대한민국 공보처), 55~56쪽. 미군정당국에 의하면 남하하는 사람들의 주된 이유는 북한당국에 대한 불만과 토지개혁으로 인한 토지와 사유재산의 몰수 때문이었다고 한다.
　　해방 후 남하자에 대해서 중립적 입장을 갖고 관찰한 사람들의 견해도 미군정의 견해와 비슷하다. "북조선 사람들로서 자본가, 지주, 개인주의, 일제진충(日帝盡忠)의 부류가 아닌 사람들은 대개 남조선으로 오지 않는다. 거기서 숨을 죽이고 사는 사람들은 그곳에서 얻음이 있음으로서이다." 김기석 편, 『북조선의 현상과 상래』(서울: 조선경제연구소, 1947), 145쪽.
74) 유인호, 「해방 후 농지개혁의 전개과정과 그 성격」, 『해방전후사의 인식』)서울: 한길사, 1980), 385쪽.
75) 김일성, 앞의 글, 51~54쪽.
76) 『조선년감』 1947년판(서울: 조선통신사, 1947), 160쪽; 김기석 편, 앞의 책, 151~53쪽.
77) 『조선중앙년감』 1949년판, 74쪽.
78) 『조선전사』 23, 172쪽; 『조선통사』 하, 310쪽.
79) 『조선통사』 하, 311쪽.
80) 『해방 후의 조선』 97쪽.
81) 같은 책, 97쪽.
82) 『북한관계사료집』 V, 685~88쪽.
83) 『북한관계사료집』 I, 60쪽.
84) 김남식, 앞의 책, 103쪽.
85) 같은 책, 105쪽.
86) 같은 책, 113~14쪽.
87) 『조선해방1년사』(서울: 문우인서관, 1946), 456쪽; 김남식, 앞의 책, 116쪽에서 재인용.
88) 『조선해방1년사』, 457쪽; 김남식, 앞의 책, 115쪽에서 재인용.
89) 「북조선로동당 창립대회 회의록」, 『북한관계사료집』 I, 114~17쪽.
90) 「북한관계사료집」 I, 163~64쪽.
91) 「면·군·시·도 인민위원회선거에 대한 북조선임시인민위원회 제2차 확대집행 위원

회 결정서」, 『북한관계사료집』 V, 26쪽.
92) 「북조선 면·리(동) 인민위원회 선거에 관한 규정의 건」, 앞의 책, 86쪽.
93) 『조선전사』 24, 26쪽.
94) 『북한관계사료』 V, 147~48쪽.
95) 콜코, 앞의 글, 43쪽.
96) 김남식, 앞의 책, 253~75쪽.
97) 같은 책, 279~370쪽.
98) 『조선전사』 24, 287쪽.
99) 1947년도의 경제계획은 ① 파괴된 시설의 보수와 생산량의 배가, ② 노동생산성의 48퍼센트 제고, ③ 석탄생산량의 22퍼센트 증가, ④ 운수시설 정비, ⑤ 농업생산력 증가로 주민의 생산필수품 공급 확대, ⑥ 개인 자본을 산업회사 등에 흡수하여 개인기업의 창의성을 발전시키는 것이었다. 1948년도의 경제계획은 1947년도에 이룩한 성과를 토대로 북한산업의 편파성 타파와 각종 생산품의 증산을 기본방향으로 했다.(『북한경제론』(서울: 북한연구소, 1979), 191, 203쪽.
100) 이 2개년계획의 기본방향은 ① 기간산업의 확충, ② 원료채취 증가, ③ 농업지원 강화를 통한 농업생산력의 증가, ④ 교육·의료시설 확충이었다. 그러나 이 2개년 경제계획은 한국전쟁으로 중단되었다.(같은 책, 199~202쪽.)
101) 『조선전서』 24, 295쪽.
102) 같은 책, 300쪽.
103) 같은 책, 313~14쪽.
104) 김남식, 「북한의 공산화과정과 계급노선」, 『북한 공산화과정 연구』(서울; 고대 아세아문제연구소, 1979), 109쪽.
105) 『조선전사』 24, 320~23쪽.

4

해방 직후 소련의 대북한정책 | 박재권
반제반봉건민주주의혁명기의 여성정책 | 박현선
해방 직후 민주건설기의 북한문학 | 임진영

해방 직후 소련의 대북한정책

박재권

1. 머리말

이 글은 일제로부터 해방된 이후 북한에 최초의 인민정권인 북조선임시인민위원회가 수립될 때까지의 소련의 대북한정책에 관한 연구이다. 좀더 구체적으로 살펴보면 당시에 소련은 북한에 대해 어떠한 정책적 이해관계를 가지고 있었으며, 이는 어떤 메커니즘을 통해 어떻게 실현되어나갔는가, 한국의 분단과 관련해서는 어떤 의미를 지니며, 당시에 제기되었던 대내적 변혁의 요구와는 어떤 연관을 맺고 있었는가 하는 것이 이 글에서 밝히고자 하는 내용이다.

이 글의 주제와 관련한 기존 논의는 분단의 원인이 어디에 있는가라는 차원에서 이루어져왔다. 따라서 이런 논의는 자연히 일제의 항복으로 야기된 한국에서의 힘의 공백상태를 메우면서 진주한 미국과 소련의 압도적인 영향력에 착안하게 되었고, 따라서 논의가 냉전의 기원에 대한 논의와 밀접한 관련을 맺고서 진행되어왔다. 냉전의 기원에 대한 논의는 대체로 전통주의·수정주의·현실주의라는 세 가지 견해로 분류되며,[1] 이는 내용으로는 소련 책임설, 미국 책임설, 미·소 공동책임설로 부를 수 있다. 한국의 분단과 관련해 이들의 입장을 살펴보면 다음과 같다.

첫째로, 전통주의 시각이다. 이는 주로 초기의 연구들에서 찾아볼 수 있으며, 그 내용은 분단의 책임이 북한에 위성국가, 괴뢰정권을 수립하려 했던 소련에 있다는 것이다. 비교론적인 시각에서 북한의 공산화를 연구하는 논자들은 동유럽에서의 경험을 토대로 해 수립된 세톤-와슨(Seton-Watson)의 3단계 연립모델2)을 북한에 도식적으로 적용하여 시기구분을 하고 있는데,3) 이는 북한과 동유럽의 차이, 해방 직후 한반도 내부의 역동적인 상황과 변혁의 요구들을 무시하고 현상적인 유사성만을 강조하는 한계를 지니고 있다.4) 이러한 전통주의 시각은 그동안 많은 비판을 받아왔지만 아직도 광범한 영향력을 행사하고 있는 것이 사실이다.

둘째로, 수정주의 계열의 시각이다. 브루스 커밍스의 『한국전쟁의 기원』5)에 의해 대표되는 이 시각은 분단은 기본적으로 미국과 남한의 정치세력들에게 책임이 있으며, 소련과 북한의 정책은 이에 대한 방어적 대응이었다는 주장이다. 이들은 전통주의 시각이 '밖'의 요인만을 지나치게 강조하고 있음에 비해, '안'의 요소를 지나치게 강조하고 있다는 한계를 지니고 있다. 그리고 소련의 대북한정책, 소련과 북한간 관계의 구체적인 메커니즘에 대해서는 심층적인 분석을 하지 못하면서도 이와 관련하여 대단히 강한 주장과 평가를 제시하고 있고, 사료해석에서도 문제를 지니고 있다. 이는 그의 연구가 전통주의 시각에 대한 비판에 주안점을 둔 데서 기인되는 한계로 보인다.

셋째로, 현실주의 시각이다. 분단은 38도선을 경계로 분할 진주한 미·소의 이해의 충돌에서 빚어졌고, 분단의 책임은 기본적으로 미국과 소련 모두에게 있다는 것이다.6) 이러한 주장은 상당히 균형잡힌 시각으로 보이지만 실제적으로는 전통주의에서 약간 수정된 견해에 불과하며,7) 모두가 마찬가지라는 안이한 결론에 도달할 가능성이 농후하다.

기존의 논의는 수정주의 시각을 포함하여 대부분 냉전적 사고에서 탈피하지 못하고 있으며, 또한 심층적인 분석이 이루어지지 않음으로써 각 입장간의 진지한 대화와 내용적인 비판이 이루어지지 못하고 있다. 이러한 한계는 분단의 원인에 초점을 두고 소련의 대북한정책이 논의될 경우에

되풀이하기 쉬운 오류이다. 그 이유는 그럴 경우 냉전과 분단이라는 결과를 미리 가지고서 출발할 가능성이 높기 때문이다. 이에 필자는 당시의 구체적인 역사과정 속에서 '안'과 '밖'을 동시에 고려하고[8] 이들간의 상호작용을 규명함으로써 기존 논의의 한계를 극복하고자 한다. 여기서 '안'이라 함은 해방 직후 한국의 정치적·경제적인 상황, 좀 더 구체적으로는 식민지 반(半)봉건사회에서 제기되는 반제반봉건(反帝反封建) 민주변혁의 요구와, 이를 수렴하여 해소해야 했던 당시 정치세력들의 구성과 노선, 세력의 변화 등을 말한다. 그리고 '밖'은 소련의 대북한정책 목표와 수행메커니즘을 말하며, 소련의 대북한정책을 이들 '안'과 '밖'의 상호작용 속에서 분석되고 파악돼야 하는 것이다. 이 글은 기본적으로 '밖'의 요인을 분석하는 것이 주목적이지만 '안'과의 상호작용에 중점을 두고 논의를 전개시키려 한다.

일반적으로 북한의 인민민주주의혁명 시기는 1945년 8월부터 프롤레타리아독재정권인 북조선인민위원회가 수립되어 인민회의·북조선노동당·국가기구 등 국가조직이 갖추어지는 1947년 2월까지를 지칭한다. 그러나 소련의 대북한정책이라는 측면에서는 1946년 초에 모스크바3상회의 결정 지지문제로 국내세력이 재편되고 미소공위가 결렬되는 것이 중요한 의미를 지닌다. 따라서 여기서는 해방 이후부터 1946년 초까지의 기간을 중점적으로 살펴보고자 한다. 여기에 덧붙여서 한국에 대한 소련의 이해관계, 장래 북한 지도자와 소련과의 관계를 살펴보기 위하여 1943년부터 1945년 8월까지의 전시회담과 소련의 대일 참전과정을 함께 살펴보고자 한다. 그리고 남한과 북한에 별개의 정권이 수립되는 1948년 8, 9월까지는 '남한'과 '북한'을 구분하여 사용하는 것이 무리가 있지만, 실제로 당시 소련의 정책구도가 실현되었던 것은 북한지역이었으므로 이 글에서는 한국의 전체 상황을 염두에 두면서 북한지역에 대한 정책을 중심으로 논의를 전개하고자 한다.

이 글은 이론적인 작업이기보다는 해방을 전후한 시기의 소련의 대북한정책에 대한 실증적인 작업이다. 따라서 주제와 관련된 당시의 역사적 사실을 밝히고, 이를 정리하는 데에 1차적인 관심을 두었다. 그러나 순간순간 떨어져서 발생하는 역사적 사실은 스스로 의미를 말해주지 않으며, 사건간에 저절로 논리적인 상호 관련성을 갖는 것도 아니다. 따라서 역사적 사실의 의미를 발견하고 논리적인 상호 관련성을 밝히는 것은 필자의 책임이 될 것이다.[9] 여기에서 역사적 사실의 확인을 위한 자료의 확보가 중요한 문제로 제기되는데, 이 점에서 소련의 대북한정책에 대한 연구는 아직도 커다란 어려움을 안고 있다. 해방을 전후한 시기의 소련의 대북한정책에 관련된 비밀문서들이 아직 공개되지 않고 있으며 부분적으로 소련 측의 필요에 의해서 공개되는 자료가 고작인 것이다. 따라서 이 문제에 대한 완벽한 논의를 하기 위해서는 기약 할 수 없는 기간을 더 기다려야 하겠지만, 최근에 공개 발굴되는 자료들을 토대로 불완전하지만 어느 정도까지의 논의는 가능하다고 본다. 이 글에서 이용하는 1차자료는 소련 쪽 자료와 미군정 정보보고서, 미의회도서관에 보관되어 있는 한국전쟁 당시에 노획한 북한 쪽 자료, 남한과 일본 등에서 편집되어 출간된 자료집들, 회고록과 증언들이며, 북한 쪽 저서와 논문들도 함께 검토했다. 이 밖에 2차적인 저서와 논문들은 대단히 많으며, 이들로부터 당시의 전반적인 상황과 기존 연구의 수준을 파악하는 데에 도움을 받았다. 하지만 기존 연구에서는 많은 역사적 사실의 파악과 평가에서 오류와 이견이 존재하며, 이것들은 논의 과정 속에서 지적했다.

2. 스탈린의 대외정책

1) 대외정책의 결정요인

"소련의 대외정책은 불가사의한 신비 속에 싸여 있는 수수께끼"[10]라고 한 처칠의 말과 같이, 소련의 대외정책 결정요인은 그동안 많은 학자들에 의해서 연구되어왔으나 알아내기가 상대적으로 어려웠고,[11] 학자들간에도 다양한 이견이 존재해왔다. 하지만 대부분의 학자들은 대외정책을 결정하는 요인[12])으로 마르크스-레닌주의와 프롤레타리아 국제주의라는 이데올로기적인 요소와 러시아의 전통적인 국가이익을 들고 있다. 다만 여기서 문제가 되는 것은 양자간의 관계 및 이들 가운데에 어느 것이 소련 대외정책의 결정 및 수행과정에 보다 강력한 요인으로 작용하고 있는가 하는 것이다.

이와 관련하여 샤프(Sharp)와 같은 학자는 소련의 대외정책을 포함한 일체의 정책형성과정에 있어서 이데올로기의 역할을 중요시하지 않는다. 공산주의 이념이 지향하는 궁극적인 목표가 정책결정에 작용하고 행동의 지침으로 작용하고 있다는 일반적인 견해를 부인하는 대신에, 국가이익에 관한 고려가 소련의 대외정책 결정과정에서 핵심적인 요소라고 보는 것이다.[13] 다니엘스(Daniels) 역시 이데올로기가 거의 중요한 요인이 되지 못하며, 단지 대외정책의 사후 정당화의 기능만을 한다고 보았다.[14] 해머(Hammer)도 같은 입장에 서 있으며, 그는 국가이익이 세계혁명이라는 이데올로기보다 언제나 선행한다는 증거로 소련의 대외정책에서 가장 중요했던 레닌·스탈린·흐루시초프·브레즈네프에 의한 4개의 결정, 즉 ① 1918년 독일과의 전쟁 종결, ② 히틀러와의 조약 체결, ③ 쿠바 미사일위기시의 후퇴, ④ 체코슬로바키아 침공을 들고 있다.[15]

이에 반해 헌트(Hunt)는 이데올로기와 이데올로기 이외의 요인의 비중을 거의 같게 보고 있고,[16] 포트(Forte)도 소비에트 이데올로기는 소련의 대외정책과 긴밀한 관계를 가지고 있는 것으로서 기본적으로 민족주의적인 계획을 옹호하는 단순한 철학적 합리화가 아니라고 보고 있다.[17]

실제로 소련 대외정책의 결정 및 수행과정에서 이데올로기는 따로 떨어진 별개의 것이 아니라 불가분의 관계를 이루면서 상호보완적으로 작용해온 것이 사실이었다.[18] 다시 말하면 소련의 대외정책에서 이데올로기는 소극적으로는 국가이익의 합리화의 기능을 수행하며 적극적으로는 국가이익을 위한 동기유발의 기능을 갖고 있는 것이다. 따라서 소련의 대외정책에 대한 올바른 파악을 위해서는 이데올로기적 측면과 국가이익 측면을 동시에 고찰하고, 이에 기초하여 대외정책결정이 어떻게 이루어졌는지 살펴볼 필요가 있는 것이다.

2) 대외정책의 기조

스탈린의 정책을 제2차 세계대전을 기점으로 하여 양분할 때, 1920년대에는 권력 계승을 위한 투쟁 및 경제건설, 1930년대에는 공업화·집단농장화·대숙청 등의 국내문제에 우선적인 관심을 두었다고 한다면, 제2차 세계대전 발발 이후 그가 사망할 때까지는 대외정책에 압도적으로 관심을 두었다. 그러나 대외정책에 관련한 이론적인 공헌은 대외정책이 중시된 후기가 아니라 전기에 주로 이루어졌다.[19]

따라서 이 글과 밀접한 관련을 맺고 있는 태평양전쟁 발발 이후 소련의 대외정책을 파악하기 위해서는 상호 유기적인 관련을 맺고 있는 1국사회주의론, 전쟁불가피론과 평화공존의 문제, 양대 진영론을 검토할 필요가 있으며, 여기서 우리는 소련의 대외정책 기조인 세계 사회주의 혁명과 '사회주의 조국'인 소련의 방위가 어떤 방식으로 결합되어 전개 되었는지를 파악할 수 있다.[20]

(1) 1국사회주의론

1국사회주의론은 레닌 이후 논쟁의 대상이던 소련과 비공산세계와의 관계에 대한 스탈린의 중요한 이론적 공헌인 동시에, 트로츠키와의 권력투쟁을 배경으로 하는 이론대결에서의 승리였다. 스탈린의 대부분의 이론적 논의가 그러했듯이 1국사회주의론도 스탈린의 독창적인 개념이 아니라 그 발상은 레닌에게로 소급된다. 레닌은 1915년 8월에 사회주의와 세계연합국가를 동일시하면서 정치·경제적 발전의 불균등은 자본주의의 절대법칙이라고했다. 그리고 이 때문에 사회주의로의 이행은 하나 또는 몇몇 나라에서부터 점차적으로 이루어질 수 있지만 사회주의의 궁극적 승리는 세계적 규모에서 전 세계 노동자들의 공동노력을 통해서만 가능하다고 주장함으로써 볼셰비키혁명 초기까지는 혁명적 국제주의의 입장을 견지했다.[21]

그러나 신생 소비에트국가는 대부분의 국가들로부터 승인을 받지 못해 국제사회에서 고립되었고, 1918년 브레스트 리토프스크 조약의 수락, 뒤이은 서방국가들의 군사적 간섭과 1920년에는 적백군(赤白軍)간의 내전을 경험했다. 그리고 기대했던 서구에서의 혁명이 쉽게 실현되지 않자,[22] 1921년 이후로는 마르크스-레닌주의 이데올로기에 의한 세계혁명노선은 주춤하게 되고 소련의 혁명을 어떻게 지키느냐 하는 것이 보다 중요하게 되었다. 이러한 배경하에 레닌은 1923년 1월에 러시아에서 완전한 사회주의사회의 건설이 불가능하다는 당시까지의 비교적 일관되었던 견해와는 상반되는 견해를 처음으로 표명했다. 즉 그는 1923년 1월 4일, 「협력에 대하여」라는 논문에서 대규모 생산수단에 대한 국가의 지배권, 프롤레타리아트가 장악하는 국가권력, 프롤레타리아트와 농민간의 제휴 및 프롤레타리아에 의한 농민의 지도 등이 완전한 사회주의 건설은 아니지만 그 건설을 위해 필요하고도 충분한(necessary and sufficient) 모든 것이라고 밝혔다.[23] 그리고 1923년 1월 16일에는 「우리의 혁명에 대하여」라는 논문에서 서유럽 국가들의 발전방식을 따르지 않고도 러시아 자체의 발전 능력으로 사회주의사회를 건설할 수 있다는 낙관적인 믿음을 표명했다.[24]

스탈린은 1924년 12월에 레닌의 논문 「협력에 대하여」를 인용하기 시작했으며, 레닌이 주장한 자본주의의 불균등발전법칙에 의거하여 소련에 완전한 사회주의 건설 가능성이 존재한다고 주장했다.[25] 1925년 5월 러시아공산당 14차 회의는 이러한 가능성을 언명한 결의안을 채택했으며,[26] 1925년 6월에 스탈린은 소련이 이에 필요한 모든 것을 오래전부터 소유하고 있었다고 공표함으로써[27] 1국사회주의론을 정착시켰다. 1936년에는 스탈린헌법을 제정하여 소련이 사회주의의 완전한 승리에 도달했다고 선언했고, 1939년 3월 제18차 당대회에서는 공산주의로의 이행에 관련하여 두 가지의 새로운 내용을 발표했다. 그 중 하나는 공산주의가 적어도 그 본질적인 특성면에서는 1국에서 달성될 수 있으며, 이를 위해서는 경제적으로 서구 자본주의 국가에 필적하거나 그들을 능가하는 것이 필요하다는 것이었다. 다른 하나는 국가소멸론이 조건부로 타당하며 공산주의로의 이행기에조차도 자본주의의 포위와 외부로부터의 군사적 공격의 위협이 해소되지 않는 한 국가는 소멸하지 않는다는 것이었다.[28] 그럼으로써 그는 마르크스나 레닌의 국가소멸론에 중대한 수정을 가했다.

이처럼 스탈린의 1국사회주의론은 혁명 직후의 불리한 국제정치적 상황에서 소련의 안보를 확보하고 국력을 강화하기 위한 현실적 필요에서, 코민테른 3차 대회 이래의 레닌의 공존적 정책을 배경으로 등장했던 것으로, 소련은 혁명적 국제주의를 상당한 부분 유보하고 국내의 공업화에 집중했다.

(2) 전쟁 불가피론과 평화공존

그러면 정책의 기조로서 1국사회주이론을 정립한 스탈린은 자본주의 국가와의 전쟁불가피성 또는 평화공존에 대해서는 어떤 생각을 갖고 있었는가? 레닌은 제국주의가 존재하는 한 양체제간의 충돌은 불가피하지만 일시적인 정치적 균형상태로 전쟁이 유예된 상태에서 소련의 대외 정책은 자본주의의 모순을 이용하는 것을 근간으로 하며 이러한 맥락에서 자본주의 일부 국가와의 무역 재개가 필요하다는 입장을 갖고 있었다.[29]

스탈린은 1924년 4월에 「레닌주의의 기초」에서 레닌을 인용하여 전쟁의 유보 가능성을 언급하고, 유럽에서 프롤레타리아혁명이 성숙할 때까지, 식민지에서 혁명이 무르익을 때까지, 또는 자본주의 국가들이 식민지의 분할을 놓고 분쟁을 일으킬 때까지 소련의 건설을 위해서는 자본주의 국가와 평화적 관계를 유지하는 것이 의무적 과제라고 했다.[30]

그리고 1925년 12월의 14차 당대회에서는 소련과 자본주의 국가들간에 일시적인 세력의 평형상태, 즉 평화공존시대를 결정지은 균형상태가 확립되었다고 함으로써 전쟁 뒤의 짧은 휴식에 불과한 것으로 간주되던 것이 장기적인 것으로 되었음을 선언했다.[31]

그러나 기대를 걸고 지원했던 중국혁명이 1927년 4월 장제스의 쿠데타로 커다란 타격을 입고 트로츠키와의 권력투쟁에서 불리한 입장에 놓이게 되자, 스탈린은 1927년 12월 15차 당대회에서 평화공존의 시대가 지나고 소련에 대한 제국주의의 개입준비 및 공격의 시대가 도래하고 있고 자본주의 국가간의 제국주의적 식민지 경쟁으로 갈등이 격화되었음을 강조했다. 그러면서, 전쟁을 유보하고 자본주의 국가들과의 평화적 관계에 유지하기 위한 조처를 강구하는 것이 과제라고 함으로써,[32] 제국주의에 의해 파괴된 균형상태를 회복해야 한다는 의미의 정책을 제시했다.

이러한 스탈린의 명제는 1928년 7월 코민테른 6차 대회의 주제가 되었으며, 이 대회는 공격적 좌파정책을 취하게 된다. 이 대회는 "1924년 6~7월 5차 대회 이래의 국제정치상황의 변화는 자본주의 모순의 심화, 소련의 정치·경제력의 강화, 식민지·반식민지(특히 중국)에서의 민족혁명 운동의 급속한 신장, 자본주의 국가내에서의 부르주아와 프롤레타리아간의 계급투쟁의 강화"로 특징지을 수 있으며 양진영간의 대립이 주요한 모순으로 강력히 증대하고 있다고 배경을 설명했다. 그런 뒤에, 전쟁은 자본주의와 불가분의 관계에 있으며 전쟁을 제거하는 유일한 방법은 폭력에 의해 자본주의를 제거하는 것이라고 하는 한편, 프롤레타리아의 조국인 소련의 방위를 규정했다.[33]

그러나 1국사회주의에 입각하여 공업화정책을 추진하고 있던 스탈린은 코민테른의 좌파정책 고무와는 달리 신중한 외교정책을 전개했고, 일시적인 좌파정책의 표방은 국내 권력투쟁에 있어서 부하린의 우파를 제거하기 위한 명분이기도 했다. 1928년 8월 27일에 켈로그-브리앙조약에 가입하고 리트비노프 의정서에 서명함으로써 평화적 외교정책을 지속했으며, 1930년 6월에 스탈린은 16차 당대회에서 1939년까지 소련 외교정책의 기조가 되었던 발언을 하고 있다. "이러한 (불가침 및 무역관계 강화) 정책을 추구한 결과 우리는 전쟁광들의 도발적 행위와 모험적 공격에도 불구하고 적의 분쟁에 연루되지 않고 평화를 유지했다. 우리는 장래에 이러한 평화정책을 전력을 다해 추구할 것이다."[34] 1933년 히틀러의 등장 이래 파시즘이 소련의 안보에 대한 심각한 위협이 됨에 따라 스탈린은 자본주의 국가들과의 집단안보를 추구했고, 1934년 9월에 프롤레타리아혁명의 억압을 위한 부르주아지의 신성동맹이라고 비난해왔던 국제연맹에 가입했다. 리트비노프는 가입연설에서 다른 사회·정치질서를 갖고 있는 국가들간에도 '상호 적대감이 없고 공동의 목적을 수행하기 위해서라면' 같이 연대를 맺는 것이 가능하다고 말했다.[35] 1935년 5월에는 프랑스와 상호원조조약을 체결했고, 그로부터 2주일 후에는 체코슬로바키아와도 비슷한 내용의 조약을 맺었다.

소련이 의도한 것은 가상 적국인 독일을 포함하는 집단안전보장체제의 확립이었으며, 소련은 독일을 집단안보 속에 넣음으로써 침략을 미리 막으려 했다. 이 계획이 실패하자 소련은 영국·프랑스와 협력하여 독일의 침략을 저지시키려고 했다. 그러나 영국과 프랑스는 소련과 협력하는 것보다는 독일을 유화하는 쪽을 택했고, 1938년 9월 뮌헨회담에서 독일의 요구를 받아들여 독일을 동쪽으로 향하게 함으로써, 소련은 단독으로 독일의 위협에 직면하게 되었다.

이에 스탈린은 1939년 5월, 외무위원에 리트비노프 대신 몰로토프를 임명하고 독일과의 협상을 진지하게 시작하여 그 해 8월에는 독·소 불가침조약을 조인했다.[36] 몰로토프 외상은 "이 조약이 소련의 이익을 충족시켜 주므로……우리의 평화공존원칙과 일치한다"[37]고 했다. 1939년 9월 1일에 독일군이 폴란드에 침입하여 제2차 세계대전이 발발하자 소련군도 17일에 폴란드에 들어가 독일과 함께 점령·분할했고, 같은 해 11월에는 핀란드를 공격하여 1940년에 일련의 지역을 획득했다. 또 발틱3국의 병합을 1940년까지 완료하고 루마니아의 일부를 할양받았다. 1941년에는 일본과 불가침조약을 조인하여, 같은 해 6월에 있은 독일군의 소련 침공시에 동서양전선에서 싸우는 전략상의 취약점을 모면하게 되었다.

결국 1930년대 스탈린의 외교정책은 자본주의 국가와의 불가피한 전쟁이 일시적 균형으로 유예된 상태에서 자본주의 국가간의 제국주의적 모순을 이용하여 자본주의를 약화시키고 소련을 강화시키는 레닌의 공존적 국제정치관이 투영된 평화공존의 정책이었으며, 한편으로 국가이익에 따라 동맹을 교체하는 전형적인 세력균형정책이기도 했다.

(3) 양대 진영론

1국사회주의론이 소련의 국내적인 건설에 초점을 맞추고 있음에 반하여, 양대 진영론은 제국주의론을 발전시킨 것으로서 세계사회주의혁명과도 밀접히 관련되어 있다.

스탈린은 1919년 2월에 "세계는 사회주의진영과 제국주의진영으로 분리되어 있으며, 양자간의 투쟁은 현시대의 축을 형성한다"[38]고 함으로써 소련의 국제정치관에 결정적인 영향을 준 양대 진영론을 피력한 후, 1924년 12월에는 양진영간의 투쟁의 맥락에서 세계혁명이 전개되며 혁명은 제국주의의 약한 고리에서 발생한다고 했다.[39] 그는 제국주의 국가에서의 혁명과 식민지·반(半)식민지국가에서의 혁명을 엄격히 구분하고, 제국주의 국가에 의해 잉여가치의 착취가 이루어지고 있는 상태하에서는 후자가 한결 가능성이 높다고 정식화했다. 그 이유는 제국주의 국가의 피지배계급은 국내적으로는 착취되면서도 국제적으로는 식민지로부터의 착취의 부분적 수혜자로 전환되기 때문에 혁명적 정열이 약화된 반면, 식민지국가에서는 동일한 이유로 해서 극소수의 특정 지배집단을 제외하고는 민족 부르주아지도 일정 단계에 일정 기간 동안 제국주의에 반대해 자국의 혁명운동을 지지할 수 있기 때문이다. 따라서 그는 식민지국가에서 부르주아지와의 잠정적 합의는 식민지혁명의 일정 단계에서 가능할 뿐만 아니라 실제로 필요하다는 견해를 밝혔다.[40] 이러한 협력은 1935년 코민테른 7차 대회에서 반(反)파시즘 인민전선노선을 채택함으로써 보다 확대되었다. 이것은 해방 직후 북한과 동구에서의 사태전개와 관련하여 중요한 의미를 지니는 것이었다.

또한 1928년 6차 대회에서 채택된 코민테른 강령은 식민지·반식민지 국가들에 대해 프롤레타리아독재 이전단계에 부르주아 민주주의단계를 설정하고 우선적으로 수행돼야 할 정치적·경제적 과제를 제시했다. 그 중 정치적 과제는 ① 외국 제국주의, 봉건영주, 지주관료에 의한 지배의 전복, ② 소비에트제도에 기초한 노동자·농민의 민주주의적 독재의 확립, ③ 완전한 민족적 독립과 국가적 일체성의 확보, ④ 혁명적 노동자·농민의 군대 조직이었고, 경제적 과제는 ⑤ 국가채무의 취소, ⑥ 제국주의자가 소유하는 대기업(공업·수송·은행 등)의 국유화, ⑦ 대지주·교회·수도원 등의 토지몰수와 전국토의 국유화, ⑧ 8시간노동제의 실시였다. 이때 프롤레타리아가 운동의 헤게모니를 잡고 프롤레타리아혁명으로 발전시키는 것이 본질적으로 중요했다.[41]

그러면 소련과 여타 지역의 공산주의자들과의 관계는 어떠했는가? 스탈린은 소련이 모든 공산주의자의 표본임을 강조하고 이론과 실천에서 소련의 지침에 따를 것을 요구했으며, 세계혁명의 기지로서의 소련의 이익을 1차적으로 중시하는 것을 모든 공산주의자의 의무로 규정했다.[42] 이와 관련하여 1928년 9월 코민테른 제6차 대회에서 채택된 코민테른 강령은 다음과 같이 규정했다.

> 약진하는 새로운 문화국가로서 소련은 모든 피억압계급이 벌이는 세계노동운동의 기지, 세계혁명의 중심지로서 세계 역사상 가장 중요한 요인이 되지 않을 수 없다…. 소련은 프롤레타리아의 진정한 조국, 그들의 모든 성과의 가장 강력한 축, 그리고 세계에서 그들을 해방시키는 주된 요인이다. 이러한 사실은 소련에서의 사회주의 건설의 성공을 촉진시키는 것과, 온갖 수단을 다하여 프롤레타리아 독재국가에 대한 자본주의 열강의 공격을 방위하는 것을 국제프롤레타리아트의 의무로서 요구케 한다.[43]

> 사회주의 소비에트 공화국연방은 지구상의 모든 인민들 사이에 확립될 형제적 관계의 모델로서, 그리고 세계 프롤레타리아가 국가권력을 장악한 후에 수립하여야 할 단일한 세계 사회주의 경제로 모든 나라 근로인민의 경제를 통일시키는 모델로 되어 있다.[44]

이처럼 양대 진영론에 기초한 스탈린의 세계 사회주의혁명관은 소련의 주도적인 역할을 강조하는 것을 특징으로 하는데, 이는 국가를 단위로 하는 블록개념이어서 국가단위로 조직되지 못한 정치·사회세력은 무시되거나[45] 소련 외교정책에 종속될 수밖에 없는 획일주의를 내포하고 있었다.[46] 즉 이것은 소련 공산당과 여타 공산당들과의 관계가 불평등했음[47]과 아울러, 국제공산주의운동의 기지인 소련의 안보가 위협을 받는 경우 소련 외부의 공산주의운동의 이익은 무시될 수 있었음[48]을 의미하는 것이다.

3) 대외정책 결정과정

스탈린시대는 정책결정에서 스탈린의 역할이 어떠했느냐에 따라서 두 시기로 나눌 수 있다. 전기(前期)는 1920년대 말까지의 기간으로, 당의 기관들이 정책을 결정하는 데에서 중심적인 역할을 수행했다. 그러나 1930년대가 되면서 이전의 당의 역할은 스탈린 1인에 의해서 대체되었다.[49] 1936~37년 이후 그가 사망할 때까지의 기간은 일반적으로 알려진 스탈린 체제의 특징이 강화되었던 시기로 정책의 목적과 수행방법은 전적으로 그의 소관이었으며, 다른 당관료들은 자기들에게 부과된 과업에만 전념하여 전체적인 문제들에 대해서는 냉담했다. 정책의 변화를 제안하는 것은 스탈린이 수립한 현재의 정책을 비판하는 것을 의미했으므로 스탈린의 정책노선을 추종하는 것이 자기들의 이익에도 부합하는 것이었다.[50] 따라서 정책결정과 관련한 자유로운 토론이 있을 수 없었으며, 정책의 결정과 수행은 스탈린을 정점으로 하는 수직적·하강적인 구조를 통해서 이루어졌다. 따라서 이 시기의 정책결정방식은 스탈린에 대한 의존도가 높은, 따라서 스탈린의 개입에 의해서 의사결정과 집행이 변화하는 중앙집중식이었다고 할 수 있다.[51]

그러나 그렇다고 하여 모든 정책결정을 그가 독단적으로 행했던 것은 아니다. 그는 여러 채널을 통해서 들어오는 정보를 토대로 하여 한 명이나 소수의 정치국원들과 만나서 정책을 결정했다.[52] 물론 공식적인 정책결정기관으로 정치국과 서기국이 있어서 매우 자주 정기적인 모임을 가졌지만 이들은 단지 정책결정에서 자문기관의 역할만을 수행했다. 더구나 이들

조직은 특별한 과업을 담당하는 3, 4명 정도의 위원회들로 나뉘어 위원회별로 스탈린에게 보고를 했기 때문에 정책결정에서 집단적인 힘을 발휘할 수 없었다.[53] 그리고 이렇게 하여 정책이 일단 결정되면, 정책의 중요한 변화나 정책의 수행과정에서 제기되는 결점의 수정은 다시 중앙당국에 의해서만 이루어질 수 있었다.

스탈린체제의 이러한 특징은 많은 문제점을 내포하고 있는 것이 사실이지만 대회정책분야에서는 긍정적인 기능을 한 것도 적지 않다. 첫째로, 1930, 40년대는 국내외적으로 위기와 긴장이 한껏 고조되었던 시기로, 스탈린체제는 이 복잡다단한 문제들을 신속하고 간단하게 처리할 수 있었다.[54] 둘째로, 수립된 정책을 비교적 일관성 있게 시행할 수 있었다. 즉 이것은 2차 대전을 전후한 시기에 소련이 대외정책분야에서 연합국과 합의한 사항에 충실할 수 있었던 원인이 되었다.[55] 셋째로, 연합국과의 대외협상이 스탈린을 중심으로 하여 엄격하게 통제되면서 전개됨으로써 소련의 국익 실현에 좀 더 철저할 수 있었다. 김홍철 교수는 여론을 중시하는 '부르주아 외교패턴'과는 달리 '사회주의 외교'는 상대적으로 외교 교섭 당사자가 그때그때의 지위에 상응하는 최종적인 정책 결정을 신속하게 내릴 수 있는 장점을 지녔다고 했는데,[56] 스탈린시대에는 교섭 당사자가 자신의 지위에 상응하는 최종적인 정책결정권을 가지지 못했다는 점[57]에서 김교수의 설명과 약간의 차이를 보였던 것이다.

소련의 대외정책결정 및 협상에서 보이는 위의 특징들은 이 글에서 문제삼고 있던 소련의 대북한정책과 관련하여 대단히 중요한 시사점을 던져 준다. 소련 점령당국에게 실질적으로 협상의 권한이 있었는가? 소련은 미국 측의 협상제의에 어떻게 대응했으며, 이후에 협상은 어떻게 진행되어 나갔는가? 만일 소련 측이 협상의 개최를 지연시켰다면 그것은 무엇 때문이었을까? 대일전 과정에서 미·소간 작전경계선의 준수, 38선 제의의 수용, 모스크바3상회의 결정의 엄격한 시행 입장의 고수 등은 어떻게 바라보아야 하는가? 이러한 의문들에 대한 해답은 일정한 정도 위의 특징들에서 찾을 수 있으며, 이는 다음에서 구체적으로 규명될 것이다.

3. 해방 이전의 대한정책

한국이 일본의 식민지배를 받고 있는 동안에 소련은 한국에 대해서 특별한 이해(利害)를 가지고 이를 자유롭게 표출할 수 있는 형편이 되지 못했다. 유럽에서 독일 파시즘의 위협이 가중되고 있는 상황에서 극동의 안전은 소련에게 매우 중요했다. 이에 소련은 1941년 4월에 일본과 5년 시한의 중립불가침조약을 체결하여 현상유지를 모색했고, 한국과의 관계는 1930년대 중반 이후 사실상 중단상태에 있었다.[58] 따라서 1940년대 전반기를 살펴볼 때 소련의 한국에 대한 이해는 대일참전을 둘러싸고 진행되었던 전시회담에서 소련 측의 발언을 통해 조금씩 알 수 있을 뿐이며, 그것도 소련이 대일전의 당사국이 아니므로 소극적인 차원에서 이루어졌다. 소련 정부의 당시 공문서가 해제되지 않는 한 이 정도가 우리가 알 수 있는 최대한이라고 생각한다.

따라서 여기에서는 부족하지만 대일참전을 둘러싼 전시 연합국회담에서의 소련 측 입장과 대일전 전개과정을 자세히 검토해봄으로써 북한을 해방시키기 이전에 소련이 한국에 대해서 지녔던 입장과 이해를 규명하고자 한다.

1) 전시회담에 나타난 소련의 이해

(1) 전시회담의 전개

제2차 세계대전 기간 중에 개최된 전시회담에 참가하는 연합국들은 각기 자국의 이해에 따라서 극동문제에 대한 입장을 달리하고 있었다. 1941년 12월에 시작된 태평양전쟁의 전기간에 걸쳐서 미국 외교와 군사전략의 가장 중요한 과제는 소련을 대일전에 참가시켜 일본을 협공하는 것이었고, 모든 외교적 노력이 여기에 집중되었다. 그러나 당시에 독일과의 전쟁에 여념이 없던 소련은 독일의 위협을 근절시키는 것이 급선무였고, 대일전에 참가하여 두 개의 전선(戰線)을 동시에 전개하는 것은 불가능했다.

따라서 소련을 대일전에 참가시키려는 미국의 노력에도 불구하고 이 문제는 1943년 10월까지 전혀 진전이 없었으며, 그 이후의 협상에서도 소련은 유리한 위치에 설 수 있었다. 한편 영국은 유럽문제의 해결이 주요 관심사였고, 능력면에서도 극동문제에 대해 적극적인 입장을 개진할 수 있는 형편이 되지 못했다. 뿐만 아니라 방대한 식민지 보유국가였으므로 전후 피식민지 국가의 독립에 대해 기본적으로는 유보적인 입장이었다.[59] 따라서 소련의 대일참전을 둘러싼 연합국간의 전시회담은 미국과 소련 사이에서 주로 진행되었다.

스탈린이 처음으로 대일전에 참가할 뜻을 비친 것은 1943년 10월에 개최된 모스크바외상회담에서였고,[60] 테헤란회담에서는 대독전 승리 후에 대일전에 참가하겠다는 의사를 분명히 했다.[61] 그러나 이 문제가 구체적으로 논의된 것은 1944년 10월에 개최된 소·영정상회담에서였다. 10월 14일의 회담에서 딘 장군은 대일전에서의 소련의 역할에 대해 스탈린이 제기한 질문에 답하면서 소련군의 전략목표로 다음의 5개항을 제시했다.

소련의 참전에서 광의의 전략개념은 다음 순서의 목표달성을 목적으로 한다.
1. 시베리아 횡단철도와 블라디보스톡 항의 확보.
2. 연해주 및 캄차카 반도에서 대일작전을 위한 미·소 전략공군의 설치.
3. 일본 본토와 아시아 대륙간 연락의 차단.
4. 만주 주둔 일본군 육군·해군 병력의 격퇴.
5. 태평양 병참선 확보.[62]

딘 장군은 계속하여 대독전에서와 같은 정도의 원조를 대일전에서도 소련에 제공할 용의가 있다고 밝히고, 소련군이 대일전에 참가하는 데에 얼마 정도의 기간이 필요한지를 물었다.[63]

이에 대해 10월 15일의 회담에서 소련의 안토노프(A. I. Antonov) 장군은 독일 패배 후, 2개월 반 내지 3개월이면 소련군의 참전준비가 완료될 수 있다고 말했고, 스탈린도 미국이 대일작전에 필요한 2, 3개월이면 대일공격을 개시할 수 있다고 밝혔다.[64] 여기서 중요한 의미를 지니는 것은 스탈린의 요구조건 가운데 대일참전을 위한 정치적 조건이 무엇인가 하는 것인데, 이것은 1944년 12월 14일에 스탈린이 해리만과 회담한 자리에서 밝혀졌고, 그 내용은 이듬해 얄타회담에서 합의된 사항과 거의 일치했다.[65] 1945년 2월의 얄타회담은 소련의 대일참전을 둘러싼 그동안의 미·소간 교섭결과를 공식화했으며, 소·영·미 3거두가 서명한 협정문은 다음과 같다.

3대국, 즉 소비에트사회주의 연방공화국, 아메리카합중국, 영국의 지도자는 독일의 항복 후, 그리고 유럽전쟁의 종결 후 2개월 또는 3개월 후에 소련이 다음과 같은 조건으로 연합국에 가담하여 일본에 대한 전쟁에 참가할 것에 합의한다.

1. 외몽고(몽고인민공화국)의 현상을 유지한다.

2. 1904년 일본의 배신적인 공격에 의해 침해되었던 러시아의 이전의 이권들은 다음과 같이 회복된다.

　1) 남부 사할린과 이에 근접한 모든 도서(島嶼)는 소련에 반환된다.

　2) 대련(大連) 상항(商港)은 국제화되고 이 항구에 대한 소련의 우월한 이익은 보호된다. 또한 소련의 해군기지로서 여순의 조치는 회복된다.

　3) 동청철도(東淸鐵道)와 대련으로 뻗은 남만주철도는 소·중합작회사의 설립에 의해 공동으로 관리되며, 소련의 우월한 이익은 보호된다. 또한 중국은 만주에서 완전한 주권을 보유하는 것으로 한다.

3. 쿠릴열도는 소련에 인도된다.[66] 전기한 외몽고, 항만, 철도에 관한 협정은 장제스 총통의 동의를 필요로 하며, 루즈벨트 대통령은 스탈린 원수의 권고에 의해 이 동의를 얻기 위한 조치를 취한다. 3대국의 수뇌

는 소련의 이러한 요구가 일본의 패배 후에 확실하게 실현됨을 협정했다. 소련은 일본의 억압으로부터 중국을 해방시키기 위해 자국 군대를 사용하여 중국을 원조하기 위한 소련과 중국간의 우호동맹 조약을 중국 국민정부와 체결할 용의가 있음을 표명했다.

1945년 2월 11일
스탈린, 루즈벨트, 처칠[67]

얄타회담에서 결정된 소련의 대일 참전조건과 관련해서는 여러 가지 입장이 존재하지만,[68] 앞에서 살펴보았듯이 미국은 대일전의 조속한 종결을 위해서 소련의 대일참전이 절대적으로 필요했고 얄타회담에서의 소련의 참전조건도 미국과 소련의 이러한 입장의 차이에서 유래하는 것이었다.

그러면 그 후 소련의 참전시기는 어떠했으며, 이는 어떻게 평가될 수 있는가? 1945년 5월 8일에 독일의 패배로 유럽전쟁이 종결된 뒤인 5월 28일에 스탈린은 홉킨스와 만난 자리에서 얄타회담에서 결정된 양보조건에 중국이 동의하기만 한다면 소련은 8월 8일까지 완전한 준비가 끝날 것이므로 바로 대일전에 참가하겠다고 말했다.[69] 그 후 실제로 소련은 8월 8일에 대일선전포고를 하고 이튿날 자정을 넘긴 시각에 극동의 전전선에 걸쳐서 작전을 개시했다. 따라서 대일참전의 시기와 관련해 볼 때에 소련이 연합국과의 합의를 준수했음을 알 수 있다.

그러나 좀더 자세히 살펴보면 여기에는 고려해야 할 사항이 있다. 즉 스탈린은 포츠담회담 첫날인 1945년 7월 17일에 "8월 중순까지 대일작전 준비를 완료할 것이지만 그 이전에 중·소간 협상이 끝나야 한다"고 말한 데 이어,[70] 그 이튿날인 7월 18일에는 8월 15일 전까지는 대일참전이 어려울 것이라고 말함으로써 참전을 지연시키고 있었다.[71] 따라서 중·소간 교섭의 진전상황에 따라서 소련의 참전이 지연될 가능성도 있었던 것이다. 여기서 중국과 소련간에 현안으로 걸려 있던 문제는 얄타협정의 내용 중에 외몽고의 현상유지와 대련항의 자유항화에 관한 것이었다. 중국은 대련항을 중국의 관할하에 있는 자유항으로 할 것과 외몽고에 고도의 자치권을 부여하여 외교·군사적으로 독립시킬 수는 있지만 종주국은 중국이어야 한다는 것을 강력하게 주장하고 있었던 반면, 소련은 소련 점령 지역내에서 대련항을 자유항화하고 외몽고는 중국으로부터 독립돼야 한다고 밝혔다. 소련은 특히 외몽고문제에 대해서는 시베리아철도를 보호할 목적에서 끝까지 자기들의 입장을 고수했다. 한편 소련과 중국의 이처럼 상이한 입장에 대해 트루먼과 번스는 1945년 7월 16일에 원자폭탄실험이 성공함으로써 소련의 대일참전이 더 이상 불필요하다고 보고 소련에 대해 강경한 입장을 취했고[72] 스탈린도 8월 7일까지 그의 기존입장을 고수했다. 결국 소련의 대일선전포고는 중국과 소련간의 이해 대립을 해소하지 못하고 이루어진 것이었다.[73]

그러면 이러한 사정을 고려했을 때, 8월 8일에 소련이 대일선전포고를 한 것은 어떻게 평가될 수 있는가? 얄타회담에서 소련에 양여된 이권들은 소련의 참전을 전제로 했던 것으로서, 소련은 5월 8일에 독일이 항복한 후 늦어도 8월 8일까지는 대일전에 참가해야 했다. 이러한 상황에서 일본은 러일전쟁 이후에 획득한 이권들을 소련에 기꺼이 반환하고 소련을 회유하여 태평양전쟁에 대한 소련의 중립을 유도하려고 했지만,[74] 패배가 자명한 일본과 타협하여 전승 연합국간의 합의를 포기하는 것은 있을 수 없는 일이었다. 이에 소련은 1945년 8월 8일에 소련주재 일본 대사 사토를 불러 대일 선전포고를 통고하고 이튿날 자정을 넘긴 시각에 대일전을 개시했던 것이다.[75] 따라서 대일참전과 관련하여 소련이 보인 행동은 얄타협정에서 합의한 소련의 참전의무를 준수하면서 가능한 최소의 희생으로 합의된 이익을 취득하려 한 것으로 볼 수 있다.

(2) 전시회담과 한국의 독립

전시 연합국들간의 협상에서 한국의 독립문제는 미국이 제안한 신탁통치문제를 중심으로 하여 논의되었고, 1943년 카이로회담에서 처음으로 미·영·중간에 합의되었다. 여기서 "3대국은 한국민의 노예상태에 유의하여 적당한 시기에 한국을 해방·독립시키기로 결정했다."[76] 테헤란회담에서도 루즈벨트는 필리핀에서의 경험을 예로 들면서 한국은 "완전한 독립을 획득하기 전에 약 40년간의 훈련기간을 거칠 필요가 있다"[77]고 제의했고, 스탈린은 이에 대해 찬성했다.[78] 그 후 얄타회담에서도 스탈린과 루즈벨트, 처칠은 "현재 전쟁의 결과 적으로부터 분리될 영토들"은 신탁통치를 받게 될 것이라는 데에 동의했지만, 한국에 대한 구체적인 언급은 없었다. 1945년 2월 8일에 스탈린과 가진 개인적인 대화에서 루즈벨트는 한국을 미국·소련·중국의 3국 대표로 구성된 신탁통치위원회의 관리하에 둘 의사가 있다고 말하고, 기간은 20~30년이 될 것이라고 말했다. 이에 대해 스탈린은 신탁통치 기간은 짧을수록 좋다고 말하고, '외국군대가 주둔하는지'를 묻고 이에 루즈벨트가 부정적으로 대답하자 이에 동의를 표명했다. 그리고 신탁통치에서 영국의 참여를 배제시키려는 미국의 의도에 대해 그럴 경우 처칠이 대단히 기분이 상할 것이므로 스탈린 자신의 생각으로는 영국이 참여해야 한다고 덧붙였다.[79]

1945년 5월 스탈린은 홉킨스와 만난 자리에서 한국에 대한 4대국의 신탁통치가 바람직하다는 것에 대해 전적으로 동의했고,[80] 6월 30일에 있는 중국 외교부장 송자문(宋子文)과의 대화에서도 한국에 대한 4대국의 신탁통치에 대해 동의하면서 "한국에는 외국군대와 외국의 정책(foreign policy)이 없어야 한다"고 말했다. 이때 몰로토프 외상은 4대국의 신탁통치는 이례적인 것으로 구체적인 합의에 도달하는 것이 필요하다고 덧붙였다.[81] 1945년 7월 포츠담회담 정상회담에서는 스탈린이 한국 문제를 논의하자고 제의했으나 스탈린과 처칠간에 아프리카문제를 둘러싸고 논쟁하는 데에 시간을 허비하여 한국문제에 대해서는 별다른 이야기를 하지 못하고,[82] 단지 미국의 제의에 따라 카이로선언을 재확인하는 정도에 그쳤다.[83] 그 결과 일본이 항복하기 이전에 한국의 독립과 신탁통치의 실시에 대해서는 연합국간의 구체적인 논의나 합의가 이루어지지 않았고, 이는 1945년 12월의 모스크바3상회의까지 기다려야 했다.

이상의 전시회담의 전개과정에 나타난 스탈린이나 그의 참모들은 대한관계 발언이나 태도에 관해 기존의 논의들이 합의하고 있는 바는 대체적으로 소련이 한국에 대해 구체적인 이해관계를 갖고 있지 않은 것 같다는 것이다.[84] 여러 회담에서 모든 정책은 미국의 주도로 이루어졌고 소련은 주로 듣고 동의하는 입장에 있었으며, 소련이 한국의 독립에 찬성하고 신탁통치기간이 가급적 짧을수록 좋다고 한 것은 한국민의 요구에도 부응하는 것이었다.

그런데 이러한 기존의 논의에서 중요함에도 불구하고 간과된 것이 있는데, 그것은 스탈린이 한국에 외국군대가 주둔하는지의 여부를 반복해서 묻고 있다는 사실이다. 그러면 스탈린의 이 발언이 지니는 의미는 무엇인가? 이를 파악하기 위해서는 군사적 점령이 지니는 중요성과 신탁통치에 대한 소련의 시각이 어떠한 것인지 살펴볼 필요가 있다.

스탈린은 제2차 세계대전 말기에 모스크바를 방문한 유고의 밀로반질라스에게 다음과 같이 말했다.

> 이 전쟁은 과거의 전쟁과는 다르다. 누구나 영토를 점령한 자는 자기 자신의 사회제도를 그곳에다 강요한다. 누구나 그의 군대가 할 수 있는 한 그 자신의 제도를 강요한다. 그것은 그렇게 될 수밖에 없다.[85]

즉 어떤 지역에 대한 군사적 점령은 그 지역의 체제 결정과도 불가분의 관계를 맺고 있다는 것으로, 스탈린의 이 말은 외교적이기보다는 철저히 국제정치의 현실주의에 입각한 견해 표명이었다. 이론적·실제적으로 무장력 장악의 중요성에 대한 강조는 소련의 대내외정책에서 쉽게 찾아볼 수 있으며,[86] 이것은 사회주의체제에만 국한된 것이 아니라 보편적인 것이다.[87] 한국과 관련된 앞서의 스탈린의 발언도 이러한 맥락에서 이해할 수 있다. 즉 한국의 독립은 지지하지만 4대국간에 신탁통치의 구체적인 방식에 대해 합의가 이루어지지 않은 상태에서 체제선택과 밀접히 관련된 외국군대의 주둔과 외국정책의 실시에 대해서는 반대입장을 취했던 것이다. 전통주의자들은 이를 두고 소련이 북한을 공산화하려는 의도를 가지고 있었다고 주장하지만[88] 이는 사실과 다르다. 스탈린의 발언이 함축하는 바는 소련의 적극적인 공산화 의도가 아니라, 오히려 한국에서 소련에 비우호적인 정권이 수립되는 것에 대해 예방적인 입장에서의 염려였고, 소련군의 북한 진주도 전통주의자들이 주장하듯이 북한의 공산화를 위해서가 아니라 대일전 승리의 연장으로 이루어졌던 것이다.

그러면 신탁통치정책의 실시를 지지하는 소련의 입장[89]은 어떻게 해석될 수 있는가? 신탁통치에 대한 소련의 이론적 입장에 따르면, 신탁통치제도는 위임통치제도와 마찬가지로 서방 제국주의 국가가 식민지지역에 대한 자기들의 실질적인 권력 보유를 은폐하기 위해서 창안해낸 또 하나의 법적인 은폐수단(legal cloak)에 불과하다.[90] 따라서 그들은 가장 중요한 국제적 강령으로서 자치와는 구별되는 자결권(self-determination)을 주장한다. 스탈린은 다음과 같이 말하고 있다.

> 우리는 인도, 아리비아, 이집트의 분리를 찬성한다. ……왜냐하면 이 경우의 분리는 피압박국가들이 제국주의로부터 해방됨을 뜻하며 제국주의의 위치가 약화되고 혁명의 기운이 강화됨을 뜻하기 때문이다. 우리는 소련의 주변지역이 소련으로부터 분리되는 것을 반대한다. 왜냐하면 이 경우의 분리는 주변지역이 제국주의에 예속됨을 의미하며, 소련의 혁명기운이 약화되고 제국주의의 지위가 강화됨을 의미하기 때문이다. …… 분명히 분리(자결)문제는 견고한 국제적 조건에 의해서 결정되며, 또한 프롤레타리아의 이익에 의해서 결정된다.[91]

즉 소련의 자결의 원칙은 우선적으로는 제국주의 세력의 약화를 의미하며 궁극적으로는 프롤레타리아계급의 이익에 관계된다. 다시 말해서 식민지지역의 발전단계에 있어서, 프롤레타리아계급은 궁극적으로 자결권을 행사할 유일한 세력인 것이다. 그러나 프롤레타리아계급의 세력이 약한 지역에서는 부르주아 민주세력과 병합해서는 안 되지만 그들과의 일시적인 동맹에는 참가해야 하고, 비록 초기단계에 있다고 할지라도 이런 운동은 지원돼야 한다고 주장하고 있다.[92]

이상의 논의에 기초해서 볼 때에 전시회담에서 스탈린은 한국에 대해 적극적인 이해는 갖고 있지 않았으나, 외국의 군대와 외국의 정책이 부재(不在)한 가운데 신탁통치를 실시함으로써 한국이 반소적인 국가가 되지 말아야 한다는 정도의 대한인식을 갖고 있었던 것으로 보인다. 그러나 일본이 항복하기 이전에 신탁통치의 실시방안에 대한 구체적인 합의가 없었던 사실에서도 알 수 있듯이, 향후에 한국에서 실시할 정책에 대한 구체적인 안을 가지고 있었다고는 볼 수 없을 것 같다. 슬루서(R.M. Slusser) 교수는 소련이 부동항의 획득을 위해 한반도의 가치를 중시했고, 전시회담에서 스탈린이 한국에 대해 구체적으로 언급하지 않은 것은 의도적인 성격이 짙다고 주장하면서, 그 근거로 얄타회담에서 합의된 1905년 러일전쟁 이전의 이권회복 요구와 1945년 7월 초 소련의 국방위원회가 극동에서의 항구개발을 '특별히 중요한 국가사업'으로 채택한 사실을 들고 있다.[93] 그러나 소련이 극동에서의 부동항 획득과 태평양으로의 출로를 추구했다는 것과 소련이 한반도에 영토적인 야심을 갖고 있었다는 것은 별개의 문제이며, 소련은 그러한 자기들의 목표를 획득하기 위해 얄타회담에서 여순·대련항의 조차(租借), 일본 북부 도서들의 획득을 요구했던 것이다.

2) 대일참전에 나타난 소련의 이해

(1) 대일전 구도와 한반도

1943년 10월에 스탈린이 독일 패배 후 대일전에 참가하겠다고 처음으로 밝힌 뒤에, 소련이 대일전에서 수행해야 할 역할에 대해 미국과 구체적으로 논의한 것은 1944년 10월 17일의 소·영 정상회담에서였다. 10월 14일에 딘 장군이 제의한 5개 항[94]에 대해 스탈린은 소련군의 지상작전에 대한 미국 쪽의 제안이 너무 만주에 국한되어 있다고 불만을 표시했다. 페이스(Herbert Feis)에 의하면,[95] 이때 스탈린은 일본군의 격퇴를 진지하게 고려하면서 작전지역을 만주에 국한시켜서는 안 되며, 만주에 있는 일본군을 포위하여 고립시키고 지원을 차단하기 위해서는 서쪽으로 장가구

(張家口)와 북경을 강타해야 하며, 동해 쪽에서도 한국의 북부 항구들[96]을 소련의 육·해군부대가 점령해야 한다고 주장했다. 1945년 2월에 열린 얄타회담의 군사회의에서는 대일전에서의 소련군의 역할이 만주 주둔 일본군의 격퇴라고 지적되었으며, 같은 해 7월 24일에 열린 포츠담회담 군사회의회서도 안토노프 장군은 "극동에서 소련군의 목표는 만주 주둔 일본군의 격퇴와 요동반도의 점령"[97]이라고 분명하게 밝혔던 것이다.

이러한 소련의 대일전목표는 1945년 6월 28일에 수립·하달된 소련군 최고사령부의 기본작전명령에도 잘 나타나 있다. 이에 따르면 바실례프스키(A. M. Vasilevskii) 총사령관의 지휘하에 있는 소련 극동군은 자바이칼방면군[98]과 제1극동방면군의 2개의 기본방향에서 적에게 타격을 가하고, 제2극동방면군[99]이 보조공격을 하여 관동군의 주력을 만주 중앙에서 포위·섬멸시킨다는 것이다.[100]

스탈린은 바실례프스키 총사령관에게 관동군을 신속하고도[101] 결정적으로 포위·섬멸할 것을 강조했는데, 이것은 일본이 항복하기 이전에 소련이 점령하는 영토를 최대로 하고, 남만주와 북중국에 있는 일본군의 재편시간을 주지 않으며 한국에 있는 주요 해군기지로부터의 보급을 차단하기 위해서였다.

북한을 점령한 제25군이 소속된 부대는 제1극동방면군으로, 이들은 프리모리(소련령 연주해)지역의 동쪽으로부터 중국의 동북 경계에 돌입하여 일본의 제1전선을 격퇴하고 목단강(牧丹江)지역을 점령한 다음 계속해서 길림에 이르기까지 공격을 확장해야 하는 임무를 띠고 있었다. 각 방면군에는 주력부대의 작전을 지원하고 측면을 방위하기 위해 양쪽에 보조공격이 계획되어 있었는데, 치스차코프 대장 지휘하의 제25군은 제1극동방면군의 좌익을 담당하도록 되어 있었고 동녕지역과 라오한-황청, 도문-훈춘 지역에 이르는 출구를 점령함으로써 일본군의 보급로와 퇴로를 차단하는 것이 주요 작전목표였다. 그리고 문제가 되는 한반도 북단으로의 공격은 샤닌 소장이 지휘하는 25군의 남방 보조공격부대에 의해서 이루어졌던 것이다.[102] 결국 소련의 작전목표는 만주에 주둔하는 일본군의 포위·섬멸에 있었으며, 한반도로의 작전은 일본군의 퇴로 내지 보급로를 차단하기 위한 필요에서 보조적으로 이루어졌음을 알 수 있다.

그러면 소련의 대일참전을 위한 준비는 언제부터 이루어졌으며, 관동군과 비교할 때 소련군 병력의 규모는 어떠했는가, 그리고 태평양전쟁을 승리로 이끄는 데에서 소련의 참전이 미친 영향은 어느 정도였는가? 소련의 대일참전 준비는 얄타회담 직후부터 이루어지지만, 유럽방면에서 극동방면으로의 본격적인 부대이동은 독일이 항복한 1945년 5월부터 7월 사이에 이루어졌다. 그 결과 대일전을 눈앞에 둔 1945년 8월 초에 소련 극동군은 병력 150만, 대포와 박격포 2만 6,000문 이상, 탱크와 자주포 5,500대 이상, 전투기 약 3,900대를 보유하게 되었다. 반면 관동군은 병력 87만 1,000명, 대포와 반격포 6,700문, 전차 2,215대, 전투기 1,907대를 보유하고 있었고, 이 밖에도 대전략 예비군 6~8개 사단이 국경지대에 배치되어 있었다.[103]

그러나 만주에 주둔한 관동군의 실제 전력을 파악하기란 쉽지 않다. 1944년 이래로 기존의 관동군 정예사단들이 미국의 공격에 대비 또는 항전하기 위해 일본 본토와 주요 태평양 전선으로 이동했고, 소련의 공격에 대배하기 위한 관동군의 인원과 장비는 만주 자체 내의 인원과 물자로만 충당되었음을 감안한다면 수치상의 전력과는 달리 실제로는 보다 더 약화된 상태에 있었다.[104] 따라서 관동군에 대한 소련 극동군의 전력상의 우위는 대일전에서 소련군의 진공속도를 통해서도 증명되었듯이 명백한 것이었다.

그러면 태평양전쟁을 승리로 이끄는 데에서 소련의 대일참전이 차지하는 영향력의 비중은 어느 정도인가? 소련 쪽의 모든 문헌들이 주장하듯이 소련군의 역할이 절대적이었는가,[105] 아니면 서방측의 주장대로 원자탄 투하로 인해 일본은 더 이상 전투를 계속하는 것이 불가능했고, 소련군의 참여는 단지 승전의 몫을 분할하는 의미만을 지니는 것이었는가? 이것은 정도의 문제이기 때문에 정확하게 얘기하기는 거의 불가능 하지만 앞의 두 입장은 모두가 한계를 지니고 있는 것 같다. 첫째로 소련쪽의 주장은,

1945년 8월 9일 일본의 최고군사회의에서 수상 스즈키가 했다는 "오늘 아침 소련의 대일참전은 우리로 하여금 절망에 빠지게 하고 전쟁을 수행하는 것을 불가능하게 만들었다"[106)]는 진술과, 8월 10일 제국회의에서 히로히토가 했다는 "벌어진 국제적 상황과 일본내에 전개된 상황 속에서 전쟁을 계속하는 것은 전민족의 파멸을 의미할 것"[107)]이라는 진술을 중요한 근거로 삼고 있다. 이들 설명대로라면 일본측은 소련군의 참전으로 완전히 전의(戰意)를 상실했고, 그 결과 항복을 서두르게 되었다는 것이다.

그러나 실제로 스즈키는 "히로시마와 나가사키의 충격과 더불어 오늘 아침 소련의 선전포고는 전쟁을 계속하는 것을 불가능하게 하면서 모든 측면에서 우리에게 어려움을 안겨주고 있다"고 하여 원자폭탄 투하를 소련의 전쟁포고와 함께 언급했고,[108)] 히로히토의 발언도 미묘한 의미의 차이를 보이면서 인용되어 있다고 비판받고 있다.[109)]

하지만 이러한 반박 주장들은 대일전 승리가 오로지 소련 군대의 참전에만 기인한다는 소련 쪽의 주장을 반박하는 것일 뿐, 소련이 행한 기여를 경시하고 있는 것은 아니다. 일본은 태평양전쟁을 일으킨 이후에, 소련이 대독전을 수행할 때처럼 두 개의 전선에서 싸우는 것을 방지하기 위해 소련의 중립 유지를 위해 부단히 노력했고, 태평양 전선에서 패퇴를 거듭하고 있는 상황에서 소련군의 대규모 공격은 일본에게 대단히 커다란 충격을 주었던 것이 사실이다. 따라서 일본의 항복이 소련군의 참전 때문만은 아니었지만, 일본의 조기 항복을 받아내는 데에는 크게 기여한 것이 사실이었다.

(2) 북한의 해방과 소련의 이해

전체 대일전 구도 속에서 한반도로의 공격은 제1극동군의 보조공격력인 제25군의 보조공격으로 이루어졌다. 그러면 그 전개과정은 실제로 어떠했는가? 포츠담회담 군사회의에서 합의된 미·소 작전경계선은 작전의 수행과정에서 어떤 의미를 지녔는가? 미군이 아직도 한반도에 상륙할 수 없었던 상태에서 한반도 북단으로 진공해왔던 소련이 일반명령 1호를 수락하여 38도선 북부지역만의 진주를 받아들였던 것은 무엇 때문인가? 그리고 대일전 전개과정에서 향후 북한 정권의 지도집단이 되는 김일성과 그의 빨치산 부대와 소련군과의 관계는 어떠했는가?

소련군의 주요 공격목표였던 만주에서와 마찬가지로 한반도에서의 전투도 소련군에 의해 거의 일방적으로 이루어졌다. 북한을 해방시킨 제25군의 작전준비와 작전의 전개과정에 대해서 자세히 살펴보면 다음과 같다.[110]

대독전이 종결된 뒤인 1945년 5월에서 7월 사이에 본격적으로 대일참전 준비가 진행되어 8월 초에는 제25군 예하부대도 재편성을 포함하여 작전 준비, 정확한 지형 파악과 물자 보급이 완료되었다. 8월 3일에는 지휘관들에게 혼성부대의 군사 행동에 관한 작전 명령을 하달하고, 이들을 무장시켰으며, 8월 7일에는 25군의 좌익을 담당하는 남방부대 사령관에 군참모장 샤닌 소장을 임명했다.

소련군의 개전 첫날인 8월 9일과 10일에 태평양함대의 함정과 항공대는 웅기·나진·청진에 집중적인 공격을 하여 적의 수송선에 타격을 가했고,[111] 8월 9일 오후 3시에는 샤닌 소장 지휘하의 남방부대가 경흥을 점령했다. 8월 11일에는 미사코프 대좌 지휘하의 제393보병사단이 남방공격부대에 배속되었고, 12일 아침까지 태평양함대 해병대와 합동작전으로 북한의 웅기와 나진항을 점령하라는 임무가 부과되었다. 12일 이른 새벽에 태평양함대의 함정들은 웅기에 접근하여 이곳에 해병대를 상륙시켰고 두 시간 후에 제393보병사단이 웅기를 점령하고 계속해서 나진을 점령했다.[112] 8월 11일부터 작전준비를 시작하여 16일 오후에 점령하기까지 청진전투는 태평양함대가 실시한 최초의 대작전이었다.[113] 이전의 경흥이나 웅기·나진에서는 소련군이 일본군의 저항을 거의 받지 않고 점령했음에 반하여 청진에서는 치열한 전투가 전개되었다. 청진항은 철도교통과 해상을 연결하는 중요한 교차점으로 일본군은 청진에 집결하여 소련군과의 일전을 준비하고 있었던 것이다.[114] 그 후 일반 명령 제1호의 수락으로 38도선이 확정됨에 따라 소련군은 남진을 계속했고, 북한지역에 진주한 제25

군은 8월 17일에서 18일에 걸쳐 만주에서 급히 남하했다.[115] 그리고 소련 극동군 총사령관 바실레프스키의 명령으로 급히 재편성된 선발 기동부대가 육로로 남진을 계속하는 한편, 태평양함대는 8월 19일에 어대진, 22일에는 원산을 각각 점령했다. 그리고 24일에는 평양지역에 제병연합의 공정대가 투하되었고, 26일에 치스차코프는 군참모부의 설치와 3만 명에 달하는 일본군 수비대의 무장해제를 목적으로 평양에 도착했다. 그 후 소련군은 8월 말까지 북한 전역에 대한 점령을 완료했다.[116]

그러면 소련군이 한반도 북단으로 진공해오는 데 있어서 포츠담회담에서 미·소간에 합의된 해·공군 작전경계선은 어떤 의미를 지녔는가? 대독전에서의 경험을 토대로 하여[117] 대일전에서 미·소간의 군사적 충돌을 미연에 방지할 목적으로 합의한 작전경계선은 한반도와 관련해서는 무수단-장춘을 잇는 직선으로 합의되었다.[118] 필요한 경우 현지 사령관인 맥아더와 바실레프스키가 상호 연락장교를 통해 24시간 전에 통고하면 이 선을 변경하는 것이 가능했으나 이러한 연락체계는 종전될 때까지 이루어지지 않았다.

한반도와 관련해 이 선이 주목되는 이유는 두 가지를 들 수 있다. 첫째로, 포츠담회담에서 소련 측이 수정 제의해 합의된 무수단-장춘선은 미국 측이 제의한 청진-연길-장춘선보다 확대된 것이지만 여전히 좁은 작전지역을 요구하고 있었고, 이는 대일작전의 중심이 만주에 있었고 한반도의 북단은 이를 위해 보조적으로 작전이 전개되었음을 말해준다. 둘째로, 일본이 항복한 8월 15일, 또한 일본군 총사령부로부터 일본군에게 전쟁중지 명령이 하달된 8월 20일까지 소련의 대일작전은 작전선 이북지역에서만 이루어졌다는 것이다. 하지만 대일전 전개과정을 자세히 살펴보면 이것은 25군의 자제에 의한 것이라기보다는 일본의 조기항복에 따른 짧은 작전일정과 소련군의 진공속도에 기인한 것이었다.

한반도에 대한 소련의 이해를 좀 더 잘 반영하는 것은 아무래도 작전선 준수 여부보다 일반명령 제1호의 수락 이유일 것이다. 즉 미국이 제의한 38도선 분할안[119]을 소련이 받아들이지 않았다면 소련은 한반도 전체를 점령할 수도 있었을 텐데[120] 이 제안을 받아들인 소련의 의도는 무엇이며, 이와 관련해 소련이 한반도에 대해 가지고 있던 전략적 이해는 무엇이었느냐 하는 것이다. 당시 소련의 주요 관심은 만주와 남부 사할린, 쿠릴 열도, 나아가서 일본에 대한 점령정책에 공통으로 참여하는 문제에 있었으며, 동시에 얄타협조체제를 유지하고 유럽에서의 전후보상문제에 참여해 이권을 획득하는 데에 있었다는 것이 공통된 견해이다.[121] 실제로 스탈린은 8월 16일에 일반명령 제1호의 제안에 대답하면서 쿠릴 열도와 홋카이도 북반부에 대해서만 문제를 제기했을 뿐[122] 38도선 분할에 대해서는 언급하지 않음으로써 동의했던 것이다.

그러면 이와 관련하여 당시에 소련이 한반도에 부여했던 전략적 중요성은 어느 정도였을까? 이에 대해서는 극동의 각 지역이 지닌 비중의 문제로 파악해야 할 것 같다. 즉 극동에서 대일전을 수행하면서 소련이 중점을 두었던 지역은 소련의 의도대로 얄타회담에서 수락한 만주, 남부 사할린, 쿠릴 열도와 홋카이도 북반부였다. 이는 전시회담과정, 대일전 수행과정 등을 통해서 쉽게 알 수 있다. 그러나 이러한 것이 소련에 대해 한반도가 지녔던 의미를 전적으로 부정하는 것은 아니다. 다만 당시 극동에서 소련이 지불해야 했던 기회비용을 고려했을 때에 소련은 38도선 이북만의 획득을 선택했던 것이다.

이 밖에 한 가지 문제가 남는데, 그것은 소련군과 김일성과 그의 빨치산들간의 관계에 대한 것이다. 과연 김일성과 그의 빨치산 부대가 소련군과 함께 대일전을 수행하면서 북한에 들어왔느냐는 것이고, 다른 하나는 정치세력으로서 김일성에 대한 소련의 지지문제이다. 북한과 소련과의 관계 양상에 따라 조금씩 변화를 겪어왔지만 북한의 모든 출판물은 김일성이 소련군과 함께 조선을 해방시켰다고 주장하고,[123] 이것을 북한 정권 정통성의 주요한 기반으로 삼고 있다.[124] 그러나 김일성 부대가 소련군과 함께 북한을 해방시켰다는 북한의 주장은 사실이 아닌 것 같다. 1945년 12월에 오영진 등과의 대담에서 김일성은 자기의 부대가 2차대전 중에 낙하산으로 평양비행장에 투하될 예정이었으나 실행되지 못했다고 밝혔으며,[125]

이러한 그의 회고는 김일성이 '최후공격 작전계획'을 수립했을 때 그 자신은 평안남도지구 담당부대를 지휘하도록 되어 있었다는 북한『조선전사』의 서술과도 일치하고 있다.[126] 와다 하루키 교수도 이에 대해 상세히 검토한 뒤에 북한의 주장은 사실이 아니라고 밝히고 있으며,[127] 대부분의 다른 연구도 김일성이 북한에 들어온 것은 1945년 9월 중순경이었다고 밝히고 있다.[128]

그러나 이보다 더 미묘한 문제가 소련 점령당국과 김일성과의 관계에 관한 것이다. 즉 소련이 북한에 진주하기 이전에 김일성을 장래의 한국 지도자로 미리 선정하고 지원했는가 하는 것이다. 이에 대해 이정식 교수는 소련이 미리 고안된 계획을 가지고 한국에 들어왔다는 것에 대한 의심에는 근거가 있으나, 김일성은 소련군 사령부에 의해서 이미 지명된 채 평양에 도착했으며, 따라서 북한에서의 권력투쟁은 시작되기 전에 이미 종결되었다고 주장했다.[129] 이에 반해 커밍스 교수는 김일성과 소련 사이의 관계는 어느 정도 불명확한 데가 있다고 전제하고, 1942년과 1945년 사이에 소련이 자국의 국경지대를 곧바로 넘어 한국으로 진공할 수 있도록 김일성과 그의 게릴라 부대들을 훈련시킨 것 이상의 관계는 없었던 것 같다는 견해를 피력한다.[130] 또한 1947~49년 동안에는 소련이 북한을 통제하려고 했던 것이 분명하지만, 이 때에도 소련은 김일성과 그의 동료들을 통해서가 아니라 소련 출신이나 코민테른에 관계했던 한국인들을 통해서 그렇게 하려고 했다고 주장했다. 서대숙 교수도 소련이 한반도에 진주하기 이전에 김일성을 선택했다고 보기에는 의문점이 많고, 한국에서 공산주의 혁명을 영속화시킬 만한 즉각적인 계획을 갖고 있었다는 것도 믿기 어렵다는 견해를 피력한다.[131] 따라서 그는 김일성이 소련 점령당국의 지원을 받으면서 권력을 장악하게 된 것은 북한 국내 정치세력들의 구성과 그들의 경험, 그리고 남·북한 관계의 변화에 의해서 이루어졌다는 입장을 취한다.

그러나 위의 견해들은 확정적인, 또는 상당한 정도의 근거를 가지고 제시되고 있는 것이 아니라 전반적인 맥락을 살펴볼 때에 자산들은 그렇게 본다는 것이다. 이것이 좀 더 분명해지기 위해서는 1942년부터 1945년까지의 김일성의 활동이 구체적으로 밝혀져야 하는데 현재로선 대단히 어려운 것이 사실이다.[132]

4. 해방 초기의 대북한정책

1) 정책목표

연합국에 의해서 한국이 해방되기 이전에 소련이 한국에 대해 지녔던 이해관계는 앞에서 살펴본 바와 같다. 즉 극동지역 전체의 구도 속에서 한반도는 소련에게 중요한 지역이 되지 못했으며, 연합국간의 신탁통치를 거쳐서 수립될 정부가 소련에 우호적이어야 한다는 정도의 막연한 인식을 하고 있었다. 이것은 신탁통치 제의에 대한 수용, 한반도에 외국 군대 주둔과 외국정책 실시의 반대, 대일전에서 한반도로의 공격이 지녔던 비중과 작전경계선의 준수, 38도선 제의의 수용 등에서 충분히 방증된다.

그러면 이전과는 달리 소련군이 북한에서 유일한 물리력을 행사할 수 있게 된 해방 이후의 상황에서 소련은 북한에 대해 어떠한 정책목표를 가지고 정국을 운영했는가? 기존의 논의들은 1946년 3월 제1차 미소 공동위원회에서 소련 측 대표 슈티코프가 한 다음의 발언을 중심으로 해 이루어졌고, 이에 대해 약간의 해석을 달리하고 있을 뿐이다.

> 조선 인민의 모든 국내생활을 점진적으로 민주화시키는 과정에는 심각한 어려움들이 가로놓여 있는데, 이는 반동적이고 반민주적인 집단들, 그리고 조선에서 민주적인 체제를 창조하여 확고히 수립하는 과업을 방해하는 데에 목적이 있는 일단의 분자들의 격렬한 저항에 의해서 야기되었다.…… 소련은 조선이 소련에 우호적인, 진정으로 민주적이고 독립적인 국가가 되어 장래에 소련에 대한 공격기지가 되지 않도록 하는 데에 중요한 관심을 가지고 있다.[133]

슈티코프는 향후에 수립될 민주주의적 임시정부의 협의대상 선정문제를 놓고 제1차 미소공위가 결렬되었을 때에도 마지막 성명에서 하지에게 다음과 같이 말했다.

소련 대표단이 협의대상에 참여할 사람들을 제한하는 중요한 이유는, 소련은 조선과 밀접한 이웃국가이기 때문에 조선에서 소련에 우호적인 민주주의적 임시정부가 수립되는 데에 관심을 두고 있기 때문이다. (모스크바 결정에 반대하고) 소련에 대항해 자기들의 목소리를 높였던 조선인들은 소련을 모욕했으며 더럽혔다. 만일 그들이 정부의 권력을 잡는다면 그 정부는 소련에 우호적이지 않을 것이고, 그 관리들은 소련에 대항하는 조선인들의 편에서 적대적인 행위들을 조직하는 수단이 될 것이다.[134]

이상의 슈티코프 발언에 담겨 있는 주장은 한국은 소련의 인접국가로서 소련의 안보에 중요하며, 따라서 향후 정권의 정치세력도 최소한 반소적이어서는 안 되며 소련에 우호적이어야 한다는 것이다. 이것은 소련에게 한국이 안보위협의 제거라는 전통적인 국가이익의 보호를 위해서 중요하다는 것이었다.

여기서 문제가 되는 것은 소련군이 진주한 북한지역에 대해서이다. 소련이 사회주의권의 확대라는 목표를 가지고 정책을 실시했는가 하는 점이다. 앞에서 살펴보았듯이 자본주의 세계체제에 포위되어 안보의 위협을 받고 있던 소련에게 안보위협의 제거와 세계 사회주의권의 확대는 동전의 양면처럼 밀접히 관련된 것이었다. 유럽에서 파시즘의 위협이 대두한 이후 미국·영국과의 협력이 필요했고, 해방 직후의 북한에 대한 정책도 이러한 얄타협조체제의 연장선상에서 이루어졌음이 분명하지만 문제는 이러한 협조관계의 유지가 세계 사회주의혁명의 지원이라는 소련의 '의무'를 방기하고서 이루어졌는가 하는 점이다. 이에 대한 기존의 전통주의 시각은 북한의 공산화가 소련의 의도된 정책의 결과라는 것이다. 그러나 이러한 주장은 오늘날 많은 학자들이 비판하고 있는 바이며, 대부분 소련군이 북한에 진주할 때는 미리 마련된 청사진을 가지고 있지 못했다는 데에 동의하고 있다.[135] 그러면 이것이 곧 북한에 대해 소련이 가지고 있었던 정책목표는 반소적인 국가가 되지 않는 정도였고, 북한의 공산화는 그때그때의 한국내 정치상황에 대한 적절한 대처와 미·소관계의 변화에 따라서 이루어진 것[136]이었느냐 하는 것이다.

이를 구체적으로 파악하기 위해서는 크게 두 가지를 검토해봐야 한다. 하나는 실제로 남북한간에 장벽기능[137]을 수행했던 38도선에 대한 소련측의 태도가 어떠했는가 하는 것이고, 다른 하나는 소련군이 직접 진주하고 있는 북한지역에 대한 그들의 정책목표는 어떤 것이었느냐 하는 것이다.

먼저 38도선의 장벽기능 수행과 관련한 소련 측의 반응이다. 이것이 중요한 이유는 이것을 살펴봄으로써 북한지역에 대한 소련의 입장을 엿볼 수 있기 때문이다. 하지 중장은 1945년 9월 24일에 동경 주재 맥아더 원수에게 보내는 서한에서 상반된 이데올로기하에 국토를 두 지역으로 계속 분열시키는 것은 치명적일 것이라고 말하고, 군사적인 차원에서 소련군측과 모종의 실질적인 협정을 맺으려는 노력이 계속되고 있지만 거의 대부분 성과가 없다고 보고하고 있다.[138] 하지는 또한 한반도의 분할에 의해 초래된 여러 가지 긴급한 정치·경제적인 문제들을 토의하기 위해 서울을 방문해달라고 치스차코프 대장을 초청했는데, 차스차코프는 1945년 10월 10일의 답신에서 군사적인 차원의 회담은 이루어지지 않을 것이며, 두 점령국의 정부간에 결정이 이루어지고 관계가 성립되기 이전까지는 어떠한 회담도 고려하고 있지 않다는 뜻을 밝히면서 하지의 제의를 거절했다. 동시에 치스차코프는 주한미군 사령부에 있던 연락 파견대를 철수시키고 미군측 파견대도 받아들이지 않겠다고 했는데,[139] 10월 11일에 두 명의 미군 장교와 가진 인터뷰에서 치스카코프는 파견대의 철수가 소련 극동사령부의 명령을 받고 이루어졌으며, 고위당국자에 의해 정치·경제적인 문제가 해결되기 이전에 상주 연락파견대를 두는 것은 불필요하다고 말했다.[140]

이에 하지는 국무성에 소련 정부와의 회담을 시작해줄 것을 요구했고, 국무성은 11월 3일에 소련 주재 미국 대사 해리만에게 신탁통치협정 논의가 있기 이전이라도 남북한간 교류를 통해 단일한 정치·사회 공동체를 유지하고 38도선에 의한 제한을 철폐시키기 위해 소련 정부와 접촉하도록 지시했다.[141] 해리만 대사는 11월 8일에 이를 소련 외무성에 전달했지만,[142] 11월 21일에 비신스키로부터 소련관계기관에서 심의 중이라는 대답이 있었을 뿐[143] 이 문제는 모스크바3상회의로 미루어지게 되었다.

이상의 과정에서 우리는 몇 가지로 소련의 입장을 정리해볼 수 있을 것이다. 첫째로, 북한의 소련군 점령당국은 미군정 당국과의 협상권한이 부여되어 있지 않았다. 따라서 모든 협상은 두 정부간에 이루어질 수밖에 없었다. 둘째로, 미국 측과 달리 소련 정부는 서울에 영사관을 주재시키고 있었기 때문에[144] 당시 남북한의 상황을 모두 고려한 상태에서 자국에 유리한 정책을 세울 수 있었다. 당시 한국은 혁명적 변화가 요구되던 상황이었고, 미군정측이 염려하고 있듯이 시간이 지남에 따라서 남한에도 좌익에게 매우 유리한 상황이 조성되고 있었다.[145] 따라서 소련 측은 미국 측과의 성급한 접촉을 피하고 소련 측에 유리한 여건을 조성시키려고 했던 것 같다. 셋째로, 38선도 분할로 야기된 문제의 접근방식이 달랐다. 즉 소련 측은 비정치적인 인적·물질적 교류에 의해 북한이 남쪽으로부터 영향을 받는 것을 막았으며,[146] 한반도 분할의 해소는 미국과 소련 정부간의 정치적 합의와 이의 철저한 수행을 통해서만 가능 할 수 있었다.

그러면 38도선에 의해 남쪽으로부터의 영향이 차단된 북한지역에 대한 소련의 정책목표는 무엇이었는가? 이것은 앞에서 인용한 슈티코프 대장의 발언 이외에 소련군이 북한에 진주한 후에 발표한 포고문·성명서 등을 검토함으로써 보다 구체적으로 파악할 수 있을 것이다.

먼저 치스차코프는 1945년 8월 26일에 평양에 도착하여 발표한 첫 포고를 통하여[147] 조선 사람들은 해방되었으며 그들의 장래의 행복은 그들 자신의 손에 달려 있다고 천명했다. 기업가들의 재산보호와 기업의 정상적인 가동을 위해 전면적인 원조를 제공할 것을 약속하고 노동자들에게 노동을 계속할 것을 호소했다. 치스차코프의 포고는 한국에 대한 소련의 정책을 구체적으로 나타낸 것은 아니지만, 한국민에 대한 그들의 시각을 엿볼 수 있게 한다는 점에서 중요한 의미를 지닌다고 할 수 있다.

그 후 소련군 사령부는 9월 14일 「인민정부 수립요강」을 발표하여 북한에 대한 정책기조를 구체화시켰는데, 그 내용은 다음과 같다.[148]

1. 비일본적 각층 인민을 포함한 완전한 자주독립에로 결성되어야 할 것이다. 쏘베트연방은 끝끝내 노동자·농민정권의 수립을 소·미·영·중 4국간에 제안할 것이다.

2. 토지문제는 최중점이 되는 문제이므로 인구수에 비례하여 토지를 재분배하여야 하며 토착지주에 대하여는 자기 경작토지 이외는 이를 몰수한다. 일본인 소유 토지를 몰수하야 정부가 농민에게 재분배함을 물론이나 이외 성취는 오로지 우리의 힘 여하에 달려 있다.

3. 일본인 소속 공장에 대하야는 일본적 요소를 일소하고 공장노동자와 기술자로써 관리케 함. 기술부분에 있어서 일본인이 필요할 경우엔 이를 과도기적으로 사역하나[149] 조선인 기술자의 급한 양성이 필요하다. ……

4. ……친일적 분자는 철저적으로 소탕할 것이며 가진 불순분자는 진영 내외를 통해서 엄정한 숙청이 필요하다.

5. 개인 경영의 기술기관은 허여하나 특별한 감시를 요한다. 모든 문화시설과 위생설비 빛 교육기관은 국가경영으로 이관하여 노동자·농민에게 개방을 요한다.

6. …….

요강에 나타난 소련의 대북한정책의 기조는 친일세력과 불순분자를 제외한 각계 각층의 인민을 포함하는 노동자·농민정권의 수립, 일제 잔재 청산, 토지개혁, 중요 부분의 국유화로 요약될 수 있다. 이러한 내용은 이전의 치스차코프 포고나 이후의 포고들과는 일정하게 차이를 보이고 있는

데, 이후의 성명들에서 소비에트식 정부체제를 강요하지 않겠다거나 부르주아 민주혁명을 인정하겠다는 것은 이를 염두에 두고 한국인들과 미국 측의 불안감을 완화시키려는 의도로 풀이된다. 즉 9월 20일에는 「북조선에서 소련군과 현지 정권기관 및 주민과의 상호관계에 대한 소련 극동사령관, 연해주 군관구 군사회의 및 제25군에 내린 소련군 최고사령관의 지시」가 하달되었는데, 그 내용은 다음과 같다.

붉은군대의 북조선 점령과 관련해 최고사령부는 다음과 같이 명령한다.
......
3. 붉은군대가 점령한 조선땅에서 반일 민주단체와 정당 결성을 방해하지 말고 그들의 사업을 도와줄 것.
4. 현지 주민에게 아래와 같이 홍보할 것.
　1) 붉은군대의 북조선 진주는 일본 강점자의 섬멸이 목적이며 조선 영토를 탐내거나 소비에트식 질서를 부식시키자는 것이 아님.
　2) 북조선 인민의 사회적 및 개인적 소유는 소련군의 보호를 받음.
5. 현지 주민에게 평화적인 자기 사업을 계속하도록 호소하며 그리하여 공업, 상업, 교통 및 기타 기업들의 정상 가동을 도모하고 소련 군정 당국의 지시와 요구에 응하여 사회질서를 유지하는 데 협력해주도록 알릴 것.
6. 북조선에 진주한 소련군 장병들에게 군기를 엄격히 지키고 주민을 괴롭히지 말며 행동을 잘하도록 훈시할 것.
7. 종교적 예식수행과 행사 등을 방해하지 말고 사찰과 기타 종교 시설에 손대지 말 것.
......

소련 대원수 I. 스탈린[150]

스탈린의 지시 가운데 위에 공개된 부분은 1945년 8월 26일에 치스차코프가 포고한 내용과 크게 다르지 않은 일반적인 내용이었다. 여기서 문제가 되는 것은 소련 측이 밝히지 않은 제1항과 2항의 내용이 무엇인가 하는 점이다. 이 내용이 중요한 것으로 보이며,[151] 와다 하루키는 전후 문맥과 이후의 북한내 정세의 전개로 볼 때에 제1항은 정권적 조직에 관한 것이고 제2항은 공산당에 관한 것 같다고 추정하면서, 북한만의 정권적 조직 수립, 북한만의 공산당 창립이 이때 지시된 것 같다는 가설을 세우고 있다.[152] 스탈린의 지령이 소련군 부대와 현지 정권기관 및 주민간의 관계에 대한 것인데 공개된 내용은 거의가 '주민'에 대한 사항으로서 '현지 정권기관'에 대해서는 침묵하고 있으므로 정권기관의 수립에 대한 내용이 포함되어 있을 가능성은 매우 높다. 그 후에 '5도 인민위원회 연합회의'가 10월 8일에 개최되고, 그 결과 11월 19일에 '5도 행정국'의 수립이 공표된 사실에서도 이는 분명한 것 같다. 문제는 나머지 하나의 항목인데, 와다 하루키는 제3항을 비공산계 정당과 사회단체에 대한 것이라고 보고 생략된 항목이 공산당에 관한 것이라고 추정하고 있지만, 제3항은 모든 반일적(反日的) 정당 및 사회단체에 대한 것으로 보는 것이 옳은 것 같다. 따라서 이 지령의 전체적인 맥락과 이후에 발표된 표고문의 내용을 전체적으로 검토할 때 제1조는 일제 잔재의 청산, 제2조는 북한내 정권기관의 수립, 제3조는 정당·사회단체의 수립으로 이어진 것 같다.

　스탈린의 지령이 하달되고 나서 1주일 후에 평양의 소련군 사령부는 7개 항의 포고를 발표했는데, ① 모든 일제 통치기구들을 철폐할 것임. ② 한국의 실정에 맞지 않는 소비에트식 정부체제는 강요하지 않을 것임, ③ '부르주아 민주혁명'을 인정할 것임, ④ 소련은 한국에 대해 어떠한 영토적 야심도 가지고 있지 않음, ⑤ 종교 및 언론의 자유를 보장할 것임, ⑥ 일본인이나 친일파들이 소유하고 있던 토지는 몰수할 것임, ⑦ 소작료는 3·7제로 고정할 것임 등을 그 내용으로 하고 있다.[153] 그리고 10월 12일에는 세 개의 포고문을 발표했는데, 그 가운데 두 개는 소련은 북한에 소비에트체제를 수립하지 않을 것이며 모든 것은 한국인들의 손에 달려 있다는 내용의 반복이었고, 다른 하나는 「북조선 주둔 제25군 사령관의 성명서」[154]였다. 이 성명서는 매우 중요한 두 가지 내용을 담고 있는데, 하나는 "반일당(反日黨)과 민주주의 단체들은 자기의 강령과 규약을 가지고 와서 반드시 지방자치기관과 군경무사령관에 등록하여야 하며 동시에 자기의 지도기관의 인원명부를 제출"하도록 명령함으로써 소련 점령당국이 '활동가'들에 대한 정보를 수집하고 위험시되는 단체들을 통제할 수 있게 한 것이다.[155] 그리고 다른 하나는 "북한지역내에 있는 모든 무장대를 해산"시키고 "모든 무기, 탄약, 군용물자들을 군경무 사령관에게 바칠 것"을 명령하고, "평민 중에서 사회질서를 유지하기 위해 임시 도위원회들은 소련사령부와의 협의하에 기정(旣定)된 인원수의 보안대를 조직함을 허가"한다고 공포했다. 이에 따라 치안대·적위대 등 북한의 공·사설 무장조직이 해산되었고 11월 초에 제한된 병력의 보안대가 새로이 조직되어 국내의 치안과 경비를 담당했다.[156] 이것은 신뢰할 수 있는 물리력의 중앙집중화를 의미하는 것으로, 11월 중순에 신의주에서 조선의용대를 무장해제시킨 것도 이러한 맥락에서 이루어졌던 것이다.[157]

이상의 논의를 종합하면 소련의 대북한정책은 다음과 같이 요약된다.

첫째로, 미국과 소련 정부간의 정치적 합의가 없는 한 38도선의 장벽 기능을 유지시킴으로써 일단 미국과 남한의 영향으로부터 북한을 차단시키고자 했다.

둘째로, 한국의 현 단계는 부르주아민주주의혁명 단계이므로 친일세력을 철저하게 배제시키고 광범한 민족통일전선을 결성해 인민정권을 수립한다. 일본인과 친일파의 토지를 제외하고는 사유재산과 개인경영을 인정하며, 소작료는 잠정적으로 3·7제로 한다(9월 14일의 「인민정부 수립요강」에서는 한국인 지주에 대해서도 자기가 경영하는 토지 이외에는 몰수할 것을 선언했으나, 후에는 일본인·친일파의 토지만 언급). 이리하여 초기에는 주로 반제적 과업에 집중했고, 소작료를 잠정적으로 3·7제로 할 것, 친일파의 토지 몰수, 토지개혁 등을 표명하여 반봉건과업의 수행을 지향함으로써 인민민주주의혁명 제1단계 과업의 완수를 정책의 내용으로 하고 있었다. 북한 주둔 소련군과 보안대의 창설로 물리력을 독점함으로써 이것의 실행을 보장했고, 동시에 소비에트식 정부체제를 강요하지 않을 것이라고 반복함으로써 한국인과 미국 측에 대해서 신중한 자세를 보였다. 이러한 소련의 점진적인 사회주의화 정책의 추구는 당시 한국의 절박한 민주변혁의 요구, 즉 일제 잔재의 척결과 봉건적 토지소유제도의 철폐 등 대내적인 요구와 맞물려서 진행되어 갔다.[158]

셋째로, 38도선의 철폐와 한국의 통일정부 수립은 당연히 북한에서의 그들의 기득이권이 보장되는 선에서만, 즉 소련에 우호적인 통일정부가 수립될 수 있을 때에만 가능할 수 있었다. 그렇지 못한 경우에 그들은 우호적인 북한정권이라는 차선의 목표 달성으로도 만족할 수 있었다.

2) 정책의 수행기구

북한에 대한 소련의 정책은 1945년 9월 말에 설치된 소련 민정부(民政府)를 통해서 실시되었다. 따라서 당시 소련의 대북한정책이 어떻게 실현되어나갔으며, 소련 점령당국과 인민위원회와 정치세력간의 관계는 어떠했는지를 올바로 파악하기 위해서는 이에 대한 이해가 전제되지 않으면 안 된다. 하지만 이러한 중요성에도 불구하고 이에 대한 기존의 연구는 극히 미진한 상태로 남아 있다. 김창순씨가 『북한 15년사』에서 소개하고 있지만 소련군 사령부와의 관계를 구체적으로 제시하지 않았고, 또 북한에 대한 억압적 측면만을 강조하여 북한을 소련의 위성국가로 만드는 수단쯤으로 설명하고 있다.[159] 또한 조선총독부 관리였던 모리타 요시오(森田芳夫)는 『조선종전의 기록』에서 처음에는 각 도와 시의 위수사령관이 민정업무를 담당했으나 10월 말에는 로마넨코 소장의 책임하에 수행되었다고 간단히 적고 있을 뿐이다.[160] 따라서 여기서는 소련 점령당국와 민정부와의 관계, 민정부와 인민위원회와의 관계를 좀 더 자세히 살펴보기로 하겠다.

북한을 점령한 25군은 치스차코프 대장과 참모장 펜코브스키 중장이 점령업무를 지휘했고, 그 밑에 점령에 수반되는 정치문제는 25군 군사위원인 레베데프 소장이, 군사문제는 샤닌 소장이 담당했다. 일의 성격상 민정업무도 처음에는 레베데프 소장과 각 도와 시의 위수사령부에서 담당했으나, 이들은 모두가 이러한 사업에 서툴 뿐만 아니라, 북한에서 일제 잔재의 청산작업이 지나칠 정도로 철저하게 이루어졌다는 사실은 그만큼 북한에 정치적·경제적으로 커다란 어려움을 안겨다주었다. 더욱이 소련군은 일본군과 전투를 전개하면서 북한에 진주했기 때문에 일본인들과의 적대감은 한결 더했으며, 이에 일본인들은 교량과 산업시설들을 파괴하면서 월남했던 것이다.[161] 따라서 북한의 질서를 바로잡고 산업시설을 정상 가동시키는 것이 시급했는데 한국인들은 국가 건설에의 열정에도 불구하고 전혀 준비가 되어 있지 못했으며 소련군도 이는 마찬가지였다. 이에 치스차코프는 연해주 군관구[162] 사령부 사령관 메레츠코프 원수에게 경험 있는 전문가들을 요청하여 9월 말에 소련 민정부를 설치했던 것이다.

민정부는 25군 사령관 치스차코프의 지휘하에 있으면서, 동시에 연해주 군관구 군사위원인 슈티코프 대장의 지도를 받으면서 활동했다. 슈티코프는 레닌 주 당서기와 군사위원으로서 풍부한 경험을 쌓은 고위 정치장교로 후에 미소공동위원회 소련 측 대표로 활약하기도 했다. 레베데프에 따르면 그가 어디에 있든지 그의 참여 없이 북한에서 이루어진 조치는 하나도 없었다.[163] 하지만 이것이 소련 민정부가 실무만 담당했던 기구라는 것을 의미하는 것은 아니며, 민정부의 다양한 부서는 상부의 정책에 기초하여 자기들의 분야에서 프로그램을 세우고 정책을 수행하는 책임을 맡고 있었다.[164]

민정부의 책임은 로마넨코 소장이 맡았는데, 그는 연해주 집단군과 제35군[165]의 군사위원을 역임했던 경험 있는 조직장교였다. 그와 함께 몇 개의 전문가 그룹이 북한에 도착했고 북한 주둔 25군 사령부에서도 많은 유능한 장교들이 선발되어 합류했다. 이렇게 하여 1945년 11월에는 소련 전문가들이 5도행정 10국의 고문으로서 한국인들과 일을 할 수 있게 되었다.[166] 이들 가운데에서 가장 중요한 사람은 정치문제를 담당한 이그나체프 대령으로 그는 정당과 사회단체·정권기관들과 접촉하고 이들을 지원했으며, 레베데프 소장과 함께 북한의 공산화와 정권 수립과정에도 깊이

관여했다.[167]

　지방수준에서의 민정부의 활동은 도(道)의 고문들과, 북한에 진주한 직후에 도와 군에 설치되었던 위수사령부를 통해서 이루어졌다. 위수사령부의 활동은 초기에는 일본군의 무기와 재산을 파악하고 보전하는 것, 민간인들과 군대내에 질서를 유지하는 것 등이었으나, 후에는 역할이 크게 확대되어 인민위원회에 대한 지원을 주요한 사업으로 삼았다. 민정부는 도의 고문들을 통해서 위수사령부의 활동을 지도했는데, 고문들은 민정부에 직속되어 있으면서 동시에 도에서는 소련군 사령부를 대표하여 도의 위수사령관을 예하에 두었다. 그리고 이들 고문들은 도의 위수사령부의 기관들을 통해서 인민위원회에 대한 지원사업을 전개했다.[168] 따라서 25군의 정치담당 부사령관과 민정부와는 별개의 조직이었다는 것과, 도·군 위수사령부와 민정부에서 파견한 도의 고문과의 관계도 분명해졌다.[169] 이 밖에 미군정과 비교하여 그것이 군정이었느냐, 민정이었느냐 하는 논란이 있으나[170] 이는 별 의미가 없는 논의이다. 민정부와 도에 배치된 고문들의 구성을 보면 모두가 소련군의 군사위원(military commissar)[171]들로 군대내에서 정치사업을 담당해왔던 사람들이었다.[172] 따라서 인적인 구성면에서 본다면 이들도 역시 군인들이었다는 점에서 미군정과 마찬가지로 군정이었다. 하지만 이것은 극히 표면적인 명칭상의 문제에 불과하며, 좀 더 중요한 것은 이들이 한국인들과의 사업을 어떻게 전개했는가 하는 점이다. 이를 정확히 파악하기 위해서는 당시 북한의 정치세력들의 구성과 정책노선, 지방인민위원회의 구성과 정책의 수행과정을 자세히 검토하고, 이 과정에서 소련 점령당국이 취했던 정책을 살펴봐야 한다.

3) 대북한정책

(1) 행정기관의 수립
① 인민위원회
해방 초기에 소련의 대북한정책은 한국인들의 지방 인민위원회를 통해

간접적으로 이루어졌다. 소련이 이러한 방식을 택한 이유는 인민위원회내에서 좌익이 우위를 점하고 있었으므로 이 기구를 통해서 한국인들에게 반감을 주지 않으면서 자국의 이익을 확보할 수 있었고, 남한에서도 인민위원회가 널리 존재하고 있었으므로 장차 수립될 통일된 한국정부가 보다 친소적으로 되는 데에도 여러 가지 이점을 제공할 것이기 때문이었다.[173]

그러면 사실상 최초의 행정기관이라고 할 수 있는 인민위원회의 구성과 성격에 미친 소련의 영향에 대해서 살펴보기로 하자. 해방과 동시에 서울에서는 여운형을 중심으로 민족주의자와 공산주의자들의 통일전선적 조직인 건국준비위원회가 구성되었고, 그 지부가 전국에 걸쳐서 설치되었다. 북한에서도 각 도에 건국준비위원회[174]가 결성되었는데, 이는 서울 중앙과의 연계 없이 지방분산적으로 결성된 조직이었다. 북한의 각 지역의 건준은 외부의 힘이 가해지지 않은 상태에서 좌우가 망라된 통일전선적 조직으로,[175] 그 지역의 행정과 치안을 담당하기로 했다. 그러나 소련군이 북한에 진주한 이후에 이들 각 조직은, 역시 해방된 직후에 결성된 조선공산당 각 도지부와 1 대 1의 비율로 통합하게 됨으로써 변화를 겪게 되었다. 건준 지부는 좌우합작의 행정 치안기구였고 조선공산당 각 도지부는 좌익 정치세력의 정당조직이었음을 고려할 때, 소련군의 주도로 이루어진 두 조직간의 형식상 동등한 통합은 내용상 행정·치안기관과 정당조직간의 통합이었고, 세력 구성상으로는 공산주의 세력의 우세를 결과하는 좌·우익의 연립이었다.

하지만 각 도에서 건준 지부가 인민위원회로 재편되는 과정은 지역에 따라서 조금씩 차이를 보였다. 함경북도는 소련군의 진공으로[176] 해방을 맞이했기 때문에 다른 도와는 달리 9월 말에야 실업가인 이창인을 위원장으로 하는 함경북도 인민위원회가 수립되었다.[177]

함경남도는 함경북도와 함께 일제강점기부터 공산주의운동이 매우 활발히 전개되었던 지역으로 인민위원회로의 이행과정도 자발적으로 이루어졌다. 함경남도 건국준비위원회가 도용호·최명학 등 좌익성향의 민족주의자들과 공산주의자들로 구성되어 있었고, 오기섭·정달헌·주영하·이주하 등을 중심으로 함경남도 공산주의협의회가 결성되어 있었다.[178] 치스차코프 사령관이 함흥에 도착한 것은 8월 24일인데[179] 이 두 조직은 하루 전인 8월 23일에 이미 공동전선을 펴기로 타협을 본 상태였다. 이틀 뒤에 두 조직은 11명씩의 위원을 선출하여 도용호를 위원장으로 하고 최명학을 부위원장으로 하는 '조선민족 함경남도 집행위원회'를 구성하고, 9월 1일에는 함경남도 인민위원회로 구성과 명칭을 바꾸었다.[180] 소련군은 이러한 함경남도 집행위원회로 결성과 구성방식(좌·우 동수)을 이후 북한 점령지역 전체에 확대 적용했다.

8월 26일에 치스차코프는 평양으로 갔다. 함경도와 달리 평안도는 우익 민족주의세력이 매우 강했다. 조만식을 중심으로 해 8월 17일에는 평안남도 건국준비위원회가 결성되었고,[181] 위원 20여 명 가운데 이주연과 한재덕을 제외한 나머지는 모두가 우익 민족주의계열의 인사였다. 같은 날 현준혁·김용범·박정애 등을 중심으로 해 조선공산당 평남지구위원회가 결성되었으며[182] 건준에 참여한 이주연·한재덕도 여기에 참여했다. 그 후 8월 29일에 치스차코프와 레베데프의 주도로 조만식을 위원장으로 하고, 현준혁과 오윤선을 부위원장으로 하는 평안남도 인민정치위원회가 결성되었다.[183]

평안북도에는 이유필·백용구·함석헌·이용흡 등을 중심으로 하는 평안북도 자치위원회와, 여기에 참여하는 백용구·김재갑·이황 등을 중심으로 하는 조선공산당 평북지구위원회가 조직되어 있었다. 치스차코프가 8월 30일에 신의주에 도착한 뒤에 자치위원회는 평안북도 임시인민정치 위원회로 개칭되었으나, 조직적인 개편은 없었던 것 같다.[184]

한편 황해도는 해방 후 여러 단체들이 난립해 혼란을 빚고 있었다. 김덕영·송봉욱 등을 중심으로 하는 조선공산당 황해도 지구위원회, 김응순 등 우익 민족주의 세력을 중심으로 한 건준 황해도지부가 난립하고 있었다. 처음에는 소련군 정치장교들의 주도로 건준 황해도 지부가 인민정치위원회로 개편되었지만 공산당의 반발로 활동이 마비되어 결국은 조선공산당 황해도 지구 위원장 김덕영을 위원장으로 하는 황해도 인민위원회로 대체되었다. 이에 우파인 해주보안대가 반발했으나 결국 보안대 간부는 남쪽으로 도피하고 인민위원회 산하에 치안대가 조직 되었다.[185]

이렇게 하여 각 도에 수립된 인민위원회는 소련 점령당국에게는 한국인들과의 직접적인 마찰이나 충돌 없이 자기들의 이해를 관철시킬 수 있는 통로가 됐고, 35년간의 일제의 식민지배에서 막 해방된 한국인들에게는 비로소 자치적인 기관을 갖게 되었다는 중요한 의미를 지니는 것이었다.

그러면 소련 점령당국과 인민위원회의 관계는 어떠했는가? 이에 대해서 혹자는 소련 이해의 대행기관쯤으로 평가절하시키고, 혹자는 한국인들의 자치기관이었음을 강조한다.[186] 하지만 이를 제대로 파악하기 위해서는 인민위원회내에서 민족주의자들과 공산주의자들간의 마찰은 없었는가, 이에 대한 점령당국의 태도는 어떠했는가 하는 것을 검토해봐야 한다.

해방 초기에 인민위원회내에서 우익 민족주의자들과 공산주의자들은 정책의 방향, 특히 토지개혁문제에 대해서 의견을 달리하고 있었다. 당시에 가장 중요하게 제기된 두 가지 과제는 미·소에 의해 분할된 조국을 하나로 통일해 독립정부를 수립하는 것과 반제반봉건 민주과제를 실현하는 것이었다. 전자는 전적으로 미·소간의 합의에 달려 있으므로 모스크바3상회의 결정이 있기 이전까지는 크게 문제가 되지 않았으나, 후자는 특히 토지개혁의 실시문제와 관련해 두 세력이 입장을 달리하고 있었다. 민족주의세력에게는 토지개혁이 자기들의 세력기반에 직접 관련되는 문제였기 때문에 쉽게 양보하기가 어려웠다. 이러한 양측의 대립에 대해 소련 측은 신중한 태도를 취했으며, 일방적으로 공산주의세력의 주장만을 지지한 것은 아니었다.[187] 해방 직후에 인민위원회가 당면한 문제들을 해결하는 데에는 적극적으로 협력했으나, 이것이 미·소간의 협력관계를 깨뜨려 보다 중요한 자국의 이익에 악영향을 미치지 않도록 세심한 주의를 기울였던 것이다. 앞에서도 살펴보았듯이 북한에 영토적 야심이 없다거나 소비에트체제를 수립할 의사가 없다고 반복하고 있었던 것도 이러한 맥락에서 이해할 수 있다. 그러나 사회주의 국가인 소련의 군대가 진주해 있고, 일제잔재 척결과 토지개혁등 반제반봉건적인 민주변혁이[188] 요청되던 당시 북한의 상황은 자연스레 공산주의세력을 신장시켰으며, 일제 잔재 척결에 중점이 두어진 제한된 범위의 계급투쟁을 전개시켰다.[189] 한국인들에 대한 소련의 지원은 반공적·반소적[190]·친일적인 세력에 대한 투쟁과 병행해 이루어졌고, 이것은 주로 인민위원회의 사업에 대한 지원과 묵인을 통해서 이루어졌던 것이다. 우익 민족주의세력을 포함해 이에 적응할 수 없었던 사람들은 월남의 행렬에 끼어 남하했고,[191] 점차로 인민위원회 내부의 세력 관계로 좌익에게 유리하게 변화되어갔다.

② 5도행정국

소련군의 진주와 함께 수립된 이방 인민위원회 체제는 남한의 미군정과 달리 인민위원회간의 연계가 부족했고 지방분산적이었기 때문에 조직적이고 일관된 정책을 시행할 수가 없었다.

이에 소련 점령당국은 9월 말에 민정부를 설치해 이러한 한계를 극복하고자 했다. 그 최초의 구체적인 조치가 북한에 중앙행정기관을 수립할 목적으로 10월 8일에 소집된 5도 인민위원회 연합회의이다.[192] 이 회의에는 치스차코프 대장, 로마넨코 소장, 이그나체프 대령 등이 참석했고, 각 도인민위원회 대표 75명이 참석했다. 여기서 이들 대표들은 민족진영과 공산진영 각각 15명씩 30명의 위원을 선임하고 위원장에는 조만식을 선임했다. 그리고 농산물 확충과 식량성출(誠出)문제, 군수공장을 민수공장으로 개편하는 데 관한 문제, 금융재정문제와 아울러 지방 기구의 정비 및 통일에 관한 문제를 주요 의제로 다루었고, 5도 인민위원회 연합회의내에 농장관리·산업공업·재정금융·행정 등 4개 분과 회의를 설치하기로 결정했다.[193] 또한 종래에 구구하던 명칭을 '인민위원회'로 통일시켰다.

이 연합회의의 결과로 북한 5도의 행정을 통일적으로 지도·관리하기 위한 작업이 서서히 진행되었고, 11월 19일에는 5도행정국의 수립이 공포되었다.[194] 북한에서 통일적인 최초의 행정기관인 이 조직은 산업·농림·보건·교통·교육·사법·상업·보안·재정·체신 등 모두 10국으로 구성되었으며, 소련인 전문가들은 고문으로서 이 조직의 활동을 지원해주었다.

하지만 실제로 5도행정국은 중앙행정기관으로서의 기능을 수행하지 못하고 단지 후원적인 역할에 머물렀으며, 실질적인 권력은 여전히 각 도 인민위원회에 의해 행사되었다.[195]

그럼에도 불구하고 5도행정국의 수립이 지니는 의미는 크다. 소련 점령당국의 본격적이고 체계적인 활동의 시작과 때를 같이하여 수립되었다는 것과, 실제 활동은 미미했을지라도 지방분산적인 인민위원회 활동을 통합하려는 최초의 시도였다는 것은 중요하게 평가돼야 한다. 이처럼 5도행정국의 활동의 미미함을 초래했던 조직상의 느슨함과 정치노선상의 불명확성은 1946년 2월에 북조선임시인민위원회가 수립됨으로써 극복되게 된다.

(2) 정치세력의 구성과 정당 결성

해방 직후 북한의 정치세력은 우익 민족주의세력, 국내파 공산주의 세력, 김일성과 그의 빨치산 동료들, 소련계 한인들, 조선독립동맹세력 등 대략 다섯 집단으로 분류되며,[196] 이들 중 해방 초기라고 할 수 있는 1945년 12월 말까지 북한에서 활약했던 세력은 소련계 한인들과 연안파를 제외한 나머지 집단이었다. 소련계 한인들은 북한에 진주하는 소련군과 함께 들어오거나, 그 뒤에 점령당국의 필요에 의해서 국내에 입국하게 됐던 소련계 한인 2, 3세들이었다. 이들은 공통의 경험이나 입장이 없이 개인적으로 입국하여 점령당국의 업무를 보조했고, 독자적인 세력을 형성하지 않고 김일성과 그의 빨치산 동료들과 보조를 같이했다.[197] 또한 중국 연안에서 중국공산당의 후원 아래 항일독립운동을 전개했던 조선독립동맹세력은 김두봉·무정·박효삼 등 간부진만이 1945년 12월까지 국내에 들어오고[198] 그들의 무장력인 조선의용군은 점령당국에 의해서 입국이 저지되는 상황에 있었다.[199] 따라서 이들은 1945년 기간에는 북한의 국내정세를 관망하는 자세를 보였고, 모스크바3상회의 결정의 지지문제가 정치 쟁점으로 제기된 이후에 입장을 표명하고 정치무대에 나오지만 이때는 공산당의 세력이 주도권을 잡고 있어서 보조적인 역할을 수행할 수밖에 없는 입장이었다.[200] 따라서 1945년 기간의 북한 정치세력의 향배를 파악하기 위해서는 김일성과 그의 빨치산 동료들과 국내파 공산주의자들의 조선공산당 북조선분국, 우익 민족주의세력의 조선민주당의 활동을 살펴볼 필요가 있다.

① 조선공산당 북조선분국

앞에서 살펴본 바와 같이 해방 직후에 북한의 지방 공산주의자들은 조선공산당 지부를 결성하고 활동을 시작했다. 정도의 차이는 있지만 이들은 대부분 서울 당중앙(위원장 박헌영)을 지지하고 그 지시에 따르고 있었으며, 북한내에 따로 중앙을 결성하려는 시도는 1국 1당의 원칙에 위배되는 것으로 있을 수 없는 일로 여기고 있었다.

그러나 북한지역에 사회주의 국가인 소련의 군대가 진주하고, 서울의 당중앙이 미군정의 지배하에 들어감으로써 사정이 달라졌다. 소련군이 진주하고 있는 지역은 북한지역에 한정되었지만, 이들은 조선공산당 권위의 궁극적 원천이었다. 따라서 서울당은 소련영사관을 통해서 소련과의 관계를 유지하고 있었고[201] 조선공산당의 혁명노선은 소련 점령당국의 기본방침과 궤를 같이하고 있었다.[202] 이런 상황에서 활동에 제약을 받는 서울당이 소련군이 진주하고 있는 북한의 5도당을 올바로 지도하기에는 현실적으로 어려움이 많았고, 여기에 소련 측과 갑산파의 이해가 결합되어[203] 분국 수립작업이 시작되었다.

소련 점령당국은 9월 하순에 민정부를 설치한 이후, 북한내에 지방행정기관을 통합하려는 노력과 아울러, 각 도에서 서울당을 지지하며 지방분산적으로 활동하던 북한의 지방 공산주의자들을 통합하려는 시도를 했다. 이 작업은 이그나체프 대령의 간접적인 지원하에 1945년 9월 중순에 소·만 국경지역으로부터 국내에 돌아온 김일성과 그의 빨치산 동료들에 의해서 주도되었다. 그 결과 10월 5일에 예비회의를 거쳐서, 10월 10일에서 13일 사이에는 '서북 5도당 책임자 및 열성자 대회'를 개최해 조선공산당 북조선분국을 정식으로 수립했다.[204] 분국을 수립하는 과정에서 국내파,

특히 함경남도지역의 공산주의자들로부터 심한 반대에 부딪혔는데, 이들은 그 후 '지방 할거주의자' '종파주의'라고 비판받고 급속하게 권력에서 밀려나게 되었다.

그러면 서북 5도당 대회에서 이루어진 토론내용과 결정사항은 무엇인가? 이것은 향후 북한정치의 기본노선이 된다는 점에서 매우 중요하며, 이를 요약하면 다음과 같다.

1. 조선혁명의 역사적 단계는 자본민주혁명단계이다. 이 혁명의 임무는 일제 잔재의 철저한 청산과 무상몰수·무상분배의 토지개혁을 주내용으로 하는 봉건 잔재의 폐지이다. 이 혁명의 동력은 노동자·농민·중소상공인 등 각계 각층을 망라한 비일본적 요소의 민족통일전선이며, 여기에는 자유주의적 민주주의분자라도 당의 노선에 동조하면 참가할 수 있다. 이 혁명의 대상은 제국주의세력과 매판기업가, 지주, 민족반역자이다.

2. 남한과 북한은 미군정과 소련군대의 주둔으로 상이한 조건이 조성되었으며, 따라서 북한에 조선공산당 북조선분국을 설치하고 그 지도 아래 북한을 한반도 혁명의 튼튼한 민주기지로 발전시킨다.

3. 당내에 있는 좌·우편향을 극복한다.

4. 노동계급이 영도하는 인민정권을 건설하기 위해서는 먼저 대중적 토대를 튼튼히 쌓아야 한다. 당에 지식분자의 수를 줄이고 노동자·농민계급을 많이 끌어들어야 한다.

5. 일제의 모든 생산기관 및 재산의 몰수는 물론 일제의 전쟁범죄행위에 협력한 조선인의 것도 몰수하며, 일본 제국주의자의 토지와 친일적 반동지주의 토지도 몰수하여 농민에게 무상분배해 경작케 한다.

6. 아직 공산당은 통일적인 당의 강령과 규약을 갖고 있지 못하며 철저한 레닌주의적 당규율이 부재하다. 따라서 이 문제가 시급히 해결되어야 한다.[205]

서북 5도당 대회에서 결정된 이상의 내용들은 앞에서 살펴본 바와 같이 소련 점령당국의 정책방침과 일치하며, 이는 인민민주주의혁명의 제 1단계에 해당하는 것이었다.[206] 즉 노동자·농민을 주축으로 해 광범한 통일전선을 결성하고, 이를 바탕으로 반제반봉건민주주의혁명을 완수한 다는 것이다. 그리고 이 대회의 결과 수립된 조선공산당 북구조선분국은 형식상 서울 중앙의 승인을 받는 '분국'의 형태로 수립되었지만,[207] 내용적으로는 북한지역에 독자적인 당중앙을 새로 설치하는 것을 의미했다. 그 결과 북한의 국내파 공산주의자들은 세력이 약화되었으며 서울당과 분국간의 위상도 점차 변화를 겪게 되었다.

북조선분국의 창립대회에서 책임비서에는 김용범,[208] 제2비서에는 오기섭과 무정이[209] 선출되었다. 김일성이 책임비서에 오른 것은 신의주사건이 있고 난 12월 17일의 제3차 확대집행위원회에서였으며, 여기서 그는 '민주기지론'을 정식으로 제창했다.[210] 민주기지론의 내용은 소련군이 진주하고 있는 북한의 유리한 상황을 최대한 이용하여 북한에 먼저 튼튼한 민주근거지, 즉 민주기지를 세우고 이를 기초로 해 전 한반도를 통일시키겠다는 것으로 선민주·후통일의 방침이었다. 이에 대한 평가는 그 강조점을 통일에 두느냐 아니면 시대적 요구의 완수에 두느냐에 따라서 달라지는데, 어쨌든 그 타당성에도 불구하고 남북한간의 이질화를 촉진시킨 중요한 계기가 되었음은 분명하다.

② 조선민주당

조선공산당계열 이외에 해방 초기의 북한에서 정치활동을 벌였던 다른 세력으로는 조만식 중심의 우익 민족주의세력이 있다. 이들은 특히 평안도지역을 중심으로 광범한 지지를 받고 있었으며 5도행정국이 수립된 이후에도 1945년 말까지 실질적인 중앙행정기관의 역할을 한 평안남도 인민위원회를 중심으로 활동을 전개했다. 그러나 소련군이 진주하고 있는 상황은 이들에게 절대적으로 불리했으며, 인민위원회내에서 지속적인 세력의 약화를 감수해야 했다.

이들이 정당을 결성한 것은 11월 3일에 이르러서인데, 이는 9월 20일에 스탈린의 지시가 하달되고 난 후 10월 12일에 치스차코프 대장이 반일민주정당과 사회단체의 수립을 허용한다는 성명에 바탕을 두고 이루어진 것이다. 하지만 조선민주당이 구체적으로 어떤 동기에서 창당되었는지는 분명하지 않으며,[211] 또 이들의 정강이 구체적으로 어떤 내용이었는지 밝혀지지 않고 있다. 하지만 이들의 지지기반이 중산층과 기독교인, 지식인 등이었음을 고려한다면 당시 북한에서 전개되었던 상황 속에서 적극적인 활동을 하지 못하고 위축될 수밖에 없었으며, 이는 창당과정과 창당 이후의 활동상에서 분명해진다.

여기서 한 가지 주목되는 것은, 신의주사건이 있기 이전까지는 김일성과 그의 빨치산 동료들이 우익 민족주의세력과 협력관계를 유지하고 있었다는 사실이다. 김재민(김책)은 조선민주당 창당작업에 깊이 관여했고 후에 상임집행위원으로 선출되었으며, 최용건은 민족진영의 이윤영과 함께 부당수로 선출되었다. 이것은 김일성의 지위를 상대적으로 높여주면서 동시에 우당(友黨)의 협력을 견인해내려는 통일전선정책의 일환으로 이루어진 것으로 생각된다.

하여튼 우익 민족주의세력은 조선민주당을 창당하지만 조직적인 힘이 미약했고, 1945년 말에 이르러서는 김일성과 그의 동료들이 주도하는 조선공산당 북조선분국만이 북한에서 주도권을 차지하게 되었다.

5. 모스크바 결정과 대북한정책

앞에서 살펴보았듯이 해방 초기 소련의 대북한정책은 기본적으로 공산주의세력에 대한 일방적인 지지가 아니라 우익 민족주의세력과의 협력을 통해서 이루어졌다. 사회주의 국가인 소련의 군대가 주둔하고 있다는 사실, 35년간의 식민지 경험에서 유래한 모순의 누적 등으로 인해 인민위원회내에서 공산주의세력이 점차 커져갔던 것은 사실이지만, 이것이 우익

민족주의세력의 배제를 의미하는 것은 아니었다. 소련 점령당국의 성명이나 포고 내용은 세력관계에 직접적으로 영향을 미칠 수 있는 반봉건 과제의 완수와 관련해서는 매우 조심스런 태도를 보였고, 주로 중점이 일제 잔재의 청산과 통일된 한국 민주정부의 수립에 모아졌다. 그러나 이러한 소련의 태도는 모스크바3상회의의 결정에 대한 지지문제를 둘러싸고 국내 세력의 일부와 대립되었을 때 급격히 변화했다. 즉 이제까지의 좌·우익의 순수한 협력(genuine cooperation)관계는 결렬되고 모스크바 결정을 지지하는 세력을 중심으로 해 강력한 통일전선을 결성했으며, 실질적인 중앙행정기관인 북조선임시인민위원회를 수립했다. 이로써 모스크바3상회의 결정의 지지문제를 둘러싸고 전개되었던 일련의 과정은 미국과 소련에 의한 임시분할이 영구분단으로 나아가는 데에 결정적인 계기가 되었다. 따라서 여기에서는 모스크바3상회의에서 소련 측의 입장은 무엇이었으며, 이를 둘러싸고 북한에서 전개됐던 상황은 어떠했는지 검토하고자 한다.

1) 모스크바 결정과 소련의 입장

앞에서 살펴본 바와 같이 미군과 소련군이 진주한 이후 38도선은 점차로 장벽화했고, 이에 미군정당국은 점령당국간의 회담을 통해서 이를 타개하려고 했다. 그러나 이러한 문제는 점령국 정부간의 합의에 의해서만 온전히 풀릴 수 있는 문제였고, 따라서 1945년 12월 16일에서 27일까지 모스크바3상회의 개최를 기다려야 했다.

이 회담과 관련한 기존의 논의는 주로 한국문제와 관련해서만 언급되어 왔으므로 한국문제의 비중과 회담의 분위기 등이 제대로 전달되지 못하는 한계를 지니고 있었다. 미국 측이 상정하고 있던 이 회담의 주요의제는 소련의 유엔 참여와 원자력위원회에의 참여 문제, 그리고 일본 점령정책기구의 수립 문제였다.[212] 이에 대한 대가로 미국은 소련 측에 원자력에 관련된 정보를 제공하고 루마니아와 불가리아에 대한 소련의 영향권을 인정하고자 했다. 당시만 해도 미국과 소련간에 불신이 상당히 깊었던 시기인데도 번수와 몰로토프, 베빈간의 회담은 냉전식 대결에서 루즈벨트식 외

교로 상당히 회귀한 것이었다.[213]

이러한 협조적인 분위기에서 이루어진 한국에 관한 모스크바3상회의 결정은 카이로선언에서 합의된 바 있는 한국의 독립을 위한 방법과 절차[214]를 구체화한 것이라고 볼 수 있다. 이 회담의 진행과정을 검토함으로써 한국의 독립정부 수립에 대한 소련의 입장과 구상이 어떤 것이었는지를 파악할 수 있다.

모스크바회담 이튿날인 1945년 12월 17일에 미국 측은「한국의 통일적 행정체계」라는 제하의 초안을 제출했는데 그 내용은 다음과 같다.

  1. 미·영·중·소 4개국이 신탁통치체제의 시정권자(adminstrative authority)가 되어, 유엔헌장 제79조에 규정된 기본목적에 따라 행동한다.

  2. 1인의 고등판무관(a high commissioner)과 4개 신탁통치국의 대표로 구성되는 집행위원회를 통해서 통치권한과 기능을 수행한다.

  3. 한국의 통일적 행정체계, 즉 신탁통치체제에는 한국인을 행정관·상담역·고문으로 이용한다.

  4. 신탁통치기간을 5년으로 하되 필요하면 4개 신탁통치국간의 협정으로 다시 5년을 연장할 수 있다.[215]

소련 측은 위의 미국 측 초안을 검토한 뒤에 12월 20일 제5차 정기총회에서 초안을 제출했는데, 그 내용을 요약하면 다음과 같다.

  1. 한국을 민주주의 독립국가로 재건·발전시키기 위하여 한국 임시민주정부를 수립한다.

  2. 한국 임시정부의 형성을 원조하고 일정한 방법을 미리 정하기 위하여 미·소 양군 대표에 의한 공동위원회를 설치한다. 공동위원회는 그들의 제안을 준비함에 있어서 한국의 민주주의 정당 및 사회단체와 협의한다. 작성된 제안은 공동위원회를 구성하는 양국 정부가 최종결정하

기 전에 관계국 정부의 심의를 받는다.

3. 한국의 발전과 국가수립을 원조·협력할 방안은 임시정부와 민주주의 단체의 참여하에 작성한다. 공동위원회는 5년간 한국에 대한 국제신탁통치에 관한 협정안을 임시정부와 협의한 후 관계국 정부에 제출한다.

4. 미·소 양군의 대표자회의를 2주일 이내에 개최한다.[216]

12월 27일에 발표된 모스크바협정은 소련 측이 제시한 초안에 두 군데의 사소한 수정을 가해서 합의되었는데, 하나는 2항의 마지막 부분 '관계국 정부'를 '소련·중국·영국·미국의 4개국'으로 구체화한 것이고,[217] 다른 하나는 내용상의 수정이 아닌 문장 기술상의 수정에 불과했다.[218] 모스크바3상회의는 우호적인 분위기에서 진행되었고, 한국문제에 대해서도 미·소간에 쉽게 합의에 도달했으므로 위의 두 제안을 대결적으로 파악할 필요는 없지만, 그럼에도 불구하고 미국 측 초안과 소련 측의 초안을 비교해보고, 해방 초기에 북한에서 취했던 소련 점령당국의 정책을 이와 관련시켜 본다면 소련의 한국에 대한 기본입장이 어떤 것이었는지 파악할 수는 있을 것이다.

모스크바협정으로 수용된 소련 측 초안을 미국 측 초안과 비교해보면 다음과 같은 특징이 발견된다.[219]

첫째로, 미국이 신탁통치에 대한 과도적 단계로 미·소 양군의 '통일 시정기구'(unified administration authority)의 설치를 제안한 데 대하여, 소련은 한국인의 정당·사회단체와 협의한 다음, 한국 임시정부를 설치할 것을 제안하고 있다. 해방 초기에 미군정당국과 해리만의 대소제의[220]에서도 볼 수 있듯이, 미국이 주로 비정치적인 차원의 문제를 우선 해결한다는 간접적이고 기능주의적인 입장을 취한 데 비해 소련은 한국인에 의한 임시정부의 수립이라는 원칙에 따른 직접적이고 정치적인 접근 방법을 취했다. 이러한 양국의 기본방침상의 차이는 진주 초기에 소련이 한국인들의 인민위원회에 행정권을 부여하고 그것을 감독하는 방식을 취한 데 비해, 미국이 한국인들에 의한 모든 기정사실을 부정하고 미군정을 설치하여 직접통치의 방식을 취했던 정책의 차이와도 비슷하다.

둘째로, 유엔기구하의 신탁통치라는 미국안의 내용은 취소되고 소련의 초안을 기본으로 하는 소위 '모스크바협정' 방식의 신탁통치가 결정되었다는 것이다. 미국·소련·영국·중국을 시정권자로 하는 유엔하의 신탁통치는 한국의 정당과 사회단체와의 협의하에 통일임시정부를 만들어 이것을 원조하는 '모스크바협정' 방식의 신탁통치와는 외양의 유사성에도 불구하고 전혀 그 성격을 달리하는 것이다.

셋째로, 신탁통치의 기간에 관해서는 미국이 "5년으로 하지만 필요하다면 다시 5년을 연장할 수 있다"고 제안한 데 대하여, 소련쪽의 초안 '5년 이내"였으며 이것이 최종적으로 협정에 삽입되었던 것이다.

그러면 모스크바3상회의 결정에 나타난 소련의 입장은 무엇이었는가? 전시회담과정에서의 소련의 태도, 해방 초기에 북한에서 실시한 정책과 관련해볼 때 다음의 몇 가지를 상정해볼 수 있다. 첫째로, 소련은 영국이나 미국 등 서방의 강대국처럼 해외에 식민지를 두고 있지 않았다. 따라서 식민지체제의 약화 및 붕괴는 간접적이라도 소련의 이해와 일치한다는 점이다.[221] 이러한 이유에서 소련은 기존 식민지체제의 다른 모습에 불과한, 즉 기존 제국주의 국가들의 영향력을 그대로 인정하는 위임통치제도는 소련의 이해와 직접 배치되지 않는 한 반대했고[222] 전시회담에서 한국의 독립에 대한 지지도 이러한 맥락에서 이루어졌던 것이다.

둘째로, 소련은 파시즘에 대항하여 미국·영국과 협력관계는 유지했지만 평화공존이 잠정적일 수밖에 없다는 양대 진영론의 입장을 잊지 않고 있었다. 자본주의권의 포위로부터 안전을 확보하기 위해 최소한 국경을 접하는 인접국가들이 '우호적'이기를 바랐고, 이는 외몽고·중동·발칸·동구제국 등에 대한 소련의 정책에서도 분명하다. 그러나 한국이 이들 지역과 다른 점들은 ① 소련이 전체 영토를 점령한 것이 아니라 미국과 분할 진주했고, ② 독일·루마니아·불가리아·헝가리와 달리 소련에 적대국가가 아니었으며, ③ 식민지에서 막 해방되었기 때문에 일제 잔재의 척결이 반봉건 과제의 성취와도 긴밀히 접맥되어 있는 혁명적 변화를 요구하는 사회였다는 것이다. 또한 중요한 것은 아직까지 소련이 유럽국가였기 때문에 극동지역에 대한 관심은 유럽지역에 비해 부차적이었고, 한국은 전후 연합국간의 협력관계를 깨뜨리면서까지 지켜야 할 중대한 이해(vital interest)가 걸린 지역이 아니었다는 것이다. 따라서 소련은 계속해서 한국의 독립을 지지했고, 간접적으로 한국내의 혁명적 조건을 활용하면서 한국인들에 의한 자치를 내용으로 하는 신탁통치안을 제기했던 것이다. 그리고 이러한 소련의 제안은 '즉시 독립'이라는 한국인들의 민족적 열망[223]에는 미치지 못하지만 당시의 국제정치 현실을 고려한다면 미국 쪽의 제안보다 한국인들의 편에 가까이 서 있었으며, 동시에 철저하게 자국의 이해를 반영하는 것이었다. 커밍스는 소련의 입장을 다음과 같이 평가하고 있다. 즉 "소련은 한국에서 미국이 주도권을 쥐게 될 다국적 신탁통치안을 통해서보다는 즉각적인 독립정부의 수립을 통해서 자기들의 이익이 더 잘 확보될 수 있을거라고 생각했음이 분명하다.……소련은 또한 한국에 대한 신탁통치안을 제안한 미국에 협력함으로써 동유럽에 대한 자기들의 계획에 미국이 반대하지 않도록 하는 데 도움이 되리라고 생각했다."[224]

모스크바3상회의에서 자국의 이해를 반영한 자기들의 안을 통과시킨 소련은 이에 대해 기대를 걸고 있었던 것 같다. 모스크바에서 출간되는 『뉴 타임스』지는 1946년 1월 1일자에서 다음과 같이 전하고 있다. "한국에 관한 의견일치는 커다란 중요성을 가지고 있다. 왜냐하면 단지 그것은 한국의 정치적·경제적·문화적 부흥을 가장 효과적으로 수행하는 데에 기여하기 때문만이 아니라, 4개국 공동신탁통치의 귀중한 실험을 하는 것이기 때문이다."[225]

그러나 이 '귀중한 실험'은 실패하고 말았다. 그 이유는 국제정치적 고려 위에서는 모스크바 결정이 한국민들에게 바람직한 형태였을지 몰라도 즉시 독립을 요구하는 한국민들의 민족적 갈망과는 너무도 거리가 멀었고, 국내의 정치세력도 민족감정에 호소하는 '반탁세력'과 국제정치 현실의 수용을 주장하는 '모스크바 결정 지지세력'으로 분열되었던 것이다. 이러한 상황에서 모스크바 결정의 준수는 미국의 국익에 정면으로 배치되었고, 이에 미국은 모스크바 결정을 파기했던 것이다.[226]

2) 정치세력의 대응과 재편성

그러면 북한의 정치세력들은 모스크바3상회의 결정에 어떻게 대응했으며, 소련 점령당국은 이에 어떻게 대처했는가? 그리고 이 사건이 향후 정국의 전개에서 지니는 의미는 무엇인가?

앞에서 살펴보았듯이 해방 초기에 국내에서 활동을 하던 정치세력으로는 조선공산당 북조선분국과 조선민주당세력이 있었으며, 연안에서 돌아온 독립동맹세력은 아직 정치의 전면에 나서지 않고 있었다. 그리고 사회단체로는 조선공산당 북조선분국의 지도 아래에 1945년 11월 18일에 결성된 북조선민주여성동맹, 11월 30일에 결성된 조선직업총동맹, 1946년 1월 16일에 조선민주청년동맹 북조선위원회로 재편되는 공산주의청년동맹, 이외에도 여러 사회단체가 결성되었거나 결성되고 있었다.[227]

그러면 이들 세력은 모스크바 결정에 어떻게 대응을 했는가?[228] 먼저 조선민주당 위원장이자 5도행정국장인 조만식에 대한 소련 점령당국의 대응은 익히 알려진 바와 같다. 점령당국은 최용건·이주연 등을 통해 조만식을 설득했으나 무위로 끝나자, 12월 30일에는 치스차코프 사령부에 그를 불러 모스크바 결정에 찬성해줄 것을 요청했다. 그 후 몇 차례의 요구가 거듭되었으나 끝내 그는 찬성하지 않았고, 1월 5일에 고려 호텔에 연금됨으로써 국내 정치무대에서 사라지게 되었다.[229] 그리고 그가 위원장으로 있던 5도행정국은 1월 3일에 「모스크바 협정에 관한 북조선 행정국장회의 성명서」[230]를 발표하여 모스크바 결정의 지지를 표명했다.

한편 조선민주당을 제외한 여타의 정당과 사회단체들은 1월 2일에 「조선에 관한 모스크바3국외상회의 결정에 대한 북조선 각 정당·사회단체들의 공동성명」을 발표해 지지를 표명했으며, 그 내용은 다음과 같다.

  1. 모스크바회의의 결정에 기재된 조선의 민주주의적 임시정부의 창

설은 조선의 완전하고 자유로운 국가적 독립을 달성함에 있어서 가장 중요한 출발점이다.

 2. 5년 이내의 후견제는 조선의 자유롭고 통일적인 완전한 독립군가의 확립에 전적으로 원조·협력해주겠다고 세계인민의 앞에 약속한 신성한 의무의 성의 있고 구체적인 표현으로 이해한다.

 3. 모스크바3상 결정은 정의와 성의의 표현이므로 전조선인민은 마땅히 이 결정을 환영하라고 호소한다.[231]

이 공동성명은 조선공산당 북조선분국 책임비서 김일성, 조선노동조합 전국평의회 북부조선총국 위원장 현창형, 평남농민위원회 위원장 이관엽, 여성동맹위원장 박정애, 민주청년동맹 위원장 방수영, 조선독립동맹 대표 김두봉의 공동명의로 발표되었다.

이상의 모스크바 결정에 대한 북한 정치세력들의 대응양식을 당시 남한에서의 사정과 비교해보면 재미있는 사실을 알 수 있다. 즉 남한의 정치세력들처럼 어떤 사안에 대해서 개별적·즉각적인 대응이 불가능했으며, 점령당국과의 사전협의를 거쳐서 점령당국이 취하는 정책노선의 범위 안에서 활동이 이루어졌던 것이다.[232]

모스크바 결정에 대한 국내 정치세력들의 대응의 차이, 즉 조선민주당 위원장 조만식의 찬성 거절은 향후 북한의 정국에 커다란 변화를 초래했다. 이제까지 조선공산당 북조선분국과 조선민주당이 이끌어오던 정국의 운영이 모스크바3상회의 지지세력에 의해서 주도되게 되었으며, 이것은 내용상으로는 북한의 국내정치에서 더 이상 보수 우익세력이 존재하지 않는다는 것을 의미했다. 그리고 1946년 초 이후의 북한 정치는 김일성을 중심으로 하는 조선공산당 북조선분국에 의해서 주도되었고, 이와 뜻을 같이하는 조선신민당과 천도교청우당, 개편된 조선민주당 즉 북조선민주당과의 협력하에 전개되었다.

먼저 모스크바 결정의 영향을 가장 크게 입었던 조선민주당을 살펴보자. 앞에서도 보았듯이 민주당내에는 우익적인 인사만 있었던 것이 아니라 공산주의자인 최용건과 김책이 부당수와 정치부장으로 있어서 조만식 개인 중심의 정당 운영에는 한계가 있었다. 당 내부에 분열상이 노정됐으며,[233] 모스크바 결정을 둘러싸고 이것은 분명해졌다. 조만식이 연금되자 이윤영·김병연·이종현 등 간부들이 대거 월남하여 당의 활동 근거지를 서울로 옮긴다고 선포했고, 이에 최용건은 열성자대회를 소집해 당수로 취임하고 당명을 북조선민주당으로 개칭했다.[234] 따라서 북조선민주당은 이전의 당과는 성격이 달라지게 되었고, 권력의 중심에서 멀어지게 되었다.[235]

다음으로 조선의용군의 상당수를 만주에 둔 채 간부진만 우선 귀국해 '겸허잠처'(謙虛潛處)[236]하고 있던 독립동맹은 1946년 1월 2일 밤에 평양방송을 통해「시국에 대한 태도표명」이라는 제목으로 모스크바 결정을 지지하는 연설을 함으로써 처음으로 자기들의 정치적 입장을 밝혔다. 이들은 1월 14일에「조선동포에게 고함」[237]이라는 성명을 발표하고 본격적인 정치활동을 시작했다. 무정·김창만·이상조·박일우·허정숙 등은 공산당에 입당했고, 김두봉·한빈·최창익 등이 남아 조직 확대작업에 착수해[238] 2월 26일에는 그 명칭을 조선신민당으로 하고 조선신민당 선언을 발표했다[239] 현 단계는 자산계급성민주주의 단계이며, 이 단계에서 부여되는 임무는 민주정권의 수립에 있다고 주장하고, 이를 위해서는 "친일분자·파쇼분자·반민주분자 등 일체 반동세력을 제거한 외의 각 계급, 각 계층 각 당, 각 파 및 무당무파(無黨無派)의 일체 민주역량의 집중," 즉 민족통일전선의 결성이 필요하다고 주장했다. 또한 토지개혁에 대해서는 "조선인구 중 최대다수를 점유하고 있는 조선농민에게 적당한 방법으로 토지를 분급"해줄 것을 주장하고 있다. 여기서 '적당한 방법'에 의한 토지분배는, 3월 5일에 북조선임시인민위원회가「북조선 토지 개혁에 대한 법령」을 공포한 뒤에 발표한「토지정책에 관한 성명」[240]에서도 언급한 무상몰수·무상분배를 말한다. 전체적으로 볼 때 김일성을 중심으로 하는 조선공산당 북조선분국의 노선보다는 온건했지만 조선신민당은 1946년 8월에 북조선노동당으로 합당할 때까지 점령당국의 지원을 받는 조선공산당 북조선분국의 노선에 보조를 맞추었다.

이 밖에 천도교청우당이 천도교도들을 중심으로 해 1946년 2월 8일에 결성되었는데, 이들도 후에 북조선 민주주의민족통일전선[241]에 참여 했고, 모든 면에서 공산당과 동일한 행동을 취했다.

이처럼 모스크바3상회의 결정에 대한 지지문제를 둘러싸고 북한에서 전개된 일련의 과정은 소련의 국익과도 일치하는 것이었다. 모스크바 결정의 철저한 시행을 북한에서 자연스레 공산주의세력 주도하의 통일전선 결성을 가능케 했고, 미국이 남한에서 미국과 소련간의 합의를 준수한다면 남한의 사정도 마찬가지가 될 것이기 때문이었다. 따라서 소련과 북한측은 모스크바 결정의 철저한 준수를 지속적으로 주장했고, 그 후에 실질적으로 단독정부를 수립하는 정책을 급속하게 추진하지만 결코 이 주장을 잊진 않았다.

3) 북조선 임시인민위원회의 수립

모스크바3상회의 결정 지지문제를 둘러싸고 벌어졌던 혼란을 수습하고, 북한은 1946년 2월 8일에 평양에서 '북조선 각 정당·사회단체, 각 행정국 및 각 도·시·군 인민위원회 대표 확대협의회'를 개최하고 본격적인 최초의 중앙정권기관이라고 할 수 있는 북조선임시인민위원회를 수립했다. 당시에 소련과 북한이 당면했던 상황을 생각해본다면 이 기관 수립의 필요성은 어느 정도 이해할 수 있겠다. 이전에 북한의 행정은 5도행정국이 담당했으나, 이는 통합적인 기능이 미약하여 사실상은 각 도 인민위원회별로 행정이 이루어지고 평안남도 인민위원회가 그 중심역할을 담당했다. 그런데 모스크바 결정을 둘러싸고 조만식이 연금됨에 따라 그가 책임지고 있던 5도행정국과 평안남도 인민위원회의 위원장을 다시 선임하고, 우익민족주의세력과 공산주의세력의 협력에 의해서 이루어져왔던 전체 행정체계를 재편하는 것이 필요했던 것이다.[242]

둘째로, 남한과 관련해볼 때 당시 북한에서의 정치적 결정에 절대적인 영향력을 쥐고 있던 슈티코프 대장이 미소공동위원회의 참석차 1월 16일부터 2월 5일까지 서울에 있었고, 당시 남한에서 모스크바 결정 지지세력과 신탁통치 반대세력간의 대결 양상, 특히 미군정측의 우익 보수계의 지원은 북한에 대한 그의 정책결정에 분명히 영향을 미쳤을 것이다. 더구나 당시 북한에서 새로이 조성된 정세가 반탁세력의 제거를 통해서 이루어졌고, 반탁세력은 대부분 반소적이었으므로 모스크바 결정을 파기하는 것은 소련의 국가이익에 기본적으로 배치되는 것이었다. 따라서 소련 측이 택할 수 있는 대안은 북한에 조성된 정세를 확고히 하고 미국으로 하여금 국제적 신의를 저버리지 말도록 당부하는 것밖에는 없었던 것이다.

이러한 소련의 입장은 곧 모스크바 결정을 지지했던 북한의 당시 정치세력들의 입장이기도 했다. 김일성은 2월 8일에 행한 보고[243]를 통해서 북조선임시인민위원회의 수립 이유를 각 국(局)들의 사업방향을 지도할 유일한 중앙주권기관이 없다는 것과, 모스크바3상회의 결정을 북한에서만이라도 우선 실시하여 '조선혁명의 강력한 근거지'를 창설하는 것이 필요하다는 것 두 가지로 들었다. 그리고 그는 이 위원회가 해결해야 할 10가지 당면과제를 제시했는데 두 가지는 특히 중요한 의미를 지닌다. 첫째로, "친일파와 반민주주의적 분자들을 숙청할 것"을 주장하여, 모스크바 결정 반대자들에 대한 숙청을 함께 포함하고 있다.[244] 둘째로 "일본 제국주의자와 민족반역자 및 조선인 지주들의 토지와 삼림을 국유화해 농민에게 토지를 무상분배할 수 있도록 준비하고 실시해야 한다"고 함으로써, 이제까지 우익 민족주의세력과의 협력의 필요상 연기해왔던 반봉건 민주과제의 실시를 일제 잔재 처리와 병행할 것임을 분명히 했다.

이 회의는 2월 9일에는 23명의 위원을 선출하고 북조선임시인민위원회를 발족시켰는데, 조직 구성을 보면[245] 공산당이 압도적인 다수를 차지하고 있고, 민주당과 독립동맹은 김일성을 중심으로 하는 공산당세력에 보조적인 역할만을 수행할 수 있을 뿐이었다.

그 후 북조선임시인민위원회는 반제반봉건에 찬성하는 계급들의 광범한 통일전선에 입각하여[246] 1946년 말까지 인민민주주의독재를 실시하면서 사회·경제적 개혁조치들을 취했다. 그 가운데서도 3월에 시작하여 성공적으로 완수한 토지개혁과[247] 8월에 실시한 중요 산업 국유화 조치는 결정적으로 중요한 의미를 지닌다. 이를 통해서 북한의 '조선혁명의 강력한 근거지'를 마련하기 시작했고, 남한 측에 대해서는 모스크바3상회의 결정의 철저한 시행과 더불어 북한에서 실시된 것과 똑같은 개혁이 이루어지는 한에서만 완전 자주독립국가를 세울 수 있다고 주장했다.[248] 즉 남북관계는 이제 혁명과 반혁명의 관계로 분명히 전환되었던 것이다.

이러한 북한 내부의 발전에 힘입어 소련 점령당국은 1946년 후반부터 자기들이 담당했던 역할의 많은 부분을 임시인민위원회로 넘겨주었다.[249]

6. 맺음말

지금까지 해방 이후 1946년 2월 북조선임시인민위원회가 수립될 때까지 소련의 대북한정책을 검토했다. 당시 북한에 대해 가지고 있던 소련의 정책목표는 무엇이었으며, 이는 어떤 메커니즘을 통해서 어떻게 실현되어 나갔는가, 한국의 분단과 관련해서는 어떤 의미를 지니며, 당시에 제기됐던 대내적 변혁의 요구와는 어떤 관련을 맺고 있는가 하는 것이 주요하게 제기한 문제였고, 기존의 논의들이 '안'과 '밖'의 어느 한 측면만을 강조함으로써 지니게 되었던 한계들을 극복하기 위해서 양자간의 상호작용에 유의하면서 살펴보았다.

그 결과 다음과 같은 사실들을 알 수 있었다.

첫째로 전통주의자들의 주장과는 달리 해방 이전 시기에 한반도는 소련에게 중요한 지역이 되지 못했다. 소련의 구체적인 사전준비가 있었다는 것은 사실이 아니며, 소련군의 한반도 진주는 정치적이 아닌 군사적인 목적에서 이루어진 것이었다. 소련은 연합국의 신탁통치를 거쳐 한국이 소련에 적대적인 국가가 되지 말아야 한다는 막연한 인식만을 갖고 있었다.

둘째로 해방과 더불어 소련군이 북한에 진주함으로써 소련은 '우호적인 한국정부의 수립'이라는 자국의 이해를 보다 확실하게 보장받을 수 있었다. 즉 향후에 수립될 통일한국정부는 친소적이거나 최소한 중립적이어야 했다.

셋째로 소련 점령당국은 한국이 부르주아민주주의혁명 단계에 있다고 파악하고 민족부르주아지를 포함하는 광범한 통일전선을 결성케 해 일제 잔재 처리와 산업시설 복구 등 당면한 문제들을 해결했으며, 토지개혁을 지향했다. 소련군의 진주와 보안대의 창설로 물리력을 장악함으로써 정책의 실행을 보장했고, 소비에트체제를 강요하지 않을 것이라고 반복함으로써 한국인들과 미국 측에 대해 신중한 자세를 보였다. 이러한 소련의 정책은 당시에 제기된 한국의 긴급한 민주변혁의 요구와 맞물려서 진행되었다.

넷째로 소련의 대북한정책은 소련 민정부와 인민위원회간의 긴밀한 협조를 통해서 수행되었다. 인민위원회는 처음부터 좌익에게 유리하게 조직되었으므로 소련 점령당국은 이에 직접 개입하지 않고도 자국의 이해를 실현시킬 수 있었다. 공산주의자들이 점령당국과 자율적인 관계에 있었다거나 이해가 완전히 일치했다고 보는 것은 사실과 다르지만, 서로의 이해가 조화로운 관계에 있었음은 사실이다. 따라서 인민위원회의 완전한 자율성을 가정하는 커밍스의 논의[250]는 사실과 다르며, 동시에 소련 민정부와 인민위원회를 북한의 공산화를 위한 기관쯤으로 평가절하하는 전통주의 시각은 대내적인 혁명적 변화의 요구를 무시하는 오류를 범하고 있다.

마지막으로 모스크바3상회의는 신탁통치에 관한 소련의 제안을 내용의 수정 없이 채택했다. 소련의 제안, 즉 모스크바 결정은 미국 측 제안보다 한국인들의 실질적인 참여기회를 보장하면서 동시에 소련의 이해와 부합하는 것이었다. 즉 당시 한반도에 전개된 상황 속에서 모스크바 결정의 철저한 수행은 좌익이 주도하는 통일정부의 수립을 의미했다. 따라서 소련은 모스크바 결정의 준수 요구를 포기할 이유가 없었고, 조만식세력을 제거한 후에 최초의 인민정권기관인 북조선임시인민위원회를 수립한 것도 논리적으로는 정책의 변경이 아니었다. 그러나 현실적으로 모스크바 결정 반대세력의 제거는 우익 민족주의세력의 제거를 의미했으며 공산주의자들이 주도한 북조선임시인민위원회의 수립은 북한에 단독정부 수립의 본격적인 시작을 의미하는 것이었다.

요컨대 소련은 해방된 북한에서 코민테른 6차, 7차대회의 결의와 동일한 내용의 통일전선정책을 실시했으며, 소련군의 진주로 인해 이것이 수월하게 수행될 수 있었다. 동시에 이것은 일제 잔재 척결, 산업시설 복구, 토지개혁 등 혁명적인 변화를 필요로 했던 당시의 시대적 요구에 부합하는 것이었고, 모스크바3상회의 결정도 이러한 소련의 정책방침과 맥락을 같이했다.

이 글은 아직도 자료의 한계를 완전히 극복하지 못했다. 좀 더 정확하고 세밀한 사실 확인이 절대적으로 필요하며, 이것은 이후의 연구과제로 남긴다.

주

1) K. W. Thompson, *Cold War Theories I: World Polarization*(Baton Rouge: Louisiana State Univ. Press, 1981), 53~56쪽과 2장 참조; 김용구·박상섭, 「냉전의 기원과 수정주의」, 서울대학교 국제문제연구소, 『논문집』 10호(1986), 69~87쪽 참조.
2) 공산화 단계를 그는 ① 순수한 협력기, ② 사이비연립기, ③ 단독정부 수립기로 구분한다(Hugh Seton—Watson, *The East European Revolution*[New York: Frederick A. Praeger, 1961], 169~71쪽; *From Lenin to Malenkov*[New York: Frederick A. Praeger, 1955], 248~49쪽). 그런데 이것은 1927년에 스탈린이 중국혁명을 3단계로 구분하여 파악하고 있는 것과 대단히 유사해, 세톤-와슨의 단계구분이 그로부터 힌트를 얻은 것이 아닌가 여겨진다. 즉 스탈린은 ① 전민족통일전선 단계, ② 부르주아민주주의혁명 단계, ③ 소비에트혁명 단계로 구분했고, 각 단계의 특징은 세튼-와슨의 단계와 유사하다. Stalin, "A Speech to a Joint Meeting of the Central Committee and Central Control Commission of the C.P.S.U."(Aug. 1, 1927), in Degras, J.(ed.), *Soviet Documents on Foreign Policy*, vol. 2(London: Oxford Univ. Press, 1951), 238~39쪽 참조.
3) 이들을 북한에 적용하여 분석한 글로는 양오민, 『북한의 이데오로기와 정치』(서울: 고대 아세아문제연구소, 1972), 79~109쪽; 김창순, 『북한 15년사』(서울: 지문각, 1961), 77~78쪽; Suh Dae-Sook, "A Preconceived Formula for Sovietization: The Communist Takeover of North Korea," in Hammond, T. T.(ed.), *The Anatomy of Communist Takeovers*(New Haven: Yale Univ. Press, 1975), 475~89쪽.
4) 이것은 통일전선전술과 관련된 것으로서 중요한 의미를 지닌다. 그러나 이것이 기계적으로 적용될 경우는 처음부터 진정한 협력의 가능성을 배제시킬 위험성이 있으며, 전통주의자들의 시각은 이 때문에 그 한계가 지적되는 것이다.
5) 브루스 커밍스, 『한국전쟁의 기원』(서울: 일월서각, 1986).
6) 김학준, 『한국문제와 국제정치』(서울: 박영사, 1987), 17쪽.
7) 진석용, 「분단사의 재조명: 일본 학계의 한 연구」, 『사회과학과 정책연구』 7권 1호 (1985. 7), 200쪽.
8) 국제정치에 있어서 안과 밖의 문제에 대해서는 노재봉, 「안과 밖」, 서울대학교 국제문제연구소, 『논문집』 제7호(1982).
9) 양병우, 『역사의 방법』(서울: 민음사, 1988) 참조.

10) Winston Churchill, *The Gathering Storm*(Boston: Houghton Mifflin Company, 1948), 449쪽.

11) Morton은 정책결정의 공개 정도를 결정짓는 요인으로 ① 정치체제의 전통, ② 문제의 내용, ③ 대중에 대한 정부의 상대적인 책임 정도, ④ 언론의 성격, ⑤ 지도자의 개성을 들고, 모든 정부는 정책결정과정을 가급적 비공개로 하려고 하므로 소련의 대외정책결정을 알기가 어려운 것은 정도의 차이가 있을 뿐 여타 국가도 마찬가지라고 설명한다. H. W. Morton, "The Structure of Decision-Making in the U.S.S.R.," in P. H. Juviler & H. W. Morton, *Soviet Policy-Making*(New York: Frederick A. Praeger, 1967), 3~4쪽.

12) 김학준, 「소련의 동아시아정책의 전개과정과 한반도: 소련대외정책의 국내적 연원과의 연관에서」, 『사회과학과 정책연구』 1권 2호(1979), 77~107쪽 참조.

13) S. L. Sharp, "National Interest: Key to Soviet Politics," in & F. J. Fleron, Jr.(eds.), *The Conduct of Soviet Foreign Policy*(Chicago: Aldine Publishing Co., 1971), 108~17쪽.

14) R. V. Daniels, "Doctrine and Foreign Policy," 같은 책, 154~64쪽.

15) D. P. Hammer, *U. S. S. R.: The Politics of Oligarchy*(Hinsdale, Illinois: The Dryden Press, 1974), 388쪽.

16) R. N. C. Hunt, "The Importance of Doctrine," Hoffman and Fleron, 앞의 책, 101~108쪽.

17) D. Forte, "The Response of Soviet Foreign Policy to the Common Market, 1957~1963," *Soviet Studies*, vol. 19, no. 3(January 1963), 373쪽.

18) 기연수, 「소련 외교정책의 전개」, 『슬라브 연구』 3권 (1987), 69쪽.

19) J. L. Nogee & R. H. Donaldson, *Soviet Foreign Policy Since World War II*(New York: Pergamon Press, 1981), 25쪽.

20) 소련의 국제정치관에 대해 간단히 잘 정리한 것으로는 하용출, 「소련에서의 국제관계 연구」, 서울대학교 국제문제연구소, 『논문집』 11호(1987), 23~32쪽 참조.

21) E. R. Goodman, *The Soviet Design for a World State*(New York: Columbia Univ. Press, 1960), 129~30쪽.

22) 오기평, 『세계외교사』(서울: 박영사, 1985), 339~44쪽 참조.

23) Lenin, "On Co-Operation," *Collected Works*, vol. 33, 468쪽.

24) Lenin, "Our Revoluton," 같은 책, 476~79쪽.

25) Stalin, "The October Revolution and the Tactics of the Russian Communists," Stalin, *Works*, vol. 6, 387~88쪽.
26) Stalin, "The Results of the Work of the Fourteenth Conference of the R. C. P.(B.)," 같은 책, vol. 7, 90~134쪽.
27) Stalin, "Questions and Answers,"(June 9, 1925) 같은 책, 165~74쪽.
28) 신동호,「소련 외교정책 연구―전후 스탈린과 흐루시초프의 국제정치관의 변화를 중심으로」(서울대 석사학위논문, 1982), 12쪽.
29) 같은 글, 17쪽.
30) J. V. Stalin, "The Foundations of Leninism," *Works*, vol. 6, 74~76쪽.
31) Stalin, "Political Report of the Central Committee," delivered at the Fourteenth Congress of the C. P. S. U.(Dec. 18, 1925), 같은 책 vol. 7, 267~68쪽.
32) Stalin, "Report to the Fifteenth Congress of the C. P. S. U.,"(Dec. 3, 1927), in Degras (ed.), 앞의 책, 287~90쪽.
33) X. J. Eudin & R. M. Slusser, *Soviet Foreign Policy 1928~1934: Documents & Materials*, vol. 1(The Pensylvania State Press, 1966), 124~41쪽.
34) Stalin, "Report to the Sixteenth Congress of the C. P. S. U.,"(June 27, 1930), Degras(ed.), 앞의 책, 447쪽.
35) M. Light, *The Soviet Theory of International Relations*(Sussex: Wheatsheaf Books, 1988), 34쪽.
36) Roy Medvedev, *All Stalin's Men*, trans. by H. Shukman(Oxford, England: Basil Blackwell, 1983), 89~90쪽; M. McAuley, *Stalin and Stalinism*(Shingapore: Longman Group Ltd., 1983), 38~42쪽.
37) M. Light, 앞의 책, 35쪽.
38) J. V. 스탈린,『스탈린 선집, 1905~1931』(서울: 전진, 1988), 67~69쪽.
39) J. V. Stalin,: "The October Revolution and the Tactics of the Russian Communists," *Works*, vol. 6, 387쪽.
40) 스탈린,「당중앙위원회 및 중앙조정위원회 연석회의 연설」(1927. 8. 1); 김홍명,「마르크스주의 혁명이론과 통일전선론」, 박현채·김홍명 편,『통일전선과 민주혁명』1(서울: 사계절, 1988), 40쪽에서 재인용.
41)「코민테른 강령」(1928. 9.1), 극동문제연구소,『원전 공산주의 대계』(서울: 극동문제연구소, 1984), 2260~61쪽.

42) Stalin, "Speech to a Joint Meeting of the C. C. and Central Control Commission fo the C. P. S. U.,"(Aug. 1, 1927), Degras, J. (ed.), 앞의 책, 243~44쪽; E. Pozdnyakov, "National and International in the Foreign Policy," *International Affairs*(1989. 6), 8~9쪽 참조.
43) 극동문제연구소, 앞의 책, 2264쪽.
44) 같은 책, 2263쪽.
45) H. Adomeit, "Soviet Decision-Making and Western Europe," in E. Moreton, & G. Segal(ed.), *Soviet Strategy toward Western Europe*(London: Georga Allen & Unwin, 1984), 42~47쪽.
46) F. Claudin, *The Communist Movement: From Comintern to Cominform*, Part II (New York & London: Monthly Review Press, 1975), 467~67쪽.
47) 1966년 8월 북한은 대외정책에서의 '자주'를 선언하면서, 어느 한 나라, 어느 한 당을 '세계혁명의 중심'이나 '지도적 당'으로 인정하는 것은 특권적 지위를 인정하는 것으로, 세계혁명운동의 발전으로 인해 더 이상 현실적 요구에 부합하지 않게 되었다고 주장했다.「자주성을 옹호하자」,『로동신문』, 1966년 8월 12일자 사설.
48) R. H. McNeal, *The Bolshevik Tradition: Lenin, Stalin, Khrushchev*(Englewood Cliffs, N. J.: Prentice-Hall, Inc., 1963), 126쪽.
49) S. F. Cohen, "Bolshevism and Stalinism," in R. C. Tucker (ed.), *Stalinism*(New York: W. W. Norton & Company, 1977), 25쪽; R. H. McNeal, *Guide to the Decisions of the Communist Party of the Soviet Union, 1917~1967*(Toronto: University of Toronto Press, 1972), xiv~xli쪽; H. W. Morton, 앞의 글 21~22쪽; J. S. Nye. Jr. (ed.), *The Making of America's Soviet Policy*(New Haven: Yale Univ. Press, 1984), 294쪽 등 모두가 이에 동의하고 있다.
50) M. McAuley, "Political Change since Stalin", in H. G. Shaffer, *The Soviet System in Theory and Practice*(New York: Frederick Ungar Publishing Co., 1984), 156~63쪽.
51) H. W. Morton, 앞의 글, 9~10쪽; S. Bialer, *Stalin's Successors: Leadership, Stability and Change in the Soviet Union*(Cambridge: Cambridge University Press, 1982), 32쪽.
52) O. B. Borisov & B. T. Koloskov, *Soviet-Chinese Relations, 1945~1970*(Bloomington: Iudiana University Press, 1975), 4쪽; T. H. Righy, "Stalinism and the

Mono-Organizational Society", R. C. Tucker (ed.), 앞의 책, 60쪽; T. Dunmore, *Soviet Politics, 1945~53*(London: MacMillan, 1984), 125쪽.

53) S. Bialer, 앞의 책, 33쪽.

54) 이것은 소련이 원하는 경우 그렇게 할 수 있다는 의미하며, 실제로 그들이 대외협상에서 신속하게 행동했다는 것을 의미하지는 않는다. 소련 교섭전술의 특징으로 유리한 조건이 조성될 때까지 시간끌기작전을 편다는 것을 지적하는 학자들이 많다. 김홍철,「소련의 외교관념 고」,『중소연구』(1989년 봄), 48쪽; U. S. Committee on Foreign Affairs, *Soviet Diplomacy and Negotiation Behavior*(Washington D. C.: The Library of Congress, 1978) 참조. 한편 스탈린체제의 긍정적인 면을 부정적인 측면과 분리하여 설명하는 경향에 대한 비판으로는 M. McAuley, 앞의 책, 72~81쪽 참조.

55) G. F. Kennan, *Memoirs, 1950~1963*(Boston: Little, Brown and Company, 1972), 50~51쪽 참조.

56) 김홍철, 앞의 글, 30쪽.

57) 이것을 증명하는 사례는 참으로 많다. 두 가지만 들어보자. 테헤란회담에서 스탈린은 루즈벨트와 처칠이 미·영군의 대륙 상륙작전을 위한 특별위원회를 제의했을 때, "그러한 위원회가 무엇을 할 수 있단 말인가? 국가의 정상인 우리가 위원회보다 더 강한 힘을 가지고 있고, 그 문제는 우리에 의해서만 결정될 수 있다"(U. S. Committe on Foreign Affairs, 앞의 책, 173쪽. 이 책은 소련의 협상 방식에 대해 많은 재미있는 사실들을 밝혀주고 있다)고 밝혔다. 또한 얄타회담 기간 중 미·영·소 3국의 참모장 회의에서 소련의 대일참전에 수반될 군사문제를 토의하자는 미국 측 제의에 대해 소련 측은 정상들 사이에서 합의된 후가 아니면 응할 수 없다고 거절했는데, 이는 스탈린의 소련 측 요구조건이 달성될 때까지 토의를 제한시켰기 때문이었다(*FRUS: Malta & Yalta*, 651쪽).

58) 서대숙,『한국공산주의운동사 연구』(서울: 화다, 1985), 296~97쪽.

59) J. I. Matray, *The Reluctant Crusade*(Honolulu: University of Hawaii Press, 1985), 18쪽.

60) W. Averell Harriman & Elie Able, *Special Envoy to Churchill and Stalin 1941~1946*(New York: Random House, 1975), 243쪽; Anthony Eden, *The Eden Memoirs: The Reckoning*(London: Cassell, 1965), 418쪽.

61) U. S. Department of State, *Foreign Relations of the United States(FRUS): The*

Conferences at Cairo and Teheran, 1943(Washington: Government Printing Office, 1961)

62) U. S. Department of Defense, *The Entry of the Soviet Union into the War against Japan: Military Plans, 1941~1945*(Washington: G.P.O., 1955), 36쪽; J. R. Deane, *The Strange Alliance*(Bloomington: Indiana Univ. Press, 1973), 241~42쪽.

63) *FRUS: The Conference of Malta and Yalta, 1945*, 366~68쪽.

64) 같은 책, 368~69쪽.

65) *FRUS: Malta and Yalta*, 378~79쪽; Harriman, 앞의 책, 379~80쪽. 여기서 주목되는 것은 스탈린이 쿠릴 열도와 남부 사할린의 소련 반환을 요구하면서, 일본이 지배하고 있는 블라디보스톡항에 이르는 교통로를 보호할 권리가 있으며, 현재 태평양으로 이르는 모든 출구가 봉쇄되어 있다고 주장하고 있는 점이다. 이것이 전후 일본 공통점령을 요구하는 주요 이유였다.

66) 소련이 쿠릴 열도를 상실한 것은 1875년의 제정러시아와 일본간의 통상 항해 조약에서였고, 1904년 러일전쟁에서 상실한 것은 남부 사할린뿐이었다.

F. Kamiya, "The Nothern Territories: 130 Years of Japanese Talks with Czarist Russia and the Soviet Union," in D. S. Zagoria (ed), *Soviet Policy in East Asia* (New Haven: Yale University Press, 1982), 124쪽.

67) *FRUS: Malta & Yalta*, 984쪽.

68) J. I. Matray, 앞의 책, 26쪽 참조.

69) *FRUS, 1945*, vol. 7, 888쪽.

70) *FRUS, Potsdam*, vol. II, 1585쪽.

71) M. C. Sandusky, *America's Parallel*(New York: Old Dominion Press, 1983), 182쪽.

72) 번스는 후에 다음과 같이 회고했다. "만약 스탈린과 장제스가 교섭을 속행한다면 소련의 참전은 지연될 것이고, 그 사이에 일본이 항복할지도 모른다고 생각했다. 대통령도 (나와) 같은 생각이었다." J. F. Byrnes, *All in One Lifetime*(New York: Harper & Brothers, 1958), 291쪽; J. L. Gaddis, *The United States and the Origins of the Cold War, 1941~1947*(New York: Columbia University Press, 1972), 244~45쪽.

73) 중·소 우호동맹조약은 8월 14일 모스크바에서 조인되었다. 국회도서관 해외자료국, 『소련의 외교연표』(서울: 국회도서관, 1976), 115쪽 참조.

74) R. K. Jain, *The USSR and Japan, 1945~1980*(Atlantic Highlands, N. Y.: Humanities Press, 1981), 10쪽 참조.

75) 미국의 원자폭탄 투하가 소련의 참전일자를 앞당겼는지에 대해서 R. L. Gart-hoff, "The Soviet Manchurian Campaign, August 1945," *Military Affairs*(Oct. 1969), 314쪽에서는 긍정하고 있고, G. A. Lensen, *The Strange Neutrality: Soviet-Japanese Relations during the Second World War, 1941~1945*(Tellaha-ssee: Diplomatic Press, 1972), 275~76쪽에서는 부정하고 있다. Lensen은 극동군 총사령관 바실레프스키의 회고를 주요 근거로 삼고 있는데, 이에 따르면 스탈린이 포츠담회담 하루 전날인 7월 17일에 바실레프스키에게 개전일을 8월 1일로 앞당기라고 했으나, 현실적으로 불가능하여 가능한 가장 빠른 날짜로 8월 9일을 택하게 되었다고 회고하고 있다. A. Vasilevskii, *Delvo vsei zhizhi*(Moscow: Izdat. polit., 1975), 570쪽; W. Taubman, *Stain's American Policy*(New York: W. W. Norton Company, 1982), 107쪽도 후자의 의견을 따른다.

76) *FRUS: 1945*, vol. VI, 1098쪽.

77) R. E. Sherwood, *Roosevelt and Hopkins: An Intimate History*, 2nd ed. (New York: Harper & Bros, 1950), 777쪽; H. S. Truman, *Memoirs, vol. 2: Years of Trial and Hope*(Garden City: Doubleday, 1956), 361쪽.

78) *FRUS: Cairo and Teheran*, 869쪽.

79) *FRUS: Malta & Yalta*, 770쪽.

80) *FRUS: Potsdam*, vol. I, 234쪽.

81) 같은 책, 314쪽; Truman, 앞의 책, 316~17쪽.

82) *FRUS: Potsdam*, vol. II, 252~56, 264~66쪽.

83) *FRUS: Potsdam*, vol. I, 928쪽.

84) 대부분의 학자들은 소련이 북한에 진주한 직후에 드러낸 정책적 혼선을 그 근거로 삼고 있다. 브루스 커밍스, 앞의 책, 479~80쪽; 김학준, 앞의 책, 17~18쪽; 스칼라피노·이정식, 『한국공산주의운동사』(서울: 돌베개, 1986), 432쪽: J. I. Matray, 앞의 책, 28쪽; Lee, Chongsik, "Kim Ii-song of North Korea," *Asian Survey*, no. 7(1967. 6), 378쪽; Suh, Dae-Sook, "A Preconceived Formula for sovietization," T. T. Hamnond(ed.), 앞의 책, 475쪽; R. R. Simmons, *The Strained Alliance*(New York: The Free Press, 1975), 25쪽. 이에 반해 김창순씨는 1948년 12월에 소련군이 철수하기까지 북한에서의 모든 것은 로마넨코 사령부가 미리부터 잘 준비된 계획에 의해 밀

고 나갔다고 주장하고, 각급 당·단체·인민위원회는 그 수행 도구에 불과했다고 강조한다(김창순, 「소련군정시대」, 『북한』, 1987년 1월, 91쪽).

85) Milovan Djilas, *Conversation with Stalin*(New York: Harcourt, Brace World Inc., 1962), 114쪽.

86) Lenin, *Collected Works*, vol. 24, 38, 44쪽: vol. 30, 258쪽; F. I. Shabshina, "Leninism and the People's Democratic Revolution in Korea," in USSR Academy of Sciences, Institute of Oriental Studies, Lenin and National Liberation in the East(Moscow: Progress Publishers, 1978), 242쪽.

87) 당시 동아시아에서 전개되고 있던 세력관계는 "군사적 승리가 그 지역의 정치를 결정한다"는 원칙이 지켜졌다. G Kolko, *The Politics of War: The World and U. S. Foreign Policy*(New York: Random House, 1968), 140쪽.

88) 양호민, 앞의 글 참조.

89) 신탁통치에 대한 소련의 기본입장에 대해서는 이재도, 「모스크바 신탁통치협정과 한반도 정치변화에 관한 연구」(동국대 정치학 박사학위논문, 1987), 23~30쪽 참조.

90) Joseph Sisco, "The Soviet Attitude Toward the Trusteeship System" (Ph. D. diss., Univ. fo Chicago, 1950), 92쪽에서 재인용.

91) 같은 글, 24쪽에서 재인용.

92) C. R. Saivetz & W. Woodby, *Soviet-Third World Relations*(Boulder & London: Westview Press, 1984) 참조.

93) R. M. Slusser, "Soviet Far Eastern Policy, 1945~50," in Y. Nagai & Iriye(eds.), *The Origins of the Cold War in Asia*(Tokyo: Univ. of Tokyo Press, 1977), 123~46쪽.

94) U. S. Department of Defense, 앞의 책, 36쪽; J. R. Deane, 앞의 책, 241~42쪽 참조.

95) Herbert Feis, *Churchill, Roosevelt, Stalin: The War They Waged and the Peace They Sought*(New Jersey: Princeton University Press, 1957), 464~65쪽.

96) 이후 소련의 군사적전에서 볼 때 이것은 청진을 지칭하고 있는 것 같다.

97) *FRUS: Potsdam*, vol. II, 345쪽.

98) 지바이칼 방면군은 말리노프스키(R. Ya. Malinovskii) 원수의 지휘하에 만몽국경으로부터 공격하도록 되었다.

99) 제2극동방면군은 푸르카예프(M. A. Purkaew)대장의 지휘하에 소·만국경으로부터 보조공격을 하도록 되어 있었다. 이와 관련해서는 Ch. プレズドルジ, 「第2次世界大戰

時におけるソ連とモンゴル人民共和國の協力」,『極東の諸問題』, vol.15, no.1(1986. 3), 48~60쪽 참조.

100) 치스챠코프,「제25군의 전투행로」,『조선의 해방』(서울: 국토통일원, 1987), 18~20쪽.

101) 소련은 대일참전의 군사적 조건으로 2, 3개월 분의 군수물자공급을 미국에 요구했으나, 소련 군부의 계획은 6~8주에 관동군 주력부대를 격파하도록 되어 있었다. FRUS: Malta & Yalta, 369쪽; S. M. Shtemenko, The Soviet General Staff at War, 1941~1945(Moscow: Progress Publishers, 1970), 338쪽.

102) 치스챠코프, 앞의 글, 22~29쪽.

103) O. B. Borisov & B. T. Koloskov, 앞의 책, 16~17쪽.

104) M. P. Gallagher, The Soviet History of World War II(New York: Frederick A. Praeger, Publisher, 1963), 34쪽; Max Beloff, Soviet Policy in the Far East, 1944~1951(London: Oxford University Press, 1956), 106쪽.

105) O. B. Borisov & B. T. Koloskov, 앞의 책, 18쪽; I. I. ユワレンユ,「ソ連人民の偉大なる勝利と民族解放運動」,『極東の諸問題』, vol.15, no.1(1986. 3), 20쪽.

106) 위와 같음.

107) M. P. Gallagher, 앞의 책, 35쪽.

108) O. A. Rzheshevskii, "Bourgeois Assessment of the Soviet Victory over Japan," The Soviet Review(Summer 1986), vol.27, no.2, 7쪽.

109) M. P. Gallagher, 앞의 책.

110) N. G. 레베데프,「수행하여야 할 의무를 자각하며」, 국토통일원 역, 앞의 책, 92~93쪽.

111) S. E. 자하로프,「일본제국주의로부터 조선을 해방하기 위한 투쟁에 있어서의 태평양함대」, 같은 책, 144~46쪽.

112) 치스챠코프, 앞의 글, 47~48쪽.

113) 자하로프, 앞의 글, 169~70쪽.

114) 청진항 상륙에 대한 함대 사령부의 보고는 국토통일원 역,『소련과 북한과의 관계, 1945~1980』(서울: 국토통일원, 1987), 37, 41~42쪽에 수록.

115) 진석용, 앞의 글, 194쪽에서 재인용.

116)「극동군 제1전선 사령부가 북조선에서 작전중인 제25군의 전투행동 총화에 관하여 소련 극동군 사령부에 보고한 전투보고」, 국토통일원 역,『소련과 북한과의 관계,

1945~1980』, 37쪽 참조.

117) 독일군과의 전투에서 미·소 양군의 전선이 접근하게 되자 양국 공군이 서로를 공격하는 사건들이 발생했었다.

118) *FRUS: Potsdam*, vol, II, 410~15쪽. 이에 관한 자세한 설명은 신용중, 「미·소의 대한반도 정책, 1943~1948」(한양대 정치학 박사학위 논문), 40~43쪽 참조.

119) 한반도의 분단에 있어서 미·소군에 의한 38도선 분할 진주는 거의 결정적인 의미를 지닌다. 따라서 38도선 분할이 미국 정부의 정책적 선택에 의한 것임을 고려할 때, 미국은 그 책임을 면할 수 없다. 박준규, 「38도선은 누가 그었나」, 『신동아』, 1965. 8, 274~280쪽; 진석용, 앞의 글, 200쪽. 한편 김학준 교수는 전에는 "문서상 군사적 편의설이 좀 더 가깝게 느껴진다"는 견해를 갖고 있었으나(김학준), 「38도선 획정에 관한 논쟁의 분석」, 『한국정치학회보』 제10집, 323, 330쪽) 최근에는 위의 '정치적 결정설'을 받아들이고 있다. 그러면서도 그는 "한반도의 분단은 1차적으로 미국과 소련에 의한 국제형 분단"이라고 하여 미·소의 공동책임을 주장한다(김학준, 앞의 책, 17쪽). 그러나 한반도의 분할이 얄타밀약이나 군사적 편의에 의해서가 아니라 미국의 정책적 선택에 의해서 이루어졌음을 받아들인다면, J. L. Gaddis, "Korea in American Politics, Strategy, and Diplomacy, 1945~50," Y. A. & Nagai Iriye (eds.), 앞의 책, 278쪽. '국제형 분단'이라고 하더라도 소련에 미국과 똑같은 책임을 지울 수는 없다.

120) 브루스 커밍스, 앞의 책, 477~78쪽; J. I. Matray, 앞의 책, 46쪽; Lee, Chong-Sik, "Historical Setting," in F. M. Bunge(ed.), *North Korea: a Country Study*(The American University, 1981), 17쪽.

121) 오충근, 「한반도를 둘러싼 미·소 관계—소련의 대일참전을 중심으로」, 『한국 현대사 연구』 1(서울: 이성과현실사, 1988), 290~323쪽; 森田芳夫, 「소련군의 북한진주와 인민위원회의 결성」, 『한국사회연구』 5(서울: 한길사, 1987), 366쪽; 브루스 커밍스, 앞의 책, 477~478쪽.

122) 쿠릴 열도에 대한 주장은 얄타회담에서 합의된 사항이므로 쉽게 받아들여졌으나 홋카이도 북반부에 대해서는 단호히 거절되었다. 소련은 태평양으로의 자유로운 출로를 마련하기 위해, 1945년 5월 스탈린이 트루먼의 특사인 홉킨스에게 처음으로 대일 점령 참가(홋카이도를 지칭하는 것 같다)를 표명한 이후 계속적으로 요구했으나 실현시키지 못했다. 이용희 교수는 미국의 거절에 대한 대항조처로 소련이 38도선 문제를 이용하지 않은 것이 의미 깊다고 하면서 얄타밀약설을 전개시키고 있으나, 오늘날

다수설은 이를 받아들이지 않고 있다. 이용희, 「38도선 획정 신고」, 『이용희 저작집』 1 (서울: 민음사, 1987), 52쪽 참조.

123) 조선로동당력사연구소, 『조선로동당력사교재』(평양: 조선로동당출판사, 1964), 111쪽; 조선로동당력사연구소, 『조선로동당력사』(평양: 조선로동당출판사, 1979), 184~88쪽; 과학원 력사연구소, 『조선통사』, 1958년판(서울: 오월, 1989), 268~70, 289쪽.

124) 김학준, 「해방후 조선」〈서평〉, 『사회과학과 정책연구』 7권 4호(1985. 12), 참조.

125) 오영진, 『蘇軍政下의 北韓』(부산: 중앙문화사, 1952), 111쪽.

126) 『조선전사』, 22권(평양, 1981), 108쪽.

127) 와다 하루키, 『김일성과 항일무장투쟁 연구』 하, 『사회와 사상』(1988. 12), 296~299쪽.

128) 서대숙 교수는 임은의 견해를 따라 9월 19일로 보고 있다. 임은, 『김일성 왕조비사』 (서울: 한국양서, 1982), 120쪽; Suh, Dae-Sook, *Kim Il-Sung, The North Korean Leader*(New York: Columbia University Press, 1988), 60쪽.

129) Lee, Chong-Sik, Kim Ii-Song of North Korea," *Asian Survey*(June 1967), 378쪽.

130) Bruce Cumings, "The Division of Korea," in J. Sullivan & R. Foss(eds.), *Two Koreas-One Future?*(AFSC & University Press of America, 1987), 10쪽.

131) 서대숙, 『한국공산주의운동사 연구』, 286~87쪽.

132) 이종석, 「북한 지도집단의 항일무장투쟁의 '역사적 경험'에 대한 연구」(성균관대학교 정치학 석사학위 논문, 1988), 98~100쪽.

133) *FRUS, 1946*, Vol. VIII, 653쪽; Carl Berger, *The Korea Knot*(Philadelphia: University of Pensylvania. Press, 1957), 63쪽.

134) Carl Berger, 같은 책.

135) 주 84 참조.

136) 브루스 커밍스, 앞의 책, 481쪽.

137) 한림대학 아시아문화연구소, *United States Policy Regarding Korea. 1834~1950* (춘천: 한림대학 출판부, 1987), 120~22쪽.

138) *FRUS, 1945*. vol. VI, 1055~56쪽.

139) 같은 책, 1065~66, 1071~72쪽.

140) 한림대학 아시아문화연구소 편, *G-2 Periodic Report*, vol. I(춘천: 한림대학 아시아

문화연구소, 1988), 156쪽.
141) *FRUS, 1945*, 1106~09쪽.
142) 같은 책, 1119쪽.
143) 같은 책, 1133쪽.
144) 김남식, 『남로당연구』(서울: 돌베개, 1984), 53쪽. 제1차 미소공동위원회가 결렬된 이후에 미국은 소련측에게 평양에 미국영사관을 개설하는 것을 허락해주도록 요청했고, 이것이 거절되자 이에 대한 보복으로 1946년 6월에 서울에 있는 소련영사관을 철수케 했다(G. M. McCune, *Korea Today*, Westport: Greenwood Press, Publishers, 1982), 63쪽.
145) *FRUS, 1945*, 1145~47쪽 참조.
146) 이에 대한 미국정측의 보고는 대단히 많다. 한림대 아시아문화연구소 편, 앞의 책, vol. 1, 591쪽, vol. 2, 521쪽; "Intelligence Summary, Nothern Korea," no.19(1946. 9. 4)등 참조.
147) 국토통일원 역, 『소련과 북한과의 관계, 1945~1980』, 31~32쪽.
148) 민주주의민족전선 편, 『조선해방연보』(서울: 문우인서관, 1946), 118~19쪽.
149) 일반적으로 알려진 것과는 달리 소련 점령당국은 필요한 경우 일본인 기술자들의 활동을 허용하고 이용했다("Intelligence Summary, Nothern Korea," no.15(1946. 7. 5); 한림대 아시아문화연구소, *G-2 Periodic Report*, vol. 3, 454쪽).
150) 국토통일원 역, 앞의 책, 39쪽.
151) 소련민정부의 사법부장이었던 시체치닌은 당시에 "한 중요한 문서의 심의를 위해" 슈티코프와 만났다고 했는데, 그 문서가 스탈린의 지시가 아닌가 여겨진다. 시체치닌, 「해방후 조선에서」, 국토통일원 역, 『조선의 해방』, 313쪽.
152) 와다 하루키, 「소련의 대북한 정책」, 브루스 커밍스 외, 『분단전후의 현대사』(서울: 일월서각, 1983), 262~63쪽.
153) 스칼라피노·이정식, 앞의 책, 424쪽.
154) 같은 책, 604~05쪽.
155) 김창순, 『북한 15년사』(서울: 지문각, 1961), 50~51쪽.
156) 이것은 후에 북한 인민군의 창설과는 밀접하게 관련되어 있다. "Intelligence Summary, Nothern Korea," no.32(1947. 2. 16), no.33(1947. 3. 1), no.39(1947. 6. 30). no.43(1947. 9. 1); 국방부전사편찬위원회, 『한국전쟁사』(서울: 국방부, 1967), 671~704쪽; Scalapino & Lee, Chong-Sik, *Communism in Korea, II*(Berkeley:

University of California Press, 1972), 919~29쪽 참조.
157) 김창순, 앞의 책, 61~65쪽 참조. 커밍스는 조선의용군이 무장해제를 당한 대신 만주를 훈련장으로 해 확장되고 단련되었다고 지적하면서, 소련의 정책은 한치도 빈틈 없이 이루어졌고, 이러한 현명한 전략은 무정과 김두봉 같은 연안파 지도자들도 완전히 지지했을 것이라고 주장한다(브루스 커밍스, 앞의 책, 511쪽). 그러나 이러한 주장은 당시 북한에서 자유로운 세력경쟁이 불가능했다는 사실을 은폐할 위험성이 있으며, 또한 결과론적인 해석일 뿐 사실과도 거리가 멀다. 실제로 연안파의 간부들은 조선의용군이 무장한 채로 귀국할 수 있도록 노력했고, 1946년 1월 기자회견에서 무정은 조선의용군의 주력이 여러 가지 복잡한 사정으로 귀국하지 못한 것이 유감이라고 말하고 "지금이라도 조선을 우리들 전조선인에게 돌려준다면 우리 의용군으로서는 조선 전체를 무장적으로 수비할 힘을 가지고 있다"고 주장했다.(심지연, 『조선신민당 연구』, 서울: 동녘, 1988, 49~50, 73, 237~40쪽.)
158) 이러한 경향은 동구의 경우도 마찬가지였다. 여러 개혁조치가 민주화를 지지하는 광범한 세력의 지지를 받아서 공산주의자들의 주도하에 실시되었고, 따라서 소련은 직접 모든 것에 간섭하지 않고서도 공산주의자들을 통해 간접적으로 자신들의 이해를 관철시킬 수 있었다. 여기에 개혁을 지지하는 비공산주의자, 즉 중간파의 딜레마가 존재하는 것이다.(Z. K. Brzezinski, *The Soviet Bloc: Unity and Conflict*, Cambridge: Havard University Press, 1967, 3~21쪽.)
159) 김창순, 앞의 책, 51~54쪽; The Research Institute for Internal and External Affairs, *North Korea Under Communism*(Seoul: 1963), 8쪽.
160) 森田芳夫, 『朝鮮終戰の記錄』(東京: 巖南堂書店, 1964), 192쪽.
161) G. M. McCune & G. L. Arthur Jr., *Korea Today*(Cambridge: Havard Univ. Press, 1950), 44~45쪽.
162) 1945년 9월 3일에 제1극동전선은 없어지고 대신 연해주 군관구가 창설되었다(시체치킨, 앞의 글, 313쪽).
163) N. G. 레베데프, 「수행해야 할 의무를 자각하며」, 앞의 책, 104~05쪽.
164) "Intelligence Summary, Nothern Korea," no. 32(1947. 2. 16).
165) 소련군 제1극동방면군의 우익을 담당했던 부대이다.
166) 시체치킨, 앞의 글, 313쪽 참조.
167) Suh Dae-Sook, *Kim Il-Sung, The North Korean Leader*(New York: Columbia University Pres, 1988), 62~63쪽.

168) N. G. 레베데프, 앞의 글, 124~26쪽.
169) 필자는 「북한정권형성시기 소련의 대북한정책」, 『북한』, 1989. 3, 152쪽에서 "Intelligence Summary, Nothern Korea," no. 41을 인용하여 소련군 사령부와 민정부와의 관계를 제시한 바 있는데, 그 자료가 부정확한 것이었음을 알게 되었다.
170) 신용중 씨는 이와 관련한 다양한 논의를 검토하고, 로마넨코 사령부가 결코 군정청 아니라 민정기관이었다고 주장한다(신용중, 앞의 글, 113~15쪽).
171) 소련 군대내의 군사위원제(military commissar or political commissar)의 형성 및 임무, 변천에 대해서는 강성수, 「소련에 있어서의 당군관계에 관한 연구」(한양대 정치학 석사학위논문, 1985); 이석호, 「소련 군부의 정치적 역할」, 『북한』 1983. 11; Lee, Suck-Ho, "Party-Military Relations in the USSR,"『슬라브 학보』, vol. 1, no. 1(1986); M. J. Deane, *Political Control of the Soviet Armed Forces*(New York: Crane, Russak & Company Inc., 1977) 등 참조.
172) 소련의 대북정책은 대부분 이들에 의해서 수행되었다. 필자는 소련 점령당국의 여러 포고문들과 점령정책에서 드러나는 신중함과 치밀함이 이 사실에 크게 기인하지 않는가 생각한다.
173) 브루스 커밍스, 앞의 책, 481쪽.
174) 지역에 따라 그 명칭은 건국준비위원회, 보안위원회, 인민위원회 결성준비위원회 등으로 다양하게 불렸다(『해방 후 조선』, 31쪽).
175) 그러나 이 통일전선은 불완전했다. 공산주의자들의 참여는 주로 개인적으로 이루어졌으며 핵심 공산주의자들은 거의 여기에 참여하지 않았다.
176) '進攻'과 '進駐'의 차이는 오충근, 앞의 글, 311~14쪽 참조.
177) 森田芳夫, 「소련군의 북한 진주와 인민위원회의 결성」, 『한국사회연구』 5(서울: 한길사, 1987), 374~75쪽.
178) 스칼라피노·이정식, 앞의 책, 406쪽; 김남식, 앞의 책, 52~53쪽.
179) 치스차코프가 평양이 아니라 함흥으로 먼저 간 것을 두고 소련이 한반도에 대해 잘 알지 못했다는 주장도 있으나 당사자는 이와 달리 설명하고, "8월 25일 K. A. 메레츠코프 원수는 나에게 9월 1일 경 군참모부를 함흥이나 평양시로 옮겨야 할 것이라고 예고했다. 나는 원수에게 군참모부를 평양으로 옮기도록 건의했다. 그는 이를 승락하고 나에게 8월 26일 평양으로 날아가 그곳에 있는 3만 명의 일본 수비대의 무장해제를 감독하라고 권고했다."(치스차코프, 「제25군의 전투행로」, 국토통일원 역, 앞의 책, 61쪽)

180) 森田芳夫, 앞의 책, 164~70쪽.
181) 오영진, 앞의 책, 23~25쪽; 한근조, 『고당 조만식』(서울: 태극출판사, 1970), 373~74쪽.
182) 김남식, 앞의 책, 52쪽.
183) 한근조, 앞의 책; 森田芳夫, 앞의 책, 185쪽.
184) 森田芳夫, 같은 책, 188~90쪽.
185) 같은 책, 177~81쪽.
186) 예컨대 대한민국 공보처, 『소련군정의 시말』(서울: 공보처, 1950), 5쪽은 전자에 해당하고, 김기석 편, 『북조선의 현상과 장래』(서울: 조선정경연구소, 1947), 85쪽은 후자를 대표한다.
187) 이것은 평남 인민위원회에서의 소련 측 태도로도 알 수 있다(오영진, 앞의 책, 79쪽 참조.)
188) 이것은 사회주의로의 지향을 갖고 있으나, 이것이 곧 사회주의화는 아니다. 그러나 소련군의 진주를 포함한 대내외적 조건으로 인하여 동구에서와 마찬가지로 북한에서의 민주변혁은 공산주의 세력의 주도권을 확보시켜 주었다.
189) S. G. 츠이프렌코프, 「지상에서의 생활을 위하여」, 국토통일원 조사연구실 역, 『조선의 해방』, 254쪽; 김남식, 「북한의 공산화 과정과 계급노선(I)」, 『아세아연구』, vol.14, no.3(1971. 9), 98~100쪽 참조.
190) 특히 스탈린시대에는 반소적인 것도 반공적인 것으로 인식되었다. 그 기본 논리는 자글라딘 편, 『세계공산주의운동 입문』(서울: 청년사, 1988), 476~93쪽 참조; Nam Koon-Woo, *The North Korean Communist Leadership, 1945~1965*(Alabama: The University of Alabama Press, 1974), 27쪽 참조.
191) 북한에서 남한으로의 인구이동 상황은 대한민국 공보처, 앞의 책, 55~56쪽에 제시되어 있으나 그 정확성은 신뢰할 수 없다.
192) 『조선중앙년감』 1949년판(평양: 조선중앙통신사), 715쪽.
193) 김남식, 『조선노동당연구』(서울: 국토통일원, 1977), 38~39쪽.
194) 『조선중앙년감』, 1949년판, 715쪽; 류문화 편, 『해방 후 4년간의 국내외 중요일지: 1945. 8~1949. 3』(증보판)(평양: 민주조선사, 1949), 15쪽. 그러나 스칼라피노·이정식, 앞의 책, 426쪽에는 10월 말경으로, 김창순, 「소련군정시대」, 『북한』(1987. 1), 91쪽과 김학준, 앞의 책, 76쪽에는 10월 28일로 적혀 있는데 이는 정확한 것이 아닌 것 같다.

195) 스칼라피노·이정식, 앞의 책, 426쪽; 김일성,「목전 조선정치 형세와 북조선임시인민위원회의 조직문제에 관한 보고」, 김준엽 외 편,『북한연구자료집』제1집(서울: 고대 아세아문제연구소, 1969), 42쪽 참조.
196) 김학준, 앞의 책, 70~76쪽.
197) Suh, Dae-Sook, *Kim Il-Sung, The North Korean Leader*, 68쪽; Suh, Dae-Sook, "Soviet Koreans and North Korea," in Suh, Dae-Sook(ed.), *Koreans in the Soviet Union*(Hawaii: University of Hawaii Press, 1987), 101~28쪽.
198) 이들 간부들이 귀국한 날짜는 자료마다 다르게 기록되어 있어 연구과제로 남아 있다. 즉 민주주의민족전선 편, 앞의 책, 8쪽에는 1945년 12월 1일로 기록되어 있으며, 류문화 편, 앞의 책, 16쪽에는 12월 13일로 기록되어 있다(심지연, 앞의 책, 49쪽).
199) 김창순, 앞의 책, 61~65쪽.
200) 반면 양호민씨는 연안파가 1945년 9월부터 분산적으로 입국해 조공 북조선 분국에서 국내파·갑산파와 당권투쟁을 전개했다고 주장하는데, 이는 사실과 다른 것 같다. 양호민,「소련은 어떻게 김일성 정권을 세웠는가」, 동아일보사 편,『현대사를 어떻게 볼 것인가』1(서울: 동아일보사, 1987), 97쪽. 김창순 씨와 양동안 교수도 그와 같은 입장을 취한다. 김창순, 앞의 책, 62쪽; 양동안,「남·북한 정부수립과정 비교연구」1,『현대사회』(1989년 봄호), 202쪽.
201) 김남식,『남로당 연구』, 53, 59쪽.
202) 최상룡,『미군정과 한국민족주의』(서울: 나남, 1988), 126쪽.
203) 김남식, 앞의 책, 60쪽.
204) 이에 대한 자세한 설명은 김남식, 앞의 책, 53~58쪽; 스칼라피노·이정식, 앞의 책, 416~24쪽; 최상룡, 앞의 책, 127쪽 참조.
205)『옳은 노선』(동경: 민중신문사, 1946), 30~57쪽.
206) 최상룡, 앞의 책, 124~25쪽.
207) 그 승인서의 내용은『해방일보』(1945년 11월 15일자). 심지연, 앞의 책, 57쪽. 김남식, 앞의 책, 60쪽에 재수록되어 있다.
208) 이 회의에서 김일성이 보고를 하고 김용범이 책임비서에 선출되었다고 하는 것이 일반적인 견해이다. 그러나 의견을 약간씩 달리하는 소수의 견해가 존재하는데 그것은 다음과 같다. 첫째로 당대회의 보고는 당의 책임자가 하는 것이 관례이기 때문에 김용범이 보고를 했을 것이라는 주장으로, 와다 하루키 교수가 이 입장을 취한다. 와다 하루키,「소련의 대북한정책, 1945. 8~1946. 3」,『분단전후의 현대사』, 275쪽. 김

남식 씨는 단일한 견해로 제시하고 있지 않다. 스칼라피노·이정식, 앞의 책, 423쪽의 주 35)와 김남식, 『남로당연구』 55쪽 참조. 둘째로, 이때에 이미 김일성이 책임비서로 선출되었다는 견해이다. 김창순, 앞의 책, 95~96쪽; Kim, Se-Jin (ed.), *Korean Unification*(Seoul: Research Centre for Peace and Unification, 1976), 29쪽. 후에 김창순은 통설로 입장을 바꾸었다. 김창순, 「8·15해방과 재건 조선공산당」, 『북한』, 1987. 8, 61쪽. 한편 양성철의 『분단의 정치』(서울: 한울, 1987), 135, 151쪽은 견해의 혼선을 보여준다. 그리고 양동안, 앞의 글, 203쪽에는 김일성으로 적혀 있다.

209) 무정은 이때 중국에서 돌아오지 않은 상태였다. 무정에 대해서는 김오성, 『지도자군상』(1946) 중 「무정론」 참조. 김남식 편, 『남로당연구자료집』 2집(서울: 고대 아세아문제연구소, 1974), 662~66쪽에 수록.

210) 김일성, 「북조선공산당 단체들의 사업에 있어서의 착오와 결점에 대하여」, 김준엽 외 편, 앞의 책, 28~35쪽.

211) 이에 대해서 오영진, 김병연, 한근조는 서로 약간씩 다른 증언을 하고 있다. 와다 하루키, 앞의 글, 273~75쪽; 김학준, 앞의 책, 78쪽 참조.

212) D. W. Larson, *Origins of Containment*(Princeton: Princeton University Press, 1985), 237쪽.

213) 같은 책, 238쪽. 이 회담에서 합의된 사항은 R. M. Slusser & J. F. Triska, *A Calendar of Soviet Treaties 1917~1957*(California: Stanford Univesity Press, 1959), 202~05쪽 참조.

214) 카이로선언에서의 "in due course"를 지칭한다.

215) *FRUS 1946*, vol. VIII, 617~18쪽.

216) 같은 책, 699~700쪽.

217) 같은 책, 721쪽.

218) 같은 책, 716~17쪽.

219) 모스크바회담 결정에 대한 타스 통신의 보도(1946. 1. 25)는, 국토통일원, 『소련과 북한과의 관계, 1945~1980』, 47~49쪽; 최상룡, 앞의 책, 177~178쪽 참조.

220) *FRUS 1945*, 1106~09쪽.

222) C. R. Saivetz & S. Woodby, 앞의 책, 25쪽.

223) 민족주의를 정치적 민족주의와 낭만적 민족주의로 분류할 때, 저항적 성격을 강하게 지니는 당시 한국인들의 그와 같은 열망은 후자(後者)에 가깝다. 노재봉, 「현대 한국의 정치사상에 있어서 방법의 문제」, 노재봉, 『사상과 실천』(서울: 녹두, 1985),

277~84쪽, 참조.
224) Bruce Cumings, *The Origins of the Korean War*(Princeton: Princeton University Press, 1981), 216쪽.
225) *New Times*(Jan. 1, 1946), 3쪽. 신용중, 앞의 글, 154쪽에서 재인용.
226) 심지연, 「신탁통치문제와 해방정국」, 『한국정치학회보』 19집(1985), 161쪽; 김학준, 앞의 책, 384~85쪽; 이수인, 「모스크바3상협정 찬반운동의 역사적 성격」, 이수인 편, 『한국현대정치사』 1(서울: 실천문학사, 1989), 93~132쪽; James I. Matray, 앞의 책, 1985), 65~66쪽.
227) 스칼라피노·이정식, 앞의 책, 447~48쪽. 이들 조직과 간부, 발전에 대해서는 김창순, 앞의 책, 166~74쪽 참조.
228) 반탁진영과 모스크바 결정 지지진영의 인식과 논리에 대해서는 심지연, 앞의 글; 박영준, 「해방 직후 지식인들의 민주주의 논쟁에 관한 연구」(서울대 외교학과 석사학위논문, 1988), 125~38쪽.
229) 1946년 2월 말에 슈티코프는 치스차코프에게 다음과 같은 말을 했다. "어찌 조선에 조만식과 같은 사람이 한 사람뿐이겠는가? 그들의 수는 수백 명이며 그들은 이번의 공격만으로 그치지 않을 것이다. 조선의 동지들에게 계급투쟁의 본질에 관해서 보다 많이 설명해줄 필요가 있다." (치스차코프, 「제25군의 전투행로」, 국토통일원 역, 『조선의 해방』, 75~76쪽).
230) 『해방일보』, 1946년 1월 6일자.
231) 북조선 민주주의민족통일전선 중앙위원회 서기국 편, 『소·미 공동위원회에 관한 제반 자료집』(평양: 중앙민전서기국, 1947), 13쪽.
232) 통일전선은 공산당이 독자적인 정치적·조직적 사업을 수행하고, 프롤레타리아계급을 독자적인 정치세력으로 만들며, 농민들로 하여금 지주들에게 저항하도록 하는 등의 활동을 하는 것을 방해하지 않을 때에만 혁명적 중요성을 지닌다고 스탈린은 말했다. Stalin, "Speech at a Joint Meeting of the Central Committee and Central Control Commission of the C.P.S.U.,"(Aug. 1, 1928), Degras, 앞의 책, 239쪽.
233) 이기하, 『한국정당발달사』(서울: 의회정치사, 1961), 155쪽.
234) 김병연, 『평양지』(서울: 1964), 54쪽.
235) 김창순, 앞의 책, 163~65쪽 참조.
236) 민주주의민족전선 편, 앞의 책, 146쪽.
237) 『조선인민보』, 1946년 1월 14일자.

238) 김창순, 앞의 책, 97쪽.

238) 『해방일보』, 1946년 3월 12, 13일자.

240) 『해방일보』, 1946년 3월 23일자.

241) 이에 대해서는 서인석, 「북조선 민주주의민족통일전선의 전개과정과 성격에 관한 연구」(성균관대학교 정치학 석사논문, 1988) 참조.

242) 변화된 이후의 구성에 대해서는 김병연, 앞의 책, 50쪽 참조.

243) 김일성, 「목전 조선정치형세와 북조선임시인민위원회의 조직에 관한 보고」, 「북조선임시인민위원회 창건에 대한 북조선 각 도 및 각 군 인민위원회 대표들과 반일 민주주의적 당 및 각 사회단체 대표들 회의의 결정서」, 김준엽 외 편, 앞의 책, 40~45쪽 참조.

244) 1945년 10월 조선공산당 서북 5도당 책임자 및 열성자대회는 "국내 전인민전선의 통일을 방해하는 행동은 친일적 반동분자의 의사를 영합하는 것이라고 본다. 고로 대회는 연합군과의 친선을 꾀하야, 전인민전선의 통일을 기하야 투쟁하여야 할 것을 명시한다"(『옳은 노선』, 51쪽)고 결의했고, 조만식이 연금된 직후인 1946년 1월 23일에 김일성은 다음과 같이 연설했다. "인민정치위원회는 민주주의를 위한 투쟁행정(行程)에서 조만식 일파의 태업행위를 분쇄하고, 민주주의 역량의 승리를 가져오게 했습니다. 조만식 일파는 모스크바3국 외상의 결의의 발표를 계기로 반동으로 전락하게 되었습니다. 이주연 씨 등이 3상회의 결정에 대하여 옳은 태도를 취하라고 그들에게 권고했으나 그들은 끝끝내 그것을 반대하고 결국 반동으로 넘어가 버렸습니다."(『김일성선집』 1권, 1963년판, 37~38) 여기서 사회주의적 '민주'의 내용의 일단을 찾아볼 수 있다.

245) 위원장: 김일성(공산당), 부위원장: 김두봉(독립동맹), 서기장: 강양욱(민주당), 산업국장: 이문환(공), 교통: 한희진(공), 농림: 이순근(공), 산업: 한동찬(무소속), 체신: 조영열(공), 재정: 이봉수(공), 교육: 장종식(공), 보안: 최용건(민), 사법: 최용달(공), 보건: 윤기녕(무), 총무부장: 이주연(공), 기획부장: 정진태(공), 선전부장: 오기섭(공).(김창순, 앞의 책, 191~92쪽.)

246) 김일성, 「북조선 민주주의민족통일전선위원회 결성에 대한 보고」, 김준엽 외 편, 앞의 책, 104쪽 참조.

247) 같은 책, 55~73쪽 참조.

248) 김일성, 「(1946년) 5·1절을 기념하면서 동포에게 고함」「8·15해방 1주년을 기념하면서 조선동포에게 고함」, 같은 책, 74~83쪽, 117~131쪽 참조.

249) "Intelligence Summary, Nothern Korea," no.32.
250) 그는 소련 점령당국이 한국인들을 마음대로 하도록 뒷전으로 물러났으며, 인민위원회들을 지배하거나 조종할 수 없었던 것 같다고 주장한다. 브루스 커밍스, 앞의 책, 481, 486, 490쪽.

반제반봉건민주주의혁명기의 여성정책

박현선

1. 머리말

일제 식민지하 조선 여성들은 어떠한 정치·경제·사회적 권리도 갖지 못한 상태에서 이중, 삼중의 고통을 당했다. 특히 근로여성들의 생활은 더욱 비참하여 여성노동자의 경우 최저임금을 받으면서 하루 16시간씩 식민지적 착취노동을 했고, 농민여성의 경우 절대 다수가 빈농과 소작농으로서 80, 90퍼센트의 소작료와 80여 종의 납세를 바쳐야 했다. 또한 여성들의 80퍼센트 이상이 문맹인 채로 방치되어 있어 어떠한 정치생활도 할 수 없는 상태였다. 이와 같은 상태는 해방과 더불어 해결 되지 않으면 안 되는 중요한 과제 중의 하나로 제기되었다. 따라서 여성문제는 혁명에서 반드시 해결해야 할 중요한 사회정치적 문제가 되었다.

그리하여 북한은 해방 후 반제반봉건민주주의혁명에서 여성들을 식민지적·봉건적 착취와 압박에서 해방시키는 것을 여성문제 해결의 주요 과제로 세웠다. 북한은 이 문제를 반제반봉건민주주의혁명의 주요 과업이었던 민주개혁의 수행과정 속에서 풀어나가고자 했다. 그렇게 함으로써만 혁명의 동력인 여성들이 '혁명의 한쪽 수레바퀴'의 역할을 담당할 수 있어 결국 사회주의혁명과 건설을 원활히 해낼 수 있었다.

그러므로 이 글은 북한의 혁명과 건설과정에서 여성문제가 어떻게 인식되었으며, 이의 해결을 위해 어떠한 정책이 전개되었고, 결국 여성들의 위상이 어떻게 변화했는가를 밝히는 데 그 목적이 있다. 이 글의 연구 시기는 1945년 8월부터 1947년 2월까지의 반제반봉건 민주주의혁명기로 한정했다. 이는 이 시기가 그 이후의 역사를 규정하는 기본틀을 형성하는 시기이며 아울러 여성문제 해결을 위한 여성정책의 기초가 세워지는 시기로 북한에서 결정적 의의를 갖기 때문이다. 특히 여성 문제의 경우 이후 시기―사회주의혁명기, 사회주의 완전승리를 위한 단계―는 반제반봉건민주주의혁명기에 확립된 기본 구조를 심화·발전시켜나가게 된다.

2. 혁명과업에 따른 민주개혁의 실시

1) 혁명과업

해방 후 북한은 반제반봉건민주주의혁명을 수행했는데 이는 '반제'라는 민족적 과제와 '반봉건'이라는 계급적 과제를 유기적으로 결합시켜 해결하는 것을 그 본질로 했다. 이 혁명의 주요 과업은 먼저 노동계급의 영도 아래 민주주의민족통일전선을 결성하고 그러한 지반 위에서 인민정권을 세우는 것이었다. 그 다음에 이 정권이 주체가 되어 제반 민주개혁을 철저히 수행해 사회주의혁명에로 넘어가기 위한 유리한 조건을 만드는 것이었다. 특히 민주개혁은 일제와 봉건제도가 남겨놓은 온갖 낡은 잔재와 유습들을 청산하고 여성들에게 남성들과 동등한 권리를 부여하기 위한 제반 개혁을 실시하는 것이다. 이같은 민주개혁의 과정을 통하여 여성들은 그들의 해방을 가능하게 하는 선결조건을 마련해갔다.

1945년 10월 10일에서 13일까지 개최된 '북조선 5도당 책임자 및 열성자 대회'에서 북조선공산당 중앙조직위원회(조선공산당 북조선분국)가 조직되었다. 혁명의 참모부로서 북조선공산당 중앙조직위원회는 '민주주의인민공화국' 건립을 위한 4대 당면과업을 다음과 같이 제시했다.

1. 애국적이며 민주주의적인 각 정당과 각 파들을 망라하는 민주주의적 민족통일전선을 형성함으로써 광범한 애국적 민주력량을 집결해 우리 민족의 완전 자주독립을 보장하는 민주주의인민공화국을 건립하기에 노력할 것.
2. 민주주의적 건국 사업에서 큰 장애물인 일본 제국주의의 잔재세력과 국제 반동의 주구들, 기타 모든 반동분자들을 철저히 청산함으로써 우리 민족의 민주주의적 발전을 순조롭게 할 것.
3. 통일적인 전조선민주주의 림시정부를 수립하기 위해 우선 각 지방에 진정한 인민의 정권인 인민위원회를 조직하고 모든 민주주의적 개혁을 실시하며 일제가 파괴한 공장, 기업소들과 전체 인민경제를 복구하며 인민들의 물질 문화 생활수준을 향상시킴으로써 민주주의 독립국가 건설의 기본 토대를 닦을 것.
4 이와 같은 모든 과업을 달성하기 위해 당을 더욱 확대·강화하며 각계 각층의 군중을 조직하며 그들을 당 주위에 결속시키기 위한 사회 단체들의 사업을 강력히 추진시킬 것.[1)]

당의 정치노선이 되는 당면과업에서 주목할 것은 4번째 과업으로 이에 의거해 해방 후 최초의 여성조직인 조선민주여성동맹(이하 여맹)이 조직된다.

1946년 2월 8일에는 '북조선임시인민위원회'가 수립되었다. 이는 '북조선 민주주의 정당, 사회단체, 행정국, 인민위원회 대표확대협의회'에서 선출하는 형식을 취했기에 '임시'적인 성격을 띠었다. 민주개혁의 주체로서 북조선임시인민위원회는 광범한 반제반봉건적 민주주의 역량을 결집한 민주주의민족통일전선에 입각한 인민정권으로 인민민주주의독재의 기능을 수행했다. 이 정권의 혁명적 성격과 기본과업은 당의 정치노선—4대 당면과업—을 구체화한 11개 조 당면과업과 20개 조 정강에 나타나고 있다. 이 과업과 정강에는 민주개혁의 내용이 명시되어 있는데 그 주요 내용은 "모든 사회생활에서 일제 잔재와 봉건 유습의 숙청, 일반적, 평등적, 직접적, 비밀투표에 의한 정권 기관들의 민주주의적 선거, 인민 생활의 모든 분야에서 완전한 민주주의적 자유와 권리의 보장, 토지개혁, 중요 산업 국유화 등 반제반봉건적 경제 개혁의 실시, 전반적 의무교육제도와 인민교육 체계의 수립, 과학·문화·예술 발전에 대한 국가적 보장"[2) 등이다.

여성문제와 관련하여 특별히 언급할 것은 20개 조 정강 중 5번째 정강으로, 여기서는 "전체 공민들에게 성별, 신앙 및 재산의 유무를 불문하고 정치경제생활에서 동등한 권리를 보장할 것"[3)을 규정하고 있다.

이러한 반제반봉건민주주의혁명의 강령에 따라 일제와 봉건제도가 남겨놓은 온갖 낡은 잔재를 청산하고 여성들에게 남성들과 동등한 권리를 보장하기 위한 민주개혁이 실시되었다. 이 과정에서의 여성들의 위상 변화를 보면 다음과 같다.

2) 민주개혁

민주개혁의 집행자로서의 북조선임시인민위원회가 수립됨으로써 제반 민주개혁을 착수할 수 있었고, 북조선공산당 중앙조직위원회는 민주개혁의 성과적 수행을 위한 역량편성사업과 함께 대중정치사업을 광범하게 전개했다. 여기서의 역량편성사업이란 노동자들을 정권기관, 경제기관, 사회단체 등의 주요 직위에 등용하여 모든 사회생활에서 노동계급의 지도적 역할을 높이고 노농동맹을 강화하는 것과 함께 통일전선을 강화해 제 정당, 사회단체들이 민주개혁 수행에서 통일적 보조를 취할 수 있게 하는 것을 의미한다. 그리고 대중정치사업은 북한에서 모든 정책을 실현할 때 대중의 자각적인 동원을 위하여 그들을 사상적으로 교양하는 방법으로, 이 시기 사상교양사업의 기본방향은 낡은 소유관계와 착취제도의 본질을 인식시키며 적대계급에 대한 적개심을 북돋워주고 민족적 자부심을 높이며 근로대중(육체노동이나 정신노동을 하는 인민대중)이 공산당의 지도 아래 자체의 힘으로 새 생활을 창조해나갈 수 있다는 자신감을 높이도록 하는 것이라 할 수 있다.

(1) 토지개혁

민주개혁에서 가장 먼저 수행해야 할 과업은 토지개혁이었는데 이와 관련해 김일성은 다음과 같이 지적했다.

> 토지문제는 민주주의혁명단계에서 선차적으로 해결해야 할 초미의 문제입니다. 토지문제를 해결해야만 농촌에 뿌리박은 반동세력의 경제적 지반을 없애고 농민들을 봉건적 착취에서 해방해 그들의 정치적 열성을 비상히 높일 수 있으며 나라의 전반적 정치, 경제, 문화 생활을 민주화하기 위한 사회정치적 지반을 강화할 수 있습니다. 또한 토지개혁을 해야만 농업생산력을 봉건적 질곡에서 해방하고 빨리 발전시켜 민족공업과 전반적 민족경제의 부흥발전을 힘있게 추동할 수 있습니다.[4]

봉건적 토지소유제도와 착취관계를 철폐하기 위한 토지개혁의 실시는 낙후한 농민이 절대 다수를 차지하는 식민지농업국가였던 나라에서 가장 중요한 내용을 이룬다. 당시 북한의 농촌실정은 전체 농가호수의 4퍼센트밖에 안 되는 지주가 총경지면적의 58.2퍼센트를 차지하고 있었고 인구의 약 80퍼센트나 되는 농민들은 절대 다수가 토지가 없거나 토지가 적은 농민이었다.[5]

해방 후 소작인들은 종래의 불리했던 소작제를 개선하기 위해 자주에게 3, 소작인에게 7의 비율에 따른 배분을 요구하는 '3·7제 투쟁'을 전개했다. 이러한 투쟁을 통해 정치적으로 각성된 농민들은 토지의 분배를 강력히 요구할 수 있었다.

따라서 1946년 2월 말 농민대표들에 의한 농민대회가 소집되어 토지개혁 실시에 대한 문제가 토의되고, 이어 같은 해 3월 초에 열린 북조선공산당 중앙조직위원회 제5차 확대집행위원회에서 토지개혁을 즉시 실시할 것이 결정되고 토지개혁의 기본 방침―몰수대상, 무상몰수, 무상분배, 경자유전원칙 등―이 제시되었다. 그 후 1946년 3월 5일 일본인과 조선인 지주들의 토지소유 및 소작제 철폐를 목적으로 당에 의해서 그 원칙들이 기초되고 작성된 「북조선 토지개혁에 대한 법령」이 발표되었다. 이 법령과 규칙이 발표되자 각 정당과 대중단체들에서는 이를 적극 지지하는 성명을 발표하는 등의 조치를 취함으로써 토지개혁의 수행을 도왔다.

토지개혁은 봉건제도를 완전히 철폐하는 것과 동시에 개인농경리조건에서도 자본주의적 요소, 즉 부농의 성장을 억제하며, 앞으로 진행될 농업협동화를 위해 유리한 조건들을 만드는 일련의 조치들을 강구하며 진행되었다. 그리하여 노력수에 따르는 균등한 토지분배(동 법령에 관한 세칙 제3장 제15조), 분여된 토지의 매매, 소작 및 저당의 법적 금지(동 법령 제10조), 몰수한 과수원, 산림 및 관개시설 등의 국유화 원칙(동 법령 제12, 13, 14조) 등이 규정되었다.[6]

특히 균등분배원칙인 동 법령 세칙 제15조는 여성들의 사회경제적 지위 향상에 큰 역할을 한다. 즉 "고용자와 토지 없는 농민과 토지 적은 농민에 대한 몰수된 토지의 분배는 '가족수와 그 가족내의 노동능력을 가진 자 수의 원칙'에 의하야 실시해야 한다"고 규정하면서 다음의 분배기준표를 제시하고 있다.[7]

    남 18~60세 1점
    여 18~50세 1점
    청년 15~17세 0.7점
    소아 10~14세 0.4점
    소아 9세 이하 0.1점
    남 61세 이상 0.3점
    여 51세 이상 0.3점

위의 분배기준표에 의하여 한 가족의 분배기준이 정해졌는데, 가족성원들의 노동능력이 개인별로 계산되어 여성들도 남성들과 동등하게 토지를 분여받았다. 남성은 18세에서 60세까지인 반면 여성은 18세에서 50세까지로 10살 정도의 차이가 있지만 각각 1점씩을 받게 되었다는 점은 여성들도 자기 몫으로 남성들과 동등하게 땅을 분배받을 수 있게 되었음을 의미한다.

이러한 토지개혁의 집행은 각급 인민위원회의 지도 아래 농촌위원회에 의해 이뤄졌는데, 이들은 각종 대중정치사업을 통해 대중의 열기를 고양시켰다. 또한 "로동계급의 지원을 강화하면서 고농, 빈농에 튼튼히 의거하고 중농과 굳게 동맹해 부농을 고립시키며 지주의 온갖 반항을 철저히 분쇄하는"[8] 통일전선에 입각한 계급정책이 전개되었다. 고농(고용된 농민)과 빈농들로 구성된 1만 1,500여 개의 농촌위원회를 농민동맹과 여맹을 비롯한 모든 대중단체들이 발동되어 도왔다. 특히 2만 4,500여 명의 여성 일꾼들이 농촌에서 토지개혁법령의 해설사업과 그 실시사업에 직접 참가했다. 이러한 조직정치사업에 의하여 토지개혁은 20일이라는 짧은 기간 동안에 완수되었다. 그리하여 100만 325정보(농가호수 42만 2,646)의 토지를 무상으로 몰수해 72만 4,522호의 농가에 98만 1,390정보의 토지를 무상으로 분배했는데[9] 그 토지의 거의 반을 여성들이 분여받았다. 이와 같은 토지개혁은 다음과 같은 결과를 낳았다.

먼저 토지개혁에 의해 봉건적 생산관계가 청산되었다. 이에 따라 농촌의 계급구조가 근본적으로 변화되어 혁명의 대상인 지주계급이 완전히 청산되고 부농층은 약화되었으며, 빈농과 고농을 중심으로 한 근로농민이 토지의 주인으로 되었다. 그래서 당시 인구의 80퍼센트를 차지하고 있던 농민대중과 함께 농촌 여성들은 자신의 땅을 소유하고 농사를 지을 수 있는 경제적 기반을 확립할 수 있게 되었다. 다시 말해 농촌 여성들은 토지의 주인이 되어 과거 지주-소작관계에서의 온갖 불리한 처지에서 벗어나게 되었다.

또한 무엇보다도 여성들을 구속하고 있던 것이 봉건제도의 잔재였고, 그러한 봉건제도의 소멸은 그 경제적 토대인 농촌경제의 개혁, 즉 토지의 개혁에 있는 것이었기에, 여성들은 토지개혁을 통해 봉건적 구속에서 해방될 수 있었다.[10]

다음으로 토지개혁 수행과정에서 근로농민들과 함께 여성들도 여맹등을 통해 토지개혁 수행에 일익을 담당함으로써 그들의 정치사상적 의식을 높여갔다.

아울러 농촌에서 공산당의 영향력이 결정적으로 강화되었으며 농촌위원회 성원들과 토지를 분배받은 고농과 빈농들이 대량으로 입당했고 당세포도 확대되었다. 또한 토지개혁을 통해 검열된 많은 고농과 빈농들이 농촌이 당조직들과 인민위원회 및 사회단체 등의 간부로 등용되어 농촌의 간부구성에 질적 변화를 일으켰다. 다시 말해 당은 토지개혁을 통해 광범한 인민대중을 '전취'하고 그 정치 기반을 더욱 공고히 구축할 수 있었다. 그리고 반제반봉건민주주의혁명 과업 수행의 일환으로 실시된 토지개혁은 다음 단계, 특히 1953년 휴전 이후에 본격적으로 착수되는 농업협동화를 위한 조건을 마련했다.

그리고 큰 변혁 후에 따르는 광범한 대중정치교양사업이 강화되어 "해방된 조선의 첫 봄을 증산으로 맞이하며 한치의 땅도 묵이지 말자"는 구호 아래 농민들의 '앙양된 혁명기세'가 증산운동으로 이어졌다.

(2) 중요 산업 국유화

중요산업에 대한 국유화는 북조선임시인민위원회에서 1946년 8월 10일에 발표한 「중요 산업 국유화에 대한 법령」에 의해 추진되었다. 반제반봉건민주주의혁명단계에서 민주혁명과업의 한 고리로 실시된 중요 산업 국유화는 특히 반제적 측면을 해결하는 중요 계기가 되었다. 그러나 일본제국주의와 예속자본가들의 소유를 박탈하는 것이 중요 산업 국유화의 목적이었기에 민족자본가들의 중소상공업은 보장하도록 조치되었다.[11] 이는 '사회주의에로의 이행'의 과도기적 조치로서 계급적 측면에서는 민족통일전선의 일환으로 민족자본가를 인민민주주의혁명의 동력으로 본 것이며, 경제적 측면에서는 생활필수품과 원료를 확보해 인민생활을 안정시키고자 한 의도였다고 볼 수 있다. 이같은 조치는 일제와 예속자본가들 소유 의외의 자본주의적 소유를 인정하면서도 식민지적 자본주의적 착취의 기본 뿌리를 철저하게 없애고자 한 것이었다.

이러한 중요 산업 국유화의 실시 결과는 다음과 같다. 먼저 전산업의 90퍼센트에 해당되는 24만 9,200명의 노동자가 일하는 1,034개소의 산업 시설이 국유화됨으로써[12] 일제와 친일파의 경제적 지반이 청산되고 인민경제의 주도적 부분이 국가 수중에 들어와 인민정권의 경제적 기초가 조성되었다. 또한 인민경제의 주도적 부분에서 새로운 생산관계가 생김으로써 사회주의적 경제법칙들이 발생해, 이에 의거해 북한에서는 경제를 계획적으로 추진시킬 수 있게 되었다.[13] 이와 같이 경제구조에 있어 근본적인 변혁을 이루어 인민경제에서 국영경제가 지도적 위치를 차지하고 사회주의적 생산관계가 발생되어 자립적 민족경제건설을 위한 주요 전제조건을 이루었다. 사회주의 지향의 결정적 계기가 된 이러한 조치가 반제반봉건민주주의혁명단계에서 이루어졌기 때문에 사회주의혁명단계에 가서 다시 중요 산업 국유화 문제가 제기되지 않았다.

다음으로 중요 산업이 국유화됨으로써 노동자들은 국유화된, 즉 북한에서 말하는 인민의 소유로 된 산업시설에서 일하게 되어 제도적으로 '사회와 자기를 위한 노동'을 할 수 있게 되었으며, 여성 노동자들은 남성들과 동등하게 국유화된 중요 산업시설에서 '주인된 입장'에서 노동할 수 있게 되었다. 그렇게 함으로써 노동계급의 정치적 열성이 제고되고 생산의욕이 높아져 생산계획의 초과달성이 이루어졌다.

(3) 노동법령

1946년 6월 24일 「북조선 노동자 및 사무원에 대한 노동법령」이 발표되었다. 이 법령은 "36년간 일본 제국주의가 조선에 대하여 노예적으로 통치해온 동안 노동자 및 사무원들의 노력은 잔혹한 착취를 당했으며, 조선 노동자들의 노동시간은 12시간 내지 14시간에 달했다. 특히, 소년들의 노력과 여자들의 노력이 광범히 사용되었고 가혹한 착취를 당했으므로 그들은 대대로 육체적 불구에 이르게 되었다"고 지적하면서 "식민지적 착취의 잔재를 청소하고 노동자와 사무원들의 물질적 형편을 근본적으로 개선"시키는 것을 목적으로 하고 있음을 밝히고 있다. 노동 법령은 노동자, 사무원들에 대한 8시간 노동과 사회보험제, 동일노동에 대한 동일임금 보장, 유급휴가제, 노동안전 및 위생조건의 개선과 여성 및 소년의 특별보호, 규정 등의 제반 노동조건을 보장하고 있다.[14]

여성문제와 관련해 특징적인, 것으로, 이 법령 제7조는 "동일한 노동과 동일한 기술을 가진 노력자에게는 연령과 성별을 불문하고 동일한 임금을 지불한다"고 규정하고 있다. 이로써 남녀평등의 중요한 한 측면인 남녀노동자의 '동일노동 동일임금'의 문제가 법적으로 해결되었다.

그리고 식민지 반봉건시대에 비인간적 노동조건 아래에서 특히 여성 노동자들이 이중적인 착취를 받아왔기 때문에 그들에 대한 특별한 보호조치가 취해졌다. 그 조치는 77일간의 산전산후휴가, 임신 중의 경노동과 노동시간 중 젖 먹이는 시간의 보장 및 임신 중이거나 수유 중인 여성의 야간노동 금지 등의 모성보호 규정인데 구체적인 내용은 다음과 같다.

제14조 모든 기업소와 사무소에서 일하는 노동부녀와 여사무원들이 임신 중에 있을 때에는 해산 전 35일 해산 후 42일간의 휴가를 줄 것을 제정한다.

제15조 건상상태에 의하여 전보다 경한 노동에 넘어가야 될 필요를 느끼는 임신 중의 여자는 임신 6개월부터 시작하여 산전휴가에 이르기까지 경한 노동에 넘어갈 수 있으며 그동안의 임금은 최근 6개월간의 평균 보수금에 의해 지불한다.

제16조 노동하는 여자들로서 1년 이내의 유아를 가진 경우에는 1일 2회의 30분씩 젖 먹이는 시간을 가질 수 있다. 유모의 젖 먹이는 시간의 임금은 유모의 평균임금에 의해 지불한다.

제17조 태모와 유모에게는 제정한 시간 외에 야간노동을 금지한다.

실제로 산전산후휴가를 받은 여성은 1946년 6월부터 같은 해 9월까지 526명이었고, 임신 중 힘 덜드는 노동으로 옮겨간 여성은 1947년 1월부터 같은 해 9월까지 417명이었으며, 젖 먹이는 시간을 가진 여성은 1947년 1

표 1 여성노동 보호 실적표 (단위: %)

	산전산후휴가 받은 자 수	임신중 경한 노동에 넘어간 자 수	젖 먹이는 시간 받은 자 수
1947년에 대한 1948년의 증가율[1]	149.2	109.7	111.9
1948년 상반년에 대한 1949년의 증가율[2]	307.2	265.0	446.2
1955년에 대한 1956년의 증가율[3]	148.6		

자료: 1), 2) 『조선중앙년감』, 1950년판, 329쪽.
   3) 『조선중앙년감』, 1957년판, 103쪽.

월부터 같은 해 9월까지 404명에 달했다.[15] 북한에서 발표한 여성노동 보호의 실적은 표 1과 같다.

이와 같은 규정들은 여성의 출산·육아와 관련하여 여성노동자를 특별히 보호하는 것으로 여성들이 생산노동에 적극 참여할 수 있는 조건을 마련해준 것이다. 그 후 사회주의건설이 추진됨에 따라 이러한 모성보호규정들이 강화되어나가는데 그 구체적인 예를 보면 다음과 같다.

서서 일하는 여성들에게 노동시간내에 1시간마다 5~10분간의 휴식시간을 주고, 농업협동화가 완수된 후에는 농촌 여성들에게까지 '노력보수'를 주면서 산전산후휴가를 완전히 실시했다. 또한 1966년 9월 27일에 승인된 '모성노동자들의 노동시간에 관한 규정'에 의해 국가기관, 기업소 및 협동단체들에서 육체노동을 하는 모성노동자들 중 만 13세까지의 자녀가 3명 이상인 경우는 노동시간을 6시간으로 줄이고 8시간분의 임금을 받게 되었다.

결과적으로 노동법령의 실시로 노동계급에 대한 식민지적 착취와 예속관계가 법적으로 청산되어 그들의 정치적 열성이 높아지고 물질문화 생활수준이 제고되는[16] 계기가 되었으며, 이에 따라 노동계급을 증산경쟁운동으로 동원할 수 있었다. 특히 여성들은 경제생활에서 남성들과 동등한 권리를 보장받고 모성보호의 혜택을 받을 수 있게 되어 사회진출을 더욱 확대시킬 수 있었다.

이상과 같은 토지개혁과 노동법령은 남녀평등권을 사회경제적으로 보장함으로써 여성해방의 물질적 기초를 마련해 여성문제에 해결을 철저히 했으며 이는 곧 남녀평등권법령으로 이어졌다.

(4) 남녀평등권법령

노동법령이 실시된 지 약 한 달 후인 1946년 7월 30일에 남녀평등권 법령이 공포되었다. 이에 앞서 7월 22일 북조선임시인민위원회는 제10차 확대위원회를 개최하는데 여기서 여맹 위원장(박정애)의 「북조선 남녀평등권에 대한 법령 초안」에 대한 보고가 있었다. 이 확대위원회에서는 이를 전폭적으로 승인하면서 「북조선 남녀평등권에 대한 법령초안에 대한 결정서」를 채택, 발표했다.

이 결정서의 "각 민주주의 정당 및 사회단체·직장 등에서 본 초안에 대한 충분한 토론과 연구가 있는 다음 본 법령초안에 대해 정확히 인식하고, 본 법령초안을 급속한 시일내에 완전한 정식법령으로서 발표하기를 기한다"[17]라는 결정에 의해, 특히 여맹에서는 같은 달 27일 평양시 열성자대회를 개최해 동 법령 초안을 절대지지한다는 내용서를 채택한 것을 비롯해 각 도 여맹에서 지지대회를 열었다.

이러한 과정을 거쳐 북조선임시인민위원회 결정 제54호로 「북조선의 남녀평등권에 대한 법령」이 공포되는데 그 전문은 다음과 같다.

36년 동안 조선 여성들은 일본 제국주의의 끊임없는 모욕과 잔혹한 착취를 받았다. 그들은 어떠한 정치적 또는 경제적 권리도 가지지 못했으며 문화 사회 또는 정치생활에 참가하지 못했다.

중세기적·봉건적 가정관계가 여성들의 정치적 경제적 압박을 더했으며 또 강화시켰다. 멸시와 모욕과 문맹은 조선 근로여성대중의 운명이 되었다. 붉은군대가 북조선을 일본 식민지로부터 해방시킴으로써 여성들의 사회적 지위는 변경되었다. 국내에서 진행되는 제민주주의적 혁신은 여성들을 과거 정치 경제 문화 및 가정생활의 불평등으로부터 해방하는 조건을 지어주었다.

일본 식민정책의 잔재를 숙청하고 낡은 봉건적 남녀간의 관계를 개혁하고 여성으로 하여금 문화적 사회 정치적 생활에 전면적으로 참여시킬 목적으로써 북조선임시인민위원회는 다음과 같이 결정한다.

제1조 국가 경제 문화적 사회 정치적 생활의 모든 영역에 있어서 여성들은 남자와 같은 평등권을 가진다.

제2조 지방 또는 국가최고기관에 있어서 여성들은 남자들과 동등으로 선거 및 피선거권을 가진다.

제3조 여성들은 남자와 동등으로 노동권리와 동일한 임금과 사회보험 및 교육의 권리를 가진다.

제4조 여성들은 남자들과 같이 자유결혼의 권리를 가진다. 결혼할 본인들의 동의 없는 비자유적이며 강제적인 결혼은 금지한다.

제5조 결혼생활에서 부부관계가 곤란하고 부부관계를 더 계속할 수 없는 조건이 생길 때에는 여성들도 남자와 동등의 자유이혼의 권리를 가진다. 모성으로서 아동 양육비를 전남편에게 요구할 소송권을 인정하며 이혼과 아동 양육비에 관한 소송은 인민재판소에서 처리하도록 규정한다.

제6조 결혼연령은 여성 만 17세, 남성 만 18세부터로 규정한다.

제7조 중세기적 봉건관계의 유습인 일부다처제와 여자들을 처나 첩으로 매매하는 여성인권 유린의 폐해를 금후 금지한다. 공창 사창 및 기생제도(기생권번, 기생학교)를 금지한다.

전2항에 위반하는 자는 법에 처한다.

제8조 여성들은 남자들과 동등의 재산 및 토지상속권을 가지며 이혼할 때에는 재산과 토지 분배의 권리를 가진다.

제9조 본 법령의 발포와 동시에 조선여성의 권리에 관한 일본 제국주의 법령과 규칙은 무효로 한다.

본 법령은 공포하는 날로부터 효력을 발생한다.

1946년 7월 30일
북조선임시인민위원회
위원장 김일성
서기장 강양욱

남녀평등권법령은 법령에서 밝히고 있는 바와 같이 여성들을 식민지적·봉건적·착취와 압박, 사회적 불평등에서 해방시켜 남성들과 동등한 권리를 갖고 정치·사회·문화생활에 참여하도록 하는 것을 그 목적으로 하고 있다.

이 법령의 내용을 구체적으로 살펴보면, 먼저 제1조는 정치·경제·사회·문화 등 모든 영역에서의 남녀평등권을 규정함으로써 여성문제에 있어서 식민지적 잔재와 봉건적 유습을 완전히 청산하고자 했다. 이러한 근본 평등권 원칙에 의거해 제2조에서는 여성들이 국가의 모든 기관 선거에 남성들과 똑같은 권리를 갖고 참여할 수 있을 뿐만 아니라 여성들 자신이 피선될 수 있는 권리를 규정하고 있다. 제3조는 여성들이 남성들과 동일한 노동권리 및 동일한 임금을 보장받으며 동등한 사회적 지위를 가질 수 있는 권리를 명시하고 있는데 이는 앞서 시행된 노동법령 제7조의 규정인 '동일노동 동일임금'의 원칙을 재천명한 것이다.

이와 같이 앞에서의 정치·경제·사회 등 모든 영역에서의 일반적 평등권을 명시한 후 제4조에서 제8조까지는 가족법의 기본입장을 밝히고 있다. 엥겔스의 논의에 의하면, 사회주의사회의 가족에서는 성애를 토대로 하는 완전한 자유혼에 의해 참된 일부일처제가 실현되고, 그 일부일처제에서는 자본주의체제에서의 '남편의 우위성'과 '혼인 해소불능'이라는 조건이 탈락되는 것으로 상정된다. 이러한 사회주의사회의 가족 모델은 사회주의사회에서 기본적으로 받아들여졌다. 여타 사회주의사회와 마찬가지로 북한도 가족제도의 원리와 이념을 유물사관적인 이론, 특히 마르크스·엥겔스의 이론에서 구했다. 그리하여 동 법령 제4조와 제5조에서는 자유결혼과 자유이혼의 원칙을 명시하고 제6조에서는 결혼연령에 대해, 제7조에서는 일부일처제원칙에 대해, 제8조에서는 가정에서의 여성의 재산상의 지위와 권리에 대해 밝히고 있다. 가족법에 대한 이러한 기본 입장들은 북한 가족법의 중요 원천이 되고 있다. 이에 대해 북한 가족법 학자 조일호는 "「북조선의 남녀평등권에 대한 법령」은 공화국 가족법의 기본 초석을 놓은 가장 중요한 원천이다"라고 지적하고 있다.[18]

한편 이 법령에 의해 공·사창제가 폐지됨으로써 과거에 기생이었던 여성들은 공장, 기업소 또는 가정으로 들어가게 되었다. 한 예로 남녀평등권법령이 발포된 날을 기념하여 '7·30공장'을 세웠는데 모두 과거에 기생이었던 이 공장의 노동자들은 다른 공장에 뒤떨어지지 않게 열성적으로 일하며 모범노동여성까지 내었다고 한다.

남녀평등권법령의 기본적·원칙적 명제를 구체화해 보다 상세한 규제를 정식화한 것[19]이 1946년 9월 14일에 공포된 북조선임시인민위원회 결정 제78호인 「북조선의 남녀평등권에 대한 시행세칙」이다. 이 세칙에서 특징적인 점만을 살펴보면 다음과 같다.

먼저 제1조에서는 "여성은 남성과 같이 지방(도, 시, 군, 면, 리) 및 중앙인민위원회 위원을 선거하며 또 위원에 피선될 권리를 가진다. 여성은 남성과 같이 국가기관, 정당, 사회단체 및 공공단체의 위원 또는 직원이 될 수 있다"고 해 남녀평등권법령에서 밝힌 남녀 동등의 선거권 및 피선거권의 권리를 보다 상세히 규정하고 있다. 이는 여성들의 사회적 활동 및 진출이 자유로워지고 남녀 차별대우가 철폐된 것을 의미하는 것으로 정치적 평등권과도 밀접한 관련을 갖는다. 이로써 여성들은 국가기관, 정당뿐 아니라 사회단체 및 공공단체의 위원 또는 직원이 될 수 있게 되었다. 그리하여 각 분야의 책임 있는 자리에 많은 여성들이 진출해 농민동맹에 6,101명의 여성위원과 북조선직업총동맹의 각급 기관에 940여 명의 여성위원이 참여했다.[20] 여맹의 경우는 뒤에서 언급할 것이다.

다음으로 시행세칙 제4조에서 제7조까지는 부부의 재산관계에 대해 상세한 규정을 하고 있다. 즉 여성들은 남성들과 같이 재산을 소유하며 관리할 수 있는 권리(제4조)와 재산 및 토지의 상속권을 가지며(제5조), 결혼 전의 남편 또는 부인의 재산은 각각 그 소유에 속하고, 결혼 후에 부부가 소득한 재산은 부부 공동소유에 속한다(제7조). 또한 "결혼으로 말미암아 타가로 적을 옮길 때에는 여성은 친가에 대해 북조선토지개혁법령에 의해 자기의 분으로 분여받은 토지의 분배를 청구할 수 있다"(제6조)고 규정하고 있다. 여성들이 이같은 권리를 가질 수 있었던 것은 앞에서 본 바와 같이 토지개혁 당시 노력수에 따르는 균형분배원칙에 의해 여성들도 자기 몫의 토지를 분여받았기에 가능한 것이었다.

시행세칙 제8조는 결혼의 형식에 관해 밝히고 있는데 "당사자의 자유의사에 의한 결혼서를 당사자가 소관시 면인민위원회에 제출해 수리함으로써" 결혼이 성립한다. 이는 '자유결혼의 권리'(법령 제4조)를 규정하면서도 해당 인민위원회에 등록함으로써 결혼을 인정하는 조치였다. 그렇게 해 미등록혼(사실혼)은 법적으로 인정하지 않았다.[21]

그런데 전문 29조의 시행세칙 중 많은 부분(제10조에서 제22조까지)이 이혼절차에 관한 것이다. '자유이혼의 권리'(법령 제5조)를 인정하면서도 이혼의 무조건적 자유를 허용하지 않고 이혼 성립에 있어 여러 규제 조치를 취했다.[22] 즉 "협의에 의한 이혼서를 소관시 면인민위원회에 제출하여 수리함으로써 이혼할 수 있다"(제10조)는 합의이혼제와 함께 "협의에 의한 이혼이 성립되지 않을 때는 당사자는 소관 인민재판소에 이혼소송을 제기"(제11조)할 수 있고, "이혼소송을 수리한 재판소는 도저히 부부생활을 계속할 수 없다고 인정할 때는 즉시 이혼판결"(제12조)을 내림으로써 이혼이 성립되는 재판에 의한 이혼제가 채택되고 있다. 그리고 두 번 이상 이혼하려고 할 때는 벌금을 소관 인민재판소에 납부해야 하는 등의 규제를 취했다. 또한 이혼했을 때, 그 자녀를 양육하는 한 쪽이 다른 편에 대해 양육비를 청구할 수 있는데, 양육하는 자녀가 한 명일 때는 그 수입의 20퍼센트, 두 명일 때는 35퍼센트, 세 명 이상일 때는 50퍼센트의 양육비를 청구할 수 있다(제20조). 아울러 이혼할 때 여성은 전남편에게 "결혼

중 공동소유에 속한 재산의 분배와 북조선토지개혁법령에 의해 자기의 분으로 분여받은 토지의 분배를 청구할 수 있다"(제21조)고 해 이혼시 여성의 재산권을 보장하고 있다. 그러나 결혼이나 이혼할 때 친가나 전남편에게 자기 몫으로 분여받은 토지의 분배를 청구할 수 있다는 규정은 1958년 8월 농업협동화가 완수된 후에는 사실상 무의미하게 되었다.

그 외에 일부일처제를 지키지 않은 자에게 2년 이하의 징역에 처하는 조치를 취하면서도 법령 시행 전의 기정 사실은 그 예외로 하는(제26조) 과도기적 조치가 취해지기도 했다.

이러한 시행세칙은 후에 새로운 규범적 문건들에 의해 부분적인 개정과 보충을 보게 되지만 가족법의 원칙으로 중요하게 자리잡게 된다.

이상에서 살펴본 바와 같이 최초로 남녀평등을 법적으로 보장한 남녀평등권법령과 시행세칙에 의하여 여성들은 '식민지적·봉건적 착취와 압박, 사회적 불평등'에서 해방되며 사회생활에서 남성들과 동등한 권리를 법적으로 보장받게 되었다.

북한에서 밝히고 있는 남녀평등권법령의 결과를 보면 다음과 같다.

먼저 1946년 8월의 북조선로동당 창립대회 보고에서는 "남녀평등권에 대한 법령은 북조선 녀성들로 하여금 수천백년 동안 인간 이하의 학대와 멸시로부터, 2중 3중의 억압과 착취로부터 해방시킴으로써 정치, 경제, 문화 등 각 방면의 생활에 있어서 남자와 동등한 권리를 갖게 된 것입니다"[23] 라고 지적되었다.

다음으로 1971년의 『조선녀성』(루계367호)에서는 "남녀평등권법령의 발포는 위대한 수령님의 영생불멸의 주체사상을 구현한 녀성해방강령의 빛나는 승리였으며 우리 녀성들의 사회정치생활에서 근본적인 전환을 가져오게 한 뜻깊은 사변이였다. 법령이 발포됨으로써 우리 녀성들은 력사상 처음으로 사회생활의 모든 분야에서 남자들과 동등한 권리를 가지게 되었으며 력사적으로 내려오던 인신적 예속과 불평등에서 벗어나게 되었다"[24]고 해 주체사상적 견지에서 그 의의를 밝히고 있다.

아울러 북조선로동당 창립대회에서 여맹 평안남도 대표(백경제)의 축사가 있었는데, 그는 특히 남녀평등권에 대한 법령으로 여성이 5,000년의 굴욕의 생활과 일본 제국주의적 학대와 봉건적 착취관계에서 해방되었다고 하면서 이러한 의미에서도 여성들의 진심으로 우러나오는 감사를 보내며 로동당의 주위에 여성들이 광범하게 결집할 것을 다짐했다. 또한 여맹에서는 이 법령의 발포 5일 후인 8월 4일에 「여성들에게 남녀 평등권을 준 북조선임시인민위원회를 지지하며 여성들도 적극 민주건설에 참가하자」는 선언서를 채택하여 여성들의 자각적이고도 열성적인 참여를 고무했다.

그러나 이와 같은 내용과 의의를 지닌 남녀평등권법령이라는 법령의 발표만으로 여성들의 사회적 해방이 성취되는 것은 아니며, 그 실제적 권리를 확보하기 위해서는 여성 스스로가 법적인 보장 속에서 이를 쟁취해나가는 실천활동을 수반해야 했다. 이러한 실천활동의 문제와 관련해 김일성은 1946년 8월 2일 여맹일꾼들에게 이 법령의 제정으로 여성해방의 문제가 완전히 해결된 것은 아니며 여성들이 실제적으로 남성들과 똑같은 권리를 누리기 위해서는 아직도 할 일이 많다고 하면서 그들이 더욱 분발해 투쟁할 것을 강조했다.[25] 또한 남녀평등은 만세만 자주 불러서는 쟁취하지 못하며 실지 투쟁 속에서 하나하나 찾아야 하는데 그러기 위해서는 꾸준히 배우고 또 배워야 함을 지적했다.[26]

결국 남녀평등권법령으로 북한의 600여만 여성들이 법적으로 해방되고 모든 방면에서 남녀 동등한 권리를 누릴 수 있게 됨으로써 '여성문제 해결에 있어 근본적인 전환'이 이루어졌다. 따라서 주인다운 태도를 지니고 자각적으로 발동하게 된 여성들은 사회주의 혁명과 건설과정에 있어 큰 동력이 되었다. 1948년 3월에 발간된 『여성독본』에 의하면 국가행정기관, 각 정당·사회단체 또는 각 기관 단체에서 책임 있는 자리에 있는 여성들이 1만여 명에 달했다고 한다. 또한 이 법령 발표 후의 전반적 상황을 보면 다음과 같다.

각급 인민위원회 여성위원수가 9,522명이며, 북조선인민회의 여성대의원이 34명(전체대의원의 14%)(1948. 3. 7 현재)이며 농민여성위원이

6,101명이며 여성판사 13명 검사 4명 참심원 532명 여의사 또는 간호부 1,300명 여자노동자 25,685명 기능자 2,128명 교장 10명 등이다.[27]

그리고 통일전선의 차원에서도 노동자, 농민과 함께 조선에서 가장 압박받은 대중인 여성의 해방이 실현되어 여성대중과 근로대중과의 동맹을 더욱 결속시키게 되었으며[28] 이러한 대중적 동맹에 기초해 민주주의민족통일전선이 더욱 강화되었다.

(5) 봉건유습잔재를 퇴치하는 법령

1947년 1월 24일 민주개혁의 일환으로 북조선임시인민위원회 결정 제163호 「북조선의 봉건유습 잔재를 퇴치하는 법령」이 공포되었다. 전체가 4개의 조항과 비고문항으로 구성되어 있는 이 법령은 4개 조 모두 결혼과 관련된 봉건유습의 잔재를 퇴치하는 규정들이다.

먼저 제1조는 결혼의 대가로 금전 또는 노동 등을 제공하거나 받은 자에 대한 처벌을, 제2조는 여성을 강제적으로 결혼시킨 자들에 대한 처벌을 명시하고 있는데 그 전문을 보면 다음과 같다.

제1조 청혼한 남자, 그의 부모 및 친족 또는 관계자로서 청혼 상대자 그의 부모 및 친족 관계자에 대해 금전 가축 재물 또는 노무를 결혼의 대가로 제공한 자는 1년 이하의 강제노동에 처한다. 전항의 금전 재물 또는 노무를 받은 자는 그 액에 상당한 벌금에 처한다.

제2조 여성을 강제해 결혼시킨 자 및 결혼관계를 계속시킨 자 또는 결혼의 목적으로 부녀를 기만 유인한 자는 2년 이하의 징역에 처한다.

다음으로 결혼연령(여성 만 17세, 남성 만 18세)이 되지 않은 자와 결혼한 자에게는 강제노동을 시키고(제3조), 중혼한 자나 '일부일부'(일부일처)를 준수하지 않는 자에게는 1년 이하의 강제노동이나 2,000원 이하의 벌금을 부과하는(제4조) 규정을 하고 있다. 비고조항에서는 "본 법 시행

전에 성립된 사실에는 본 조를 적용하지 않고 그 당시의 법령을 적용한다"고 하여 새로운 법령으로 인한 혼란을 막고자 했다.

이와 같이 봉건유습 잔재를 퇴치하는 법령이 여성의 자유결혼 권리 및 일부일처제 확립문제와 관련된 규정인 것은 그만큼 봉건유습 잔재가 여성문제와 관련해서 깊이 뿌리박혀 있었다는 것을 보여주는 것이다. 또한 이는 이미 남녀평등권법령과 시행세칙에서 명시되었던 바를 따로 법령으로 만들어야 할 만큼—사회제도의 변혁이 아니라—사람들의 의식 변화는 더욱 오랜 시산과 함께 특별한 조치가 필요함을 보여주고 있다.

이상의 민주개혁으로 여성들은 자기 땅을 소유하는 농민여성으로 활동하고 국유화된 산업시설에서 '사회와 자기를 위한 노동'을 할 수 있는 경제적 기반을 확립했으며 남성들과 동등한 권리를 누릴 수 있는 제도적 여건을 마련했다. 그리고 제반 민주개혁의 실시로 여성들의 지위가 법적·제도적으로 보장되었을 뿐 아니라 정치·경제·문화 등 모든 방면에서 여성들의 사회진출이 가능해졌다.

3. 여성의 지위와 역할의 변화

앞에서 언급한 바와 같이 여성들의 지위가 법적으로 보장되고 사회생활에서의 역할이 높아졌는데 그 구체적인 내용을 보면 다음과 같다.

1) 여성조직체로서의 조선민주여성동맹

(1) 조선민주여성동맹의 창립

북한 여성들은 해방 후 처음으로 독자적인 정치조직을 갖게 되는데 이것이 바로 '조선민주여성동맹'이다.

1945년 10월 북조선공산당 중앙조직위원회는 인민공화국 건립을 위한 4대 당면과업의 하나로서 당 주위에 군중을 결속시키기 위해 각 사회단체들을 조직할 것을 제시했다. 이와 같은 사회단체들의 결성은 반제반봉건민주주의혁명 수행에서 무엇보다도 중요한 것으로 노동계급의 영도 아래 모든 계급과 계층을 망라하는 광범한 민주주의민족통일전선(이하 민전)을 형성하는 데 그 목적이 있었다. 이러한 당의 정책에 의해 직업동맹·농민동맹·청년동맹 등과 함께 여성동맹이 출범했다. 다시 말해 여맹은 당의 외곽단체로서 계층조직 중의 하나로 조직되었다.

해방되고 2달 후인 1945년 10월 15일 김일성은 평양시 여성일꾼들 앞에서 행한 「현 국제국내정세와 녀성들의 과업」이라는 연설에서, 대중적인 민주주의 여성조직을 만들기 위한 사업을 힘있게 추진시키는 것을 여성들 앞에 부과되는 주요 과업의 하나로 제시했다. 그리고 "녀성들이 하나의 민주주의적 녀성조직을 내오고 모두가 거기에 망라되여야 단결된 힘으로 새 조국 건설에 이바지할 수 있으며 민주주의적인 교양과 조직적인 훈련을 받고 훌륭한 일군으로 자라날 수 있습니다"라고 강조했다.

이와 같이 여성조직에 대한 필요성이 제기된 후 같은 해 11월 18일에 당의 지원 아래 각 지방에 분산적으로 조직되어 있던 여맹단체들이 통합되어 대중적 조직으로서의 여맹이 창립되었다. 1945년 9월에 발간된 『조선여성』 창간호를 보면 당시 여맹의 명칭이 '조선민주여성총동맹 북조선위원회'로 명시되어 있다.

남한의 경우, 해방 직후인 1945년 8월 17일에 창설된 '건국부녀동맹'(1927년 5월에 창립된 근우회의 간부였던 정칠성이 책임자)이 있었지만 이 조직이 대중성을 갖지 못하고 구성원도 주로 공산주의자들이었기에 조선공산당은 통일전선의 차원에서 전국적 규모의 여성조직을 결성해 당의 외곽단체를 강화하는 방침을 세웠다. 이에 의해서 같은 해 12월 22일에서 24일까지 서울 안국동 풍문여고 강당에서 '전국부녀총동맹'(이하 부총) 결성대회가 열렸다.[29] 부총은 1947년 2월 '남조선민주여성동맹'[30]으로 바뀐다. 1951년에는 남과 북의 두 조직이 조선노동당 중앙위원회 제3차 정기회의에서 채택한 「남북조선근로단체들의 통일에 관한 결정」에 근거해 1월 19일에서 20일까지 진행된 '남북조선민주여성동맹 합동중앙위원회

'에서 '조선민주여성동맹'의 단일조직으로 양측이 통합되었다.[31]

여맹의 창립으로 노동자·농민·청년 등 수백만의 근로자들의 대중단체와 함께 민전을 형성할 수 있었으며, 여맹을 비롯한 대중단체들이 당의 지도를 받음에 따라 당의 노선과 정책을 근로대중 속에 침투시킬 수 있는 조직적 조건이 마련되었다. 또한 여성들에게는 결집된 정치역량으로 '여성해방'의 실현과 건국사업에 매진할 수 있는 여건이 조성되었다.

참고로 여맹원으로서의 긍지를 심어주는 동시에 그들의 적극적인 동원을 위해 제작된 「여성동맹가」를 보면, 조국을 세우는 절반 힘으로서 '민주여성들'은 여성해방을 이루고 '민주조국'을 세워야 한다는 내용을 담고 있는데 그 전문은 다음과 같다.

여성동맹가

백인준 시
허갑 곡

1. 인민을 키우는 사랑의 품에 조국을 지키는 끓는 붉은 피
   별 같은 눈동자 맑게 처뜨고 우리는 민주의 여성들이다.
후렴: 민주의 깃빨 높이 쳐들고 나가자 뭉치자 여성동맹아
   사랑과 평화는 우리의 자랑 사랑과 평화는 우리의 자랑
2. 어굴한 선대의 력사를 찟고 폭력의 사슬을 끊어버리고
   인민의 나라에 뛰어난 우리 조국을 세우는 절반힘이다.
3. 여성의 해방이 없는 나라에 진실한 인민의 행복은 없다.
   조선의 어머니 조선의 딸들 우리는 세운다. 민주의 조국[32]

(2) 여맹의 성격과 과업

북한에서 당의 외곽조직[33]들은 '근로대중의 정치조직' '대중의 사상 교양조직'으로서 '당과 대중을 연결하는 인전대'[34]이며 '당의 충실한 방조자'로서 당의 노선과 정책을 대중 속에 침투시키고 그 수행에로 대중을 조직동원하는 역할을 한다.[35] 여맹도 이러한 성격을 띠고 그 역할을 수행하

는데, 여맹의 일반적인 역할은 당의 외곽조직으로 당의 노선과 정책에 맞춰 여성대중을 교양시키고 조직동원해 그들을 당 주위에 결속시켜 사회주의혁명과 건설과정에 적극 참여하게 하는 것이다. 그러므로 여맹은 여성들의 자원적 원칙에 기초한 대중적 조직으로, 당과 여성대중의 유기적 연계를 보장하는 여성대중의 정치조직·사상교양조직으로 혁명의 매단계마다 구체적인 과업을 가지며 이익 수행을 통해 사회주의혁명과 건설 및 여성해방의 실현에 기여해나간다.

여맹 '투쟁'의 일반적 목적을 천명한 강령은 1946년 5월 여맹 제1차 대표대회에서 채택되었는데 그 전문은 다음과 같다.

1. 우리는 민주주의적 여성과 대동단결하야 김일성 장군이 발표한 20개 정강을 그 기초로 한 조선민주주의정권 수립을 위해 총력량을 집중함.
2. 여성에게 평등한 선거권과 피선거권을 준 북조선인민위원회 정강을 지지하며 이 영예를 전조선여성들에게 드리기 위하야 분투함.
3. 우리는 민주건설을 파괴하는 일체팟쇼분자 친일분자 민족반역자를 박멸하기 위해 분투함.
4. 조선문화의 향상과 정치 경제의 건전한 발전을 위해 분투함.
5. 여성의 문맹 퇴치와 생활개선을 위해 각 문화운동과 산업부흥에 적극 참가함.
6. 여성의 국가적 옹호를 요구함.
7. 봉건적 도덕인습과 미신타파를 위해 노력함.[36]

위의 강령을 살펴보면 먼저 첫번째 강령은 민주주의적 정권 수립에 총역량을 집중한다는 것으로 이는 여맹 자체가 정치조직으로서 직접 정권 수립에 참여한다는 것을 의미하는데, 이것이 당시 여맹의 첫번째 과업, 다시 말해 가장 중요한 과업으로 제기되었다. 다음으로 여성들에게 주어진 선거와 피선거의 권리를 여성들에게 돌아가게 한다는 것은 여성들의 선거권과 피선거권에 대한 실질적인 권한 행사를 위해 노력하겠다는 것을 의미한다. 세번째 강령은 민주건설을 방해하는 일체 반동분자와의 계급투쟁을 철저히 하겠다는 것이며, 네번째 강령은 일반적인 정치·경제·문화의 발전을 위해 노력하겠다는 것이다. 그리고 다섯번째에서 일곱번째까지의 강령은 여성문제와 관련된 문제들이다. 즉 여성들의 문맹을 퇴치하고 새사회에 맞는 생활개선을 위해 문화활동과 산업부흥에 적극 참여할 것을 제시함으로써 여성들의 사회생활을 적극적으로 유도하고자 했다. 또한 여성들에 대한 국가적 옹호를 요구하는 것은 여성조직으로서 당연한 과업이었다. 아울러 수천 년 동안 지속되어온 봉건유습의 폐해를 가장 많이 받아온 여성들을 해방시키기 위해 봉건적 인습과 미신의 타파를 주장했다. 그렇게 함으로써 봉건적 생활에서 해방되며 새로운 생활관을 확립할 수 있는 것이었다.

이와 같은 여맹의 강령에서 알 수 있듯이, 해방된 여성들에게는 전체 인민들과 함께 각급 인민정권기관들을 건설하고 사회생활에 적극 참여해 건국사업에 기여하는 것과 동시에 여성들의 문맹을 퇴치하고 그들을 억압하는 봉건사상을 청산해야 하는 등의 임무가 제기되었다.

이와 같은 '사회운동의 부분운동'으로서의 여성운동은 김일성이 1946년 9월 6일 「잡지『조선녀성』창간을 축하한다」는 연설에서도 밝혀졌다. 즉 그는 "녀성운동이 사회운동의 한 부분으로 되고 있으며 녀성들이 남성들과 함께 민족을 해방하는 싸움과 새 나라를 건설하는 사업에 발벗고 나서서 힘써야만 남자들과 똑같은 권리를 얻을 수 있고 완전한 사회적 해방을 이룩할 수 있다는 것을 보여주고 있습니다"[37]라고 지적했다.

그리고 남녀평등권법령 등을 비롯한 '민주법령'에 그 골자가 반영된 여맹의 강령에 의하면, 여맹은 여성들의 권익을 위한 단체인 동시에 여성들의 교양조직, 정치조직임을 알 수 있다.

이러한 일반적인 여맹의 성격과 과업을 전제로 할 때, 반제반봉건민주주의혁명 단계의 여맹 과업은 무엇이었는가를 김일성의 연설을 중심으로 살펴보면 다음과 같다.

1946년 5월 9일 김일성은 여맹 제1차 대표대회에 참가할 공산당원인 여맹 일꾼들 앞에서, 「여성동맹의 금후과업에 대하여」란 연설을 통해 이 시기 여맹의 주요 과업을 밝혔다. 그 과업은 조직사업, 선전교양사업 및 건국사업에 대한 것이었다.[38]

　첫째로 여맹 조직사업에 대한 과업에서는 '민주조선'을 건설하려면 광범한 여성대중을 여맹조직에 결속시켜야 하므로 극소수의 친일분자·민족반역자를 비롯한 반동분자들을 제외하고는 신앙과 재산의 유무를 가리지 않고 모든 여성들을 여맹조직에 받아들여 당과 인민정권의 주위에 묶어세워야 한다는 통일전선의 입장에서 각계 각층의 여성들을 여맹조직에 결집시킬 것이 제시되었다. 이미 조직된 여맹단체는 강력한 중앙집권조직으로 정비하는 동시에 여맹원들 속에서 조직생활을 강화해 여맹을 더욱 강력한 민주주의적 대중조직으로 만들 것이 강조되었다.

　또한 여맹을 강력한 대중조직으로 만들기 위해서는 여맹사업의 중심을 근로여성들과의 사업에 두어야 하는데, 당원인 여맹 간부들이 직접 공장과 농촌에 나가 근로여성들을 가르치고 지도할 뿐 아니라 그들 자신이 근로여성들 속에서 많은 것을 배워야 한다는 것이 제시되었다. 이러한 조직사업에 대한 과업은 그 후 여맹 제1차 대표대회에서 가장 중요한 안건으로 토론되었다. 이 문제는 당시 지도간부들이 근로대중 속에 들어가 그들이 요구하는 바를 해결하며 또한 그들에게서 배우는 '대중적 입장'과 '혁명적 입장'을 고수하는 것으로 여맹 간부들뿐만 아니라 국가경제일꾼 모두에게 요구되었다.

　두번째로 여맹원들에 대한 선전교양사업의 과업이 제시되었다. 이는 오랜 봉건적 인습과 식민지적 우매화정책의 결과, 해방이 되고 토지개혁에 의해 봉건적 착취제도가 청산된 당시에도 여성들에게는 '낡은 사상 잔재와 악습'이 남아 있던 것과 관련된다. 그 결과로 여성들은 남성들에 비해 정치적 각성도 아주 낮고 사회적 활동도 미약하며 일상생활에서도 뒤떨어진 인습에 얽매이고 있었다.

　그러므로 이러한 현상을 타파하고 여성들의 정치적 각성을 제고하기 위해 선전교양사업을 강화하며, 실천활동 속에서 그들을 단련시켜야 하는 사상사업의 과업이 제기되었던 것이다. 이같은 사업은 바로 당원인 여맹 일꾼들이 해야 하는 것으로서 그 중심 사업은 다음과 같이 제시되었다.

먼저 인민정권에 대한 올바른 인식을 가지게 하며 인민정권의 모든 법령과 결정을 지지하고 그의 실행을 위하여 자각적으로 노력하도록 해야 하는데, 특히 인민정권을 파괴하려는 세력들과의 투쟁에 모든 여성들이 적극 참가하도록 교양시킬 것이 강조되었다. 또한 노동여성들 속에서의 선전교양사업은 그들이 대체로 하나의 생산단위에 모여 일하는 만큼 휴식시간이나 작업이 끝난 후에 계획적으로 교양해야 한다고 지적되었다.

다음으로 사상사업의 중심을 여성들 속에서 미신을 타파하고 낡은 생활습성을 뿌리뽑기 위한 계몽사업에 둘 것으로 제시되었다. 특히 농촌 여성들에게 미신을 믿는 현상이 나타났기에 그들에게 맞는 사상교양이 강조되었다. 또한 일부 가정부인들, 특히 도시 가정부인들 중 일제식민지 교육의 여독 및 일제 생활양식의 잔재가 남아 있어 자녀들 앞에서 일본말을 하고 일제 생활양식을 답습하는 경우가 있었다. 그러므로 앞날의 주인공들인 어린이들을 나라를 사랑하고 지식 있는 사람으로 키우기 위해서는 자녀교양에서 매우 중요한 역할을 하는 여성들에 대한 교양사업을 강화해 낡은 생활습성을 뿌리뽑아야 할 것이 강조되었다.

이같은 여맹조직에서의 선전교양사업에 대한 과업과 관련하여 1946년 9월 6일 '여맹'의 기관지 『조선여성』이 창간되었다. 이 잡지는 그 후 여성들의 계몽과 발전에 지침적 역할을 해나갔다.

여맹 앞에 부과된 세번째 과업은 여성들을 건국사업에 적극 조직동원하는 것이었다. 일본 제국주의자들이 조선에 남긴 후과들이 아직 많이 남아 있는 형편에서, 남녀노소 할 것 없이 모든 인민이 인민정권의 주위에 굳게 뭉쳐 건국사업에 열성적으로 참가할 것이 중시되었다. 특히 인구의 반을 차지하는 여성들을 건국사업에 적극 조직동원하는 것은 그만큼 중요한 의의를 지닌 것이었다.

이러한 건국사업에 여성들을 동원하는 데 있어, 그 주요 대상은 농촌여성, 노동여성, 인텔리여성, 가두여성의 순으로 설정되었다. 여기서의 가두여성이란 "(도시나 로동자구에서) 직장에 다니지 않고 가정에 있는 녀성"[39]으로 도시의 가정부인을 이르는 말이다. 이 순서는 당시 계급구성상 그리고 건국사업에서 나서는 당면문제와 관련해 제시된 것으로 보인다. 즉 기본계급은 노동계급과 농민이며 인민의 대다수는 농민이었는데 1947년 7월에 나온 자료를 보면 토지개혁시 북한 인구의 87퍼센트가 빈농민들이었음을 알 수 있다.[40] 또한 당시 건국사업에서 당면한 주요 문제는 농업생산성을 높임으로써 토지개혁의 성과를 공고히 하는 것이었다. 그러므로 농민의 절반 이상을 차지하는 농촌여성들을 농업생산에 적극적으로 참가시키는 것이 중요한 문제일 수밖에 없었기에 그들을 첫째 대상으로 삼았던 것이다. 아울러 여성의 대다수를 차지하는 이들을 열성적으로 건국사업에 참여시킴으로써 전반적인 여성들의 정치적·경제적 지위를 개선시킬 수 있었다.

다음으로 중요한 것은 노동여성들을 건국사업에 적극적으로 참가시키는 문제였다. 당시 약간의 공장이 개인기업가들에 의해 운영되고 있었지만 많은 공장과 기업소들은 '전체 인민의 것'이었다.[41] 그리하여 노동의 성격도 달라져 '사회와 자기 자신을 위한 노동'을 할 수 있게 되었다. 여성노동자들에게 이러한 현실을 잘 선전해 그들이 건국사업에 열성적으로 참여하도록 해야 한다는 것이 제시되었다.

이와 같이 여성노동자들이 노동에 적극 참여하도록 고무하는 것과 동시에 그들의 노동조건과 일상생활에 대해 세심한 관심을 돌릴 것이 강조되면서, 모성보호문제가 다음과 같이 언급되었다.

> 우리는 녀성들에게 정치경제적으로 남성들과 같은 권리를 줄 뿐 아니라 그들이 체질상으로 보아 남자들보다 연약하며 또 모성으로서의 큰 부담을 지고 있는 것만큼 극진히 돌봐주어야 합니다. 녀성로동자들에게는 마땅히 산전산후휴가를 주어야 하며 휴가기간에는 정액임금의 100퍼센트를 지불하여야 합니다.[42]

이러한 교시가 있은 지 약 한 달 후에 공포된 「북조선 노동자 및 사무원에 대한 노동법령」에는 77일간의 산전산후휴가 보장 등을 비롯한 모성보호규정이 포함되었다.

다음 순위로 인텔리여성들을 건국사업에 잘 동원하여 그들을 사회사업에 적극 참여하게 만드는 과업이 제시되었다. 같은 맥락에서 1946년 3월 8일에 발표된 「38을 기념하면서 조선녀성에게 고함」이란 선언문은 인텔리여성들이 창조적 능력과 적극적 노력을 발휘해 업무의 모범이 됨으로써 건국사업의 선봉이 되는 동시에 그들이 노동여성과 농촌여성들 가운데 들어가 근로여성들이 건국을 위한 구체적 실천에 대중적으로 참가할 수 있게 만들 것을 강조했다.[43]

마지막으로 가두여성들과 가정부인들이 건국사업에 기여하도록 하는 문제가 다음과 같이 밝혀졌다.

> 물론 녀성들이 가정일을 하여야 합니다. 그렇다고 하여 녀성들이 가정일에만 매달려 나라일에서 제외되여서는 참말로 남성들과 평등해질 수 없는 것입니다. ……녀성들은 집구석에 얽매여 놓던 봉건인습을 비롯한 낡은 잔재를 없애기 위한 투쟁을 강화하며 모든 가두녀성들과 가정부인들이 건국사업에 떨쳐나선 남편을 돕고 아이들을 잘 키우며 가정살림을 알뜰히 꾸릴 뿐 아니라 직접 건국사업에 로력적으로 도움을 주도록 하여야 할 것입니다.[44]

이와 같이 여성들이 가정일을 하면서 건국사업에 참여할 것을 요구했다. 그러나 당시는 여성들의 사회진출을 보장하기 위한 국가적 대책을 적극적으로 세울 수 없는 형편이었기에 우선 여맹에서 작은 규모의 탁아소와 유치원을 만들어 학령 전 아동들을 사회적으로 키움으로써 여성들의 부담을 덜어줄 것이 지시되었다. 또한 여맹조직들이 이상의 사업들을 잘 수행함으로써 남한 여성들에게 여성해방운동의 실천적 모범을 보여줘야 한다는 것이 지적되었다. 이러한 과업들을 볼 때 여맹은 당의 외곽단체로서 여성들을 조직, 교양해 당정책 수행에로 동원하는 역할을 한다는 것을 알 수 있다. 또한 당시의 여맹과업들은 반제반봉건 민주주의혁명 과업 수행과 밀접히 관련된 것이었다.

(3) 여맹조직의 강화

여맹은 1946년 5월 10일 여맹 제1차 대표대회를 열었다. 이 대회의 진행과정에 대한 자료를 구할 수가 없어 구체적인 토의사항을 알 수 없으나 여기에서 채택한 선언서의 요지는 다음과 같다.

일제의 폭정 밑에서 우리 민족이 그 중에서도 여성들이 이중삼중의 억압과 구속에서 인간 이하의 대우를 받다 해방된 지금 '반파쇼여성'들은 민주주의통일정권 수립을 위해 한데 뭉쳐야 한다. 또한 북조선임시인민위원회를 절대 지지하며 20개 조 정강을 기초로 한 민주주의인민공화국 수립을 위해 총동원할 것이다.

반제반봉건민주주의혁명 수행에서 중요한 것은 노동계급의 영도 아래 모든 반제세력을 결속시켜 민전을 형성하여 반혁명세력을 고립시키는 것인데 선언서는 이 문제를 염두에 둔 것이었다. 또한 민주주의인민공화국 수립을 위해 총역량을 동원한다는 점은 이미 언급한 여맹 강령에서도 강조되었던 바이다.

여맹은 앞서 김일성이 제시한 조직과업을 이어받아 여맹 제1차 대표 대회를 통해 대중조직으로 발전해나갔다. 즉 통일전선의 차원에서 극소수의 반동분자들을 제외하고는 신앙과 재산의 유무를 가리지 않고 모든 여성들을 받아들여 광범한 대중조직으로 변화되어갔다. 그리하여 맹원수가 1945년에는 15만 명이었던 것이 1946년 5월에는 60만 명, 8월말에는 80만 명, 그해 말에는 103만 명을 넘게 증가해나갔다.[45]

『조선중앙년감』1961년판에 의하면 1946년 말 현재 총인구수가 925만 7,000명이고 그 중 50퍼센트가 여성이기에 여성 총인구수는 462만 8,500명 정도라 할 수 있다.[46] 이때 103만의 맹원은 전체 여성의 22.3퍼센트를 차지한다. 그러나 1947년에 발간된 『세계민주여성운동과 조선민주여성

표 2　　　　　　　　　평안남도 여맹의 맹원조직 통계표　　　　(1946년 9월 말)

군별	맹원수	군별	맹원수	군별	맹원수
평양시	41,789	남포시	6,293	대동군	11,932
평원군	18,363	성천군	5,425	양덕군	4,087
맹산군	4,368	영원군	3,513	안주군	6,893
개천군	11,150	덕천군	7,375	강동군	13,995
순천군	13,201	강서군	9,461	용강군	10,788
중화군	13,821				
				총합계	182,456

자료:『조선녀성』3호(1947), 62쪽.
주: 각 시와 군의 맹원수를 합친 숫자와 위에 제시된 총합계 숫자 사이에 2명의 오차가 존재한다.

운동』에 의하면 당시 여성대중은 600여만에 달했다고 하는데, 그렇게 되면 당시 여맹조직원은 전체 여성의 17.2퍼센트를 차지했다는 것이다. 여하튼 여맹의 가입대상이 18세에서 55세까지임을 감안한다면 활동 가능 여성 중에서 실제로는 훨씬 더 높은 비율의 여성들이 여맹조직생활을 했음을 알 수 있다. 참고로 1946년 9월 말 현재, '평안남도 여맹의 맹원조직 통계표'를 보면 표 2와 같다.

그러나 여맹이 급격한 맹원수의 증가를 보았지만, 조직적으로 정비되지 않았고 사상사업면에서도 문제점을 내포하고 있었다. 이는 여맹 제1차 대표대회에서 발표한「조선민주여성총동맹 제1차 대표대회 결정서」에 나타나고 있다. 즉 대회 당시 조직문제에 있어 이미 60만 명이라는 맹원수의 확대를 보았지만 질적으로 강화되지 않고, 산 조직이 못 되며 대중과 지도층과의 분리적 현상이 있었다.[47] 또한 선전문제에서도 기본적으로 선전방법이 구체적이지 못하고, 교양문제에 있어서도 선전사업이 보편적이지 않았다.

이러한 조직문제·선전문제 1946년 5월 9일 이 대회에 앞서 김일성이 제시한 여맹의 과업에서도 중요하게 다뤄졌던 것이기에, 여맹은 이 대회를 계기로 중앙지도기관 이하 지방조직들을 새롭게 정비·강화하는 조치를 취했고, 여맹의 기관지인 『조선녀성』도 창간했다.

그리하여 여맹은 근로여성을 중심으로 하는 대중조직으로 정착되어 나갔다. 특히 이 대회는 근로여성들과의 사업문제를 가장 중요한 안건으로 토론했다. 1947년 1월 말 현재 맹원(105만 명)구성을 보면 노동여성이 3만 명(『민주주의 승리의 북조선』에 의하면 1947년 8월 현재 여성노동자가 2만 5,387명이며, 『조선중앙년감』 1949년판에 의하면 1948년 3월 현재 2만 5,685명으로 오차 있음). 농민여성이 62만 명, 가정부인이 36만 명, 지식여성이 1만 명이다.[48]

조직체계도 전국적으로 정비되어, 이 대회 당시 박정애를 위원장으로 하며 2명의 부위원장, 11명의 상무위원, 29명의 중앙위원으로 구성되는 중앙지도기관을 비롯해 각 도에 도연맹, 89개 군과 12개 시에 군, 시 여맹 및 616개 면에 면위원회가 조직되었다. 그 중 중앙지도기관의 조직을 보면 다음과 같다.

　　　　중앙지도기관
　위원장: 박정애
　부위원장: 리금순
　부위원장: 한명심
　상무위원: 박정애, 리금순, 한명심, 김은주, 허금순, 김경옥, 최숙자, 김상애, 고백선, 김영수, 지효성
　중앙위원: 박정애, 리금순, 한명심, 허정숙, 신용복, 김귀선, 유연한, 조영, 최은혜, 김상애, 고백선, 허금순, 지효성, 김칠히, 김상석, 최숙자, 리종희, 최수화, 김복히, 리정순, 김경옥, 최신도, 안신호, 김영수, 김은주, 백명주, 백원복, 진백옥, 정석종
자료: 『조선중앙년감』, 1950년판, 240쪽.

또한 여맹이 1946년 7월에 결성된 민전에 참여함으로써 여성들의 정치

생활을 비롯한 사회활동이 보다 활발해졌다.

한편 국제적으로는 1946년 10월 14일 '국제민주여성연맹'에 가입했다. 국제민주여성연맹은 1945년 11월 26일부터 12월 1일까지 파리에서 열린 국제여성대회에서 창립되었다. 국제민주여성연맹은 다음 해 10월 14일 체코의 '프라가'(프라하)에서 국제민주여성연맹대회를 개최했다. 이 대회에는 40개국의 '민주주의적 단체'에 가입한 6,800만 여성들을 대표하는 가결권을 가진 237명의 대표 및 발언권을 가진 107명의 대표가 참가했다.[49] 여맹은 이 대회에 참가했을 뿐 아니라 허정숙이 여맹의 대표로서「전 세계 민주여성들에게 고함」이라는 연설도 행했다.

이 대회는 프랑스인 유제니 코롱 위원장의 사회로 "녀성들의 반팟쇼투쟁 참가문제, 녀성들의 경제적 권리, 사회적 형편의 개선을 위한 문제, 아동교육문제, 녀성들의 민주주의 설정 및 평화의 공고화를 위한 투쟁에의 참가문제" 등을 토론하고 연맹의 강령과 규약을 채택했다.

국제민주여성연맹의 규약에서 밝히고 있는 목적과 선언은 다음과 같다.

목적

1. 파시즘을 완전히 소멸시키고 팟쇼사상을 근절시키며 인민들 사이에 공고하고 항구한 평화를 설정하게 하며 침략의 재발을 용허하지 않는 긴밀한 제민족의 국제적 협력을 정치 경제 문화 및 사회분야에 수립하기 위한 투쟁에 적극적으로 참가할 것.

2. 그들의 정치 경제 문화 및 사회의 제권리를 옹호하고 사회적 진보를 실현하는 목적으로써 세계 각국 녀성들은 공동적으로 행동할 것.

3. 사회 보건 특히 아동들의 보건을 개선하고 또 그의 천성을 고려하여 청년으로서의 순조로운 발전을 증진하기 위하여 투쟁할 것.

4 전 세계 녀성들의 친선과 단결을 강화할 것.

선언

1. 소송 수속까지도 포함한 사회적 권리 정치적 및 경제적 생활의 모

든 분야에 있어서 녀성과 남성의 완전한 평등권과 동등한 선거 및 피선거권을 부여할 것.

  2. 동등한 로동에 대한 동등한 임금과 평등한 로동권 로동의 보장과 직업 단체에서 평등권 원칙을 실현할 것.

  3. 남성과 동등한 교육 및 직업의 권리를 부여할 것.

  4. 실제적 생활을 유지할 수 있는 로동임금을 실시하고 녀성의 로동임금을 개정하고 질병 실업 불행시 및 로령에 대한 사회보험을 기초로 근로녀성의 로동과 생활을 개선할 것. 적자 사생아의 불평등을 없이 할 것.

  5. 공장과 제조소에서 모성을 보호하고 임신부와 유아를 가진 모성을 위하여 특별한 방책을 취할 것.[50]

그리고 국제민주여성연맹의 지도부는 다음과 같다.

  위원장: 유재니 코롱(불란서)
  부위원장: 니나 뽀뽀바(쏘련), 들로레스 이바두리(서빈아), 채창(중국), 잔 웰로핏쉬(미국)
  서기장: 마리 클로드, 바이양 쿠 튜리에(불란서)[51]

이 연맹은 파시즘의 철저한 소탕, 전쟁의 방지, 항구한 평화의 수립, 여성들의 정치·경제·사회 및 법적 지위의 개선, 아동들의 보호, 각국 여성들의 국제적인 친선과 단결 강화를 그 과업으로 삼고 있다.[52]

그 외에 북한은 1946년 3월 8일부터 35주년을 맞이하는 '3·8국제부녀절'을 기념하기 시작했다.

이상에서 살펴본 바와 같이 해방 후 최초로 여성들만의 조직체인 여맹이 조직됨으로써 북한 여성들은 지금까지 가정생활에만 국한되었던 협소한 생활에서 벗어나 정치·경제활동 등의 사회활동이 가능하게 되었다. 따라서 여맹이라는 조직을 통해 집단생활을 하고 사회를 위한 삶을 살 수 있게 되었다. 결국 북한 여성들은 그러한 조직에 참여함으로써 정치적으로 각성되고 문화적으로 향상되어 사회성원으로서의 '주인된 의식'을 높일 수 있었을 것이다. 그러므로 여성들은 여맹 과업을 수행함으로써 반제반봉건민주주의혁명과업을 완수할 수 있었고, 여맹 자체도 그 과정을 통해 성장해나갔다. 이는 김일성이 북조선로동당창립대회(1946. 8) 보고에서 밝힌 다음과 같은 말에 의해서 뒷받침되고 있다.

> 조선문제 해결의 '열쇠'는 여기에[53] 있는 것입니다. 북조선에 있어서 제민주주의 과업은 그 첫날부터 전인민의 힘으로 전체 민주주의 정당과 사회단체들의 공동한 협력에 의해 수행된 것입니다.…… 그리하여 북조선 민주주의민족통일전선은 실제 투쟁을 통하여 제민주과업을 완수하는 과정에서 성장되었으며 결성된 것입니다.……매개에 민주주의 과업이 제기될 때마다 제정당 사회단체들은 공동성명으로써 그를 절대 지지했고 그들은 직접 공작원을 각 지방에 파견함으로써 인민위원회의 사업의 완수를 위해 싸웠던 것입니다.[54]

다음에서는 사회생활에서의 남녀평등이 구체적으로 어떻게 이루어져 갔는지를 살펴보자.

2) 여성들의 사회생활 진출

1945년 10월 13일 북조선공산당 중앙조직위원회(조선공산당 북조선분국)로 창건된 당은 1946년 4월 말경 '북조선공산당'으로 명칭을 바꾼다. 민주개혁의 성과를 공고히 하며 혁명의 계속적 발전을 위한 투쟁을 성과적으로 보장하기 위해서는 공산당과 다른 근로자들을 망라한 모든 정당들을 합당해 전체 근로대중의 조직적·정치적 통일을 결정적으로 강화하는 것이 필요했다.[55] 다시 말해 민주과업을 완성하기 위해 근로대중의 통일적인 힘, 강력한 선봉부대가 필요했던 것이다.[56]

그리하여 공산당과 농민, 근로인텔리들을 망라한 신민당과의 합당이 진행되었다. 합당사업은 짧은 기간에 이루어져, 1946년 7월 북조선공산당

중앙위원회와 조선신민당 중앙위원회 연석회의들이 소집되어 노동당 조직이 결성되었다. 이러한 성과에 기초해 1946년 8월 28일부터 30일에 걸쳐 평양시에서 북조선로동당 창립대회가 열렸다.

이 대회의 보고에서 당의 총적 임무는 통일적 민주주의 완전독립국가를 세우는 것이므로 그 임무를 장해하는 봉건적·친일적 반동세력을 철저히 청산하기 위해 싸우고, 북조선임시인민위원회를 더욱 강화해 전조선적으로 조선인민의 주권을 인민위원회에 넘기기 위해 투쟁해 이미 실시된 토지개혁, 노동법령, 남녀평등권법령 및 중요 산업 국유화 등의 민주개혁의 성과를 더욱 공고히 하고 이를 전국적 범위에서 실현하기 위해 투쟁할 것임을 밝혔다.[57] 여기서 주목할 것은 보다 강화된 인민정권(북조선인민위원회)을 수립하고 남녀평등권법령 등의 민주개혁의 성과를 공고히 할 것을 명시함으로써 계속적으로 혁명이 진행될 것을 예견했다는 점이다.

이러한 당 임무의 내용은 이 대회에서 채택한 「북조선로동당 강령」에도 나타나고 있다. 그 중 여성문제와 직접 관련된 사항만을 보면, 6번째 강령은 "로동자와 사무원에게 8시간 로동제를 실시해 그들에게 사회보험을 보장하고 녀자들에게 남자와 동등한 임금을 지불할 것"을 명시하고 있다. 또한 7번째 강령은 "재산의 다소 지식의 유무 신앙 및 성별의 여하를 불구하고 20세에 달한 조선인민들에게 동등한 선거권과 피선거권을 부여할 것"을, 9번째 강령은 "녀자들에게 정치적, 경제적, 법률적으로 남자들과 동등한 권리를 보장하며 가족 및 풍습관계에서 봉건적 잔재를 숙청하며 어머니들과 어린이들을 국가적으로 보호할 것"을, 그리고 10번째 강령은 "인민교육의 개혁을 실시하며 각종 학교내에서의 교육과 교양사업에서 일본 교육제도의 잔재를 숙청하며 재산 형편과 신앙 및 성별을 불문하고 전조선 인민에게 공부할 권리를 보장하는 동시에 조선민족 문화 예술 및 과학의 정상적 발전을 도모할 것"을 밝히고 있다.

이와 같이 여성문제가 로동당의 목적과 과업을 밝히고 있는 강령에서까지 규정되고 있다는 것을 알 수 있다. 또한 위 강령의 내용들은 이미 민주개혁의 추진과정에서 수행되었던 것으로, 이 강령은 민주개혁의 성과를 공고히 할 뿐 아니라 여성들의 지위를 한층 높이는 결과를 가져왔다.

(1) 정치생활

여성해방에 있어 정치적·경제적 해방이 무엇보다 중요하다. 먼저 정치적 해방의 측면은 다음의 두 가지를 그 내용으로 했다.

첫째는 정치적 활동의 자유이며, 둘째는 남성들과 동등한 선거권과 피선거권을 갖는 것이다. 이는 북조선임시인민위원회에서 발표한 11개조 당면과업과 20개 조 정강, 특히 남녀평등권법령과 북조선선거규정(1946년 9월 5일 공포)에 의해 보장되었는바, 만 20세에 달한 여성들은 누구나 남성들과 동등한 정치적 자유를 누리며 그들과 같은 선거권과 피선거권을 행사할 수 있게 되었다. 따라서 모든 정치대회와 집회에 자유롭게 참여할 수 있게 된 여성들은 1947년 8·15기념행사의 경우만 하더라도 수천 회의 보고대회에 60만 796명이 참가한 것을 비롯하여 212회의 좌담회, 112회의 연예음악대회, 412회의 강연웅변대회, 13회의 열성자대회, 21회의 운동회 등의 대회와 집회에 총 110만여 명(600만 전여성의 18.3퍼센트)이 참가했다.[58]

또한 1946년 8월 28일에서 30일까지 진행된 북조선로동당 창립대회에 많은 여성들이 대표로 참가했다. 공산당원 27만 6,000여 명과 신민당원 9만여 명을 대표하여 참가한 이 대회의 801명의 대표 중 여성대표는 89명으로 전체 대표의 11.1퍼센트를 차지했다.[59] 당의 영도가 강조되는 북한에서, 당은 '노동계급과 전체 근로대중의 선봉적, 조직적 부대'이고 '조선 인민의 확고한 지도적 및 향도적 역량이며 모든 혁명 승리의 조직자'로서[60] 혁명의 참모부라 정의될 수 있다. 이러한 당의 최고지도 기관은 전당의 경우는 당대회이며, 도(직할시), 시(구역), 군 당의 경우는 해당 당대표회이다. 당대회 대표의 선거비율은 당중앙위원회가 결정하는데, 당중앙위원회는 당대회와 당대회 사이에 당조직을 운영하는 최고지도기관이다. 이와 같은 당의 최고 지도기관인 당대회에 여성들이 10퍼센트 이상 진출했다는 것은 큰 의의를 지닌다. 무엇보다 8·15해방 전 여성대중들의 정치참여가 거의 불가능했던 상황에서 해방을 맞이한 지 불과 1년여 만에 여성들의 당대회 대표의 10분의 1을 차지할 수 있었다는 것은 그만큼 여성들의 정치적 각성이 높아지고 그 제도적 장치가 마련되었다는 것을 보여주는 것이다.

정치적 해방의 두번째 측면인 남성과 동등한 선거권과 피선거권 행사의 내용을 보면 다음과 같다.

1946년 2월에 조직된 북조선임시인민위원회는 당시 제기되었던 반제반봉건민주주의혁명 과업을 수행하고, 1946년 말과 1947년 초에는 인민정권의 법적 근거를 마련하기 위해 지방주권기관에 대한 선거를 실시했다. 그 선거를 통해 1947년 2월 북조선인민위원회가 새로이 탄생했다. 프롤레타리아독재의 기능을 수행하는 새로운 정권기관의 이와 같은 수립과정에 북한 여성들이 대거 참여했는데 그 구체적 내용은 다음과 같다.

1946년 9월 5일에 열린 북조선임시인민위원회 제2차 확대위원회에서는 선거를 통해 각급 인민위원회를 법적으로 공고화시키는 대책이 강구되었다. 면·리(동) 인민위원회 위원 입후보자의 추천은 유권자총회에서 이루어진 반면, 도·시·군 인민위원회 위원 입후보자의 추천은 민전에서 이루어졌다. 따라서 같은 해 9월 13일 민전은 제5차 중앙위원회를 열고 선거사업에서의 민전의 당면과업에 제시했는데 그 중 여성문제와 관련한 것만을 보면 다음과 같다.

각 정당, 사회단체는 어떠한 인민위원회를 막론하고 후보자수를 자기 당원수에 비례해 사회적 활동의 중량에 비례해 결정할 것입니다. 이번 선거에 있어서 우리는 가장 낙후한 조선 여성들을 정치적으로 제고시키기 위해 적어도 10~15퍼센트의 대표자가 선거되도록 조직해야 할 것입니다.[61]

이러한 민전의 방침에 따라, 후에 다시 언급하겠지만, 도·시·군 인민위원회 위원으로 선출된 여성들은 전체의 13.1퍼센트를 차지했다.

같은 해 9월 18일 민전에서는 '선거사업을 승리적으로 진행하기 위한 선전해설사업을 더욱 힘있게 발전시킨다'는 목적 아래 「북조선 도, 시, 군, 면, 리인민위원회선거 선전사업에 대한 결정서」를 채택했는데, 이에는 선거해설사업에 종사할 선전원들의 수가 규정되어 있었다. 즉 중앙의 각 정당, 사회단체별로 북조선로동당 10명, 조선민주당 6명, 천도교청우당 6명, 직업총동맹 5명, 농민동맹 5명, 여맹 2명, 민주청년동맹 5명, 건축동맹 2명, 보건연맹 2명, 조선문화협회 2명, 예술연맹 5명, 불교총무원 2명 소비조합 2명, 반일투사후원회 2명, 교육문화후원회 2명, 공업기술연맹 2명 등 모두 60명의 선전원들이 배정되었다. 이에 따라 여맹의 선전원으로 또는 각 정당, 사회단체의 선전원으로 활동한 여성들은 24만 7,558명에 달했다. 이러한 활동에 대해 김일성은 1946년 말 선거를 총결하는 연설에서 다음과 같이 지적했다.

이번 선거사업에 있어서 선전원들의 역할을 높이 평가해야 하며 그들의 선거승리를 위한 투쟁은 실로 영웅적 거동이었으며 우리 건국 사상에 길이 빛날 것입니다.……강원도 어떤 산골 여선전원은 아이를 업고 매일 3,40리 되는 산골지방을 돌아다니며 선거에 대한 해설사업을 다했읍니다.[62]

그러나 당시 '정치적으로 각성되지 못한 일부 사람들'이 여성들을 인민위원회 위원으로 선출하는 것에 반대하고 심지어 선거에도 참여시키지 말아야 한다는 주장을 하는 경우도 있었다. 이에 대해 김일성은 첫 선거를 앞둔 1946년 11월 1일에 열린 평양시 민주선거 경축대회에서 그들을 '반당종파분자들'이라고 비판하면서 여성들의 정치 참여의 중요성을 다음과 같이 강조했다.

녀성은 인구의 절반을 차지하고 있습니다. 만일 정권기관선거나 또는 그 사업에 인구의 반수가 참가하지 않는다고 하면 그 정권은 참된 인민정권이라고는 도저히 말할 수 없을 것입니다. 녀성들은 커다란 힘이며 수많은 녀성들이 남성들에 조금도 못지않게 우리 나라를 부흥시키는 사업을 감당하고 있습니다. 우리 나라에서는 녀성들이 모든 분야에서 남성들과 완전히 평등한 권리를 법적으로 보장받고 있습니다. 그렇기 때문에 남녀평등권에 관한 법령은 인민위원회 위원선거에서도 전적으로 구현되어야 하며 그래야만 그것이 전정한 민주주의적 선고로 될 수 있습니다.[63]

민주선거를 성과적으로 보장하며 여성에 대한 올바른 관점을 세워주기 위한 이와 같은 사전조치의 결과는 1946년 말의 선거뿐 아니라 다음해 2월 3일에 있은 면·리(동) 인민위원회 위원선거에서도 나타났다. 예정대로 1946년 11월 3일에 실시된 도·시·군 인민위원회 선거의 결과는 같은 달 25일 김일성이 행한 「북조선 민주선거의 총결과 인민위원회의 당면과업」이란 연설에서 다음과 같이 밝혀졌다.

전체 도, 시, 군 인민위원으로 선출된 총수 3,459명 가운데서 농민 1,256명 36.4퍼센트, 노동자 510명 14.5퍼센트, 사무원 1,056명 30.6퍼센트, 상업자 145명 4.3퍼센트, 문화인 311명 9.1퍼센트, 기업가 73명 2.1퍼센트, 종교가 94명 2.7퍼센트, 전지주 14명 0.4퍼센트 이중 여성으로 당선된 자는 전체의 13.1퍼센트로 453명에 달하고 있다.[64]

특히 여성위원이 전체의 13.1퍼센트를 차지하는 것에 대해 이 연설에서 다음과 같이 설명되었다.

다 같이 사람이면서도 전인구의 반수를 점하는 여성들이 오늘까지 인간 이하의 대접을 받아왔으며 유린을 당해오던 여성들이 오늘 새 조선에 있어서는 당당하게 정치무대에 올라섰으며 인민주권에 수많은 자기네의 대표자를 보내고 있습니다.[65]

453명의 여성위원은 구체적으로 도인민위원이 57명, 시인민위원이 36명, 군인민위원이 360명이다.

　1946년 말의 이러한 선거 결과에 기초하여 1947년 2월 17일에서 20일까지 '북조선 도, 시, 군인민위원회대회'가 열렸다. 이 대회에서 최고주권기관이며 입법기관인 '북조선인민회의'가 창설되고, 뒤이어 21일에서 22일까지 개최된 북조선인민회의 제1차 회의에서 중앙정권기관인 '북조선인민위원회'가 수립되었다.

　북조선 도, 시, 군인민위원회대회 대표 1,159명을 분석해보면 도, 시·군 대표가 1,124명, 각 당 대표가 15명, 그리고 여맹(5명)를 포함한 사회단체 대표가 20명이다.[66] 또한 이 대회에서 선거한 북조선인민회의 대의원 237명 가운데 여성은 34명으로 전체의 14퍼센트를 차지했는데 이들은 인민위원회를 지도했다.[67]

　계속해서 1947년 초에 면·리(동) 인민위원회 위원선거를 했다. 이 선거를 한 달 정도 앞둔 1947년 1월 11일 김일성은 민전 중앙위원회 제9차 회의에서 「면·리(동) 인민위원회 위원선거를 성과적으로 보장하기 위하여」란 연설에서 여성위원 후보자를 많이 내세우게 하기 위해 다음과 같이 지적했다.

　　면, 리(동) 인민위원회 위원선거에서 녀성들을 인민위원 후보자로 많이 내세우는 문제에 주위를 돌려야 하겠습니다. 녀성들을 인민위원후보자로 많이 내세우는 것은 매우 중요한 의의를 가집니다. 작년 도·시·군 인민위원회 위원선거에서는 녀성들이 위원으로 선거된 비률이 위원 총수의 13퍼센트 이상이나 되였습니다. 그리고 전번 선거때 녀성들은 남자들 못지않게 선거사업에 열성적으로 참가했으며 선거의 승리를 보장하는 데 크게 기여했습니다. 오늘 우리 녀성들의 애국적 열성은 날을 따라 더욱 높아지고 있습니다.…… 특히 농촌을 발전시키기 위해 농촌에서 우수한 녀성위원후보자를 될수록 많이 내세워야 하겠습니다.[68]

아울러 선거사업에서 가장 중요한 문제 중의 하나인 선거선전사업을 잘하며 선거사업에서 사회단체들의 역할을 높여야 할 것을 지적하면서 이에 농민동맹과 여맹 등이 적극적으로 활동할 것을 강조했다.

이러한 사전조치의 결과 1947년 2월 3일의 면·리(동) 인민위원회 위원 선거에서 여성들은 13~15퍼센트 정도를 차지했다. 즉 선출된 1만 3,444명의 면인민위원회 대의원 중 여성대의원은 1,986명으로 전체의 14.8퍼센트를 차지했고, 5만 3,314명의 리인민위원회 대의원 중 여성대의원은 7,049명으로 전체의 13.2퍼센트를 차지했다.[69]

그리하여 1946년 말과 1947년 초의 선거결과 각급 인민위원회 위원으로 총 9,522명(34명의 오차 있음)의 여성들이 선출되었는데 이들은 대부분이 공장과 농촌에서 일하는 근로여성들이 대표자였다.

그리고 당시 도·시·군 인민위원회 위원선거는 유권자 총수 451만 6,120명 중 450만 1,813명이 선거해 전체 유권자의 99.6퍼센트가 선거에 참여했고, 리인민위원 선거의 경우 99.85퍼센트, 면인민위원선거의 경우 99.8퍼센트가 선거권을 행사했던[70] 것으로 보아 거의 대부분의 여성들이 각급 인민위원회 선거에 참여했을 것이라고 볼 수 있다. 구체적으로 1946년 말 1947년 초의 선거에 전부 합쳐서 700만 여성들이 참여했다.[71]

이상과 같이 북한여성들은 혁명의 참모부인 로동당에 상당수가 가입하고, 정권기관의 수립 과정에도 적극 참여하는 등 정치적 활동의 자유 및 남성과 동등한 선거권과 피선거권을 행사해나갔다. 이는 여성들이 여맹을 통해 사상교양을 받아 정치적으로 단련되고, 한글학교 등을 통해 교육을 받아 문맹을 퇴치해 직접 정치에 참여할 수 있는 역량으로 성장할 수 있었기에 가능한 것이었다. 또한 당 및 국가적 차원에서 각종 법령을 제정하여 남녀 평등한 정치활동을 보장했을 뿐 아니라 당대회를 비롯한 조직들에서 여성대표가 차지할 비율을 미리 정함으로써 일정률 이상의 여성들이 직접 국가정치에 참여할 수 있게 되었던 것이다. 또한 여맹을 비롯한 각 사회단체들의 선전원들은, 각급 인민위원회 선거과정에서 보여준 것과 같이, 선전활동을 벌임으로써 여성들의 정치참여를 고무했다.

(2) 경제생활

모든 해방의 첫 조건인 경제적 해방에서 여성들의 경제적 해방의 내용을 보면 다음과 같다.

첫째로, 남녀평등권법령 제1조에서 밝혀질 것같이 경제영역에 있어서의 평등권의 보장이라는 기본원칙이 세워졌다.

둘째로, 남성들과 동등한 노동권리와 동일한 임금의 보장 및 사회보험의 권리를 갖게 되었다.

셋째로, 남녀 동등한 재산 및 토지상속권을 보장받고 이혼할 때 재산과 토지분배의 권리를 부여받았다.

경제적 동등권의 법제적 측면을 의미하는 이 세 가지 내용은 법제상 거의 완벽하다고 할 수 있다. 따라서 이의 실제 운영방식을 밝히는 것이 앞으로의 연구과제 중의 하나가 될 것이다. 이러한 기본적인 법적 보장 속에서 여성들은 경제활동에 참여해나갔다.

참고로 마르크스주의에 입각한 여성해방의 실현이라는 것을 보면 그것은 우선 생산수단에 대한 사적 소유가 사회적 소유로 바뀌어 가족이 더 이상 부를 축적하는 것을 비롯한 경제적 단위가 아닌 상태에서 가능하며, 동시에 가사가 사회화되고 여성들이 자녀양육의 의무로부터 해방되어[72] 사회의 공적 영역에 참가함으로써 남녀의 사회·경제적 평등이 이루어졌을 때 가능한 것이다. 다시 말해 여성문제의 해결은 생산수단에 대한 사적 소유가 철폐된 사회에서 여성들이 사회활동을 하고 동시에 이를 위한 제반조건들—가사와 자녀양육의 사회화—이 마련되었을 때 가능하다는 것이다. 이는 무엇보다도 여성해방의 경제적 측면을 중시하는 것으로 여기서 관건이 되는 것은 여성들의 사회참여라 할 수 있다. 북한에서는 이미 중요산업이 국유화되고 토지개혁이 실시된 조건이었기에, 여성들의 사회참여가 중요한 문제로 제기되었다. 특히 반제반봉건민주주의혁명기의 여성들의 사회참여는 건국사업에 적극 참여하는 것과 관련을 가졌다.

해방 후 일제 식민지 통치 결과로 파생된 경제에서의 기형적인 편파성과 농촌경리에서의 봉건적인 토지소유관계를 청산하기 위해 전체 인민이

하나가 되어 건국사업에 열성적으로 참여하는 것이 요구되었다. 이러한 상황에서 인구의 절반을 차지하며 '건국사업에서 수레의 한쪽바퀴와 같은 역할'을 하는 여성들을 건국사업에 적극 참여시키는 것이 당의 주요한 과제가 아닐 수 없었다.

또한 건국사업을 여성해방 문제와의 관계 속에서 파악할 때에도 건국사업에 대한 여성들의 적극적인 참여가 요구되었다. 이에 대해 김일성은 다음과 같이 지적했다.

> 녀성들이 건국사업에 적극 참가하는 것은 녀성해방의 과업을 성과적으로 실현할 수 있게 하는 중요한 담보입니다. ……우리의 이 건국 사업은 녀성들을 이중삼중의 구속과 온갖 사회적 불평등으로부터 해방하는 위대한 혁명사업입니다. 녀성들은 오직 건국사업에 참가하는 과정을 통해서만 옛 처지에서 벗어날 수 있습니다.[73]

이상과 같은 의의와 요구에 부응하여 여성들은 광범하게 건국사업에 참여했는데 당시의 건국사업에서 여성들의 경제활동은 주로 경제복구와 경제건설에 대한 참여였다. 따라서 여성들은 농촌과 공장 및 기업소에서 농민여성, 노동여성으로서 생산활동을 하게 되었다.

실제로 얼마만큼의 여성들이 생산활동을 했는가를 밝혀야 하겠지만, 북한이 발표했던 통계치에는 1945년과 1946년간의 경우가 대부분 빠져 있고, 첫 인민경제계획이 실시된 1947년부터 구체적인 수치가 나오기 때문에 반제반봉건민주주의혁명기에 생산활동에 참여한 근로여성의 비중은 유추해볼 수밖에 없다. 1946년 말 인구가 925만 7,000명이고 그 중 50퍼센트가 여성이었는데 당시 인민의 84퍼센트를 차지하는 개인농민(777만 6,000명) 중 절반(388만 8,000명) 이상이 농민여성이었다고 볼 수 있다. 또한 1947년 8월에 발행된 『민주주의 승리의 북조선』에서는 "국가 경제생활에 여성들이 대대적으로 참가해 북조선의 여자로동자는 증가 되고 있으며 민족자립 경제에 막대한 공헌을 하고 있는 로동여성들만 해도 2만

표 3   여성노력 비율(노동자, 사무원 중에서 여성의 비율)   (단위: %)

연도	여성노력의 비율	연도	여성노력의 비율
1953	26.2 (165,000명)	1956	19.9 (169,000명)
1959	34.9 (510,000명)	1960	32.7 (493,000명)
1961	32.4	1962	34.9
1963	36.2	1964	38.5
1971	45.5		

자료: 1960년까지는 『조선중앙년감』, 1961년판, 208, 301쪽. 1961, 1962년은 『조선중앙년감』, 1963년판, 234쪽. 1963, 1964년은 『조선중앙년감』, 1964년판, 196, 200쪽. 1971년은 『김일성저작집』 26(1984), 388쪽.

5,387명이다."[74]라고 지적하고 있는 것으로 보아 사회주의혁명단계에로의 이행(1947. 2) 전의 여성노동자는 대략 2만 5,000명 정도였을 것이다. 이러한 여성노동자들은 평균 90퍼센트 이상이 자기 책임량을 초과해 일했다고 한다.[75]

참고로 정확한 통계치가 발표되는 시기의 '여성노력'의 비율 증가 현황을 보면 표 3과 같다.

그 외에 직접 공장에 나가 일하지 않는 여성들도 대대적으로 '노력'을 제공했다. 예를 들어 청진시 여맹원들의 경우 하루 200명씩 농촌에 나가 이앙사업을 도왔으며, 송림시 여맹원들은 수백 명이 동원되어 운탄사업을 했고, 원산시 철산리 여맹원들은 춘기파종 전에 47가마니, 3톤의 비료를 만들어 농촌에 보냈다.[76] 그뿐 아니라 휴간지 개간, 수리공사, 파종, 이앙, 제초 등의 여러 방면으로 여성들이 동원되어 경제발전에 일익을 담당했다.

이와 같이 여성들이 계속 생산활동에 참여할 수 있었던 것은 당 및 국가적 차원에서의 제도적 보장과 함께 여맹 등의 교양사업을 통해 여성들 자신이 자각되어나간 데 있었다고 볼 수 있다. 당 및 국가적 차원의 보장을 보면 앞에서 살펴보았듯이 민주개혁의 수행과정에서 여성들은 남성들과 동등한 경제활동의 권리를 보장받았다. 이는 구체적으로 경제적 해방의 세 가지 내용으로 요약되어 제시한 바와 같다. 아울러 여성들의 사회 진출을 뒷받침하는 여러 대책이 강구되었다. 그 대책은 여성들의 사회생활을 위한 '조건'을 마련하는 것으로서 첫째로, 자녀양육의 부담을 덜어주기 위해 어린이를 사회적으로 키우는 탁아소와 유치원을 설치·운영하는 것이다. 둘째로, 여성들의 가정일에 대한 부담을 덜어주기 위해 식료가공품을 발전시키고 가족식당·밥공장·'화학빨래집'(세탁소)·양복집 등의 각종 편의봉사시설을 세우는 것 등이다.

당시 북한은 제반 민주개혁과 함께 사회주의 경제체제의 기반구축에 국가의 총력을 집중해야 했고 아직 사회경제적 기반이 제대로 갖추어지지 못했기에 국가에서 여성들의 사회진출을 위해 적극적인 대책을 세우기는 어려운 형편이었다. 따라서 가정일은 여전히 여성의 부담으로 남았기에 그들의 이중부담문제가 아직 해결되지 못하고 있었다. 앞에서 언급한 두 가지 조건은 다음 단계―사회주의혁명―에 가서야 본격적으로 마련되어 나간다.

그렇지만 자녀양육의 부담을 덜어주기 위한 조건에 대해서는 처음부터 관심을 가져, 1946년에는 1개의 탁아소와 64개의 유치원을 갖추었다. 탁아소의 증가현황을 보면 표4와 같다. 1947년 6월에 발표된 「탁아소 규칙」에 의하면 탁아소·유치원 설립의 선차적 목적은 여성들의 사회적 활동을 보장하는 것이고 다음 목적이 유아들의 발육을 보건면에서 관리하는 것임을 알 수 있다. 즉 탁아소 규칙 제1조에서 "탁아소는 근로부를 위하여 탁아을 맡아 보육함을 목적으로 한다"는 것을 먼저 명시하고, 제5조에서 "탁아의 보육은 그의 건전한 신체적 및 정신적 발육을 위해 모든 과학적 연구의 결과를 기초로 해 각 탁아의 발육 정도를 따라서 가장 적용하게 실시해야 한다"[77]고 밝히고 있다.

한편 근로여성들은 해산 전 35일과 해산 후 42일간의 산전후휴가가 끝나기 전에 유아를 탁아소를 맡길 수 있다. 탁아소는 생후 30일부터 만3세까지의 아동을 보육한다.

표 4 　　　　　　　　　　　　　　　　탁아소수

연도	탁아소수	탁아소 좌석수	연도	탁아소수	탁아소 좌석수
1946	1	20[1]	1949	12	320[2](620)[3]
1953	64	1,078[4](2,165)[5]	1956	224	3,296[6](6,538)[7]
1957	279	5,021[8]	1959	3,404	162,175[9]
1960	7,626	394,489[10]	1961	6,991	457,029[11]
1962	6,638	581,964[12]	1963	6,704	728,258[13]
1964	7,043	787,504[14]	1970	8,600	1,200,000[15]

자료: 1) 『조선중앙년감』1963년판, 165쪽. 2) 『조선중앙년감』1964년판, 204, 328쪽.
　　　3)7)9)10) 『조선중앙년감』1961년판, 354쪽. 4)6)8) 『조선중앙년감』1959년판, 236쪽.
　　　5) 『조선중앙년감』1961년판, 236쪽. 11)12) 『조선중앙년감』1963년판, 346쪽.
　　　13) 『조선중앙년감』1964년판, 328쪽. 14) 『조선중앙년감』1965년판, 484쪽.
　　　15) 『조선중앙년감』1971년판, 255쪽.

여성들의 사회적 활동을 보장하는 조건을 마련함과 동시에 여성노동을 보호하는 조치가 취해졌는데 이는 노동법령 부분에서 설명했다.

한편으로 여성들의 사회 진출, 특히 생산활동에의 참여가 증가하고, 다른 한편으로 그 결과로 계속적인 여성들의 사회진출을 보장하기 위한 여러 조건이 마련되어감에 따라, 여성들은 점차 경제적 평등권의 토대를 구축해나갈 수 있었다.

(3) 문화생활

이제까지 저적한 정치·경제적 평등권을 여성들이 실질적으로 쟁취하자면 우선 그들의 문화적 수준을 높이는 것이 필요했다. 눈뜬 장님인 상태, 또한 구시대의 유습을 그대로 답습하고 있는 상태에서는 올바른 선거권의 행사도 생산활동도 조직생활도 할 수 없었다. 그러므로 이 시기에 여성들의 문화 수준을 높이는 문제는 그들의 문맹을 퇴치하는 것과 일제 사상의 잔재와 봉건유습을 청산하는 제기되었다.

문맹퇴치운동

일제의 노예화 정책으로 인해 해방 당시 북한에는 초보적인 교육조차 받아보지 못한 문맹자가 230여만 명이나 있었다.[78] 1946년 말 현재 인구가 925만 7,000명이므로 대략 전인구의 24.8퍼센트, 다시 말해 전체의 4분의 1이 문맹자였음을 알 수 있다. 더욱이 남녀차별적인 교육제도와 관념으로 말미암아 전체 문맹자의 대부분이 여성들로 전체 여성들의 80퍼센트 내지 90퍼센트가 문맹자로 방치되어 있었다.

이런 상태에서 북한은 해방 후부터 '인민문화 향상은 문맹퇴치로부터!'라는 구호 아래 여맹 등을 중심으로 문맹퇴치를 위한 사업을 벌였다. 1946년 11월 25일에는 「문맹퇴치운동에 관한 결정 113호」를 발표하고 이를 전인민적 운동으로 전개했다. 1947년 11월 15일에는 문맹퇴치지도위원회를 구성하고 한글학교를 통해 한글을 가르쳤다. 그 결과 문맹에서 벗어난 총수는 1946년 11월부터 다음 해 11월까지 113만 4,180명(전문맹자의 49.3퍼센트)이었고, 1948년 7월 말에는 227만 1,881명(전문맹자의 98.8퍼센트)에 이르렀다. 잔존 문맹자는 1949년 3월 말까지 퇴치되었다고 한다. 단순히 한글을 깨우치는 수준에서 나아가 신문·잡지를 읽으며 회의록을 작성할 수 있고 한글학교 선생을 하는 사람까지 나올 수 있게 되었다.

이와 같은 문맹퇴치운동에 여성들이 적극 참여함으로써 모든 문맹자들과 함께 여성들도 자신의 무지에서 벗어나 선진 사상과 과학지식을 습득할 수 있게 됨으로써 건국사업에서 훌륭한 일꾼이 되고 자신에게 부여된 권리를 실질적으로 행사할 수 있게 되었다.

그뿐 아니라 많은 여성들이 간부훈련을 받았다. 구체적으로 여성전문 기술 및 중견여성간부 양성사업은 김일성대학을 위시한 각 대학에서 이루어졌는데, 1948년 현재 대학에서 공부하고 있는 여학생은 344명에 달했다. 또한 여맹에서는 간부양성사업을 위한 장·단기 강습회를 1947년 한 해에만 570여 회 개최했다. 그 외에 각 행정기관 및 그 외의 기관에서 설치한 고급간부학교·법률학원 등의 간부양성기관을 통하여 2,000여명을 넘는 여성간부들이 양성되었다.

건국사상총동원운동

해방 후 1년 정도의 기간 동안 실시된 민주개혁으로 인한 변화들은 인민들의 사상의식에도 큰 변화를 일으켰다. 그러나 그와 같은 사회경제적 조건의 변화에 비해 사상의식의 변화는 더디게 진행되었다. 요컨대 반제반봉건민주주의혁명의 수행으로 사회경제제도에서 식민지적이며 봉건적인 잔재들은 없어졌으나, 그럼에도 불구하고 사람들의 머리 속에는 여전히 일제 사상 잔재-특히 노예적 근성-와 봉건적 사상잔재가 남아 있었다.[79]

이러한 낡은 사상잔재를 근절하고 새 사회의 주인다운 정신을 발양시키지 않고서는 민주개혁에 의해 이룩된 새로운 사회경제관계를 공고히 할 수도, 혁명과 건설을 좀 더 높은 단계로 발전시킬 수도 없었다.[80] 또 한 낡은 사상의 억압적 독소를 제거하지 않고서는 여성의 해방도 이룩할 수 없었다. 이와 같은 이유로 인민대중의 사상의식 개변을 위한 대책이 요구될 수밖에 없었다.

따라서 1946년 11월 25일 북조선임시인민위원회 제3차 확대위원회에서 민주선거를 총결하면서, 인민위원회 당면과업의 하나로 사상의식 개변을 위한 일대 혁명운동으로서 건국사상총동원운동의 전개방침과 필요성이 다음과 같이 제시되었다.

전국민적으로 되는 군중적으로 되는 건국정신 총동원과 사상의식을 개조하기 위한 투쟁을 전개할 것을 호소합니다. 우리 간부들은…… 아직도 우리가 어떤 조건과 환경에서 새 나라를 세우기 위해 싸우고 있는가 하는 것을 똑똑히 인식하지 못하고 있습니다.……그렇기 때문에 일부 일꾼 가운데는 나태하고 사치하기를 좋아하고 개인 향락을 따르고 부화하고 해태하고 산만하고 단결하여 서로 도울 줄 모르며 학습하기 싫어하는 기풍이 엄연하게 존재하는 것입니다. 다시 말하면 일본제국주의가 그 장구한 통치의 악독한 결과로 우리 민족 가운데 남겨놓고 간 나쁜 관념과 악습이 우리 생활 가운데 아직도 뿌리 깊이 남아서 우리 사업

의 전진을 장해하고 있는 것입니다.[81]

이러한 건국사상총동원운동은 "새 조선을 건설하기 위한 정신당 대개혁을 의미하는 것이요 새로운 민주조선의 일꾼다운 국민다운 정신과 풍습과 도덕과 전투력을 창조하기 위한 일종 사상혁명을 의미"[82]하는 것으로, 사회경제적 변혁과 보조를 맞추기 위한 사상영역에서의 반제반봉건민주주의혁명이었다.

이 운동의 구체적 내용은 오랜 일제 식민지 노예생활로 인한 낡은 습성들, 특히 "국가재산을 랑비하며 좀먹는 개인 리기주의적 현상, 부화하고 게으르고 퇴폐적인 건달군식 개인 향락주의적 습성, 사업에 대하여 무책임하며 자만 자족하는 경향, 낡은 관료식 사업 태도"[83] 등에 반대하여 투쟁하는 반면, "개인보다 공공생활의 전체 이익을 존중하며 국가재산을 애호"[84]하고 절약하며, 맡겨진 임무를 성실하고 책임성있게 수행하며, 인민을 성심껏 사랑하고 서로 도와주며 단결하는 등의 새로운 국민도덕을 세우는 것이었다.[85]

또한 이 운동은 정권기관들과 여맹을 비롯한 근로단체 및 공장과 농촌 등 모든 곳에서 사상투쟁의 일환으로 학습과 군중토의, 비판과 자기비판의 방법으로 진행되었다. 이 과정에서 인민대중의 정치적인 각성과 나라를 사랑하는 열의가 높아졌고, 여성들도 이 운동에 적극 참여함으로써 그들의 사상의식에 개변을 초래했다. 아울러 낡은 사상의 잔재를 점차 제거해나가는 속에서 여성들에 대한 일반 인식이 변화되어 여성해방에 관심을 가져나갔다. 그러나 아직 여성들 자신이나 남성들의 의식이 완전히 깨우쳐진 것은 아니었기에 계속적인 정치사상교양이 요구되었다.

한편 이 운동은 경제건설에서의 어려움을 이겨나가기 위한 실천활동, 특히 '애국적 증산과 절약을 위한 투쟁'과 결부되어 진행되었다. 이와 관련하여 김일성은 사상사업의 성과가 물질적 결과로 나타나도록 다음과 같이 강조했다.

이 운동은 결코 한 두 마디의 구호나 외치고 몇 번 선동 강연이나 하는 것으로 끝날 그러한 운동이 아니라 모든 사람이 실지 행동으로써 민주 조국 건설에 헌신하도록 하기 위한 실질적 운동입니다. 물론 선전선동 사업도 강화해야 하지만 실천이 따르지 않는다면 이 운동은 아무런 성과도 거둘 수 없습니다.[86]

그리하여 이 운동이 증산운동과 함께 진행되어 공장과 기업소에서는 '증산돌격운동'과 '건국대운동'이, 농촌에서는 '애국미 헌납운동'이 추진되었다.

오히려 건국사상총동원운동과 문맹퇴치운동이 전인민적 운동으로 전개됨에 따라 전체 대중, 특히 여성들의 사상의식수준이 높아져 이들은 건국사업에 더욱 적극적으로 참여할 수 있었고, 자신들의 사회적 지위도 높여갈 수 있었다.

이상의 논의를 혁명발전의 측면에서 볼 때, 북한은 민주개혁이 실시 된 결과 사회주의에로 이행할 수 있는 사회경제적·정치적 전제조건이 마련되었다. 다시 말해 정치적으로 인민민주주의독재를 실시하고 경제적으로 식민지적·반봉건적 요소를 완전히 제거함으로써 사회주의 기초건설을 위한 사회경제적 조건을 마련했다. 이러한 상태에서 세 가지 경제형태가 존재하게 되었는데 사회주의적 경제형태, 소상품경제형태 및 자본주의적 경제형태가 바로 그것이다.[87]

첫째로, 사회주의적 경제형태는 국영 및 협동단체 경리로 구성되었다. 이 경제형태는 인민경제에서 지도적 지위를 차지하는데 특히 국영경제 부문이 결정적이며 지도적 역할을 한다. 1946년 사회주의적 경제형태의 비중은 공업 총생산액에서 72.4퍼센트, 국민소득생산에서 14.8퍼센트, 소매상품 유통액에서 3.5퍼센트를 차지했다.

둘째로, 소상품경제형태는 농촌의 개인 농경리와 도시의 개인 수공업으로 구성되었다. 이 경제형태는 전체 인구 특히 농촌인구의 압도적 다수를 망라했다. 1946년 소상품경제형태의 비중은 농업 총생산액에서 94.5퍼센트, 국민소득에서 64.2퍼센트를 차지했다.

셋째로, 자본주의적 경제형태는 도시의 자본주의적 개인상공업과 농촌의 부농경리로 구성되는데 중요 산업 국유화와 토지개혁이 철저하게 수행된 결과 아주 미약하게 존재했다. 1946년 자본주의적 경제형태의 비중은 국민소득의 2퍼센트, 공업 총생산액의 23.2퍼센트, 농업 총생산액의 5.5퍼센트, 소매상품 유통액의 96.5퍼센트(전체 개인상업을 포함해)에 달했다.

이러한 경제형태에 상응하는 계급구조 역시 형성되어 노동계급과 소자산계급(대다수는 농민) 및 극소수의 자본가계급이 존재했으며 노동계급과 농민이 기본계급을 이루었다. 동시에 계급적 측면에서 민주개혁의 수행 및 반동계급과의 첨예한 계급투쟁을 통해 노동자·농민의 계급적 각성이 제고되고 노동계급의 지도적 지위가 높아지며 전체 근로대중의 정치적 통일이 강화되었다.

그러므로 새로운 정치경제적 및 계급적 관계가 발생하고 인민민주주의 제도가 확립되며 '혁명적 민주기지'가 창설되었다는[88] 사실들은 민주주의 혁명이 계속 사회주의혁명으로 이어질 수 있는 전제 조건이 마련되었음을 보여준다.

또한 북조선로동당이 창립되어 대중적 당으로 발전함으로써 민주개혁의 성과를 공고히 하면서 혁명을 '보다 높은 단계'로 발전시킬 수 있게 되었다. 동시에 건국사상총동원운동 등의 사상교양사업을 통해 다음 혁명단계로 넘어갈 수 있는 대중의 사상적 준비도 갖추어졌다.

이러한 모든 사실들은 북한이 반제반봉건민주주의혁명을 완수해 계속 사회주의혁명을 추진할 수 있게 되었다는 것을 보여준다. 그러므로 혁명발전이 그에 상응하는 정권을 요구함에 따라 정치적 혁명을 거치지 않고 기존의 인민정권을 강화하는 방법을 통해 사회주의 정권이 들어서게 되었다.

종합적으로 볼 때 반제반봉건민주주의혁명기는 그 이후 북한사회가 나아갈 방향을 결정하는 시기로서, 철저하게 수행된 민주개혁은 사회주의혁명에로 자연스럽게 넘어갈 수 있는 길을 마련했다. 아울러 북한사회에서 여성들의 지위와 역할을 높이는 결정적 계기가 되었다.

4. 맺음말

북한은 여성문제를 사회주의혁명의 근본문제 중의 하나로 보았다. 따라서 북한은 여성들이 식민지적·봉건적 착취와 압박에서 해방되며 남성들과 동등한 권리를 보장받고 사회생활에 적극 참여하는 문제를 여성정책의 기조로 삼았다. 이의 실현을 반제반봉건민주주의혁명의 한 과제로 삼았던 북한은 제반 민주개혁을 통해 이러한 여성정책을 실현시켜 여성문제를 해결해나가고자 했다. 다시 말해 토지개혁과 노동법령 등으로 여성해방의 물질적 기초가 마련되었고, 이러한 바탕 위에서 여성문제 해결에 있어 근본적인 전환을 이룬 남녀평등권 법령의 공포가 이루어졌다. 결국 여성해방의 선결조건인 동시에 기본적 토대가 민주개혁의 수행을 통해 이루어짐으로써 여성들은 법적·제도적 해방을 맞았다.

그러나 진정한 여성해방은 그러한 법적·제도적 보장 속에서 여성들 스스로가 실천활동을 수행할 때 가능한 것이었다. 특히 남녀평등권법령의 공포를 계기로 정치·경제·문화 등의 각 분야로의 여성들의 진출이 이를 보여준다. 또한 여성들은 여맹을 통해서 결집된 정치역량으로 조직동원될 수 있었다.

한 가지 지적하고 넘어갈 것은 북한에서 여성들의 사회참여가 갖는 의미에 대하여 상이한 해석이 존재한다는 점이다. 북한이 초기부터 추구한 여성들의 사회진출에 대해, 주로 반북한이데올로기를 통하여 모든 것을 보는 사람들은 이를 여성들의 노동력 착취라고 파악하고 있다. 그러나 북한은 '사회주의혁명과 건설과정은 여성해방의 실현과정'이라는 맥락에서 풀어나갔다. 그리하여 혁명의 한쪽 수레바퀴를 담당하는 여성들의 적극적이고도 열성적인 사회생활이 바로 여성해방의 실현과정이라고 파악한다.

결국 북한에서는 한편으로는 여성해방을 통해 사회주의 건설에서 중요한 노력문제를 해결해나갔고, 다른 한편으로는 사회주의 건설과정에서의 조직생활과 실천활동을 통해 여성들이 교양되고 단련 되어나갔다. 여성해방은 사회주의혁명과 건설을 촉진했고 사회주의혁명과 건설은 여성해방을 촉진했던 것이라 할 수 있다.

참고로 반제반봉건민주주의혁명 이후에서 현재까지 여성정책의 기조변화와 그에 따른 여성들의 위상 변화를 개략적으로 살펴보자.

앞서 정리했듯이 반제반봉건민주주의혁명단계에서는 민주개혁을 통해 여성들의 법적·제도적 해방이 이루어졌다. 다음으로 사회주의혁명단계(1947. 2~1958. 8)에서는 생산관계의 사회주의적 개조라는 사회주의혁명을 통하여 여성들을 계급적 착취에서 완전히 해방시키고 이들을 사회주의 근로여성으로 만드는 것이 여성정책의 기조였다. 그 이후 현재까지 진행되는 사회주의 완전승리를 위한 단계에서는 사상·기술·문화의 3대혁명을 통하여 모든 여성들을 혁명화·노동계급화하고, 이들을 가정일의 부담에서 해방시키고자 하는 것이 여성정책의 기조이다. 전체적으로, 반제반봉건민주주의혁명단계와 사회주의혁명단계를 거치면서 여성들은 사회적 해방을 이룩했고, 현재는 여성문제의 종국적 해결을 추구하는 시기라고 볼 수 있다.

이상의 내용에도 불구하고 여전히 몇 가지 문제점이 남는다. 먼저 북한과 여타 사회주의 국가와의 비교가 이루어진다면, 북한의 반제반봉건민주주의혁명단계의 여성정책의 성격이 보다 분명해질 것이다. 다음으로 반제반봉건민주주의혁명단계의 여성들에 대한 법적·제도적 보장이 실제 어떻게 운영되고 실천되었는가에 대한 연구가 또한 필요하다. 그와 관련해 여성들의 실제적 삶의 모습이 어떠했는가가 밝혀져야 될 것이다. 특히 여성들의 삶의 모습에 대한 규명은 그들의 소비수준 정도를 밝히는―자본주의 사회에서 흔히 단순히 대하듯이―것이 아니라 정치·경제·문화적 모든 영역에서 그들의 구체적 지위와 역할을 밝히는 것이 되어야 할 것이다.

분단이 시작되었던 이 시기의 여성정책에 대한 이 글이 현재의 남과 북여성들의 상이한 모습을 이해하게 만들고, 그 극복의 지향점을 설정하는 데 도움이 되었으면 한다.

주

1) 『김일성선집』 1(평양: 조선로동당출판사, 1960), 351~52쪽.
2) 『조선로동당력사교재』(평양: 조선로동당출판사, 1964), 157쪽.
3) 『김일성저작선집』 2(평양: 조선로동당출판사, 1979), 126쪽.
4) 『김일성저작선집』 5(평양: 조선로동당출판사, 1972), 139~40쪽.
5) 『조선로동당력사교재』, 159쪽.
6) 민주주의민족전선 편, 『조선해방년보』(조선해방1년사)(서울: 문우인서관, 1946), 434쪽.
7) 같은 책, 413, 434쪽.
8) 『조선로동당력사교재』, 162쪽.
9) 조선민주주의인민공화국 국가계획위원회 중앙통계국, 『조선민주주의인민공화국 인민경제발전 통계』, 59쪽.
10) 국사편찬위원회, 『북한관계사료집』 1(서울: 국사편찬위원회, 1982), 43쪽.
11) 『정치경제학』 하(東京: 학우서방, 1962), 25, 28쪽.
12) 김남식, 「북한의 사회체제와 이데올로기의 변천」, 『북한사회론』(서울: 북한연구소, 1977), 25쪽.
13) 『정치경제학』 하, 29쪽.
14) 『조선중앙년감』(평양: 조선중앙통신사, 1952년판), 374쪽.
15) 박영애, 『여성독본』(서울: 신흥출판사, 1948), 81쪽.
16) 『조선로당당력사교재』, 166쪽.
17) 국사편찬위원회, 「북한관계사료집」 5(서울: 국사편찬위원회, 1987), 853쪽.
18) 조일호, 『조선가족법』(평양: 교육도서출판사, 1958), 47쪽.(이 책은 국토통일원에서 재조판한 것이다.)
19) 같은 책, 48쪽.
20) 박영애, 앞의 책, 89쪽.
21) 1917년에서 1935년까지 소련은 미등록된 결혼에 대해 등록된 결혼과 같은 법적 지위를 부여하고, 적출 아닌 자녀에 대해서도 합법적인 결혼에서 출생한 자녀와 동등한 권리를 인정했다.
22) 1917년에서 1935년까지 소련은 배우자 중 이혼을 원하는 어느 한 편이 혼인을 등록한 사무소(ZAGS)에 이혼을 신청만 하면 이혼이 성립되는 '엽서이혼제'를 채택했다.

그러나 1936년 엽서이혼제가 폐지되는데, 북한의 이혼제는 1930년대 중반에 소련이 취한 조치와 유사하다.

23) 『조선노동당대회자료집』 1(서울: 국토통일원, 1980), 23쪽.
24) 『조선녀성』 7(루계 367호)(평양: 근로단체출판사, 1979), 8쪽.
25) 같은 책, 8쪽.
26) 위와 같음.
27) 『조선중앙년감』, 1949년판, 77쪽.
28) 민주주의민족전선 편, 앞의 책, 403쪽.
29) 김남식, 『남로당연구』(서울: 돌베개, 1984), 96쪽.
30) 『조선중앙년감』 1950년판에서 밝히고 있는 남조선민주여성동맹의 정강은 다음과 같다.
   1. 여성의 정치적 경제적 완전해방을 기함.
   2. 조선 여성은 진보적 민주주의 국가건설에 적극참가 활동하기를 기함.
   3. 조선 여성은 국제여성들과 제휴하여 세계평화를 도모하고 문화향상을 노력함(『조선중앙년감』, 1950년판, 252쪽).
31) 『조선중안년감』, 1958년판, 97쪽; 1968년판, 64쪽. 19~20일이라는 날짜는 『조선중앙년감』에 따라 달리 나타나고 있는데 18~19일(『조선중앙년감』 1956년판, 108쪽), 또는 4월 20~21일(『조선중앙년감』, 1955년판, 427쪽)로 나타난다.
32) 『조선여성』 창간호(평양: 동방출판사, 1946), 0쪽.
33) 현재 북한에 있는 당의 외곽조직으로서의 근로단체는 ① 1945년 11월 30일에 창립된 조선직업총동맹(노동자, 기술자, 사무원), ② 해방 후에 조직된 농민동맹이 해체되고 1965년 3월 29일에 창립된 조선농업근로자동맹, ③ 1946년 1월 17일에 조직된 북조선민주청년맹이 1964년 5월에 바뀐 조선사회주의노동청년동맹, ④ 1945년 11월 18일에 창립된 여맹 등 4개의 조직이 있다.
34) 『현대조선말사전』에서 밝히고 있는 인전대의 의미는 다음과 같다. "로동계급의 당의 로선과 정책을 대중들에게 해설 침투하고 당과 대중과의 유기적 련계를 보장하며 광범한 대중을 당과 수령의 두리에 튼튼히 묶어세워 혁명과업수행에로 조직동원하는 역할을 노는 사회정치적 조직들을 이르는 말, 근로단체등을 말한다."(『현대조선말사전』, 평양: 과학, 백과사전출판사, 1981, 2879쪽)
35) 국토통일원, 『조선노동당 주요 외곽단체의 조직 및 활동』(서울: 국토통일원, 1979), 3쪽; 국토통일원, 『북한개요』(서울: 국토통일원, 1984), 36쪽.

36) 『조선녀성』 3(1947), 0쪽.
37) 『김일성저작집』 2(1979), 396쪽.
38) 여맹의 과업에 대한 것은 『김일성저작집』 2, 206~19쪽을 기초로 한 것이다.
39) 『현대조선말사전』, 14쪽.
40) 허정숙, 「북조선여성해방과 임무―3·8부녀절을 맞이하면서」, 허정숙 편, 『세계민주여성운동과 조선민주여성운동』(평양: 공양사, 1947), 105쪽.
41) 이것이 가능했던 것은 다음과 같은 이유 때문이다. 일본제국주의의 오랜 통치로 해방 전 북한의 산업구성에서 절대적인 부분이 일본인에게 속해 있었다. 즉 총산업의 62.4퍼센트가 일본인 소유였고, 산업자본의 투자액은 일본인 소유 기업소가 95~97퍼센트인 반면 조선인 소유 기업소는 3~5퍼센트 정도였다. 이와 같은 상황에서 해방이 되자 소련군 사령부가 이러한 산업시설들을 모두 접수하고 있다가 북조선임시인민위원회에 넘겨주었다.(김남식, 「북한의 사회체제와 이데올로기의 변천」, 앞의 책, 24쪽) 그러므로 아직 중요산업국유화 법령이 공포(1946. 8)되지 않은 때였지만, 이미 대부분의 산업시설들은 전인민의 소유였다.
42) 『김일성저작집』 2, 216쪽.
43) 국사편찬위원회, 앞의 책(1982), 44쪽.
44) 『김일성저작집』 2, 218쪽.
45) 『조선노동당대회자료집』 1, 48쪽; 『조선여성』 2(1947), 7쪽; 허정숙, 「전 세계민주 여성들에게 고함」, 앞의 책, 63쪽.
46) 『조선중앙년감』, 1961년판, 316쪽.
47) 『조선녀성』 창간호(1946), 16쪽.
48) 허정숙, 「북조선여성해방과 임무―3·8부녀절을 맞이하면서」, 앞의 책, 104쪽.
49) 『조선중앙년감』, 1952년판, 203쪽.
50) 같은 책, 294쪽.
51) 같은 책, 296쪽.
52) 『조선중앙년감』, 1956년판, 401쪽; 『조선중앙년감』, 1958년판, 460쪽.
53) 이는 민전을 의미한다.
54) 『조선노동당대회자료집』 1, 25쪽.
55) 『조선로동당력사교재』, 180쪽.
56) 『조선노동당대회자료집』 1, 27쪽.
57) 같은 책, 28쪽.

58) 박영애, 앞의 책, 61~62쪽.
59) 『조선로동당력사교재』, 185쪽; 『조선노동당대회자료집』 1, 20쪽.
60) 『조선로동당력사교재』, 503쪽.
61) 『북조선민전중요문헌집』(평양, 1947), 189~90쪽; 방인후, 『북한 '조선노동당'의 형성과 발전』(서울: 고대 아세아문제연구소), 262쪽에서 재인용.
62) 짐준엽·김창순·이일선 편, 『북한연구자료집』 1(서울: 고대 아세아문제연구소, 1969), 167쪽.
63) 『조선녀성』 4(1979), 16쪽.
64) 『북한연구자료집』 1, 163쪽.
65) 같은 책, 164쪽.
66) 이는 구체적으로 각 도 대표 147명, 각 군 대표 889명, 각 시 대표 88명, 북로당 대표 5명, 민주당 대표5명, 천도교청우당 대표 5명, 북조선직업동맹 5명, 북조선농민동맹 5명, 북조선민주청년동맹 5명, 북조선민주여성동맹 5명으로, 총 1,159명이 등록했다.(국토통일원, 『조선노동당연구』, 서울: 국토통일원, 1978, 160~161쪽.)
67) 같은 책, 171쪽.
68) 『김일성저작집』 3(1979), 14~15쪽.
69) 『조선중앙년감』 1949년판, 84쪽; 박영애, 앞의 책, 64쪽.
70) 같은 책, 83쪽; 국토통일원, 앞의 책, 183쪽.
71) 『민주주의 승리의 북조선』(평양: 민주조선출판사, 1947), 222쪽.
72) 보통 '가사노동'이라 하면 "노동력 재생산을 위해 주부가 수행하는 노동"을 의미한다. 노동력 재상산이란 "인간이 먹고 자고 휴식하여 계속 노동할 수 있게 하는 일상적 재생산"과 "다음 세대에도 노동력이 공급될 수 있게 하는 세대적 재생산"을 포함한다.(이승희, 「여성문제의 본질과 형태」, 『사회과학개론』, 서울: 백산서당, 1987, 216쪽.)

그러므로 이 글에서 언급한 가사와 자녀양육의 사회화는 넓은 의미의 가사의 사회화라 할 수 있다. 그러나 북한에서는 두 개념을 구분하여 사용하며 가사라는 용어는 사용하지 않고 '가정일' 등의 개념으로 표현하고 있다. 또한 가사의 사회화 혹은 가사의 사회적 산업화라는 용어 대신 '여성들을 가정일의 부담에서 해방시키는' 이라든지 '부엌일의 부담에서 해방시키는' 이라는 개념을 사용한다. 마찬가지로 자녀양육의 사회화라는 개념 대신 '어린이를 사회적으로 키우는 대책' 이라는 개념으로 표현한다.
73) 『김일성저작집』 1, 368쪽.

74) 『민주주의 승리의 북조선』, 223쪽.

75) 같은 책, 225쪽.

76) 위와 같음.

77) 차낙훈·정경모 편, 『북한법령 연혁집』제1집(서울: 고대 아세아문제연구소, 1969). 449쪽; 『조선중앙년감』, 1950년판, 334쪽.

78) 『조선중앙년감』, 1950년판, 349쪽.

79) 『조선로동당략사』, 227쪽; 『조선로동당력사교재』, 196쪽.

80) 『조선로동당략사』, 277쪽.

81) 『북한연구자료집』 1, 168~69쪽.

82) 같은 책, 170쪽.

83) 『조선로동당력사교재』, 196쪽.

84) 『북한연구자료집』 1, 170쪽.

85) 『조선로동당력사교재』, 196쪽.

86) 『김일성선집』 1, 283쪽.

87) 『조선노동당대회자료집』 1, 310쪽; 『정치경제학』 하, 30~32쪽.

88) 『조선노동당대회자료집』 1, 295쪽.

해방 직후 민주건설기의 북한문학

임진영

1. 머리말-남한문학과 북한문학

눈물 웃음 마구 뒤섞여
36년의 울분이 폭발하던 날
기차 전차 택시-화물차 위에
사람들이 곡식단처럼 열려서
만세 부르며 몰려 다니던 날

그날 우리들의 나라는 세워졌어야 했다.

죄지은 놈 당연히 벌을 받고
사레진 논밭을 얻은 농군들의 웃음 속에
일터와 자유를 얻은 노동자의 환희와
아들딸의 손길 잡은 어머니의 자랑 속에
버젓이 세워질 우리들의 새나라는
어찌하여 굶주린 인민의 아우성과
인민의 용사들의 피에 젖었으나

우리들의 8·15로 하여
찬란한 추억 속에서만 있게 하겠느냐

쓴 침을 삼키면서
안타까운 불평만을 되풀이할 때가 아니다
미소공위엔 돌팔매가 들고
민족의 영웅은 쓰러지지 않느냐
젖줄 잃고 피나게 우는 어린것들을 위하여
학원없는 동생과 실신한 아주머니와
눈감지 못한 채 죽어간 동무들을 위하여 어깨 맞대이고
우리들의 8·15를 함성에 젖게 하자

—김상훈, 「8·15의 노래」[1]

1945년 8월 15일, 해방의 나팔소리는 한라에서 백두까지 남과 북의 온 강산에 한날 한시에 울려퍼졌다. 문학자들에게 남한문학이 따로 있고, 북한문학이 따로 있을 리 만무했으며, 그저 일제하의 '국민문학'으로부터 해방된 소중한 조선문학이 있었을 뿐이다. 그러나 이후에 해방3년사, 그리고 전후 분단시대의 현대사는 남한문학과 북한문학, 북조선문학과 남조선문학을 갈라놓고 나머지 한쪽에 대해서는 보도 듣도 못하게 장막을 쳐버렸다. 이제 그 장막의 귀퉁이를 찢어가며 북한문학의 편린이나마 끄집어내려 할 때 가장 먼저 손에 잡히는 것이 우선 동시대 남한 작가들의 환희와 좌절, 처절한 항쟁의 기록이 넘나든 자리인 것은 아마 한 남한 작가의 말처럼 '남쪽은 우리의 운명'이기 때문일 것이다.

1945년에서 1953년까지 한국현대사의 혁명적 시기였으며 분단형성기였던 8년간은, 남북의 선택이 꼭 운명만은 아니었던, 사상·이념·제도에 의거한 선택이 어느 정도는 가능했던 시기였다. 민족의 대이동 속에서 북한문학은 북한이라는 조국을 기꺼이 운명으로 받아들인 대다수 민중들과 남한의 체제·이념을 거부하고 북을 택했던 다수의 월북문인에 의해 이루어진다. 그들은 문학예술통일전선상의 허다한 혼란과 분열을 극복하고 그들 나름의 선택으로 '당문학'을 기초지웠다. 이것은 우리에게 많은 월남문인이 있고 버젓이 남한문학이 있는 것처럼 부인할 수 없는 객관적 사실이다.

그러나 이러한 상식의 이면 속에 자리잡고 있는 또 하나의 좀 더 중요한 본질은 해방 직후의 남한문학이 환희와 기대, 낙관적 전망의 문학에서 좌절과 저항의 기록으로 변화하는 경향이었던 반면[2] 북한문학은 시종일관 '평화적 민주건설기의 문학'이었다는 사실이다. 그런 점에서 해방 직후 남북한의 사회상의 변화, 시대의식의 추이를 문학작품보다 더 극명하게 드러내주는 것은 아무 것도 없다. 첫머리에 인용한 김상훈(일제 말기 징역을 살고 해방이 되자 옥에서 풀려나와 문학가동맹의 신진 시인, 문화공작대의 전위시인으로 활동)의 시는 '그날, 세워졌어야 했던 우리들의 새나라'는 간 곳 없이 굶주린 아우성과 피에 젖어간 것이 남한의 실상이라고 노래했다. 훗날 그가 택했던 이념과 체제의 규율에 의해 처형당했던 임화는 남한의 하늘에 대고 "노름군과 강도를/잡던 손이/위대한 혁명가의 소매를 쥐려는/욕된 하늘에/무슨 깃발이/날리고 있느냐//동포여!/일제히/깃발을 내리자"[3]고 외쳤다. 이것이 북을 택한 남쪽 시인들의 공통된 남한인식이라고 봐도 좋을 것이다.

그렇다면 북한문학에서 해방의 의미는 무엇이었던가. 그것은 단순히 일제 식민지로부터의 독립만은 아니었다. 또한 '주어진 해방'도 아니었다. 해방 직후 북한문학을 한 몸으로 표상하는 시인 조기천의 시 「백두산」의 '머리시'는 다음처럼 자랑찬 노성을 담고 있다.

  오오 조상의 땅이여!
  오천년 흐르던 그대의 혈통이
  일제의 칼에 맞아 끊어졌을 때
  떨어져나간 그 토막토막
  얼마나 원한의 선혈로 딩굴었더냐?

조선의 운명이 칠성판에 올랐을 때
몇만의 지사 밤길 더듬어
백두의 밀림 찾았더냐?
가랑잎에 쪽잠도 그리웠고
사지를 문턱인듯 넘나든이 그 뉘냐?
산아 조종의 산아 말하라—
해방된 이땅에서
뉘가 인민을 위해 싸우느냐?
뉘가 민전의 첫머리에 섰느냐?[4]

  1930년대 항일무장투쟁, 그 중에서도 보천보전투를 역사적 배경으로 하여 주인공 철호와 꽃분이의 영웅적 형상, 탁월한 전략가인 김 장군의 형상을 그려낸 이 시는 그 웅장한 스케일과 민족적 긍지를 드높이는 묘사력으로 하여 가히 북한의 건국서사시라 할 만하다. 「백두산」에는 일제로부터 조선을 해방시킨 것이 다름 아니라 항일빨치산의 영용한 투쟁이었다는 것, 즉 항일혁명전통의 문학적 형상화가 전범적으로 이루어져 있다. 북한문학에서 해방의 의미는 이렇게 항일무장투쟁의 쟁취물일 뿐 아니라 또한 민주건설의 기초로서 주어진다.

    —나라를 찾음만 해두 고마운데 땅까지 차지하게 되다니……
    —이게 모두 꿈인가, 생시인가.
    눈이 뜨이고 귀는 열리여
    곰처럼 느린 산사람들은
    금시 줄달음쳐
    그악한 산비탈을 타고 넘어왔고
    약수터가 자리잡은 마을의 글방에
    불을 밝혀 밤으로 모이었다.
                          —김우철, 「농촌위원회의 밤」[5]

민주개혁―토지개혁·노동법령·남녀평등권 법령―에 대한 이런 직설적 감격과 감사의 토로는 이 시기 북한의 시뿐만 아니라 소설에서도 군데군데 두드러진다. 역사적 격동기의 환희와 감격이 작가의 현실에 대한 객관적 거리를 무화시키고 정치적 진술이 형상화를 압도하는 이러한 현상은 해방 직후의 남한문학에서도 볼 수 있지만 민주건설기의 북한문학은 이와는 약간 다른 모습을 보여주고 있다. 북한문학에서는 환희와 감격이 구체적 생활토대에서 우러나오고 그와 함께 묘사되어 있는 것이다. 작가의 역량이나 작품 수준에 따라 편차가 있어 정치적 해설에 머무는 작품도 있지만 대개는 단순히 해방의 감격이 아니고 그 이후 민주개혁 과정에서 인간들을 변화시키는 구체적 생활계기와 함께, 그로부터 비롯되는 감격을 노래하고 있다. 반면 동시대 남한문학에서의 정치성의 압도는 1946년 이후, 특히 10월인민항쟁 이후의 위기의식과 극렬한 저항정신의 표출로 나타난다.

이런 점에서 8·15 직후 똑같이 '건설기의 조선문학'을 표방했던 남북한의 문학은 시간이 흐를수록 한 꼭지점에서 벌어져나간다. 남한이 미군정하에서 단독정부를 수립하는 데 반대한 문학인들은 '구국문학'을 제창하며, 반면 '반공'의 기치하에 '예술의 순수성'을 주장한 문학인들은 단정정부 수립을 용인한다. 북한문학은 한편으로는 '예술지상주의적 경향'과의 투쟁을, 또 한편으로는 '우익기회주의적 경향'과의 투쟁을 계속하면서 당 지도하의 민주주의적 민족문학을 확립한다. 원래 '건설기의 조선문학'의 이념으로 남북에서 함께 제기되었던 이 '민주주의민족문학'에 대한 이해에서 드러나는 남북의 편차는 흥미롭다.

이 글에서는 해방 직후 북한의 문예이론을 민주주의민족문학의 확립 과정으로 보고 그 논의들을 살펴본 다음, 당시 문학의 당성·인민성·계급성의 내용을 드러내주는 수령의 교시와 정책·강령, 그리고 문학작품에 그려진 북한 민주건설의 긍정적 주인공과 남한현실의 형상화를, 소설을 중심으로 살펴보겠다.

2. 문예이론과 문예정책

1) 북한의 민주주의민족문학론

북한의 문예이론과 문예정책이 통일된 체계로 이루어지기 시작한 것은 1946년 3월 25일 북조선예술총연맹(이하 북조선예총)이 결성되면서부터이다.[6] 이 시기는 서울에서 조선문학건설본부(이하 문건)와 조선 프로레타리아문학동맹(이하 프로문맹)의 두 진보적 문학단체가 1946년 1월 조선공산당에서 발표한 「조선민족문화건설의 기본노선」(잠정안)을 기초로 통합을 결의하고 전국문학자대회(1946. 2. 8)를 연 이후이다. 이 대회에서 조선문학가동맹이 결성되고 이후 남한의 진보적 문학운동은 임화·김남천·이태준·이원조 등이 중심이 되어 전개된다.

북조선예총은, 프로문맹 시절부터 문건과 노선대립을 보였고, 결국 문건 주도하의 조선문학가동맹 결성에 이견을 표출했던 한설야·이기영 등의 1차 월북문인들과 이북명·안함광의 재북 문인들의 주도하에 결성된다.[7] 프로문맹과 문건의 대립의 잔존은 1946년 7월 북조선예총 기관지로 『문화전선』 1호가 나오면서부터 북한의 민주주의민족문학론과 남한의 민주주의민족문학론의 견해차로 드러나기 시작한다. 한마디로 북한의 민주주의민족문학론은 남한에서 주도권을 잡고 문학운동을 벌이고 있었던 남로당 계열의 임화·김남천·이원조 등의 우편향을 비판하면서 확립된다. 그 공격의 초점은 거의 통일된 목소리로, 임화가 말한 "민족문화는 계급문화이어서는 안 된다!" "우리가 수립해야 할 민족문화는 근대적인 의미에서의 민족문화"라는 두 문장에 집중된다.

북한의 민주주의민족문학론의 논리 전개의 좌·우 양편향의 극복으로부터 시작되는데, 안막의 「조선문학과 예술의 기본임무」[8]는 그 시발점이다. 안막은 "새로운 민주주의 문화는 무산계급과 그 문화사상이 영도하는 인민대중의 반제, 반봉건, 반파쇼적 문화이며 일체의 자본주의 문화를 반대하는 문화는 아니다"라고 규정한다. "내용에 있어서 민주주의적, 형식에 있어서 민족적"이라는 규정 역시 임화 혹은 문학가동맹의 논리에서 크게 벗어나는 것은 아니다. 그러나 '문학예술이론에 있어서의 마르크스-레닌 주의적 양개 편향의 극복을 위하야'라는 항목에서 안막은 극우적 기회주 의자들에 대해 다음과 같은 비판을 내린다.

> 극우적 기회주의자들은 첫째로 현 단계 조선혁명의 새로운 민주주의 적 성질을 왜곡하고 민족민주통일전선이라는 것이 무산계급이 영도하 는 '각 민주계급 연합전선'임을 이해하지 못하고 비원칙적·투항주의 적 통일전선을 환상하고 있으며, 둘째로 이들 사이비 마르크스-레닌주 의자들은 민족문화라는 개념에 '민족'이란 것을 그 근거에서 분리시켜, 다시 말하면 민족을 구성하는 구체적 계급관계에서 분리시켜 추상적인 '민족의 개념'을 날조하고 주장했다. 그리하여 그들은 '민족문화의 초계 급성'을 주장했으며 조선민족문화를 형성하는 기본적 동력인 무산계급 화를 부정하고 무산계급문화사상의 영도를 반대하지 않을 수 없는 것이 다.[9]

훗날 문학가동맹측으로부터 신랄하게 반박당하는 대목[10]이기도 한 이 인용문에서 비판의 초점은 세 가지로 요약될 수 있다. 첫째 문학가동맹지 도부가 투항주의적 통일전선을 환상한다는 것, 둘째 민족문화의 초계급성 을 주장했다는 것, 셋째 민족문화에 있어 무산계급문화사상의 영도를 반 대했다는 것이다. 문학가동맹의 결성과 실천과정에서 카프(KAPF)의 전 통을 경시하고 이태준 등 순수문학자들과의 통일전선에 치중한 반면 정작 문예대중화와 같은 실천적 활동은 미약했다는 점에서 첫번째 비판은 쉽게 수긍될 수 있다. 그러나 두번째와 세번째 지적은 좀 더 논리적인 문제이므 로 주목을 요한다. 그 비판의 근거가 되는 원문은 아마 조선공산당 중앙 위원회의 이름으로 발표된 「조선민족문화건설의 노선」의 다음 항목일 것 이다.

> 문제의 관찰이나 연구의 방법에 있어 변증법칙 유물론의 입장과 방

법을 써야 하되 민족문화는 계급적 문화가 되어서는 안 된다. 사회주의를 내용으로 하고 형식에 있어 민족적인 민족문화는 사회주의적 정치경제를 반영한 문화형태이므로, 우리에게는 아직 이러한 정치경제의 토대가 서 있지 않기 때문에 이러한 사회주의적 민족문화는 아직 있을 수 없다.[11]

위의 문맥에서 '계급적 문화'는 '사회주의 문화'와 동의어로 쓰이고 있다. 그러나 안막이 지적한 ' 민족문화내에서의 계급성'의 문제에 대해서는 명확한 설명이 보이지 않으며, '무산계급문화사상의 영도'에 대해서는 더더욱 그렇다. 문학가동맹의 민족문학론이 이러한 문제를 본격적으로 논리화시키기 시작한 것은 북조선문학예술총동맹(이하 북조선문예총)의 비판에 영향을 받으면서, 특히 10월인민항쟁을 전후해서인 것으로 드러난다(남북의 민족문학론의 전개과정에 대해서는 별도의 비교·고찰이 필요하다. 여기서는 다만 북조선문예총의 논리가 남쪽의 문학가동맹 논리와의 밀접한 영향관계하에서 형성되었다는 것을 밝히고자 한다).

위와 같은 남쪽 문학가동맹의 '민족문학론'이 갖고 있는 우편향에 대해서는 이후에도 끊임없는 비판이 이루어지는데 윤세형의 「신민족문화 수립을 위하여」(『문화전선』 2집)는 안막과는 또 다른 각도에서 이 문제를 제기한다.

프롤레타리아 문화와 진보적 민주주의 문화를 기계론적으로 대립시키는 견해는 물론 현혁명계단이 '무산계급이 영도하는 자산계급성민주주의혁명계단'임을 인식하지 못한 데서 결과한 폭론이겠으나 또한 문화의 독자성 내지 특수성을 인식하지 못하고 편향된 정치이론을 그대로 문화영역에 연장시키려는 데서 나온 결론이다.[12] (강조는 필자)

진보적 민주주의(인민민주주의)혁명의 성격과 단계규정에 대한 이견을 내포한 이같은 비판은 임화의 "근대적인 의미에서의 민족문화" 운운의 주장이 부르주아민주주의혁명과 프롤레타리아혁명을 기계적으로 분리하고 인민민주주의혁명 단계를 부르주아혁명에 속하는 것으로 본 데서 나왔다는 것, 즉 단계론적 사고에 대한 비판을 의미한다. 그러나 그의 논리는 민족문화와 계급문화가 어떻게 관련된 것인지에 대한 구체적인 규명에까지는 이르지 못한 채 '문화의 독자성'만을 강조하는 수준에 머물고 있다.

민족문학의 계급적 성격에 대한 규명은 당시 북한문학의 대표적 평론가인 안함광의 몇몇 글에서 비교적 구체화된다. 그의 「민족문화론」(1946. 3)은 좌우편향에 대한 비판을 민족주의자들의 '조선문화론'과 극좌적 편향의 '민족적 특성의 경시'에 집중시킨다. 「민족문학재론」에 이르러서야 그는 "민족문학과 계급문학은 모순되어지는 것이냐? 또는 모순되어지지 않는 것이냐?" "모순되어지지 않는다면 어떠한 모양으로 모순되어지지 않는 것이냐?"[13] 하는 문제를 제기한다. 언어·혈연·문화의 공통성만을 민족의 기초로 삼는 견해를 비판하면서 그는 "언어와 영토, 경제생활 급(及) 문화의 공통성에서 나타나는 심리적 정신상태의 공통성에 의해서 결합된 인간의 역사적으로 형성된 항구적인 공동체"[14]라는 민족에 대한 고전 명제를 인용한다. 그러면서 민족의식을 "유동·발전하는 사회적 본질과의 관련성에서 일반대중에게 침투시켜야 할 것"과 그러기 위해서 "우리 민족문학의 영도적 성격을 사회발전의 역사적 필연성을 추진시키는 방향 위에다 조직"[15]할 것을 제기한다. 전자는 민족적 편견을 극복하고 사회계급의식과의 관련 속에서 민족의식을 고찰하자는 것이요, 후자는 곧 "근로인민대중의 진보적 민주세력이 영도하는 반일제·반봉건의 문학"을 의미하는 것이다. 그는 이기영의 소설 「개벽」을 예로 들면서 계급적 내용이 민족생활 전체의 비약적 발전을 형상화하는 것과 아무런 모순이 있을 수 없다고 강조한다.

이와 같이 해방 직후 북한의 문예이론은 민주주의민족문학의 계급성을 탐구하는 데 상당한 노력을 투여한다. 그리고 결론적으로 다음과 같은 인식의 통일에 이르고 있다.

우리의 민족문학은 결코 민족을 구성하는 여러 계급문학의 혼성체가 아니다. 우리의 민주주의적 민족문학은 무엇보다도 먼저 사상적 통일체이어야 하며 그 통일적인 사상은 프롤레타리아국제주의로 일관된 고상한 애국주의이다.[16]

이것은 '해방 후 10년간의 조선문학'을 개관하면서 이 시기 민족문학론에 대해 내린 결론이다. 이상으로 북한의 민주주의민족문학론의 논리를 살펴보면 다음과 같은 문제점을 제기할 수 있다.

첫째, 월북 직전 프로문맹의 프로문학론과 이후의 민족문학론이 어떤 관련을 가지며, 어떤 필연성에 의해 변화되는 것인지에 대한 명확한 해명이 없다. 그것이 카프의 공식성에 대한 일종의 자기비판에서 연유한 것인지, 또한 논자들마다 비판하고 있는 '좌편향'이 프로문맹의 극소수 분자만을 지칭하는 것인지, 아니면 프로문학론 자체가 지닌 이념적 취약성을 비판하는 것인지가 문건상으로는 분명히 드러나고 있지 않다.

둘째로, 이 시기가 인민민주주의혁명 단계이고 그에 따른 문학이념이 민주주의민족문학이었다면 이후 사회주의 건설기의 문학이념·문예정책과 어떠한 차별성과 연속성을 갖는 것인지에 대한 구명이 원론적 선언 수준을 뛰어넘지 못한다. 물론 작품상으로는 토지개혁의 강령이라든가 대중의 생활의식, 갈등의 주요선을 통해서 사회주의 문학과의 차별성이 드러나지만(창작방법에서도 이 시기에는 '고상한 레아리즘'이라는 용어가 보편적이었던 반면, 이후의 문학사는 이것을 '사회주의 리얼리즘'과 동일한 것으로 해석한다[17]), 그 연속성에 대한 논리화를 문학이론 속에서 찾아보기는 어렵다. 그것은 아마 '조국해방전쟁'을 계기로 명확히 구분되고 비약되는 북한 현대사의 문학사적 반영이기도 할 것이다. 북한의 민주건설기 문학에서 사회주의 건설로의 과도기 문학은 곧바로 조국 해방전쟁문학-전후 복구건설로서의 사회주의 문학으로 이어지기 때문이다.

세번째 문제는 북한의 혁명전략인 민주기지론과 민주주의 민족문학론에서의 남북의 차별성 문제이다. 남북의 정세가 판이한 상황 속에서, 남한

문학가동맹 지도부의 '계급성 몰각' '투항주의적 통일전선' '단계론적 사고'가 필연적인 역사적 한계로 나온 것이 아니고 오류로 비판받았다면, 그 오류와 편향에 대한 비판 역시 남북의 특수성에 대한 전술적 차이를 인정한 통일적 지도로 이루어졌어야 했다는 점이다. 해방 이후 지금까지 남한의 진보적 문학이념은 여전히 민족문학론이라는 점에서, 이 시기 북한의 민족문학론이 자체의 발전과정에서 확립한 계급성·당성·인민성이 남한의 문학운동에도 그대로 적용될 수는 없다는 질문을 던지게 한다.

2) 문예강령과 문예정책

민족문학론에 대한 평론가들의 논리 전개가 북한 문학이론과 문예정책에서의 인민성·계급성·당성을 확립하는 요체였다고만은 할 수 없다. 당 문학의 특성상 그 중심은 수령의 교시와 강령, 그리고 구체적인 문예정책에 놓이게 되기 때문이다. 우선 이 시기에 발표된 김일성의 몇 가지 문학에 관한 문건을 통해 강령적 지침을 살펴보자. 그 중 상세한 내용을 담고 있는 것은 1946년 5월 24일의 연설 「문화와 예술은 인민을 위한 것으로 되어야 한다(문화인들은 문화전선의 투사로 되어야 한다)」이다. 여기에서는 첫째 인민대중 속에 일상적으로 깊이 들어가서 인민의 생활과 투쟁을 구체적으로 세심하게 연구할 것, 둘째 문화인 대열의 사상적 통일과 단결을 강화할 것, 셋째 인민대중을 교양·선전할 순회극단과 강연을 조직하고 대외선전망을 조직하여 대외선전사업을 강화할 것, 넷째 일제 잔재에 반대해 투쟁할 것, 다섯째 민족문화유산을 계승하는 데 있어 민족적 형식과 민주주의적 내용을 결합시킬 것 등이 제시된다.[18]

이 연설은 이후 북한문학의 기본적 강령들을 고루 담고 있지만 그 중 특히 강조되는 것은 문학의 인민성 부분이다. 북한문예이론에서 인민성이란 문학이 인민대중의 사상·감정·생활·투쟁을 진실하게 반영하고 인민대중을 위해 복무하는 것을 말한다.[19] 특기할 것은 문학가동맹 측이 강조한 인민성이 민중연대의 측면이었던 것과는 대조적으로 북한에서는 대중화와 작가의 현장 체험이 중요한 측면이었다는 점이다.

북한문학의 창작과정에서 작가의 현지 파견·취재는 필수적인 것이다. 북조선문예총은 작가의 현지파견 계획표를 1개년마다 짜서 공장·광산·농촌·어촌·인민부대에 파견하는데, 이 시기의 장기 파견작가로는 홍남공업지대에 송영·이북명·박웅걸, 황해제철소에 김사량, 아오지탄광에 황건 등이 있었다.[20] 이들은 애국적 전형을 실지 현장에서 취재·작품화할 뿐 아니라 노동인민들의 서클·군중문화사업을 지도·협조하며, 신인 작가 육성사업을 벌이는 역할을 한다. 이 시기 북한의 소설들을 읽어보면 실지 파견생활 없이는 묘사할 수 없는 노동현장의 구체적 증산계획·노력경쟁 등이 아주 세밀하게 묘사된다. 그 중에서도 김사량의 「칠현금」(1949) 같은 작품은 현지파견작가가 일제 말기에 치명상을 입고 병원에 누워 있는 지방 제철소 노동자의 문학적 재능을 발견하고 그를 정신적으로 재생시키는 줄거리를 담고 있어서, 전문작가와 대중적 문예활동의 폭넓은 연대를 감동적으로 그린 작품이다.

문학의 인민성을 구현하는 데 있어서 북한문예이론이 가장 중요시하는 것은 민족적 형식이다. 김일성은 「음악예술인들은 새 민주조선 건설에 적극 이바지하여야 한다」(중앙교향악단 창립공연을 보고 예술인들 앞에서 한 연설, 1946. 8. 8)에서, "민족적 특성을 살리며 새 생활 창조에 일떠선 인민의 사상감정과 혁명적 역할을 반영해야 한다"고 교시한다. 또한 「혁명군대의 참다운 문예전사가 되라」(보안간부훈련대부협주단 지도일군 및 배우단들과의 담화, 1947. 4. 30)에서도 고유의 민요와 민족무용을 발전시킬 것을 강조한다.

1947년 4월 30일의 연설은 이 시기 문학의 '당성'의 내용을 살피는 데 중요한 의미를 지닌다. 조선문학의 당성의 뿌리를 어떻게 볼 것인가, 즉 이 시기 북한문학의 혁명적 전통을 어디에서 찾을 것인가에 대하여 대표적 평론가인 안함광은 카프의 전통을 강조하는바, 그것이 문학자들의 일반적 견해였던 듯하다.

조선문학의 력사적 발전과정은 이미 8·15 이전 문학에 있어서도 문학의 당성의 일반적 개념보다도 훨씬 발전된 개념 내용으로 특질되는 엄격한 당성이 작용하고 있었다는 것을 알리어주고 있는바, 카프의 문학이 바로 그러하다. 이 문학에 있어서의 엄격한 당성은 첨예하게 발전한 계급투쟁의 결과이며 수반물이었는바, 그것은 프로레타리아트의 혁명적 투쟁이 목적의식적으로 전개되며 과학적 사회주의와 노동운동이 굳게 결합된 시대적 조건에서 나타났다.[21]

1960년대까지의 북한문학사는 당성에 대한 이와 같은 견해에 기초하고 있다. 그러나 '주체의 문예이론'이 확립된 1978년판 『조선문학사』는 '혁명적 문예전통'에 대한 아마 최초의 언급일 1947년 4월 30일의 연설을 크게 부각시킨다.

> 다 아는 바와 같이 예술은 중요한 사상교양수단의 하나입니다. 그렇기 때문에 지난날 일제를 반대하여 싸울 때에도 우리는 예술활동에 큰 의의를 부여하고 유격근거지들에서 자주 연예공연을 조직했습니다. 물론 그때에는 지금처럼 전문예술단체도 없었고 배우들도 없었습니다. 그러나 유격대원들은 전투의 여가를 타서 가사를 쓰고 곡을 지어 유격대 행진곡과 같은 혁명가요들을 수많이 만들어 불렀으며 춤도 자체로 안무하고 연극대본도 자체로 써서 공연했습니다.…… 우리 군대의 예술단체는 항일유격대의 이러한 전통을 계승하여 군대 안에서 혁명적인 문예활동을 더욱 활발히 벌리도록 하여야 하겠습니다.[22]

위의 인용문에서 '혁명적 문예전통'의 계승은 '군대 안에서의 문예활동'에 국한되어 논의되고 있다. 항일유격대의 문학예술이 국내 출판물을 중심으로 한 카프문예와는 달리 전투과정 속에서, 혹은 유격근거지 민중들에게 교양선전의 무기로서 창작된 것이기 때문에 해방 직후 민주건설기 문학에 있어서 광범위한 전범으로 쉽게 자리 잡을 수는 없었다. '혁명적 문예전통'은 이후 북한에서 주체사상이 체계화되고 '온 사회의 주체사상화'가 주창되면서, 그리고 김정일에 의해 '혁명적 대작'의 독특한 원리로 장착되면서 비로소 협애한 군대예술의 전범에서 벗어나 북한문예의 뿌리로 위치짓게 된 것으로 보인다.

북한문학의 당성의 뿌리를 항일혁명문학으로 보느냐 아니면 카프문학으로 보느냐 하는 데서는 당성에 대한 다소 상이한 해석의 차이를 보게 된다. 앞에서 안함광은 당성을 과학적 사회주의와 노동운동이 결합한 시대적 산물로서 보았던 반면, 이후의 북한문예이론은 당의 노선과 정책에 철저히 의거하여 사상교양·정책관철에로 사람들을 불러일으키는 힘있는 무기가 되는 것을 지칭하기 때문이다.[23] 옳은 노선을 가진 전위 당과의 결합 정도가 당성의 여부를 가리는 중요한 기준으로 판별되는 것은 이 때문이다.

어쨌든 8·15 이후의 북한문학은 이전과는 또 다르게 조선로동당의 지도하에 창조되는 당문학을 가지게 되었다. 그 밑에서 1946년 3월 25일 북조선예술총연맹이 결성됐으며, 1946년 10월에는 북조선문학예술총동맹으로 개칭된다. 종래의 각 부 체제를 보다 독자적으로 활동할 수 있는 동맹조직으로 만들기 위해서였다. 문학동맹(위원장 안함광), 연극동맹(신고송), 음악동맹(이면상), 미술동맹(성관철), 사진예술동맹(이문빈), 무용동맹(최승희), 영화동맹(주인규) 등의 7개 단체가 산하단체로 조직되며, 그 중 영화·무용동맹은 아직 주체역량이 미흡하다는 평가를 받아 1949년 3월 문예총대회에서 위원회로 개정된다.[24]

당시 북조선문예총의 강령은 다음과 같다.

1. 진보적 민주주의에 입각한 민족문학예술의 수립.
2. 조선예술운동의 전국적 통일조직의 촉성.
3. 일제적·봉건적·민족반역적·파쇼적·반민주주의적 반도예술의 세력과 그 관념의 소탕.
4. 인민대중의 문학적·창조적·예술적 계발을 위한 계몽운동의 전개.
5. 민족문화유산의 정당한 비판과 계승.

6. 우리 민족예술문화와 소련 예술문화를 비롯한 국제문화와의 교류.[25]

이 강령하에서 북한 작가들의 창작활동이 이루어지게 되는데, 그 과정은 자본주의 사회와는 판이한 것이다. 우선 문학동맹은 앞에서 말한 1개년 작가 현지파견계획과 함께 전체적인 창작계획을 설정한다. 이후의 북한문학은 작품의 주제별로 혁명전통 주제 3할, 조국해방전쟁 주제 3할, 사회주의 건설 주제 2할, 조국통일 주제 2할 등으로 나누어져 창작지침이 전달되었다고 하는데, 1949년도 사업총회를 보면 그런 식의 세부적 주제별 지침은 없고 각 장르별로 작품 편수만 계획되어 있다. 문학동맹이 작가에게 창작계획보고서를 받고, 현지파견과 창작계획을 조직·지도하고 심사해 출판하는 과정을 거친다. 이 시기의 주요 게재지는 『문화전선』(문예총기관지, 1946년 7월 창간), 『조선문학』(문학동맹기관지, 1947[?]창간), 『문학예술』(문학동맹 기관지, 1948. 4. 창간) 등이었다. 이 시기 문학 출판 현황을 보면 전문작가들의 창작집과 평론집 외에도 '군중문화총서'라는 이름으로 『단편소설집』(1949. 4), 『단막희곡집』(1949. 4), 『노동자문예집』(1949. 12) 등이 다수 출판되었으며, 각 지방위원회와 직업총동맹·농민동맹의 군중문화부의 문예출판활동이 활발히 이루어졌던 것으로 보인다.

이상 개관해본 바에 의하면, 해방 직후 북한의 문예정책은 문화전선 내의 사상적 통일을 이룩하는 문제와 당 정책에 입각한 군중문화사업을 벌이는 데 주력했다고 할 수 있다. 문화전선내의 사상적 통일·단결의 면에서는 앞서 살펴본 민족문학론의 우편향과의 투쟁 외에 '예술지상주의적 경향'과의 투쟁이 중요하게 대두되어, 『응향』 『문장독본』 『예원써클』 등의 시집이 발매금지 조치를 당한다. 북한의 군중문화사업과 전문작가의 창작 과정은 매우 흥미로운 교호관계를 맺고 있었던 것으로 보이는바, 보다 본격적인 고찰이 요구된다.

3. 민주건설기의 긍정적 주인공

해방 직후의 북한문학은 민주건설의 벅찬 과제를 달성하는 민중들의 의식의 각성과 삶의 전변을 형상화하는 데 바쳐진다. 앞서 서술한 민주주의 민족문학론은 그 창작방법으로 '고상한 레아리즘'을 제기하는데, 그 실질적 내용은 사회주의 리얼리즘과 별반 다를 바 없다[26]('고상한 레아리즘'과 '사회주의 리얼리즘' 그리고 남한의 문학가동맹에서 제기했던 '진보적 리얼리즘'의 차별성과 관계에 대해서는 간혹 논자들의 고민이 엿보인다.[27] 그러나 이에 대한 집중적 탐구는 이뤄지지 못한 채 북한문학사는 이 시기의 유일한 창작방법은 사회주의 리얼리즘이었다고 서술하고 있다[28]).

그 명칭이 어찌 되었든 이 시기에 작가에게 주어진 과제는 민주조국건설의 새로운 현실, 전인민의 영웅적 노력을 형상화하는 것이었고, 거기에서 낡은 것, 부정적인 것과의 싸움 속에 새롭게 성장하는 긍정적 주인공을 창조할 것이 요구되었다.[29] 우리는 토지개혁과 노동현실을 주제로 한 많은 작품들에서 이 새로운 인물, 긍정적 주인공과 만나게 된다.

1) 토지개혁과 농촌현실

우선 북한문학에서 '세기적 숙망의 달성'이었다고 표현되는 토지개혁을 주제로 한 소설을 살펴보면 이기영의 「개벽」(『문화전선』, 1946. 7)이 대표적 단편소설이다. 토지개혁법령이 발표된 며칠 후 읍내에서 경축시위 운동이 벌어지는데, 이를 둘러싼 빈농 원첨지와 지주 황주사의 대조적 의식과 삶의 변화를 압축적으로 그린 작품이다. 이 소설에서 특징적인 것은 이후 이기영의 작품은 물론 대부분의 북한문학에서 볼 수 있는 긍정적 주인공이 그 단초로서밖에 그려지지 않는다는 점이다. 주인공 원첨지는 의식의 혼란 가운데 뿌리 깊게 봉건의식의 잔재를 갖고 있는 인물이다.

> 그들이 나간 뒤에 원천지는 빈 방에 홀로 앉아서 부시럭부시럭 짚신을 삼기 시작했다. 하긴 그도 아이들이 가자고 조를 때 아닌게 아니라

가고 싶은 생각이 없지 않았다. 그러나 어쩐지 마음 한편 구석에 열적은 생각이 들어서 선뜻 나설 용기가 나지 않았다. 아니 그보다도 그는 어떤 의심이 없지 않아서 장래사를 두 길로 보려는 조심성으로 안 갔었다. 그것은 더욱 읍내 사는 지주 황주사가 얼마 전에 하던 말이 기억되었기 때문이다.[30]

이렇게 용해빠지고 주변머리 없는 원첨지의 성격이 돋보이는 것은 그 외의 다른 가족―명랑하고 적극적인 성격의 아내, 논농사 지을 꿈에 부푸는 동준, 여성의 권리를 주장하는 언년이 등―의 새로운 성격에 이끌리고 대비되어서이다. 마을에 농촌위원회가 조직될 때 빈농이며 마을 노인이라고 원천지가 한몫을 하게 되자 당황하며 체면치레를 걱정하는 모습도 무척 사실적이다. 반면, 부정인물인 황주사는 그동안 '황금도깨비'에게 홀려서 자기도 못 입고, 못 먹고, 악착같이 남을 못살게 군 인물인데, 토지개혁이 되자 어쩔 줄 모르고 돌아다니다 결국 이남으로 밤도망을 쳐버린다.

그러나 「개벽」은 토지개혁을 둘러싼 낡은 것과 새로운 것의 갈등을 그리는 데 있어 중요한 한계를 보여준다. 낡은 것인 황주사의 성격은 너무나 희화화되고 새로운 것인 원첨지의 성격은 토지개혁이라는 현실의 변화를 적극적으로 수용할 만한 인물로 그려지지 못하기 때문이다.

농민들의 새로운 적극적이고 활달한 생활을 잘 그려낸 작품으로는 한설야의 「자라는 마을」(1946)이 있다. 농민들의 개간사업과 문맹퇴치사업을 기본구성으로 해 농민들간의 새로운 인간관계와 창조적 경쟁을 보여주는 이 소설은 영민아버지의 황무지 개간에 대한 열정과 영민이가 금복어머니의 문맹을 틔우려는 끈질긴 노력을 상징적으로 대비시키고 있다. 특히 금복어머니가 가나다라를 배우는 과정은 북한의 계몽사업의 실태를 생동하게 보여주는 대목이다. 영민의 권유를 처음에는 "글이 '가마니'가 된다듸? 쌀이 된다듸? 천하 빌기 쉬운 게 글이더라" 하면서 질색을 하던 금복어머니는 '김일성 장군' '민주주의인민공화국 헌법' 등의 '정치적' 글자들로부터 깨쳐나가면서 점점 재미를 붙이게 된다.

"응 입다물구 '미음'자가 마 자 줄이지, 무시기냐, 마…… 앙이 미…… 옳지 미국놈 때려죽이란 말이구나. 미운 놈 미국이란 말 앙이냐" 하고 제사 우스운 듯이 시뜻한다.

"앙이 어머니두 껑충 뛰지 말구 한 자씩 뜯어보구 붙여보구 하우다. 미 자 아래에 니은이 있쟁이우"

……

"응 옳다. 민주주의가 좋단 말이구나. 민주주의가 되니 인민들이 좋단 말이지 무시기냐."31)

이렇게 영민과 금복어머니의 야학 훈장과 생도의 관계를 통해서, 또 같은 문맹인 육국통사와 금복어머니의 글 깨치기 경쟁을 통해서 마을의 새로운 풍토가 쑥쑥 자라나게 된다. 이 작품의 또 하나의 주요한 갈등은 마을 농사일마다 부딪치는 영민아버지와 최기수의 갈등이다. 간이농업학교를 나와서 해방 전에 면 기수를 지냈던 최기수는 농사법을 잘 알아서 남보다 소출을 더 내면서도 한 번도 그 속내를 남에게 일러주는 일이 없는 이기적인 인물로, 마을의 개간사업을 반대하다 결국 자기비판을 하게 된다. 이「자라는 마을」은 주요 갈등이 지주-소작갈등이 아니라 개인주의 · 이기주의 · 무사안일주의와의 싸움이고, 사회주의적 경쟁을 자기 생활방식으로 갖게 되는 농민들의 삶을 풍부하게 그리고 있다는 점에서 사회주의건설기 문학에 한층 다가선 모습을 보이고 있다.

북한의 농민문학에서 가장 빈번히 등장하는 소재는 개간사업 · 관개공사 · 생산경쟁 등이다 대부분의 소설에서 8 · 15해방과 토지개혁에 대한 농민들의 적극적 참여가 그려지지는 않는다. 농민들의 새로운 삶은 토지개혁 이후에 비약적으로 이루어진다. 광활한 황무지나 밭을 논으로 바꾸는 대규모 공사를 통해서 지금까지는 자연과 사회에 지배당하고 억눌려 살았던 가난한 농민들이 부의 터전을 일구게 되고, 그보다 자신의 힘, 땅의 주인됨을 절감하게 된다. 또한 자발적 경쟁—일제하의 강제징용과는 전혀 다른, 해방된 조국의 건설에 남보다 더 열성적으로 참여한다는 의미에서의 경쟁―을 통해 새로운 인간관계를 엮어나가게 된다. 천세봉의 「땅의 서곡」(1948)은 10년 동안 왜놈의 심복 집에 종살이를 했던 막둥이가 해방 후 관개공사의 선봉에서 서게 되는 과정을 그리고 있으며, 같은 작가의 「오월」(1947)은 농민들의 두엄내기 경쟁에서 형성되는 새로운 인간관계를 그리고 이른바, 이북명의 「로동일가」의 노력경쟁과 거의 비슷한 주제를 다루고 있다.

북한 토지개혁의 슬로건은 '토지를 밭갈이하는 농민에게'였다. 그러나 이렇게 농민의 사적 소유를 인정하는 정책을 기본으로 했음에도 불구하고 무상몰수·무상분배, 빈농에 의거해 중농과 동맹하고 부농을 고립화시키는 정책, 매매와 소작·저당의 절대 금지 등 철저한 원칙이 관철되어 이후 농업협동화에 유리한 기초를 마련하게 했다. 특기할 것은 부농에게서도 자작 소유지는 몰수하지 않아 지주와의 결탁을 막았으며, 친일파·민족반역자·지주를 제거하는 데서도 저항하지 않는 자들은 다른 지방으로 이주시켜 자기 힘으로 농사지을 수 있는 근거를 마련해주었다는 것이다.[32]

이러한 북한 토지개혁의 특수성을 전체적으로 풍부하게 담고 있는 작품으로는 이기영의 『땅』(1948~49)과 이태준의 『농토』(1947. 6) 두 장편소설을 들 수 있다. 부르주아 반동작가로 낙인찍혀 임화와 함께 숙청당한 이태준의 『농토』는 나름의 한계―민주건설기의 새로운 인간형을 제시하기보다는 뿌리 깊은 봉건잔재로부터의 탈피에 집중됨―에도 불구하고 여러모로 당시 북한의 '민주주의민족문학론'의 성격과 토지개혁의 측면을 가장 직접적으로 드러내주는 작품임에 틀림없다.

이 작품은 당시의 어느 북한문학보다도 일제 말기 빈농의 설움과 봉건제도의 비인간성을 감동적으로 형상화하고 있다. 첫 장면은 함박눈이 내리는 날 억쇠어미 팔월이가 죽는 데서 시작된다. 주인집 마님은 도련님의 새아씨가 산기가 있는 날이라고 "배라먹을 년, 가진 부정 다 떠는 구나" 하며 죽은 어미 앞에서 울음소리도 못 내게 한다. 연신 '미욱한 놈' 소리를 들으면서도 주인집에 더없는 충성으로 굽신대는 억쇠아비의 모습은 봉건의식이 뼛속까지 스며든 머슴의 전형이다.

이후 억쇠네 부자는 가재울(황해도 배천)에 정착해 소작농으로 살게 되는데, 농사 첫해 다 제하고 다섯 가마니밖에 남지 않은 타작마당에서 억쇠는 소작농의 비애를 뼈저리게 느낀다. 이듬해에는 지주이자 고리대금업자인 권생원의 수탈에 못 이겨 동양척식회사의 농장에 신답풀이로 소작을 옮기나, 소출의 4할을 차지한다는 쓰보가리식 소작료의 속임수에 오히려 당하고 만다. 성필과 낯선 사회주의자의 지도로 농민들은 소작쟁의를 모의하지만 발각되어 억쇠도 구류를 살고 나온다. 징용을 면해준다는 구실로 도꾸지에게 집마저 빼앗기고 억쇠는 농업요원(머슴)으로, 아비는 보국대 공사장으로 끌려가게 된다. 아비는 공사장에게 병을 얻어 죽고 억쇠는 분이를 겁탈하려던 도꾸지를 때려눕히고 가재울을 떠난다.

여기까지가 해방이 되기 전 줄거리이다. 대지주·고리대금업자·동양척식회사·도꾸지 등 일제와 그 하수인들과 억쇠와의 대립·갈등이 다각도로 맺어지며 심화된다. 그 과정에서 성필이나 낯선 사회주의자와 같이 매개적 인물이 등장해 억쇠를 각성시키는 것도 설득력 있게 그려져 있다. 억쇠는 아비의 대와는 다르게 울분과 미운 것에 대한 증오를 키워가고 결국 그것을 터뜨릴 줄 아는 인물이라는 점에서, 나름대로 해방을 준비하는 조선 민중의 현실을 포착해내고 있다.

이후 해방이 되자 광산에 가 있던 억쇠가 분이를 그리며 고향에 돌아오고, 둘은 결혼하여 도꾸지네 집과 논밭을 맡아 행복한 가정을 꾸려 나간다. 이 즈음 미국·소련군대가 들어와 38선이 그어졌다는 소문으로 가재울도 떠들썩해지고, 억쇠는 성필이의 도움으로 점점 세상 보는 눈이 뜨여 새로운 국가건설에 앞장서겠다고 다짐한다. 토지개혁을 둘러싼 긴장과 불안 속에서 급기야 토지개혁령이 실시되자, 지주 권생원은 자기 땅을 안 뺏기려고 저항하다 38선 넘어 이남으로 가고, 농민들 사이에서도 지주에 대한 논의가 분분하다. 이때 억쇠는 앞장서서 토지개혁의 원칙에 찬성하는 연설을 함으로써 농촌위원으로 뽑힌다. 이날 하루 동안 억쇠는 엄청 자란 것 같고 많은 것을 알아낸 것 같아 새 조국 건설의 감격에 벅차한다.

이 작품이 억쇠는 분명 민주주의 조국 건설에 적극적으로 참여할 '새로운 성격'—긍정적 주인공이지만, 이 작품의 후반부 전개는 억쇠의 성격 변화에만 중심을 두고 있지는 않다. 보다 더 이 소설에서 그려지는 토지개혁의 양상은 복잡하다. 농민조합에서는 아직 일제의 하수인이 남아 있으며, 지주 권생원은 자기 권리를 주장하고 집까지 빼앗기는 것이 부당함을 강변한다. 더구나 여자끼리 살면서 소작을 주던 안과부네 집까지 지주로 쳐서 몰수를 해야 하느냐는 마을 사람들의 온정론은 만만치 않은 공감을 불러일으켜, 이를 설복하는 데 작가는 세심한 주의를 기울인다. 농민의 사적 소유를 인정하면서도 지주-소작제도의 완전한 철폐를 이루려는 북한의 토지개혁정책에서 드러나는 갖가지 현상, 농민들의 봉건의식의 잔재를 이태준은 원칙적으로 물고 늘어지고 있다. 이것이 이 작품의 미덕이자 한계로 작용한다. 당대 농촌문제의 전체적 형상화라는 면에서, 이들 현상에 대한 세심한 배려가 오히려 작품을 정책의 충실한 현상적 해설로 떨어지게 만드는 것이다. 농촌현실의 발전과정을 포착하는 데서 억쇠의 해방 이후 모습은 다른 작품과 비교할 때 정태적이며 마을의 다른 농민들의 형상은 더욱 그러하다. 토지개혁에 대한 수동적 이해와 감격만이 있을 뿐, 그것을 넘어서는 농민의 적극적 자발성의 계기가 함께 포착되지 못했다는 점에서 「농토」의 한계를 말할 수 있을 것이다. 그러나 당시 문학이념이었던 '민주주의민족문학론'에 의거해 볼 때, 일제하 봉건제도의 질곡으로부터 해방되는 농민의 운명의 변전을 전형화한 『농토』의 문학적 가치가 이태준의 정치적 생명과 함께 매장될 수는 없는 일이다.

북한문학사가 내세우는 민주건설기 문학의 대표적 장편소설이 이기영의 『땅』(1948~49)이라는 데는 재론의 여지가 없다. 이기영은 일제 식민지시대 카프의 맹원으로 줄기차게 농민소설을 발표했고, 『고향』(1934)으로써 식민지시대 농민문학의 빛나는 자리를 차지한 작가이다. 앞서 살펴본 「개벽」(1946)에서 해방 직후 토지개혁을 둘러싼 지주와 빈농의 갈등을 그렸던 그는 몇 편의 단편에 이어, 본격적인 장편 농민소설인 『땅』을 발표한다. 여기에는 『농토』와는 대조적으로, 토지개혁 이후 농촌현실에서 전개된 모든 역사적인 상황들—개간사업, 다수확경쟁, 현물세 납부, 농촌계몽사업, 역사적 민주선거 등―이 곽바위라는 인물의 성장을 중심으로 광활하게 펼쳐진다.

『땅』제1부는 '개간편'과 '수확편'으로 나뉘어 있다. 주인공 곽바위는 빈농 출신으로 태어나 14살 때부터 머슴살이를 했는데, 그가 왜놈 농사 지도원을 논바닥에 메다꽂고 6년 징역을 살고 나왔을 때, 어머니는 세상을 떠나고 공장에 팔려간 누이도 병들어 죽었으며 아내까지 달아나고 말았다. 그리하여 홀아비로 지주 고병상의 집 머슴으로 소 같은 생활을 하던 곽바위에게 8·15해방이 찾아든다. 그는 토지개혁에 대한 남다른 감격 속에서, 보의 물을 끌어들여 솔밭 황무지를 개간할 생각을 한다. '개간편'은 이 개간사업을 전개하는 데서의 곽바위의 주동적 역할과, 당간부 강균의 훌륭한 지도, 그리고 지주 고병상의 방해책동을 기본줄거리로 하고 있다. 그러면서 또한 빈농의 딸로 태어나 지주의 첩이 되었다가 이제는 홀로 농사를 짓고 있는 전순옥과 곽바위의 만남과 주변사람들의 음해, 결합과정을 함께 그린다.

'수확편'은 개간공사를 성공으로 이끌고 마을의 신망을 얻게 된 곽바위와 전순옥의 결혼, 그들이 엮어내는 마을공동체의 활기찬 삶, 두레의 조직과 해방기념식, 현물세 납부, 민주선거를 그린다. 이런 과정 속에서 지난날 아무도 알아주지 않았던 홀아비머슴 곽바위는 새로운 민주조국건설의 힘있는 일꾼으로, 그리고 무엇보다도 그 원한 맺힌 땅과 자기 운명의 주인으로 눈부시게 일어서게 되며, 북조선인민대표자대회에 대의원으로 뽑혀가게 된다.

『땅』에서 곽바위의 형상은 일제 식민지시대 이기영의 농민소설 속의 인물들(돌쇠, 원보, 인동이 등)에 그 싹을 갖고 있다. 일제 식민지시대 이기영의 농민소설 속에서는 그러나 이러한 인물들이 도박·간통·울분과 함께, 즉 '농민의 이중성' 속에서 그려진 경우가 허다했으며, 상대적으로 이들을 각성시키는 지식인의 역할이 더 두드러졌다. 『고향』은 농민소설 이면서도 농민을 일제 통치와 봉건적 착취로부터 해방시키기 위해 노력하는 김희준이란 지식인을 중심 인물로 그리고 있다. 이에 비해 『땅』은 과거의 농민과는 전혀 다른 성격의 농민상, 곽바위라는 인물의 창조를 통해 이미 농민을 비롯한 근로인민이 자기 운명과 사회의 주인이 된 현실을 반영하고 있다.

곽바위는 힘이 장사일 뿐 아니라 순진하고 열성적인 성격의 인물이다. 그는 토지개혁 이후 전부터 갖고 있었던 농사에 대한 열정과 계획을 아낌없이 쏟아붓는다. 개간 준비를 하면서 거대한 쇠써레를 고안해낸다든지, 마을의 두레를 묶어내는 그의 모습은 자기 개인의 이익을 전체 인민과 국가의 이익에 직결시키는 사회주의적 전형으로 그려진다. 마을 농민들에게 있어서도 토지개혁은, 비록 '주어진 것'이지만 개간공사의 자연개조와 지주계급과의 투쟁을 통해서 완성되고 각 인간들에게 자기 것으로 되는 과정을 볼 수 있다. 개간사업의 진행과정은 비록 한 작은 산골마을을 배경으로 하고 있지만, 북한의 건국·건설과정의 한 축도라 할 만하다. 그들은 신바람나는 자발적 노력경쟁 속에서 단결과 전체의 힘을 느끼게 되는 것이다. 이것을 이기영은 "인민의 묵은 뿌리에서 새싹이 움터 나온 것"[33]이라고 표현한다. 빈농에게 '인간의 새 봄'이 온 것이라고 한다.

『땅』은 곽바위와 같은 새로운 긍정적 주인공과 함께 지주 고병상과 같이 낡고 부패한 세력, 그러나 결코 쉽게 물러서지는 않는 봉건계급의 형상도 작가 특유의 이야기꾼다운 풍자적 문체로 그려내고 있다.

"그래, 이놈, 네 세상이다. 이놈들! 아무리 세상이 달라졌다 하더라두 존장두 몰라보는 괴악한 놈들 같으니! 지금도 법은 있을 테니까 주재소로 가서 따져보고 좌우간 할 일이지, 늬맘대로는 못 할 테니 그럴 줄 알아라"[34]

개간기념식을 하는 날, 훼방하려 나온 고병상이 곽바위에게 분풀이를 하는 대목이다. 해방된 조국에게 '주재소'를 찾는 고병상에게 곽바위는 천황한테나 가서 상소하라고 비웃는다. 고병상의 한가닥 희망은 서울로 도망간 대지주 송참봉과 연락을 대면서, 북한도 이남식으로 다시 지주들 세상이 되기를 바라는 일이다. 결국 그는 손자를 시켜 현물세 창고에 불을 지르려다 들켜 도망하고 만다.

『땅』에는 이 외에도 여성의 인간된 삶을 찾아가는 전순옥과 마을처녀들의 형상을 비롯해 박첨지, 순이 어머니, 동수 등 농촌의 다양한 인물의 성격이 폭넓게 그려져 있다. 그리고 지주 고병상뿐 아니라, 자기 이익을 챙기기 위해 남의 음해를 일삼는 개구장 마누라의 형상을 통해 농촌현실에서의 부정적 인물들을 신랄하게 그려내고 있다. 그러나 이기영의 『땅』은 그의 일제 식민지시대 농민소설에 비해 정치적 해설, 작가의 주정 토로가 더욱 두드려져 보인다.

> 이 모든 것은 정말로 북조선의 민주로선이 아니고서는 도저히 불가능한 일이였다. 민주건설에는 불가능이 없는 것 같다. 아니 불가능을 가능으로 만드는 것이 북조선의 민주건설이다. 민주역량이란 참으로 위대하지 않은가![35)

이런 식의 직설적 감격의 토로가 생활묘사의 웅대한 화폭이 주는 감동을 곳곳에서 훼손하고 있다. 뿐만 아니라 그의 빛나는 장기였던 농민들의 발랄하고 다면적인 성격묘사 역시 긍정적 주인공과 부정인물의 대립으로 단순화되는 경향이 나타난다.

이 시기 토지개혁을 주제로 한 북한소설들을 남한의 농민소설-이근영의 「고구마」(1946. 6), 혹은 박찬모의 「어머니」(1947. 2) 등과 비교해 볼 때, 남한의 농민소설이 토지개혁을 쟁취하려는 민중들의 저항과 좌절을 담고 있는 반면, 북한소설은 토지개혁 자체보다도 그 이후의 농촌현실의 전변—개간공사·노력경쟁 등을 통해 각성되고 변모되는 긍정적 주인공을 그려내고 있다. 그것은 이후 농업협동화로 대표되는 농촌경리의 사회주의적 건설에 무리 없이 연결될 물질적·도덕적 조건의 창출과정을 곳곳에 보여주고 있기도 하다.

2) 노동현실

토지개혁 다음으로 민주건설기 문학의 대표적 주제는 새로운 노동현실이었다. 토지개혁법령에 이어 노동법령(1946. 6. 24), 중요 산업 국유화법령(1946. 8. 10)이 시행되고 8시간노동제가 실시되면서 공장과 광산, 건설사업장에도 새로운 기풍의 노동생활이 전개된다. 일제 식민지시대 카프의 주요 작가들이 비참한 노동계급의 생활과 노동운동의 성장, 승리에의 전망을 형상화하는 데 기울였던 노력이 이제 본격적으로 꽃피워질 수 있는 상황을 만난 셈이었다. 해방 전에는 주로 착취와 억압의 고통스런 노동현실이 주제였던 반면, 해방 직후의 북한문학에서는 새 나라의 건설에 앞장 서려는 자각적이고 열성적인 노동자 주인공들이 그려지게 된다.

황건의 「탄맥」(1949)은 새로운 사회제도하에서의 열성적인 노동자상 남일이 그의 할아버지·아버지대의 비극과 대비되어 부각된다. 1948년도 아오지탄광 노동자들의 창조적 노력경쟁을 소재로 한 이 작품은 갱구 휴게실 앞 갱목 위에서 근심스런 마음으로 손자 남일을 기다리는 할아버지에 대한 묘사로 시작된다. 손자 남일은 1948년도 연간계획을 완수하기 위한 특별돌격반 반장으로 일하고 있다. 그러나 할아버지에게는 그들이 말하는 '돌격주간'이란 것이 꼭 이전에 일본놈이 떠들던 '출탄주간'이란 말과 같게만 들리어서 해방 전의 뼈저린 기억을 되살리게 한다. 부자가 같이 탄광에서 일하던 시절, 남일의 아버지는 가혹한 착취에 시달리다 가스폭발로 죽고 할아버지 역시 폐인이 됐던 것이다.

그러나 남일은 과거와는 전혀 달라진 노동조건과 의욕 속에서, 채탄량을 높이기 위해 장벽식 채탄방법을 수행하기 위해 애쓴다. 그 과정에서 천영감이 맡고 있었던 전동기 고정작업이 그의 입원으로 난관에 부딪치고, 남일은 노동자들의 사상성과 기술의 부족이라는 문제를 절감하게 된다. 끊임없이 난관에 도전하는 남일의 열성과 돌격반원의 협동으로 드디어 거대한 장벽식 채탄방법이 성공하고 1개년계획은 완수된다.

이 작품의 특징은 높은 창조적 역량을 발휘하는 남일을 중심으로, 지난 시기 그들이 겪었던 불행의 잔재가 남아 있는 새로운 현실 속에서 인간은 어떻게 행복해질 것인가, 자기희생과 행복을 조화시킬 것인가를 누이 남혜의 결혼문제를 통해 애잔하게 그리고 있는 점이다. 또한 노동에 있어서 창조적 혁신의 문제, 노동자와 기술자의 협조 문제 등도 제기되고 있다.

한설야의 「탄갱촌」(1946. 8)은 같은 탄광을 소재로 했으면서도, 탄광 직속 기술전문학교 학생들이 새로운 노동청년으로 장성하는 과정을 그린 주목할 만한 작품이다. 이 작품은 학생·지식인에 대한 환상과 노동자의 갈림길에서 갈등하는, 이 시기 북한문학으로서는 극히 드문 주제를 다루고 있으며, 전체적인 인상도 암울한 면이 있다.

주인공 재수는 가난한 가정에서도 아버지의 지성 때문에 중학을 마쳤고, 이제는 전문학교라는 이름에 혹하여 학교와 노동에 대한 낡은 관념과 기대를 가지고 탄광 직속 기술전문학교에 입학한다.

> 그러나 막상 와 보니 학교 교사도 따로 있는 것이 아니요, 채광 사무실 삼 층 좁은 간이 그들의 학교였다. 또 선생들은 재수가 상상하던 놀라운 학자들이 아니고 이 탄광에 근무하는 사무원들이었다. 사각모 같은 것은 애당초 이야기도 있는 상싶지 않고 교복도 없었다. 기숙사도 광부 사택의 맨 꽁지에 있는 초라한 집이었다. 재수뿐 아니라 학생들 중에는 벌써 환멸 비슷한 것을 느끼는 사람도 있었다. 여기 온 학생들은 거개 중학을 마쳐서 다른 벌이를 하자면, 결코 할 수 없는 그런 처지들은 아니었다.[36]

이렇게 마음 한구석에 허영이 들어 있는 이들에게 이 탄광의 광장 겸 교장은 "새 조선의 일꾼은 이 지하도를 뚫고나가는 정신, 즉 고난과 싸우는 정신과 실천"이 반드시 필요할 거라고 하며, 현장체험의 중요성을 역설한다. 학생들은 갱도에 들어가서 실습을 할 때마다 두려움과 지상 세계에 대한 공상으로 회의한다. 그러나 기술 담당 교원의 친절하고 정열적인 지도와 사상적 영향으로 학생들은 점차 갱내에서의 공포감을 극복하고 재수도 노동의 기쁨을 느끼게 된다.

이 작품은 학교와 노동에 대한 낡은 사상 잔재를 극복하고, 민족간부를 양성하는 새로운 교육방법과 노동현실을 이해하고 온몸으로 받아들이게 되는 주인공의 심리변화를 세심하게 그리고 있다. 그러나 그 변화에 있어 중요한 계기로 등장하는 김일성의 초상화, 그리고 마지막에 새로운 감격으로 8·15를 외치며 초상화를 바라보는 장면은 작품 내적 필연성을 획득하지 못하고, 단지 작가의 정치적 입장과 감격의 주정 토로인 것으로만 보인다.

해방 직후 북한의 노동현실을 가장 생동감 있고 진지하게 묘사한 작품은 이북명의 「로동일가」(1947)이다. 흥남 공작노동자들의 생산경쟁을 소재로 한 이 작품에는 리달호와 김진구라는 두 전형적 인물이 등장한다. 1947년도 인민경제계획을 수행하기 위한 노동자들의 증산경쟁운동은 온 공장을 들끓게 하는데, 김진구와 리달호 사이에는 개인경쟁이 체결되고, 그들이 속한 선반 직장은 주철과 단조 두 직장을 상대로 '생산 책임량의 초과완수'와 '출근률 제고', '직장의 청소미화'를 내건 삼각경쟁을 체결한다.

달호는 진구와 개인경쟁을 체결한 후 빚에 몰리는 사람처럼 걱정이 심해져서 독보회도 빠지고 밤낮으로 경쟁에 이기기 위해 애를 쓴다. 삼각경쟁의 중요성이나 인민경제계획의 의의 같은 것이 그에게는 다 귀찮게만 느껴진다.

"분수나 꽃이야, 좋은 집 정원에나 심을 것이지 이 쇠무지 속에는 격식이 맞지 않아. 바빠 죽겠는데, 누가 그것을 보겠다구……"

그러면서도 그는 싫은 대로 그 작업을 하지 않을 수가 없었다.

달호는 1947년이란 1년 365일을 줄창 고된 일 속에서 파묻혀 있어야 할 것으로 생각한다. 이런 지나친 생각은 그의 심리상태에다 일종의 압박감을 주었다. 그가 보는 바에는 오늘의 현실은 너무 조급히 앞으로 내딛고 있었다. 사위가 소란스러워져 정신이 얼떨떨해질 때가 가끔 있었다. 달호는 1947년도 1년간에 자기에게 맡겨진 책임량을 어떻게나 맺고 한시름 놓으리라 마음먹었다. 이 한 해 동안의 책임량을 달성한다면 명년부터는 안정된 마음으로 일할 수 있으리라고 생각한다. 그는 1948년부터는 그렇게 부스닦이지 않고도 만사가 순조롭게 해결되리라고 믿고 있었다. 금년 1년만 보내면 된다.[37]

좀 긴 인용이지만, 긍정적 주인공에 대비되는 인물로서 달호가 북한의 노동현실을 바라보는 느낌이 매우 설득력 있게 그려져 있다. 이 작품의 뛰어남은 활기 있고 명랑한 작업장이 똑같은 노동자의 다른 시각에 의해서 어떻게 암울해질 수 있는가를, 즉 새로운 노동현실을 자발적으로 받아들이지 못하고 양적 경쟁의 압박으로 받아들이는 노동자의 형상을 사실적으로 그림으로써, 그와 대비된 김진구의 긍정성을 부각시켰다는 데 있다.

김진구는 생산경쟁의 의미를 옳게 인식하고 양보다는 질을 보장하기 위해 열성을 다한다. 그는 개인경쟁의 성패보다는 전체 증산계획의 완수가 더 중요하며, 달호가 바이티를 분질렀을 때는 서슴없이 자신의 바이티를 내주는 협조정신을 보인다. 그런 그에게는 작업시간이나 휴식간이 항상 흥겹고 여유로우며, 가정에서도 새로운 인간관계를 형성하려 한다. 이 작품에는 이러한 진구의 성격이 전혀 '영웅적'으로 그려져 있지 않으며 지극히 평범한, 오히려 굼뜨기까지 한 것으로 그려진다. 이 시기 북한문학의 대부분이 작가의 서술적 개입이 두드러지고 인물의 평면화 경향이 보이는 데 비해「로동일가」의 이 두 노동자전형은 매우 생동감 있다.

「로동일가」는 또한 작품의 주제와 갈등이 노동계급 내부의 낡은 것과 새로운 것의 투쟁이라는 점에서 사회주의 과도기로 들어서는 문학의 현실반영의 한 전범으로 보인다. 진구가 사회현실의 변화를 주체적으로 소화하며 창조력과 적극성을 발휘해 스스로 노동의 주인, 민주건설의 선봉이 되는 인물이라면, 달호는 스스로 계급적 대립의식이 있거나 적대적 저항의지를 가져서가 아니라, 낡은 사상 잔재인 개인주의 때문에 뒤진 채 이끌려가는 인물이다. 노동에 대한 낡은 관념과 태도를 극복하고 새 시대의 노동하는 인간상을 교양하는 데 있어서 이 작품이 갖는 의의는 상당했던 것으로 보인다.

3) 남한현실에 대한 북한문학의 형상화

북한의 문학사는 해방 직후의 민족적 과업이 "우리나라에 민주주의적 완전 독립국가를 건설하기 위하여 북반부를 강력한 민주기지로 전변시키며 남반부에서는 일체 애국적 역량을 동원해 미제 식민지 예속화 정책을 반대하는 투쟁에 궐기"[38]시키는 데 있으며 민주주의민족문학의 과업 역시 이에 상응한다고 적고 있다. 따라서 이 시기 북한문학의 중심 주제는 앞서 살펴본 민주건설기 북한의 긍정적 주인공을 그려내는 데 있었을 뿐 아니라 당 노선에 입각해 남한의 현실을 형상화하는 것이 된다. 그러나 북한의 민주건설을 주제로 한 작품에 비해 남한을 배경으로 한 작품은 한마디로 형상화 수준이 매우 떨어지는 것들이다.

대표적 작품인 이동규의 「그 전날 밤」(1948)이 5·10단독선거반대투쟁을 그리고 있는 것을 비롯하여, 화순탄광사건을 그린 유항림의 「개」(1946. 11), 10월인민항쟁을 소재로 한 리갑기의 「료원」(1948), 지리산 빨치산투쟁을 소재로 한 박태민의 「제2전구」(1948) 등 소재면에서는 남한의 주요한 사건과 항쟁이 망라되어 있으나, 대부분 단순화·희회화되고 과장되어 인물과 상황의 전형성에는 멀리 못 미치고 있다.

「그 전날 밤」은 매판적 자본가인 신태화가 선거에 입후보한 마당에, 공장내에 "매국배족의 립후보자를 타도하자"라는 삐라가 붙자, '대한노총' 출신인 공장장 최길룡을 사주하여 노조 파괴공작을 벌이다 실패하고, 주동자인 영보는 체포될 위기에서 빠져나와 노동자들을 조직하고 반격을 시도해 봉화를 올린다는 내용이다.

「개」는 일제강점기 평화에서 경관 노릇을 하다가 8·15 후 남쪽으로 쫓겨내려와 다시 광주에서 경관을 지내는 인물을 주인공으로 해, 화순 탄광 노동자들의 시위사건을 막으며 '사생결단의 싸움'을 벌이는 것을 삽화 형식으로 그리고 있다. 위의 작품들에게 매판자본가·민족반역자의 모습은 '짐승과 같은 악한'의 수준으로 추상화돼버리고 만다.[39] 남한의 투쟁현실을 소재로 한 작품은 1949년 12월 22일, 현국내정세에 비추어 1950년도 문예부문의 중심적 임무는 '조국의 민주주의 통일독립을 위해 싸우고 있는 남반부 인민들의 구국투쟁을 생동하게 형상화하는 것'이라는 교시가 나온 이후 한국전쟁을 전후해 더욱 활발히 창작된 듯하다.[40] 이에 대해서는 '조국해방전쟁 주제'의 북한문학, 종군기 등을 따로 분석해봐야 하겠지만, 이미 이 지점부터 남한문학과의 거리는 엄청난 것이 되고 있다.

해방 직후 남한현실을 배경으로 한 북한문학을 동시대의 남한문학, 심지어는 '문학가동맹'의 작품들과 비교해보더라도 분단이 확정된 오늘날과는 달리 작가들이 비교적 남한현실과 생활감정에 익숙해 있었을 터임을 생각해볼 때, 격변하는 역사적 사건들에 대한 작가의 내면화 없는 데서 생긴 정치성의 압도로밖에는 설명할 수 없을 것이다.

이런 점과 비교할 때 남한 출신의 작가로 월북해 줄곧 남한현실을 다룬 작품을 발표했던 작가 김영석의 「격랑」(1948. 3)은 주목할 만한 단편소설이다. 김영석은 일제 말기 데뷔하여 주로 소시민의 생활을 풍자한 단편들을 발표하다가 해방 후에는 인천동양방직·경성전기회사 등의 노동자투쟁을 다룬 소설 「폭풍」 「전차운전수」 등을 발표한다. 그는 1948년 이후 지하에서 문예활동을 벌이다 투옥되어 6·25의 포성을 감방 안에서 듣고 월북한다. 2·7구국투쟁을 그린 「격랑」은 1948년까지 『조선중앙일보』에 연재하다가 그가 월북한 후 가필하여 발표한 소설이다.[41]

동양인쇄의 주조공 운영은 노조활동으로 구속되어 풀려나온 뒤, 실직한 상태에서 다른 해고노동자들과 함께 투쟁을 무색해간다. 스스로는 중립적이라 자처하던 친미적 관리인마저 미군정청 직속관리로 변경되고, 동양인쇄는 공문서 인쇄공장으로 개편되면서, 노조세력을 깨기 위해 직공의 3분의 1 감축이 단행된다. 이렇게 점차 악화되어가는 상황 속에서 노동운동의 대열에도 분열이 생겨난다. 조직의 지도자인 경섭이 공장 사정은 모른 채 극좌적이고 원론적인 상부의 지시만을 강요함으로써 운영과 격렬한 대립이 싹트고, 결국 운영은 조직에서 제외된다. 깊은 상심에도 불구하고 운영은 묵묵히 자기 일을 찾아 하며, 유엔조선위원단의 환영을 반대하는 삐라를 제작·운반한다. 그는 연락장소에 나가다가 형사와 함께 서 있는 경섭을 보고 황급히 도망쳐 삐라 보따리를 파묻는다. 총파업 데모가 일어나고, 운영은 결국 경찰에 붙잡혀 서대문감옥으로 이송되고, 경섭은 전향성명서를 쓰고 출옥한다. 감옥 안에서 운영은 인민공화국의 선포 소식을 들으며 앞날의 희망을 굳게 믿는다.

작가의 자전적 체험이 부가된 듯한 이 소설 속에는 점점 노골화되는 미군정의 폭정과 그에 항거하는 노동운동, 그리고 그 대열내의 분열과 공작, 남한과 북한을 앞에 둔 활동가들의 고뇌와 선택이 진지하게 그려져 있다. 심형선 같은 관리인을 '미군정의 개'로 그리지 않고도, 미군정 기무관리를 '승냥이'로 그리지 않고도, 그들의 야만성과 우리 민족에 대한 폭압이 훨씬 사실적으로 부각되고 있다. 북한 주민들을 대상으로 한 선전·교양용이 아니라, 남한의 민중들에 대한 무시로서의 위력을 발휘하기 위해서는 보다 '남한 내부로부터'의 시각과 갈등이 형성화되어야만 했다.

4. 맺음말

남북한의 문학을 하나의 민족문학으로 보기 위해서는 무엇보다도 그 이질성보다는 내부의 동질성에 눈을 돌려야 할 것이다. 그러나 이 글에서는 남북한의 문학이 갈라져 나오기 시작한 지점, 즉 1945년에서 1950년까지의 북한문학을 살펴보면서 부득이하게 그 차별성의 기원을 밝히려는 시도가 되었다. 하지만 이러한 논의는 본질적으로 당시 남북의 문학운동이 다 같이 민주주의민족문학을 건설하려 했다는 것, 즉 서로 다른 조건 속에서도 외세와 제국주의에 반대하고 봉건 잔재를 청산하며 통일된 민주국가를 세우려는 노력 속에서 나왔다는 것을 전제로 한다. 북한은 그것을 인민민주주의혁명 속에서 이루었고, 문학은 당의 지도하에 그에 철저하게 복무하기 위해 쓰여졌다. 이 시기에 형성된 이러한 당문학의 특성은 그 후 북한문학사에서 더욱 공고화된다.

이 글에서는 해방 직후 북한문학작품을 소설을 중심으로 분석했는데 그 중 '혁명전통'과 '조·소 친선'의 주제는 논의되지 않았다. 전자는 작품이 질적으로나 양적으로나 태부족이라는 이유로(서사시 「백두산」이 이 주제의 대표적인 것과는 대조적이다.),[42] 후자는 양적으로는 상당하지만 오늘의 남북한문학사에 있어서 별 의미를 지니지 못하는 것이라는 생각에서 논의에서 제외했다. 또한 이 시기의 북한문학은 실질적으로는 그 후 3년간의 전쟁기간까지 연장되어서 그 연속성과 변화과정이 함께 분석되어야 할 것이지만, 자료의 미비로 이루어지지 못했다.

이 글에서는 주로 북한문학이 해방을 계기로 한 민주주의적 민족문학건설의 과제를 문예이론·문예정책·문학작품 면에서 어떻게 실현했는가를 살펴보았다. 특히 문학작품에 있어서는 해방과 토지개혁, 노동법령을 계기로 한 민주건설기의 긍정적 주인공의 형상화와 남한현실의 형상화로 대별해 동시대 남한문학운동과의 연관성·차별성을 드러내고자 했다. 이 시기의 북한문학이 '승리한 사회의 문학'으로서의 자신감을 내뿜으며 당당하게 현실을 개척해가는 인물을 그리고 있음을 보면서, 같은 시기 남한문학운동의 좌절과 이후, 전후문학의 전개과정을 대비해보게 된다. 물론 낙관적 전망이냐, 부정적 전망이냐가 곧바로 그 시대 문학작품의 우열을 판가름하는 것도 아니요, 남한문학의 흐름에서 도도한 민중문학·민족문학의 줄기를 놓쳐서도 안 될 것이다. 다만 북한의 해방 직후 문학에서 보이는 당당한 민족적 자부심과 낙관주의는, 그 흐름이 1945년 분단으로 거슬러 올라가서 시작되는 남북의 모든 진보적 문학운동의 전통을 우리가 아낌없이 계승하고 비판적 교훈으로 삼아야 할 것을 가르쳐준다.

주

1) 김상훈, 「8·15의 노래」, 『독립신보』, 1947년 8월 15일.
2) 임진영, 「8·15 직후 단편소설 연구」(연대 국문과 석사학위 논문, 1987) 참조.
3) 임화, 「깃발을 내리자」, 『현대일보』, 1946년 5월 20일.
4) 『조선문학사대표선집(1945. 8~50. 6)』(학우서방, 1981), 46~47쪽.
5) 같은 책, 30쪽.
6) 안함광 외, 『해방 후 10년간의 조선문학』(조선작가동맹출판사, 1955), 9~10쪽.
7) 문건의 프로문학론과 프로문맹의 노선대립, 해방 직후 남한 민족문학론의 전개과정에 대해서는 김재용의 「카프 해소·비해소파의 문학운동」(『역사비평』, 1988년 가을)과 임규찬의 「카프 해소파·비해소파를 분리하는 김재용에 반박한다」(『역사비평』, 1988년 겨울), 「8·15 직후 민족문학론의 민중성과 당파성」(『실천문학』, 1988년 겨울)의 두 가지 견해를 참조.
8) 『문화전선』 1집(1946. 7).
9) 같은 책, 7~8쪽.
10) 淸涼山人, 「민족문학론」, 『문학』 7호(1948. 4) 90쪽.
11) 당 중앙위원회, 「조선민족문화건설의 노선」(잠정안), 『해방일보』, 1946년 2월 9일.
12) 『문화전선』 2집(1946. 9), 54쪽.
13) 안함광, 『민족과 문학』(문화전선사), 1947년 6월호, 27쪽.
14) 같은 책, 31쪽.
15) 같은 책, 33쪽.
16) 안함광, 「해방 후 조선문학의 발전과 조선로동당의 향도적 역할」, 『해방 후 10년간의 조선문학』, 21쪽.
17) 한효, 「민주건설시기의 조선문학」, 같은 책, 32쪽. "제29차 상무위원회 결정서에서 당은 우리 작가들이 고상한 사실주의적 방법으로 쓸 것을 요구하고 있는바, 이 고상한 레알리즘 사회주의 레알리즘 이외의 그 어떤 다른 방법을 두고 한 말이 아니다."
18) 김일성, 「문화인들은 문화전선의 투사로 되어야 한다」(1946년 5월 24일 북조선 각 도인민위원회, 정당, 사회단체, 선전원, 문화인, 예술인대회 연설), 『김일성 저작집』 2(조선로동당출판사, 1979), 231~35쪽. 이 연설의 제목은 문학사에도 시기별로 두 가지로 실려 있다.
19) 사회과학원 문학연구소, 『주체사상에 기초한 문예이론』(사회과학출판사, 1975); 『주

체사상에 기초한 문예이론』(인동출판사 판, 1989) 109~18쪽.
20) 「1949년도 사업총화」, 『북한의 문학예술분야 사업총화집』(국토통일원, 1974. 10), 8쪽.
21) 안함광, 앞의 글, 8쪽.
22) 『김일성저작집』 3, 259~60쪽.
23) 사회과학원 문학연구소, 앞의 책, 92쪽.
24) 「1949년도 사업총화」, 25~27쪽.
25) 안함광, 앞의 글, 10쪽.
26) 한효, 앞의 글, 32쪽.
27) 한효, 「창작방법론의 전제」, 『문화전선』 2집.
28) 사회과학원 문학연구소, 『조선문학통사―현대문학편』(사회과학출판사, 1959); 『조선문학통사』(인동출판사판, 1989), 193쪽.
29) 한식, 「조선문학의 발전을 위하여―창작방법에 대한 제문제」, 『문학예술』 1집, 1948. 4, 29~36쪽.
30) 이기영, 「개벽」, 『조선문학사대표선집』.
31) 한설야, 『한설야선집』 9(조선작가동맹출판사, 1960), 254~55쪽.
32) 북한연구소, 「북한의 계급정책」, 『북한사회의 재인식』(한울, 1987), 230~39쪽. 당시의 토지개혁 법령(1946. 3. 5) 전문은 『김일성 저작집』 2(1946. 1~12) 101~04쪽, 구체적 과정과 평가는 「토지개혁의 총결과 금후과업」(1946. 4. 10), 같은 책, 145~66쪽을 참조.
33) 이기영, 『리기영선집』 9, 251쪽.
34) 같은 책, 259쪽.
35) 같은 책, 314쪽.
36) 한설야, 앞의 책, 66쪽.
37) 이북명, 「로동일가」, 『조선문학사대표선집(1945. 8~1950. 6)』, 170쪽.
38) 사회과학원 문학연구소, 앞의 책, 188쪽.
39) 이 중 대표적인 것이 한국전쟁 과정 속에 창작된 한설야의 「승냥이」(1951)이다. 아들을 죽인 미국인 선교사 가족을 바라보는 어머니의 시선은 "후치날 같은 매부리코 끝이 흉물스럽게 웃입술을 덮은 늙은 승냥이와 금방 두꺼비를 삼킨 구렁이 배때기처럼 배통이 불쑥 내밀린 암여우와 지금 바로 껍데기를 벗고 나오는 독사대가리처럼 독기에 번들거리는 매끈한 이리새끼 시몬……"(『한설야선집』 9, 482쪽)이라고 추악함의

극에 달하는 묘사를 하고 있다.
40) 김일성, 현시기 문학예술인들 앞에 나서는 몇가지 과업」(1949. 12. 22), 『김일성저작집』 5(1949. 1~1950. 6)(조선로동당출판사, 1980) 337~40쪽.
41) 김영석, 『격랑』(조선작가동맹출판사, 1956), 저자의 말, 3~5쪽.
42) 이 시기의 혁명전통 주제 소설로는 한설야의 「혈로」(1946)와 「개선」(1946)이 대표적으로 꼽힌다. 「혈로」는 항일무장투쟁의 전투중의 이야기 몇 장면을 에피소드식으로 엮은 것이고 「개선」은 김일성의 평양귀국 환영집회를 배경으로 한 감격을 담고 있는데, 두 편 다 소설이라고 보기에는 구성의 밀도가 너무 약하고 감격의 직설적 토로가 작품 전편에 깔려 있다.

기행: 북한, 1947년 여름 | 안나 루이스 스트롱

기행
북한, 1947년 여름

안나 루이스 스트롱

1. 많은 증언들로부터

한국은 세계 열강으로서의 우리 미국이 자발적으로 떠맡은 주요한 부분이다. ……우리는 이곳에서 매우 심한 오류를 범해왔다.……여론 조사에 의하면 64퍼센트의 한국인들이 우리를 혐오하고 있다. (마크게인, 『뉴욕 스타』, 1947년 11월)

맥아더의 특별초청으로 한국을 방문했던 미국시민자유연맹의 의장 로저 볼드윈(Roger Baldwin)은 미군정하의 남한을 경찰국가라고 불렀는데, 그는 이 한 번의 분노에 찬 발언 이후 침묵을 지켰다.

---

* 이 글은 안나 루이스 스트롱(Anna Louise Strong)의 *In North Korea*(New York: Soviet Russia Today, 1949)를 완역한 것이다. 스트롱은 저술·강연활동을 활발히 했다. 스트롱은 북한을 직접 방문하여 보고서를 쓴 서방 최초의 통신원이었으며 북한의 각 직업에 종사하는 사람들과 인터뷰하기 위해 북한 전역에 두루 돌아다닌 유일한 미국인이었다. 그녀는 세계 여러 나라의 주요 수도에서 쓴 보고서와 우리 시대의 가장 역사적인 사건들을 취재하는 데 보여준 용기로 인해 널리 국제적인 명성을 얻었다. 저서로는 *The Soviets Expected It, Peoples of the USSR, I Saw the New Poland, Tomorrow's China* 등이 있다.

미국은 현재 남한에 괴뢰정부를 유지하고 있다. 미국 군대의 보호 아래 시행된 선거를 통해 불신받는 우익 인사인 이승만이 권좌에 올랐다.……이로 인해 아마도 미군이 깊이 개입될 가능성이 있는 내전이 일어날 것이다. (이스라엘 엡슈타인, 『가제트 앤드 데일리』, 펜실바니아 주 요크 시, 1948년 6월 8일).

이는 대부분의 미국인들로 하여금 우리가 한국에서의 냉전에서 급속히 패배하고 있음을 깨닫게 해주었다.……미국인의 타고난 낙천주의는 많은 사실을 은폐해왔다.……다른 많은 사실들이 검열이나 왜곡 보도로 은폐되어왔다.(맥스웰 S. 스튜어트, 『더 네이션』, 1948년 5월 22일).

앞으로 한국은 신문·잡지의 머리기사를 계속해서 제공할 것이다. 그러나 이 나라에 대한 대중의 지식은 거의 없는 것이나 다름없으며 대부분의 기사에서는 사실이 왜곡되고 있다.
앞에서 인용한 필자들의 설명에 근거해서 나는 한국에 대해 다음과 같이 간략히 소개하고자 한다.
한국은 8만 5,000평방마일의 면적과 3,000만 명 정도의 사람이 사는 나라이다. 전체적으로 농업국이며 25년간(35년의 착오인 듯—역자주)에 걸친 일본의 통제와 착취시기에 만들어진 산업시설들은 대체로 북부지역에 있다.
1945년 2월, 소련이 일본과의 전쟁에 참전하기로 동의한 1945년 2월의 얄타회담에서 군사적 행동을 위해 한국을 두 부분으로 분할할 것이 결정되었다. 소련인들이 북을 차지하고 미국이 남쪽을 차지한다는 것이다. 그해 7월 포츠담에서 한국을 38도선으로 나누기로 결정했다.
한국은 적이 아니라 일본 침략의 희생물이었다. 우리는 점령군이 아니라 해방군으로 가야 했다. 점령은 전쟁이 끝난 뒤 1년 이내에 종식되게 되어 있었고 그 뒤에는 미·영·중·소 4대국이 한국의 독립을 도와줄 5년간의 신탁통치를 하게 되어 있었다.

계획은 그러했으나 현실은 정반대였다. 소련에 대항해 점증하는 냉전은 한국을 하나의 기지가 되게 했다. 미국과 소련이 들어간 두 지역은 두 개의 군사점령지가 되었다. 마찰이 점점 심화되고 있었다.

미군이 1945년 9월 7(9월 8일—역자)일 남한지역에 상륙했을 때 수많은 한국인들은 춤추고 기뻐하면서 만세를 외쳤다. 6개월도 안되어 뿌루퉁해진 한국인들은 미국인들이 언제 돌아갈 것인지를 캐묻게 되었다. 1년이 못되어 미국 군대가 유지하고 있는 경찰국가에 대항하여 80개 도시와 수백 군데 농촌지역에서 대규모 봉기가 일어났다.

미군 상륙시에 한국인들은 이미 사실상의 정부를 가지고 있었다. 상륙 하루 전날에 전국인민대표자대회에 의해 '인민공화국'이 공포되었다. 미군 사령관인 하지는 이를 해체하고 그 구성원 대다수를 몰아내 지하로 숨게 만들었다.

상륙 이틀 뒤 하지는 25년간 해방을 기다려온 한국인들에게 일본인 관리들이 잠정적으로 한국을 통치하게 될 것이라고 선포했다. 미국인들을 맞이하려고 기다리던 한국인 대표들은 일본 경찰의 총알세례를 당했다.

러시아인들은 미국인들과는 정반대 정책을 추구했다. 그들은 미국이 억압했던 '인민위원회'를 인정했다. 러시아인들은 한국인들이 주도해 일본의 앞잡이들을 내쫓고, 지주들의 땅을 나누어주고, 일인 소유 공장들을 '한인의 자산'으로 국유화하도록 고무했다. 러시아인들은 농민조합, 노동조합, 여성동맹, 청년동맹 등 그들이 대중조직이라고 하는 것에 대해 호의적으로 대했다. 러시아인들이 들어간 북부지역에서는 자신들이 원하는 대로 자신들의 조국을 정력적으로 만들어가는 그러한 조직들이 상당히 생겨났다.

미국과 소련은 한국의 장래를 결정하기 위해 가끔 회합을 가졌다. 2년간의 이런 대화의 결과는 아무것도 없었으며 적대감만 늘어갔다. 미국인들은 친일매국노들과 쫓겨났던 자들을 임시정부에 참여시키기를 고집했고 소련은 반대했다. 러시아인들은 노동조합·농민조합과 같은 조직의 대표들을 참여시켜야 한다고 했으며 미국은 이에 반대했다.

마침내 한국에서 있었던 마샬 국무장관과 소련 외무장관 몰로토프 사이의 대화는 실패로 끝났다. 그러자 소련은 소련군과 미군이 한국에서 철수해 한국인들이 스스로 결정하게 할 것을 제안했다. 미국은 북한의 이념과 방법들이 득세할 것을 두려워해 이를 거부했다. 미국은 국제연합에서의 수적 우세를 이용해 한국에서의 선거를 감시할 국제위원단을 결성하도록 했다. 소련은 이 위원단을 거부했고 선거는 미군 점령지역에서만 이루어졌다.

유엔위원단은 이 선거를 치르는 데 대해 두 가지 생각을 하고 있었다. 모든 위원들은 현재의 분단상황을 강화하고 영구화시킬 것을 염려해 남한에서의 '정부' 수립에 반대했다. 위원단은 공명한 선거가 이루어지기 전에 우선 남한에서의 근본적인 개혁조치가 필요하다고 주장했다. 위원회는 남한지역에서 자행된 인권 침해의 많은 증거를 제시했다. 보고서는 소위원회로 넘겨졌는데 그 위원회의 법적인 지위는 불분명했고 이 문제에 대해 조치할 권한이 있는지도 의심스러운 상태였다. 그러나 그 소위원회는 미국의 주장에 따라 움직였고 미군 점령지역에서 단독선거를 실시하도록 했다.

미국인들은 통일과 독립에 대한 한국인들의 열망을 과소평가했다. 미국인들에게는 아주 놀랍게도 그들이 남한을 통치하기 위해 선택했던 걸출한 세 명의 보수지도자들 가운데 두 명이 선거가 나라를 분할하기 위한 수단이라고 비난했다. 미국인들이 선임한 직책인 남한 과도입법의원의 의장인 김규식은 항의의 표시로 사임했고 소련 점령지역 한국인들의 회담 초청을 수락했다. 우익 테러리스트 지도자인 김구 또한 선거를 거부하는 북으로 회담하러 갔다. 남한의 57개 정당과 사회단체 대표도 회담을 위해 북으로 갔다.

선거는 경찰의 테러와 살인, 그리고 좌익의 항의와 봉기의 와중에서 1948년 5월 남한지역에서 실시되었다. 우익 테러리스트들은 신문사를 파괴했고 심지어 YMCA까지 공격했다. 미군 책임자들은 무법적인 행동을 자행하는 '청년단'을 진압하는 대신에 끝에 납이 달린 곤봉으로 무장한 2

만 5,000명의 청년단원들을 선거 관리에 이용했다.

한편 민족통일회의(National Unity Conferene: 전조선 정당·사회단체 대표자 연석회의를 가리킴—역자주)는 1948년 4월 22일(이 회의는 4월 19일 개막되었으며 김구·조소앙·홍명희 등 남한 측 주요 인사들이 참가한 날이 4월 22일임—역자주)에 열렸다. 회의에는 북한 대표뿐만 아니라 남한의 57개 단체의 대표 240명도 참가했다. 이 회의는 남한에서 추진되고 있는 단독선거와 단독정부 수립 움직임에 분명히 반대했다. 회의에서 양쪽 지도자들은 다음과 같은 기초 위에서 한국은 한국인들 스스로에 의해 통일될 수 있다고 선언했다.

1. 양 점령군의 철수.
2. 민족정치회의(National Political Conference, 전조선정치회의—역자주)에 의한 임시정부 조직.
3. 헌법의 채택과 전국적 선거를 통해 선출된 대표들에 의한 통일 정부 수립.

연석회의에 참석했던 두 우익 지도자 김구와 김규식은 통일정부에서의 사유자본의 허용을 보장받는 데 아무런 어려움이 없었다. 그들은 '사적 독점'에는 반대하지만 사유재산권은 인정한다는 원칙에 동의했다. 그들은 또한 어떠한 독재도 허용하지 않고 '민주적인 정부'를 수립하기로 했다.

바로 이와 같은 토대 위에서 '최고인민회의'가 1948년 8월 25일 구성되어 북쪽에서 기능하기 시작했고, 그동안 이승만은 미군 점령지역에서 권력을 잡고 있었다.

많은 증인들이 증언한 한국의 일반적 상황에 대해서는 이 정도로 해두자.

2. 소련지역에서

　남쪽은 미군이, 북쪽은 소련군이 점령한 한국은 몇 가지의 알려진 사실에 기초한 첨예한 논쟁의 중심이 되고 있다. 남한을 방문한 몇 안 되는 특파원들은 미군정하에서 잔혹하게 진압된 대파업이나 농민봉기들을 지나쳐보았을 뿐이었다. 필자 이전에 소련 점령지역을 두루 여행한 특파원은 없었다.

　이처럼 한국은 전체가 '철의 장막이 쳐진' 나라이다. 그런데 누가 이 장막을 걷을 것인가? 북한 비자를 신청해 받은 뒤 나는 미국의 큰 통신사들이 그쪽 뉴스를 원하지 않음을 알게 되었다. 그들은 소련지역에서 탈출해 오는 피난민들로부터 그쪽 이야기를 전해 듣는 게 더 좋다고 말했는데 이는 마치 전쟁 중에 런던소식을 베를린에서 듣는 것과 마찬가지인 것이다. 그들은 내가 소련지역에서 어떤 사실도 알아내지 못할 것이며, 모든 행동을 감시당하고 제한받을 것이라고 확신하고 있었다.

　그러므로 북한에서 어떻게 취재했는가를 언급하는 것이 필요하다. 수도인 평양에 도착했을 때 군 보도과의 예의바른 소련군 소령이 여행편의를 제공해주었다. 그는 나를 위해서 서구식 침대와 음식이 갖추어진 호텔방을 마련해주었고 최초의 공식접촉을 하는 데 도움을 주었다. 나는 그에게 안내를 너무 잘해주면 내가 관찰하는 것들이 쓸모없게 되니 나 혼자 한국인들 사이를 돌아다니게 해달라고 말했다. 그는 내 말뜻을 알아들었고 이후 나는 독자적인 계획을 세울 수 있었다.

　나는 마을과 산업시설, 사회보장시설인 요양원 등을 방문하면서 북한의 동쪽 끝에서 서쪽 끝까지 여행했다. 통역을 구할 수 있을 때는 통역을 이용했다. 통역들 중 몇 사람은 미국인 선교학교에서 영어를 배운 이들이었다. 나는 농부, 노동자, 공장관리인, 여성, 작가, 공무원 등과 자유로이 얘기를 했다. 나는 한국인들만 취재했으며, 그들은 모두 즐거이 얘기를 했고 제약은 받지 않고 있는 것으로 보였다. 러시아인들을 만났을 때 그들은 일반적으로 한국문제에 대해 대답하기를 사양하면서 "그건 한국인들 나라의 문제이니 그들에게 물어보세요"라고 대답했다. 나는 미군 점령지역의 어떤 통신원보다도 자유롭고 가까이에서 소련 점령지역의 한국인들과 접촉했다.

  북쪽의 한국인들은 자신들 스스로 상황을 이끌어가고 있다고 생각하는 것 같았으며, 그와 같은 사실은 내게 아주 인상적이었다. 그들은 그 문제에 있어서 심지어 순진하게조차 보였다. 어떤 농부도 그렇게 말했지만 나는 한국인들이 되풀이해서 민주적 정부, 보통선거권, 토지개혁, 농업, 산업, 교육을 확장시키는 것이 자신들의 손에 달려 있다고 얘기하는 것을 들었다. 그들 주장에 따르면 러시아인들은 미국과의 조약 때문에, 그리고 오직 자문을 하기 위해서만 북한지역에 머물고 있다는 것이었다.

  어떤 사람은 "러시아인들이 일본으로부터 우리를 해방시켰습니다. 그러나 우리 한국인들은 나머지 모든 일을 해냈습니다"라고 말했다.

  러시아인들이 외교적인 관계를 담당하고 있고 북한의 국방을 지원하고 있다고 내가 지적하면(1947년 가을에 북한에는 자체 군대가 없었다) 그들은 그런 것들이 아무 문제도 되지 않는 듯이 무시해버렸다. "선거, 경찰, 사법, 행정 등의 모든 나라일에서 우리 한국인들이 주인 역할을 하고 있습니다"라고 말하곤 했다.

  러시아인들이 많이 모여 있는 곳은 수도인 평양뿐이었는데 그곳에서 조차 그다지 눈에 띄지는 않았다. 실제로 러시아인들을 많이 볼 수 있었던 것은 해방기념 경축일인 1947년 8월 15일뿐이었다. 소련의 장군들은 연단 위에서 김일성 위원장 옆에 서서 공장과 단체들의 행렬을 사열했고 행진하는 군중들의 갈채를 받았다. 이어 열린 연회에서 러시아인들은 한국인들과 섞여서 번갈아 축배를 들고 그들의 민요를 불렀고(러시아인들이 볼셰비키 선전가가 아닌 우크라이나의 옛 연가로 응대하는 것을 보고 놀랐다), 상대방의 여성들과 춤을 추었다. 자연스럽고 흥겨운 승리의 축하연이었다. 미군이라면 그렇게 쉽게 아시아인들과 동등하게 어울릴 수 있을 지 나로서는 상상하기 어려운 것이었다. 이는 러시아인들이 아시아에 갖는 강점들 중의 하나이다.

러시아인과 한국인들

내가 본 바로는 러시아인들은 인기가 있었다. 더 중요한 사실은 그들의 인기가 올라가고 있다는 것이었다. 전투를 하며 들어온 첫 부대는 독일전선에서 온 거친 사람들이었기 때문에 1945년에는 그들에 대한 불평이 좀 있었다. 해방군은 그들이 비록 자기 나라의 군대일지라도 인기를 얻는 게 쉽지 않은 법이다. 처음에 충격을 주었던 부대들은 빠른 시일에 농업, 공업, 기술, 행정 전문가로 대체되었고, 이들은 북한 곳곳에 흩어졌으며 그들의 기능은 아주 분명하게 제한되었다.

동해안의 한 농업감사관은 도청 소재지에 10명 내지 12명 정도의 러시아인이 있으며 그가 있는 군에는 3, 4명 정도만이 있고, 그들이 하는 일은 단지 자문해주는 것이라고 말했다.

예컨대 나는 농사에 대해 알기 때문에 농업감사관의 직책을 맡았다. 그러나 한국인이 그러한 직책을 맡아본 적이 없기 때문에 감사업무에 대해 아는 것이 없었다. 그래서 나는 러시아인 중 한 사람에게 정부에 보낼 보고서를 어떻게 작성하는가를 문의했다. 러시아인들은 모든 방면의 전문가들을 보유하고 있었다. 그들은 우리보다 통치에 관한 경험이 많은 선량하고 순박한 사람들이다.

러시아인들의 점령에 대한 재미있으리만큼 순진한 이러한 태도는 부분적으로는 새로이 해방된 인민의 허풍이기도 하지만 그것은 또한 러시아인들의 빈틈 없는 수완 탓이기도 하다. 남쪽의 미국인들이 누구를 밀 것인가를 늘 논의하고 그들이 택했던 입법의원 의장 김규식의 말대로 "사소한 일에도 늘상 간섭했다" 것과는 달리 러시아인들은 북한에서 단 한 명의 관리 임명에도 끼어들지 않았고 법률을 입안하는 데에 개입하지 않았다. 러시아인들은 그런 일은 한국인들 스스로의 일이라는 입장을 확고하게 견지했다. 러시아인들은 그들 특유의 영향력 행사 기술을 지니고 있었는데(이는 앞으로 보게 될 것이다) 그것은 지배가 아니라 영향력을 가진다는 것이다.

러시아인들이 자기들 위에 군림하고 있다고 느끼는 한국인을 나는 발견할 수 없었다.

실제로 나는 '한국 인민의 힘'에 대한 거의 신비할 만큼의 신념을 볼 수 있었다. 한 농부는 지주들이 토지몰수를 저항 없이 받아들인 것은 붉은군대 때문이 아니라 '정당한 법과 조선 인민의 의지' 때문이라고 말했다. 한 공장 노동자는 '친일반역자들이 남쪽으로 달아난 것'은 러시아인들 때문이 아니라 '인민의 분노에 대한 두려움' 때문이라고 했다. 북한 사람들은 정치에 있어서는 국제사회의 현실에 대해 좀 배워야 할 것이 있는 희망에 찬 젊은이들 같아 보였다. 그러나 그들의 태도는 스스로의 정치적 역량에 대한 자각된 의식을 보여주고 있었다.

이러한 북한의 분위기는 한국인들이 접하는 뉴스를 러시아인들이 통제하기 때문은 아니었다. 모든 마을에 도쿄의 미군 방송을 수신할 수 있는 라디오들이 충분히 있었다. 그 라디오들은 도쿄의 선전방송으로 고정되어 있는 일본 식민지시대의 것들이다. 그 라디오는 모스크바의 방송을 전혀 수신할 수 없는 것이었다. 또한 각 정당의 24개 신문도 있었는데 그 중 하나는 순전히 영리를 목적으로 하는 개인신문이었다. 그들이 나를 위해 베풀어준 연회장에서 만나 기자나 작가, 편집자들이 한결같이 확인시켜준 사실을 믿는다면 북한에는 어떠한 검열도 없다는 것이다!

"그런 것은 여기서는 전혀 필요가 없소. 왜냐하면 이곳의 모든 사람들은 진보적이고 애국적이기 때문이죠"라는 것이 믿을 수 없는 주장이었다.

북한 사람들의 소박하고 그래서 오히려 비현실적이기조차 한 자신감은, 나의 판단으로는 계급투쟁 과정이 없이 농부들은 토지를, 노동자들은 직장을, 일반인들은 일본인 소유였던 공장·주택·여름 별장 들을 차지 할 수 있었던 것에 기인하는 것 같았다. 이러한 일은 2차대전의 마지막달에 벌어진 일들이었다.

1945년 8월 붉은군대가 한국에 들어왔을 때 북한지역에서는 대단한 교전이 있었다. 그러나 남한지역에서는 일본인의 체제가 유지되고 있었다. 왜냐하면 러시아인들이 얄타협정에 따라 38도선까지 진출한 반면에, 미국인들은 일본 항복 이후 몇 주 뒤에야 남한에 도착했고 처음에는 일본인들과 일본인들이 고용한 한국인 관리와 경찰을 이용해서 통치했기 때문이다. 그리하여 자연스럽게 전직 경찰, 관리, 지주, 일본 기업의 주주들과 같은 모든 친일파 한국인들은 남쪽의 미군 점령지역으로 달아났던 것이다.

모든 우익적 요소가 사라짐으로써 북한의 정치는 놀라울 정도로 단순해졌다. 러시아인들은 좌익 정부가 필요하다고 생각했지만 좌익 정부를 세울 필요가 없었다. 그들은 그저 수천 명의 정치범들을 석방하면서 의미심장하게 "돌아가서 자유로이 조직하시오"라고 말하기만 했다.

일제 치하에서 모든 정치지도자들은 일본에 봉사하거나 아니면 감옥으로 가야 했다. 친일파들이 사라지자 과거의 죄수들은 고향마을의 영웅이 되었다. 그들 중에는 수많은 공산주의자를 포함한 여러 종류의 급진주의자들이 있었다. 톰 무니(Tom Mooney)가 석방되어 샌프란시스코에 돌아왔을 때 받았던 엄청난 환영을 알고 있는 사람이라면 이들 만 명의 정치적 순교자들이 고향으로 돌아갔을 때의 결과를 상상할 수 있을 것이다. 북한은 자연스럽게 좌익으로 크게 기울었고 러시아인들은 '한국 인민 선택'을 받아들이기만 하면 되었다.

부락·군·도 단위로 인민위원회가 생겨났고 전설적인 유격대 지도자인 김일성 휘하의 임시정부 밑에 합쳐졌다. 조직화된 농부들은 지주로부터 땅을 요구했으며 법령에 의해 21일 만에 그것을 얻었다(다른 나라의 토지개혁과 비교해보면 마치 알라딘의 램프 이야기같이 들리지 않는가!). 일본인 소유였던 모든 대기업의 90퍼센트가 러시아인에 의해 한국인에게 넘겨졌으며 또 다른 법령에 의해 국유화되었다. 노동조합이 조직화되어 근대적인 노동법을 요구했고 8시간 노동제, 미성년자 노동 금지, 완벽한 사회보장제도와 함께 어려움 없이 새 정부로부터 새 노동법을 얻어냈다. 다른 법령에 의해 모든 분야에서의 남녀평등이 이루어졌고 또다른 법령에 의해 학교가 늘어났다. 그 뒤에 총선이 실시되어 세 정당의 '민주전선'이 반대 없이 압도적으로 정권을 획득했다. 반대할 사람들은 미국인의 보호를 받고 권력을 차지하기 위해 모두 남쪽으로 가 버렸다.

북한 사람들이 '인민의 힘'을 과장해서 생각하는 것은 이 때문이라고 나는 생각한다. 실질적인 계급투쟁은 앞으로 닥쳐올 것이다. 그들은 아직 철저한 계급투쟁을 겪지 못했다. 반동주의자들은 모두 남쪽으로 달아나 그곳에서 유혈로 쟁의를 진압하고 있었다. 북한의 농부들은 소작료를 물어야 할 필요가 없기 때문에 집을 새로 짓고 라디오를 사며 노동자들은 이전의 일본인 별장에서 휴가를 즐긴다.

북한 사람들은 이것이 바로 '해방된 땅'에서 자연스럽게 일어나는 일이라고 확신한다. "남한은 아직 해방되지 않았어요. 미군이 친일반역자들에게 권력을 잡게 하고 있거든요."라고 그들은 내게 말한다.

남한의 미군정은 이런 비난이 불합리하다고 여길 것이다. 그들은 일본인과의 관계에서 타협하지 않았던 지도자들을 쫓고 있다. 그러면서 미국인들은 자신들이 세운 정부의 최고 지위에 명색뿐인 몇몇 지도자들을 내세운다. 반면에 한국인들은 일본의 앞잡이 노릇을 했고 똑같은 야만적인 기술을 가지고서 미국의 앞잡이 노릇을 하고 있는 정부부서와 경찰기구를 생각한다. 이들 모든 기구들은 북한에서는 이른바 '인민의 통치'에 의해 사라졌다. 그것들이 사라졌기 때문에 내가 만났던 모든 북한 사람들은 자기들이 '자유롭다'고 말했던 것이다.

3. 정부와 선거

믿어지지 않겠지만 북한에는 공산당이 없다. 미국 언론에서 이 지역을 언급할 때마다 '공산주의'라는 딱지를 붙여왔기 때문에 이 사실을 발견하고는 나도 큰 충격을 받았다. 미국의 언론은 엄격히 말하자면 시대에 뒤떨어져 있다. 2년 전에는 성공적으로 커가는 공산당이 있었다. 이는 신민당과 합쳐 북조선노동당이 되었는데 이 당은 러시아 공산당보다는 19세기 미국의 '민중주의자들'(populist)과 비슷해 보였다.

해방 후 북한에는 생생한 정치적 역사가 있었다. 비록 미국의 언론에서는 그 모든 것을 전체주의적인 것이나 러시아의 괴뢰라고 깎아내리기는 하지만 한국인들은 정력적으로 정당과 조직을 만들고 개혁해왔으며 여러 선거를 치렀다.

외무국장을 맡고 있는 이강국은 나에게 가장 분명한 이야기를 해주었다. 나도 다른 경로로 확인해보았지만 이강국은 아주 명료하게 말해주었다. 그는 법률 교육을 받은 사람이었다. 그는 1910년 서울의 조선왕조 왕가에서 태어났다. 그는 경성제국대학에서 유럽법을 전공했으며, 1930년 졸업했다. 그러고는 개업하러 고향으로 돌아왔다가 일본인들에 의해 투옥되었다. 일본 패망 뒤 그는 고향인 남한의 미군점령지역에서 1년여를 보냈다. 그러나 미국인들이 그를 다시 투옥하려 하자 그는 북한 지역으로 탈출했다.

그래서 이강국은 양쪽 지역의 정치에 대해 잘 아는 유럽법 공부를 한 법률가이며 서구인의 관점에서 이를 설명할 수 있었다. 그 자신은 노련한 애국자인 여운형이 이끄는 인민당 소속(저자의 착각임. 이강국은 공산당 소속이었다―역자주)이었다.

그는 다음과 같이 말했다. "일본이 패망한 뒤 우리는 인민위원회를 조직했고 전국에 지방정부를 설립했다. 미국인들이 도착하기 전까지 우리는 남과 북 사이에 어떠한 구분도 하지 않았고 미국인들이 우리를 억압하리라고는 생각하지 않았다. 1945년 9월 6일 일본 패망 이후 3주일 동안에 전국의 모든 지역에서 선발된 1,000여 명의 대표들이 최초로 회의를 했다. 그들은 급히 선발됐기 때문에 형식을 제대로 갖추지는 못했다. 그러나 그들은 친일파를 제외한 한국내의 모든 정치적 입장을 대변하고 정당한 대표들이었다. 우리는 '조선인민공화국'의 명칭을 부여했고 지방에 정권을 유지하고 총선에 대비할 75명의 중앙인민위원을 뽑았다. 우리는 반동적인 이승만을 의장으로 선출하기까지 했는데 이는 그가 미국의 지지를 받으리라는 것을 알았기 때문이었다. 그리고 우리는 모든 우호세력과의 통합을 원했었다. 그 뒤 이승만은 미국인의 비행기를 타고 한국에 왔다. 그는 미국인들이 원하는 것을 알기 위해 기다렸으며 결국 우리의 '중앙인민위원회'

와의 관계를 끊고 미국의 지원을 받아 독재자로 군림하기로 했다. 당연히 그 뒤 그는 우리에게 아무 소용이 없었다."

"미군은 우리가 인민공화국을 선포한 지 이틀 뒤 도착했다. 우리는 그들을 환영하기 위해 대표를 파견했다. 그들은 일본인 통치를 인정하는 쪽을 택하면서 우리와 함께 협력하기를 거부했다. 그들은 점령지역내의 모든 인민위원회를 인정하지 않았고 마침내는 탄압했다. 러시아인들은 이들 위원회를 인정했다. 그리하여 남과 북이 크게 갈라지기 시작했다."

"분열이 즉각 이루어진 것은 아니었다. 지방정부, 정당, 민간기구(노동조합, 농민조합, 청년회, 여성회) 등은 처음에는 전국적으로 형성되었다. 이들 조직은 북한에서는 정치활동의 중심이 되었으나 남한에서는 우익 테러리스트들의 공격을 받았고 일본의 앞잡이 노릇을 하다 이제는 미군이 인정한 경찰들에게 체포되었다."

"그리하여 이들 모든 조직과 정당은 남쪽의 조직과 북쪽의 조직으로 분할되어야만 했던 것이다. 북에서는 이들 조직이 정치활동의 중심으로 성장한 반면에 남에서는 이들 조직이 탄압을 받고 있었기 때문이다."

"오늘날 대략 2만 명의 정치범이 미군점령지역내에 있으며, 이는 일제 치하 때의 두 배나 되는 숫자이다. 나 자신은 살아남기 위해 북으로 탈출해와야 했다. 내가 그렇게 한 것은 잘한 일이었다. 왜냐하면 대중으로부터 사랑받는 지도자이고, 인민당 당수인 여운형은 남쪽에 남아 미군이 만든 정부에서 함께 일했으나, 지난 달(1947년 6월)에 우익 테러리스트에게 암살당했기 때문이다."

1) 정당

'인민위원회'가 결성되었을 때는 아직 어떤 종류의 정당도 존재하지 않았다. 여러 가지 정치적 견해를 가진 사람들이 있었지만 모든 정치조직은 일제하에 억압을 받았고 그 결과 모든 정치조직은 합법적 조직이 되지 못하고 있었다. 정당들은 전국적인 기반을 가지기 시작했다. 수는 적지만 많은 유명 지식인과 사업가들이 가입한 '조선민주당'이 급히 조직되었다. 공산주의자들이 곧 그 뒤를 이었다. 한동안 신민당이 최대 정당이었으나 그 당은 기강이 잡혀 있지도 않았고 뚜렷하게 조직되어 있지도 않았다. 마침내 '북조선 노동당'이 등장했는데 이 정당이 지금 최대의 정당이다.

제2당은 '천도교청우당'으로 한국 고유의 종교에 기반을 두고 있다. 천도교는 인간 중심의 종교로 일본의 식민지가 되기 전에 한국에서 생겨났으며 일본인들의 박해 아래서도 명맥을 이어왔다. 농민들 사이에 널리 퍼져 있는 천도교는 사람이 곧 신이며 인간은 그에 맞게 행동해야 한다고 선언하고 있다. 1919년 수십만의 한국인들이 맨손으로 한국의 독립을 선포하고 거리에 나섰을 때 그 운동을 이끈 것이 바로 천도교였다. 그들은 총에 맞아 쓰러졌다. 그리하여 천도교는 순교의 영웅적 전통을 지니고 있는데, 대부분의 일제하 정치범들은 천도교인들이거나 공산주의자였던 것이다.

북한의 민주당은 규모는 작지만 대부분이 기업가와 전문가로 구성되어 있어 영향력이 있다. 보건국장과 내가 인터뷰했던 부위원장이 민주당 출신이다.

북한 전역에서 최초로 기능한 정부는 '북조선 임시인민위원회'인 것으로 알려져 있다. 이는 1946년 2월 8일 전 한국을 다스리는 정부가 불가능함이 분명해졌을 때 북한의 6개 도 대표단들이 공동의 문제를 해결하기 위해 결정한 것이었다. 여러 가지 정치적 견해를 가지는 지도적 인사들로 구성되어 있으나 그때까지는 정당들이 완전히 조직되어 있지 않았기 때문에 그 성격은 비당파적이었다.

이 정부는 많은 어려운 문제에 직면했다.

식량문제! 북한은 광업과 중공업 지역이었고 수십년째 식량을 자급하지 못했다. 남한지역과 분리됨으로써 북한은 식량을 빼앗긴 셈이 되었다.

공업문제! 한국의 모든 공업은 일본의 전시산업에 예속되어 있었는데 일본 패망 전 일본인들에 의해 철저히 파괴되었다.

교육문제! 한국어를 쓰는 학교가 있어야 했다. 한국어를 사용하는 학교는 일제하에서는 탄압받아왔던 것이다.

한반도의 북쪽 산악에서 14년 동안 일본인들과 싸웠던 김일성의 정력적인 지도 아래 인민위원회는 1년 만에 신속히 계획을 완수했다. 1946년 3월의 토지개혁은 북한지역 토지의 절반 이상을 새로운 소유주에게로 넘겼다. 러시아인으로부터 인계받은 공장들은 '조선인민을 위해' 국유화되었다. 근대적인 노동법이 채택되었고 여성의 평등이 선언되었으며 학교가 늘어났다. 맹렬하게 활성화된 정치적 삶이 진행되었다.

2) 최초의 국민투표

1946년 11월 임시정부가 수행한 일에 대해 찬반을 묻는 최초의 총선이 있었다. 이때까지 3개의 정당이 있었는데 그것은 단연 제일 큰 북조선 노동당 그리고 천도교청우당, 민주당이었다. 이들 정당들은 민주전선을 형성해 서방에서 비판받고 있는 '단일후보'를 내세웠다.

한국인들과 이에 대해 토론했지만 그들은 자신들의 방식을 좋아하는 것 같았다. 99퍼펜트가 투표했는데 나와 대화를 했던 모든 사람들은 강요받은 바 없이 투표하고 싶어서 투표했다고 주장했다.

나는 이 문제를 한 여성 광부와 같이 논의해보았다.

"총선에 투표했나요?"

"물론이지요. 후보는 우리 광산 사람이고 아주 훌륭한 노동자이지요. 광산에서 그를 후보로 추대했습니다"라고 그녀가 말했다.

나는 서구의 선거에 대해 설명했다. 후보가 한 사람뿐이라면 투표 해보아야 아무것도 바뀌지 않을 텐데 선거가 무슨 소용이겠느냐고 내가 주장했다.

그녀는 사람들이 그 후보에게 찬성투표를 하지 않는다면 그 후보는 큰 창피를 당하는 것이라고 말했다. 심지어 그 후보는 최소한 반 이상의 득표를 못하게 될 경우 선거에서 지는 것이 된다. "물론 제가 없어도 그 후보는 선출되리라는 것을 알고 있지요." 그녀는 겸손한 미소를 지으며 덧붙였다. "왜냐하면 그는 인기가 대단하고 나의 표 없이도 충분한 표를 얻고 있어요. 그러나 나는 그가 더 많은 표를 얻기를 바라고 모든 사람들이 그를 찬성한다는 것을 알기를 바래요. 왜냐하면 그는 우리 광산 출신의 훌륭한 노동자이기 때문이지요. 게다가 이것은 우리 최초의 선거이고 아무도 지체시킬 수 없는 것이지요!"

"우리 모두는 후보자를 알고 있습니다. 우리 모두는 그를 좋아하고 그에 대해서 이야기한답니다." 그녀는 결론을 내렸다.

"정당은 우리 광산과 공장에서 모임을 주최했고 인민들의 기호를 알아내었습니다. 그리고 나서 그들은 함께 가장 적절한 사람을 추천했던 것입니다. 나는 여기에서 무엇이 잘못되었고 미국인들이 왜 그것을 좋아하지 않는지를 모르겠어요." 그녀는 잠시 쉬었다가 도전적인 어조로 덧붙였다. "어쨌든 미국인들이 그것에 대해 말하는 것을 이해할 수 없어요."

투표방법은 단순했다. '반대'용 검은 상자와 '찬성'용 흰 상자가 있었다. 투표자는 선거구의 도장이 찍힌 카드를 받아 장막 뒤에 가서 그가 선택한 상자 속에 카드를 넣었다. 카드는 똑같은 것이어서 아무도 그가 어떻게 투표했는지 알 수 없었다.

후보자가 배척을 당한 경우는 없었는가? 나는 읍단위 선거(township election)에서 후보자가 배척된 것이 13차례 있었다는 것을 들어 알았다. 서구인들에게는 '투표의 자유'가 보장돼 있는 것으로 보일 이러한 사실이 한국인들에게는 수치로 받아들여졌는데, 그 이유는 "지방당들이 인민의 선택을 제대로 판단하지 못했다"는 것을 의미했기 때문이었다. 어떤 경우에는 후보자가 선출되었으나 정적이 조직해낸 800표의 반대표를 받은 경우도 있었다. 그는 자신이 "투표자의 전적인 신임을 얻는 데 실패했으므로 즉각 사퇴하겠다"고 했다. 그러자 세 당에서는 모두 그로 하여금 직책을 수락하도록 종용했다.

한국인들은 경쟁적 투표방식에도 익숙했다. 1947년 3월의 부락(리)이나 많은 읍단위 선거에서 이 방식이 사용되었다. 이 선거들은 대체로 비당파적이었는데 후보 추천은 정당에 의해서가 아니라 부락회의에서 이루어졌다. 비밀투표가 시행되었고 경쟁하는 후보들 가운데서 부락의 대표를 선출했다.

3) 부락(리)에서의 투표

부락선거에서도 대단히 흥미있는 방식으로 검은 상자와 흰 상자가 사용되었다. 한 마을에서는 12명의 후보 가운데서 부락위원회 위원 5명을 뽑게 되어 있었다. 각 투표자에게 12장의 투표용지가 주어졌는데 그 용지에는 후보자의 이름이 적혀 있었다. 투표자는 지지하는 후보자의 이름이 적힌 용지는 흰 상자 속에 넣었고 지지하지 않는 후보자 용지는 검은 상자 속에 넣었다.

"용지 전부를 흰 상자 속에 넣는 것을 어떻게 방지합니까?"라고 내가 물었다.

"방지할 방법은 없죠. 그러나 그런 경우 그 투표자는 자신의 뜻에 반해 투표하는 것이 됩니다. 왜냐하면 그가 던진 표들은 어느 후보도 다른 후보보다 앞서게 하지는 못하니까요. 그는 마음대로 할 수 있습니다. 원하는 만큼 흰 상자에 넣어도 되고 검은 상자에 넣어도 되며, 원한다면 찬성투표든 반대투표든 하지 않은 채 용지 몇 장을 집에 가져가도 됩니다. 만일 그가 어느 한 후보를 강력하게 지지한다면 그 한 사람에게는 찬표를 던지고 나머지 후보들에게는 반대표를 던지게 되겠죠. 투표자는 다섯 명에게 찬표를 던지는 대신 셋 또는 넷, 여섯, 일곱 명에게 찬표를 던져도 됩니다. 수학법칙에 따라 그는 다섯 이상의 찬표를 던지면 각각의 표의 효력을 잃게 될 테니까요. 투표총수가 계산되고 흰 상자의 표와 검은 상자의 표를 점검하면 우리는 마을주민의 의사를 정확하게 알게 됩니다."

읽거나 쓸 줄 모르는 사람들도 이 방식으로 투표했다. 읽을 줄 아는 이는 12장의 표를 한꺼번에 가져갔다. 그러나 투표자가 12장의 용지가 혼동을 가져온다고 느낀다면 한 번에 한 장 또는 그 이상씩을 가지고 가서 상자 속에 던져넣고 다시 나머지를 가져가려고 돌아오기도 했다.

나는 이런 마을 선거에 호기심을 느꼈다. 왜냐하면 이 선거는 유권자의 선택을 정확하고 섬세하게 표현하는 것처럼 보였기 때문이다. 그러나 내가 이야기를 나눠본 한국인들이 이 방식을 상당히 원시적인 것으로 여겼다. 그들에게는 정당간의 합의에 따라 세워져서 인민들에 의해 인준되거나 거부되는 단일후보방식(single slate)이 보다 '발전된 방식'이었다. 그들은 단일후보방식에서는 후보들이 대중집회에서 먼저 광범위하게 거론되고 최종적으로 추천되기 전에 모든 정당지도자들의 심사를 받게 되므로 이 방식이 최선의 대표를 확보하는 데 보다 유리하다고 주장했다.

선거날은 대단한 축제분위기가 되었다. 성직자들은 종교의식을 거행하고 사람들을 이끌고 투표장으로 갔다. 농부들은 '깨끗한 손으로 집행부를 선출하려고' 진지한 태도로 손을 씻고 깨끗한 삼베옷을 입었다. 아파 누워 있는 사람들에게는 투표상자들을 보냈으며, 병 간호하던 사람들은 '투표하는 동안에 등을 돌리고 있도록' 교육받았다. 어떤 죽어가는 환자는 투표하겠다는 의지로 투표 때까지 버텨낸 것으로 기록되어 있다. 사람들이 그에게 투표함들을 가져갔고 그는 마지막 힘을 내 투표하고는 자리에 쓰러져 숨을 거두었다.

4) 북조선 인민위원회 위원장 김일성

북한 사람들이 첫번째 선거에서 보여준 헌신과 열정은 다른 오래된 민주국가에서 경험한 것들을 훨씬 넘어서는 것이었다. 내가 만나본 어떤 북한 사람도 자신이 '인민의 힘'에 의해 지배되는 해방조국에서 살고 있다는 것을 의심하지 않았다.

북조선 인민위원회 위원장인 김일성은 36살인데 남한의 통치자 이승만의 반도 안 되는 나이이다. 그는 남한의 모든 경쟁자보다 오래 살 것 같다. 그것은 그가 그들보다 훨씬 젊을 뿐만 아니라 그들보다는 훨씬 뛰어난 투사이기 때문이기도 하다. 김일성은 19살부터 시작해 온 생애를 일본인과 투쟁하는 데 바쳤다. 그는 1만 명의 유격대를 조직했고 그 유격대는 30만 이상의 한국인들의 산악정부(hill government 유격근거지, 즉 해방구를 가리킨다―역자주)를 방어했으며, 일본인들을 여러 해 동안 궁지에 몰아넣었다.

나는 평양에 있는 볕이 잘 드는 널찍한 그의 집무실에서 그와 대담했다. 그는 숱이 많은 검은 더벅머리에 한국인들이 여름에 보통 입는 얇은 흰 옷을 입고 있었다. 한 시간 넘게 그는 자신이 살아온 이야기를 했다.

　김일성 위원장은 애국적인 혁명가문 출신이었다. 그의 아버지는 그가 일곱 살 때에 있었던 1919년의 봉기 때 감옥에 갔다. 그의 아버지는 석방된 뒤 많은 한국인 애국지사들이 그러했듯이 그의 가족들을 데리고 일본 지배에서 벗어나고자 만주로 이주했다. 젊은 김일성은 만주에서 학교를 다녔는데 점점 커지는 일본의 세력에 대항하기 위해 한국인학생들을 조직하다가 처벌을 받았다.

　1931년 일본이 만주를 침략했을 때 그의 아버지는 사망했으며 김일성은 19세였다. 어머니는 그에게 아버지의 권총 두 자루를 주었고 김일성은 산악지대로 가 한인애국단(Korean Patriots' Band)을 조직했다. 80명으로 시작했으나 일본 군대의 무기를 빼앗으며 그의 무리는 1만 명에 이르게 되었다. 그는 일본에 대항해 싸우고 있던 중국인들의 '만주의용군'(Manchurian Volunteers)들과 접촉을 가졌고 한만국경 산악지역의 5개 현에 '한인자치정부'(autonomous Korean Government 유격근거지내의 인민혁명정부를 가리킨다―역자주)를 세웠다. 그는 국경을 넘어 들어가 일본군 수비대를 파괴했다. 그리고 그는 공작원들을 조선의 도시에 파견하여 '조국광복회'를 조직했다. 그들에게는 10대 강령이 있었는데 그 중에는 조국의 독립, 정치의 민주주의, 토지개혁, 8시간노동 실시 등의 내용이 포함되어 있었다. 23세 때 김일성은 이 조국광복회의 회장이자 북부 산악지대에 근거지를 둔 유격대의 사령관이었던 것이다. 이 모든 일들은 10 내지 15년 전의 일이다. 그 당시는 미국과 장제스 정부가 여전히 일본을 만주국의 합법적 주인으로 인정하고 있을 때였다.

　일본인들은 자기들의 신문에 '반일악당(anti-emperor bandit) 김일성'이라고 썼다. 그들은 김일성에 대한 전설적인 이야기를 퍼뜨렸는데, 예를 들면 그가 날 수 있다든가 축지법을 써서 한 장소에서 다른 먼 곳으로 한 걸음에 간다든가 하는 것들이었다. 일본은 그의 목에 20만 엔의 현상금을 걸었는데 그 당시 화폐가치로 10만 달러에 해당하는 금액이었다. 한 암살자가 한국인 한 명을 살해해 그 머리를 들고 와서 김일성의 목이라고 주장했다. 일본 언론에서는 그가 죽었다고 발표했다. 그러나 1년 뒤 그들은 김일성이 여전히 살아 있음을 인정했다.

일본이 항복한 뒤 처음 몇 주일간 김일성은 조선에 공식적으로 모습을 나타내지 않았다. 그의 유격대원 중 많은 이들이 돌아왔을 때 사람들은 "그 분은 어디 계십니까?" 하고 묻곤 했다. 나중에 그동안 김일성은 가명을 쓰면서 지방정권들을 조직하는 데 관여하기도 하고 오랫동안 떠나 있었던 조국땅에 익숙해지기 위해 돌아다니고 있었음이 밝혀졌다. 그는 사람들의 열렬한 환영 속에 평양에서 공식적으로 모습을 드러냈으며 북조선 임시인민위원회 위원장에 만장일치로 선출되었다. 그는 공산당원이었으며, 지금은 공산당의 후신이며 북조선내의 가장 큰 정당인 북조선 노동당의 당원이다.

"북조선 정부는 통일을 위해 통일민주정부를 수립하는 데 기꺼이 참여하겠다"고 그는 내게 말했다. "남조선 인민들도 이를 열망하고 있소. 그러나 남조선에서 벌어지는 테러, 구속, 살인은 인민의지의 표현을 막고 있는 것입니다."

그는 인민당의 지도자 여운형의 암살을 예로 들었다. 여운형은 단명으로 끝난 '조선인민공화국'을 주도했던 이들 중의 일원이었고 미국인들은 그 당시 그를 이용해 그들의 우익 군정내에서 좌익 쪽 균형을 잡도록 했었는데, 김일성과 나의 대담 2개월 전에 테러리스트에게 암살되었다. 그는 우리의 대담이 있기 6주일 전에 서울에서 미소공동위원회를 지지하는 대규모 시위대가 경찰에 의해 해산되었으며, 그 모임에 나올 사람들에 대한 체포·구속이 있었다고 주장했다. 그 뒤에 8월에는 좌익신문의 신문기자들이 미소공동위원회 소련대표단과 회견을 하고 나오는 길에 체포되었다.

"반동분자들과 친일 테러리스트들에 의해 생겨난 이러한 곤경에도 불구하고 조선인들은 통일된 민주정부를 결국에는 수립할 것입니다. 왜냐하면 이것은 조선인민의 뜻이니까요"라고 김일성은 말했다.

5) 교계 지도자들

북한 정부에서 공산주의자인 김일성 다음 서열에 있는 두 명의 지도자가 미국인 선교학교 출신의 목사들이라는 것을 알면 독자들은 놀랄 것이다. 부위원장 홍기주(원문에는 Heong Ki Doo로 표시되어 있음—역자)는 감리교 목사이고 위원회 서기장인 강양욱은 장로교 목사이다. 그들 둘은 일요일이면 여전히 많은 회중(會衆)에게 설교를 하며 주중에는 행정업무를 본다.

서기인 강양욱은 모펫(Moffet)이라는 미국인 선교사 밑에서 23년 전에 공부했던 관계로 영어를 좀 기억하고 있다. 처음에는 그가 무슨 종파에 속하는지 알기 어려웠는데 그것은 그가 영어로 장로파(Presbyterian)라는 낱말을 몰랐기 때문이었다. 마침내 그가 '캘빈, 캘빈'이라고 말하고 나서야 정확한 사정을 알 수 있었다. 강은 여러 해 동안 선교학교에서 가르쳤고 신학교를 마치고는 1940년에 정식 목사가 되었다. 그러고 나서 그는 일본인들의 미국 선교단 탄압을 직접 겪었는데 이 탄압은 전쟁이 진행되면서 더욱 가혹해졌다.

현재 강 목사는 평양의 큰 교회에서 설교를 하고 있다. 그는 민주당 소속이다. 그러나 그는 '진보적 정치'에 참여하기 위해 조직된 '기독교연맹'의 창립회원 중의 하나로 더 잘 알려져 있다. 그는 교회가 민주주의를 발전시키고 진보적인 법안을 제정하는 일에 참여해야 한다고 믿고 있다. 그는 미국의 목사들도 이런 일들을 하고 있는지 알고 싶어했는데, 내가 그러한 이들도 있다고 대답하자 대단히 만족해했다.

"일제치하에서 종교와 정치는 전혀 별개이어야 했습니다. 어떤 이들은 아직도 그러해야 한다고 하지요. 그러나 나는 민주국가의 모든 시민과 조직은 좋은 법안의 통과를 추진하는 일에 참여해야 한다고 생각합니다"라고 그는 말했다.

강양욱이 관여하고 있는 '기독교연맹'에는 내가 방문할 당시에 전북조선 개신교도의 3분의 1이 가입되어 있었다. 목사들 중의 다수가 그 속에 포함되어 있었다. "많은 목사들이 지방정부에서 지도적 역할을 맡고 있으며, 인민위원회 위원으로 선출되어 있습니다." 그러나 유감스럽게도 기독교도들은 일반 대중들보다는 대체로 더 반동적이라고 하면서 이는 그들이 보통의 한국인들보다 부유하기 때문일 것이라고 그는 말했다.

강양욱의 이야기에 의하면 기독교도 지주들이 많이 있다고 했다. 그는 이들이 남한으로 달아나 소련 점령지역에서의 종교박해에 관한 거짓말을 퍼뜨리고 있는 데에 분개했다.

"그들이 걱정하는 것은 신앙이 아니라 토지입니다. 사실은 40년 만에 처음으로 종교의 자유가 보장되고 있습니다. 일본인들은 우리들의 교회를 사무실이나 창고로 빼앗아 썼지만, 붉은군대는 우리들에게 1945년 8월에 교회를 돌려주었습니다. 이제 교회는 늘어나는 신도들의 것입니다"라고 그는 말했다.

교회재산에 대한 분쟁이 있을 때 붉은군대는 신도들을 보호한다고 했다. 예를 들어 선거기간 중에 강동군에서 열정적인 사람들이 후보자의 벽보를 가장 좋은 위치에 있는 건물인 교회에다 부착하려고 했다. 신자들이 이에 이의를 제기하자 비신자들은 신자들을 나라의 선거에 참여하기를 꺼리는 '반민주주의자'라고 비난했다. 마침내 양측은 지역 붉은군대 사령관에게 자문을 구했다. 사령관은 신자들 편을 들었는데, 신자들만이 선거벽보를 교회 벽에 붙이는 것이 그들의 종교에 대한 모독이 되는지를 판단할 수 있으며 만일 그렇다면 외부인들은 교회 벽에다 아무것도 붙일 권리를 가지지 못한다고 언명했다.

내가 그에게 목사들은 토지개혁에 대해 어떤 입장을 취했는가를 묻자 그는 미소를 지었다. "목사들 중 일부는 개인적으로 그것에 대해 좋지 않게 말했습니다. 왜냐하면 그들의 신도들 중에는 지주들이 있었으니까요. 그러나 아무도 토지개혁에 대해 공개적으로 감히 반대하지는 못했습니다."

"정부가 두려웠나 보죠?"

그는 깜짝 놀랐다. "아, 그렇지 않아요. 그들은 신도들 중의 농부들이 두려웠던 거죠. 농부들은 목사들이 신앙의 가르침에 거역하고 있다고 말하곤 했죠. 성경에도 '가난한 이들에게 주라' '일하지 않는 자 먹지도 말라'고 하지 않습니까? 그런데 어떻게 목사가 대놓고 토지개혁에 반대할 수 있겠습니까? 그러면 성경말씀을 거역하는 일이 될 텐데요!"

강양욱은 이런 신념 때문에 수난을 겪었다. 1년 전에는 남한에서 온 테러리스트 집단이 그의 집에다 폭탄을 던졌는데 그의 아들과 딸이 죽고 그와 그의 아내는 부상당했다. 이 이야기를 할 때 그의 얼굴이 어두워졌다. 그는 여전히 계속 '종교와 진보적 정치'를 위해 싸우고 있는 것이다.

4. 농부에게 토지를

수십 년 만에 처음으로 북한은 모든 식량을 재배하고 있다. 그래야만 한다. 북한은 미국과 소련에 의해 38선을 경계로 한반도가 분할 점령되어 있기 때문에 남한이라는 식량조달원으로부터 차단되어 있다.

북한은 산악지역이다. 일본인들은 이 곳에 광산을 개발하고 수력발전소를 세우고 군수산업을 일으켰으며 남한과 만주의 농업지대로부터 식량을 조달케 했다. 그러나 오늘날 만주는 중국의 내전으로 인해 막혀 있고 미군정은 남한의 쌀을 공급해주기를 거부하고 있다. 그러니 식량을 자급해야 하고 또 그렇게 해내고 있는 것이다!

첫 해에는 쉽지가 않았다. 1946년의 농사는 형편 없었고 그래서 북한 당국은 압록강의 발전소에서 그때까지 공급했던 5억 킬로와트시 전력사용료로 남한의 쌀을 얻으려고 했다.(1948년 현재 전략사용량은 10억 킬로와트시 이상이 되어 있다.) 또한 그들은 6만 에이커에 이르는 농지에 북측이 물을 대주는 대가로도 쌀을 얻으려고 했다. 그러나 이 두 가지 노력은 모두 실패로 끝났다. 그리하여 북한의 한국인들은 1일 1인당 1파운드 정도의 부족한 식량으로 지내며, 주로 토지가 없어 배급명단에 오르지 못한 많은 도시 사람들이 보다 값싼 식량을 찾아 남쪽으로 갔다.

내가 방문한 때인 1947년 여름에는 토지개혁이 잘되어 경작지는 1945

년보다 17.5퍼센트 늘어났으며, 농지는 거름도 잘 쳐졌고 잘 이용되고 있었다. 그래서 1947년 여름의 큰 뉴스거리는 북한의 200만 톤의 수확을 거두어 제대로 식량을 자급한다는 것이었는데 그것은 한 사람에게 1일에 1.25파운드 정도씩 돌아가는 것이었다. 농부들은 토지개혁과 높은 곡가로 부수적으로 꽤 재미를 보았다. 그리고 수십만 명의 사람들이 남한에서 돌아오고 있었다.

토지개혁이 시발점이었다. 토지개혁으로 지주들은 23일 만에 추방되었고, 북한 농민의 4분의 3이 혹독한 소작료로부터 해방되었다. 농민은행으로부터 종자와 비료대금을 융자받으면서부터 '생산운동'(production drive)이 일어났다. 이 두 요인과 함께 공개시장에서의 높은 식량가는 농업생산의 증대를 촉진했다. 북쪽의 3개 지역 경지면적은 1945년의 301만 5,500에이커에서 1947년에는 354만 9,250에이커로 늘어나 2년 만에 17.5퍼센트의 증가를 기록했는데, 이는 어느 나라에서라도 놀랄 만한 것이었다. (도 경계는 변경되지 않았으므로 수치는 식민지시대의 수치와 비교될 수 있다.) 소작료를 지불하지 않아도 되는 농부들의 생활수준 향상은 더욱 더 인상적이었다.

일제치하인 1943년의 공식 통계에 의하면 조선 전역에 약 350만 농업가구가 있었는데 875만 에이커의 농지를 소작하고 있었다. 이는 농가 1호당 3에이커도 채 안되는 것이다. 그런데 이것도 균등하게 소유한 것이 아니었다. 토지의 62퍼센트는 지주들의 수중에 있었다. 대부분의 농민들은 소작인이었고 소작료는 50~80퍼센트에 달했다. 정확히 말해 350만 농가 중 17.3퍼센트 정도가 자영농이었으며, 52퍼센트가 완전 소작농, 21퍼센트는 농지 일부를 소유하면서 생계를 위해 소작도 겸했으며, 4퍼센트는 농업노동자였다.

지주제는 일제하 몇 십 년 동안에 더욱 강화되었다. 일본인들은 한국의 토지에 관개시설을 하고는 농민들에게 능력 이상의 대가를 요구했고 일본인 소유의 은행에서는 저당잡힌 땅을 접수했다. 일본은 조선을 자신들의 곡물공급지로 사용했다. 1938년 1,800만 석의 쌀 생산량 중에 60퍼센트인 1,100만 석을 일본으로 가져갔다. 일본인들의 1인당 쌀 소비량은 조선인들의 7배였다. 그리고는 조선인들로 하여금 쌀겨와 조 같은 값싼 곡식을 먹게 했다.

식민지배하에서 많은 농민봉기가 있었다. 일본측 자료에 따르면 1905년에서 1907년 사이에 1만 5,000명의 폭도가 살해되었고 1만 명이 투옥 되었다. 수십만의 조선인들이 1919년 3월 1일에 대봉기에 가담했는데, 평화주의자 종파인 천도교가 이 봉기를 주도했다. 이 중에 30만 명이 체포되어 일경에 의해 고문당하거나 살해당했다. 그러나 농민들의 봉기는 1930년과 1933년에 다시 일어났고 또 진압되었다.

일본인 지주들은 조선의 농촌지역이 언제 폭발할지 모르는 화산임을 알았다. 그리하여 그들은 불만을 표시하거나 행방을 말하는 사람이면 누구든지 신속하고도 무자비하게 감옥에 처넣었다. 이리하여 북한에서 영량력 있는 인사들이 거의 대부분이 투옥경험을 가지게 된 것이다.

현재 농림국장인 이순근은 부유한 농가 출신으로 동경대학에서 공부할 수 있었다. 그럼에도 그는 두 차례 투옥되어 총 7년간을 복역했다. 그 정도는 한국인 애국자들에게 있어서는 보통이었다.

1) 농민동맹 위원장

한국인 농민들 중 복역수 출신의 영웅은 강진건이다. 그는 영웅적 과거를 평가받아 현재 북조선 농민동맹 위원장으로 선출되어 활동하고 있다. 강진건의 이야기에서 오랜 세월 동안의 한국인 농민들의 투쟁을 그려볼 수 있다.

강진건과 이순근은 한국인 농부들의 이야기를 해주러 나에게 왔다. 그들은 홍미로울 정도로 대조적이었다. 정치경제학 석사이자 통계학자인 이순근 국장은 교육받은 사람다운 명석한 두뇌의 소유자였다. 62세의 강진건은 말이 거의 없었다. 그는 이야기를 들으며 깊이 생각하고는 고개를 끄덕였다. 그는 교육받을 기회를 거의 갖지 못했다. 그러나 그는 농민들의 빈곤과 소망을 알고 있으며 그것을 대변했다. 그의 검게 그을은 둥그스름한

얼굴에는 그의 비상한 인내력뿐만 아니라 한국인 소작인들이 여러 대에 걸쳐 고통에 굴하지 않았던 완강함이 나타나 있었다.

강진건은 1885년 소작농의 아들로 태어났다. 그는 평생 소작인이었다. 그는 학교에 다녀본 적이 없었다. 15세에 그는 결혼했다. "할아버지가 돌아가시기 전에 손주며느리를 보고 싶어하셨기 때문에 장가를 들게 되었죠. 결혼식 같은 것은 없었어요. 색시를 먹여 살릴 수 없는 그런 집에서 그냥 데려온 거예요"라고 그가 말했다. 아! 가난한 이들의 그 간단하고도 비통한 혼례!

강진건은 1919년의 봉기에 가담했다. 봉기가 실패로 끝났을 때 그는 만주로 피신해서 농부들을 조직하는 일을 계속했다. 장작림 군벌의 병사들이 그를 잡아 1921년에 일인들에게 넘겨주었다. 그는 1940년까지 복역했다. "작은 방이었는데 벽 꼭대기에 창살 달린 창이 하나 있었죠." 이따금 그는 경비병이 딸린 채 노역에 동원되었다.

"다른 사람들에게 말을 걸 수 있었습니까?"

"물론 없었죠"라고 그는 웃으며 대답했다.

1940년에 일인들은 쇠약해져 일본에 위험스럽지 못한 존재가 된 그를 내보냈다. 그는 팔다리가 쇠약해져서 걸을 수도 설 수도 없어 기어갈 수밖에 없었다. 그는 고향마을에 실려가 그곳에 버려졌다. 1년 뒤에야 그는 조금 걸을 수 있었다. 그러나 걸을 수 있게 되기 전부터도 그는 소작인들 속에서 다시 비합법 선전활동을 하고 있었다.

2) 토지개혁

새로이 구성된 임시위원회에서 제일 먼저 시행한 법령 중의 하나가 토지개혁법령이었다. 앞 장에서 묘사한 바 있는 임시위원회의 신속한 구성은 농민동맹의 조직과 병행되었다. 북한에서 농민은 전체 인구의 약 60퍼센트를 차지하고 있었는데 인민위원회 구성원의 60퍼센트도 농민이었다.

김일성을 수반으로 하는 북조선 임시인민위원회는 1946년 2월 8일에 출범했다. 그들은 제1의 과업이 농민들의 요구를 충족시키는 것이라고 언명했다. 즉각 북조선 농민동맹(그 당시 회원은 150만 명으로 늘어나 있었다)은 평양에서 대회를 열었다. 그들은 '경작자에게 토지를 준다'는 원칙에 입각해서 토지개혁을 시행할 것을 촉구했다. 이틀 뒤인 3월 5일 농부들로부터 편지와 결의문 등이 쇄도해오는 가운데 임시정부는 토지개혁법령을 통과시켰다. 이 사실은 라디오를 통해 3월 7일에 발표되었다. 약 19만 7,000명의 조직가들이 즉시 농촌지역으로 파견되었고 그 지역에서는 새로이 취득한 땅을 분배하기 위해서 토지를 소유 못하고 있는 농민들에 의해 1만 1,500개의 농촌위원회가 선출·구성되었다. 토지의 분배는 23일이 지난 4월 1일에 끝이 났다. 3월의 첫 주에 토지를 요구했던 농민들은 4월에 새로 생긴 땅에서 쟁기질을 시작했다.

아마도 역사상 어떠한 토지개혁도 이토록 신속하면서도 혼란 없이 이루어진 예는 없었을 것이다.

토지개혁법령은 철저한 것이었다. 일본인의 토지는 공공의 것이든 개인 소유든 몰수되었으며, 12에이커 이상의 토지를 소유하거나, 적게 소유하면서 고의적으로 농토를 임대하고 스스로는 경작하지 않는 지주들의 모든 토지, 12에이커가 넘는 교회나 사찰의 모든 토지 등이 몰수되었다.

토지는 부락위원회에 넘겨져 각 농가의 가족수와 성인노동인구수를 참고해서 분배되었다.

지주들도 토지를 얻을 수 있었지만 12에이커 이상은 가질 수 없었다. 그리고 이것도 그들이 재래의 어떤 영향력도 가지지 못하는 다른 군이라야 했다. 북한의 7만 명의 지주들 가운데 3,500명이 이를 따랐다.

대략 72만 4,522가구의 농가가 토지를 획득했는데 이는 북한 농부의 72퍼센트를 차지한다. 이 중에 44만 2,975농가 즉 전체의 절반 이상이 토지가 없는 소작농이거나 농업노동자였으며 나머지는 약간의 토지를 소유하며 소작을 같이하던 이들이었다. 북한의 495만 에이커의 경작지 가운데 절반 이상인 262만 5,000에이커가 이와 같이 분배되었다.

토지개혁이 있기 전에 가난한 농민의 평균 토지소유는 0.5에이커였는데 토지개혁 이후에는 5에이커가 되었다. 토지개혁 이전에는 50만 농가 이상이 다음 추수 때까지 먹고살 양식이 없어 고리(高利)로 양식을 빌어다 먹어야 했다. 개혁 이후 모든 농가는 스스로 먹고살 수가 있었다. 1946년에는 비가 너무 와서 흉작이었음에도 농부들은 이전보다 훨씬 더 많은 양식을 보유하게 되었다. 그들은 이제 수확량의 25퍼센트를 정부에 세금으로 내는데 이전에는 지주에게 수확량의 50퍼센트에서 80퍼센트를 소작료로 냈었다.

3) 남한의 사회불안

토지개혁의 소식이 남한의 농촌지역에 퍼지는 것을 막을 수는 없었다. 미군 점령하에 있던 남한에서는 지주들이 여전히 토지를 장악하고 있었다. 이 때문에 1946년 가을 남한에서 일어난 총파업은 처음에는 도시 노동자들로부터 시작해서 빠른 속도로 농촌지역까지 확산되어 농민·노동자의 시위로 발전되었다. 전국적으로 80개 지역에서 봉기가 일어났으며 결국 미군의 도움을 받고 있는 남한경찰에 의해 유혈 집압을 당하게 되었다.

1947년의 가을 북한 전역은 성공적인 분위기였다. 그러한 분위기는 농가에서 특히 두드러졌다. 정부에서 종자대금과 비료값을 융자받아 거의 모든 부락에서 파종면적을 넓혔으며 더 잘 경작했다. 날씨도 좋았고, 그래서 풍작이었다.

나는 한반도의 해안 끝에서 끝까지 돌아다녀보았는데 가는 곳마다 모든 경작지에는 파종이 잘 되어 있었다. 경작지가 철도 아주 가까이까지 닿아 있어서 창 밖을 무심히 내다보고 있자면 농작물 위로 달리고 있는 듯한 착각이 들 정도였다. 시비(施肥)가 잘된 땅에서 자라고 있음을 보여주고 있는 짙은 녹색의 뾰죽한 벼 잎파리가 들판을 메우고 있었다. 북한에서 생산되는 비료의 공급이 끊어져 남한의 들판은 노란색으로 변해버렸다는 이야기도 들었다. 이 비료공장에서 생산되는 비료는 남한과 만주, 일본에 공급되었었다. 지난 2년간 북한은 어느 때라도 남한의 식량과 자신들의 비료를 기꺼이 교환했을 것이다. 언제나 무엇인가가 장애가 되었다. 아마 미국인들은 남한의 남아도는 식량을 일본에 보내야 했는지도 모르고 남는 것이 전혀 없었는지도 모른다. 북한 인민들은 알지 못한다. 어쨌든 그 비료를 남한에 보낼 수 없으니 그들은 그것을 전부 그들 땅에 뿌렸고 결과는 훌륭한 것이었다.

4) 동쪽에 있는 한 마을

내가 방문했던 마을 중 두 군데를 본보기로 택해보자. 그 중 하나는 동해안 가까이에 있고 다른 하나는 평양에서 멀지 않은 서해안 근처에 있다.

동해안의 원산을 빠져나온 나는 한국인 농장감독관과 함께 신정리 마을로 갔다. 그 마을은 녹음 속에 파묻혀 있는 초가지붕에 흙담을 한 집 몇 채로 이루어져 있었다. 부락 인민위원회실에 들어갈 때 우리는 신발을 벗었다. 바닥에 다다미가 깔려 있었기 때문이다. 그 곳에서 우리들은 부락 인민위원장인 박이로와 대담했는데 그는 30대 초반에 12명의 가족을 거느린 가장이었다. 가족 모두가 그의 자녀들은 아니었다. 동양가정이 그렇듯이 그 중에는 그의 부모·형제, 그들의 아내들이 포함되어 있었다.

그의 이야기에 의하면 이 부락은 150세대로 구성되어 있었다. 논농사를 할 수 있는 땅이 278에이커, 밀농사를 지을 수 있는 땅이 310에이커였다. 그래서 호당 4에이커 정도가 되었다. 토지개혁 이전에 12농가만이 자영농이었다. 15농가는 반소작농이었는데 이들이 도합 50에이커를 소유하고 소작도 하고 있었다. 13농가는 땅을 소유하지 못한 노동자였다. 110가구가 소작농이었다. 지주들은 모두 마을에 살지 않았다. 그들 중 일부는 군청 소재지에 살았고 일부는 도청 소재지에 거주했다.

"소작인들이 지주에 대항해 여러 번 소규모 쟁의를 일으켰어요. 보통 이들 쟁의는 소작인들이 소작조건을 개선해달라고 지주에게 요구하는 형태를 취했지요. 해방 이전까지는 실질적인 개선은 이루어진 것이 없었어요. 그러다가 진짜 '농민동맹'이 생겼지요."

"우리는 군내에서 벌어지는 일을 보고 여기서도 조직을 했어요. 조직에 반대하는 이는 없었어요. 젊은이들이 늙은이들보다 더 열심이었지요. 우리는 김일성에게 편지를 보내 토지를 달라고 했지요. 여기서는 지주들의 저항은 없었어요. 지주들 중 일부는 소지주들이었는데 '조선이 강해지고 독립되고 자유로워진다면 기꺼이 내 땅을 내놓겠다'고 그들은 말했어요. 그런 지주들은 인접 읍에서 과수원을 경영하며 살고 있습니다. 대지주들은 남조선으로 도망했는데 우리 마을에는 그런 이가 없었죠."

"정부에서 법을 반포했을 때 우리는 농민회의를 소집해 그 법에 대해 설명을 했습니다. 그리고는 경험 많은 농민들과 모든 정당 소속원들 중에서 7인위원회를 선출하여 토지를 분배하게 했습니다. 농민회의 자체에서 분배방식을 확정했죠. 점수방식을 사용했는데, 예를 들면 각 농가의 건장한 일군에게는 1점씩, 한 사람몫을 다 못하는 노약자에게는 부분점수를 주는 식으로요. 토지는 각 농가의 점수에 따라 배분되었습니다."

"어떤 이들은 이전보다 토지가 줄어들었지요. 그래도 분쟁은 없었습니다. 왜냐하면 예전에는 소작료를 많이 물어야 했지만 이제는 농사 짓는 땅은 모두 자기들 것이었으니까요. 다른 동네에 사는 이들이 우리 동네에 농토를 가지고 있는 경우에는 서로 교환을 해 모두 집 가까운 곳에서 농사를 지을 수 있게 되었습니다. 이런 식으로 사정이 나아져서 우리는 예전에는 버려두었던 땅 50에이커를 더 경작할 수 있게 되었습니다. 또 우리는 20에이커의 땅에 관개를 해서 쌀을 더 생산해낼 수 있게 되었습니다."

그들에게 토지가 생겼기 때문에 이전에 농업노동자였던 13명 가운데 8명이 결혼할 수 있었다. 15채의 가옥이 새로 지어졌고 8가구가 건축자재를 사서 추수가 끝나는 대로 지으려 하고 있었다.

"이제는 집집마다 전기가 들어오죠. 예전에는 부자집에만 들어오던 건데요"라고 박 위원장이 말했다.

5) 서쪽에 있는 한 마을

더욱 인상적인 성공담은 평양 근처 서해안의 광리 마을에서 들을 수 있었다.

광리 마을은 농작물과 숲 가운데 있는 97가구로 된 부락이다. 총 343에이커의 땅이 있는데 가구당 4에이커가 좀 못되게 대개 수수·옥수수·조와

21에이커의 농토에는 쌀 등을 경작했다.

마을 위원장은 여위었으나 근육이 단단해보이는 40대 남자였는데 지붕 위 높게 지어진 정자 위 자리에 정좌한 채 얘기를 해주었다.

그의 이야기에 의하면 토지개혁 이전에는 97농가 중 땅을 가지고 있는 이는 다섯 농가뿐이었다. 이들 다섯 농가가 50에이커의 땅을 소유했는데 한 농가당 10에이커 꼴이었다. 나머지 부락민들은 소작을 했다. 지주 다섯 명은 마을에 살고 있었고 그 중 하나는 위로부터 임명된 마을 구장이었다. 토지의 일부는 읍내에 사는 사람들이 조금씩 나누어 소유하고 있었다.

"해방 이전에 사람들은 지주들을 미워했지만 그들이 수확량의 70퍼센트에서 80퍼센트 정도를 가져가도 아무도 감히 자기 의견을 말하지 못했습니다. 우리나라가 해방된 뒤에 우리는 토지를 요구하기 시작했습니다. 정부는 우리 이야기에 귀를 기울였고 우리에게 토지를 주었습니다. 평생 제일 큰 행복이었습니다. 다섯 명의 지주들을 빼고는 아무도 그 일에 반대하지 않았습니다. 그들은 가버렸고 우리도 그들을 더 이상 기억하고 싶지 않아요."

토지를 새로이 갖게 되고 농산물의 가격이 높았기 때문에 광리 부락에는 번영이 찾아왔다. 지난 2년 동안에 열 농가가 새로이 집을 지었고 여섯 농가는 초가지붕을 슬레이트 지붕으로 개량했으며 여섯 가구에서 정자를 지었다. 마을에는 새로 라디오 20대와 재봉틀 40대가 들어왔다. 부락민들이 부담해 이제는 가정마다 전기가 들어온다.

"해방 이후 아주 많은 새로운 것이 생겨났습니다"라고 그 위원장이 내게 말했다. 그러는 동안 둘러 모여 있던 사람들은 그가 새로운 것에 대해 이야기를 할 때마다 고개를 끄덕였다. 토지개혁이 있었고 아동들과 문맹에 대한 교육이 있었다. "예전에는 부자들만이 공부했지만 이제는 아동 40명과 60명의 성인들이 학교에 다니고 있습니다." 전기도 들어오고 라디오도 생겼다. 예전에는 여러 가지의 세금이 있었는데 이제는 다만 세 가지가 있다. 정부에 내는 것과 도에 내는 것, 그리고 학교에 내는 것이다. 그리고 비밀선거가 있고 모든 이는 피선거권을 가지고 있다. "옛날에는 군에서 임명한 구장이 있었는데 이제는 마을 사람들에 의해 선출되는 5인인민위원회가 있지요. 그리고 평등권을 얻어내고 있는 여성동맹이 있습니다."

"이 모든 새로운 것들 중에서 어느 것이 가장 중요합니까?"

10여 명의 마을 사람들이 이야기를 들으려고 가까이에 모여들었을 때 내가 물어보았다. 의장이 잠시 생각해보더니 단호히 대답했다. "토지개혁이죠. 그리고 말할 수 있는 자유죠."

토지소유와 일상생활에서의 변화들이 북한의 농민들을 새 정권의 강고한 지지세력으로 만들었던 것이다.

5. 공장노동자들과 더불어

미군정하의 남한에서 파업이 일어날 때 노동자들이 요구하는 것 중의 하나는 소련 점령지역인 북한에서와 같은 노동법에 대한 요구였다. 이는 미군정 당국의 신경을 건드렸는데, 그들은 이 파업을 공산주의자들의 소행으로 보고는 있는 것이다. 그런데 그러한 요구에 대해서는 다음과 같은 의문이 제기된다.

북한의 노동환경은 어떠한가?

북한에서 내가 만났던 모든 산업체 노동자들은 1일 8시간 노동, 단체 교섭, 사회보장 등과 더불어 근대적 노동법을 누리고 있는 극동 최초의 노동자들이라는 것을 자랑하고 싶어 했다. 그들의 주장을 엄밀하게 보면 맞는다고 할 수는 없는데 그 까닭은 중국이나 만주의 해방된 지역에도 꼭같이 훌륭한 노동법이 있기 때문이다. 그렇다고는 해도 북한 사람들은 자신들이 성취한 것에 대해 자부할 권리가 있다. 중국 형제들보다 낫다고 주장할 수 있는 한 가지는 북한의 잘 갖추어진 사회보장제도이다. 일본인들은 중국보다 조선에 더 많은 휴양지와 여름 별장을 가지고 있었는데 현재의 노동국에서 그 시설을 접수했다. 북한은 또한 이웃나라인 중국보다 더 많은 공공 소유의 산업시설을 보유하고 있다. 조선은 일본인들에 의해 고도로 산업화되었었기 때문이다.

나와 함께 나흘 동안 휴양지로 여행을 한 노동국장 오기섭은 오랜 기간 일본의 형무소에서 보낸 전형적인 애국자 중의 한 사람이다. 16세 때 지하 독립운동 조직에 가담했던 그는 13년 8개월을 감옥에서 보냈다. 그의 수감경력에 대해 말할 때 그는 별것 아닌 것처럼 이야기를 했는데 내게는 그러한 그의 태도가 놀랍게 느껴졌다. 그는 네 군데 형무소에서 네 개의 혁명연구모임을 조직했고 하나는 그가 독방에 갇혀 있을 때 감옥 밖에다 조직했던 것이다!

어떻게 그렇게 할 수 있었는가를 오국장에게서 들으니 제국주의의 내적 취약성이 뚜렷이 보였다. 일본인들의 통제는 겉으로 볼 때 위압적이고 강력해 보이지만 그 내부에는 금방 무너뜨릴 수 있는 약점들이 존재한다. 야간 경비원들과 감옥의 간수들은 조선인들인데 그 이유는 일본인들이 이 직업을 가장 안 좋은 것으로 경멸하기 때문이었다. 죄수였던 오기섭은 이들 간수들의 애국심과 그들의 탐욕스러움을 이용했다. 그는 바깥에 있는 친구에게 연락을 취하는 데 경비원들을 이용했다. 반일 감정을 이용하거나 바깥에 있는 친구가 그들에게 돈을 주는 방식으로 오기섭은 이감되는 형무소마다 학습집단을 만들어냈다. 이 동안 내내 법적으로는 오기섭에게 연필이나 종이를 사용하는 것이 허락되지 않았다. 그는 하루에 2장씩 주어지는 화장지를 조금씩 모아두었고 연필 구실을 하는 작은 은빛 납조각을 가지고 있었다. 이러한 어려움을 겪으며 조선인 애국자들의 혁명운동은 성장해갔다. 죄수였던 오기섭은 조국이 해방되기까지 줄곧 비합법적으로 인민을 조직하는 일을 어렵게 해왔다.

붉은군대가 들어와 오기섭과 그 밖의 정치범들을 풀어주었을 때 풀려난 이들은 자기들이 알려져 있는 공장이나 작업소로 서둘러 갔다. 물론 어떤 이들은 농장으로 가기도 했다. 거기에서 그들은 노동자회합을 소집했다. 이들 노동자회의는 즉시 시·도 정부를 수립하는 일에 착수했다. 그들은 처음에는 공장에서 나중에는 시·도·군 등에 노동조합을 조직했다.

일본이 패망한 뒤 몇 개월 동안에 조선 전역에는 조직의 열풍이 몰아쳤다. 1945년 11월이 되자 전국노동조합평의회가 결성되었고 남한과 북한이 모두 포함되었다. 4개월 뒤 전국 노동조합들은 부득이 북조선 노동총동맹과 남한의 노동조합으로 나뉘게 되었다. "이렇게 분리된 것은 남조선에 있는 미국인들의 정책 때문이었습니다"라고 오 국장이 말했다.

"일본 패망 뒤 처음 몇 달 동안 전조선이 한몸같이 느껴졌죠. 38선은 조선인들에게는 장벽으로 보이지 않았고 다만 점령당국들의 편의상 임시로 있는 것으로 여겼죠. 점령당국이 일본인들에게 항복조건을 시행할 때까지 말입니다. 우리 조선인들은 노동조합과 농민동맹, 지방정부 등을 적극적으로 조직했습니다. 전국노동조합평화회의 최초의 본부는 남조선의 서울에 있었습니다. 북조선에는 단지 지부 사무실이 있었죠. 그러자 미국 군대가 남쪽의 노동조합들을 탄압하기 시작했어요. 평의회 의장이 서울에서 투옥되었습니다. 그러는 동안 북에서는 노동조합들이 빠른 속도로 성장하여 공개적으로 움직이면서 모든 공장에서 단체협약을 체결해내고 생산계획에 참여하기도 하고 노동자 후보들을 내세우기도 했습니다. 남에서는 반쯤은 불법적이거나 완전히 지하로 숨은 상태에서 활동을 했습니다. 이렇게 사정이 다르다 보니 노동조합들이 남부와 북부로 갈리게 된 것입니다."

북한에는 43만 명의 노동자가 있는데 그 중 38만 명이 조합원이라고 했다. 이 숫자는 어부나 산판인부, 건설노동자 등과 같이 여름에는 농사짓다가 겨울에 취업하는 계절노동자들은 포함하지 않았다. 또 농업 노동자들도 포함되지 않았데 그 이유는 토지개혁으로 인해 이들이 토지를 소유하게 되었기 때문이다. 가장 큰 노조는 5만 2,000명의 회원을 거느린 광산노조이고, 그 다음이 운수노조와 화학노조인데 각각 4만 5,000명의 노조원이 있다. 대략 10만 명 정도가 사무직 노조에 소속되어 있는데 그들 중에는 사무원이나 교사, 위생 분야 종사자들이 있다.

나는 오기섭 국장에게 실업에 대해서는 무슨 조치를 취하고 있는가를 물었다. 그는 실업자가 없다고 했다. "도리어 재건사업이 쌓여 있고 산업 규모를 확장하고 있기 때문에 노동력이 아주 부족합니다. 도로와 교량을 재건하는 데만도 현재보다 1,300만 작업일수가 필요한 형편이지요. 이는 재건사업에만도 4만 5,000명의 노동력이 필요하다는 얘기가 됩니다."

남한에서의 실업상황과 북조선에서의 보다 많은 취업기회 때문에 미군 점령하의 남조선으로부터 많은 노동자들이 이동해오고 있다고 오 국장이 말했다.

1) 산업의 국유화

북한의 노동상황은 공공 소유의 산업에 기초하고 있다. 대규모 산업체의 90퍼센트가 일본 당국에 속해 있었기 때문에 국유화는 상대적으로 간단한 문제였다. 일본은 조선을 중국과 소련에 대한 병참기지로 만들었다. 그들은 전략적으로 철도와 도로를 건설하고 강력한 전쟁산업을 일으키고 조선뿐만 아니라 만주의 일부에까지 전력을 공급할 거대한 수력발전소들을 건설했다.

일본인들이 소유했던 이 모든 사실들은 소련군에 의해 접수되었고 조선인들에게 양도되었다. 1946년 8월 10일 북조선 임시인민위원회가 발표한 법령에 의해 일본인과 반역자들 소유의 모든 산업체들은 국유화 되었다. 일본인과 친일반역자들이 일본으로 돌아가거나 남조선으로 도주했으므로 이 법령에 반대하는 이는 아무도 없었다. 이리하여 북한의 인민들은 은행과 철도, 통신, 모든 대규모 산업체 등을 일반적으로 국유화에 따르는 혼란을 겪지 않고 비교적 쉽게 소유하게 되었다.

산업에 있어서 두 가지 심각한 문제들이 즉각 제기되었다.

첫째는 모든 산업이 일본에 예속되어 있었다는 데에서 발생했다. 공장들은 일본에 가서야 완성품이 되는 부품이나 반제품을 생산했다. 완성품을 만드는 곳은 한 곳도 없었다. 이제 조선이 독립했으니 산업도 재구성되어야 했으며 일본을 위한 전시산업에서 조선인의 욕구를 충족시킬 평화산업으로 전환되어야 했다.

두번째 문제는 일본인들이 항복하기 전에 가능한 모든 것을 파괴했다는 것이다. 조선인 노동자들의 지하조직은 이 모든 것을 방지하기에는 부족했던 것처럼 보였다. 일본인들은 열차의 80퍼센트를 파괴했고 화물객차나 수리작업장, 심지어는 선로부지까지 파괴했다. 64개 광산에 물을 채워 넣었고 178개소가 여러 다른 방식으로 사용 불능케 되었다. 전국제철공장의 모든 용광로와 고로, 평로 등을 원광을 넣은 채 가열시킴으로써 못 쓰게 만들어버렸다.

일례로 나는 평양 근교에 있는 조선 제일의 제강소인 강선제강소를 방문했다. 일제 때 그 곳에는 3개의 대형 용광로와 3개의 평로가 있었으며 7,000에서 8,000명의 노동자들이 신철, 강철, 강판, 코크 등을 생산해 미쓰비시 상사로 보냈다. 내가 방문할 당시 그 곳에는 6,800명의 노동자가 있었지만 대부분이 제강소를 재건하는 일을 하고 있었다. 그들 이야기로는 쇳물이 속에서 식어 굳어버려서 3개의 용광로와 3개의 평로가 못쓰게 되었다는 것이었다. 내가 왜 그러도록 내버려두었느냐고 하자 그들은 조선인은 미숙련노동에 종사해서 기술적 과정을 맡지 않았기 때문이라는 것이었다.

2) 거대한 화학공장을 구함

그러나 흥남의 화학공장들은 노동자들이 구했다. 이 공장시설은 조선 최대의 기업체로서 2만 명의 노동자가 일하고 있었다. 그런데 이 공장에서는 원자탄 성분 가운데 하나를 만들어내고 있었고 일본인들이 그것을 가지고 실험을 하고 있었다. 항복 당시 일본인들은 폭탄으로 이 시설을 폭파시킬 계획을 세웠다. 그러나 화학공장내에는 조선인 지하노조가 있었고 노동자들은 4시간 동안 무장투쟁을 벌여 일본인들을 쫓아냈다. 그리고 나서 노동자들은 폭약들을 찾아내었는데 그들은 시한장치가 되어 있던 그 폭약들을 바다에 던져넣었다.

"그것이 폭발했었더라면 공장뿐만 아니라 15만 시민 전부가 희생되었을 것입니다"라는 것이 내가 바닷가 휴양지에서 만났던 화학노동자들의 얘기였다. 일본인들을 쫓아내고는 곧 노조가 전면에 등장해 공장 주변을 경비하고 지방정부를 수립하는 데에 능동적으로 참여했다.

새 노동법은 1946년 6월 24일에 통과되었는데 이는 산업시설들이 국유화되기 약 6주 전이었다. 그 법에서는 1일 8시간 노동(위험부담이 있는 경우에는 7시간)과 일반 노동자들의 경우에는 연간 2주, 청소년 노동자나 위험 업종 근로자들에게는 1개월간의 유급휴가를 규정하고 있었다. 새 법은 미성년자 노동을 금했으며 동일 작업에 대해서는 동일보수를 여성에게 주도록 했으며, 안전수칙을 도입했다.

사람들이 가장 고마워한 것은 사회보장이었다. 이는 1947년 1월부터 시행되었는데 거의 20만 명의 노동자들이 6월까지 무료의료혜택을 받았다. 노동국은 일본인 소유였던 많은 저택과 여름 별장들을 접수해 사회보장제도를 통해 노동자들이 이용할 수 있게 했다. 내가 방문하던 1947년 여름에는 1,400개 침상이 있는 85개소의 여름 별장이 이렇게 이용되고 있었다. 그 해 여름에는 2만 5,000명의 노동자들이 무료로 휴가를 즐길 것으로 예상되었다.

많은 노동자 가족들이 노조를 통해 새 집을 제공받았다. 이전에 일본인들이나 감독·기술진이 소유했던 가옥들이 노동자들에게로 할당되어 특별한 기록을 가지고 있거나 집이 필요한 사람들에게 분배되었다.

3) 어느 휴양지에서

나는 사회보장의 일환으로 운영되는 한 휴양지에서 나흘을 보냈다. 나는 세상에서 가장 멋있는 해안 중의 하나인 그 곳에서 하루에 세 차례씩 수영했다. 그 해변은 동해안에 있었는데 완만한 경사의 모래밭이 있었고 열대지방과 같은 위험한 바다동물이나 식물이 없으면서도 그런 매력을 지니고 있었다. 2년 전까지만 해도 별장들이 있는 이 해변은 일본인들 차지였다. 조선인이 사용하는 것은 허용되지 않았다. 오늘날 별장들은 사회보험의 소유가 되었고 산업체 근로자들이 휴가 때 이용했다.

내가 인터뷰를 요청했을 때 수줍음을 타면서도 침착한 몇 명의 여성 노동자들이 내 방으로 왔다. 둘은 함흥의 방직공장의 직조공들이었고 한 사람은 평양의 견사공장에서 온 젊은 방적공이었다. 그리고 한 사람은 15세의 고아로 열두 살도 채 안되어 보였는데 공장 기숙사에서 기거하면서 하루에 6시간을 공장에서 일하고 두 시간은 공장의 학교에 나간다고 했다.

서른 여섯 살 먹은 여성은 무늬 있는 흰 명주옷을 입고 있었는데 얌전하게 앉아서 바다 쪽을 바라보고 있었다. 나는 그 여자와 대담하는 것은 뒷순서로 미루어두었는데 그 이유는 그녀가 전형적인 가정주부처럼 보여서 나는 그녀를 관리나 기술자의 아내라고 생각했기 때문이었다. 그녀에게 직업이 무엇인가를 물어보고 나는 깜짝 놀랐다.

"저는 금광 광부예요. 지하 100미터에서 작업을 하죠. 숙련기술자랍니다. 제가 착암기를 작동시키죠."

"무겁지 않아요?"

그녀는 미안해하는 미소를 짓더니 그렇다고 대답했다. "그렇지만 예전에 하던 일만큼 힘들지는 않아요. 일제치하에서 저는 광석을 싣고 그 수레를 미는 일을 했어요. 하루에 13시간 또는 그 이상 일을 했지요. 압축공기 착암기를 작동시키는 일을 하지만 하루 7시간만 일하고 보수도 많이 받고 있어요."

그녀의 이름은 이매화였다. 그녀는 오랫동안 광산에서 일해왔다. 그러나 일제치하에서 착암기 기술자로 일 해본 것은 1년뿐이었다. 일제 때는 여성들이 고도의 기술을 배우지 못하게 되어 있었다. 그녀는 자신의 일을 자랑스러워했다.

"어떻게 그 자리를 얻었어요? 남자 대신이었습니까?"

"생산규모가 확장되고 제가 이 일에 대해서 공부를 했기 때문에 얻을 수가 있었습니다. 일제 때는 광산에 노동자가 1,000명뿐이었는데 이제는 2,500명이 일해요." 그녀의 말로는 2,500명 중 206명이 여성인데 그들 가운데 오직 둘만이 착암기 기술자라고 했다. 이매화가 최초로 그 일을 맡았다. 그녀는 자기 보수도 자랑했다. 남편의 2배를 받는다고 했다. 남편도 같은 광산에서 일하는데 지상 근무를 하며 한 달에 2,000원을 받는다고 했다.

"그러나 저는 4,000원씩 받아요. 요새는 같은 일을 하면 여자도 같은 보수를 받는데다가 제가 하는 일은 숙련노동이거든요. 저는 기록도 많이 세웠어요. 이전의 착암기술자는 하루에 광석을 한 수레씩 캤는데, 저는 한 번은 하루에 스무 수레의 광석을 캤거든요. 제가 캐는 광석을 다 싣는데 4명 내지 6명의 노동자가 필요했죠."

"당신 집에선 당신이 가장이겠어요."

"제 남편 말이 바로 그거예요." 그녀가 우쭐해하며 대답했다.

"아녜요. 자랑스러워하죠." 그녀는 내게 장담했다.

나는 그녀의 생활수준에 대하여 자세히 알아보았다. 남편과 그녀가 버는 6,000원으로 무엇을 살 수 있는가였다.

일제 때는 식량사정이 아주 좋지 않았다. "이제는 남편과 제 몫으로 각각 1일 750그램씩의 쌀을 배급받지요. 우리는 둘 다 1급 노동자인 셈이에요." 배급되는 쌀의 값은 킬로당 5원에 불과하다. 그래서 가족이 버는 6,000원 가운데 쌀값으로 나가는 비용은 월 230원에 불과하다.

"집도 좋아요. 이전에 일본인 관리가 쓰던 집이예요. 온돌로 되어 있지요. 큰 방이 둘 있고 작은 방이 4개, 그리고 마루가 작은 게 하나 있어요."

"일본 지배 시절, 지금 입고 있는 옷 같은 것을 가져본 적이 있어요?"

그녀는 기분 좋은 미소를 지으며 흰 명주옷을 쓰다듬으며 "전혀 없었죠"라고 대답했다.

그녀는 또 자기네 도시에서 있었던 선거 이야기를 해주었다. 후보자는 자기네 광산 광부인 사람이었다. 그러나 이 이야기는 앞에서 한 적이 있다.

4) 노동영웅들

새 노동법과 산업체의 국유화 조치는 북한 노동자들의 열성과 헌신을 불러일으켰다. 이제 공장이 인민 소유임을 인식했을 때 그들은 공장을 복구하기 위해 열심히 일했다.

방적공장에서 노동자들은 공장을 복구하는 일에 거의 9,000시간을 자원봉사했다. 단천의 부두는 계획보다 거의 200일 앞당겨 재건되었다.

강선제강소에서 사람들은 지삼전과 이삼전이라는 두 노동영웅을 내게 소개해주었다. 그들은 작업장에 13일간 있으면서 압연기가 멈추지 않게 했다.

"우리 조선인들 중에는 기술자나 숙련노동자가 거의 없어요. 그래서 우리들은 대신할 사람들을 훈련시킬 수 있을 때까지 일을 계속할 겁니다"라고 그들이 설명했다.

"해방 이후 생활 중에 제일 달라진 것이 무엇이지요?" 내가 제강소의 노동자들에게 물었다. 그들은 자기들끼리 토론을 하더니 세 가지로 대답을 했다.

"첫째, 이전에는 13시간 일하고 생각할 시간이 없었다. 이제는 8시간 노동하게 되었고 세상일에 대해서 알게 되었다."

"둘째, 이전에는 쌀밥을 못 먹고 콩깻묵을 먹었는데 이제는 750그램의 쌀배급을 받으며 더 나은 집에서 산다."

"셋째, 이전에는 무슨 일에도 의견을 말할 수 없었는데, 이제는 조합을 통해서, 그리고 선거를 통해 구성한 정부에 의해서 우리의 의사가 표현된다."

이러한 것들이 북한의 노동자로 하여금 새 정권의 강고한 수호자가 되게 한 변화들인 것이다.

6. 지금은?

이제 미국에 돌아와 미국 언론에 실리고 있는 대로 오늘날 벌어지고 있는 일들을 가지고 북한방문을 되돌아보니 내가 북한을 방문한 것이 최근의 보도에 대해 시사해주는 바가 있는 것같이 생각된다.

1948년 5월 북한 측이 남한 쪽으로 공급되던 전력을 차단했다는 머리기사가 각 신문에 등장했다. 미국 언론에 의하면, 그것은 소련인들의 잘못이라는 것이다. 소련인들이 차단했다는 것이다. 미군 사령관 하지는 소련인들에게 전력을 다시 공급할 것을 요구했다. 소련 당국이 북한 사람에게로 책임을 전가하자 하지는 모스크바에 청원을 했다. 또 한 차례의 냉전 속의 싸움이었다.

그러나 진실은 정말 단순한 것이었다. 하지 장군이나 미국 언론은 그 사실에 눈을 감기로 했다. 그래도 진실은 존재한다. 압록강의 발전소들은 일본인들이 세웠다. 소련인들은 그 발전소들을 전리품으로 획득해 1946년 여름에 조선인들에게 즉각 넘겨주었다. 북조선 임시인민위원회로 알려진 북한의 임시정부는 발전소를 가동시켜 북한과 남한, 그리고 멀리 만주까지 송전했다.

2년이 지났다. 남한에서는 전력료를 내지 않았다. 만주와 북한에서는 사용료를 냈으나 남한 점령 미군측은 내지를 않았다. 여기에는 두 가지 이유가 있었는데, 하나는 기술적인 것이었고 다른 하나는 고도의 정치적 이유였다.

기술적 이유란 북한측이 미제 발전장비로 전력료를 지불해달라고 요구한 것이었다. 하지 장군은 달러로 지불하겠다고 했는데 미의회가 소련과의 교역을 금하고 있는데 북한에서 그 달러를 어떻게 사용하겠는가? 어쩌면 북한은 달러를 거절한 유일한 곳이었을 것이다. 그들은 발전소를 수리할 전기장비를 달라고 했다. 미국은 나일론 양말과 담배·양화를 제공하겠다고 했다. 그러나 북한측에서는 발전장비를 달라는 입장을 고수했다. 그 이유는 명백했다. 북한의 모든 농경부락에서 전기가설이 진행되고 있었기 때문에 그들은 발전장비가 더 없으며 남한에 공급해줄 전력을 남겨놓을 수가 없었던 것이다. 사정은 그처럼 단순한 것이었다.

고도의 정치적 이유란 하지 장군이 소련을 발전소 소유자로 계속 취급하려고 했는데 소련인들은 발전소는 북한 사람들의 것이 된 지 2년이 지났다고 주장했다. 하지 장군은 북한이 발전소 소유자로서의 법적 지위를 갖고 있다는 것조차 인정하고 싶지 않았던 것이다. 남한만이 정부기능을 지니고 있고 북한은 '소련의 괴뢰'로 간주하는 것이 미국의 정책이다. 하지는 마치 노조를 인정해야 하는 시점에 있는 기업가와도 같다. 그러나 노조는 인정받기 전에도 이미 존재하고 있는 것이다.

1947년 8월 내가 북한을 방문할 당시에 남한은 7억 킬로와트시의 전력사용료를 미지불했다(지금은 10억 킬로와트시 이상이 되었다). 자본주의 국가의 전기회사라도 그런 고객에 대해서는 일찌감치 단전 조치했을 것이다. 내가 북한 사람들에게 왜 그렇게 하지 않느냐고 물었을 때 그들이 한 답변은 진상을 밝혀주는 바가 있다.

"보세요. 소련인들은 발전소를 '조선인민'에게 넘겨준 것입니다. 이것은 남조선 인민도 포함하는 것이지요. 우리 북조선인들이 발전소를 운영하고 있지만 전력은 전조선인의 것이지 우리만의 것은 아닙니다. 우리는 우리 동포에게 해를 끼치고 싶지는 않아요. 다만 전력요금을 내기를 바랄 뿐입니다. 그들이 발전소장비로 지불해서 보다 많은 수요를 충당할 수 있기를 바랍니다. 그쪽 사정이 복잡하기 때문에 시간을 주고 있습니다. 그러나 지불하지 않으면 언젠가는 단전 조치를 취해야만 되겠죠."

남한 측이 2년 반 동안 돈을 내지 않고 전력을 계속 사용하자 1948년 4월 북한측은 라디오 방송을 통해 남한 측의 책임 있는 이들이 전력요금에 대해 논의하러 북으로 오지 않으면 송전을 중단하겠다고 발표했다. 하지 장군은 이 '무책임한 방송'이 발전소를 소유하고 있는 측의 의사를 대변하고 있다고 인정하지 않았다. 그는 계속 소련인들을 비난했다. 그리하여 북한은 송전을 중단하고 전력요금 지불을 기다렸다.

발전소 얘기는 간단한 것인데 미국 언론에서는 이를 소련의 또 다른 음모로 보고 있다.

1) 드러난 사건

신문에는 저수지를 놓고 벌어진 분쟁도 다루고 있다. 1948년 5월 26일에 한 미군 병사가 소련 측 경계선 근처에서 부상당했다. 기사 제목은 '소련인, 미국인을 부상시킴'이라고 되어 있었다. 기사내용에는 소련인들이 있었다는 언급은 없고 다만 그 미군 병사가 소련 지역에서 날아온 총탄에 부상했다고만 되어 있었다. 자세히 읽어보니 그 미군은 양쪽 지역에 걸쳐 있는 관개용 저수지 근처의 경계선을 끼고 지프를 타고 달리고 있었음을 알 수 있었다.

이제 그 사건의 진상에 대해 좀 알 수 있을 것 같다. 북한에 갔을 때 북한 사람들은 남한의 6만 에이커의 농토에 물을 대주고 있는 관개용 저수지에 대해 내게 이야기를 해준 적이 있었다.

"우리는 2년째 물사용료를 받아내려고 했습니다. 그러나 아직까지 받지를 못했습니다." 그들은 남한의 농민들을 탓하지는 않았다. 그들은 양측의 탓으로 돌렸다.

몇 달 뒤 나는 다음과 같은 내용의 뉴스를 들었다. '소련인들'이 남한으로 공급되던 물을 차단했고 분노한 남한의 농부들이 북한의 경비대가 철저히 지키고 있는 북한의 댐을 파괴하려고 했다는 것이다. 북한의 모든 마을에서는 경작지를 늘려가고 있고 특히 관개시설을 확충해야 했기 때문에 한때 남한 쪽으로 공급되던 용수―물값도 내지 않던―를 이제는 북한 쪽으로 사용하고 있으며, 이로 인해 남한의 농부들이 분노한 것은 분명하다.

그런 분쟁이 진행되고 있는 댐 가까이로 지프를 탄 무장한 미군이 접근해갔다면, 그가 화를 자초해다고밖에 볼 수 없다. 그 병사가 부상당할 때 단 한 사람의 소련인도 100마일 이내에 있었다는 증거는 전혀 없다. 지나치게 예민해져 있던 어느 북한 사람이 댐을 지키고 있었던 것이다. 아니 그가 과연 지나치게 예민했던 것일까?

2) 누가 어디로 도망가는가

"아니, 소련 점령지역이 그렇게 좋으면 왜 미군 점령지역으로 사람들이 넘어옵니까?" 하는 것이 강연장에서나 언론에서 내게 하는 질문들 중의 하나이다. 내가 할 수 있는 답변은 양쪽으로 큰 인구의 이동이 있었다는 것이다. 처음에는 남쪽으로의 이동이 있었다. 친일파 관리, 전직경관, 지주, 일본회사 주식 소유자, 배급카드를 가지지 못했고 따라서 첫 해에 식료품 가격이 너무 높다고 여겨 남쪽에서는 싼 값에 식량을 살 수 있다고 판단한 도시주민 등이 그 부류에 속한다. 농민이나 노동자들의 이동은 전혀 없었던 것으로 보인다.

남한의 미국인들은 이들 북에서 온 피난민들의 식량까지 대야 했기 때문에 어려움이 가중되었다고 불평했다. 그러나 남한에서는 언제나 북한의 식량을 생산해왔기 때문에 남한은 줄곧 북한 사람들의 식량을 대온 셈이다. 미국인들이 식량이 북으로 가는 것을 막으니 사람들이 식량을 찾아 남으로 올 수밖에 없었다.

내가 방문하던 1947년에는 상황이 변해 있었다. 북한의 농지가 늘어났고 농사가 풍작이어서 50만 명이 북으로 이동했다. 1일 1,500명 이상인 것으로 집계되었다. 북으로 오는 사람은 일자리를 찾아온 노동자들이거나 농토를 구하러 오는 농부들이었다. 공장과 농장에서 나는 그들과 만나보았다.

북한측은 이런 인구이동에서 득을 보는 편이었다. 북한에서 잃는 인구는 전직 경찰, 관리, 소작료나 이자 수입으로 살던 도시민이었고, 얻는 인구는 건설과 개발에 열성적인 노동자들과 농민이었다.

나는 이런 노동자들 두 사람과 이야기를 해보았다.

"왜 북으로 오셨죠?" 내가 물었다.

그들은 미군 점령지역이 너무 혼란스럽고 일자리를 구할 수 없어 북으로 왔노라고 했다.

"방직공장도 문을 닫았어요. 공장을 구입한 조선인이 원료와 기계를 파는 게 더 이득인 것을 알았기 때문이죠." 다른 이가 거들었다.

상황은 분명한 것이었다. 미군정하의 남한은 미국 통치하에서 점점 미국의 상품시장이자 원료공급지가 되어가고 있는 것이다. 미국은 일본인들의 토지를 인수받아 남한 최대의 지주가 되었다. 미국 자본이 일본인들의 공장을 인수받아 미국인의 필요에 맞게 뜯어고쳤다. 그래서 남한에서 실업과 소요·파업·폭동 등이 일어났던 것이다.

북한에서 소련인들은 아무것도 차지하지 않았다. 그들은 일본인들의 산업시설들을 공공 소유물로서 조선인들에게 돌려주었다. 조선인 지주나 일본인 지주들의 농토는 경작하던 사람들의 것이 되었다.

그리하여 북한에는 식량이 모자라지 않게 되고 공산품이 증산되고 전쟁의 흔적들이 복구되고 있는 것이다.

3) 통일이냐 내전이냐

남과 북이 다시 합쳐질까? 아니면 내전이 있게 될까?

처음에 군사적 편의상 그어진 38선은 이제 두 세계를 나누어 장벽이 되었다. 38선은 조선인들을 양극화했다. 반동적 인사들은 남으로 도주했고 좌익 노동자들이나 농민들은 북으로 이동했다. 관측자들은 분열이 심화되어 내전이 일어날 소지가 있다고 생각한다. 내가 북한을 다녀온 그 해에 북에는 '인민군'이 생겨났고 남에도 예전 일본군대 병사들을 기초로 해 군이 창설되었다.

위험한 분쟁의 가능성이 존재하고 있다. 그러나 조선에서 내전이 있을 것으로 예상하는 이들은 대다수 조선인들이 느끼는 통일과 독립에의 열정을 고려하지 못하고 있다고 나는 생각한다.

바로 이러한 열정이 우익 테러리스트이자 애국자인 김구나 미국 회사에서 일한 바 있고 미군정의 임명으로 정부에서 일하고 있는 애국자 김규식 같은 이들로 하여금 남한의 정권을 이승만에게 맡겨둔 채 북에서 열린 연석회의에 가도록 한 것이다. 나는 미국의 그 모든 지원에도 불구하고, 북의 정부(Unity Government)가 이승만의 정권보다 오래갈 것이라고 생각한다.

(이종석 옮김)

해방전후사의 인식 5

지은이 김남식 외
펴낸이 김언호

펴낸곳 (주)도서출판 한길사
등록 1976년 12월 24일 제74호
주소 10881 경기도 파주시 광인사길 37
홈페이지 www.hangilsa.co.kr
전자우편 hangilsa@hangilsa.co.kr
전화 031-955-2000~3 **팩스** 031-955-2005

인쇄 예림 **제본** 예림바인딩

제1판 제1쇄 1989년 10월 15일
제1판 제19쇄 2023년 11월 22일

값 20,000원
ISBN 978-89-356-0004-5 34910

• 잘못 만들어진 책은 구입하신 서점에서 바꿔드립니다.